"十三五"江苏省高等学校重点教材(2020-2-018)

市场调查与预测

主　编　殷博益

副主编　陈欣欣　姜鸿运　王　峰

参　编　马德清　陆　婷　邹林艳

主　审　杨　春

东南大学出版社
SOUTHEAST UNIVERSITY PRESS
·南京·

内容提要

本书是“十三五”江苏省高等学校重点教材。

本书比较全面和系统地阐述了市场调查与预测的基本理论和方法。全书共分三篇十二章：第一篇，市场调查与预测的基本理论，包括概论、市场调查与预测的信息系统和科学化、市场调查与预测的策划；第二篇，市场调查的方法和技术，包括市场调查方法、抽样调查技术、问卷设计技术、态度测量技术、数据分析技术；第三篇，市场预测的原理和模型，包括市场预测概述、时间序列分析预测、因果分析预测、经济计量模型预测。

本书的特点是借鉴和吸收了国内外市场调查与预测的最新研究成果，既有理论性阐述，又有较强的实用性和可操作性，结构新颖，内容全面。书中还介绍了数据分析软件 SPSS 在市场调查与预测中的应用。

本书主要作为普通高等教育经济管理类专业本科教材，也可作为相应专业高职高专教材以及非经济管理类本、专科选修课教材，还可作为企业经营决策和营销管理人员的参考读物。

图书在版编目(CIP)数据

市场调查与预测 / 殷博益主编. —南京：东南大学出版社，2021.7

ISBN 978-7-5641-9622-6

Ⅰ.①市… Ⅱ.①殷… Ⅲ.①市场调查—高等学校—教材 ②市场预测—高等学校—教材 Ⅳ.①F713.5

中国版本图书馆 CIP 数据核字(2021)第 161432 号

市场调查与预测

主　　编：殷博益
出版发行：东南大学出版社
社　　址：南京市四牌楼 2 号　　**邮编**：210096
出 版 人：江建中
网　　址：http://www.seupress.com
电子邮箱：press@seupress.com
经　　销：全国各地新华书店
印　　刷：兴化印刷有限责任公司
开　　本：787mm×1092mm　1/16
印　　张：27.25
字　　数：680 千字
版　　次：2021 年 7 月第 1 版
印　　次：2021 年 7 月第 1 次印刷
书　　号：ISBN 978-7-5641-9622-6
定　　价：59.00 元

本社图书若有印装质量问题，请直接与营销部联系。电话(传真)：025-83791830

前　言

随着经济全球化和信息技术的飞速发展,信息对社会生活各个领域的影响深刻而巨大。在市场经济高度发达的今天,信息同土地、资本、劳动力、原材料等生产要素一样,已成为社会再生产过程不可或缺的资源。市场调查与预测是获取、处理、分析和应用市场信息,进行企业经营决策和实施企业营销管理的重要手段。伴随着市场经济的发展,许多经济部门和工商企业,面对不确定的市场环境,越来越重视对市场调查与预测的研究,以增强企业经营决策和营销管理的科学性和有效性,不断提高企业的市场适应性和竞争力。市场调查与预测本质上属于市场信息工作范畴,是一门注重市场研究的综合性的应用科学,广泛应用于科学技术、文化教育、生态环境、经济发展、军事和企业经营管理等诸多领域。许多高等院校已把市场调查与预测作为市场营销专业的核心课程、工商管理类其他专业的主干课程,以及经济类、管理类、统计类等相关专业的必修课程。本书正是为适应这一需要而编写的。

本书全面借鉴国内外先进的市场调查与预测研究成果,系统论述市场调查与预测的基本理论、方法和技术,理论联系实际,以适应国内市场经济发展的客观环境,各类企业和相关组织对市场调查与预测的教学和实践需要而编写。本书注意市场调查与市场预测的有机结合,在写作思路上按市场调查与预测的实际运作过程进行构思,结构较为严谨。在写作内容上吸收国内外市场调查与预测的最新成果,与时俱进,并力求有所突破,既注重市场调查与预测的理论阐述,又注意市场调查与预测方法和技术的应用,有较强的实用性和可操作性。

全书共分三篇十二章:第一篇,市场调查与预测的基本理论,包括概论、市场调查与预测的信息系统和科学化、市场调查与预测的策划;第二篇,市场调查的方法和技术,包括市场调查方法、抽样调查技术、问卷设计技术、态度测量技术、数据分析技术;第三篇,市场预测的原理和模型,包括市场预测概述、时间序列分析预测、因果分析预测、经济计量模型预测。

为了帮助学生深刻理解市场调查与预测的理论、方法和技术,全面掌握所学内容,本书采取了以下方式:①在各章中插入典型例题、案例分析、知识链接、网上冲浪等栏目,以便充实和丰富教学内容。②每章都设有学习重点及要点和小结,帮助学生把握本章重要内容,并进行学习的回顾与检查。③每章结尾都配有习题,帮助学生及时巩固所学的知识;其中鲜活的案例分析题可供学生讨论,以提高学生分析问题和解决问题的能力。

本书由殷博益任主编,负责全书的框架构建和总纂定稿,陈欣欣、姜鸿运、王峰任副主编,马德清、陆婷、邹林艳参与有关章节的编写。由博士生导师杨春教授担任主审。

在本书写作过程中,参阅了国内外有关市场调查与预测的最新研究成果,有的直接引用,有的对资料进行了再加工或整理,在此谨对各位专家和有关作者表示诚挚的谢意!

市场调查与预测是一门研究市场信息的获取、处理、分析和运用的实践性与综合性很强的新兴学科,还需要在实践中不断地丰富和发展,并逐步完善其学科体系。由于编者水平有限,书中难免有不妥与错漏之处,敬请读者批评指正。

编　者

2021 年 05 月

目　　录

第一篇　市场调查与预测的基本理论

第二篇 市场调查的方法和技术

第三篇　市场预测的原理和模型

第一篇　市场调查与预测的基本理论

第一章　概　论

学习重点和要点

（1）认识市场调查和市场预测的定义及特点；了解市场调查与预测的学科性质。

（2）掌握市场调查与市场预测的关系；领会市场调查与预测的分类和内容。

（3）了解市场调查与预测的产生和发展；认识21世纪市场调查与预测面临的挑战。

第一节　市场调查与预测的学科特点

一、市场调查与预测的定义

（一）市场调查的概念

随着市场经济、市场营销的不断发展，市场调查的概念、内容、作用和范围也在不断发展，导致人们对市场调查的内涵理解上存在差异。目前，关于市场调查的定义，国内外有不同的解释，一般有狭义和广义的理解。

1. 调查和研究的含义

调查(Survey)是人们有目的、有意识地了解客观事实真相的一种感性认识活动。而研究(Research)则是通过对感性资料进行加工以求得认识现象的本质及其发展规律的一种理性认识活动。

从这里可以看出，调查和研究都是人们有目的、有意识的活动，但两者也有本质的区别。人们还常将调查与研究放在一起称之为“调研”。对市场调研的理解，学者的观点有差异。

一种观点，是把市场调研理解为对市场的调查研究(相当于 Market Research)。

因为人们对市场理解上的差异，所以市场调研又分为狭义和广义两种。狭义的市场调研是把市场理解为商品销售对象，即顾客的集合，此时的市场调研就是对消费者的调查研究，基本上相当于对消费者及其行为的研究。广义上的市场调研把市场理解为买者和卖者进行商品交换关系的总和(这是广义的，抽象的和经济学意义上的市场)，即市场是由各种市场要素(如商品、服务、价格、供求、竞争等)构成的。基于此，广义的市场调研除了包括对消费者及其行为的调查外，还包括对市场其他主体及行为以及市场有关其他方面的调查。

另一种观点，是把市场调研理解为市场营销调研（相当于 Marketing Research）。

美国市场营销协会在 20 世纪 80 年代后期对市场调研给出的定义，认为市场调研通过信息识别和明确市场营销机会和问题；形成、优化和评估市场营销活动，监督市场营销运作；改进对市场营销整个过程的理解，从而有效地把顾客、消费者和社会公众与市场营销主体相联结。

我们认为，市场调研是指个人或组织为某个特定的市场营销问题的决策所需而开发和提供信息，由此引发判断、收集、记录、整理、分析、研究市场的各种基本状况及因素，并得出结论的系统的、有目的的活动与过程。

2. 市场调查的定义

美国市场营销大师菲利普·科特勒（Philip Kotler）认为："市场调查是系统地设计、收集、分析和提供数据资料，以及提出跟公司所面临的特定的营销状况有关的调查结果。"他认为，市场调查是为企业特定的营销决策服务的，包括发现市场机会，选择目标市场，进行销售预测、广告效果研究等。

本书在定义市场调查时，一是无意区分调查与研究的不同；二是明确调查主体包括企业、社会组织、政府乃至个人。所以，我们把市场调查定义为：

市场调查是指调查主体按照一定的程序，运用科学的方法，有目的、有计划地搜集、整理、分析、研究市场活动中的各种信息（Information），找出其发展变化规律，为市场预测和管理决策提供科学依据的过程。对此，我们可以从以下五方面来理解：

（1）市场调查是个人或组织的一种有目的的实践活动。它主要是企业为解决市场营销问题、进行营销决策提供信息而有目的开展的活动。它是营销活动的一个有机组成部分，并服从于企业市场营销活动。

（2）市场调查是一项与市场经济相联系的营销管理职能。市场调查属于营销管理的范畴，它与决策、计划、执行和控制等管理职能共同构成营销管理。

（3）市场调查是一个系统过程。它是一个周密策划、精心组织、科学实施，由一系列环节、步骤、活动和成果组成的过程。

（4）市场调查从本质上讲是一项市场信息工作。它包含对信息工作中确定信息需求、信息处理、信息管理和信息提供的全部职能。同时，它包含着对信息的判断、收集、整理、分析、研究等活动。这些要素互相联系、互相依存，组成了市场调查的完整过程。

（5）市场调查具有广泛的活动领域。由于市场组织的复杂性、市场活动的频繁性、市场变化的不确定性及管理决策信息需求的多样性，决定了市场调查活动的领域具有广泛性。无论是宏观还是微观市场调查，都需要调查研究市场环境、调查课题的主体内容和相关因素三大方面的情况。

（二）市场预测的概念

1. 预测的含义

预测是人类研究客观事物未来发展变化的行为，是人类根据客观事物发展变化的内在联系及规律性推测未来不确定事件的理性表述。预测也是个人或组织的一种有目的的活动，是企业为解决市场营销决策问题提供信息的目的而展开的活动和过程。

"预测"在英文中有两个单词。一个是 Forecasting，是指对未来不确定事件的推测和测定；另一个是 Prediction，它既包含对未来将要发生的事件给予推断和测定，也包含对现在已经发生但尚不明确的事物给予估计和推测。"市场调查与预测"作为市场营销学的一门分支学科，此时，预测的含义应为后者——Prediction，从而与西方市场营销体系中"市场研究"课程相对应。其方法论内容既包括静态的市场分析，也应包括动态的市场预测。

2. 市场预测的定义

市场预测是借助于历史资料和市场调查资料，凭经验并运用科学的预测技术，对未来一定时期内市场发展趋势以及与之相联系的各种因素变化，进行预测、分析、判断，并得出符合逻辑的结论的经济活动和过程。对此，可以从以下三方面来理解：

（1）市场预测是服务于营销活动的一种实践活动，并成为营销活动的一个有机组成部分。在市场经济中，人们通过大量占有由诸多随机因素影响所形成的数据，采用统计、数学及定性分析等科学方法，对未来将要发生的或目前已发生但尚不明确的企业市场营销目标现象，给予一定可靠程度和准确程度的估计。

（2）市场预测也是一个系统过程。它是由一系列工作环节、步骤、活动和成果组成的过程，需要有科学的理论和方法指导，也需要进行科学的组织和管理。

（3）市场预测从本质上讲也是一项市场信息工作。它运用一定的预测技术，遵循一定的程序，加工处理市场信息，并得出结论，为企业决策提供依据，直接为市场营销服务。

二、市场调查与预测的特点

（一）市场调查的特点

1. 调查目标的明确性

市场调查通常是企业为某一特定的营销决策服务的，如选择目标市场、产品定位、产品市场占有率的提高等，因此，大部分的市场调查从一开始就目标很明确，即通过收集和分析资料，使企业对产品或市场有一清晰的认识和判断，以帮助企业做出正确的营销决策。

然而也有一些市场调查一开始目标并不清晰明了，如新产品的推广、投资机会的选择、新市场的开拓等，需要企业事先收集一些二手资料，对调查的问题进行界定和分析，以使调查的目标逐渐明确和集中。当然，这些问题的调查也非常重要，它们不同于已有产品的调查，对调查者往往更具挑战性，也蕴藏着一定的风险。在现实生活中，很多看起来很好的产品或很有前途的项目，在推广或实施过程中或胎死腹中、或半途而废。有的甚至使企业亏损累累，这其中的原因很大一部分是企业没有进行正确有效的市场调查。

2. 调查方法的科学性

在市场调查活动中，调查主体采用科学的方法设计方案、定义调查主题，采集数据和分析数据，提取有效的、明确的、相关的当前信息资料。在这个过程中，调查者可以采用多种方法收集信息。如实地观察、问卷访问、现场实验、随机抽样、计算机处理、预测模型分析等。企业只有采用科学的方法，才能保证调查数据的真实性，才能保证调查结果正确可靠。需要指出的是，任何一种调查方法都有其局限性，企业同时采用几种方法收集信息，或采用几种方法对资料进行分析验证，可以使调查结论更具有说服力，以提高市场调查的价值。

市场调查资料的汇总和分析过程更要注意科学性。在这个过程中，要求调查人员运用统计学、数学、概率论及心理学等学科的知识对所收集的市场资料进行加工、分析与整理，使其从某一角度和侧面更能反映出市场的本来面目。

3. 调查资料的经济性

市场调查同其他营销决策一样，也有一个投入产出的问题，即需要比较企业的信息需求和成本费用。为此，企业需要事先确定哪些项目需要调查，哪种方案可以采用，哪些资料需要实地收集,哪种调查方法更加有效,力求在调查中用尽可能少的花费完成预期的目标。

企业在做调查经费预算时,还要考虑以下问题:一是企业已收集了哪些资料。如已进行过的市场调查、相关机构公开发表过的资料和报告、企业档案和资料库中现存的资料。二是企业需要进行实地调查的信息。如本次调查需要重点收集的信息、该信息的价值与企业经费投入是否匹配。三是企业是委托调查还是自行调查。这需要根据费用和调查效果进行比较。

4. 调查内容的保密性

专业的调查公司经常是受许多企业的委托进行调查,在调查过程中难免会出现数据交叉使用和信息共享的情况,但调查公司绝对不能同时接受竞争企业的委托做同一专题的调查,更不能未经委托者的同意而将调查内容公开披露。因此,为防止出现调查内容泄露的情况,企业一开始就应向调查公司提出保密要求,并在合同中加上明确的规定和约束。调查内容的保密性是市场竞争的法则,也是市场调查的委托方、受托方以及被调查者的伦理道德要求。

5. 调查结果的不确定性

市场调查由于会受到多种因素的影响,其结果常常具有不确定性,尤其是在消费品调查中,消费者的心理状态、价值观念及消费者偏好的变化等因素,都会影响到调查的结果,也影响到决策方案的选择。另外,由于调查工作本身的问题,如调查问卷过于简单、调查样本太少、调查人员缺乏训练、被调查者无能力提供正确回答或不情愿提供有关信息等等,这些都会影响到调查结果的准确性。因此,对营销决策者来说,调查结果只能作为决策参考的依据,但不能代替企业决策。当调查结果和市场实际出现偏差时,决策者应该根据自己的市场感觉、已经积累的知识和经验,对调查结果进行分析、判断、修正,在此基础上做出正确的选择和决策。

6. 调查工作的创造性

市场调查工作有一定的程序可循,也有可供选择的研究方法,但是针对具体的调查问题,调查人员必须发挥其创造性,设计出科学合理的调查方案,选准科学的研究方法,有时甚至还要针对调查问题的特殊性创造出新的调查方法。在市场调查过程中,一定要根据每个调查项目的特点,创造性地开展市场调查工作。

知识链接

有效的市场调查的七个特征

美国市场营销学专家菲利普·科特勒在其著作《市场营销管理》(亚洲版)中提出了自己的看法。他认为,有效的市场调查具有以下七个特征:

(1) 科学的方法。有效的市场调查是使用科学的方法:仔细观察、形成假设、预测并试验。例如,某个邮购公司的退货率高达30%。管理层要求市场部经理调查退货的原因。市场部经理经过调查了解到了退回订单的影响因素,如顾客的地理位置、退回订单的金额以及商品种类等。然后做出假设:顾客等候订购商品的时间越长,退货的可能性就越大。经过统计分析证实了这个假设。市场部经理提出了提高服务速度,节约等候时间,降低退货率的建议措施。公司采纳了他的建议,结果证明预测是正确的。

(2) 调查的创造性。随着科学技术的进步,企业之间的竞争日益激烈,企业竞争的形式也是多方位的,并且许多调查的内容是前人所没有经历过的,这就会给市场调查人员增加市场调查的难度。在这样的情况下,市场调查人员要对市场进行有效的调查,必须对现有的市场调查方法进行改进,甚至是创新。

(3) 多种方法。能干的市场调查员并不依赖一种方法,而是强调方法要适应问题,不是问题适应方法。他们也知道通过多种渠道收集信息有更大的可信度。

(4) 模型和市场信息的数据相互依赖。有丰富经验的市场调查员懂得掌握市场机会的含义是源自对市场的了解。要了解市场，就要对市场进行调查而得到尽量准确的各种信息，并根据各类不同的信息采用不同的模型相匹配进行预测，这样的预测会使人为的误差大大地降低，为决策提供有力的支持，同时也大大降低了决策的风险。

(5) 信息的价值和成本。有经验的市场调查员会注意衡量信息的价值与成本之比。价值和成本能帮助市场调查部门确定应该进行哪个调查项目、应该应用什么样的调查设计以及初期结果出来后应该收集哪些更新的信息。调查的成本很容易计算，而价值就很难确定了。价值依赖于调查结果的可靠性和有效性，以及管理层是否愿意承认调查结果并加以使用。

(6) 正常的怀疑态度。有经验的市场调查员对经理轻率做出的关于市场运转方式的假设应持怀疑态度。

(7) 合乎职业道德的市场调查。大多数市场调查都会给公司和消费者带来好处。即通过市场调查能使公司更了解到消费者的需要，为消费者提供更满意的产品和服务。然而，有违职业道德的市场调查也会危害消费者、危害企业自身。

（资料来源：[美]菲利普·科特勒.营销管理：分析，计划，执行和控制.上海：上海人民出版社，2001）

（二）市场预测的特点

市场预测是在一定的理论指导下，以市场发展的历史和现状为基础，以市场调查资料和统计数据为根据，运用定性、定量的分析方法，在分析和把握市场运行规律的前提下，对未知的市场或市场未来的发展变化进行科学的估计和推测。市场预测具有以下几方面的特点：

1. 市场预测的目的性

市场预测是为生产经营或市场营销决策服务的。决策应是以科学的预测结果作为基础，通过分析比较，选取最优方案。因此，预测是决策的先导，是决策科学化的前提，没有准确、科学的预测，就没有决策的成功。因此，市场预测应从决策的需要出发，有目的地进行有关市场问题的预测。

2. 市场预测的科学性

市场预测是一种科学的预见，不带有任何主观随意性或毫无根据的随心所欲的臆测，它是科学，有科学的理论指导和科学的手段及方法。它依据收集的大量历史资料和现实资料，运用科学的预测方法，通过分析研究，在探求事物演变的过程、特点、趋势和规律的基础上，有效地预测未来的发展变化。因此，市场预测是一门科学，也是一门艺术。

3. 市场预测的综合性

市场预测不是简单的估计和推测，它要求运用多种定性分析和定量分析的方法，对大量预测资料进行综合分析，在把握运行趋势和规律的基础上，对市场未来的变化做出综合性的推断，并对预测结果进行多方面的评价和论证，才能确保预测结果的准确性和科学性。

4. 市场预测对象的不确定性

市场预测是研究市场不确定性事件的。由于市场存在着不确定性，为了趋利避害，企业有必要开展市场预测决定行动取舍，增强生产经营的预见性和主动性，减少决策的盲目性，降低决策风险。

5. 市场预测误差的不可避免性

预测是研究未来状态的。但客观事物的未来状态受一系列不确定因素所影响，未来的发展趋向、规模、水平、结构等发生怎样的变化往往不能确定，更难十分精确地给出定量描述。因此，市场预测的结果与未来的实际很难完全吻合，因而预测误差总是存在的。预测误差有两种情形，一是量的误差，预测结果与实际结果只是在数量上有一定的偏差；二是质的误差，预测结果与实际结果完全背离，二者变化完全相反。总之，市场预测的误差是客观存在的，是不可避免的。预测者应防止质的误差，并尽量把量的误差降到较低的程度。

三、市场调查与预测学科的特点

（一）市场调查与预测学科形成原因

市场调查与预测之所以能构成为一门学科，是市场经济发展到一定阶段的产物，它是市场调查和市场预测实践经验的概括和提炼。其产生的原因主要有以下六个方面：

（1）买方市场的形成，促使企业去研究买方市场的运行特点、规律及其企业的市场营销策略。

（2）市场竞争日益激烈，迫使企业去研究市场竞争规律和竞争对手的情况，以制定企业有效的竞争战略和策略。

（3）市场空间的扩展，国内市场国际化，企业为了扩大市场范围，需要进行更大范围的市场研究。

（4）消费者需求的多样性、多变性和发展性，促使企业必须不断获取市场信息，以决定为谁生产、生产什么、生产多少、何时何地生产、如何进行市场营销的开展等。

（5）管理决策的科学化、民主化，要求通过市场调查和市场预测提供更多的市场信息和市场预测分析依据。

（6）市场调查与预测实践活动客观上要求进行理论概括和提炼，以便为市场调查和市场预测提供理论指导。

（二）市场调查与预测学科的性质

1. 实践性

市场调查与预测以市场信息为其研究对象，研究市场信息的获取、处理、分析和运用等要素和环节。它不是研究市场的本身，而是研究市场现象的信息方面，通过市场信息去认识市场实践，把握市场运行规律，为企业经营决策和市场营销管理提供信息支持服务。

2. 管理性

从事市场调查与预测活动必须熟悉市场现象和市场经济理论。因此，市场调查与预测必须以经济学、管理学、市场营销学为其理论基础。从学科归属来看，市场调查与预测应该属于管理学，即信息管理学的一个分支。

3. 综合性

市场调查与预测主要研究市场信息的方法论问题。市场调查的各种方式大多源于统计学中的统计调查方式、方法，市场调查数据的处理和分析，往往需要运用统计整理和统计分析的多种方法。市场预测模型的建立和运用，也需要运用统计预测的知识和方法等等。因此，市场调查与预测的方法论基础应该是统计学。但作为一门方法论学科，市场调查与预测只有综合哲学、社会学、经济学、数学以及工程技术等方面的理论和方法才能形成。市场调查和预测的技术手段则涉及调查技术、预测技术、计算机技术等。因此，市场调查和预测是一门综合性很强的学科。

4. 交叉性

市场调查与预测是以市场调查为起点，探测其规律、阐述其理论、介绍其技术、分析其应用领域及其前景的学科。它是一门交叉的边缘学科。它与经济学、管理学、社会学、心理学、数学、统计学、信息学等一系列学科具有密切的相关关系。

5. 发展性

市场调查与预测是一门古老而又崭新并不断发展的学科，它充分运用现代科学技术所提供的理论、方法、手段来研究人类社会、政治、经济、军事以及科学技术等各种事物的发展趋势，分析市场调查与预测应用领域及其前景。

市场调查与预测学科同市场调查与预测活动是一个事物的两个不同的表现。后者是前者的基础，前者是后者的理论总结和科学探索。没有市场调查与预测的活动，就不会有市场调查和预测的学科；没有市场调查与预测学科的研究的发展和对市场调查与预测活动的指导，市场调查与预测活动永远只能处于盲目的、不自觉的低级阶段。市场调查与预测的出现既是市场调查与预测实践发展的需要，也是经济管理，尤其是市场营销学科发展的结果。

（三）市场调查与预测同相关学科的关系

1. 市场调查与预测学科同经济学的关系

经济学作为一门研究经济活动、经济现象、经济规律的基础性学科，是市场调查与预测学科的基础。市场调查与预测学科以经济学的基本理论为指导。经济预测模型都是在经济理论的指导下建立起来的，如凯恩斯的国民收入和就业决定理论及经济增长理论，是西方宏观经济预测的主要理论依据；新古典学派的厂商理论和需求理论是微观经济预测的主要理论依据。从广义的角度看，市场调查与预测学科是经济学科体系中的一门分支学科。

2. 市场调查与预测学科同管理学的关系

管理是通过一系列的职能完成的。管理的基本职能包括调查、预测、决策、计划、组织、指挥、控制、协调等。虽然其基本功能是获取信息的调查和预测，也是管理的一个基本职能。同时，整个市场调查与预测的过程，需要有科学管理的理论和知识的支撑。管理学的基本理论和方法在市场调查与预测学科中占有十分重要的地位。

3. 市场调查与预测学科同市场营销学的关系

市场营销学的研究包括企业面临的市场环境与市场分析、目标市场的确定与定位、营销活动与营销决策、营销组织与控制等内容。在分析企业面临的宏观市场环境与微观市场环境时，在分析市场消费需求时，在确定企业市场机会和发展战略与营销战略时，在企业选择目标市场时，都离不开市场调查与预测所提供的信息，市场调查与预测正是为企业市场营销服务的。菲利普·科特勒提出的战略营销计划过程的4P中的第一个P就是探查（Probing），Probing实际上就是市场营销调研。只有企业依靠市场调查提供的信息，才能提供综合运用市场营销组合的最佳方案。从这个角度说，市场调查与预测同市场营销学是密不可分的。

4. 市场调查与预测学科同社会学的关系

在许多时候，市场问题就是社会问题，市场调查与预测就社会调查。同时，对市场的把握离不开对社会的了解。研究社会学必须进行社会调查，社会调查主要指描述社会现象状况、解释社会现象发生的原因和对未来的社会现象做出一定的预测。广义上讲，市场调查与预测在某些时候属于民意调查范畴，而民意调查是社会学的一个分支。

5. 市场调查与预测学科同心理学的关系

在市场调查与预测中，不管是对消费者及其行为的调查，还是对其他市场主体的调查，问卷设计技术和态度测量技术的运用均涉及需要、动机、行为、态度等心理学的理论和知识。市场调查与预测中的许多方法也是从心理学中演化而来的。

6. 市场调查和预测学科同信息学的关系

市场调查与预测本质上是一种市场信息工作，在信息资料处理中，无论是内源信息还是外源信息，无论是定性市场信息还是定量市场信息，都需要采用大量的数学、统计学和信息学的知识和技术。而且，要做好市场调查与预测工作必须建立市场调查与预测信息系统，发挥好市场调查与预测信息系统的功能。

7. 市场调查与预测学科同统计学、运筹学及近代数学的关系

市场调查与预测学科吸收了统计学、运筹学、近代数学等学科领域的研究成果，并与市场预测和决策实践活动结合起来，形成了逻辑推理、分析、归纳、综合与论证的多种定量分析方法与技术，如时间序列分析预测、回归分析预测法、线性规划、决策技术等等，从而提高了人们进行预测、决策的科学性。

此外，诸如系统科学、伦理学等学科知识，也构成了市场调查与预测的组成部分。

四、市场调查与市场预测的关系

市场调查与市场预测是市场研究的两个重要部分。市场研究就是通过一些方法收集市场活动的历史和现状资料、借助预测理论和方法，对市场活动的未来发展趋势做出估计，推测市场活动发展变化可能达到的水平和规模，以减少对未来市场活动认识的不确定性。市场调查与市场预测之间具有既互相区别又互相联系的密切关系。

（一）两者的共同点

（1）主体相同。市场调查与市场预测的主体都是对市场信息具有需求的个人或组织，主要是企业。

（2）客体相同。市场调查与市场预测的客体都是市场活动及其有关部分。

（3）功能和作用相同。市场调查与市场预测的功能和作用都是为企业经营决策和制定营销计划提供依据。

（4）本质相同。市场调查与市场预测本质上都属于市场信息工作范畴。

（二）两者的区别

（1）研究的侧重点不同。市场调查和市场预测虽然都可研究市场上的供求关系及其影响因素，但市场调查侧重于市场的历史和现状的研究，是一种描述性研究，目的是了解历史，掌握市场发展变化的轨迹、特点和规律的目标，从而获取市场信息；市场预测侧重于市场未来的研究，是一种预测性研究，目的是依据对市场历史和现状的认识，达到预计、认识未来，掌握市场的未来发展趋势的目标，从而对市场未来做出推断和估计。

（2）研究的结果不同。市场调查与市场预测的最终目的都是通过对市场的研究，为各种决策提供依据。但市场调查所获得的结果是反映市场的各种数据和资料，是各种历史信息和现状信息，其涉及内容比市场预测广泛，这些信息既可作为市场预测的依据，也可直接为管理决策提供依据。而市场预测所获得的结果，是市场未来的发展趋势信息，是一种有一定科学依据的假定，主要为未来发展规划提供预测性决策依据。

（3）研究的过程和方法不同。市场调查是收集、处理和分析市场信息的过程；市场预测是利用市场信息进行信息的深加工和做出预测结论的推断过程。

从研究方法看，市场调查主要是通过调查设计、资料收集（包括第二手资料的收集和第一手资料收集的访问法、观察法、实验法、分析法）、资料处理等方法以及抽样调查技术、态度测量技术、数据分析技术等技术得到所需的市场信息。而市场预测主要运用定性分析方法的经验判断、意见集合等技术，以及定量分析方法的数学模型技术获得所需的市场信息。

（三）两者的相互关系

（1）市场调查与市场预测是前后相继关系。市场调查和市场预测是有关企业或组织的市场信息工作整体中的两个有机组成部分，两者是前后相继关系。市场调查是市场预测的基础和前提，市场预测是市场调查的必要延续。只有市场调查没有市场预测的市场信息工作过程是一个不完整的过程。只有在市场调查的基础上，进一步开展市场预测才能获得包括历史、现状和未来发展趋势在内的完整的市场信息，从而为营销决策和制定计划提供依据。

（2）市场调查为市场预测提供目标和方向。市场变化的特点是多因素、多变量交叉影响，不确定性和模糊度较高。通过调查可以摸清多因素、多变量之间的内在联系，掌握发展变化的规律性，从而较好地界定市场预测范围，明确市场预测的目标和方向。

（3）市场调查为市场预测提供依据。市场预测依赖于市场调查的结果，即相关的市场历史信息和现状信息，以及由此得出的市场发展变化的内在规律性。否则，市场预测只能是盲目的，不可能有科学性和准确性。

（4）市场调查能验证、修正市场预测的结果。市场预测是对未来市场状况的预计和判断，预测总是存在误差，而市场调查不仅能够检验、修正前一段的预测结果，还能够分析论证预测成功或失误的原因，总结经验教训，进而不断提高市场预测水平。

总之，市场调查与市场预测是市场研究的前后两个重要环节，市场调查是市场预测的基础，市场预测是市场调查的拓展和延伸。

第二节 市场调查与预测的分类和内容

一、市场调查的分类、内容及研究方法

（一）市场调查的分类

根据市场调查的功能、主体、时间、范围等差异，可以对市场调查进行不同的分类。科学认识市场调查的各种分类，便于针对不同市场调查的特点和功能，提供不同的调查要求，选择正确的调查方法和技术。

1. 按调查的功能分类

按调查的功能不同，市场调查可分为探测性调查（Exploratory Research）、描述性调查（Descriptive Research）、因果性调查（Causal Research）、预测性调查（Forecasting Research）四类。

（1）探测性调查。探测性调查是调查的初始阶段，是一种非正式的调查活动。探测性调查一般没有周密的调查计划，是在还没有非常明确的研究方案或对环境缺乏基本了解的情况下，为找到问题的症结和明确进一步调查的具体内容与重点而进行的调查活动。探测性调查

的目的是为后续调查提供思路，以便更有针对性的进行调查。对一些简单的问题若能通过探测性调查得到解决，便不需要进行进一步研究。

对于企业开展一项全新的业务、进入一个全新市场、进行新产品开发的前期调查等来说，由于对所研究的对象知之甚少，往往都需要经历一个探测性调查的过程。例如，企业要对某个新产品的顾客满意度进行调查，但由于对该产品影响顾客满意度的因素没有准确的判断。无法建立顾客满意度模型，因此事先需要进行探测性调查，了解什么因素会影响到顾客满意度，并影响其购买行为。在此基础上，才可能建立顾客满意度模型，并根据顾客满意度模型设计问卷，进行顾客满意度调查。由于探测性调查往往处于调查活动的前期阶段，对所需信息或理论模型不清晰，目的并不准确，因此探测性调查属于非程序性的活动，一般采用较简单、灵活、多样、发散的调查方法，如对文献及二手资料的收集与分析、相关专业人士的走访、消费者的随访、定性调查等。探测性调查的规模也较小，只是一种尝试性的调查。

探测性调查的主要作用是发现问题，寻找市场机会。灵活性和多样性是探测性调查的最主要的特征。解决的问题是“可以做什么”。

（2）描述性调查。描述性调查是对所研究问题的特征和功能进行如实记录的调查。描述性调查的前期是调查人员事先对所研究问题已经有了清晰的认识。通常，描述性调查需要回答“谁”“何时”“是什么”“怎么样”等问题，并非要回答“为什么”的问题，其结果说明所研究问题的表面特征，不涉及所研究问题的本质及内在影响因素。如广告支出增加几个百分点、白领阶层使用信用卡的比重等。

描述性调查一般以有代表性的大样本为基础，通过完整的调查计划，精确的问卷设计以及对调查过程的有效控制来对所研究的问题做尽可能准确的描述。通常，描述性调查的结果可以用统计表或统计图来表示。描述性调查是结论性调查的一种，是一种最基本、最一般的市场调查，它一般要进行实地调查，搜集第一手资料。一般而言，描述性调查的信息来源很多，几乎各种来源的信息都可用于描述性调查，调查的方法也可包括各种类型。市场调查多属于描述性调查。描述性调查被广泛应用于企业经营管理实践中，常见的描述性调查有：

① 市场分析。包括市场结构、规模、供求关系、消费者及其行为特征、市场竞争、新技术的应用、替代品的动态等市场基本情况。

② 销售分析。主要研究企业产品的销售情况，包括市场份额、不同地区的销售数量、产品线的销售情况、产品销售的变化趋势等。

③ 产品分析。研究企业产品的基本情况，包括产品的基本品质、特征、产品的生命周期、使用功能及其发展趋势、消费领域和消费模式等内容。

④ 销售渠道研究。主要研究商品流通环节中的渠道，包括商流、物流形式、流通环节、中间商的类型、数量、地理分布等。

⑤ 价格分析。主要研究市场上相关产品的价格水平、价格变动趋势、定价方法、消费者对价格的反应等问题。

⑥ 形象分析。主要调查社会对企业的总体形象、人员形象、产品形象等的认知情况及其对企业可能产生的影响等。

⑦ 广告分析。主要研究广告媒体的特征、目标受众的感知特征及其对媒体的反应、竞争对手的广告等。

⑧ 资本市场分析。主要研究融资渠道的变化、金融产品的发展、各类资本成本及其变化

趋势、重要的战略投资人和投资对象、资本市场的相关制度等。

(3) 因果性调查。因果性调查也是结论性市场调查的一种。它是旨在确定有关事物的因果联系的一类市场调查。事物的发展变化总有一定的因果关系。因果调查的直接目的有两个：一是了解哪些变量是原因性因素，即自变量；哪些变量是结果性因素，即因变量。二是确定原因和结果，即自变量和因变量之间相互联系的特征。从而通过因果调查对市场变量之间的因果关系做出解释。如快餐销售额受地点、价格、广告等因素的影响，改变其中一个自变量来观察因变量受到的影响程度。

描述性调查仅仅回答了“什么”“何时”“如何”等问题，因果性调查则进一步回答“为什么”的问题。它涉及事物的本质，即影响事物发展变化的内在原因。市场营销管理者更多的是根据事物之间内在的因果联系做出营销决策，因而，因果性调查是一种十分重要的市场调查。

(4) 预测性调查。预测性调查是一种综合性的调查活动，它包括了描述性调查与因果性调查的内容。其目的是对未来市场的变化趋势进行研究，得到预测性结论。它所回答的问题是“未来市场前景如何”，最终为掌握未来市场的发展趋势，为经营管理决策和市场营销决策提供依据。例如，要预测某产品的未来需求量，不仅要了解市场的过去，描述市场发展的规律，还要挖掘市场演变的内在因素，并对未来市场结构进行研究，探测其发生结构变化的可能性，从而确定预测方法与预测模型，最终得出未来市场容量的预测。

需要注意的是，预测性调查可以充分利用描述性调查和因果性调查的现成资料，但预测性调查要求搜集的信息要符合预测市场发展趋势的要求，既要有市场的现实信息，更要有市场未来发展变化的信息，如新情况、新问题、新动态、新原因等方面的信息。

2. 按调查的主体分类

(1) 政府的市场调查。政府在社会经济活动中承担着宏观管理和协调的职能，但其最终都是以社会的整体利益为根本目标从事相关的管理活动。因此，政府部门的市场调查不仅要从经营的角度出发，更要从社会福利最大化的角度来考虑问题，从而确定相应调查方案。政府部门从事市场调查活动所涉及的内容比较多，范围比较广，对于国计民生的意义比较重大。

(2) 企业的市场调查。在经营管理活动中，面对激烈的市场竞争，企业经常需要通过市场调查了解各种市场信息作为决策的依据。企业的市场调查可以由企业自己进行，也可以委托专业的市场调查公司进行。

(3) 社会组织的市场调查。各种社会组织机构(如学术团体、中介机构、事业单位等)为了学术研究、提供咨询以及本身业务发展等需要也会开展市场调查，如消费者保护组织对某个地区或某个市场的某种产品质量进行的调查。由于社会组织具有非营利性，所以，社会组织的市场调查受功利性影响比较小，其调查结果的可靠性较高、专业性较强。

(4) 个人的市场调查。个人由于某种原因有时也会进行一些市场调查，如大学教师为开展教学研究活动需要进行市场调查，研究机构的研究人员为了收集课题研究所需的市场信息需要进行市场调查，消费者在做购买决策时需要进行市场调查，个人职业发展规划也需要进行调查。个人的市场调查一般范围较小、内容较少、历时较短。

3. 按调查登记时间的连续性分类

(1) 一次性调查。一次性调查又称临时性调查，是指为了研究某一特殊问题而进行的一次性的市场调查。例如，某企业拟建新的零售商场，开拓新市场，经营新商品，一般都需要作一次性的市场调查，以了解市场范围、市场需求、市场竞争等方面的情况。

（2）定期性调查。定期性调查是指对市场情况或业务经营情况每隔一定时期所进行的调查。如月末调查、季末调查和年末调查等。定期调查一般是周期性的，调查的方式一般有定期报表调查、定期抽样调查等。

（3）经常性调查。经常性调查是指在选定调查的课题和内容之后，组织长时间不间断地调查，以搜集具有时间序列化的信息资料，如企业内部经营情况的统计调查、企业经常性的同行业价格调查和经常性的市场行情调查等。

4. 按调查的范围分类

（1）专题性市场调查。专题性市场调查是为了解决某个专门性的具体问题而进行的针对性强的市场营销调查。调查的目的是降低决策中某个方面的不确定性，或者应付临时出现的困难。这类调查目的明确、涉及的范围较小、调研内容少、历时时间短、所需投入的资源也较少。企业所做的大多数市场调查都是专题性的，如改变包装对产品销售的影响，对广告效果的评价，影响消费者购买某种产品的最主要的因素等。

（2）综合性市场调查。综合性市场调查一般是指企业为了全面了解市场整体性情况所进行的全面的市场调查。这类调查的特点与专题性调查正好相反，它所涉及的问题比较多、面比较广、耗费时间长、所需投入的资源较大、决策难度大、风险高。企业为开发某个新产品所进行的市场调查，企业为进入一个新的市场领域所进行的市场调查等，就属于综合性市场调查。综合性调查收集的信息资料可以反映市场的全面，有助于调查主体确切了解和全面掌握市场状况，有利于企业据此做出比较正确的决策。

5. 按调查资料来源分类

（1）一手资料调查。一手资料调查又称原始资料调查，是指调查人员直接向被调查者收集资料的方法。一手资料调查具有较高的可靠性。但是，一手资料调查需要投入大量的人力、物力和财力，需要较长的时间才可能得到调查的结论。一手资料调查法包括询问法、观察法和实验法，各种方法的运用详见第四章。

（2）二手资料调查。二手资料调查是指对已有资料进行收集、整理和分析的方法。二手资料调查不需要调查人员对调查对象进行登记，而是从政府部门或专业的市场调查机构公开发表的资讯中获得信息。与一手资料调查相比，二手资料调查具有简单、快速、节省调查经费等特点。

如果在调查内容、范围、口径等方面正好符合研究的需要，则充分利用二手资料可以省去调查、收集一手资料的工作环节。但任何二手资料都是调查人员根据特定目的收集整理的，不可能完全满足现时所有的分析需要。因此，利用二手资料往往要进行调整、推算等工作。

（二）市场调查的内容

市场调查的内容覆盖营销管理的全过程，主要包括以下几方面。

1. 个人消费者市场研究

市场调查中最重要的内容就是对消费者的市场调查与研究。主要包括对消费者数量、结构、购买力、消费者支出、品牌偏好、行为及满意度研究等。消费者市场研究的目的主要是支持个人消费品的营销管理过程，最大限度地满足个人消费者需求，从而获得最丰厚的利润。

2. 产业市场研究

产业市场研究又称生产者市场研究。主要包括宏观经济环境、产业市场结构、客户情况、竞争对手、组织购买行为、市场占有率和竞争力研究等。产业市场研究的目的主要是支持企业对企业营销(B to B Marketing)的管理过程,提高客户满意度,开拓市场。

3. 目标市场研究

目标市场研究内容主要包括宏观环境因素界定与分析、微观环境因素研究、市场机会与威胁分析、市场细分分析、市场现有规模和潜在规模研究与预测、市场定位研究与预测等。目标市场研究的目的主要是通过对总体市场需求和变化趋势的研究,最终使企业寻找到理想的目标市场并成功地进行市场定位。

4. 产品研究

产品或服务是一个企业向市场提供和传递价值的最基本的载体和关键要素。产品研究内容主要包括:产品生命周期研究、新产品创意或构思研究、消费者对产品概念的理解研究、新产品发展前景研究、产品品牌价值和品牌忠诚度研究、产品包装测试、品牌名称开发与测试、产品支持性服务的研究。产品研究的目的主要是支持企业的产品发展战略决策。

5. 价格研究

价格研究内容主要包括:企业定价目标分析、成本分析、价格弹性分析、消费者对产品价值的认知研究、各种定价策略研究、消费者对价格变化的理解或反映研究等。价格研究主要目的是支持企业的价格决策和价格战略。

6. 分销渠道研究

分销渠道研究内容主要包括分销渠道的结构研究、分销渠道覆盖范围研究、批发商和零售商研究、分销渠道关系研究、分销效果研究、运输、仓储和配送研究等。分销渠道研究的目的主要是支持企业的分销战略决策,使分销渠道达到最佳组合。

7. 促销和广告研究

促销和广告研究内容主要包括各种促销手段的组合结构,广告主题和广告文案测试,广告媒体,电视收视率、广播收听率及报纸或杂志阅读率等的研究,为评价广告效果而作的广告前消费者态度和行为,广告中接触效果和接受效果,广告后消费者态度和行为跟踪,广告媒介监测,销售人员区域结构,各种优惠措施研究等。促销与广告研究的目的主要是支持企业的促销策略与战术决策,使促销组合达到最佳,以最少的促销费用达到最大的促销效果。

8. 市场竞争研究

市场竞争研究主要是侧重于本企业与竞争对手的比较研究,其内容主要有两个方面:首先,对竞争形势的一般性研究,包括不同企业或企业群体的市场占有率、他们的经营特征和竞争方式、行业的竞争结构和变化趋势等;其次,针对某个竞争对手的研究,包括对比分析产品质量、价格、销售渠道、产品结构和广告等,识别企业的优势与劣势。市场竞争研究的目的主要是支持企业营销的总体发展战略,做到知己知彼,发挥企业竞争优势。

(三) 市场调查的研究方法

市场调查的过程是获取市场信息进行市场分析研究的过程,其最基本的研究方法有以下几种。

1. 大量观察法

大量观察法是抽取总体中足够多的单位进行调查研究的方法。由于在研究总体中,个体单位各种因素的影响往往具有差异性,个体单位不能反映总体的一般特征和规律性。为此,要求在市场调查中,应从总体中抽取足够多的个体单位进行调查研究,以消除偶然因素的影响,反映出总体的必然性、数量特征和规律性。在市场调查中,全面的市场调查很少,大都采用非全面的市场调查，如抽样市场调查、重点市场调查、典型市场调查等，这就要求调查的样本容量应包含足够多的个体单位，以保证市场调查能够消除偶然性，揭示市场发展变化的必然性。

2. 分类观察法

分类观察法在市场调查研究中有着特别重要的意义，因为分类观察法按照一定的分类标准或标志，能够把研究的市场现象的总体划分为不同的组别，从而可以有效地观察市场现象的各种不同类型，揭示总体的内部结构及其分布特征，研究市场现象之间的相互联系，达到认识市场现象的本质特征和规律性的目的。分类观察法的实质是对信息进行分类获取、分类处理和分析，通过分类观察和研究，达到认识市场现象总体特征的目的。因此，市场调查问卷设计，数据处理和分析中应大量运用分类观察法。

3. 定性与定量结合研究法

定性研究主要是判别事物发展变化的性质、方向、趋向、质量特征等，大多采用判断思维的方法；定量研究主要是运用数据来认识事物的发展变化的规模、水平、结构、速度和数量特征与规律，大多采用统计思维的方法。在市场调查研究中，定量研究通常表现为数据的获取、处理、分析和应用；定性研究通常用来定义问题、项目，制定假设或确定研究中应包括的变量，解释由定量分析所得的结果，获取和处理非量化的信息，帮助调查者理解潜在的活动和动机等。因此，在市场调查研究中，定性与定量研究应结合应用，在进行一项新的调查项目中，定性研究应为定量研究提供方向，定量研究应发挥市场主体信息的作用，定性研究也应解释定量研究所得的结果。

4. 归纳推断法

归纳法是从个别到一般的综合推理的方法。在市场调查研究中，应通过对个体的观察过渡到对总体特征和规律的认识，要通过对调查数据的分类处理和汇总与分析，得出总量指标、相对指标和平均指标等综合指标，以概括总体的一般数量特征和规律。推断法是利用样本数据来推断总体的数量特征，进行参数估计和假设检验。在市场调查研究中，推断法的应用也是大量的，但应注意样本的代表性及样本统计量的无偏性、一致性和有效用。

二、市场预测的分类、内容及要求

（一）市场预测的分类

1. 按预测时间的长短分类

按预测时间的长短进行分类，市场预测可分为短期预测、中期预测和长期预测三类。这种分类主要考虑研究对象的结构性变化和环境的不确定性等要素。

（1）短期预测（Short-term Forecast）。短期预测一般是指一年以内的预测，包括年度、季度和月度预测，有时还包括时间更短的预测，又称为近期预测。短期预测与其他预测相比，其信息较为齐全，不确定性较小，预见性较强，结果较为准确。由于短期预测的时间跨度较短，其预测对象发生结构性变化的可能性较小，往往适用于外推型预测方法。短期预测通常为企业的日常经营决策和年度计划提供信息与辅助决策。

（2）中期预测（Medium-term Forecast）。中期预测指一年以上，五年以内的市场预测。中期预测介于短期预测与长期预测之间，一般为企业的中期战略决策提供支持。中期预测因为时间不是很长，不确定因素不是很多，数据资料较齐全，所以预测的精度仍较高。中期预测要结合使用外推型预测和结构型预测方法。

(3) 长期预测(Long-term Forecast)。长期预测指五年以上的市场预测。长期预测的不确定性很高，所研究的对象一般会发生结构性的变化，预测的准确性会大大下降，通常用于长期发展战略和基础学科发展方面的研究，如产品的有关技术发展趋势预测、能源供求预测等。长期预测大多采用结构型预测和定性预测方法。长期预测要通过中期和短期预测加以具体化并付诸实施。

一般而言，长期预测为中期预测和短期预测提供方向和依据，中期预测是长期预测的具体化和短期预测的依据，短期预测则是在中期预测基础上的更加具体化。

2. 按预测的性质分类

(1) 定性预测。定性预测是指通过对预测对象内在发展规律分析，判断其未来发展变化趋势的一种预测方法，它是一种经验形态的预测，也是信息密集型的预测。它依据预测者的经验、知识、直觉等对预测对象未来的发展及状态进行判断。定性预测往往在数据不足、预测对象的属性难以量化或不需要收集大量信息以进行定量预测等情况下采用。

定性预测法的优点是简便易行，使用范围广，可以综合考虑社会、政治、经济、文化等各种非量化因素，尤其在研究对象或环境发生结构性变化时，定性预测具有较好的适应性。其不足之处是对未来的变化趋势难以做出精确的预测结果，其可靠性也难以评价。

(2) 定量预测。定量预测是根据历史数据，通过建立预测模型和模型运算，对预测对象未来发展变化趋势进行量化的分析与判断的方法。它是一种结构性知识形态的预测，也是物化信息密集的预测，一般在原始数据比较充足、研究对象和环境比较稳定的情况下采用。由于市场本身是质和量的统一，所以对市场的全面认识需要借助于定性分析和定量分析的结合。

定量预测的优点是方法科学、不受人为因素的影响；预测结果具有较好的稳定性和可重复性；准确性较高，可估算预测的误差范围和可信度，帮助决策者判断决策的风险范围。其不足之处是对数据的要求较高，在数据准确性差时预测的可靠性不如定性预测；受时间限制较强，适合于外推型而非结构型预测；定量预测的成本往往较高，对预测人员的要求也较高。

3. 按预测的空间区域分类

按预测的空间区域分类，可分为区域性市场预测、全国性市场预测、国际市场预测三类。

(1) 区域性市场预测。区域性市场预测是指以某一个市场区域作为研究对象，其目的在于了解该区域市场变化的趋势特征。因此，相关的预测变量仅要求代表本区域的市场特征，一般而言较少涉及因素和变量，数据和信息的收集相对较为容易，成本较低。区域性市场预测是最常用的市场预测类型。

(2) 全国性市场预测。全国性市场预测是指对全国市场进行研究，预测全国市场总体发展趋势的活动。全国性市场由各个区域市场构成，但由于各个区域市场的结构不尽相同，全国性市场并不等于各区域市场的简单叠加。全国性市场预测往往需要对各区域市场进行分类研究并进行整合，从而得出对全国市场总体性预测。全国性市场预测具有预测面广、涉及范围大、变量和不可控因素多、收集资料困难、预测的难度较大的特点。全国性市场预测可以是综合市场预测，也可以是专题市场预测。

(3) 国际市场预测。国际市场预测以世界范围内的全球市场作为研究对象，又分为全球性市场预测和区域性市场预测。有针对全球总体市场的预测，有针对某一个国际区域市场的预测，也有针对某一国家市场的预测。国际市场预测的特征在于预测的涉及面广、范围大、影响因素众多、环境的不确定性强、收集资料困难、市场结构差异性大、研究对象及其环境特征较为陌生等特点。

（二）市场预测的内容

市场预测的内容十分丰富，由于市场的主体、市场的性质不同，市场预测的目的要求不同，从而市场预测的内容也就有了差别。一般来说，任何市场均可围绕市场环境、市场需求、市场供给、市场运作、市场价格、市场竞争等方面开展预测。不同性质的市场在预测业务、预测范围、预测要求等方面存在差别。从商品市场角度来看，市场预测的内容主要有以下几点：

1. 市场环境预测

市场环境预测是在市场环境调查的基础上，运用因果性原理和定性与定量分析相结合的方法，预测国际国内的人口、经济、自然、技术、政治法律、社会文化等环境因素的变化对特定的市场或企业生产经营活动会带来怎样的影响，并寻找适应环境变化的对策。如人口总量和人口结构变化，给某产品的需求带来什么影响；人口老龄化所带来的商机；产业、能源等政策的调整，对企业的生产经营活动所产生的作用；全球金融危机对外向型企业有何冲击，应采取怎样的应对策略等，都是市场环境预测的具体内容。市场环境预测应及时收集外部环境变化的信息，运用 SWOT 分析方法，即分析环境变化带来的威胁和机会，分析企业的优势与劣势，才能得出较为合理、准确的预测结论。

2. 市场需求预测

市场需求预测，即商品购买力及其趋向的预测。它是在市场需求调查的基础上，运用定性与定量分析相结合的方法，对特定区域和特定时期内的某类市场或全部市场的需求潜力、需求规模、需求水平、需求结构及变动等因素进行分析预测。由于市场需求的大小决定着市场规模的大小，对企业的投资决策、资源配置和战略研发具有直接的重要的影响，因此，市场需求预测是市场预测的重点。市场需求预测既包括现有市场需求潜力估计，也包括对未来市场需求潜力的测定。市场需求预测的前提是首先对影响市场需求变化的人口、收入、储蓄、投资、信贷、价格、经济增长等因素进行分析研究。

3. 市场供给和供求状态预测

市场供给预测是指对一定时期和一定范围的市场供应量、供应结构、供应变动因素等进行分析预测。由于市场供给的大小，反映了满足市场需求需要的程度，因而，它是决定供求状态的重要变量。市场供应量和供应结构的分析预测，可从消费品与生产资料两方面进行。一般来说，应在市场供给调查的基础上，运用合适的预测方法对那些可能决定供应总量的变量进行因素分析、趋势分析和相关分析，在此基础上，再对市场供应量和供应结构的变化前景做出推测。

市场供求状态预测，即市场供求关系变动预测，它是在市场需求与供给预测的基础上，将两者结合起来，用以判断市场运行的趋向和市场供求总量是否存在总量失衡；市场供求结构是否存在结构性失衡。如市场供不应求，是生产能力不足还是货币投放过多等。市场供求状态预测的核心在于把握市场运行的供求态势，以便从中寻求对策。

4. 消费者购买行为预测

消费者购买行为预测，是在消费者调查研究的基础上，对消费者的消费能力、消费水平和消费结构进行预测分析，揭示不同消费群体的消费特点和需求差异，判断消费者的消费目的、购买习惯、消费倾向和嗜好等有何变化，研究消费者购买什么、购买多少、何时购买、何地购买、由谁购买、如何购买等购买行为及其变化。消费者购买行为预测的目的在于为市场潜力测定、目标市场选择、产品研发和营销策略的制订提供依据。

5. 产品市场和销售预测

产品市场预测是利用市场调查资料和现成的资料，对产品的生产能力、生产成本、价格水平、市场占有率、市场覆盖率、技术趋势、竞争格局、产品组合、品牌价值等进行预测分析。其目的在于揭示产品的市场发展趋势、市场潜力和竞争能力，为企业产品市场前景分析及制订有效的营销策略提供依据。

产品销售预测是利用产品销售的历史数据和有关调查资料，对产品销售规模、结构、变化趋势、季节变动规律、产品的市场占有率和覆盖率、销售客户分布、渠道变动、费用与销售利润变动等做出预测分析和推测，揭示影响销售变动的各种因素，揭示产品销售中存在的问题，寻求扩大产品销售的路径。

6. 市场行情和竞争格局预测

市场行情预测是对整个市场或某类商品的市场形势和运行状态进行预测分析，揭示市场的景气状态是处于扩张阶段，还是处于紧缩或疲软阶段；或揭示某类市场是否具有周期波动规律，以及当前和未来周期波动的走向；揭示某种商品因供求变动而导致价格是上涨、还是下降等。其目的在于掌握市场周期波动的规律，判断市场的景气状态和走势，分析价格水平的变动趋向，为企业经营决策提供依据。

市场竞争格局预测是对产品的同类企业的竞争状态进行预测分析，包括对产品产量、销售量的分布格局，产品行销区域格局，以及产品质量、成本、价格、品牌知名度和满意度、新产品开发、市场开拓等要素构成的竞争格局及其变化态势进行分析、评估和预测。

7. 企业经营状况预测

企业经营状况预测是利用企业内部的统计数据、财务数据和有关的市场调查资料，对企业的资产、负债、权益、收入、费用、利润等方面，以及经营效率、偿债能力、盈利能力的变动趋势进行预测分析。其目的在于正确把握企业的资产配置和经济效益的变化趋势，寻求资源配置和提高经济效益的途径，为加强企业的经营管理提供支持。

（三）市场预测的要求

市场预测是一项复杂细致、涉及层面很广的工作。它既要经过专业培训的人员从事预测分析工作，又要有决策人员的参与，还需要各部门的支持和配合，提供完整有效的资料，才能使市场预测具有可靠的基础，提高预测的准确性和科学性。为使市场预测能真正成为决策者进行科学决策的前提和依据，应注意以下几点要求。

1. 对预测人员的要求

市场预测工作是一项经常性、持久性的工作，企业应拥有必要的市场调查与预测人员，并建立健全市场调查和预测机构。预测人员必须具有较高的综合性知识，既要有一定的经济理念和社会科学知识，又要具备一般自然科学知识，懂得市场营销学、统计学、预测学、财务管理等多学科的知识，具有预算、综合、分析、推断等各种能力，并具有一定的市场调查和预测经验，有良好的职业道德和敬业精神。这样的预测人员，才能够胜任市场预测工作。

2. 对预测资料的要求

市场预测必须以全面、系统和可靠的数据资料为基础。数据不全或不准确必然影响预测的准确性和可靠性。预测的准确性和可靠性降低到一定的程度时，市场预测就失去了价值。因此，市场预测应重视数据和有关资料的收集整理和分析，完善数据系统，以确保市场预测所需要的各类数据和资料，使预测建立在充分的信息基础之上。

3. 对预测方法的要求

一般来说，应根据预测的要求、数据资料的性质和多少、预测费用的高低等因素选择合适的预测方法。各种预测方法都有自己的应用场合和局限性，为了提高预测的准确性和可靠性，常常把有关的预测方法结合起来，实行组合预测。特别是定性预测与定量预测应结合应用，定性预测应为定量预测的变量选择和现象发展方向的确定提供先导，定量预测的结果应采用定性分析的方法进行评价。

4. 对预测过程的要求

市场预测是建立在对数据资料进行分析研究基础之上的，只有充分认识预测对象发展变化的过程、特点、趋势和规律，才能有效地推断未来市场的发展变化前景。因此，市场预测的过程是分析研究的过程，是信息处理和提取的过程。市场预测应重视预测过程，做到先分析，后预测；先把握趋势和规律，后进行预测推断。

5. 对预测结果的要求

市场预测的结果总是存在误差，这种误差应控制在一定的范围内。为此，对预测结果应进行必要的评价，包括误差分析、模型检验、经济理论分析、预测结果可行性评价等。预测结果若经评价证实是可行的、可靠的、较为准确的，则应采用市场预测报告的形式反映预测的结果，解释预测结论并提出相应的对策建议。

第三节　市场调查与预测的产生和发展

一、市场调查与预测是商品经济的产物

市场调查与预测作为一种经商之道和经营手段，是伴随着市场经营活动的产生而出现的。商品生产者、经营者要出售自己的商品，实现商品价值，就必须了解市场的状况和发展趋势。据记载，有史可查的最早的市场预测行为发生在距今 2 600 多年前的古希腊，当时有个哲学家名叫泰勒斯，很注意市场调查和预测。有一年，他根据调查和气象知识预测到本地油橄榄将获丰收，便事先购买了附近两个城市的榨油机使用权，待收获季节高价出售，由于预测成功，贱买贵卖，获利丰厚。他说他这样做主要不是为了赚钱，而是借此惩罚那些不相信市场调查和预测的人。我国《史记》记载了 2 000 多年前春秋战国时期的范蠡、子贡等人总结的市场预测理论。范蠡指出："论其存余不足，则知贵贱，贵上极则反贱；贱下极则反贵。"这是对市场供求的分析、判断和预测价格的涨落，并揭示了供求和价格之间的关系及运动规律。他主张谷贱时由政府收购，谷贵时平价出售。他又说："旱则资舟，水则资车"，"知斗则修备，时用则知物"，即根据外部环境和生产变化决定什么时候供应、供应什么。这些均显示出范蠡已经注意应用市场调查和预测，为调控市场和经营决策提供依据。但是，这种早期的市场调查和预测，在很大程度是一种实践经验的积累，是局部的、零星的，并带有较大的随意性，但这足以使范蠡在经商中"三致千金，累以巨万"。

有组织并系统地进行市场调查和预测是在资本主义生产方式占主导地位以后出现的。有记载的最早的市场调查是 1824 年 8 月由《宾夕法尼亚哈里斯堡报》(*Harrisburg Pennsylvanian*)进

行的。这是一次选举投票调查。同年稍后时间，另一家报纸《罗利星报》(*The Raleigh Star*)对在北卡罗来纳州举行的具有民众意识的政治会议进行了民意调查。有正式记载的为制定营销决策而开展的第一次系统的营销调查是 1879 年由广告代理商艾尔公司(N. W. Ayer)做的。其对州和地方官员进行调查以决定谷物产量的期望水平。调查的目的是为农业设备制造者制定广告安排。第二次系统的调查可能是在 19、20 世纪之交由杜邦公司做的，其对推销人员提交的有关顾客特征的报告进行了系统的整理。

从上述发展过程不难看出，市场调查和预测是随着市场经济的产生而产生，并随市场经济的发展而发展。

二、市场调查与预测学科的产生和发展

市场调查与预测作为一门学科从 20 世纪才开始建立和完善起来。它作为一种获取市场信息的手段，是伴随着商品经济的产生而出现，并随着商品经济的发展而发展。美国是市场经济发展比较早而且比较成熟的国家。因此，本门学科也是从美国产生的，它的发展过程经历以下三个时期：

(一) 萌芽期(1920 年以前)

19 世纪，美国自由市场开放和蓬勃发展，美国企业首先应用了市场营销的管理理念，从而促使市场调查业的起源和发展。1879 年，美国广告代理商艾尔公司(N. W. Ayer)受美国农业机械生产商委托，向全美的农业官员发信征询各地区的农作物生产信息以及相关的天气、土壤信息，这些信息被用来估计对农业机械设备的需求。这是有正式记载的首次为制定营销决策而开展的市场调查。

学者大约在 1895 年开始进入市场调查领域。当时，美国明尼苏达大学的一名心理学教授哈洛·盖尔(Harlow Gale)使用邮寄问卷调查方法对广告效果进行了研究。他邮寄了 200 份问卷，回收了 20 份问卷，回收率为 10%。随后，美国西北大学的 W. D. 斯考特(Walter Dill Scott)将实验法和心理测量法运用到广告实践中来。1905 年，美国宾州大学首先开设了一门课程，叫“产品的销售”。

1911 年，美国 Curtis 出版公司首先设立市场调查部，帕林任经理，他写有《销售机会》一书，被认为是市场调查学科的先驱之一。同时，哈佛商学院创建了自己的商务调查所，美国西北大学 1918 年创建了其所属的商务调查所。1919 年 Curtis 出版公司应用市场调查技术，系统地收集、记录、分析各种读者的习惯和爱好及与人口统计有关的资料，作为公司发展出版业务的依据，获得了巨大的成功。1923 年，美国人 A. C. 尼尔森创建了专业的市场调查公司，市场调查及在此基础上建立的营销信息系统开始成为一些企业市场营销管理系统不可分割的有机体，西方市场营销那种强调“理性分析和以实证数据为基础”的特点开始形成并显露出来。

(二) 成长期(1920—1950 年)

从 20 世纪 20 年代开始到第二次世界大战结束，市场调查技术得以提高，学科得以发展。1923 年，尼尔森进入商业研究领域，提出了“市场份额”的概念，为其后来成为美国最大的市场调查机构奠定了基础。1929 年，美国政府商务部和有关工商团体配合，进行了第一次销售普查，这次普查是美国也是世界范围内市场调查工作的里程碑。随后，销售普查定期进行，所提供资料涉及市场结构、商品销售渠道、中间商的经营成本等许多方面，为企业进行市场经营活

动提供了科学依据。1937 年是市场调查发展史上极为重要的一年，由美国市场营销协会(AMA)资助的出版物《市场调研技术》问世，布朗出版的专著《市场调研与分析》也在社会上造成极大影响。著名学者弗瑞德·E. 克拉克和C. E. 克拉克把“市场信息的收集与阐释”破天荒地正式纳入营销概念。他们指出市场信息是“对事实或近乎事实的收集与阐释，或对事实的估计与推测”，诸如什么产品可以买得到、销售者想卖什么、采购者想买些什么、各自愿意支付或承接的价格是多少。

两个重大事件促进了这一时期市场调查业的发展。第一，广播媒体的广泛应用，促使尼尔森采用统计方法计算出收看电视和电视广告的观众总数。他根据不同年龄、性别、家庭状况对访问对象进行交叉分析，使得不同消费者对问题回答的差异性显示出来。简单的回归分析被引入市场研究中。第二，战争使得社会工作者投入到很多前线问题的研究中，实验设计、民意调查等一些研究工具和方法经过调整被引入研究士兵和他们家庭的消费行为中。

40 年代初始，定性研究(座谈会)形式的研究方法在市场研究中得到应用，之后就广为流传。座谈会成为产品概念、广告概念、产品包装测试不可缺少的工具。如 40 年代，罗伯特·默顿(Robert Merton)开发出的“小组访谈”方法。同样在 40 年代末期，随机抽样的样本设计概念得到广泛认同，抽样技术在民意调查方面取得重大突破。少量的心理学家引入了产品的消费者测试技术。

(三) 成熟期(1950 年以后)

20 世纪 50 年代以后，市场调查与预测学科进入了成熟时期。第二次世界大战以后，科学技术突飞猛进，管理技术日趋完善，市场由卖方市场转变为买方市场，顾客逐渐成为市场的主导力量。企业的经营观念开始从生产导向转为消费者需求导向，企业更加重视对市场的调查和预测。50 年代中期，依据人口统计特征提出了市场细分的概念。同一时期，人们开始进行动机研究，重点分析消费者行为的原因。60 年代，先后提出了许多描述性和预测性的数学模型，如随机模型、马尔科夫模型和线性学习模型，数学模型开始用于市场调查。1963 年威廉·莱泽将曾为社会学家所用的“价值观”与“生活形态”引入调查业，促使市场调查人员强化对消费者态度的研究，从态度与习惯来判断其生活方式，不但提供了市场研究更理想的方法，也改变了研究消费者的思路和工具。80 年代以来，随着计算机科学的快速发展，调查数据的分析、存储和提取能力大大提高，市场调查的理论、方法、技术也越来越高级化、系统化、实用化。所有这些都为市场调查与预测学科的形成、发展和成熟打下了坚实的理论和实践基础。

按市场调查工作的性质分，美国的市场调查机构出现了六种形式。

第一种形式是“企业营销部门”，即由企业内部的营销部门负责本企业产品或服务的调研工作，如宝洁公司、卡夫通用食品公司等；第二种形式是“广告代理商”，即由广告代理商完成企业的市场调查工作，如 Young & Rubicam 公司、J. Water Thompson 公司等；第三种形式是“辛迪加服务企业”(Syndicated service research firms)，这些公司为很多企业搜集、整理并提供同样的一般市场调研数据，如尼尔森公司、IRI 公司等，它们搜集很多企业感兴趣的数据，但不特别针对某一公司，任何人都可购买它们搜集的数据；第四种形式是“定制或专业调查企业”，也就是营销调查咨询公司，它们针对具体客户的具体问题开展特定的市场调查项目，如美国比较著名的公司有 Market Facts、Data Development 等；第五种形式是“现场服务公司”，它负责市场调查的实地运作、数据搜集，主要接受前四种公司的委托，经营转包业务；第六种形式是“专业服务公司”，它为市场调查行业提供专门化辅助服务，主要是运用各种分析软件进行开发和制作，如亚特兰大的 SDR 公司专门提供先进的定量分析服务，其他作为市场调查行业的补充，还有诸如大学、政府机构、研究机构等参与到市场调查的工作中。

第二次世界大战后，专门从事市场调查服务的机构大量增加。据资料显示，1948 年，整个美国专门从事市场调查的公司增至 200 多家。市场研究已发展为一个专业服务产业，与广告公司、管理咨询公司、会计师事务所等专业机构一样，成为随公司成长的服务伙伴。它们从事消费者行为、零售商审计、媒介监控等研究服务。尼尔森调查公司 1962 年营业额达到4 000万美元。1994 年，美国前 50 家最大的市场研究机构的调查研究营业额达 40 亿美元之巨，最大的市场调查公司 D & B 的年营业额达到 20 亿美元，其中 64%的营业额来自海外市场。据有关资料统计，全世界设有市场调查全国性协会的国家有 32 个以上，集中在美国、英国、法国、日本、意大利、荷兰、巴西、墨西哥、罗马尼亚等。20 世纪 90 年代以来，随着经济全球化的发展和市场界限的无国界化，市场调查更呈现出全球化趋势，如 AC 尼尔森公司已经开展了在中国的业务，并成为中国最大的市场研究机构。

三、市场调查与预测在我国的发展

市场调查与预测在我国的发展经历了一个曲折的过程。改革开放以前，由于实行高度集中统一的计划管理体制，企业无须了解市场，从而不存在市场调查与预测机构，不存在应用市场调查与预测技术的问题。高校也不开设市场调查与预测的课程。当时对市场调查、分析、研究和预测工作，更多地表现为行政指令下进行的带有统计特征的资料收集、汇总、分析工作，其作用仅限于为政府提供某些信息资料。如 1949 年后，政府各部门设立的统计机构，对一些关于国计民生的资料进行收集、整理、分析。20 世纪 50 年代建立了城市抽样调查队。随着十一届三中全会后，特别是社会主义市场经济体制的确立，企业作为独立的商品生产经营者地位得到确认，政府主要以经济手段对企业实行间接管理，卖方市场开始转向买方市场，卖方竞争日益激烈，企业开始确立以市场为导向的经营理念，开始重视市场信息，从而为市场调查与预测的发展提供了必要的环境条件。市场调查与预测的理论、技术不断完善，而且越来越多的企业开始重视应用这门技术。各类市场调查与预测机构纷纷建立。作为一门学科，自 70 年代末、80 年代初从西方引进、介绍开始进入大规模的应用阶段。

1984 年，我国第一家商业性的市场调查机构——广州市场研究公司在广州成立。随后，在北京、上海、哈尔滨等城市也相继出现了专业市场调查公司。从此，我国的市场调查行业进入起步阶段。这也是市场调查作为主营业务的商业运作开始。1994 年，国家在城市调查队和农村调查队的基础上，又成立了企业调查队。1994 年，政府实施了统计调查方法的改革，内容是：①建立周期性的普查制度；②大力推广应用抽样调查方法，并确立其在调查方法体系中的主导地位；③改进、完善统计报表制度，发挥重点调查的作用。1998 年 9 月，设立在中国信息协会之下的市场调查分会筹备委员会成立，它对于规范市场调查行业、促进整个调查行业健康有序发展起到积极作用，也为调查行业协会的成立做了必要准备。2001 年 4 月，全国市场研究行业协会在广州正式成立，标志着我国市场调查行业开始走向成熟。据权威报道，1997 年，全国有市场调查机构 800 余家，其中规模较大，实际运转良好的有 20 家左右。2000 年，国内共有市场调查机构 1 000 家，市场调查呈现强劲发展的势头。

其实，从 1990 年开始，中国市场调查业开始了高速发展，市场调查公司的数量迅速扩大，呈现几何级增长，这一阶段一直持续到 1998 年前后。然而 1998 年开始，中国市场调查业一方面要面对经济一定程度萎缩的影响；另一方面需要面对网络经济对整个人类行为的冲击。一部分公司纷纷倒闭，而另一部分留存下来的公司需要不断探讨网络经济下的新经营模式，如蓝田市场研究公司的数据库、专项研究、营销软件三方结合的新经营模式，赛迪公司的媒体、调查、顾问结合的方式等。

网上冲浪

国内名列前茅的市场研究公司

益普索中国市场研究咨询公司（www.ipsos.com.cn）、央视调查咨询公司（www.cvsc.com.cn）、AC尼尔森市场研究公司（www.acnielsen.com.cn）、央视—索福瑞媒介公司（www.csm.com.cn）、盖洛普（中国）咨询公司（www.gallup.com.cn）、北京慧聪国际资讯公司（www.hcgroup.com）、华南国际市场研究公司（www.research-int.com.cn）、广东现代国际研究公司（www.potu.com）。

目前，国内本土的市场调查机构主要集中在"定制或专项调查服务"和"现场服务"两个层面上。业界较有实力的公司，如零点研究咨询等正在努力向"辛迪加服务"进军。但许多公司由于发展的历史短，缺乏必要的数据积累，缺乏国内成熟企业的市场需求支持，使得这一发展方向变得较为困难。国内较多的小公司多是属于"现场服务公司"。

四、我国市场调查的现状及面临的问题

从20世纪80年代中后期，国内开始出现商业性的市场调查研究机构。但随着市场经济体制的确立和经济的高速发展以及企业市场调查意识的增强，市场调查行业正面临着前所未有的发展机遇，市场研究由90年代初的几百万市场营业额，发展到2001年的19亿元人民币，2002年的24.7亿人民币，2003年的营业额达30亿人民币，2005年大陆市场研究行业的营业额达50亿人民币。这说明国内市场调查研究业的发展速度迅速，充分体现了这一行业的强大生命力。

目前，国内的专业性调查研究机构有上万家，可将其分为三大阵营：①第一阵营是处于行业领导地位的外商独资和合资企业，如益普索、AC尼尔森、盖洛普、华南国际和央视市场研究等。其优势在于拥有高级研究能力、国际经验和资本实力。②第二阵营是国内规模领先的民营公司或合资公司，包括央视—索福瑞媒介研究有限公司、新生代市场监测机构有限公司、北京慧聪国际资讯有限公司等，其优势在于基本具备了在某个行业或专业化领域充当市场领头羊的资格。③第三阵营是跻身实力派阵营的国内公司，包括北京零点研究咨询、新华信市场研究咨询等，它们多为国内较为成熟的专业调查公司，其优势在于占据细分市场，经营规模和效益具备增长潜力。

尽管市场调查业在国内有一定程度的发展，但仍存在诸多问题。

1. 市场调查的认知度还比较低

社会公众对调查数据不太认可，企业客户怀疑调查数据的准确性。由于文化心理原因，人们习惯定性分析方法；本土企业特别是民营企业不太善于借助市场调查结果辅助决策。因此，目前市场调查业的总体规模与世界水平相比差距较大。

2. 从业公司规模小，分散化程度较高

据估计，2004年，我国以市场调查为主业的机构总数为1 500家左右。但业内公认有规模的只有50家，主要集中在北京、上海和广州三地。它们的营业额占了全行业的80%。而大多

数的调查企业的员工人数只有十几到几十人。少数企业年营业额甚至不足100万人民币。人员不足使调查企业难以进行有效的专业分工，而较低的营业额只能够让企业艰难地维持生存。

3. 调查手段和统计技术尚处于初级阶段

如在抽样标准与置信度的确定、误差的控制方面，调查公司很少做明确的界定；在问卷题目的设计、问卷的提问时间长度、提问技巧、提问者衣着、语态和提问场景等方面，多数仍照搬国外同类企业做法；在调查数据的处理上，虽使用了相关软件，但许多人员因不具备必要的数据统计知识，而无法进行深入的分析。

4. 缺乏必要的法律规范和有效的管理措施

由于对市场调查业没有建立起监督机制，对行业缺乏归口管理，对信息产品没有质量标准约束，一些调查机构从自身的经济利益出发，从事一些不规范的业务活动，缺乏伦理道德，弄虚作假、降低质量标准。

5. 缺乏自身市场定位意识和有力的产品

目前许多市场调查公司所从事的调查业务，大多被动地跟随客户的要求，调查介入面广，缺乏专攻方向，因此，难以形成具有竞争力的产品。某些调查公司虽有自身的产品，但却没有强大的数据库作为依托，必然缺乏产品的有效性和可靠性。

五、21世纪市场调查与预测面临的挑战

21世纪，市场调查与预测的发展面临着日益加剧的经济全球化、快速发展的互联网和激烈变化的市场环境三个方面的严峻挑战。

1. 日益加剧的经济全球化

对于企业而言，日益加剧的经济全球化意味着两个方面的冲击：

一是必须介入国际市场。全球产业的大分工将使得所有的大型公司都可能成为国际化企业，企业必须开拓新的、不熟悉的市场，面对不熟悉的环境。由于语言、信仰、气候、行为和思维方式的不同，市场调查与预测工作者需要具备跨文化沟通和学习的能力，能够迅速在不同的文化思维模式中切换，解读不同文化背景下的某种市场行为或信号的内在信息与逻辑，这对市场调查与预测工作提出更高的要求。例如美国市场曾掀起一场抵制耐克产品的风潮，其起因是耐克在亚洲的代工企业非法雇佣童工和劳动环境恶劣。因此，在进行市场调查与预测时不能仅考虑经济因素，还必须考虑社会伦理因素。只有将被研究对象的群体思维方式内化到市场调查与预测中去，得到的结论才会符合实际。

二是区域经济的独立性越来越低，企业将面对来自全球范围内企业的竞争。在全球化的环境中，竞争的范围更为广泛和难以预测，潜在的竞争对手更多，其竞争手段和目标更为多样化。因此，在这种背景下，区域性的竞争分析与全球性的竞争分析的差异将会大大缩小，市场调查与预测的复杂性、难度和成本也将大大提高。

2. 快速发展的互联网

互联网的出现，已经极大地改变了人类社会的生活和生产方式，而且目前这一改变仍处于初级阶段，在相当长的一段时间内，互联网自身的发展和相关的影响仍将不断发生变化。在互联网环境下，时间、空间的限制都发生了极大的变化。例如，从中国上海与万里之外的瑞典的斯德哥尔摩进行商务联系，只需轻点一下鼠标即可。人们的沟通也是全天候的，随时随地都可以进行联系。

许多人相信，互联网是自电视出现以来对人们影响最大的沟通媒体，它改变了人们获取和发布信息的方式与渠道。尽管市场预测以及信息的获取、分析的实质没有改变，但在互联网环境下，人们的沟通更快、范围更广，可以在全球范围内、全天候的进行调查。掌握新的互联网技术，并不断开发新的基于互联网技术和渠道的市场调查与预测方法，将成为21世纪市场调查与预测的一个重要的课题。

案例分析

互联网将成为市场调查的重要平台

商业网和尼尔森媒体调研公司(Commerce Net and Nielsen Media Research)于1997年1月的调查显示，美国和加拿大16岁以上人口中大约有23%的人在上个月使用过因特网。在1995年秋天，这一年龄段人口中在调查前3个月中只有10%的人使用过因特网。

随着因特网使用人数的增加，他们的人口统计概况已经变得与一般美国人的概况越来越类似。现在因特网的使用者中大约有58%是男性，而1995年秋天是66%。使用者中大约有39%的人是从事专业或者管理工作的，比1995年的50%有所下降。然而，总的来看，因特网的使用仍然是一些高层次的人。例如，在美国16岁以上的人口中，从事专业或管理工作的人还不到18%。

尽管目前因特网的使用者偏重于年轻人、男性和富裕的人，但它仍被看作是市场调研这个麻烦领域的天赐良机。美国调研组织理事会(The Council of American Survey Research Organization，CASRO)1996年10月的研究显示，美国最大的2000家公司的营销者在做调查时，大约有17%的人使用过在线调查中得来的数据。已经使用过在线调查的绝大多数人希望以后还能更多使用这种调查，没有进行过在线调查的营销者有望能在5年内尝试这种调查。“作为一位调研人员，我对这种新工具的潜力充满信心。”Roper Starch Worldwide公司的副总裁、CASRO委员会主席尼克(Nike Tortorello)说。

在线市场调研的支持者认为，采用因特网通常要比电话、邮件或者个人访谈调查更便宜。大约利用一个晚上就能够从大量的应答者那里得出结果。它能够比较容易地找到难以接触到的群体，例如特殊型号产品的拥有者。现在，从最简单的人口统计调查到最复杂的小组访谈和新产品调查，几乎每一种形式的市场调查都已经在网上实施过。

在线调查的成本和速度优势促使使用者们不断拓展它的应用范围。一些公司已经通过将广告装在网页上并收集反馈信息来测试广告形象。最近，Cook公司请人们从网上观看它陈列在杂货店货架上的商品的图片，然后指出那些最吸引他们的物品并通过点击鼠标购买。不久，唱片公司可能会以在线方式向青少年发送歌曲或电视节目。

有些人认为，在线调查听起来似乎很好，但事实上可能并非如此。他们说，在线使用者不是整个人群中随机选出的样本，所以，不能利用在线调查结果对更大的市场进行推断。在很多情况下，阻止人们对同一次在线调查回答一次以上是很困难的。使用者还担心，竞争者可能偷窥他们的在线调查。

为了尽快得出结论和节约一点资金而忽略了在线调研局限性，企业可能会犯严重的错误。

(资料来源：[美]小卡尔·迈克丹尼尔，罗杰·盖茨.当代市场调研.范秀成，等译.北京：机械工业出版社，2000)

3. 激烈变化的市场环境

与工业时代相比，21世纪所代表的后工业时代的显著特征之一就是创新速度越来越快。同时，由于人们的基本生理需求已经得到较大程度的满足，人们的需求也越来越难以捉摸，市场结构性的变化也越来越频繁。在一个快速变化的市场中，今天调查的市场信息和结果还能预测和解释明天的现象吗？如果不能，市场调查与预测还能做些什么？还需要做些什么？这些都是摆在我们面前急待思考的重大问题。

市场调查与预测的基本思想是推古知今、由小知大、从近知远，但这种方法是需要前提的。如在结构发生变化时，实际上是研究的对象变了，简单的外推法显然就会失效。尽管如此，市场调查与预测的社会基础仍然成立，人类行为与思维规律并没有发生本质的变化，需要我们做的是更深层次地揭示人性的本质，并具体应用到市场调查与预测工作之中。因此，简单的数理分析和统计研究已经不够，在未来的市场调查与预测中，需要更加注重对研究对象内在本质的研究，从而找到确定不变的基本结构，在此基础上进行市场调查与预测工作。

小 结

1. 市场调查是指调查主体按照一定的程序，运用科学的方法，有目的、有计划地搜集、整理、分析、研究市场活动中的各种信息，找出其发展变化规律，为市场预测和管理决策提供科学依据的过程。市场调查的特点有：调查目标的明确性，调查方法的科学性，调查资料的经济性，调查内容的保密性，调查结果的不确定性。

市场预测是借助于历史资料和市场调查资料，凭经验并运用科学的预测技术，对未来一定时期内市场发展趋势以及与之相联系的各种因素变化，进行预测、分析、判断，并得出符合逻辑的结论的经济活动和过程。市场预测的特点有：市场预测的目的性，市场预测的科学性，市场预测的综合性，市场预测对象的不确定性，市场预测误差的不可避免性。

市场调查与预测的学科性质表现为实践性、管理性、综合性、交叉性和发展性。两者的共同点表现在主体相同，客体相同，功能和作用相同，本质相同。两者的区别表现在研究的侧重点不同，研究的结果不同，研究的过程和方法不同。调查与预测是前后相继关系；调查为预测提供目标和方向；调查为预测提供依据；市场调查能验证、修正市场预测的结果。

2. 市场调查按调查的功能不同可分为探测性、描述性、因果性和预测性调查，它还可以按调查的主体、按调查登记时间的连续性、按调查的范围、按调查资料来源等进行分类。市场调查的内容主要包括个人消费者、产业市场、目标市场、产品、价格、分销渠道、促销和广告以及市场竞争研究等。市场预测按其性质可分为定性和定量预测，还可按预测时间的长短；按预测的空间区域等进行分类。市场预测的内容主要有市场环境、市场需求、市场供给和供求状态、消费者购买行为、产品市场和销售以及企业经营状况预测。

3. 市场调查与预测作为一门学科从 20 世纪才开始建立和完善起来。它的发展过程经历了萌芽期、成长期和成熟期。但仍存在市场调查的认知度还比较低、从业公司规模小、分散化程度较高、调查手段和统计技术尚处于初级阶段、缺乏必要的法律规范和有效的管理措施、缺乏自身市场定位意识和有力的产品等诸多问题。21 世纪，市场调查与预测的发展面临着日益加剧的经济全球化、快速发展的互联网和激烈变化的市场环境三个方面的严峻挑战。

习 题

一、名词解释

1. 市场调查　2. 市场预测　3. 定量预测　4. 因果性调查

二、填充题

1. 市场调查与预测本质上是一项__________工作。

2. 市场调查侧重于市场历史和现状的研究，是一种__________研究；而市场预测侧重于市场未来的研究，是一种预测性研究。

3. 按调查的功能不同，市场调查可分为探测性调查、描述性调查、__________和预测性调查。

4. 按市场调查的范围，可分为专题性市场调查和__________市场调查。

5. 市场预测按其性质分类,可分为定性预测和____________预测。

三、单项选择题

1. 在政府统计信息调查方法体系中,下列调查方法被确立为主体地位的是 ( )

A. 普查 B. 非全面调查 C. 统计报表 D. 抽样调查

2. 用以回答"是什么",并非回答"为什么",其调研结果通常说明事物的特征,并不涉及事物本质的调研,称为 ( )

A.探测性调查 B. 描述性调查 C. 因果性调查 D. 预测性调查

3. 要回答一则广告对公司销售上升产生的影响可采用下列哪种调查方式? ( )

A. 探测性调查 B. 描述性调查 C. 因果性调查 D. 预测性调查

4. 有正式记载的首次为制定营销决策而开展的市场调查是由( )组织的。

A. 艾尔公司 B. 哈洛·盖尔 C. 柯蒂斯出版公司 D. AC尼尔森公司

四、判断题

1. 描述性调研(DR)一般进行实际调查,搜集第二手资料。 ( )

2. "真正的市场营销人员采取的第一步骤,总是要进行市场调研。" ( )

3. 市场调查从本质上讲是一项市场信息工作。 ( )

4. 市场调研与预测作为一项信息工作,其及时性是信息工作的生命。 ( )

5. 因果性调查是利用已有的市场经验和科学的预测技术对市场未来的发展趋势进行估计和判断的调查方法。 ( )

6. 描述性调查能回答市场现象产生的原因及其可能导致的后果。 ( )

五、简答题

1. 市场调查和市场预测的各自特点。市场调查与市场预测的学科特点。

2. 市场调查与市场预测的相互关系。市场调查和市场预测的分类及内容。

3. 市场调查研究方法。

4. 21世纪市场调查与预测发展面临哪些问题?

六、案例分析题

AC尼尔森在中国如何做市场研究

一、AC尼尔森简介

1923年,阿瑟·C·尼尔森在美国创建了AC尼尔森(A·C·Nielsen)市场调查公司。70多年后的今天,AC尼尔森已发展成为全球领先的提供市场研究、资讯和分析服务的专业公司。在全球,AC尼尔森已经拥有雇员21 000名,年财政收入达16亿美元,服务对象包括消费品行业、服务行业、政府和社会机构。在全球100多个国家,有近9 000家客户依靠AC尼尔森的专业人士来监控市场动态、了解消费者的态度和行为,以及形成能促进销售和增加利润的战略性分析与洞察。2001年2月16日,AC尼尔森和VNU公司完成了一项作价23亿美元的并购计划,产生了一个新的领导全球的市场与媒介资讯公司。这项合作大大加强了AC尼尔森在市场资讯和媒介资讯提供方面的实力。

AC尼尔森是最早进入中国市场的世界著名市场调查公司。自1984年开始,AC尼尔森就对中国消费者和发展迅速的中国市场进行了深入的研究。据业内人士介绍,AC尼尔森之所以较早进入中国市场,主要是源于客户的需要,因为许多早期进入中国的跨国公司都是AC尼尔森的老客户,进入中国时它们仍然需要AC尼尔森高质量的市场研究服务来帮助了解中国市场。所以在中国,它的服务对象几乎是清一色的全球著名跨国公司。

如今,AC尼尔森已成为中国最具规模的市场研究公司,在北京、上海、广州及成都设有办事处,拥有超过600名员工的规模。AC尼尔森的专业人士经验丰富,具有广泛的市场研究、销售和零售业背景,他们熟知每一个市场研究环节,从统计和信息处理、先进软件的开发到发展客户业务。公司的宗旨是提供市场洞察,帮助客户制订以事实为依据的市场策略。通过使用开放的系统、一致的研究方法和最高的质量标准,以及"坦诚、正直"的核心价值观,AC尼尔森优质的服务水平逐渐成为市场研究行业的标准。

二、在中国的服务项目

AC尼尔森的信息服务策略性地将从概念到最终消费的各个环节紧密联系起来,使客户更好地理解每个有利于业务成功的关键问题,包括"谁""什么""多少""何时""何地"等。先进的分析能力更能深入解答"为什么"的问题,并能预测商业决策的改变可能对市场产生的影响。凭借在中国17年的调研经验,AC尼尔森积累了关于中国消费者的态度和动机,消费习惯,品牌偏好,媒介消费模式等方面的研究优势,并在零售、专项、媒介监测等三个核心领域为客户提供全面的、颇具战略价值的信息和洞察。这三个领域已成为AC尼尔森在中国的主要服务项目。

1. 零售研究服务。过去的70多年里,AC尼尔森一直是非耐用消费品制造商和零售商在资讯和分析方面的首要供应商。秉承这个传统,从1992年开始,AC尼尔森在中国提供对消费品销售的连续性追踪研究,迄今,在中国的零售研究业务已增长了10倍。目前,AC尼尔森零售研究覆盖了全国主要城市和城镇的50多类非耐用品消费品,涵盖食品、家庭用品、健康及美容品、耐用品、糖果及饮料等产业,并汇集成完整的行业资料库。尤其在食品及药品行业,AC尼尔森的食品及药物指数成为行内量度及了解产品销售行情的标准指标。AC尼尔森的零售研究服务注重观察整理影响销路的各项因素,包括市场结构、产品分销、存货量、缺货、定价策略、品牌及推销方式。基于事实,AC尼尔森提供实际可行的建议,让管理人员有效实行类别管理。这种世界级顾客服务宗旨和高素质的服务水准为客户带来了强大的资讯优势,使它们能够针对迅速变化的消费品市场做出商业投资和战略决策。

2. 专项研究服务。AC尼尔森曾在中国100多个城市进行专项研究,内容包括产品、价格、消费者、行业、渠道、广告、品牌等众多营销领域,如2001年度对中国7个城市居民购物习惯调查报告、中国人最推崇的洋品牌排行、中国茶饮料市场调查报告等。AC尼尔森的专项研究服务,运用单项和连续的定性、定量分析,针对国内地域文化的不同而描述出形形色色的消费者态度及行为模式,并提出实际可行的战略、策略建议,如定价策略、消费者类型、品牌定位、新产品概念、产品线等。

3. 媒介监测研究服务。AC尼尔森是中国和全亚大地区媒介研究的先驱。早在1996年,AC尼尔森就在中国采用先进的电子个人收视记录仪来获取电视收视率数据,调查的结果已经成为媒介和广告行业的通用指标。此外,AC尼尔森还进行长期的报纸杂志读者调查、广播电台听众调查、互联网受众研究和广告费用监测,其媒体研究结果已积累成素材丰富的广告媒体库,可随时为各类产品提供广告媒体组合策划。目前,AC尼尔森广告媒体监测服务覆盖全国300多个城市的1 000个电视频道和300多份报纸杂志,覆盖了相当于全国超过60%的广告市场。

三、研究方法及流程

AC尼尔森研究方法科学全面,包括单项和连续定性、定量分析。作为亚太区内最大的定性研究机构,AC尼尔森透过深入面谈和小组讨论,让客户清楚掌握它们顾客的真正需要。同样,AC尼尔森的定量研究服务也以设计严谨、准确度高,而享誉中国及整个亚太地区。

针对不同的客户需求,AC尼尔森度身定做不同的研究方案。针对普通的研究需求,它有一套国际认可的独创研究工具和方法论,用来提供广泛的标准化数据;如果研究要求比较特殊,就有必要针对特定市场专门设计研究方案。通常是结合以上两者来开展研究的。

为使研究更具成效,AC尼尔森率先使用或开发了很多独创的研究工具。例如,"品牌追踪服务",让客户清楚如何发展和建立自己的品牌,懂得因地制宜,这是一项因适应中国市场情况而特别设计的服务;又如一套称为"客户满意度研究"(Customer's QTM)的管理系统,用于量度中国消费者的满意及忠诚程度,以协助管理。此外,还有预测新产品销售的BASES,测量品牌资产的优胜品牌(Winning brands TM)、记录消费者收视行为的个人收视记录仪、帮助媒介决策的媒介测量分析软件,以及广告监测技术。其后,AC尼尔森的战略伙伴、国际知名市场调查机构尼尔森网络评级公司(Nielsen/Net Ratings)获中国政府批准,自2002年起可在中国从事互联网调查,从而成为全球首家及唯一获中国政府正式核准的消费者网上行为调查服务机构。新的网络调查方式使其在中国网络调查市场领域成为领导者和权威。

四、若干特色研究简介

（一）广告研究服务

AC尼尔森的广告研究服务向广告主、广告代理商和媒介主提供有关电视和平面广告花费模式的最新资料，使他们能够准确了解自己产品的广告活动和广告花费模式；研究竞争对手的广告活动和广告花费模式；协助媒介主评估对手的成绩和识别潜在的顾客。

广告研究服务监播所有在电视及报纸杂志投放广告的商品，至1999年已有超过13万个品牌在AC尼尔森的品牌库内，覆盖超过750个电视频道，并在110个城市为313个电视频道做连续监播，同时覆盖近330份报纸杂志的广告活动。在AC尼尔森监播范围内，平均每月播出的广告量达150万条，最终提供9种类型的报告。

①详尽的广告消费报告。提供详细的广告播出情况，可以每日提供数据。②总结广告花费报告。提供品牌于每月/每季度/每年在每个频道或报刊的广告投放量，费用及次数数据资料，同时也供应广告消费年结报告。③分析软件（Ad quest）。除了以上各种报告形式外，所有广告投放数据还能在视窗环境下，以AD quest分析软件运行使用。AD quest可根据客户要求只针对某些品牌或电视频道做出各种不同种类的报告形式，详尽报告及汇总报告均可。④特快监播（Express monitoring service）。特快监播报告能于客户的广告播出后48个小时内提供，以便帮助客户以最快的时间得知所计划的广告有没有按时播出。⑤广告库（AD bank）。这个独一无二的广告库为用户提供电视和平面广告资料。对于评估充满竞争的广告极富宣传价值，同时也是了解市场风格的一个参考。⑥户外广告报告（Outdoor monitoring）。覆盖全部常规城市，报告内容包含广告板创意、载体、位置、尺寸、方向和估计广告费用。⑦多媒体广告研究系统（Multi-media Ad EX）。以先进的广告研究系统提供广告花费、广告项目与策略的精确评估，同时结合广告片创意，帮助客户达到广告目的，提高广告效率，树立品牌形象。⑧网上报告传递（Internet report delivery）。利用先进的科技设备提供既快捷，又富弹性的报告传递方法，并按客户需要特别设计不同的报告格式。⑨创意研究（Storyboard）。能将电视广告主题翻译成文字，为客户提供报告分析用途。

（二）中国新世纪调查报告

《AC尼尔森中国新世纪调查报告》是营销人员、广告主、媒体主和广告代理商了解中国消费者必不可少的工具。中国新世纪调查报告的主要内容可以灵活组合，以满足营销人员和广告商的不同需要。AC尼尔森既可以不同软件形式提供整个数据库，也可以提供具体城市的消费者或个别产品和服务的资讯。中国新世纪调查报告主要分为四部分内容。

1. 中国新世纪调查报告——品牌与生活方式。提供产品和服务的购买和消费资讯，帮助客户识别主要消费群体，进行市场划分，从而推行准确的市场营销活动。将品牌信息与消费态度、意见、动机，生活习惯和媒体使用习惯相结合，深入了解消费者。

2. 中国新世纪调查报告——购物习惯。了解消费者购物习惯，以便选择正确的销售渠道，制订有效的销售计划和设计合适的广告促销活动。

3. 中国新世纪调查报告——媒介指标。就目标消费者对报刊、电视、广播、互联网、有线电视及卫星电视等媒体的接触情况提供详尽资料，包括某产品和品牌用户的规模、特质及媒体习惯的信息，帮助确定最有效的成本和宣传渠道。

4. 中国新世纪调查报告——目标研究。让客户随时随地加入想知道的问题。

（三）AC尼尔森电视收视率调查

AC尼尔森电视收视率调查，可以协助广告商和广告代理商具体分析、评估各种媒体企划方式与媒体选择所形成的广告效果；而电视单位，则可根据节目与时段表现，决定广告价目、调整节目制播策略。AC尼尔森就中国的观众收视习惯提供24小时、全年无休的调查。

1. 个人收视记录仪技术。AC尼尔森透过先进的个人收视记录仪（People meter）搜集收视数据。将个人收视记录仪安装在其母体代表性的样本户家中，24小时自动记录观众观赏电视、录像，以及所有转台行为。

收视调查能如实反映样本户家中每一台电视机的使用，同时覆盖所有无线台、有线电视、卫星电视收视和电子游戏机的使用状况。个人收视记录仪在中国内地覆盖包括上海、广州、北京、成都、武汉、沈阳、南京、杭州、福州、天津等城市。

2. 数据范围。提供所有本地电视台的收视数据，并不断增加可提供有线及卫星电视数据的市场。数据可以报告或电脑软件形式呈交客户，后者让客户可直接进行各种分析，如特定时段、每半小时或每分钟按广告时间、节目单元或节目种类进行分析。

AC尼尔森还可以从人口结构的角度表现各目标群体的收视习惯，包括由年龄、性别、收入、教育程度、职业、工作状况、家庭结构和社会经济地位等方面，对有关节目、广告、触达率和收视时间多寡等进行多项分析。

（资料来源：AC尼尔森中国 http://cn.acnielsen.com/site/index.shtml）

结合上述案例回答下列问题：

1. 分析AC尼尔森关于中国消费者的资料积累和研究优势，分析AC尼尔森在中国三个核心领域的主要服务项目。

2. 分析AC尼尔森的零售研究服务特色、广告研究服务特色和电视收视率调查方法。

第二章 市场调查与预测的信息系统和科学化

学习重点和要点

(1) 了解信息的要素;掌握市场信息的定义及特性。
(2) 掌握市场营销信息系统的内涵、特点和构成。
(3) 认识市场调查与预测信息系统的含义及基本原则。
(4) 掌握市场调查与预测的功能和地位;市场调查与预测科学化应遵循的原则。
(5) 认识市场调查与预测中的道德规范。

第一节 市 场 信 息

一、信息及市场信息的概念

整个人类的进化史,同时也是一部人类信息活动的演进史。信息自古就有,但是古代社会文明程度落后,信息传递手段也落后,获取信息十分困难,人们没有意识到信息的存在。随着人类社会的不断进步,人们逐渐意识到信息的存在,但从来没有像现代社会这样引起如此广泛、深入、持久的影响。

1. 信息的定义

在西方语言中,信息一词均来源于拉丁文 informatio。在英、法、德等国的语言中均写作 information。它们均为多义词,译成汉语,其含义包括情报、消息、通知、报告、知识、资料、陈述、解释等。

从《辞源》对信息的定义,可以引出以下两个定义:一是"信息是系统有序程度的度量"。二是"信息是人们对外界事物的某种了解和知识,它能减少人们决策时的不确定性"。如果从信息是客观世界的"表征""映像"的角度和接收信息的认识主体的角度来分析,发现信息在发送和接受中存在三种定义,即①自在信息,即客观存在的信息,并不以是否被人们接收而转移。②自为信息,即接收方根据特定目的和实际能力所得到的信息,它能排除对发送方了解的不确定性。③积存信息,即接收方已有的先验信息,是对自在信息的"解释系统",即辨别选择自在信息的能力。自在信息向自为信息转化,以积存信息的存在为条件。从自在信息中取得更多、更有用的自为信息,就是信息资源的开发过程。"自在信息"说明信息的客观性;"积存信息"表明接受者选择自在信息的能力;"自为信息"是根据接受者的能力而真正得到的信息。所以,在研究信息时,一定要同信息的特性和信息的本质结合起来。正是从这个角度出发,信息是信息源所发生的各种信号和消息经过传递被人们所感知、接受、认识和理解的内容的统称，其根本性质是包含着新内容、新知识，能消除人们对某种特质的不确定性，使人们对事物获得一定的认识，而这种认识对人们的思想或行动产生了影响作用。

从不同的角度、不同的学科、不同的方面、不同的层次等，对信息有不同的认识。信息的概念十分广泛，不同的定义有许多。但实质内容并无太大的差异，主要差异在于侧重点不同、抽象程度不同和概括的层次高低不同而已。

国内学者黄学忠在《经济信息与管理》一书中指出："信息是客观世界各种事物变化和特征的反映。"国内学者钟义信在《论信息》一书中认为："信息是事物运动的状态和方式。"

我们认为，信息是以物质介质为载体，传递和反映世界上各种客观事物存在方式和运动状态的表征。信息是一个由信息源、信息内容、信息载体、信息传输、信息接受者等要素构成的统一整体。

(1) 信息源是最初生成信息的客观事物(包括实体或概念的、物质或精神的)。有客观事物发生和存在，就必然有相应的信息生成。事物不断的发展变化，从而不断产生新的信息。

(2) 信息内容是指客观事物的存在方式和运动状况的表征。反之，事物的存在方式和运动状态构成信息的内容。从认识论的角度看，信息内容是对事物存在的方式和运动状况的描述。

(3) 信息载体是指有关传递、反映信息内容的各种物质介质。它是构成信息必不可少的要素，包括文字、图像、符号、色彩等等。

(4) 信息传输是信息的又一要素。没有传输就没有信息。信息传输必须以物质介质为载体，以能量为动力。

(5) 人并不是信息的唯一接受者，随着科学技术的进步，许多无生命物质也被发明创造用来接受信息，为人类服务，如科学研究卫星、各种监测仪和录音录像设备等。

2. 市场信息的定义

如同对信息概念理解存在差异一样，人们对市场信息的概念的理解也不尽一致。以下是几种有代表性的市场信息的定义。

"市场信息即市场情报"；"市场信息是经过加工整理，被市场营销者接收，对其完成市场营销任务有使用价值的情报、资料和信息"；"市场信息是指反映市场交易活动的数据、情报和资料"；"市场信息是反映市场经济现象及活动的资料和数据"，等等。不难看出，人们对市场信息含义理解的差异，其根源在于对市场和信息这两个概念理解上的差异。

我们认为，市场信息是通过物质介质载体，对市场体系存在和运动状态的反映和描述。市场信息的信息源是市场体系，市场信息的内容是市场体系的存在方式和运动状态。

对市场信息外延的认识，一直有几种观点。一种观点认为，市场信息范围相当于交换信息或商品流通信息。第二种观点认为，市场信息范围相当于商品经济信息。即不仅包括商品流通信息，还包括生产、分配和消费信息。后来，随着对市场调查与预测目的和功能方面认识的深化，人们相信市场信息范围应相当于商品经济信息再加上市场环境信息。由于市场调查与预测是市场信息工作的一个重要部分，从实用性出发，今天我们应该以更宽广的视角来看待市场信息。

二、信息的特性

1. 数据和信息

信息是数据资料的内涵，数据资料等是信息的表现形式。数据与信息的关系是如此密切，以至于人们通常并不去细致的区分它们，很多时候随意地互换使用它们。但是，营销管理人员还是有必要细致地区分数据和信息。数据(Data)是简单的事实或者对某些现象的记录；而信息(Information)是事实的主题部分，是以适合决策的格式或者确定两个数据之间关系的上下文所表述的事实。

2. 信息的特性

对于决策者来说，并不是所有的数据资料都有价值。从企业市场营销角度看，数据资料若能帮助营销人员做出决策，这些数据资料就是有用的。我们通常认为，信息主要是指有价值的数据资料，可按以下四个特性来评判：

(1) 相关性。适合营销人员需要的数据资料就是相关的。决策者可以从相关资料中获得真正需要的信息。能够明确阐述决策者面对的问题，这样的数据资料就是相关的。

(2) 质量性。数据资料的质量主要取决于该数据资料反映真实情况的程度。高质量的数据资料是准确的、有效的、可靠的，能够真实地描绘出现实情况。例如，在一个公司的顾客数据库中，关于每一个特定顾客的姓名、地址、通信方式及其他人口统计特性的数据资料是否准确、可靠？当公司以这些资料为依据试图联络某位顾客时，能否真的联络上？如果不能，我们相信该公司顾客数据库中的数据资料存在质量问题。在市场调查中，数据资料的质量非常重要。

(3) 适时性。营销领域瞬息万变，过时的资料很容易导致错误的决策。营销资料必须是及时的，换句话说，必须在最恰当的时候提供资料。计算机化的资料系统可以在交易发生之后，立即做出有关记录并发布相关资料。几乎在交易的同时，大量营销资料就已经可以使用。计算机技术重新诠释了及时资料的标准。

(4) 完整性。资料完整是指资料必须具有恰当的数量。营销人员需要具备关于决策各个方面的足够资料。例如，在调查东欧市场时，调查人员需要分析四个东欧国家。人口普查和通膨率的资料可以找到这四个国家，但关于个人可支配收入的资料也许只能找到其中三个国家。如果不能获得可支配收入或其他经济数据的资料，该调查资料就是不完整的。面对不完整的资料，决策者一般要执行相关的营销调查。

三、市场信息的分类

1. 原始信息和加工信息

从信息产生过程看，市场信息可以分为原始信息和加工信息两大类。原始信息是指那些没有经过人们任何加工、处理的市场信息，即一次信息或第一手资料。原始信息一般具有量大、广泛、分散、非规范性特点。各种原始信息是市场信息工作的基础。加工信息是指人们按照一定的目标和要求进行加工、处理后形成市场信息，所以也称二次信息和第二手资料。科学合理的信息处理所形成的加工信息，对于市场营销者更具有适用性和价值。

2. 历史信息、现时信息和未来信息

从市场信息反应的时间看，市场信息可以分为历史信息、现时信息和未来信息三类。历史信息是对过去已经发生的市场状况的反映。历史信息是信息存储的结果。现时信息是对那些正在发生的各种市场状况的反映。现时信息和历史信息之间具有相对性。未来信息又称预测性信息，是指那些能预计和揭示未来发展趋势的市场信息。未来信息存在的理由在于事物发展的继承性和规律性。通过了解历史信息和现时信息，掌握市场发展规律，就可以推测和预计市场的未来发展趋势。

3. 定性市场信息和定量市场信息

从市场信息的特性看，市场信息分为定性市场信息和定量市场信息。定性信息是指那些非计量形式的、市场上各种客观事物的质的反映。如"国际市场石油供应紧张""去年以来，小排量汽车销售很好"等，均属于定性市场信息。定量信息则是指那些采取计量形式的、市场上各种客观事物的量的反映。如"杭州市'十一黄金周'的市场商品零售额比平时增长30%""常州市商品房空置率已经超过12%"等，均属于定量市场信息。

任何事物总是质和量的统一。作为客观事物表征的定性市场信息和定量市场信息统一于同一事物，都是认识市场的必要条件。

4. 外源市场信息和内源市场信息

从信息的来源看，市场信息包括外源市场信息和内源市场信息两大类。外源市场信息是指那些产生于或取之于企业以外的市场信息。对企业而言，外源市场信息是市场信息中的主要部分。内源市场信息则指那些产生于或取之于企业内部的市场信息，是企业了解和认识自我的条件。

5. 标准化信息和定制信息

标准化信息是少数辛迪加调查企业或政府的有关统计调查机构为很多企业收集、整理和提供的同样的一般性调查数据，这些数据就像标准化产品，并非针对企业特定营销决策问题的需要。定制信息刚好相反，它是由特定用户定制的，用于满足特定用户在特定时期所面对的特定营销决策问题的需要。

对市场信息还可以从其他的角度进行分类。如按市场信息的层次，可分为微观市场信息、中观市场信息和宏观市场信息；按市场信息的稳定性程度，可分为经常变动的市场信息和相对稳定的市场信息；按市场信息加工后的组织程度，可分为系统化市场信息和非系统化市场信息。

四、市场信息的特性

1. 信息源的分散性和信息量的膨胀性

市场空间是全球性的，而市场因素又是多元化的，有产品市场，又有要素性市场，如金融市场、技术市场、劳动力市场等。产品市场还有供应方、消费者、生产者、竞争者、中间商等多种因素，因此信息来自四面八方，十分分散。由于市场不断扩大，技术进步速度加快，市场竞争日益激烈，都使信息量与日俱增，人们称之为信息爆炸。市场信息源的分散性和信息量的膨胀性，要求工商企业必须建立起信息系统，对市场信息进行筛选和加工，才能更有效地利用市场信息，捕捉市场机会，开展经营活动。

2. 市场信息的时效性

市场信息的使用过程不会发生消耗，但其使用价值不是永久性的，而是在一定时间的约束下存在的。这就是说，一定的市场信息只有在一定的时期内，在特定的环境的条件下，方能对经营管理活动发生影响。随着时间的推移，企业面临的经营环境和拥有的经营条件必然有不同程度的变化，信息的准确性、有效性也就要发生程度不同的变异。一般来说，市场信息的有效使用价值与它的提供、利用的时间成正比。在企业市场营销管理中，由于经营环境复杂，市场竞争激烈，企业要做到随机应变，密切注视商业信息的产生和利用的时间与条件。

3. 市场信息的非共享性

一般地说，信息财富与物质财富在共享性方面是截然不同的。物质财富因他人的享用而减少，信息财富不因他人的共享而减少。但是，市场信息则具有明显的非共享性与排他性。由于市场容量的有限性与自然资料的有限性，反映一定市场需求、市场供给、制造技术的市场信息排斥它体的共享。如美国可口可乐公司将其可乐产品配方视为巨额财富，并以30亿美元数额标注在公司账目上。一旦可口可乐配方公布于众，失去知识产权法的保护，可口可乐公司得天独厚的垄断地位就会受到威胁。

4. 市场信息的经济性

市场信息是非常珍贵的经济资源，因此也就具有经济性。作为一种特殊的经济资源，它应该具有其价格和价值，并且其价格不仅取决于交易双方的供需状况，而且受信息不对称影响。任何想获取市场信息的个人或组织，都必须为之付出获取成本，这就是市场信息经济性的集中体现。

随着社会经济的发展和科学技术的进步，尤其是计算机和通信技术的进步，市场信息也将呈现以下几个突出的发展特点：①信息量急剧增加；②处理与传递信息的速度加快；③信息处理方法复杂；④市场信息处理的系统化；⑤市场信息的网络化。市场信息的网络化，必将给我们的社会经济生活带来巨大的影响。一方面，市场信息可以在更大范围内传播与共享；另一方面也提供出许多新的问题，例如与商务活动有关的保密问题、安全问题，开发适合商业用途的网络信息技术和软件问题，等等。

五、市场信息采集的原则

随着信息技术的高速发展，市场信息不仅数量猛增，流速加快，而且信息老化、污染与分散问题也日益严重。这就要求我们在采集信息时应遵循以下原则：

1. 主动、及时的原则

市场信息是企业进行经营决策的依据，因此企业必须主动去收集市场信息，以获取经营决策的主动权；同时，市场信息的采集也必须及时，这样才能保证经营决策的及时性。

2. 真实、可靠的原则

真实可靠的市场信息是企业制定正确的经营决策的前提和基础，因此在信息采集时必须首先考虑市场信息的真实可靠性。

3. 针对、适用的原则

市场信息浩如烟海，也不是所有的信息都能为企业所需，企业应该有针对性地采集为企业所适用的那些市场信息，以节约信息采集成本，提高信息采集的效率。

4. 系统、连续的原则

现代经营决策是一个系统决策过程，因此也要求市场信息必须是系统性的，既要包括竞争者信息，也要包括行业发展信息及国家政策信息等系统信息；同时，信息的采集也必须体现连续性的原则，以防止信息中断而导致的经营决策不能适应环境的变化。

5. 计划、预见的原则

从市场信息资源的特点来看，市场信息资源的开发与利用应当建立企业机制，使企业能够及早预测到环境的未来变化趋势，从而增强经营决策的预见性和科学性。

第二节　企业市场营销的信息需求

在现代市场经济条件下，企业从事市场营销活动必须以掌握充分的市场信息为条件。企业市场营销的信息需求，即构成市场调查与预测的信息需求。就企业主体而言，其市场营销信息需求，可概括为两大方面。

一、企业外源信息

1. 市场环境信息

市场环境也称间接环境，是指间接地对企业市场营销活动产生影响和制约作用的外部因素。市场环境信息主要包括人口、经济、自然、技术、竞争、政治法律和社会文化信息等。

2. 消费者行为及消费需求信息

消费者及其行为信息主要包括：消费者类型及其特征，消费者的需要，消费者的购买动机、购买过程、购买习惯、购买欲望，消费者的家庭及对厂商、产品评价等方面的信息。

消费需求信息包括现实需求、潜在需求、需求弹性、需求的特征、需求的演变及趋势等方面的信息。

案例分析

市场调查重在了解消费者的细节

对于一些大公司来说，知道顾客买什么、在哪里买、为什么买和什么时候买的情况，是有效营销的奠基石。

可口可乐公司通过市场调查发现人们在每杯水中平均放 3.2 块冰，每年看到 69 个该公司的商业广告；喜欢售点饮料机放出的饮料温度是 35 度；100 万人在早餐中喝可乐；美国每人每年消费 156 个汉堡包、95 个热狗、283 个鸡蛋等。

某一跨国快餐公司了解到，美国的消费者重视快餐店停车位的多少；日本的消费者关心的是快餐店的用餐时间；中国香港地区的消费者则更留意快餐店卫生间的面积；中国内地的消费者更喜欢快餐店的环境和座位的舒适度。

3. 商品生产、供应及供求关系信息

商品生产信息包括产业信息、商品生产信息、资源（生产要素）信息、生产方式和过程信息、生产量及其构成信息、生产发展信息等。商品供应信息包括可供商品信息，商品销售时间和地点信息，商品销售量、销售方式、销售效果信息，商品交易行为和交易秩序信息。商品供求关系信息包括商品供求状况、供求总量关系、供求结构关系以及供求变化与趋势等信息。

4. 竞争信息

企业需要掌握的竞争信息包括竞争与垄断程度、竞争类别、竞争形势、竞争对手的竞争行为、本企业在竞争中的地位、本企业的竞争能力等方面的信息。

5. 营销组合信息

(1) 产品信息。包括产品类型、效用、服务、品牌信息,产品线和产品组合信息,产品寿命周期信息,新产品开发信息,连带产品和替代产品等。

(2) 价格信息。包括价格水平、形式信息,比价和差价信息,影响价格变化因素信息,定价的目标、方法、策略信息,价格折扣和支付时间的信息等。

(3) 销售渠道信息。包括渠道类型信息,企业销售组织和人员信息,区域销售网络信息,中间商情况信息,物流和配送信息等。

(4) 促销信息。包括广告宣传、人员推销、营业推广和公共关系信息等。

此外,还包括企业面临的国际营销环境和国际市场营销策略等方面的信息。

二、企业内源信息

1. 企业资源信息

企业需要掌握的资源信息,主要包括人力、财力、物力、技术、信息等资源。如有关企业的管理层、技术人员、文化结构、业务结构、培训、招聘等方面的信息;有关自有资金、筹资渠道及筹资成本、资产负债率、流动资金和固定资金等方面的信息;有关机器设备、能源供应、原材料供应等方面的信息;有关科研队伍、研发能力、科技水平等方面的信息。

2. 企业营运信息

企业需要掌握的营运信息有生产、技术,营销、管理等活动方面的具体信息。

3. 企业效益信息

企业需要掌握的效益信息主要包括经济效益和社会效益两大方面的各种具体的信息。

上述企业需掌握的外源信息和内源信息,从时间上看都应该包括其历史信息、现时信息和未来信息;从性质上看都应该包括其定性信息和定量信息。

第三节　市场营销信息系统

企业的营销决策要以掌握充分、准确的市场信息为基础。这需要一套科学的信息管理方法,建立系统、规范的程序来收集、整理和解释信息,使其成为制订和修正市场营销方案的依据。这一程序可以通过市场营销信息系统来完成。

一、市场营销信息系统的内涵与特点

菲利普·科特勒为市场营销信息系统(Marketing Information System, MIS)所下的定义是:由人、设备和程序组成,它为营销决策者收集、挑选、分析、评估和分配所需要的、及时的和准确的信息。

在市场营销决策过程中,营销经理需要宏观与微观营销环境各方面的开发信息,营销信息系统的任务是评估经理人员的信息需求并适时提供所需信息作为决策的依据。市场营销信息系统如图 2-1 所示。

市场营销信息除具有一般信息的特征外,在以下几方面更具有营销信息的特殊性。

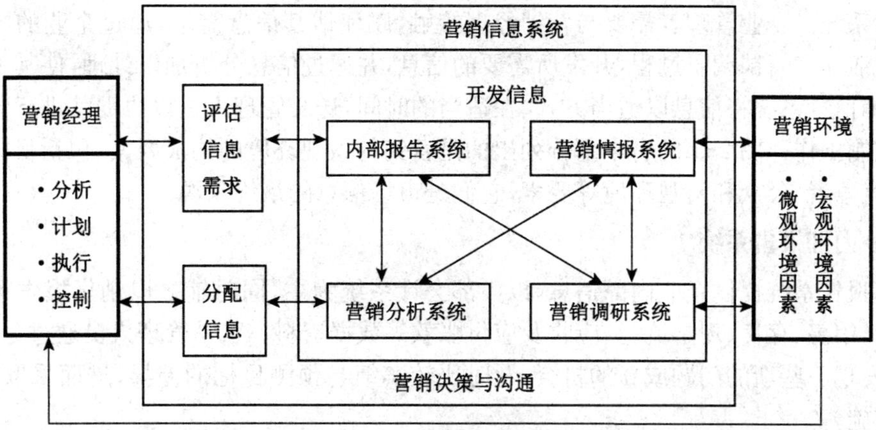

图 2-1 市场营销信息系统

1. 目的性

在产出大于投入的前提下，为营销决策提供必要的、及时的和准确的信息。这里强调信息是营销决策所需要的，与营销活动相关联的信息，而非那些杂乱且无关的信息。

2. 及时性

及时性包含速度和频率，在激烈的市场竞争中，信息传递的速度越快就越有价值，而且频率要适宜。低频率的报告会使管理者难以应付急剧变化的环境，频率过高又会使管理者面临数不清的大量数据。准确的信息要求信息来源可靠，收集整理信息的方法科学，信息能反映客观实际情况。

3. 系统性

市场营销信息系统不是零星的、个别的信息汇集，而是若干具有特定内容的同质信息在一定时间和空间范围内形成的系统集合。它在时间上具有纵向的连续性，是一种连续作业的系统；在空间上具有最大的广泛性，内容全面、完整。企业必须连续地、大量地、全方位地收集、整理有关信息，分析其内在联系，提高信息有序化的程度，为营销管理人员提供真正反映市场营销动态的信息。

4. 社会性

市场营销信息反映的是人类社会的市场经济活动，是营销活动中人与人之间传递的社会信息，是信息传递双方能共同理解的数据、文字和符号。在竞争性的市场上，无数市场营销活动参与者以买者和卖者的身份交替出现，他们既是信息的发布者，也是信息的接受者，营销信息的触角已经渗透到社会经济生活的各个领域。伴随市场经济的发展和经济全球化，市场营销活动的范围由地方性扩展为全国性、国际性市场，信息的传播更是空前的广泛。

市场营销信息是企业进行营销决策和编制计划的基础，也是监督、调控企业营销活动的依据，一个四通八达的营销信息网络，可把各地区、各行业的营销组织连结成多结构、多层次的统一的大市场。因此，市场营销信息系统关系到企业营销的顺利开展乃至有效的社会营销系统的形成。

二、市场营销信息系统的构成

营销信息系统始于营销经理，也终止于营销经理。营销经理所需的信息一般来源于企业内部报告系统、营销情报系统和营销调研系统，再经过营销分析系统，这四个子系统也就构成营销信息系统。企业管理者需要与营销经理接触，以评估其信息需求，通过企业的内部记录、营销情报活动和营销调研过程，开发所需要的信息，并通过信息分析加以处理，使其更为有用。最后，营销信息系统将信息以适当方式、在适当的时间，送交管理人员以协助其进行营销计划、执行和控制工作。图 2-1 的右半部分列出的是营销的微观环境的构成要素，包括目标市场、分销渠道、竞争者、公众和宏观环境等要素，它们是市场信息的最终来源。

（一）内部报告系统

内部报告系统提供企业内部信息，以内部会计系统为主，同时辅之以销售报告系统，集中反映订货、销售、存货、现金流量、应收及应付账款等数据资料。营销管理人员通过分析这些信息，可以发现一些新的问题或新的机会，及时比较实绩与预测目标的差异，进而采取切实可行的改进措施。

内部报告系统的核心是“订单——发货——收款”的循环。订货部门要及时处理推销员、经销商和顾客提交的订单，仓储部门及时发货，发票、运单和账单或其复印件应及时分送有关部门。销售报告系统应向公司经理及时提供全面、准确的生产经营信息，以利掌握时机，更好地处理进、销、存、运等环节的问题，使企业在市场竞争中处于有利地位。新型的销售报告系统的设计，应符合使用者的需要，要求及时、准确，简单化、格式化，实用性、目的性很强，真正有助于营销决策。

营销主管部门常常因接到过多的或无用的报告而降低工作效率，会计系统的改进方向应集中于两个方面：第一，改进销售报告的时效性；第二，使销售报告符合主管部门的需要。例如，美国施凯利公司的营销经理的办公桌前设有电脑终端和打印机，随时可对其 400 家经销商中的任何一家的销售状况进行了解，并可在几秒钟内测出完成预期计划的每一数据。为了使营销分析报告更加实用，有些公司为各级机构规定了报告的间隔时间，报告的类型，甚至内容包括的范围。

（二）营销情报系统

内部报告系统主要用于向管理人员提供内部运营“结果资料”，而市场营销情报系统则用于提供外部环境的“变化资料”，帮助营销主管人员了解市场动态并指明未来的新机会及问题。

收集外部信息的方式主要有四种：①无目的的观察。无既定目标，在和外界接触时留心收集有关信息。②有条件的观察。并非主动探寻，但有一定目的性，对既定范围的信息做任意性接触。③非正式的探索。为取得特定信息进行有限的和无组织的探索。④有计划的收集。按预定的计划、程序或方法，采取审慎严密的行动，来获取某一特定信息。

营销情报的质量和数量决定着企业营销决策的灵活性和科学性，进而影响企业的竞争力。为扩大信息的来源和提高信息的质量，企业通常采取以下措施改进信息收集工作：①提高营销人员的信息观念并加强其信息收集、传递职能。②鼓励与企业有业务关系的经销商、零售商和中间商收集和提供营销信息。③积极购买特定的市场营销信息。④利用多渠道、多形式了解竞争对手的营销活动情况，包括参加有关展销会、协会、学会，阅读竞争者的宣传品和广告，购买竞争品，雇用竞争者的前职工。⑤建立内部营销信息中心，改进信息处理、传递工作。

案例分析

美国一些公司的营销情报系统

美国通用面粉公司的食品杂货事业部经理，每天收到公司的销售信息。各地带、地域和地区的销售经理每天早晨的第一件事，就是用电传机向总公司报告其所在地前一天的订单和装运情况。报告中还包括公司实际销售与预定目标的百分比和去年的百分比的比率。

美国新利公司的经理则能在几秒钟内检索800家经销商的任何一家的各种品牌和包装尺寸的产品的现在和过去的销售额和存货数字。他们能测出销售落后于预期目标的所有地区。

美国米德公司的情况则更好一些，该公司的销售代表通过打电话给公司的计算机中心，能够当即获得纸张供应的情况并回答顾客的问题。计算机会确定在最近的仓库里是否有纸张可供应，以及在何时能装运；如果没有存货，则计算机将继续检索附近的其他仓库，直到发现为止。如果任何地方的仓库都没有存货，则计算机会决定在哪里和何时能生产这种纸张。由于销售代表在几秒钟内能得到答复，因此，他们在和竞争者的角逐中处于有利地位。

（三）营销调研系统

市场营销调研指系统地设计、搜集、分析和报告与特定营销环境有关的资料和研究结果的活动。菲利普·科特勒曾将营销调研定义为“通过信息而把消费者、顾客、大众及营销人员联结起来的职能”。这些信息是指营销机会与问题，被用以开展、修正和评估营销活动，监视营销绩效，增进对营销过程的了解。

营销调研系统的主要职能是根据企业工作面临的主要问题，即对与某项目具体的营销决策有关的信息进行系统地收集、分析和报告的过程。例如，某项产品根据其市场前景和竞争局面是维持现有投资水平，还是减少或扩大投资。在做出战略决策之前，需要对市场需求潜力、同类产品市场竞争状况进行较精确的调查。而内部报告系统和营销情报系统在其职能范围内难以提供足够的信息，这就需要组织专门的力量或委托专门的市场营销调研公司进行有针对性的专门调查。一项调查表明，美国73%的大型企业设置了正式的营销调研部门，其组成人员包括调查专家、统计专家和行为科学专家等专业人才；其规模大小不同，大至几十人，小至几人。营销调研部门一般由市场营销副总经理领导开展调研工作。

专门的营销调研公司一般有三种类型：一是综合性营销调研公司，它的服务范围广泛，为企业提供一般的营销研究服务；二是特殊营销调研公司，它只提供某种特殊的市场营销研究服务，如市场预测、产品包装等；三是信息销售公司，这类公司以出售信息为主，向客户提供连续的商业或消费者的资料。企业可根据自身的需要确定与哪一类调研公司进行合作。

市场营销调研系统和市场营销信息系统在目标和定义上大同小异，研究程序和方法具有共性。斯坦顿(W. Stanton)将二者的区别见表2-1。

表2-1 营销调研系统与营销信息系统的区别

市场营销调研系统	市场营销信息系统
1. 着重处理外部信息	1. 处理内部及外部信息
2. 关心问题的解决	2. 关心问题的解决与预防
3. 零碎的、间歇的作业	3. 系统的、连续的作业
4. 非以计算机为基础的过程	4. 是以计算机为基础的过程
5. 营销信息系统的信息源之一	5. 包含营销研究及其他系统

（四）营销分析系统

营销分析系统指企业以一些先进技术分析市场营销数据和问题的营销信息子系统。完善的营销分析系统，通常由资料库、统计库和模型库三部分组成。统计工具库和模型工具库如图2-2所示。

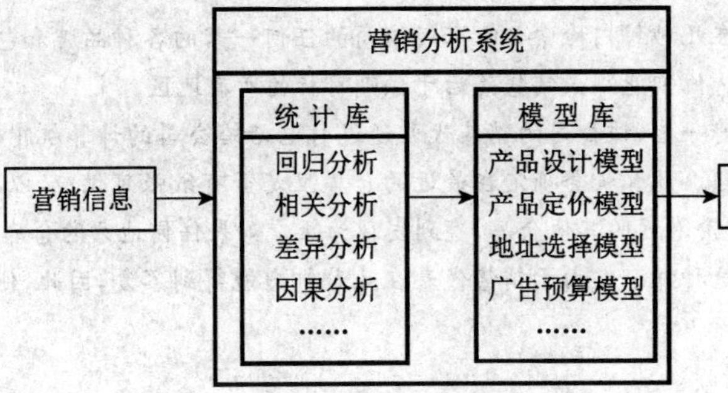

图 2-2 营销分析系统

1. 资料库

资料库中存有有组织地收集到的企业内部和外部资料，营销管理人员可随时取得所需资料进行研究分析。内部资料包括销售、订货、存货、推销访问和财务信用资料等；外部资料包括政府资料、行业资料、市场研究资料等。

2. 统计库

指一组随时可用于汇总分析的特定资料统计程序。其必要性在于：实施一个规模庞大的营销研究方案，不仅需要大量原始资料，而且需要统计库提供的平均数和标准差的测量，以便进行交叉分析；此营销管理人员为测量各变数之间的关系，需要运用各种多变数分析技术，如回归、相关、判别、变异分析以及时间序列分析等。统计库分析结果将作为模型的重要投入资料。

3. 模型库

模型库是由高级营销管理人员运用科学方法，针对特定营销决策问题建立的，包括描述性模型和决策模型的一组数学模型。描述性模型主要用于分析实体分配、品牌转换、排队等候等营销问题；决策模型主要用于解决产品设计、厂址选择、产品定价、广告预算、营销组合决策等问题。

经过营销分析系统科学处理的信息，有相当一部分具有重新使用的价值，因此，初次使用后的信息可进入储存状态。电子计算机进入营销系统后，可将信息编码放入计算机的存储系统中。为了使处于存储状态的信息能够及时、方便地提取使用，需要建立一套完善的查找方法和手段。即信息检索方式。目前有多种检索方式，其中利用电子计算机进行检索，代表了营销信息检索的发展趋向。计算机处理信息的显著特点是，它能够实现大量的综合性处理，从而提高信息的综合性和准确性。

知识链接

理想的市场营销信息系统

一个理想的市场营销信息系统一般应具备如下特征：

(1) 它能向各级管理人员提供从事其工作所必需的一切信息。

(2) 它能够对信息进行选择，以便使各级管理人员获得与他能够且必须采取的行为有关的信息。

(3) 它提供信息的时间限于管理人员能够且应当采取行动的时间。

(4) 它提供所要求的任何形式的分析、数据与信息。

(5) 它所提供的信息，一定是最新的并且其形式都是有关管理人员最易了解和消化的。

第四节　市场调查与预测信息系统

一、市场调查与预测信息系统的含义及构成

市场调查与预测信息系统是指由人员、计算机、机器设备、程序等组成的，专门从事市场信息的收集、加工、处理，为经营管理服务的有组织、有结构的复合体。

市场调查与预测信息系统包括输入系统、控制系统、处理系统、存储系统和输出系统等五大部分。各部分的基本功能及其相互关系如图 2-3 所示。

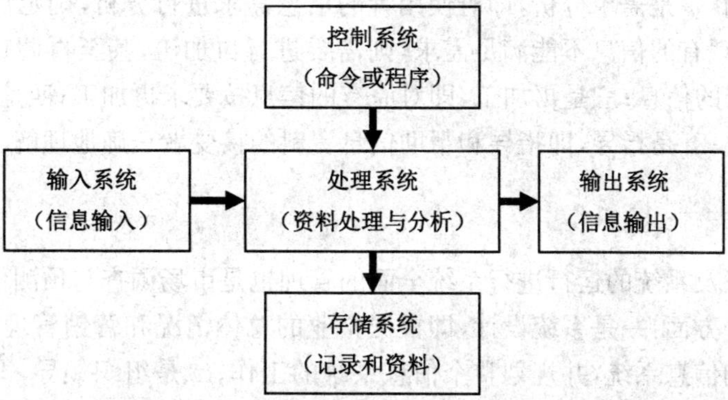

图 2-3　市场调查与预测信息系统构成

二、市场调查与预测信息系统的基本职能

市场调查与预测信息系统的基本职能，包括确认信息需要、设计与规划、实施调查、信息资料处理、提供信息和指导使用、系统管理等六个方面。

1. 确认信息需要

企业在市场营销过程中对市场信息的需要是客观的，市场调查与预测信息系统的第一个基本职能就是确定整个企业市场信息的需要，即确定：各种经营管理及业务活动需要什么样的信息，需要多少信息，谁使用这些信息，什么时候需要使用这些信息，通过什么渠道把信息传递到使用者手中等。

2. 设计与规划

为满足企业对市场信息的需要，首先需确定系统信息库中现有的信息资料能否满足需要。如果不能，意味着需要开展市场调查与预测活动收集信息。对市场调查与预测进行设计与规划是其又一重要职能。具体包括确定该项市场调查与预测活动的主体；确定资料来源、调查对象、资料收集方法、设计调查问卷表；确定测量程序与技术、资料处理计划、调查与预测力量调配、时间规划和预算等。

3. 实施调查

市场调查与预测信息系统承担着具体实施市场调查与预测的职能，即按市场调查与预测的规划，实施调查工作。这一职能包括对第二手资料和第一手资料的收集。一般而言，实施调查的

职能居于中心地位，需花费最多的人力、财力、时间，其实施结果对整个系统有着决定性的影响。

4. 信息资料处理

信息资料处理是市场调查与预测信息系统的又一个中心职能。信息资料处理具体包括四个方面：一是信息资料的加工、分析，即对各种收集所得的信息资料进行必要的逻辑运算、数学运算、分析研究等。二是信息资料的传输，即把加工分析后形成的信息资料及时传输给适当的部门或人员。三是信息资料的储存，即把各种市场信息资料，按一定的要求，以一定的形式储存起来，并形成市场调查与预测信息系统的信息库。四是编制索引，即对信息库中的信息资料按一定的规则编制索引。

5. 提供信息和指导使用

市场调查与预测信息系统负有向各类信息使用者提供各类适用信息，并加以指导的职能。具有包括五个方面：一是需求分析，即对使用者的信息需求进行分析，确定需提供什么样的信息，如果信息库中现有的信息不能满足需求，则需要进行再加工，甚至再调查；二是检索，即从信息库中查找所需的信息；三是再加工，即对原有的信息按要求再加工；四是输出，即向需求者提供有关信息资料；五是指导，即指导和帮助信息资料的接受者正确地理解、使用好信息，并及时反馈有关情况。

6. 系统管理

对系统本身以及系统的运行进行系统全面的管理也是市场调查与预测信息系统的重要职能。具体包括四个方面：一是系统设计，即根据企业的总体情况和营销管理的要求，设计和组建市场调查与预测信息系统，并规划整个信息系统的工作；二是组织领导，即对信息系统的运行实行组织领导；三是控制，即对信息系统的运行实行监督、检查、调节，保证其正常有序地运行；四是评价，即对信息系统的工作状况、组织结构状况、信息使用效果等进行评价，及时发现问题，及时加以改进，确保系统的不断优化。

三、建立市场调查与预测信息系统的基本原则

1. 系统性原则

建立市场调查与预测信息系统，需从企业整体出发进行系统思考和设计，使信息系统与企业的经营目标、组织结构、经营业务相适应，同企业经营管理对市场信息的要求相适应，和企业原有的信息工作基础相协调。并与企业整个管理信息系统耦合，与外界各类信息系统保持互动。

2. 经济效益原则

建立市场调查与预测信息系统，其目的是最大限度地提高企业营销活动的经营管理水平，提高经济效益。市场调查与预测系统的建立，要投入人力、物力、财力，系统的正常运行与维护也需要不断投入，为此，必须始终关注经济成本与效益之间的对比，把经济效益放在突出位置。

3. 现实和发展协调原则

建立市场调查与预测信息系统，既要立足现有资源充分利用现有条件；又要用发展的眼光，充分预计到企业营销活动的发展变化和信息技术的日新月异，具有一定的先进性。要协调好现实与发展的关系。

4. 适应性和可靠性原则

建立市场调查与预测信息系统，必须注意信息本身的适应性和可靠性。适应性是指信息

系统要能适应企业营销管理工作需要，适应不断变化的外部环境，为此，系统必须要有较大灵活性和应变能力。可靠性是对信息系统本身的又一要求，系统本身必须可靠，技术手段必须可靠，提供的信息必须可靠。

第五节　市场调查与预测的功能和地位

一、市场调查与预测的功能

1. 信息功能

信息功能是市场调查与预测的最基本的功能。即市场调查与预测的主体为了一定的目的，采用一定的方法和手段，收集、加工、提供各种市场信息以及相关的营销环境信息。有市场存在，就必然会有各种市场信息和营销环境信息随着市场的发展变化而不断生成。企业主体从事市场营销活动，必须充分占有相关的各种市场信息和环境信息，作为营销决策和开展营销活动的依据。而市场调查与预测是企业获取信息的基本手段和途径。

2. 认识功能

认识功能是市场调查与预测的另一个基本功能，即消除营销主体对市场、营销环境以及企业本身状况的不确定性。人类行为的前提条件是正确认识客观事物，而正确认识客观事物的前提是充分占有并正确理解有关信息，从而消除对客观事物认识上的不确定性。由于市场及其营销环境的复杂性和多变性，人们对其认识总会或多或少带有模糊性和不确定性。这种不确定性的存在，将影响市场营销管理活动的正常开展。所以，消除营销主体对市场、营销环境及其本身状况的不确定性是开展市场营销活动的必要条件。市场调查与预测所提供的信息将有效地消除营销主体的不确定性，使其正确认识自己开展市场营销活动所面临的内外部条件。

3. 沟通功能

沟通功能是市场调查与预测的延伸功能，即市场营销主体与社会公众之间进行信息的互相传输、交换，实现有效的沟通。从表面上看，市场调查与预测活动表现为市场调查与预测主体向有关社会组织或公众获取信息。但是，任何信息活动都是双向的，事实上，市场调查与预测主体在不断地向被调查者传输各种信息的同时，又获得各种信息。因此，市场调查与预测过程是一种交互式的信息沟通过程，是实现双方意见的交换，实现市场营销利益攸关方的协调、和谐。

二、市场调查与预测的地位

市场调查与预测是营销管理的一个重要职能，在企业市场营销管理中占有十分重要的地位。及时收集、加工和提供全面、准确、适用的信息，使企业能够准确、全面地认识市场，是企业开展营销活动的前提和基础，市场调查与预测是营销决策的基础。

决策是人类的一种普遍性活动，一般是指个人或集体为达到预期目标，从两个以上可行性方案中，选择最优方案或满意方案并推动方案实施的过程。所有营销管理问题的决策都是在市场调查研究和预测提供的资料、情报等信息的基础上确定预测目标，利用科学理论和方法，充分发挥人的智慧，对主客观条件进行系统的分析，并围绕决策目标制定相应的最优或最满意的方案去组织实施。

决策是经营管理的重要职能，直接关系到经营管理的成败和优劣。决策正确与否，在很大程度上取决于是否有充分的资料和信息，是否对决策问题的内部关系和外部状况有正确的认识和了解，“决策科学化等于 90%的情报信息加 10%的判断”。在市场经济条件下，几乎所有的营销决策都必须占有充分的市场信息。市场调查预测与决策的关系如图 2-4 所示。

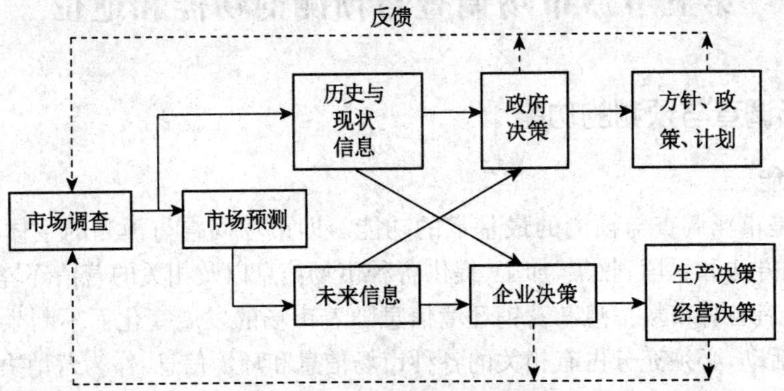

图 2-4　市场调查预测与决策的关系

案例分析

吉列公司将“刮胡刀”卖给女性

男性长胡子，因而要刮胡子；女性不长胡子，自然也就不必刮胡子。然而，美国的吉利公司把“刮胡刀”推销给女性，居然大获成功。

吉利公司创建于 1901 年，其产品因使男性刮胡子变得方便、舒适、安全而大受欢迎。进入 20 世纪 70 年代，吉利公司的销售额已达 20 亿美元，成为世界著名的跨国公司。然而吉利公司的领导者并不满足，他们想方设法拓展市场，争取更多用户。1974 年，公司提出了面向女性的专用“刮毛刀”。

这一决策看似荒谬，却是建立在坚实可靠的市场调查的基础之上的。

吉利公司先用一年的时间进行了周密的市场调查，发现在美国 30 岁以上的女性中，有 65%的人为保持美好形象，要定期刮除腿毛和腋毛。这些女性之中，除使用电动刮胡刀和脱毛剂之外，主要靠购买各种男用刮胡刀来满足此项需要，一年在这方面的花费高达 7 500 万美元。相比之下，美国女性一年花在眉笔和眼影上的钱仅有 6 300 万美元，花在染发剂上的钱仅有 5 500 万美元。毫无疑问，这是一个极有潜力的市场。

根据市场调查结果，吉利公司精心设计了新产品，它的刀头部分和男用刮胡刀并无两样，采用一次性使用的双层刀片，但是刀架则选用了色彩鲜艳的塑料，并将握柄改为弧形以利于女性使用，握柄上还印了一朵雏菊图案。这样一来，新产品立即显示了女性的特点。

为了使雏菊刮毛刀迅速占领市场，吉利公司还拟定几种不同的“定位观念”，到消费者之中征求意见。这些定位观念包括：突出刮毛刀的“双刀刮毛”，突出其创造性的“完全适合女性需求”，强调价格的“不到 50 美分”，表明产品使用安全的“不伤玉腿”等等。

最后，吉利公司根据多数女性的意见，选择了“不伤玉腿”作为推销时突出的重点，刊登广告进行刻意宣传。结果，雏菊刮毛刀一炮打响，迅速畅销全球。

（资料来源：百度文库，https://zhidao.baidu.com/question/485976710.html）

这个案例说明，市场调查研究是经营决策的前提，只有充分认识市场，了解市场需求，对市场做出科学的分析判断，决策才具有针对性，从而使企业更好地拓展市场，兴旺发达。

三、影响市场调查与预测的因素

在进行市场调查预测的决策时，首先需要明确一些主要的问题，对这些问题的回答，直接影响到市场调查预测活动的范围与后果，一般而言，市场调查与预测需要考虑以下四个方面的问题。

1. 时间的约束

市场调查预测的最终目的是为企业的经营管理决策提供依据，而系统的市场调查预测往往需要一定的时间，对于一些需要立即决策的问题，市场调查预测就无法适用了。此外，时间约束也是任何市场调查预测需要考虑的重要问题。平衡好调查预测质量与调查时效间的关系，是确定市场调查预测计划的重要因素。许多企业决策时间紧迫导致信息不足并非决策问题本身的原因，而是企业工作计划性不强所致。因此，安排好决策的提前期，是实施市场调查预测工作的保障。

2. 数据的有效性

市场调查预测是否可以获得足够的信息以支持决策，是市场调查预测需要考虑的第二个问题。数据的可获得性、数据的获取成本，都是制约市场调查预测的主要因素。对于一些信息而言，其数据是难以描述或无法度量的，如不同时期的新增需求问题，即便是消费者，也无法确定自己需求产生的准确时间。而有些数据的获取则代价高昂，我国每五年进行的经济普查工作都是建立静态投入产出表，由于成本高昂，因此从未进行过动态投入产出表（投资系数矩阵）的统计调查工作。

3. 决策的性质

市场调查预测的价值还取决于其所支持的决策的性质。对于一些不涉及重大投资，不对企业绩效产生重大影响的例行性决策，往往不需要进行市场调查。越是重大的决策，越需要市场调查预测，并需要投入更多的时间和金钱。

4. 成本效益关系

市场调查预测的根本目的在于提高企业的绩效水平，因此，市场调查预测的成本还必须与其收益相平衡。在进行市场调查预测前，必须对市场调查预测费用与预期的调查成果进行比较，以确定是否值得进行该调查预测项目。为此，决策者需要考虑以下问题：①市场调查预测的回报率是否令人满意；②所获取的信息对提高决策质量的帮助是否足够弥补调查预测的成本；③调查预测预算方案是否是最优的合理利用资金的方案。

第六节 市场调查与预测的科学化

一、市场调查与预测科学化的含义及意义

（一）市场调查与预测科学化的含义

市场调查与预测的科学化，是指在整个市场调查与预测过程中，以正确的思想指导，严格按客观规律办事，遵循现代科学方法论，尽量采用科学有效的市场调查与预测方法和技术，最优地实现市场调查与预测的预定目标。为此，市场调查与预测者在进行市场调查与预测的过

程中必须遵循正确的原则与要求，坚持正确的伦理道德，科学地实施市场调查与预测工作。

（二）市场调查与预测科学化的意义

第一，市场调查与预测作为人们的一种有目的社会活动，必须实现科学化。任何一项人类活动的结果是否与主观愿望相吻合，在很大程度上与其是否按客观规律办事，是否采用科学的方法具有直接关系。要实现市场调查与预测目标，必须科学合理地组织、实施市场调查与预测活动。

第二，市场调查与预测工作的复杂性，要求实现科学化。市场调查与预测所面对的是一个复杂多变的市场，涉及市场的各个方面的诸多要素及其各种影响因素，要正确地认识市场，得出正确的结论必须实现市场调查与预测的科学化。

第三，作为企业营销管理的一个重要组成部分，要求市场调查与预测实现科学化。随着市场经济的发展和市场竞争的日益激烈，市场调查与预测在企业营销管理中的地位和作用日益突出，这就要求市场调查与预测必须实现科学化，以保证企业的可持续发展。

二、市场调查与预测科学化的原则和要求

为提高市场调查与预测的工作质量，实现市场调查与预测的科学化，必须严格按照客观规律办事，遵循科学化的原则和要求。

（一）市场调查与预测科学化的原则

1. 实事求是原则

实事求是原则是马克思主义的基本原则，也是我们党和政府倡导的科学态度和作风。毛泽东在《改造我们的学习》一文中指出："实事"就是客观存在的一切事物，"是"就是客观事物的内在联系，即规律性，"求"就是我们去研究。实事求是就是要从客观存在的实际情况出发，如实的收集资料，客观的描述事实，并在正确理论指导下，进行科学的分析研究。市场调查与预测必须坚持实事求是的原则，防止任何的偏见和主观随意性，保证市场调查与预测所得的各类信息具有真实性、准确性，最终得出符合实际的正确的结论，从而能正确地指导企业的市场营销管理活动。

2. 系统性原则

按现代系统理论，凡是由两个以上相互联系、相互作用的要素构成的统一整体称为系统。世界是以系统方式存在的。所谓系统性原则，就是以系统的思维、普遍的联系、整体的观念分析问题和解决问题。市场调查与预测是一个系统，是一个由市场调查与预测的主体、客体、程序、方法、物质、设备、资金和各种信息资料等构成的复杂系统。在市场调查与预测的设计和策划以及对资料进行的分析处理时，必须坚持遵循系统原则，以系统思想为指导，注意事物的联系、全面地考虑问题，注意整体和局部的关系，各系统与子系统之间，系统和外部环境之间的协调。坚持系统思维、系统分析和系统工程方法实施市场调查与预测。系统工程本身是一种方法论，必须发挥整合效用和增效作用。

3. 因果性原则

市场调查与预测的目的在于了解和掌握各种市场及其影响因素的状况与发展趋势。遵循因果性原则，不但是保证市场调查与预测准确性的条件，因果分析本身也是一种手段。要重视对影响市场调查与预测目标的各种因素的具体分析，找出市场调查与预测目标（因变量）与影

响市场调查与预测目标的因素(自变量)之间的相关关系,根据自变量的变化来推断因变量的变化。因果关系一旦以数量关系来表达时,可以建立确定型的函数关系或不确定型的统计相关关系,为得出正确的市场调查与预测结果提供条件。

4. 动态性原则

市场因素总是变量,市场总处在不断发展变化之中,而且今天的市场有加速发展的趋势。坚持动态性原则,就是在思想上树立动态观念,坚持以发展的眼光看待市场及其影响因素,既要注意事物的过去、现状,更要研究未来的发展变化。遵循动态原则,尤其对市场状况历史和现状的了解、分析和研究,正确预测未来,实现全面、准确地认识市场的目标。

5. 科学性原则

遵循科学性原则,就是要按客观规律办事。在市场调查与预测的对象选择,程序、方法、信息的收集、整理和分析等方面都必须有科学理论指导,体现客观规律的要求。首先,要树立正确的思想观念,明确市场信息对市场营销活动的重要意义,掌握市场调查与预测的原则和要求。其次,要针对不同的调查预测活动制定科学合理的标准。同时要有科学、认真、高效的工作态度。最后,必须采用科学合理的市场调查与预测方法、程序、技术,特别注意应用现代市场调查与预测手段。

(二) 市场调查与预测科学化的基本要求

1. 及时

及时指的是在市场调查与预测过程中要强调时效性。从整个市场调查与预测工作来看,要尽量提高速度。首先,及时性要求包括及时收集各类信息资料,及时加工处理,及时反馈,及时传输,及时使用和更新等。其一,市场信息都有一定的时效性;其二,现代市场和营销环境变化迅速,客观上要求信息资料的处理和分析与之同步;其三,企业经营决策和营销活动要求能及时提供所需信息资料作为依据。再次,信息资料处理和分析本身有一个过程,要耗费一定的时间,所以必须要提高其工作效率。

2. 准确

准确指的是在市场调查与预测过程中,对信息的收集、加工、处理、分析和提供必须做到:一是真实;二是精确。真实是定性的要求,即要求市场调查与预测所形成的信息资料必须是真的。精确是定量的要求,即要求所形成的信息资料应尽量减少误差。准确性是信息工作的生命。市场调查与预测对各种信息的收集、处理、分析和提供,是为了认识市场、做出决策和实施行动提供依据。只有信息资料准确,才会有正确的认识、正确的行动和正确的决策。

3. 全面

全面指的是在市场调查与预测中,信息资料的收集、处理、分析和提供,必须强调全面、客观的反映市场的变化和特征,形成系统化的信息。全面是在准确基础上的进一步要求。全面的、系统化的信息资料更具有价值,更有利于使用,更能有效地指导企业的市场营销活动,更能全面系统地反映市场经济运行状况。

4. 适用

适用指的是市场调查与预测中对信息的收集、处理、分析和提供必须符合使用者的要求。首先,信息资料的收集、处理分析和提供的方法要适当,要选择先进的、科学的、合理的方法,确保其成果的正确性。其次,市场调查与预测形成和提供的资料要符合实际需要。面对大量的信息资料,不适用的信息资料会严重干扰营销者的营销活动。所以要针对不同营销者的需求,提供与之相适应的信息资料，才能实现市场调查与预测的真正目的。

5. 经济

经济指的是在开展市场调查与预测工作中，尤其对市场信息资料的收集、处理、分析和提供都必须符合经济核算的要求，即以较少的费用支出，实现尽可能多的有用的市场信息资料。市场调查预测，对信息资料的收集、处理、分析和提供，需要花费和投入一定的人力、物力和财力。遵循经济性原则就是要保证在一定的市场调查与预测的数量和质量的前提下，尽可能节约费用开支，或在一定的耗费下，形成尽可能多的有用信息，它有利于提高企业经济效益。遵循经济性原则要求，必须考虑投入和产出之间的对比关系。

三、市场调查与预测中的道德规范

从道德伦理关系上看，市场经济通过“物化”，把人与人的关系变成了金钱和利益的关系，因而容易诱发拜金主义和极端个人主义，为某些不道德的现象提供土壤和条件。但我们不能就此认为，道德发展中出现的不健康现象都是市场经济的必然产物。从某种意义上讲，市场经济活动本身也是道德经济，它要求每个市场主体在市场活动中诚实守信，讲究道德和信誉。

一般认为，伦理是指做人或做事的道德和规范；道德是指人们应当遵循的具有普遍意义的行为原则和规范，常被通用。但在伦理学术界，两者有着某种区别：伦理既包括由内在良心起作用的自律机制，又包括外在强制的他律机制；道德则不是一种他律规范，而是一种自律规范，是靠良心起作用的内在的自律要求。通常讲的伦理道德往往涵盖两者的内涵。

伦理道德是社会意识形态之一，是调整人与人、个人与组织、组织与组织之间以及个人、组织与社会之间的关系的行为规范的总和。

市场调查与预测道德是指在市场调查与预测过程中调整各行为主体之间关系与行为的准则和规范。正确规范调查活动主体各方的行为，协调各方关系，化解各种可能产生的矛盾冲突，不但是保证市场调查与预测活动正常进行并取得良好效果的基本条件，也是维持正常的社会经济秩序，保证市场经济健康发展的基本条件。这种基本条件的实现，一方面要靠健全的法律来制约；另一方面要靠基本的道德来规范。

对于不同行为主体在市场调查中的道德问题，各国或地区的行业组织都制定了相应的行为规则，如《美国市场调查协会道德准则》《欧洲民意和市场研究协会关于市场和社会研究国际准则》《中国信息协会市场研究业分会管理办法(章程)》等。这些准则或章程在一定程度上都规定了市场调查主体的行为，成为市场调查与预测的道德准则。

知识链接

利用互联网进行市场调研时应遵守的 MRA 道德指导原则

位于美国芝加哥的市场调查协会(Marketing Research Association，MRA)制定了一项伦理条例，为制定调查伦理相关的决策提供了指导原则。

1. 调查对象的合作应该出于自愿。
2. 调研人员应该向调查对象表明自己的身份。
3. 应该保护调查对象的匿名权。
4. 应该在网上发布个人隐私保护说明。
5. 应该确保数据安全。
6. 应该向公众公布结果的可靠性和有效性。

7. 对未成年进行调查的调研人员应该遵守《儿童网上隐私保护法》。

8. 未经收件人要求，不应该向拒绝接收邮件的收件人发送电子邮件。

（资料来源：纳雷希·马尔霍特拉.营销调研基础[M].王学生，杨安良，等译.4版.北京：清华大学出版社，2015）

在市场调查与预测活动过程中，涉及的行业主体包括委托方（企业）、调查者（受托方）、被调查者（信息提供者）三个方面。它们之间存在着直接的、复杂的、涉及各方利益的相互关系。正确规范市场调查与预测参与各方的行为，协调各方关系，不但是保证市场调查与预测活动的正常进行，并取得良好效果的基本条件，也是维持市场经济健康发展的基本条件。

（一）市场调查与预测者的道德规范

市场调查与预测者是指承担市场调查与预测任务的组织和个人。它们所提供的信息对信息使用者的决策起着至关重要的作用，其道德规范应包括以下几个方面。

1. 信守合同，尊重客户

信守合同既是一种法律规范，也是一种道德规范。合同规定了委托方和受托方双方的权利和义务，市场调查预测机构一旦与企业签订了合同，就应按照合同的要求按时按质完成任务，市场调查与预测提供者不应寻找理由无故拖延调查时间，随意更改或减少调查内容，以免对企业的营销决策带来不利影响。市场调查预测机构在调查过程中，还应尊重客户的意见，要与客户及时进行沟通，对客户提出的意见和建议要认真考虑，以保证与客户建立良好的合作关系。

2. 实事求是，客观公正

客观公正的信息是保证企业营销决策正确性的基础。市场调查与预测者必须严格控制收集信息的过程，避免带着某种预先设定的目标确定调查范围，在收集信息时应避免使用职业被调查者，不能为了迎合客户的口味而不顾事实，更不能为图省事和节约开支而随意减少调查样本或人为地修改、编造数据资料；在资料处理和分析过程中，应避免片面追求方法的复杂性而不考虑研究对象的特点；要通过科学、有效、详尽、正确的分析，为客户正确认识市场，做出正确的预测、决策提供可靠的依据。实事求是、客观公正，是市场调查与预测中应遵守的最基本的道德规范。

3. 公平交易，如实报价

坚持公平交易，首先要坚持公平竞争，反对把同行视为敌人。其次要坚持自愿平等、等价交换的原则。市场调查预测提供者和使用者应按照等价交换的原则，平等协商费用水平。提供者在报价时，应让使用者了解调查预测项目的难度，避免为了提高价格而夸大项目的难度和扩大项目的研究范围。同样，对于所需花费的调查预测费用，提供者不应以任何理由给予克扣，以保证服务工作的质量。

4. 信守行规，为客户保密

市场调查与预测的提供者除非是为客户提供标准服务，否则不允许同时为处于竞争状态的其他客户和与企业有利害关系的客户提供同种类型的调查预测服务。不能利用客户之间的竞争关系达到自己的目的，更不能搬弄是非，制造矛盾，侵害客户的利益。对于企业委托完成的市场调查与预测结果，必须为客户严格保密，在保密期限内，未征得企业同意，信息提供者不应向任何第三方泄露相关的调查结果。

(二) 市场调查与预测委托方的道德规范

市场调查与预测委托方是指为解决特定的营销问题而需要了解和掌握相应的市场信息，产生市场调查与预测需求，提出市场调查与预测任务和要求，并承担市场调查与预测费用，最终使用市场调查与预测结果的政府、企业、社会组织和个人。

市场调查与预测委托方除了同样必须注重信守合同、尊重市场调查与预测者和被调查者的意愿，并保护其利益、坚持公平交易外，还应注意以下道德规范。

1. 不得误导公众

委托方不应以市场调查与预测为由误导公众，不应借助市场调查与预测活动或借助市场调查与预测机构和人员实现某种不公开的目的，不应借助市场调查与预测进行不正当竞争。

2. 关系开诚布公

委托方应与市场调查与预测的信息提供者保持一种开诚布公的关系，应该把委托进行调查与预测的真正目的，所需解决的真实问题，所受到的时间、费用、资源等方面的限制如实地告诉提供者。

3. 恰当使用信息

委托方应该恰当地使用市场调查与预测提供的信息资料，不应对市场调查与预测提供的信息随意进行夸大、断章取义、篡改以及曲解。

4. 委托正当合理

委托方不应要求市场调查与预测提供者做正常市场调查与预测以外的事情，特别是不能要求提供者收集竞争对手的商业秘密以及政府及相关组织机构尚未公开的情报、信息、资料。

5. 尊重对方劳动

委托方应该尊重市场调查与预测提供者的劳动，不能以委托市场调查与预测为借口，诱使提供者为其提供免费的信息资料、调查方案，或达到获取免费咨询的目的。

6. 自负决策责任

委托方有权从市场调查与预测提供者处获得相应的信息资料、调查报告和有关建议。信息资料、调查报告和有关建议仅作为决策的参考，真正的决策由委托方做出，决策的后果由委托方承担，不能要求市场调查与预测提供者承担决策责任。

(三) 被调查者的道德规范

被调查者或信息提供者是市场调查与预测的调查对象，即为市场调查与预测提供信息的组织或个人。在市场调查与预测的过程中，被调查者的权利，如是否接受调查的自主权、隐私权、所花费的时间和精力的补偿权等必须得到尊重。

被调查者一旦同意接受调查，则也应遵守相应的道德规范，主要包括：①诚实提供信息，对所回答的问题和所提供的信息的真实性承担道德责任。②保守商业秘密，有责任对在接受调查的过程中涉及的委托方的商业秘密加以保密，不得随意向第三方泄露。

知识链接

访谈中的伦理问题

1. 未告知参与者调查的真正目的

调查参与者有权了解调查活动的方方面面，如调查涉及什么内容、持续多长时间、资料有什么用途等，之后自由决定是否参加调查。有时访谈者并不告知访谈参与者真正的研究意图，理由是如果参与者知道了研究的真正目的,他们也许就不会以一种公平的态度来回答问题了。

例如,一家金融机构委托调查公司进行调查,想了解在给定市场区域内其自身及主要竞争对手的企业形象。如果调查公司向潜在的访问者表明自己的身份,则被访问者就几乎完全知晓了研究的意图、过程和研究项目的主办者。研究行业历来的经验表明:在得知研究项目的主办方后,被访问者就不会对主办方做出公正的评价。

就研究的性质而言,市场研究者经常隐匿真名,然而,正确的做法应该是,在调查结束后向被调查者补充说明,包括研究目的、委托方、数据资料的用途和其他一些有关信息。这种补充说明可以为调查行业建立良好的声誉。但向被调查者做补充说明的时间是需要成本的,因此许多公司并不愿意花时间去做。

2. 不遵守对被访问者的保密承诺

对被访问者的保密承诺是必需的,这里有两点理由:一是如果被访问者知道他们提供的资料会用作其他目的,他们也许就不会参加调查。尽管有些人会在无保密承诺下参加,但这些愿意参加的人并不能代表样本总体。二是保证被访问者所给资料的准确性,如果没有保密承诺,被访问者未必会给出他们真实的回答。

违背保密承诺是与调查行业道德准则相违背的。撇开研究本身的目的而言,不管为了什么原因使用研究对象的身份都是不道德的。例如,如果要利用一项调查项目的结果来制作可能购买某种产品或服务的潜在客户名单,研究者必须将这一事实事先告知被访问者,否则就违背了保密承诺,这是不合法的。

3. 侵犯被访问者的隐私权

所有被访问者都有隐私权,这里隐私权可以从两个维度来定义:一是被访问者有权拒绝会侵扰他们个人空间的面访、电话和邮件等;二是他人不能随意地使用被访问者的私人信息。

目前,不断出现的侵犯隐私权事件已经导致市场调查回答率的下降。关于隐私权的争论使调查行业陷入进退两难的境地。一方面,先进的技术使得调查者更容易在人群中获取信息;另一方面,隐私是一种基本的权利,作为个人永远不能放弃。但是市场调查的自然属性要求调查者侵入消费者的个人隐私:调查者打电话或要求会面,占用被访问者有限的自由支配时间,要求被访问者对一些个人问题进行回答;一些营销数据包含了大量消费者的个人信息,等。

4. 被访问者未给出真实回答

在接受访问时给出自己真实的回答是被访问者应有的责任,但在很多情形下,如受访意愿不强、涉及敏感话题、触及相关利益、自我固有偏见,甚至是由于情绪状态不佳,被访问者会给出不真实的回答。

5. 对被访问者的误导和欺骗行为

在许多场合,访谈者会在访谈开始之前故意对被访问者进行误导,甚至传递虚假信息来影响被访谈者的回答。这些访谈者认为,如果欺骗行为不会对被访问者造成生理或心理的伤害,以及在访谈后会更正已给出的错误的信息,那么就不会有违伦理。但是,被访问者是不应该接受这类欺骗的,而且这种行为会影响甚至歪曲一项调查的结果。

小 结

1. 信息是以物质介质为载体,传递和反映世界上各种客观事物存在方式和运动状态的表征。信息是一个由信息源、信息内容、信息载体、信息传输、信息接受者等要素构成的统一整体。市场信息是通过物质介质载体,对市场体系存在和运动状态的反映和描述。市场信息的信息源是市场体系,内容是市场体系的存在方式和运动状态。市场信息的特性包括信息源的分散性和信息量的膨胀性、市场信息的时效性、市场信息的非共享性、市场信息的经济性。

2. 市场营销信息系统(MIS)是:“由人、设备和程序组成,它为营销决策者收集、挑选、分析、评估和分配所需要的、及时的和准确的信息。”市场营销信息除具有一般信息的特征外,还具有目的性、及时性、系统性和社会性的特征。市场营销信息系统包括企业内部报告系统、营销情报系统、营销调研系统和营销分析系统四个子系统。

3. 市场调查与预测信息系统由输入、控制、处理、存储和输出五大系统组成。其基本职能包括确认信息需要、设计与规划、实施调查、信息资料处理、提供信息和指导使用、系统管理等六个方面。建立市场调查与预测信息系统应遵循系统性、经济效益、现实和发展协调、适应性和可靠性等原则。

4. 市场调查与预测的功能主要包括信息功能、认识功能、沟通功能。市场调查与预测是营销决策的基础。市场调查与预测的科学化，是指在整个市场调查与预测过程中，以正确的思想指导，严格按客观规律办事，遵循现代科学方法论，尽量采用科学有效的市场调查与预测方法和技术，最优地实现市场调查与预测的预定目标。市场调查与预测科学化的原则包括实事求是原则、系统性原则、因果性原则、动态性原则和科学性原则。

5. 市场调查与预测道德，是指在市场调查与预测过程中调整各行为主体之间关系与行为的准则和规范。市场调查与预测者的道德规范主要有信守合同、尊重客户；实事求是、客观公正；公平交易、如实报价；信守行规、为客户保密等。市场调查与预测委托方的道德规范主要有不得误导公众，关系开诚布公，恰当使用信息，委托正当合理，尊重对方劳动，自负决策责任等。被调查者的道德规范主要有诚实提供信息，保守商业秘密等。

习　题

一、名词解释

1. 市场信息　　2. 市场营销信息系统　　3. 营销分析系统

4. 市场调查与预测信息系统　　5. 市场调查与预测的科学化

二、填充题

1. 市场信息按其来源可分为________________和内源市场信息两大类。

2. 对企业而言，______________是市场信息中的主要部分，也是企业营销活动所需的主要信息。

3. 市场营销信息的特征包括目的性、__________、系统性和社会性。

4. 市场营销信息系统包括内部报告系统、营销情报系统、____________和营销分析系统四个子系统。

5. 市场调查与预测的原则应遵循实事求是、系统性、__________、动态性和科学性原则。

6. ________________是市场调查与预测的最基本的功能。

三、简答题

1. 市场信息的分类和特征。企业市场营销信息需求包括哪些？

2. 市场营销信息系统的构成。营销分析系统的内容。

3. 建立市场调查与预测信息系统的原则。

4. 市场调查与预测中，委托方、受托方和被调查者各自应遵循怎样的道德规范？

四、案例分析题

纽崔莱："草根"铸成的"白金"

2006 年 11 月 28 日上海，来自美国的《读者文摘》揭晓其评选的"2006 读者文摘信誉品牌"结果，安利纽崔莱获得了首届中国"读者文摘信誉品牌 2006"评选活动最高奖。

安利纽崔莱、中国石化、诺基亚等 17 个品牌获得此次评选的最大奖项：白金奖。据了解，评选设白金奖、金奖两个级别，问卷涉及 42 个类别的商品及服务，白金奖品牌得住的得分至少是最主要竞争对手的 2 倍以上。此次评选结果显示，安利纽崔莱营养补充食品自 1999 年进入中国市场以来，经过近 8 年的市场推广和良好口碑积累，在品质、价值、创新、可靠程度、形象可信度和了解消费者需求 6 个考评指标中全面领先于竞争对手，在中国市场取得了领先地位。

一、世界品牌的中国"根"

1915 年，一个叫卡尔·宏邦的美国年轻人在获得生物学学位后，带着梦想来到遥远的大洋彼岸——中国，担任一家奶品公司的商务代表。在上海，卡尔观察到城里人的精细饮食与农村人的粗糙食谱所表现出的微妙的健康差异，来自专业的直觉告诉他，在饮食结构与健康之间一定存在某种联系。于是，他经常向中医请教，了解中国人的饮食习惯，不断探寻营养与健康的关系，最后从上海人的佐餐小菜"草头"中，卡尔悟出了以天然植物营养素提取物为基础研发营养食品的想法。

1927年，带着20美元和在中国孕育的营养理论，卡尔回到美国，在加州一个小岛的小阁楼里建立了实验室。功夫不负苦心人，经过反复实验，1934年，卡尔成功地从紫花苜蓿中提取出含有多种维生素/矿物质的浓缩素，世界上第一种服用简便又可令身体健康的"营养补充食品"从此诞生。1939年，卡尔将之命名为"纽崔莱"，并将这些试验品分发给朋友和邻居试用，借此开始了市场实践的第一步。5年后，卡尔自己开了一家专卖店进行销售，把产品和公司都注册为"纽崔莱"，并通过人与人之间的口碑传播来推销。这种方式造就了两位最出色的推销员，他们就是当今安利公司的两位创始人杰·温安洛和理查·狄维士。在为纽崔莱工作10年后，受纽崔莱成功模式的熏陶和启发，1959年杰·温安洛和理查·狄维士以一款环保浓缩清洁剂产品开始了自主创业的生涯。1973年，壮大了的安利成功收购纽崔莱。今天将业务做到全球的安利，将纽崔莱带到了全球51个国家和地区，并使之成为世界上最大的维生素和矿物质营养食品品牌之一。

如今，纽崔莱已由最初的紫花苜蓿营养素陆续发展出，如针叶樱桃、胡萝卜、欧芹、水田芥等其他多种植物营养素。值得强调的是，卡尔·宏邦从土壤的养护开始，坚持使用有机的农耕方法，即完全依靠自然资源防治害虫和给土壤增加养分。70多年来，纽崔莱一直严格按照天然方式种植：利用纯净的井水灌溉；利用由覆盖作物，粪肥、天然矿物质组成的复合肥料来为土壤增加营养；在土壤里繁殖蚯蚓，疏松土壤，增加土壤的保水能力及含氧量；使用"生物防治法"，按需向田间释放益虫控制害虫；通过轮作、人工除草、适当的土壤营养平衡及间种来控制杂草。

对这种传统种植理念的固执坚持，使得安利纽崔莱成为世界上最早建立起有机耕种的农业生产体系之一。其生产出来的20多种作物不含除草剂、杀虫剂和其他有害的农药残余物质，植物的营养成分达到最高点。在美国、巴西及墨西哥，安利拥有总面积超过3 200公顷以天然方式培育作物，并经过权威部门认证的有机种植农场，纽崔莱产品中最重要的植物营养素提取物原料皆来自这4个自有的种植园。

卡尔·宏邦，一个来自加州的美国年轻人，不仅实现了梦想，还成长为"世界维生素之父"。他的敏锐和远见在现代科学和商业中播下了种子，培育出优质的产品和忠实的消费者，积累起财富和商业品牌。

二、纽崔莱"回家"

1998年底，当初创意灵感来自中国传统饮食文化的纽崔莱产品，回到了它的灵魂之源——中国。2003年9月21日，安利纽崔莱的第70个生日那天，远道而来出席庆祝活动的纽崔莱品牌创始人卡尔·宏邦先生之子、安利纽崔莱营养与健康研究中心总裁山姆·宏邦博士在接受记者采访时表示，一个产品要想屹立市场不倒，永续经营下去，恐怕至少需要具备三点：①产品的背后要有严谨、科学的研发支持；②生产环节要执行严格的品质控制；③配送环节要提高效率的服务。他说："纽崔莱是世界上极少从有机种植、营养提取、生产加工、销售及服务全过程都由一家公司承担的营养食品品牌。在各个环节上对品质的不懈追求，以及在科研方面的与时并进是70年来纽崔莱成功的最大保证。"

在中国保健品市场上，70年无疑是一个"长寿级"的概念。纽崔莱的成功，也得益于安利公司在中国市场上开展的一系列品牌建设和推广活动。纽崔莱通过深入调查，得知中国已经全面进入追求健康的时代，而健康的代表则是体育，必须从奥运健儿的广告宣传入手。

从奥运冠军伏明霞代表"纽崔莱"在央视广告黄金时段那纵情的一跳，到"跳水王子"田亮、中国男篮新主力易建联先后代言纽崔莱，以及赞助中国体育代表团出征奥运、"安利纽崔莱健康跑"和"少年NBA"赛事，安利始终将自己的企业和产品牢牢定位在"运动"与"健康"形象上。秉承"为您生活添色彩"的企业理念，积极推广"自然的精华，科学的精粹"的产品和"有健康，才有未来"的生活。

从1998年进入中国的这短短8年中，纽崔莱在中国已推出营养补充食品及功能性保健食品两大系列，共20多款产品，包括蛋白质粉、钙镁片、天然B族维生素片、倍立健片，以及儿童营养系列产品。权威数据显示，2002年纽崔莱产品占据中国保健食品总销售收入的近1/6。而今，纽崔莱各种产品在中国的销售额更是占到了安利公司的50%。

纽崔莱在中国面临的最大挑战就是如何提高生产能力，增加产量以满足市场需求。为此，安利公司自2002年起，先后投资近2亿美元新建厂房和生产线，目标是扩大营养食品、蛋白饮料以及功能食品的生产能力。

目前，安利纽崔莱正在探讨在中国建立有机农场的可能性。但此前安利有关人士指出，中国是否有适合其需求的原材料供应产地，不仅要从规模经济的角度去考量，也要从原材料产地的环境特征、作物的质量标准、稳定性、产量供应保证等一系列因素去进行综合评价。有科研，才有未来。

了解国内保健品市场的人都知道，科研投入与广告宣传费用相比少得可怜，一直是国内许多保健食品企业的致命伤。中国食品科技学会秘书长孟素荷在某次学术研讨会上就曾不客气地指出，保健食品市场过分注重广告宣传，存在"半斤鸭子三两嘴"的问题。

安利在这方面的投入却是巨大的，他们重视产品质量甚于重视营销。现在，安利在全球技术先进的实验室多达97间，聘用了总数超过700名的科研人员从事产品的研发、改良和品质管理，每天进行着超过500个项目的实验，仅纽崔莱一个品种就聘用了100多位研究人员。

任何健康的饮食都是以植物为基础的，纽崔莱在植物提取物领域的领先优势正是基于自身在植物营养素方面所从事的广泛而深入的研究。记者了解到，安利产品的研发是一个周密的过程，而将富有植物营养素的原材料提取和浓缩，制成植物提取物，是产品整个生产过程的关键步骤。山姆·宏邦领导的纽崔莱营养与健康研究中心装备了最先进的化学分析仪器，包括气象色谱仪、质谱仪、高效液相色谱仪等，帮助制造工程师来判断何种加工条件最适合保持纽崔莱产品里的植物营养素，最大限度保存植物的营养成分。

"营养补充剂是指望人们终生去食用的，对营养补充剂要进行比药品更为严格的质量控制，这样才能为消费者提供高品质的产品，才能让消费者对产品产生信任感。"山姆·宏邦表示，"这是一项非常复杂的工作，要在生产过程中的各个阶段进行抽样检测，做大量的稳定性试验，这些做法是确保产品品质的唯一方法。"

据悉，自1953年以来，纽崔莱在营养学和植物营养素发面的研究成果已在多本权威专业杂志上发表；并以不断创新的研究、日益优化的设备，通过与马萨诸塞州的 Interleukin Genetics Inc 等相关专业机构合作，运用基因技术，开发出满足不同消费者在营养健康方面不同需求的产品。目前，纽崔莱最重要研究课题是DNA与营养的关系，即根据不同人DNA的特点，为其配备个性化的营养保健食品。

而今，美国安利公司已在中国上海设立海外最大的研发中心，利用其先进的技术优势与中国丰富的中草药资源，以求向市场推出最具吸引力和高成效的产品。对此，安利(中国)董事长郑李锦芬对外界宣称，中国是美国安利全球市场的一个策略重点，是一个重点培育的市场，也是一个潜力巨大的市场，安利在中国设立全新的研发中心，就是为了开发出更适合中国人，乃至整个亚洲人的产品，这是企业发展的一个重要战略。目前，安利公司已在世界各国拥有525项专利，另有319项专利正在申请。

(案例来源：http://www.amwaygw.com/anli/anlixinwen)

结合案例回答下列问题：

1. 安利纽崔莱获得了首届中国"读者文摘信誉品牌2006"评选活动最高奖，该组织评选时进行了什么调查？涉及哪些调查内容？

2. 安利纽崔莱的创始人是谁？他是从哪里通过什么调查悟出了以天然植物营养素提取物为基础研发营养食品的想法？

3. 安利纽崔莱为什么选取奥运冠军、体育健儿做"纽崔莱"的广告代言人？效果如何？

第三章 市场调查与预测的策划

学习重点和要点

(1) 理解市场调查与预测的过程，调查与预测设计的含义、步骤和评价。

(2) 掌握市场调查与预测主题界定的程序。

(3) 了解市场调查与预测策划报告的内容及其完善。

(4) 理解调查与预测专业机构及其类型。

(5) 掌握调查与预测人员的选择和培训。

第一节 市场调查与预测的过程

一、市场调查的过程

市场调查的过程是指从调查策划到调查结束的全过程及其作业程序。由于市场调查的课题不同，其具体的调查过程和作业程序不可能完全一致，一般可分为相互联系的五个阶段。

(一) 准备阶段

准备阶段是市场调查工作的开始，其工作质量的高低，将直接影响到后面各阶段的工作，甚至关系到调查工作的成败，准备阶段主要进行以下几方面工作。

1. 了解用户对信息的需求

市场调查的目的是为了向用户提供有效的咨询服务。因此，了解用户的信息需求就成为市场调查首先必须做好的工作。否则，盲目地进行市场调查，不仅会使调查结果无用武之地，还会造成企业资源的浪费。了解用户信息需求的途径是多种多样的。例如：可以事先征求用户的意见、可以接受用户的委托、可以通过观察用户在生产经营中出现的问题来推测用户对信息的需求，也可以通过对社会经济的发展趋势来推测用户对信息的需求。

2. 确定调查研究的问题和目标

确定调查研究的问题和目标，是正式市场调查之前的一项重要的准备工作。明确市场调查应研究什么问题，达到什么目标即确定调查的课题。市场调查的课题一般来自生产经营决策的信息需求。这一工作环节主要应明确调查什么、为什么调查、采用什么方式调查、采用什么方式对资料进行加工、调查结果的用途等。这是市场调查应首先解决好的问题。因为，这个问题解决好了，整个调查工作才能做到有的放矢。

3. 拟定调查方案和撰写工作计划

确定了调查目标或目的之后，就要拟定调查方案。调查方案是对某项调查而制定的一种指导调查研究过程的行动纲领或框架。不同的调查问题，在调查方案的具体设计上是有区别的。但就一般而言，调查方案应包括调查摸底、调查对象、调查内容、调查时间、调查的具体方法、调查的地区或范围、调查资料收集和加工的方法、调查人员的培训、调查结果的用途等。调查工作计划是对某项调查的组织领导、人员配备和考核、完成时间、工作进度和费用预算等事先进行的安排。它能使调查工作有序地进行，以保证调查方案的实施。

调查方案和工作计划各有不同的作用。一般的大型调查要分别制订调查方案和调查工作计划。但小型的调查可以将二者合并起来，统一考虑调查方案和工作计划。

（二）正式调查阶段

准备工作完成后，组织者要按计划进入调查资料的收集实施阶段。它的任务是组织调查人员深入实际，全面系统地收集各种数据资料。这一阶段是市场调查的主体，是调查能否取得预期目标的关键。因此，要求调查收集到的资料必须真实、准确、完整、系统，也要求调查人员对工作高度负责，对所有的资料必须搞准、搞实。同时，还要求调查的组织者靠前指挥，并对调查人员的工作随时抽查。

（三）整理分析和研究阶段

通过调查收集的原始信息，一般是分散的、零星的、不能为用户直接利用，有的可能还是片面的、不准确的。因此，必须对这些信息按照科学的方法整理、加工，以取得真实的、系统的、能反映本质的信息。小型市场调查一般可采用手工汇总处理；大型市场调查一般采用计算机汇总处理，包括编程、编码、数据录入、逻辑检查、自动汇总、制表打印等工作环节。

对调查资料进行分析研究是市场调查出成果的重要环节。它要求运用统计分析方法如综合指标法、时序分析法、指数分析法、相关与回归分析法、方差分析法、聚类分析方法等，对大量数据和资料进行系统的分析与综合，借以揭示调查对象的情况与问题、掌握事物发展变化的特征与规律性，找出影响市场变化的各种因素，提出切实可行的解决问题的对策。

（四）提出调查报告阶段

调查报告是对调查结果所做的书面报告，是调查结果的集中体现。其目的在于为市场预测和生产经营决策提供依据。编写一份有分析、有说服力、高质量的调查报告，是调查能否取得成功的重要环节。调查报告的主要内容包括：市场调查的基本情况，调查结论和主要内容的阐述，包括情况与问题、结果与原因、启示与建议等。具体内容确定应视调查课题的性质、内容和要求而定。调查报告一般由标题、开头、正文、结尾及附件等要素组成。

调查报告的编写和提供，并不是市场调查过程的结束，继续追踪调查，对原结果进行补充、完善是必要的。

（五）提供信息咨询服务阶段

向用户提供信息咨询服务是市场调查的最终目的，在此阶段应注意及时了解用户对信息需求的变化，制订新的信息收集计划，并进入下一轮的市场调查过程。此阶段既是上一阶段市场调查的结束，又是下一轮市场调查的起点。市场调查的程序如图 3-1 所示。

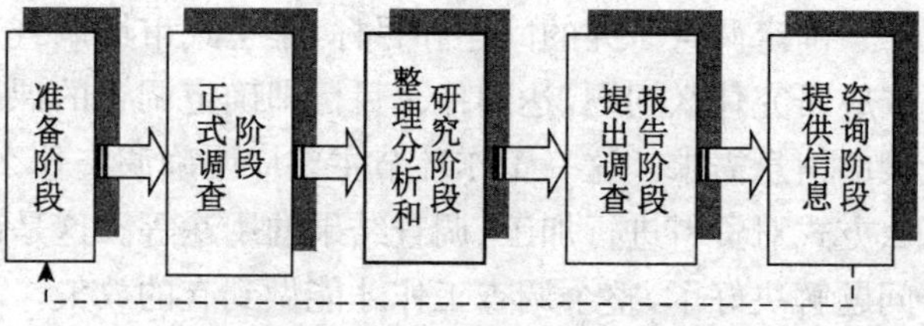

图 3-1 市场调查的程序

二、市场预测的过程

(一) 准备阶段

准备阶段的主要工作是确定预测目标,制定预测计划。预测目标和任务是反映一定时期内市场预测工作应达到的水平和程度,是市场预测工作的第一步。因为,预测目标不同,预测对象、范围、内容、方法以及所需要资料都会有所不同。为了保证预测目标的实现,需要制定切实可行的计划。主要包括承担预测任务的组织、人员及分工,预测对象、范围、内容,预测准备工作,资料来源及收集方法,预测方法的选择,预测结果的要求,预测工作的时间进度和经费预算等。

(二) 占有资料阶段

占有资料阶段主要工作是收集和整理各种与预测相关的资料。有了充分的资料,才能为市场提供进行分析、判断的可靠数据。预测资料的数量和质量直接关系到预测结果的准确性。不仅要注意从企业内部以及外部大量收集的各种相关的第二手资料,还要注意第一手资料的收集。在信息社会要根据预测目的筛选出最有价值的资料。筛选的原则为:①相关性,即最直接有关的有用资料;②可靠性,即保留准确可靠的资料;③最近性,即所保留的资料是最新、最有用的资料。

收集所得的各类资料,大多需要整理加工,把零星的、散乱的资料整理成有条理的、系统的、有用的信息资料。整理加工一般包括系统整理、编号、汇编、列表、计算等。

(三) 预测阶段

预测阶段的主要工作是建立经济预测模型,选择预测方法并进行预测。

在占有资料的基础上,进一步选择适当的预测方法和建立数学模型,这是预测准确与否的关键步骤。对预测方法进行选择时,应该考虑的因素有预测期的长短、信息资料的多少、历史数据的类型和预测费用等。对定性预测方法或定量预测方法的选择,应综合考虑以下基本原则:①准确性原则。即总希望预测结果越准确越好。②经济性原则。即总希望预测所需成本越低越好。③时间性原则。即总希望预测所用时间越短越好。

当掌握的资料不够完备、准确程度较低时,可采用定性预测方法。当掌握的资料比较齐全、准确程度较高时,可采用定量预测方法,运用一定的数学模型进行定量分析研究。市场预测模型主要有三类:第一类是表示预测对象与时间之间的时间关系模型;第二类是表示预测对象与影响因素之间的相关关系模型;第三类是表示预测对象与另外预测对象之间相互关系的结构关系模型。预测模型即数学模型,可能是单一方程,也可能是联立方程;可能是线性模型,也可能是非线性模型。预测模型选择是否适当,是关系到预测准确程度的一个关键问题。

预测模型建立之后必须经过检验才能用于预测,模型检验主要包括考察参数估计值在理论上是否有意义、统计显著性如何、模型是否具有良好的超样本特性。当然,不同类型的模型检验的方法、标准也不同。一般来说,评价模型优劣的基本原则有以下几条:①理论上要合理;②统计可靠性高;③预测能力强;④简单适用。

(四) 评价和检验阶段

评价和检验阶段的主要工作是对各种预测值进行评价和检验,分析预测误差。从而对初步预测结果的可靠性和准确性进行验证，估计预测误差的大小。

预测误差是预测值与实际值之间的差额，由于预测值是预测人员依据历史和现状资料，通过定性、定量计算等做出的对未来的一种估计，预测值和实际值很难完全一致，所以，预测误差是客观存在的，难以完全避免。但是，预测误差会影响预测结果的价值和效用，若误差超过一定程度，就将失去预测的意义，并给决策带来危害。所以，预测人员不但应分析不同的预测项目对精确度的要求，而且要分析预测误差产生的原因，测定误差的程度，并找出将预测误差控制在允许值范围内的方法。

预测误差产生的原因主要有两大类：一类是客观原因；另一类是主观原因。一般而言，对客观原因主要是防范；对主观原因，则应尽量加以改进，如要克服认识上的局限性，资料收集的不充分、预测方法选用不当、计算上的错误等问题，以提高预测的精确度。

采用正确的测定预测误差的方法，求出标准误差，作为衡量预测精确度的标准，是分析预测误差的又一重要内容。测定预测误差的方法有：平均误差法、平均绝对误差法、均方误差法、均方误差方根法等。常用的均方误差方根法较为准确。按照标准误差公式，把一定时期的全部预测值与实际值进行比较，求出标准误差，作为衡量误差的标准。如果误差偏大超越标准误差界限，预测人员就要分析产生的原因，重新预测，使误差控制在界限之内，以提高预测的精确度。计算标准误差的公式是

$$\text{标准误差}=\sqrt{\frac{\sum(\text{各期实际值}-\text{各期预测值})^2}{\text{期数}}}\text{，即 }\sigma=\sqrt{\frac{\sum(y_i-\hat{y}_i)^2}{n}}$$

（五）确定预测结果阶段

这一阶段的主要工作是确定预测值，提出正式预测报告。

市场预测的目的是为决策提供依据。预测者在综合比较、择优确定预测方案，通过收集资料、进行预测，并对预测结果进行必要的评价、检验和修正后，要确定最后预测值，撰写书面形式预测报告，递交有关部门，供其决策时参考。

市场预测报告应包括预测主要活动过程、预测目标、预测对象、有关因素的分析结论、主要资料和数据、预测方法的选择和模型的建立、预测值的评价和修正、实现预测结果的政策建议等内容。当然，和市场调查的过程一样，预测报告的形成，并不意味着市场预测的结束，而是要根据实际工作需要，继续做好跟踪，不断加以完善。

市场预测的过程如图 3-2 所示。

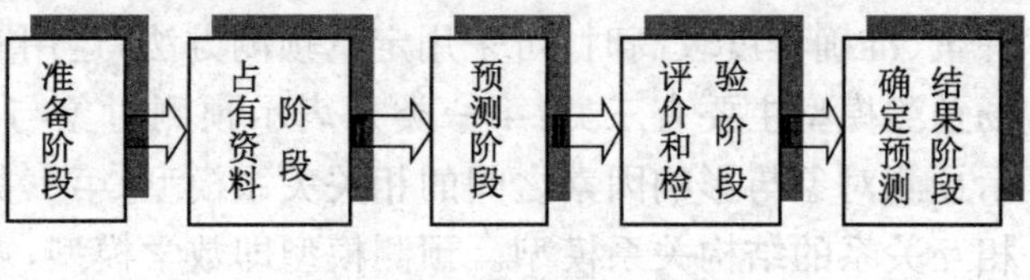

图 3-2　市场预测的过程

第二节　市场调查与预测设计

一、市场调查与预测设计的含义

市场调查与预测设计的含义可从两个角度来理解：一是作为名词，市场调查与预测设计是市场调查与预测规划或市场调查与预测计划、方案。它是指导市场调查与预测项目的方案和

蓝图。内容包括为处理和解决市场调查与预测的问题而收集、处理各种必需的信息资料的详细步骤和规划。二是作为动词,市场调查与预测设计是市场调查与预测人员的一种行为。

正确理解市场调查与预测设计的含义,应注意以下几个方面:

(1) 市场调查与预测设计必须包含市场调查与预测程序的具体步骤。如明确需要产生哪些信息、资料的收集方法、测量的方法及测定的对象、资料的整理和分析方法等。

(2) 收集的数据资料应有助于鉴别和处理有关的问题或机会。在实际市场调研中,所有收集的数据资料应最终与企业的经营管理决策相联系。

(3) 所有信息都具有应用价值,即能有助于提高决策的有效性。

(4) 针对同一个市场调查与预测问题,可以形成具有不同精确度的信息。信息的精确度受可能出现的各种潜在误差的影响。

(5) 一个实际的市场调查与预测设计的目标并不是一定要形成最精确的信息,而是在一定的成本费用条件下形成最有价值的信息。也就是说,市场调查与预测设计最主要的目标之一是在给定的经费开支下使信息的精确度达到最高,使各种可能产生的误差降到最小的程度。

二、市场调查与预测设计的步骤

市场调查与预测设计作为正式开展市场调查与预测工作的方案和蓝图,涉及市场调查与预测的各个环节。完整的市场调查与预测设计应包括以下 10 个步骤,如图 3-3 所示。

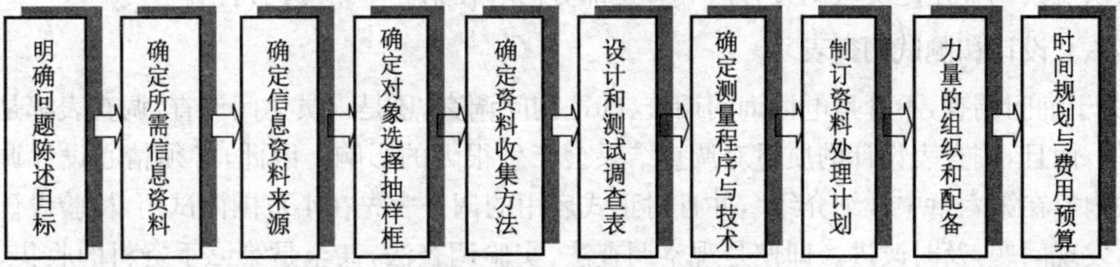

图 3-3　市场调查与预测设计的步骤

(一) 明确调查与预测的问题,系统陈述其目标

对于市场调查与预测者的设计者来说,必须在一开始就把所要进行的市场调查与预测的问题搞清楚。作为设计者,还要对市场调查与预测目标进行系统陈述。市场调查与预测目标是市场调查与预测目的的具体化。市场调查与预测设计的第一步就是要确认客户的信息需要,将信息需要落实为具体的市场调查与预测问题,并对其目标进行系统的陈述,以便为市场调查与预测的设计提供根本性的依据和方向。

(二) 确定所需的信息资料

确定所需的信息资料,实质上是确定市场调查与预测的内容。对具体的市场调查与预测项目而言,所需要的信息资料是有差异的,它并不是企业经营所需要的全部市场信息资料。市场调查与预测设计必须根据市场调查与预测项目所要解决的问题和所要实现的目标,确定需要哪些信息资料。包括确定所需信息资料的种类、范围、形式、数量、精确度等。确定所需的信息资料须兼顾需要与可能,同时必须考虑获取这些信息资料的成本。

（三）确定信息资料来源

市场调查与预测的信息资料来源，包括第一手资料来源和第二手资料来源。作为一个具体的市场调查与预测项目，在市场调查与预测设计时要对资料来源具体化。通常是按照所需收集的信息资料，逐项考虑其可能的来源，遵循“先近后远，先易后难，先第二手资料后第一手资料”的原则，从各种可能的来源中做最后的抉择。

（四）确定调查与预测的对象，选择抽样框

市场调查与预测设计中必须根据所需的信息资料和确定的资料来源，确定具体的市场调查与预测的对象。从一般意义上讲，调查对象可能是研究总体的全部对象，也可能是重点对象和典型对象。但大多数情况下则是样本对象。所以，调查设计者不但要确定哪些个人或组织、机构作为市场调查与预测对象，而且要确定被调查与预测对象（样本）的规模，如何选择或建立抽样框架，选择或设计什么样的抽样方式和方法，为满足估计的精度要求应确定多大的样本量等。有关内容将在第五章中讨论。

（五）确定资料收集的方法

信息资料的收集方法很多。对不同的资料来源、不同的调查与预测对象，考虑信息精度要求、时间限制及费用预算，选用不同的资料搜集方法。对所要收集的第二手资料，在确定内部来源还是外部来源后，还要确定是采用查找、征询、交换还是购买的具体收集方式。对第一手资料的收集，要具体确定是采用定性调查方法还是定量调查方法，在定性调查中具体是采用访问调查、观察调查还是实验调查方法等。这部分内容在第四章中专门讨论。

（六）设计和测试调查表

关于询问调查，不管是电话询问调查、邮寄询问调查，还是人员访问调查，调查表都是必不可少的，而且，调查表设计的质量对调查结果会产生很大的影响。因此，必须精心设计调查表（有关内容在第六章中详细介绍），并且对正式启用的调查表先在小范围内试用，检验设计的合理性，发现问题，及时改进。即使是观察调查法、实验调查法，甚至是第二手资料的收集，也有必要设计一定形式的调查表或信息记录表。

（七）确定测量程序与测量技术

在市场调查与预测过程中，被调查与预测对象的态度测量是一个较难处理的问题，它直接关系到能否获得确切的信息资料。态度测量技术也是判断和分析所收集到的信息资料价值高低的重要手段，在调查表的设计中涉及大量的测量技术问题。因此，这个步骤的设计包括规定变量的测量方法和选择使用适当的量表。这部分内容将在第七章中介绍。

（八）制订资料处理计划

对所收集的信息资料进行处理和分析是市场调查与预测过程中的重要内容。在市场调查与预测设计中，必须预先对资料的处理与分析进行设计，形成资料处理的计划。内容包括确定资料处理的基本目标和要求，选择处理的具体方法，处理结果的形式等（有关信息资料的处理和分析将在第八章中讨论）。

（九）调查与预测力量的组织和配备

为市场调查与预测项目提供必要的人力和物力保证，是一项重要的工作，也是市场调查与预测设计的重要内容。应根据市场调查与预测具体项目的工作量大小和对调查与预测人员的要求，进行调查人员队伍的组织建设。要进行必要的分工和配备，形成组织体系，以保证调查与预测工作顺利进行。与此同时，还要做好诸如调查表的印刷、观察器材的使用、询问调查用的礼品、资料处理手段等必要的物力准备。

（十）时间规划与费用预算

大多数市场调查与预测项目都有明确的时间要求。所谓时间规划，就是市场调查与预测项目的时间进程表，它是调查与预测设计的重要内容。时间规划必须在保证满足整个项目如期完成的日程要求的前提下，充分考虑各项工作的逻辑顺序、各项工作的难易程度、调查与预测力量的使用可能等因素，进行精心设计，并留有充分的时间余地。

市场调查与预测工作是一项开支较大的业务活动，对调查与预测经费的预算是其设计的重要内容。调查项目的费用预算是刚性很强的一个条件，预算往往成为市场调查与预测活动的一个前提条件。预算应充分考虑到各项可能的开支因素，尽可能确切地估算可能需要的开支总额。在经费总额一定的条件下，要尽量合理分配、使用好资金，少花钱多办事，以提高资金的使用效率。

三、市场调查与预测设计的评价

（一）市场调查与预测方案设计的可行性研究

在对复杂社会经济现象所进行的调查与预测中，所设计的调查或预测方案通常不是唯一的，需要从多个调查方案中选取最优方案。同时，调查方案的设计也不是一次完成的，而要经过必要的可行性研究，对方案进行试点和修改。可行性研究是科学决策的必经阶段，也是科学设计调查预测方案的重要步骤。对调查方案进行可行性研究的方法主要有以下三种。

1. 逻辑分析法

逻辑分析法是检查所设计的调查方案的部分内容是否符合逻辑和情理。例如：要调查某城市居民的消费结构，而设计的调查指标却是居民消费结构或职工消费结构，按此设计所调查出的结果就无法满足调查的要求，因为居民包括城市居民和农民，城市职工也只是城市居民中的一部分。显然，居民、城市居民和职工三者在内涵和外延上都存在着一定的差别。又如，对于学龄前儿童，要调查其文化程度，对于没有通电的山区要进行电视广告调查等，都是有悖于情理的，也是缺乏实际意义的。逻辑分析法可对调查方案中的调查项目设计进行可行性研究，而无法对其他方面的设计进行判断。

2. 经验判断法

经验判断法就是组织一些具有丰富调查经验的人士，对设计出的调查方案加以初步研究和判断，以说明方案的可行性。例如，对劳务市场中的保姆问题进行调查，就不宜用普查方式，而适合采用抽样调查；对于棉花、茶叶等集中产区的农作物的生长情况进行调查，就适宜采用重点调查等。经验判断法能够节省人力和时间，在比较短的时间内做出结论。但这种方法也有一定的局限性，这主要是因为人的认识是有限的、有差异的，事物在不断发生变化，各种主客观因素都会对人们判断的准确性产生影响。

3. 试点调查法

试点是整个调查方案可行性研究中的一个十分重要的步骤，对于大规模市场调查来讲尤为重要。试点的目的是使调查方案更加科学和完善，而不仅是搜集资料。

试点也是一种典型调查，是解剖麻雀。从认识的全过程来说，试点是从认识到实践，再从实践到再认识，兼备了认识过程的两个阶段。因此，试点具有两个明显的特点，一是它的实践性，二是它的创新性，两者互相联系、相辅相成。试点正是通过实践把客观现象反馈到认识主体，以便起到修改、补充、丰富、完善主体认识的作用。同时，通过试点，还可以为正式调查取得实践经验，并把人们对客观事物的了解推进到一个更高的阶段。具体来说，试点的任务主要有以下两个：

（1）对调查方案进行实地检验。调查方案的设计是否切合实际，还要通过试点进行实地检验，检查目标制定得是否恰当，调查指标设计是否正确，哪些需要增加，哪些需要减少，哪些说明和规定要修改和补充。试点后，要分门别类地提出具体意见和建议，使调查方案的制订既科学合理，又解决实际问题。

（2）作为实战前的演习，可以了解调查工作安排是否合理，哪些是薄弱环节。例如，第二次全国工业普查，包括调查 300 多个指标，进行 500 多个行业分类，涉及 40 多万个企业填报。因此，必须通过试点取得这方面的实践经验，把分散的经验集中起来，形成做好普查工作的各项细则，成为各个阶段、各项工作应当遵循的规则。

试点调查应该注意以下几个问题：其一，应建立一个精干有力的调查队伍，队伍成员应该包括有关领导、调查方案设计者和调查骨干，这是搞好试点工作的组织保证；其二，应选择适当的调查对象。要选择规模较小，代表性较强的试点单位。必要时可采取少数单位先试点，再扩大试点范围、然后全面铺开的做法；其三，应采取灵活的调查方式和方法。调查方式和方法可以多用几种，经过对比后，从中选择适合的方式和方法；其四，应做好试点的总结工作。即要认真分析试点的结果，找出影响调查成败的主客观原因。不仅要善于发现问题，还要善于结合实际探求解决问题的方法，充实和完善原调查方案，使之更加科学和易于操作。

案例分析

红色咖啡杯

美国某公司准备改进咖啡杯的设计，为此进行了市场实验。首先，他们进行咖啡杯选型调查，公司设计了多种咖啡杯，让 500 个家庭主妇进行观摩评选，研究主妇们用手拿杯子时，哪种形状好；用湿手拿杯子时，哪一种不易滑落。研究结果表明，选用四方长腰果杯型的杯子较为理想。然后，公司对产品名称、图案等也同样进行造型调查。接着他们利用各种颜色会使人产生不同感觉的特点进行实验，选择了颜色合适的咖啡杯。公司调研的方法是，首先请来了 30 个被调查者，要求他们每人各喝 4 杯相同浓度的咖啡，但是咖啡杯的颜色分别为咖啡色、青色、黄色和红色四种。试饮的结果是：使用咖啡色杯子的人认为“太苦了”的占 2/3，使用青色杯子的人大多认为“太淡了”，使用黄色杯子的人主要倾向于“不浓，正好”，而使用红色杯子的人大多认为“太浓了”。根据这一调查，该公司将生产的咖啡杯的颜色一律改成红色。这种颜色的咖啡杯，既节约了咖啡原料，又能使绝大多数顾客感到满意。这种咖啡杯投入市场后，与市场上的产品开展了激烈的竞争，以销售量比对方多两倍的优势取得了胜利。

（二）市场调查方案的评价

1. 方案设计是否体现调查目的和要求

方案设计是否基本上体现了调查的目的和要求，这是评价调查方案优劣最基本的要求。例如，第二次工业普查从摸清我国工业家底的目的出发，根据方案确定的调查范围、调查单位、调查内容，据此设置的一系列完整的指标体系，反映了我国工业的现状和全貌。方案指标设置的重点基本上能够体现国家调整工业内部结构、发展科学技术；提高职工素质、提高经济效益等方面的要求。

2. 方案设计是否科学、完整和适用

一个好的调查方案，必须是科学、完整并适用的。从理论与方法上讲，调查方案应是科学、完整的；从可行性上讲，调查方案应是适用的。例如，此次普查对生产、流通、分配和消费各个环节，设置了许多相互联系、相互制约的指标，形成一套比较完整的指标体系，其特点是全面、系统和配套，适用性较强。

3. 方案设计能否使调查质量有所提高

尽管影响调查数据质量高低的因素是多方面的，但调查方案是否科学、可行，对最后的调查数据质量有直接的影响。这次工业普查由于方案设计合理，使调查的实际差错率大大低于2%的规定。

4. 检验调查方案设计实施的成效

评价一项调查方案的设计是否科学、准确，最终还要通过调查实施的成效来体现。即必须通过调查工作的实践检验，来观察方案中哪些符合实际，哪些不符合实际，产生的原因是什么，肯定正确的做法，找出不足之处并寻求改进方法，这样就可以使今后的调查方案设计更加接近客观实际。

第三节　市场调查与预测主题界定

一、市场调查与预测主题界定的含义及意义

艾伯特·爱因斯坦曾经指出："一个问题的明确陈述要比其解决办法更加重要。"

市场调查与预测的主题是指某项调查预测项目所面临和解决的核心的、关键性的问题。

市场调查与预测主题的界定是市场调查与预测策划中的第一个步骤，也是一项关键性的工作。只有主题被十分正确和清晰地认识和界定，一个市场调查与预测项目才能顺利有效地实施，所以，市场调查与预测主题的界定制约着整个市场调查与预测策划和实际运作过程。如果对市场调查与预测主题产生错误的理解或者界定不准确，所有为此投入的努力、时间和资金都将付诸东流。更为严重的是，如果用这种市场调查与预测的结果作为决策的依据，对企业营销活动将会造成更大的危害。大量的事实证明，对市场调查与预测主题了解得越透彻、清楚、详细、正确，越有利于市场调查与预测活动的有效开展，并能保证以较少的投入取得最大的效果，因此，在一项市场调查与预测项目开始和在进行市场调查与预测设计之初正确界定市场调查与预测的主题具有十分重要的意义。

确定市场调查与预测问题包括确定经营管理决策问题和具体的市场调查与预测问题这两个既不相同但有密切联系的层面。一般而言，经营管理决策问题是指企业决策者在企业经营管理中面临的问题。它所要解决的是"什么是决策者所要做的"问题。经营管理决策问题是以行动为导向的。它所要考虑的是决策者可以采取什么样的行动。例如：怎样挽回已经丢失的市场份额、是否需要对市场进行细分、是否向市场推出一种新产品、是否要增加促销预算开支、是否要提高某品牌产品的价格等。

而市场调查与预测问题所解决的是“什么样的信息是所需要的，如何获取这些信息”的问题，它以信息为导向，包括判断需要获得什么信息，以及如何获得最大效益和效率。显然，市场调查与预测问题受经营管理决策问题的影响和制约。

从一般意义上讲，“问题”常有消极的含义，即某些地方出现了错误，并需加以注意。这里的“问题”主要是指管理方面的问题及解决这些问题所需要的相关资料。而“机会”则常含有事前并不一定是错误的，但通过行动可能加以改进的意思。经营管理决策问题和市场调查与预测问题均包含有“问题”和“机会”的含义，从经营管理角度，营销问题代表着改善经营管理的一种机会。这种机会可以通过市场调查与预测得到明确。从市场调查与预测角度看，营销机会必须转换成市场调查与预测问题，从而才能对其开展调查与预测。

案例分析

百事可乐市场调查的主题

在世界饮料市场，有两大巨头：一个是可口可乐公司，一个是百事可乐公司。百事可乐公司从19世纪90年代诞生以来，发展很快，但始终未取得与可口可乐相抗衡的地位。在很长时间内，百事可乐与可口可乐在价格、配方、包装等各个方面进行了激烈、旷日持久的竞争。百事可乐公司决策者绞尽脑汁，迭出奇招，搞得可口可乐公司防不胜防。尽管百事可乐取得了不小的成效，但要与对手平起平坐，甚至胜过对手，还有不小的差距。长期以来，百事可乐的名气远不如可口可乐，这是百事可乐公司经营中遇到的市场问题。1983年，公司决策者们进行市场初步调查分析后，认为“我们一切以可口可乐为对手，但缺少我们的特色，缺少与可口可乐的差别。我们应以市场消费者为目标，研究如何更好地满足市场消费需求，确立公司产品的特色”。因此，公司高层决策者做出了一项重大决策，开展一次大规模的市场消费者调查。主要的调查目的是认识消费者印象中百事可乐与可口可乐的差别，为调整公司经营战略与广告策略，形成百事可乐产品特色，创建区别于可口可乐产品的百事可乐形象，提供可靠的市场信息。为实现该调查目的，这次调查的调查项目是收集如下几个问题的有关信息：

1. 消费者对百事可乐是什么印象，而对可口可乐又是什么印象？
2. 对于百事可乐，消费者最喜欢的是什么，最不喜欢的又是什么？
3. 对于可口可乐，消费者最喜欢的是什么，最不喜欢的又是什么？
4. 市场消费者对百事可乐和可口可乐的价值取向的印象等问题。

为了获得上述有关调查项目的信息，公司有关部门制定了详尽的调查实施计划。

首先，选择了两类典型的有代表意义的城市：一类是可口可乐占绝对优势的城市，一类是百事可乐占上风的城市。其次，在这些城市中，百事可乐公司的调查人员随机挑选了一些经常饮用可乐型饮料的消费者，然后按他们的品牌偏好，提出了同样的调查问题。调查样本数达到几千个。调查人员采用问卷方法，在客观公正的氛围下，取得调查资料，进而在规定的时间内，对取得的调查结果进行迅速、准确的分类统计。对调查结果统计资料的分析表明：在一般消费者心目中，可口可乐已成为美国文化的象征，给人以古朴、厚重的感觉。但它又带有明显的保守色彩，拒绝革新，因而有相当部分的美国青年对它缺乏认同感。百事可乐在与可口可乐的多年竞争中，给人以富有朝气、积极向上、勇于进取，但又有些莽撞的感觉。

通过这次大规模的市场调查，百事可乐公司的决策者们拿着手中这份沉甸甸的调查分析报告，激动不已。他们做出了体现产品差别和形象特色的决策，并从这里打开市场的突破口。接着，又开展了前所未有的广告攻势，以创建百事可乐的新形象。

二、市场调查与预测主题界定的程序

为了保证主题界定工作的规范化和高质量，需要遵循一定的调查与预测界定程序。参见图3-4。

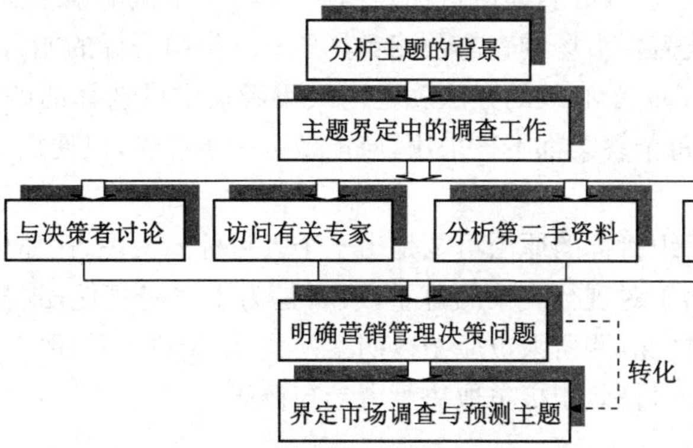

图 3-4　市场调查与预测主题界定程序

从图 3-4 中可以看出调查与预测主题界定的复杂性和困难所在。为了正确了解市场调查与预测问题，市场调查与预测者必须分析与主题相关的各种背景，必须通过与决策者交谈和讨论，会见有关的专家和知识渊博的人士，分析第二手资料，以及必要的定性调查等，来掌握足够的信息资料，在此基础上明确经营管理决策问题，进而明确具体的市场调查预测问题。

（一）分析主题的背景

为了解市场调查与预测主题的背景，调查与预测者必须了解客户及其所在的行业，特别应该重点分析那些对界定主题有较大影响的因素。必须了解各种有助于背景分析的相关资料。

1. 掌握与客户企业及所属行业相关的各种历史资料和发展趋势

这些资料包括销售额、市场份额、营利性、技术、人口统计资料及生活方式等。对历史状况和发展趋势的分析，应分别在行业层面和企业层面进行。例如，当一个企业的销售额与整个行业的销售额同时下降，比之企业的销售额下降而行业的销售额上升的情况，所反映的问题是不同的，前者问题很可能出自行业，而后者问题很可能出自企业。

2. 掌握与分析客户企业的各种资源和面临的制约因素

有关资金、研究能力、成本、时间、市场调查与预测手段等都是营销调研的制约因素。比如一个拟议中的调研项目需要 15 万元经费，而实际上的预算经费只有 10 万元或更少，这个项目就难以得到管理者批准。在很多情况下，营销调研的范围都受到预算费用的限制。若经费有限，在安排对公司顾客进行调查时，不得不将调查范围压缩。而如果只增加少量成本，能使调查问题的范围大幅度扩展，显著地增强调研项目的效用，就很容易得到管理者的批准。当必须尽快做出决策的时候，时间因素的限制就显得非常重要。此外，委托企业的人员、组织结构、文化、决策风格等，也可能成为营销调研的制约因素。但是，不能因为存在这些制约因素而削弱调研对于决策者的价值或影响调研程序的完整性。如果一项调研项目值得进行，就应该认真做好。如果资源过分有限，以至于无法进行高质量的调研时，应建议客户量力而行。因此，了解资源及其限制条件是非常必要的，尤其是在结合考虑企业和决策者目标的情况下，更是如此。

3. 了解和分析决策者的目标

决策者目标包括决策者的组织目标和决策者的个人目标。要使一个市场调查与预测项目获得成功，同时满足上述两个目标是重要的，但要想做到这一点并非易事。决策者对组织目标的阐述通常并不十分准确，且过于原则，即使目标是明确的，往往也难以操作，如“改善公司形象”“提高经营效益”等。这就需要市场调查与预测者具备提炼组织目标的能力，应注意并善于使组织目标具体化和清晰化。一个有效的办法就是向决策者提供可选择的解决问题途径，问他们将采取什么行动。如果每个答案都不被采用，应该做进一步探查，以便揭示导致这些答案未被采用的原因。

有时，决策者不想明确组织目标的原因可能是出于个人目标的考虑，比如想通过调研来推迟一个棘手的决策，或者是出于对现行决策的尊重，或者是为了逃避责任，或者是为了保护自己或他人的名誉等。对上述情况，调研人员应予以明察。此外，调研人员还应当遵照组织策略来检查组织目标和决策者个人目标，积极争取决策者参与调研。

4. 掌握相关背景资料

比如有关消费者或顾客的购买行为、法律环境、经济环境、文化环境及企业开展市场营销的技术等背景资料。

（二）主题界定中的调查工作

尽管确定市场调查与预测问题仅仅是整个市场调查与预测过程中的前期工作，但为了确保市场调查与预测问题的准确界定，在主题界定中也需要进行一定的调查工作，以获取足够的有关市场调查与预测的主题的信息。

1. 与决策者讨论

与决策者讨论交流，具有特别重要的意义。市场调查与预测是为营销管理决策提供依据。决策者需要了解调查与预测的功能和局限。调查与预测可以提供与营销管理决策相关的信息，但并不能提供解决问题的办法，这需要管理者做出判断和选择。反过来，调查与预测者也需要了解决策者面临的决策或营销管理问题的实质，了解决策者和组织的目标，以及决策者希望通过调查与预测获得的信息。此外，决策者也是全面情况的掌握者。所有这些都决定了市场调查与预测人员在确定市场调查与预测问题的过程中与决策人员交流讨论的重要性和必要性。在实践中，要接触决策人员，尤其是主要决策者，往往比较困难。原因是多方面的，可能是决策人员公务繁忙；可能是决策者未意识到同调查与预测者讨论的重要性；也可能是企业组织结构复杂和接触高层决策者程序的限制；有时还可能是由于存在多个主要决策者的情况。即使在达到接触决策者以后，并不总是能与之开展有效的、富有成果的交流和讨论的。尽管如此，市场调查与预测者仍然有必要和关键的决策者进行接触。

例行的问题审计是调研人员与决策者交流讨论的绝好时机。问题审计是对市场问题的全面检查，其目的在于找出实质性问题。此时，市场调查与预测者应就以下一系列问题和决策者进行广泛探讨：①导致需要采取调查与预测行为的决策事件或问题的演变过程。②决策者可以选择采取行动的不同方式。这些选择若不够全面，还需要进行定性调查，以找到更具有创新性的行动方式。③评价选择有关行动方式的标准。如对推出新的产品，可用销售额、市场份额、营利性、投资回报等标准进行评价。④根据调研结果，建议采取的行动。⑤回答决策者所需要的提问。⑥决策者在制定决策时利用信息的方式。⑦与制定决策有关的公司文化。有一些公司，对决策制定的程序非常看重，而另一些公司，决策者的个性则为首要。因此，了解公司文化是判断调查与预测者是否能够对战略性营销决策产生影响的重要因素之一。

实行问题审计非常重要，因为多数情况下，决策者对于“问题究竟是什么”认识模糊。由于决策者更趋向于重视问题的症状，他们可能知道公司的市场份额正在减少，但并不知道发生这一事实的原因，例如不能满足市场预测情况、市场份额下降以及利润减少等都是问题的症状。而丢失市场份额、利润减少的原因可能是激烈的市场竞争、公司产品供给不足或其他原因。只有找到问题的原因才能成功地界定问题。作为市场调查与预测者，应努力探寻问题产生的原因，而不是仅仅强调症状。

根据国外专家的经验，要使市场调查与预测人员和决策者之间的交流卓有成效，应遵循7个C，即：①沟通（Communication），双方之间自由地交换观点和各种看法；②合作（Cooperation），双方之间建立良好的合作关系；③信任（Confidence），双方之间应互相信任；④坦率（Candor），互不隐瞒事实观点，开诚布公；⑤亲密（Closeness），双方的关系应是热诚而亲密；⑥持续（Continuity），双方之间应保持经常的接触；⑦创造性（Creativity），双方之间的接触应富有创造性。

2. 访问有关专家

选择一些熟悉市场调查与预测问题相关情况的专家，向专家进行咨询，将有助于对市场调查与预测的了解和认识。市场调查与预测人员应通过多种渠道从企业内部和外部选择合适的专家。但要注意，拜访专家只是为了界定调查与预测问题，而不是寻求解决问题的方法。拜访专家之前应做好充分的准备，将要谈论的问题提前列明，但拜访中无须严格按照提前准备的问题顺序进行咨询，而应根据访问现场的具体情况，营造出轻松气氛，以灵活的形式进行交流，这样有助于专家充分发表自己的见解，达到获得专家建议的目的。

从专家处获得建议存在两个潜在的困难：①有些人自称内行并积极地希望参与，但他们未必是真正的专家；②向客户单位以外的专家求助往往比交困难。因此，拜访专家的方法更多地适用在为工业企业或技术含量高的产品而举行的营销调查中，这一领域专家相对比较容易发现和接近。

3. 分析第二手资料

第二手资料是指并非为解决当前问题而收集的资料，而是以前为其他项目而收集并整理的数据。在界定市场调查与预测主题的过程中，对第二手资料的分析是非常必要和有益的，它是调查与预测者了解有关调查与预测问题背景的最节约、最迅速的渠道。因此，分析有关的第二手资料是调查与预测主题界定中的一个基本环节。

第二手资料一般可以在公司内部、公共图书馆或大学图书馆及因特网上获得。积累第二手数据实际上也是积累用于判断事物的基本知识和经验，是专业调查公司的一项重要优势。分析有关的第二手资料，调查与预测设计者总能够获得更清楚界定市场调查与预测问题的帮助，或者对市场调查与预测问题形成更全面、更准确和更深入的认识。假设某银行需要决定再安装一台自动取款机的最佳地点，按照一般逻辑，第一步就是调查其他银行家所认为重要的各种因素，通过查阅银行期刊，管理者可能发现最佳地点就是坐落在居民区内的超市，因为那里的人比较年轻，一般受过高等教育，而且收入为中上水平。这些数据可能引导银行寻找人口调查信息，以便在本市寻找这样的地点。对大部分市场调查与预测来讲，比较经济的起点就是查阅其他人编辑的有关资料。

4. 进行定性调查

有时，从决策人员、有关专家和第二手资料来源获得的信息仍不足以界定调查与预测的主题，还需要从根本上理解市场调查与预测问题及其影响因素。这种情况下，就有必要开展定性调查以补充信息来源和进一步摸清情况。这种定性调查没有固定的格式，通常只在不大的样本范围内进行，具有一定的探索性。尽管在这个阶段进行的调查并不正式，但它能够提供很有价值的信息。通过定性调查获取数据资料的具体方法包括个人访谈、小组座谈会等。

从定性调查中获得的信息，结合与决策者的交流、与有关专家的会谈以及对第二手资料的分析，就能够使调查者充分了解调查问题的背景内容。

（三）将营销管理决策问题转化为市场调查与预测问题

在市场调查与预测主题界定程序中，最后的关键步骤是将营销管理决策问题转化为调查与预测问题。营销管理决策问题和调查与预测问题是两个既紧密相关又有区别的概念。

首先，要区分营销管理决策问题与市场调查与预测问题。市场调查与预测根本上是为经营管理决策服务的，营销管理决策问题也就是市场调查与预测所要解决的问题，所以，市场调查与预测问题等于营销管理决策问题似乎就是一个符合逻辑的结论。然而，两者毕竟是两个不同的概念，如前所述，营销管理决策问题是决策者所面临的问题，是行动导向，它考虑的是决策者可能采取的行动。而市场调查与预测问题涉及“什么信息是需要的”“如何获取这些信息”等问题，属于信息导向。市场调查与预测问题不等于营销管理决策问题。

其次，考虑如何将营销管理决策问题转换为市场调查与预测问题。营销管理决策问题向市场调查与预测问题的转换很少是直接的、线性的，转换过程通常涉及一些基于营销理论和经验的复杂分析和判断过程。其根本原因在于营销管理决策所面对的市场营销问题的复杂性。如果将决策者所面对的市场营销问题比作一座冰山，真正露出水面的仅是冰山一角，也许只占冰山的10%，很多营销问题的危险部分就像占冰山90%的海底部分，很难被决策者看到或了解。所以如何深挖对市场营销问题的解释，深入探寻形成某个市场营销问题的真正原因，并找到解决市场营销问题的有效途径，是实现决策问题向调查问题科学转换的根本，是调查与预测设计者面临的一项重要而艰巨的任务。

营销管理决策问题向调查与预测问题的科学转换过程，可以通过图3-5进行更深入的解释。从图3-5中可以看出，在管理决策问题转换为调查与预测问题的过程中，会不断遇到一些“路口”，在每一个“路口”都要做出判断和选择。这是一个连续的过程，不同的选择可能导致完全不同的方向，可能是正确的方向，也可能是错误的方向。但是如果开始就选错了方向，那么你可能会越走越远，最终彻底偏离目标。科学转换要求在每一个“路口”的选择都不能出错。

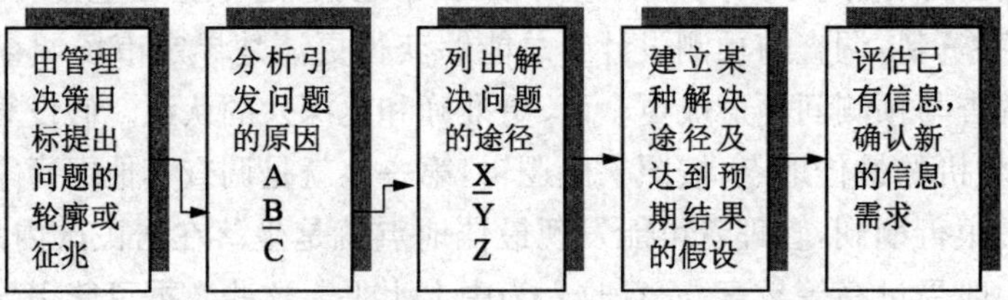

图3-5　由决策问题向调查问题转换的选择过程

案例分析

一项充满风险的经营

中国Deli公司是一家全国著名的低温肉食品加工企业。该公司发现，进入1994年5月份以来该公司的火腿系列产品在省城济南这个最大的市场上出现了明显的销售滑坡迹象。公司决策层几次讨论销售滑坡问题，对于滑坡原因的分析大致如下。

从企业内部情况看，公司的销售政策没有什么变化，产品的品质、零售价格及促销服务等重要营销因子也完全没有变化，公司管理层的基本判断是，问题可能不是出自企业内部。

从企业外部情况看，确实有一些重要变化，其一是农贸市场上的猪肉价格有所下降，降价幅度大概在10%左右；其二，省城一家实力较雄厚的副食品企业开始向市场推出同类肉食产品，品种相对较少，产品品质较低，零售价格大约比本公司产品便宜20%。公司管理层初步判断，销售滑坡可能与竞争对手的出现有直接关系。

基于上述认识和判断，公司主要经理人认为公司应该在价格上对竞争者和市场做出回应，其他经理人则建议了一些其他应对方法，如推出低端产品与竞争对手的主导产品抗衡，或者加强广告促销力度，让质优价好的品牌概念深入消费者心中，等等。但是最终，主要经理人的观点占了上风，公司管理层初步达成共识，准备将价格向下进行一定幅度的调整，并且希望通过价格下调回应猪肉价格的走低，吸引更多的潜在消费者；更重要的是希望借此打压新上市的竞争者，将消费者抢夺回来，最终达到在省城肉食品市场上将公司销售推向一个新高度的目标。

当然，最终做出这样的一个决策还存在许多不确定因素，十几个品种的肉食产品是否都要调整价格？价格下调幅度以多大为宜？调价决策一旦做出，竞争者和消费者会做出如何反应？市场销售表现如何？没有哪位管理者能够基于经验或现有信息给出令人信服的答案。怎么办呢？只有通过市场调查来寻求答案，为决策提供依据。

上述案例实际上是图3-5所示“由决策问题向市场调查与预测问题转换的选择过程”的生动写照。在两类问题转换过程中，涉及一系列复杂的分析和判断环节。在上述案例中，该肉食品公司管理层在一系列选择过程中是否做出了正确的判断和选择，我们不得而知，但是轻易否定某些选择，可能招致决策的重大风险。不同的决策问题向调查与预测问题转化的基本思路是一致的，但是具体情形和内容则各不相同。

在充分掌握有关信息的基础上，市场调查与预测人员应正确界定营销管理决策问题，并把它们转换为市场调查与预测问题。例如，某企业出现一个产品系列的市场份额在一个时期以来逐渐下降的现象，此时营销管理决策问题是：怎样恢复失去的市场份额，针对此问题，可供选择的行动方案有改进现有产品、推出新产品、改变其他营销组合因素、细分市场、寻求新的市场等。假设决策者认为不合适的市场细分是失去市场份额的原因，并要求市场调查与预测针对此问题提供有关信息，那么，市场调查与预测问题就是如何对影响市场细分的各种因素进行识别和评价。

营销管理决策问题和市场调查与预测问题之间的关系，如表3-1所示。

表3-1 营销管理决策问题和市场调查与预测问题之间的关系

营销管理决策问题	市场调查与预测问题
1. 是否向市场推出新产品？	1. 确定潜在消费者对新产品可能的偏好程度及购买意向。
2. 是否应对市场进行细分？	2. 掌握市场消费者购买行为与特点。
3. 是否应改变促销活动？	3. 确定现行促销活动的效果。
4. 是否要调低某品牌的产品价格？	4. 确定需求价格弹性及其对企业销售额和盈利的影响。
5. 是否为新产品开发包装设计？	5. 评估各种包装设计的有效性。

为了做好由营销管理决策问题向市场调查与预测问题转化的工作，可以参考下面的方法。在市场调查与预测者和决策者的交流中，由决策者描述他的问题和他所需要的信息，由调查与

预测者把他对决策问题的理解写在一个单子上，这张单子至少要包括如下几项：

（1）行动——在市场调查与预测的基础上期望采取的行动。

（2）原因——导致拟采取行动的事件，这使得调查与预测者更深刻地理解问题的实质。

（3）信息——决策者在决定采取一组行动当中的一个之前必然获悉什么信息。

（4）使用——思考过程的一个断面，它能帮助我们解释每一条信息是如何支持做出行动选择决策的。

（5）目标群体及次目标——关于所需信息应该取自何人的一个思考断面。

（6）支持资源——对于时间和资金的估计，在何种程度它们能用于开展调查。

这份单子写成后交决策者过目，确认表述无误后由其签字。

在界定市场调查与预测主题时必须遵循两大规则：一是能使市场调查与预测者获得经营管理决策所需要的全部信息；二是能指导市场调查与预测者开展调查与预测活动。

在实践中，要防止界定的市场调查与预测主题过于宽泛，但也要防止确定的问题过于狭窄。主题界定过于宽泛（比如品牌营销战略、提高公司竞争地位、改善公司形象等），无法清楚地指导调查人员完成调研任务；主题界定过于狭窄，可能会将一些创造性的但不明显的行动方案排除在考虑范围之内，也可能会阻止市场调查与预测人员为管理决策问题的重要组成部分提供信息。可以通过先用宽泛原则性的语言概括调查与预测问题，然后通过分析其具体组成部分的方法来减小犯上述两种错误的可能性。

第四节　样本设计

一、样本设计的必要性

样本设计的核心是确定市场调查与预测的对象，它是市场调查与预测设计不可缺少的重要组成部分。绝大部分市场调查与预测是从与市场调查与预测问题相关、能说明其特征或参数的各种要素中获取信息的。实际操作中可以采取普查和抽样调查两种不同的形式。普查是对全体调查对象进行调查。抽样调查是采用一定的技术从全体调查对象中选取部分加以调查。

一般而言，采用普查形式，可以广泛地收集信息，提高信息的全面性。但是，这并不意味着采用普查总是最佳的选择。事实上，采用普查还是采用抽样调查受许多因素决定。首先，是预算条件。显然，采用普查形式，需要投入更多的人力、物力和财力。其次是时间限制。在许多情况下，调查与预测项目有较高的时间要求，而普查形式往往需要更长的时间。再次，调查对象的总体规模。当总体规模很大时，采用普查是困难的。此外，对调查结果精确度的要求，调查与预测问题本身所具有的特征等也都是应加以考虑的因素。一般而言，除了某些调查对象总数规模不大的调查与预测项目，如工业用户调查与预测，中间商调查与预测等，以及某些有特殊要求的项目等需采用普查形式外大多要采用抽样调查。

样本设计即使对于普查也是必要的。对抽样调查而言，样本设计的内容更多、更复杂。样本设计合理与否，直接影响到市场调研结果的优劣。

二、样本设计的程序和内容

样本设计涉及很多方面，是一项复杂的工作过程，应遵循一定的程序，如图 3-6 所示。

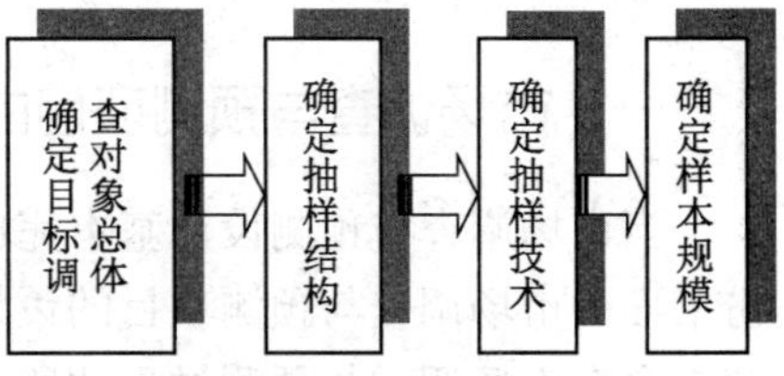

图 3-6　样本设计程序

（一）确定目标调查对象总体

目标调查对象总体（Target Population）是所有能提供市场调查与预测者所寻求的、与调查与预测问题相关的信息的要素或对象的集合。它包含要素、抽样单位、范围、时间四个组成部分。

（1）要素（Element）是指能提供与市场调查与预测问题相关的信息的对象。

（2）抽样单位（Sampling Unit）是被抽样的总体中含有要素的基本单位。

（3）范围（Extent）是指调查对象的空间界限。

（4）时间（Time）是指确定调查对象的时间界限。

应当指出的是，为了正确描述目标调查对象总体，应分别对上述四个组成部分给予说明。当然，在有些情况下，要素与抽样单位是相同的。假设某市场调查与预测项目是对某百货公司的顾客进行研究，其目标调查对象总体可能描述如下：要素：家庭中承担到百货公司购物的男主人或女主人；抽样单位：家庭；范围：市区；时间：2015 年。

目标调查对象总体必须给予尽可能正确的界定，否则将会导致市场调查与预测活动出现偏差。有时，确定目标调查对象并不容易，需要经过认真细致的分析研究。

（二）确定抽样结构

抽样结构（Sampling Frame）是目标调查对象总体所包含的要素的代表。它包含有一系列能区分和识别目标调查对象总体的方向。常见的抽样结构有电话本、企业名录、城市指南、邮寄名录、地图等。有时，现成的抽样结构难以获得，这就需要采用一定的技术，比如用随机数表法确定一些区分目标调查对象的方向。通常，抽样结构能够获得，但是在这些结构中有可能遗漏某些要素，或者是包含有一部分多余的不相关的要素。这就可能对调查结果造成误差。为此，在设计过程中要采取补救和修正措施。

（三）确定抽样技术

抽样技术有多种，比如随机抽样技术和非随机抽样技术。不同抽样技术各有其长处和不足。样本设计时要综合考虑各种因素，确定选用何种抽样技术。具体将在第五章中介绍。

（四）确定样本规模

样本规模（Sample Size）是指确定的需作调查的要素的数目。样本规模越大，能获取的信息越多，准确性越高。但是样本规模越大，所需的人力、物力、财力和时间也越多。而且，如果在预算和时间已确定的条件下，增加样本规模，会导致对每个对象不能作详尽和深入的调查，有时反而会降低准确性。为此，要在综合考虑人力、物力、财力和时间要求的前提下，根据市场调查预测项目本身的特点，如决策的重要性、市场调查与预测的类型、变量的多少、发生率等，确定一个合适的样本规模。

第五节　市场调查与预测策划报告及其完善

一、市场调查与预测项目的策划报告

当市场调查与预测设计基本完成，项目的预算和日程基本确定之后，就应该准备和提交一份书面的市场调查与预测项目的策划报告，即项目建议书，也可称为市场调查与预测计划书。它包含有市场调查与预测过程的所有阶段、内容。不同市场调查与预测项目的策划报告的格式可能有所区别，但大多数策划报告应包括以下几部分：

(1) 概要(Executive Summary)。这一部分概述市场调查与预测策划报告书中各部分的要点，提供整个项目的概况。

(2) 背景(Background)。这一部分描述与市场调查与预测问题相关的背景和来龙去脉。

(3) 调查与预测问题及研究目的(Problem Definition/Objectives of the Research)。有关调查与预测问题，包括其内含的各种组成要素应给予陈述清楚。调查与预测的目的更应明确说明。

(4) 研究市场调查与预测问题的方法(Approach to the Problem)。在明确市场调查与预测问题中应用的有关方法，如有关的假设、建立的定性/定量模型、相关因素分析等，也应在建议策划书中做适当的解释。

(5) 市场调查与预测设计(Research Design)。市场调查与预测设计应该具体化。也就是说必须提供较为详细的信息，包括：①需要获取的信息类别；②抽样技术和样本规模；③调查表的特征，包括所提问题的类型、时间长度、平均会见时间等；④实施调查表的方法，如邮寄访问、电话访问、人员访问、网络问卷调查等；⑤测量技术等。

(6) 现场工作和资料的收集(Field Work/Data Collection)。这一部分包括谁去收集资料，怎样收集资料，以及保证资料收集质量的措施等。

(7) 资料的分析(Data Analysis)。这一部分包括资料分析的方法，分析结果的表达形式等。

(8) 报告(Reporting)。报告中还应包括市场调查与预测结果的汇报形式。比如是否有阶段性成果的报告，最终报告的形式是怎样的等。

(9) 费用和时间(Cost and Time)。应详细列明调查与预测的费用测算和时间进度日程表。

(10) 附录(Appendices)。报告中还应附上有价值的各种附录。

总之，应精心准备市场调查与预测报告书。一份较完美的市场调查与预测报告书一旦被企业经营者或委托方认可，意味着市场调查与预测项目承担者与委托方之间就该项目的看法达成一致，从而能起到协议的作用。此外，编制市场调查与预测项目策划报告的过程也是调查与预测人员进一步加深对该市场调查与预测项目理解的过程，建议书又是帮助和指导市场调查与预测人员开展调查与预测工作的蓝图。

二、市场调查与预测策划的完善

(一) 市场调查与预测中的误差

许多潜在误差的存在可能影响到市场调查与预测策划的质量，这些潜在的误差包括以下几个方面。

1. 抽样产生的误差

只要不采用普查，而是采用抽样调查，不管是非随机抽样技术，还是随机抽样技术，都会出现或多或少的误差。被抽取的样本越是不能代表目标调查对象总体，误差会越大。关于抽样误差问题将在第五章做详细介绍。

2. 无响应产生的误差

当某些被包含在样本范围内的调查对象对调查无响应时就会引起此种误差。造成无响应的最主要的原因有两类：一是被访问者拒绝响应；二是被访者不在家。

3. 调查人员产生的误差

由于市场调查与预测人员本身在设计规划中的因素而造成的误差，它包括以下几类：

(1) 信息替代误差(Surrogate Information Error)。这是指市场调查与预测所需信息与调查预测人员寻求的信息之间的误差。当某些所需信息很难获得时，如果市场调查与预测人员以其他信息作为替代，即会产生这类误差。

(2) 测量误差(Measurement Error)。这是指在市场调查与预测过程中应用测量技术(如态度测量技术)而产生的误差。

(3) 调查对象总体定义误差(Population Definition Error)。这是指由于对调查对象总体的确定不甚恰当而产生的误差

(4) 抽样结构产生的误差(Sampling Frame Error)。这是指确定的抽样结构不甚恰当而产生的误差。

(5) 数据分析误差(Data Analysis Error)。这是指对调查获得的各种数据资料进行加工时出现的误差。

4. 调查询问人员引起的误差

(1) 提问引起的误差(Questioning Error)。这是指调查询问人员在向被调查者提问时因所提问题的内容、表达方式、时机掌握等不甚恰当引起被调查者回答的问题产生的误差。

(2) 记录引起的误差(Recording Error)。这是指调查询问人员对被调查者陈述的内容，由于听、理解、记录等方面造成的误差。

(3) 欺骗性误差(Cheating Error)。这是指调查询问人员凭空编造的信息产生的误差。

5. 被调查者引起的误差

被调查者引起的误差包括以下两种类型：①无能力引起的误差(Inability Error)。这是指由于被调查者无能力提供正确的回答而引起的误差。②不情愿引起的误差(Unwillingness Error)。这是指由于被调查者不情愿提供有关信息而引起的误差。

(二) 市场调查与预测设计的完善

市场调查与预测中潜在的误差很多，且涉及许多方面，涉及整个市场调查与预测过程。这些误差如不消除，将会影响市场调查与预测结果的正确性，进而导致企业经营管理决策的偏差，造成重大损失。

完善市场调查与预测策划是防止和减少误差的有效途径之一。一方面，某些误差本身是由于调查与预测策划不当造成的，完善市场调查与预测策划可以直接避免这部分误差；另一方面，通过完善市场调查与预测策划，可以防止、减少调查与预测过程中出现的误差。为此，市场调查与预测设计人员应树立完善设计、减少误差的意识，应懂得并真正了解哪些是可能产生或

引起误差的因素,并采取积极的、有效的防范措施,把误差减小到最低程度。

第六节　市场调查与预测组织策划

市场调查与预测作为经济活动中的一种群体活动,需要系统地组织和周密地计划,才能保证调查与预测工作的顺利进行,达到预期目标。市场调查与预测组织是实施调查与预测活动的机构,它是市场调查与预测策划的内容之一,同时也是进行有效调查与预测的根本保证。

一、国内外市场调查与预测组织概况

(一) 国外市场调查组织

世界上第一个专业性市场调查组织是美国柯蒂斯出版公司。早在 1911 年该公司就成立了商业调查部,在进行大量市场调查的基础上,提出了许多有创见的市场调查理论和方法,成为市场调查这门学科的先驱。与此同时,美国其他一些公司也开始重视市场调查组织的建立,如杜邦公司、通用汽车公司、通用电气公司等都先后设立了专门的市场调查部门从事市场调查活动。近年来,美国市场调查业稳步发展,美国调查业的市场规模从 1999 年 5.2 亿美元,发展到 2003 年的 6.5 亿美元。日本丰田公司的市场调查部门,无论从团队组成还是涉及调查的人数、进行调查的次数、调查的可信度以及调查的费用方面,在日本企业界都是首屈一指的。有关资料显示,2005 年全世界调查咨询业全年营业额达到了 230 亿美元,其中美国有 1 300 多家公司直接从事市场调查与咨询业务,年营业额达到 70 亿美元;英国有各种市场调查与咨询服务公司 300～400 家;日本有 600 多家市场调查与咨询服务公司和 8 万多名“诊断士”队伍,每年为成千上万家工商企业服务。2009 年全球排名前 10 位的市场调查组织如表 3-2 所示。

表 3-2　2009 年全球排名前 10 位的市场调查组织

排名	组织名称	总部所在地	所属国家	分支机构的国家数目	全球调研收入（百万美元）
1	尼尔森	纽约	美国	100	4 628
2	坎塔	伦敦	英国	80	2 823
3	艾美仕	诺沃克	美国	75	2 190
4	捷孚凯	纽伦堡	德国	59	1 623
5	益普素	巴黎	法国	64	1 315
6	思纬	伦敦	英国	62	817
7	IR	芝加哥	美国	8	706
8	纬思达特	罗克韦尔	美国	1	502
9	阿比创	纽约	美国	2	385
10	英德知	东京	日本	3	369

资料来源:纳雷希·马尔霍特拉.营销调研基础[M].王学生,杨安良,等译.4 版.北京:清华大学出版社,2015.

（二）国内市场调查组织

国内市场调查起步较晚，专业性的市场调查组织在改革开放之后才出现。据有关的资料报道：1997 年世界市场调查与咨询服务总收入约为 118 亿美元（约合人民币 980 亿元），比 1996 年增长了约 18%。其中欧洲有 53.2 亿美元，占 45%；美国有 44.2 亿美元，占 37%。1998 年我国（内地）市场调查与咨询服务业总收入，比较保守的估计为 6 亿～8 亿左右人民币，比 1997 年增长了 35.7%，但也仅仅相当于 1997 年日本调查业收入的 8.5%，美国的 1.9%，欧洲的 1.6%。1999 年中国内地市场调查业的总营业额估计约为 1.33 亿美元（约 11 亿人民币），仅占世界市场占有率的 1.0%。目前，我国以市场研究为主业的机构大约为 1 500 家左右，形成一定规模的有 400～500 家，规模较大的机构近 50 家，2002 年我国市场调查行业的营业额达到 25 亿元人民币，比 2001 年增长了 30%。其年营业额最大的有 2 亿元人民币。目前，国内市场调查业的发展速度可谓惊人，2003 年大陆市场研究行业的营业额 30 亿人民币，2005 年为 50 亿，总营业额的增长率约为 58%，大大超出了全球市场 8.3%的增长率，这充分体现出了这一行业的强大生命力。

2006 年 4 月 29 日，劳动和社会保障部对全社会发布“调查分析师”成为我国又一新职业。调查分析师是指运用有效的定性和定量调查方法，收集有关信息，进行数据处理和分析，形成报告以供客户决策参考的人员。其从事的主要工作内容有：①确定调查项目；②设计调查方案；③搜集有关信息资料；④设计调查问卷；⑤进行抽样设计；⑥指导和培训调查员；⑦进行预调查；⑧组织实施实地调查；⑨调查数据处理和分析；⑩撰写调查分析报告；⑪评估和形成调查分析报告等。截至 2008 年年底，中国内地约有 1 900 家以市场研究、调查访问为主要业务的公司和机构，这些公司的业务总量在 70 亿元人民币左右，专职从业人员 4 万人。年营业额过千万元的公司有几十家，主要集中在北京、上海、广州三地。近 10 家公司年营业额过亿元，最大的公司已经突破 4 亿元的规模。整个行业在过去几年，一直以超过 20%的年增速增长，未来几年我国调查分析师市场缺口在 100 万人以上。随着经济全球化进程的加快，巨大的发展空间为我国市场调查组织的成长提供了广阔的前景。

二、市场调查与预测专业机构

（一）市场调查与预测专业机构的含义及类型

市场调查与预测专业机构是专业的市场调查与预测主体，是专门从事市场调查与预测业务的独立的组织与机构。可以认为它是企业以外受托的市场调查与预测主体。其类型包括以下几方面。

1. 专门从事市场调查与预测业务的公司

这是市场调查与预测机构中最重要的组成部分。随着行业的不断发展，专业市场调查与预测公司的分工越来越细，定位越来越准确，专业优势也越来越强。一般来讲，除非特别指明，专业市场调查与预测机构指的就是这一类市场调查与预测公司。

专业市场调与预测公司在接受客户委托后，必须针对客户所提出的原则、要求以及所要达到的调查与预测目的，制定调查与预测方案，然后根据客户确认的市场调查与预测方案精心实施调查与预测活动，并汇总调查与预测结果最终提出市场调查与预测报告。

2. 兼办调查与预测业务的经营顾问公司

这类公司是以从事企业经营指导业务为主，而它们执行市场调查与预测任务是为了更好地指导接受委托的企业的经营实践，因此，它们的市场调查与预测任务可以自己承担，也可能再委托市场调查与预测公司来承担。

3. 广告公司的调查与预测机构

不能把所有的广告公司都认为是市场调查与预测机构，因为许多广告公司不存在市场调查与预测的机构。但作为许多大型的广告公司来说，要为客户提供更为有效的服务，必须对客户的营销环境和市场状况进行全面的研究，所以，广告公司内部设立专门的市场调查与预测机构必不可少，只是主要执行与广告相关的调查与预测工作。

目前，广告公司设置的调查部门，其服务的对象主要是广告主，所提供的调查服务更具有系统性和整体性，并在定性研究方面具有优势。它们主要承担广告制作前期调查和广告效果调查两大任务，在进行市场调查时主要执行的是方案策划与研究报告撰写。广告公司调查部门的组织结构如图 3-7 所示。

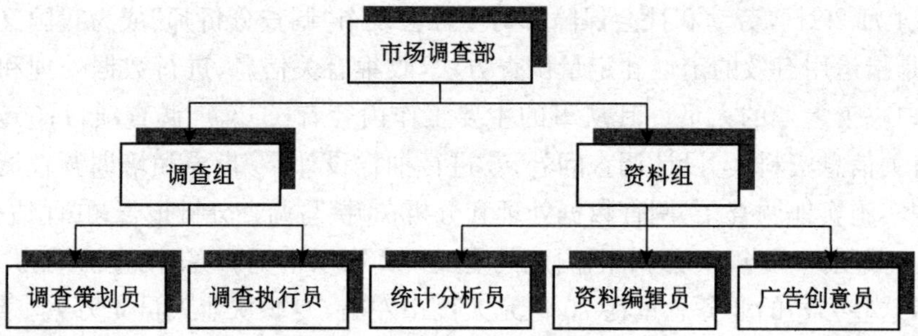

图 3-7　广告公司调查部门的组织结构

4. 咨询公司

咨询公司一般由资深的专家、学者和有丰富实践经验的人员组成，为企业提供指导性建议，即充当顾问的作用。咨询公司与专业市场调查与预测公司相比有很多差异，咨询公司层次相对较高，人员的组成主要以咨询顾问人员为主，不像调查与预测公司以调查与预测人员为主。咨询公司主要为企业的生产与经营活动提供技术和管理方面的决策咨询。它们的调查与预测也多为定性调查与预测，主要以自身的经验和能力来提供咨询。

5. 政府机构设立的调查与预测部门

如国家、省、市级的统计部门、审计和工商行政管理部门等所设的调查与预测机构，各专业管理机构和委员会下属的调查与预测部门等也都可以归属为专业的市场调查与预测主体。随着政府机构的功能转换，信息服务的功能越来越重要，政府机构下设的调查与预测部门的地位也越加显著。

另外，大专院校、科研院所以及学术团体等也可以认为是市场调查与预测的专业机构。

（二）市场调查与预测专业机构的职能

市场调查与预测专业机构最主要的职能是为其客户提供市场调查与预测服务，即根据委托方的要求，进行各种市场调查、研究、咨询、预测，提供企业所需的各类数据、资料、情报、信息，为企业的营销管理提供服务。市场调查与预测专业机构的职能主要有以下几方面：

1. 承接市场调查与预测项目

市场调查与预测专业机构具有各类专业的专门人才，有从事市场调查与预测的丰富经验和能力，可以公开承接来自社会各方的委托，按客户的要求，开展市场调查与预测活动。其调查与预测结果真实可信、准确度较高，能承接的调研课题较广，调研项目也较多。

专业调查与预测机构可以为开发新产品的市场营销活动进行市场调查与预测，包括市场占有率、竞争者实力、销售渠道和产品生命周期等；可以对市场的规模、结构进行调查与预测分析；可以对市场供求关系的现状和发展趋势进行调查与预测；可以对消费者的消费需求、购买动机和购买行为进行深入的调查研究；可以对产品的性能、包装、广告进行试验性研究；可以对产品市场价格及其走势进行分析、预测研究；可以对企业形象、店址选择及经营商圈进行分析研究；可以对客户需要的其他问题和方面进行调查与预测。

2. 提供市场咨询

专业市场调查与预测机构在日常经营业务活动中，积累了相当数量的研究成果，涉及不同的研究类型和研究领域，依赖于其专业优势、人才优势、知识优势，可以为企业和社会各方面提供诸如营销战略与策略、产品开发与投放、分销渠道与网络、促销手段、实施与控制等市场营销体系的各种咨询和顾问服务，为客户的经营决策和营销活动设计方案，提供备选的对策设想，从而为企业进行科学决策与经营管理提供咨询服务。

3. 提供市场信息

市场调查与预测专业机构一般拥有自己稳定、高效的信息网络，为了工作业务需要，它们订有大量的专业期刊和信息杂志，定期采购各种统计年鉴、行业目录等信息工具书籍，加之在长期的实践中积累有大量的信息资料，从而使得其本身就是一个很大的信息库，可以为社会和用户提供有关的信息资源。这种提供是由市场调查与预测机构主动地、无偿地向社会提供，也可以按有关客户的要求有偿提供。

4. 进行业务培训

专业市场调查与预测机构除了自身拥有一定的专门人才外，一般都聘有专家学者、企业中高层次主管为顾问，因此，可以开展有关企业战略、市场营销、人力资源管理、商务沟通等领域的新知识、新政策、新经验方面的专项培训，从而为企业培养这些方面的管理人才。

知识链接

定制调研服务公司和辛迪加调研服务公司

1. 定制调研服务公司

定制调研公司和辛迪加市场调研公司一起站在市场调研行业的最前沿，是市场调研行业的中坚力量。在全部市场调研费用中，定制调研大约占 69%[①]。

定制调研服务公司的主要业务是为企业客户开展定制的、非重复性的营销调研项目。如果一家公司产生了新产品或服务的想法、包装的想法、广告创意、新的定价策略和产品配方或者其他有关的营销问题或机会，那么，定制调研公司可以为其提供调研帮助。

美国有成千上万家定制市场调研公司，但绝大部分规模较小，年营业额不到 100 万美元，员工不到 10 人。他们可能只为当地客户服务。也可能不专门从事某一行业或某一类型的调研。在中国大约 1 500 家专业调查公司中，80%以上都属于定制调查服务公司。定制调研服务公司提供的是全方位的调研服务，包括设计调研活动、实施调研活动、分析调研结果甚至向客户提供经营管理的咨询建议。专业定制调查公司的业务组织框架一般如图 3-8 所示。

2. 辛迪加调研服务公司

辛迪加是资本主义垄断组织形式之一，参加辛迪加的企业在生产上和法律上保持独立性，但在商品销售和原料采购等商业环节上进行联合，并形成垄断价格和利润。辛迪加调研服务公司（Syndicated Service Firms）与定制调研公司一道代表了营销调研行业的最高前沿，也是市场调研行业的中坚力量。在全部调研费用中，辛迪加调研大约占30%②。

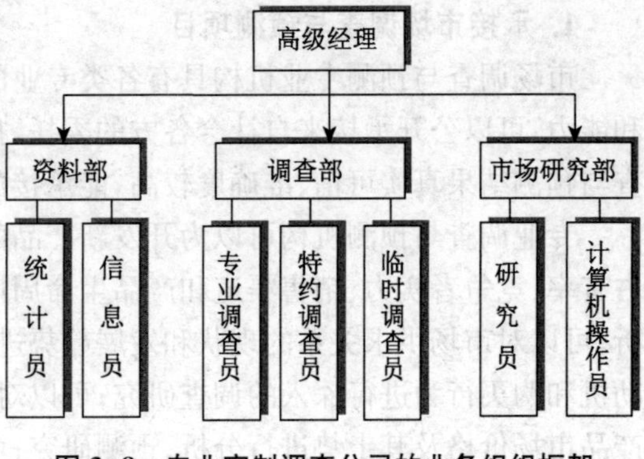

图 3-8　专业定制调查公司的业务组织框架

与定制调研公司形成强烈对比，辛迪加调研公司的业务特点是为很多企业收集并提供相同的市场调研数据。任何公司甚至个人都可以购买由这些公司收集、整理、提供的数据。辛迪加服务企业的数量相对较少，但是规模却相对较大。例如，不少企业都在电视网中做广告，广告媒介决策就是要选择一个能有效抵达目标顾客的电视节目，为此就需要了解不同电视节目观众的数量和构成等方面的信息。如果每个公司单独收集这些数据的话，无疑是巨大的浪费；但是由辛迪加调研服务公司统一收集和整理这类数据，然后给很多公司提供其共同需要的信息，成本就低得多了。

辛迪加调研组织提供的具有代表性的辛迪加服务，包括电视收视率、零售销售额、产品/服务的分销渠道、大型行业/产品研究、基于网络的调查、民意调查、生活方式调查、顾客满意研究、特定区域市场的研究、广告/媒体效果、来自扫描仪的数据等。

大部分大型市场调研公司都是辛迪加调研服务公司，如尼尔森公司、Cognizant公司及信息资源公司。尼尔森公司主要为日用杂货、保健品、美容用品及其他包装品和耐用品的制造商和零售商提供消费者购买行为测评和相关的营销要素因果关系研究。尼尔森公司在美国的核心服务是Scan Track，它提供每周从安装有UPS扫描设备的5 000家超市中获得的包装类消费品的销售额、市场份额及零售价格方面的数据。

（①、②　小卡尔·迈克丹尼尔，罗杰·盖茨.当代市场调研.范秀成，等，译.北京：机械工业出版社，2000.）

三、企业内部的市场调查与预测机构

（一）企业内部调查机构的含义及地位

企业内部市场调查与预测机构是指企业或公司单独设立的市场调查部门，主要负责企业内部市场策划、组织、协调与承担市场调查与预测任务，为企业或公司的生产、经营决策提供各个方面的参考资料。它一般隶属于企业或公司的市场部或企划部。

西方一些发达国家一般较大型的企业都设有自己的市场调研部门，如美国福特汽车公司、柯达公司、宝洁公司等。美国目前有77%的公司设有市场调查部门，负责市场调查工作。从企业性质看，消费资料制造业比生产资料制造业设置的市场调查部要多，尤其是与消费者生活密切相关的食品、服装、家电行业更为重视市场调查部门的设置。如美国，根据调查资料表明，在消费资料制造业中，有超过46%的企业设置市场调查部门。例如，美国福特汽车公司设立了专门的市场调查部门，并由一位副总经理负责管理。这个部门的组织方式如图3-9所示。

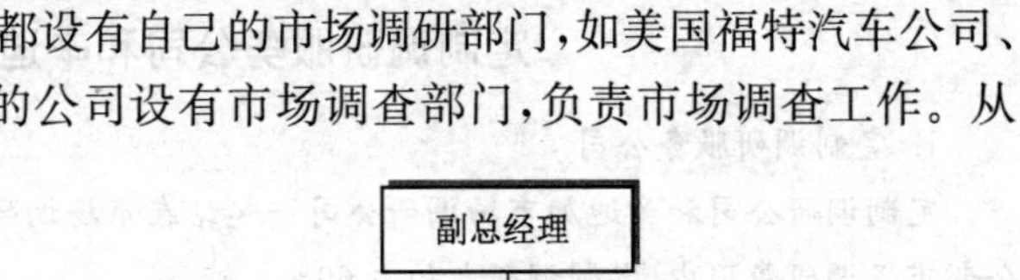

图 3-9　美国福特汽车公司的市场调查机构组织方式

企业内部市场调查机构的规模大小不一，大的可拥有员工几十人，小的仅有两三人，但市场调查部属于企业的组织管理系统，往往是独立的部门，它在业务上虽然需要与其他部门保持联系，但其市场调查与预测业务不受限制，在很多情况下，调查部与经营主管负责人有密切的联系。如果将市场调查业务安排在销售部，则很难发挥市场调查的应有作用。

（二）企业内部市场调查机构的职能

1. 收集企业生产经营和管理决策所需的各类资料

企业决策层在制定企业营销战略和策略时，都需要依据一定的历史资料和现时资料，而这些资料的获得，需要企业内部市场调查与预测机构长期地进行资料的收集、整理和分析。

2. 制定市场调查与预测方案并组织实施

有效制定企业市场调查与预测方案，组织实施调查与预测活动，是企业内部市场调查机构的主要职能。一般而言，企业所做的市场调查多数是由专业调查机构组织实施的，但仍需要企业派遣调查人员直接或间接参与市场调查活动，负责市场调查可靠性的监督、调查工作和企业实际情况之间的协调衔接以及从整个市场调查与预测活动过程中进行专业的学习等。

3. 分析市场调查结果并提交调研报告

通过市场调查所收集到的一系列现成资料和数据，只是关于事物的一些表面现象，而隐藏在事物表象背后的本质的东西，才是企业决策者真正所需要的。因此，通过企业内部市场调查部门对调查结论进行详细的整理、分析和总结，提出建设性的方案，以供企业高层在进行科学的经营管理决策时使用。

四、市场调查与预测人员选择和培训

市场调查与预测是一项高智力性质的工作，也是一项繁杂且辛苦的工作，所有各项工作最终都是由各个调查人员来承担和完成。因此，市场调查与预测人员本身的素质和条件，将直接决定市场调查与预测活动的成败和优劣。为此，市场调查与预测人员必须具备一定的素质和条件，并能经常得到专业的培训。

（一）市场调查与预测人员应具备的素质

市场调查与预测人员作为现代经济管理人员，应具备一般经济管理人员均应具备的素养，包括政治思想素养、文化知识素养、经济管理素养、道德品格素养、性格风度素养和体质等方面，尤其应具备以下素质：

1. 强烈的事业心和责任感

市场调查与预测是一项重要而又艰巨的工作，调查与预测人员要接触社会经济的各个方面，工作量大，又繁杂琐碎，带有明显的服务性，并且独立工作的可能性较大，这就要求市场调查与预测人员要具有强烈的事业心和责任感。一定要忠于自己的工作，拒绝各种造假，同时，也必须忠于客观事实，决不主观猜测。

2. 掌握多学科知识

市场调查与预测是一门学科，也是一门艺术，它涉及各方面的知识的综合运用。因此调查与预测人员不但要具备市场营销学、社会学、统计学、心理学等方面的知识，而且要了解某些产品方面的技术知识，还要具备一定的数学知识和运用计算机处理资料的能力。研究国际市场的调查人员还应具备国际贸易、各国法律和风俗习惯等知识和一定的外语水平。总之，高层次的市场调查与预测人员应该是复合型人才。

3. 调查研究和收集资料的能力

做好市场调查与预测必须掌握与调查有关的情报资料，因为市场调查就是收集资料的过程，包括文案调查得到的第二手资料和实地调查取得的第一手资料。因此，市场调查与预测人员必须具有较强的调查资料收集的能力，工作中应具有敏感性，不放过任何有价值的资料，要经常对市场中出现的新情况、新问题进行调查，尽可能及时、准确、全面、具体地收集一切与调查目的有关的资料。

4. 较强的观察、分析研究和解决问题的能力

市场调查与预测活动也是培养观察、分析研究和实际解决问题能力的工作。作为一名优秀的调查与预测人员，应善于从众多复杂的资料中经过去伪存真、由表及里的定性定量分析，得出调查结论，提出解决问题的措施及可行性建议。因此，调查与预测人员应具有一定的分析研究和解决问题的能力。应掌握现代统计分析、数据挖掘、预测决策等分析方法和技术。

5. 良好的身心素质

身心素质即身体和心理素质。做任何事情都离不开健康的体魄，这是进行一项工作最基本的保障。市场调查与预测人员应具有吃苦耐劳的精神，应具有承受各种压力和挫折的良好心理，有健康的体魄和旺盛的精力。市场调查人员的性格还应该属于外向型，善于交际，谈吐适度，谨慎机敏。

总之，市场调查与预测人员应勤奋好学，有思想、有知识、有见解，善于倾听和善于思考，善于提出问题、分析问题和解决问题。对于高层次的市场调查与预测专业人员的选拔，应坚持德才兼备，力求复合型人才。对于一般调查人员的选择，应重点考察其应具有的必备知识、调查能力、观察能力、身体素质和心理素质等基本条件。

（二）市场调查与预测人员的培训

1. 培训的基本内容

对市场调查与预测人员培训的内容应根据调查的目的和受训人员的具体情况而有所不同。一般包括以下几方面内容：

（1）思想及职业道德教育。组织调查人员学习市场经济的一般理论，充分认识市场调查与预测的重大意义；深入学习调查人员应具备的职业道德标准和工作规范，增强其事业心和责任感，端正其工作态度和工作作风，激发其对调查工作的积极性。还要教育调查人员要利用合法手段，以严谨的态度去采集市场信息，要坚决杜绝弄虚作假和舞弊行为，以健康和积极的心态面对调查工作，同时要为客户和被调查者保密。

（2）性格修养教育。即对市场调查与预测人员在言谈举止、热情坦率、谦虚礼貌、平易近人、诚信务实、心理健康等方面进行培训和修炼。

（3）市场调查知识培训。对市场调查人员特别是高层次市场调查与预测专业人员讲授市场经济学、市场营销学、市场调查与预测学、统计学、心理学、信息资源管理等方面的知识。讲授市场调查与预测方案设计、问卷设计、态度测量技术、数据处理和分析技术和调查与预测报告的写作技巧等技能方面的培训，使调查人员具备必需的市场调查知识。

（4）调查业务培训。即针对某个具体的调查项目进行专门的培训，包括说明此项调查的目的，解释调查项目的含义，说明调查方案和问卷设计，说明调查的工作程序和要求，训练入门艺术、接近艺术、访谈艺术、记录艺术和质量控制等。

(5) 政策法规和制度教育。随着市场调查活动的不断发展和完善,国际、国内相继出台了有关政策法律和法规。市场调查与预测人员必须遵守组织内部和外部有关政策和各项规章制度,这是市场调查得以顺利进行的保证。如我国2001年成立的市场调查行业协会中的有关行业规定。又如,国家统计局为规范涉外调查服务所制定的《涉外社会调查活动管理暂行办法》。各个市场调查机构本身制定的保密制度、访问工作协议等。因此,作为市场调查与预测人员,对这些相关的法规、准则等都应该了解并严格执行,以保证所进行的调查工作合法、有效。

案例分析

一个寓言:顾客与市场调查人员

在一个初夏的早晨,一个慢跑者正在以悠闲的步伐沿着乡村的玉米田跑步,两边都是庄稼。慢跑者发现在地平线上一个热气球正在以大概每小时300米的速度向慢跑者的方向缓慢移动。几分钟后,当热气球飞到头顶时,飞行员透过吊舱喊道:"嗨,能告诉我,我在哪里吗?"

慢跑者慢慢地向停靠点走去,犹豫了几秒,然后回应:"你刚好在那里,在我上面。"几秒钟过去了,这个飞行员不满地说道:"那你一定是一个市场调研人员。"

措手不及并且好奇的慢跑者想知道这个迷失的人如何猜到这样的事实。

"你提供的信息是准确的,但是我不能用它来做任何事情。"飞行员回答道。

"你一定是个销售部经理。"慢跑者回应道。

"为什么这么说?"飞行员问。

慢跑者说:"因为你不知道你在哪里、你将要去哪里,你还惹怒了唯一一个能立刻帮助你的人。"

(资料来源:美国调查组织理事会)

2. 培训的方法

(1) 集中讲授法。这是目前培训中采用的主要方法,例如,聘请市场调查与预测专家讲授市场调查的基本理论与方法;邀请市场调查策划人员讲授市场调查方案、调查项目、问卷设计等方面的业务知识;请经验丰富的调查员面授调查技巧和经验等。这样的培训应是经常性的,应注意突出重点,具有针对性,讲求实效。

(2) 模拟训练法。这是一种由受训人员参加并具有一定真实感的训练方法。国外企业常用这种方法培养调查人员的市场敏感性和分析判断力。主要采用情景模拟、问卷试填、案例分析等对调查人员进行培训。情景模拟是由受训人员和有经验的调查人员分别担当不同角色,模拟各种问题的处理;问卷试填是要求受训人员对调查问卷进行小范围的试验性调查与填写,以便掌握问卷调查与填写的技巧和要求;案例分析是结合某个具体的市场调查实例进行分析,以训练调查人员处理各种问题的能力。

采用模拟训练方法,应事先做好充分的准备,并在模拟时尽可能地将调查中可能遇到的困难和各种问题表现出来,这样才能做到真正地锻炼并达到训练效果。

(3) 哈雷斯培训法。哈雷斯培训法是经济学家哈雷斯根据市场调查的经验提出的。他认为,对于调查人员,除了进行一般的调查知识的培训外,还应针对市场调查人员的不同层次和不同要求,进行不同程度和不同内容的培训。在培训对象上,哈雷斯认为应将受训者分为监督员和访问员。监督员是较高层次的调查人员,他们要召集和训练访问员,检查、指导访问员的工作并控制调查的进度。由于监督员需要熟悉调查的每一步骤,善于带领和训练访问员,因此需要对他们进行更为严格的全面训练。在培训方法上,哈雷斯认为应主要采用书面训练法和口头训练法,前者是为了增加必要的知识,后者是为了提高应变能力。

综上所述,要成为一名优秀的市场调查人员,除了必须具备基本的素质以外,还应该注重实际调查能力的培养和锻炼,应该经常参与调查活动,尽量涉及多范围的调查,以丰富自己的实践经验和遇事的应变能力。

小　结

1. 市场调查的过程分为五个阶段,即准备阶段、正式调查阶段、整理分析和研究阶段、提出调查报告阶段、提供信息咨询服务阶段。市场预测的过程也可分为五个阶段,即准备阶段、占有资料阶段、预测阶段、评价与检验阶段和确定预测结果阶段。

市场调查与预测设计是指导市场调查与预测项目的方案和蓝图,又是指市场调查与预测人员的一种行为。市场调查与预测设计的十个步骤是:明确调查与预测问题、系统陈述其目标;确定所需的信息资料;确定资料来源;确定调查与预测对象、选择抽样框;确定资料收集的方法;设计和测试调查表;确定测量程序和测量技术;制定资料处理计划;调查与预测力量的组织和配备;时间规划与费用预算等。市场调查方案可行性研究方法主要有逻辑分析法、经验判断法和试点调查法。市场调查方案的评价要求是:体现调查目的和要求;科学、完整和适用;使调查质量有所提高;还要对调查方案设计实施成效进行检验。

2. 市场调查与预测主题界定程序,首先是分析主题的背景,掌握与客户企业及所属行业相关的各种历史资料和发展趋势,掌握与分析客户企业的各种资源和面临的制约因素,了解和分析决策者的目标,掌握相关背景资料。其次要进行主题界定中的调查工作,包括与决策者讨论、访问有关专家、分析第二手资料、进行定性调查等。最后,在掌握足够的信息资料的基础上,明确营销管理决策问题,进而将营销管理决策问题转化为市场调查与预测问题,设定市场调查与预测主题。

3. 市场调查与预测项目策划报告,一般包括概要、背景、调查与预测问题及研究目的、研究市场调查与预测的方法、调查与预测的设计、现场工作和资料收集、资料分析、报告、费用和时间以及附录等。由于市场调查与预测中存在着抽样产生的误差、无响应产生的误差、调查人员产生的误差、调查讯问人员引起的误差、被调查者引起的误差等,这就有必要在市场调查与预测设计中加以完善。

4. 市场调查与预测专业机构是专业的市场调查与预测主体,是专门从事调查与预测业务的独立的组织与机构。其类型主要有专门从事市场调查与预测业务的公司、兼办调查与预测业务的经营顾问公司、广告公司的调查与预测机构、咨询公司、政府机构设立的调查与预测部门。市场调查与预测人员应具备以下素质:强烈的事业心和责任感,掌握多学科知识,调查研究和收集资料的能力,较强的观察、分析研究和解决问题的能力,良好的身心素质。市场调查与预测人员培训的基本内容包括思想及职业道德教育,性格修养教育,市场调查知识培训,调查业务培训,政策法规和制度教育。培训的方法有集中讲授法、模拟训练法、哈雷斯培训法。

习　题

一、名词解释

1. 市场调查与预测设计　　2. 市场调查与预测主题　　3. 哈雷斯培训法

二、填充题

1. 筛选资料的原则有:(1)相关性;(2)可靠性;(3)________。

2. 市场预测模型主要有三类:一类是表示预测对象与时间之间的时间关系模型;一类是表示预测对象与影响因素之间的相关关系模型;一类是表示预测对象与另外预测对象之间相互关系的________。

3. 采用正确的测定预测误差的方法,求出________,作为衡量预测精确度的标准。

4. ________是指导市场调查与预测项目的方案和蓝图。

5. ________是指某项市场调查与预测项目所面临和解决的核心的、关键性的问题。样本设计的核心是______________________。

6. 在市场调查与预测主题界定程序中，最后的关键步骤是将______________转化为市场调查与预测问题。

三、简答题

1. 市场调查和市场预测分别由哪些阶段或程序构成？

2. 什么是市场调查与预测设计？应如何进行市场调查与预测设计？

3. 市场调查与预测主题的设定应遵循什么程序？

4. 如何理解营销决策问题和市场调查与预测问题之间的关系？请列举五个营销决策问题及其相应的市场调查与预测问题。

5. 市场调查与预测过程可能会产生哪些潜在的误差？

6. 市场调查与预测人员应具备的素质。市场调查与预测人员的培训内容及方法。

四、案例分析题

山东省落实第四次国家卫生服务调查暨全省卫生服务调查实施方案

卫生服务调查是政府和社会掌握城乡居民健康状况、卫生服务利用及其影响因素，准确把握医疗卫生服务行业特点，了解居民医疗卫生服务需求变化规律的重要手段。卫生服务调查结果对指导卫生科学管理和决策，制定卫生事业发展规划，合理配置卫生资源，有效调控卫生服务供求关系，具有重要意义。

国家卫生服务调查每5年开展一次，已分别于1993年、1998年和2003年在全国范围内开展了3次，第四次调查将于2008年6月～7月开展。经研究确定，在认真完成全国第四次卫生服务调查所规定的我省调查任务的同时，实施全省卫生服务调查。为保证工作顺利开展并圆满完成，特制定实施方案如下：

一、调查目标

（一）了解城乡居民卫生服务需要及主要健康问题，分析卫生服务需要的变化趋势及影响因素。（二）了解城乡居民医疗卫生服务需求和利用水平及特点，分析居民服务需求、利用的变化趋势及影响因素，分析居民服务利用的经济负担。（三）了解居民医疗保障水平，分析医疗保障制度对居民卫生服务利用产生的影响，对减轻居民医疗经济负担的作用，研究医疗保障制度对缓解居民“看病难、看病贵”的作用。（四）了解基层医疗卫生机构的服务提供能力、服务质量，分析基层医疗卫生机构存在的问题，找出服务提供与居民卫生服务需求之间的差距。（五）了解医疗服务提供和利用各方的期望，分析不同群体对医疗卫生服务认识的异同点，探讨医患关系和谐发展的有效途径。

二、调查组织与时间

按照卫生部的要求，国家卫生服务调查由卫生部统一组织，卫生部统计信息中心具体负责技术设计和实施，各省、自治区、直辖市卫生厅局负责本省（区、市）样本地区的卫生服务调查的领导、组织实施、质量控制和资料验收、技术指导和咨询等项工作，样本县（市、区）的卫生局负责领导、组织调查指导员和调查员的培训、组织实施本地区卫生服务的调查和调查表的质量控制工作。

山东省卫生服务调查由我厅统一组织，省卫生统计信息中心具体负责技术设计和实施，各有关市卫生局负责本市样本地区卫生服务调查的领导、指导、质量控制和资料验收和咨询等项工作。样本县（市、区）的卫生局负责领导、组织调查指导员和调查员的培训、组织实施本地区卫生服务的调查和调查表的质量控制工作。

卫生服务调查主要包括家庭健康询问调查、基层医疗卫生机构调查、医务人员问卷调查，调查时间定于2008年6月中旬至7月中旬。

具体时间安排：5月底以前完成省级相关人员的培训，主要是参加卫生部举办的培训班；6月15日前完成全省样本县调查指导员和调查人员的培训；7月20日前完成全省调查任务。

三、调查内容

（一）城乡居民卫生服务需要：调查人口与社会经济学特征、健康状况的自我评价、居民患病伤情况、失能状况等；（二）城乡居民卫生服务需求与利用：因病治疗情况、需求未满足程度及原因，居民利用公共卫生服务情况、门急诊和住院服务的类型和水平，各种类型服务利用个人支付的费用等；(三)城乡居民医疗保障：医疗保障系统的组成、医疗保险覆盖情况、补偿范围与补偿水平、主要保险制度的运行情况等；(四)居民的满意度：对医疗卫生服务系统的满意度、医疗服务提供过程的满意度、对医疗保障制度的满意度；(五)基层医疗卫生机构服务提供能力与质量：人力资源基本情况、人员服务提供能力、房屋及主要设备、收支状况、服务提供数量与质量；(六)医务人员执业环境与满意度。

四、调查方法与对象

(一) 家庭健康询问调查。家庭健康询问调查采用入户询问的方法收集数据。由经过培训合格的调查员按调查表的项目对调查户所有成员逐一进行询问。家庭健康询问调查设调查员和调查指导员。调查员负责入户调查，调查指导员负责调查的组织、指导、检查及验收工作。调查指导员为样本县(市、区)卫生局工作人员，调查员应是乡镇卫生院或社区卫生服务中心及以上卫生机构的卫生人员。家庭健康询问调查的对象为所抽中样本住户的实际人口(凡居住并生活在一起的家庭成员和其他人，或单身居住、生活的，均作为一个住户)。根据城乡的不同特点，本次调查分别制定了城市调查问卷和农村调查问卷，并且更加关注弱势群体如妇女、儿童、老年人口及流动人口等。家庭健康询问调查问卷主要由家庭一般情况、家庭成员健康情况、15～49岁已婚育龄妇女情况、5岁以下儿童情况、60岁及以上老年人口情况、两周病伤情况、住院病人情况和农村地区外出务工人员情况等调查表组成。

(二) 基层医疗卫生机构问卷调查。调查将采用统一设计的调查问卷，由卫生机构自我填报。调查对象为样本乡或街道中所有的乡镇(街道)卫生院、社区卫生服务中心(站)和村卫生室。机构调查由县(区、市)卫生局负责组织填写、收集和质量核查。调查问卷主要由基层卫生资源状况、医疗卫生服务功能及提供情况、医疗卫生服务质量及基层医疗卫生机构管理情况等调查表组成。此次调查研究将充分利用统计年报资料等各种已有的调查资料，对已有的数据不再作重复调查，以提高调查质量及效率。

(三) 医务人员问卷调查。医务人员问卷调查由医务人员按调查问卷的内容进行自我填报。调查对象为样本地区被抽中的二、三级医院、社区卫生服务中心和乡镇卫生院内的部分医务人员。由县(区、市)卫生局负责组织填写、收集和质量核查。

五、抽样设计

纳入国家卫生服务调查的样本：我省纳入国家调查范围的样本是：青岛的市北区、烟台的招远市、济宁的梁山县和德州的禹城市四县(市、区)的20个乡镇(街道)、40个村(居委会)、2 400户。

纳入全省卫生服务调查的样本有二部分组成：一部分是我省纳入国家调查范围的上述县市区、乡镇(街道)、村(居委会)和户；另一部分是淄博的张店区、东营的广饶县、枣庄的市中区、临沂的莒南县、聊城的东阿县五县市区的25个乡镇(街道)、125个村(居委会)、2 500户。两部分样本共计9县市区、45个乡镇(街道)、165个村(居委会)、4 900户构成本省卫生服务调查样本。

两个调查同步进行，部分调查资料实现共享。

六、调查质量控制

为了保证调查的顺利开展和调查的质量，必须对调查的每一个环节实行严格的质量控制，并贯穿于调查的全过程，包括设计阶段(含调查表的设计)的质量控制、对调查员的质量控制、现场调查阶段的质量控制和资料整理阶段的质量控制。其中，抓好现场调查阶段的质量控制尤为重要。

(一) 调查方案设计、论证和试调查。整个调查方案设计是参照卫生部调查方案设计的，调查内容、调查方法等与卫生部的设计同步。整个调查方案设计遵循科学、合理、可行的原则，围绕调查目的对调查指标进行认真筛选和清晰的解释。对调查方案进行反复、多方论证并广泛征求社会各有关方面及专家的意见。调查方案设计完成后组织开展预调查活动，检验调查设计的科学合理性及可行性，进一步修改完善调查表，积累现场调查组织实施的经验；样本地区在正式开展调查前也应当进行预调查，通过预调查使调查员熟悉调查内容，做到准确、完整地填写调查表格。

(二) 调查人员的选择与培训。调查人员的严格挑选和培训是取得准确、可靠资料的不可缺少的前提。由于调查内容主要是关于健康、疾病与卫生服务的问题，故要求选择愿意从事调查工作、责任心强、工作认真、耐心细致并且有一定社会交往能力的卫生人员为调查员，每位调查员都要经过正规培训。培训的要求是：明确调查的目的和意义，了解调查设计的原则和方法，统一指标的含义及填写要求，了解调查员可能导致什么样的调查质量问题，掌握访问的程序，明确现场调查工作纪律，以保证调查工作的质量和进程。人员培训按统一的培训计划、统一的培训教材分两级培训。卫生部负责培训省级和县级的调查负责人和师资，省级和县级的调查负责人和师资负责组织和培训样本地区的调查指导员和调查员。培训结束后，应对培训效果进行考查，考查合格后才能参加正式调查。

（三）明确调查人员工作职责，建立调查质量核查制度

明确调查人员任务与职责分工是保证调查质量重要因素之一，有利于提高调查人员的责任心和积极性，防止由于分工不清和责任不明造成的扯皮现象。调查指导员和调查员必须按照《国家卫生服务调查调查人员职责及现场工作准则》的要求进行工作。调查质量的核查制度包括：(1)现场调查中，在每户询问并记录完毕后，调查员都要对填写的内容进行全面的检查，有疑问要重新询问核实，有错误要及时改正，有遗漏项目要及时补填；(2)每个乡镇（街道）的调查指导员要对每户的调查表逐项进行审核，从正式调查开始后的当晚就应逐日检查每份调查表的准确性和完整性，发现错漏项时，要求调查员在第二天重新询问予以补充更正，认真核实无误后，方可签字验收；(3)每个县（市、区）设立质量考核小组，在调查过程中抽查调查质量，调查完成后进行复查考核，家庭健康询问调查的复查考核应在已完成户数中随机抽取5%，通过电话或再入户的方式对复核调查表的内容进行询问，复核调查结果录入计算机后，观察复核调查与原调查结果的符合率；(4)我厅将成立卫生服务调查质量考核小组进行质量考核。

（四）质量要求。(1)调查员调查技术一致性考核的百分比：用来衡量调查人员调查技术的一致性。要求经过培训后，调查人员调查技术的一致性达到95%以上。(2)调查完成率：在三次上门未调查成功而放弃该户时，应从候选户中按顺序递补。调查完成率应控制在95%以上。(3)本人回答率：回答应以本人为主，本人不在场时可由熟悉其情况的人代替回答；婴幼儿一般应由直接抚养者回答，育龄妇女应由本人回答；要求成年人的本人回答率不低于70%。(4)复查的符合率：复查考核中，同户复查项目与原调查结果的符合率要求在95%以上。

七、数据处理及上报方式

样本县负责调查数据录入，按照卫生部提供的录入软件统一对家庭询问调查、机构调查及医务人员调查的数据进行录入。为了保证数据录入质量，采取调查数据两遍录入的方式。各市负责收集和审核本市样本地区的调查数据，审核无误后报送省卫生统计信息中心。机构调查数据应于2008年8月5日前报送，家庭健康询问调查数据和医务人员调查数据应于2008年8月25日前报送。

八、领导与实施

(1) 我厅成立卫生服务调查领导小组和工作小组，统一组织本省的卫生服务调查。领导小组由分管厅长任组长，有关处室负责同志为领导小组成员。工作组主要由厅规划财务处、省卫生统计信息中心、山东大学公共卫生学院相关人员组成，具体负责卫生服务调查的方案设计和论证、组织培训、调查实施、质量控制、技术指导和咨询等项工作。(2)各市卫生局成立领导小组，负责本市样本地区的卫生服务调查的领导、组织实施、质量控制和资料验收、技术指导和咨询等项工作。(3)样本县（市、区）的卫生局成立领导小组，负责领导、组织调查指导员和调查员的培训、组织实施本地区卫生服务的调查和调查表的质量控制工作。

山东省卫生厅

二〇〇八年五月六日

结合上述调查方案回答下列问题：

1. 调查方案的组成部分有哪些？
2. 请用你所学的知识对该方案做出评价。

第二篇 市场调查的方法和技术

第四章 市场调查方法

学习重点和要点

(1) 理解资料收集方法的分类及调查资料来源的类别。

(2) 认识文案调查的含义、原则;掌握文案调查方法、调查程序及资料的管理与利用。

(3) 掌握访问调查方法的主要类型及其应用。

(4) 掌握观察调查法和实验调查法的含义、特征、类型及实施。

第一节 市场调查资料的来源

一、资料收集方法的分类

市场调查方法,是指市场调查者在实际调查过程中收集各种市场信息资料的所采用的各种方法的统称。要有效地组织市场调查,必须按照市场调查的目的、对象和项目内容的不同特点,选择合适的市场调查方法。依据市场调查资料来源的不同,市场调查资料收集方法可分为文案调查(Desk Research)和实地调查(Fields Research)两大类。

1. 已有资料和原始资料

市场调查所需要的信息资料具有复杂性和多样性,资料来源也表现为复杂多样性。市场调查人员需要的资料可以分成已有资料和原始资料两大类。

已有资料(Secondary Data)也叫二手资料、次级资料,是其他人或机构为了其他目的而收集、记录和整理出来的有关资料。例如,某大型零售外资企业希望在某地开设新的分店,特邀调查人员进行市场调查。经过查阅有关统计资料,调查人员很快获得了该地区的人口资料和商业网点布局等信息,这些资料都是已有资料。收集二手资料的主要方法是文案调查法。

原始资料(Primary Data)也叫直接资料,是调查人员为满足特定目标而收集的第一手资料。例如,某家电连锁企业为研究各种品牌电冰箱受消费者欢迎的程度及其原因,直接向消费者进行调查获取的原始资料。向原始数据源直接收集第一手资料的主要方法是实地调查法。

已有资料具有以下几方面特征:①文献特征。已有资料往往以各种文献资料的形式存在,调研的重点就是寻找这些资料。②存在性。某些调研主题的资料往往是已经存在的,不必由调研人员再重新收集原始数据。③历史性。已有资料是其他人或机构在过去某一时间收集或整理的资料,反映研究对象过去的某些特征,时效性相对较差。④易获得性。已有资料可在较短的时间内获得,成本相对较低。

已有资料与原始资料相比存在许多差别。具体表现在:①收集目标。前者是为解决其他问题的,而后者是为解决当前问题的。②收集过程。前者迅速而简便,后者较为复杂。③收集费用。前者较低,而后者相对较高。④收集时间。前者较短,而后者较长。

2. 定性调查和定量调查

根据所收集的原始资料的性质,市场调查可以分为定性调查和定量调查两类。

定性调查主要应用于探索性调查,调查的目的是考察消费者的态度、感觉、动机、反应等。在定性调查中,调查员根据讨论提纲或讨论指南进行调查,所收集的数据大多是难以量化的定性数据。由于定性调查的数据难以量化,因此在定性调查的数据分析中除了使用频数分析、相关分析等统计分析方法外,还经常使用心理学、社会学等分析方法。定性调查的样本量一般较小,因此不能根据定性调查的结论推断总体的数量特征。定性调查的方法主要有焦点小组访谈、深层访谈、投影技法、德尔菲法(在第九章中详细介绍)等。

定性调查的优点表现在:①成本较低。定性调查一般只对小样本进行调查,这在很大程度上降低了调查的成本。②能更好地深入了解消费者内心深处的感知、态度、动机。③可提供定量调查的效率。定性调查既是定量调查的准备又是补充。在定量调查之前进行定性调查,可以为定量调查的问卷设计、方案设计等提供帮助;在定量调查后开展的定性调查可以补充定量调查的结果。

定性调查具有以下局限性:①不能反映细微差别。定性调查不像大范围的定量调查一样区分出营销组合的细微差别,而这些细微差别却往往决定了营销工作的成败。②样本的代表性较差。由于定性调查的样本量一般较小,因此对总体的代表性较差。③对调查员要求较高。调查员必须具备心理学、社会学、营销学、消费行为学、市场调查与研究等方面的知识储备才能胜任定性调查。

定量调查主要应用于描述性、因果性和预测性调查,调查的目的是对总体的数量特征进行推断。在定量调查中,调查员一般根据调查问卷进行调查,所获得的数据大多是定量数据,因此在数据分析中主要使用频数分析、相关分析、因子分析、聚类分析等统计分析方法。定量调查一般要从总体中抽取大量样本进行调查,可以根据样本情况推断总体的数量特征。定量调查按照资料收集方式的不同可分为访问调查法、观察法和实验法三类。

定性调查和定量调查的区别表现在很多方面,两者的比较见表 4-1。

表 4-1 定性调查和定量调查的比较

比较项目	定性调查	定量调查
调查类型	探索性调查	描述性、因果性和预测性调查
调查目的	考察消费者的态度、感觉、动机、反应等	对总体的数量特征进行推断
调查形式	讨论提纲或讨论指南	调查问卷
数据类型	定性数据	定量数据
数据分析方法	统计分析方法和心理学、社会学等分析方法结合使用	统计分析方法

（续表）

比较项目	定性调查	定量调查
样本量	小样本	大样本
对调查员的要求	需要心理学、社会学、消费者行为学、营销学、市场调查与研究等多方面的知识储备	需要市场调查方面的知识储备
硬件设备	录音机、录像机、照相机、投影机、计算机等	计算机

上述调查方法分类构成资料收集方法分类的基本框架，如图 4-1 所示。

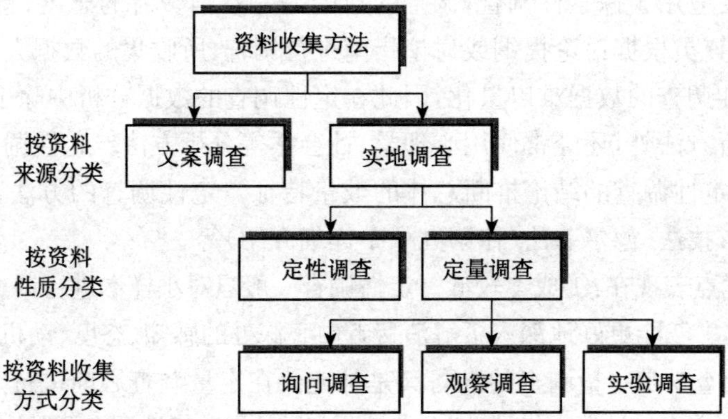

图 4-1　资料收集方法分类的基本框架

二、市场调查资料来源的类别

（一）按获取资料的过程分类

1. 第一手资料

第一手资料是指市场调查人员通过现场实地调查，直接向有关调研对象收集的资料。然而，有很多资料也是通过现场调查得到的，却不能认为是第一手资料，比如在现场收集别人已经成文的资料。因此，要区分第一手与第二手资料，必须从该资料收集的目的上进行。凡是服务于当前的某种特定的目的而收集的资料称作第一手资料，反之，最初的形成不是为了当前调查目的的资料一般认为是第二手资料。

由于第一手资料是市场调查者根据当前特定需要直接收集的信息，因此，它具有针对性、适用性、真实性较强的特点。大多数资料和最有价值的信息都是由第一手资料提供的。但由于其收集花费较多的人力、物力、财力，而且有些信息仅靠企业自身的力量收集也有困难。

2. 第二手资料

第二手资料是指经过他人收集、记录、整理所积累的各种数据和资料。从目的上讲，第二手资料的最初形成不是为当前的调查目的专门收集的。

不同类别的第二手资料在准确性、全面性和可靠性等方面都具有很大差别。如普查资料大多是由政府机构或权威机构组织，具有较好权威性和较强的准确性，是最为可靠的第二手资料；各类注册资料通常指由行业主管部门登记注册的资料，具有一定的全面性特点，属于比较可靠的第二手资料；报刊资料相对比较客观公正、可靠；商业资料由各类市场调查机构依据商业操作原则收集整理,具有明显的倾向性。

第二手资料具有收集较容易,花费少;资料来源多且面广;相对比较可靠;资料收集快捷,节省时间等优点。但第二手资料也有其局限性,表现在:一是其适用性比较差,很多时候需要对资料进一步加工处理;二是一些资料的准确性和精确度不够;三是资料缺乏充分性,不能完全满足调查项目的需求;四是缺乏可得性,即市场调查与预测所需的一些资料在第二手资料中不存在,或者虽存在却很难获得。

第二手资料在市场调查与预测活动和市场营销活动中具有重要作用。第一,能使企业发现问题,为实地调查提供背景资料;第二,能为实地调查的开展提供科学的依据,并据此进行资料的对比、鉴别、证明实地调查的可靠性;第三,可用于进行趋势分析和对总体进行推算;第四,在某种情况下可以取代实地调查,前提是第二手资料的口径、内容和准确性等均能满足市场调查与预测的需要;第五,第二手资料能提醒调查者注意潜在的困难和问题,比如信息来源的有限、被调查对象具有防范心理、拟议中的调研方法不完善等。

第二手资料在市场调查资料的收集中处于基础地位。在实际调查中,一般总是首先收集第二手资料,而只有在第二手资料不足或者需要验证时,才着手于第一手资料的收集。

(二) 按信息资料来自企业内外部分类

1. 内部来源

内部来源指来自企业内部各种相关的信息资料。主要是企业的各类档案,也包括企业在以前所做的相关调查与预测资料。这些资料可以是第二手资料,也可以是第一手资料。

收集内部来源的资料是开展市场调查与预测活动首先应加以考虑的。企业内部来源的资料,收集方便、成本省且可控、可靠。

2. 外部来源

外部来源是指来自企业外部的各种相关信息资料。它通常包括公告、统计年鉴、报纸、杂志、图书、报告、会议资料、学术论文、网站、数据库等。一般而言,外部来源的信息资料往往在市场调查与预测项目中占主要的部分。市场营销是开放式的活动,涉及大量的企业外部事物,而营销决策人员所需要的信息资料大多也是外部信息,所以外部来源的信息资料通常是市场调查项目主要的来源。但外部信息资料收集困难,费时、费钱,也较难控制。

市场调查人员要根据需要和条件,在内部和外部来源中,做好权衡和选择,保证以最小的费用,获取尽可能多的有用信息。

(三) 按信息资料来源的范围分类

1. 全部对象(普查)

把理论上的调查对象全部列为实际开展调查的资料来源,对全部对象开展调查称为普查,它是专门组织的、一次性的、周期性的调查。和其他方式相比,普查所收集的资料无疑是最全面的,调查结果也是比较可靠的。

全面市场调查的特点:①专门性。它是调查者为了特定的目的而专门组织的调查。②全面性。它对调查对象的全部单位无一例外地进行调查。③一次性。它对调查对象特定时间的数量表现进行登记,而不是经常性的调查,通常每隔一定时间后才登记一次。④准确性。由于它对调查总体单位都进行调查,因而不存在抽样调查误差,只要严格控制调查过程,数据的准确性较高。⑤标准化程度高。由于它统一规定调查项目、时间和方法,以及统一组织、统一标准和统一数据处理，因而获取的数据具有较高的标准化程度。⑥调查费用较高。由于其涉及面广、调查工作量大，因而需要花费较多的调查费用。

全面调查的局限性表现在：①要经过较长时间才能取得调查结果，而市场瞬息万变，因而普查在市场调查中常常缺乏时效性；②要花费更多的人力、物力、财力；③由于其涉及面广、对象多，因而组织与实施较为困难；④普查资料的处理难度较大；⑤所需调查人员较多，其质量好坏会影响到调查的质量。

全面调查主要适用于调查对象的总体规模不大，或调查范围较小的调查项目。

2. 重点对象(重点调查)

重点对象即把理论上的调查对象中的那些重点单位或个体作为实际的调查对象。此时只有部分调查对象成为实际的资料来源。对重点对象的调查，称为重点调查，它以获取的重点资料反映总体的基本情况。对重点对象的确定，一般根据历史资料，选择那些在总体中占有较大比重的单位，或在总体中处于十分重要地位的单位。即重点单位的标志总量占总体标志总量绝大比重的那些单位。比如，要了解全国钢铁企业的产、销、存情况，可从全国众多的钢铁企业中，选择宝钢、首钢、鞍钢等特大型钢铁企业组成重点样本进行调查。

重点市场调查的特点：①专门性。它是调查者为特定目的而专门组织的调查。②非全面性。它只要求对调查总体中的部分重点单位进行调查。③选择性。它的重点样本是根据以往的全面调查资料，通过分析、比较而抽取的。④重点性。它的重点样本标志总量在总体标志总量中占有绝对比重，样本单位的数目虽然不多，但能在很大程度上代表总体。⑤数量性。重点市场调查主要用于市场定量问题的研究，其目的在于利用重点样本数据认识总体的基本情况。如重点样本的标志总量占总体标志总量的比重具有相对的稳定性，也可利用比重法推算总体的数量特征。

重点调查的优点：①调查单位数目不多，可节省人力、物力、财力和时间；②可及时获取信息，了解和掌握总体的基本情况；③调查工作量小，易于组织。

重点调查的缺点：①若总体各单位发展比较平衡，呈现均匀分布时，则不能采用重点市场调查；②当总体中的少数重点单位与众多的非重点单位的标志值结构不具有稳定性时，重点市场调查的结果只能说明总体的基本情况，而不能用来推断总体的数量特征。

一般来说，当调查任务只要求掌握总体基本情况，不要掌握总体全面的准确资料，而部分单位又能较集中地反映所研究的项目和指标时，可采用重点调查。

3. 典型对象(典型调查)

典型对象即把理论上的调查对象中的那些具有代表性单位或个体作为实际的调查对象。对典型对象的调查称为典型调查。它以获得的典型资料推断总体的全面情况。其目的是通过对典型单位的认识，来描述或揭示事物的本质和规律，也就是所谓的“解剖麻雀”。

典型调查的关键是选好典型，即所选的对象必须具有代表性。如果总体单位差异大则选择的典型要多；反之，差异小可选得少些。典型调查的方式就是一种从特殊到一般的认识过程(人类对客观事物的认识是一个由特殊到一般，又由一般到特殊的循环往复的过程)，所以它是符合人类认识规律的、具有科学性的调查方式。

典型市场调查的特点：①专门性。它是调查者为了特定的调查目的而专门组织的调查。②非全面性。它只要求对调查对象中的少数典型单位进行调查。③选择性。它是在对调查对象做全面分析和比较的基础上，由调查者有意识有目的地选择典型单位的。④代表性。它强调调查单位必须具有代表性，以确保典型市场调查取得预期效果。

选择典型单位的方法可分为两种：一种是“直接选典”，它是在当总体各单位差异不大或调查目的在于研究新事物及总结经验、树立典型时采用；另一种是“划类选典”，它是在当总体各单位差异较大，且目的在于推算总体数据时采用。可以先对总体进行分类（组），然后在各类中按比例、有意识的地选择一定数目的单位构成典型总体，最后由典型总体的指标数字去估算总体的指标数据。

典型调查的优点：①能获得比较真实和丰富的第一手资料；②调查单位少，可做深入细致的调查研究，以便深刻揭示事物的本质和规律；③调查范围小，可节省人力、物力、财力；④可节省时间，并迅速取得调查结果。

典型调查的缺点：①典型单位的选择依赖于调查者的主观判断，难以避免主观随意性；②缺乏一定的连续性和持续性，不利于数据的动态分析；③在用样本数据推断总体数量特征时，精度不够高，若样本的代表性不强，会产生较大的系统性误差；④调查结论的应用范围，只能根据调查者的经验做出判断，难以用科学的手段做出准确测定。

（四）按信息资料来源的稳定程度分类

1. 非固定对象

指那些偶然的、经常变化的被作为市场调查对象的来源。对许多调查与预测项目而言，调查对象是非固定的。调查主体只是根据选择的要求确定实际的调查对象。一旦某项调查活动结束，该调查对象的使命即告结束，很可能与调查主体的联系即告中断。

2. 固定对象

固定对象指那些经挑选作为较长期的资料提供者的单位或个体。调查主体以此可以稳定地、连续不断地获得市场信息。例如，家计调查就是选用一些家庭作为固定的调查对象。选用固定的调查对象有利于保证信息资料的连贯性、系统性、稳定性；有利于对调查对象的培训、指导和控制，从而提高信息资料的质量；有利于对所收集的资料进行系统的加工处理。当然选用固定的调查对象一般都需要付费。

固定对象按其提供信息的特点，可分为连续型对象和间隔型对象。连续型对象是指那些向调查主体连续不断提供有关市场信息的固定市场调查对象，如对消费者的家计调查；间隔型调查对象是指那些每隔一定时间向市场调查主体提供有关市场信息的固定市场调查对象。

三、第一手资料的来源

第一手资料又称原始资料，它是市场调查人员通过实地调查获取的资料。它具有直观、具体、零碎等特点，是直接感受和接触的信息。原始资料的收集方法很多，包括访问法、观察法、试验法以及定性研究方法等。理论上讲，有多少市场信息需求，就应该有多少第一手资料。但实际上，大多数第一手资料来自以下几方面。

一是企业内部。这是第一手资料的重要来源。企业内部的各个部门、各类人员、生产经营活动的各个环节，都是第一手资料的来源。二是消费者或购买者。消费者或购买者是市场调查的主要对象，也是第一手资料的主要来源。三是中间商及市场经营组织。包括批发商、零售商、代理商和实体分配企业在内的中间商与各类市场经营组织及其业务活动的信息资料是许多市场调查与预测项目都需要了解和掌握的，它们是重要的第一资料来源。四是各类企业。企业是市场的主体，它们不断地从事经营管理活动，是十分重要的信息源。如企业有关产品的产量、质量、价格、品牌、包装、品种与规格、新产品开发等，都是市场调查与预测所需的重要信息。企业常被作为直接调查的对象，是重要的第一手资料的来源。

此外，有关的政府机构、事业单位、社会组织、社会公众等也成为第一手资料的来源。

四、第二手资料的来源

1. 企业内部

企业内部第二手资料的来源包括企业的所有机构和部门，主要有业务经营部门、财会部门、计划统计部门、生产技术部门、档案部门等。企业内部的各个部门都可能是第二手资料的来源。企业内部第二手资料可分为会计账目、销售记录和其他各类报告三部分。现在，它的来源还包含着有关顾客、销售、供应商和其他公司想跟踪事项的数据库。数据库营销就是指把这些数据库用于目标市场营销策略制订和顾客服务。

企业内部第二手资料有两个最突出的优点，那就是它的可获得性和低成本性。

2. 企业外部

（1）公共机构。如图书馆、档案馆、政府机构、科研单位、大专院校信息中心、学术团体、行业协会。

（2）新闻、出版部门。如商业性和行业性的报纸杂志、各类组织和政府机构发表的统计报告、工商企业名录。

（3）行业组织和其他企业。如竞争对手企业、营销伙伴企业等。

（4）网站。随着通讯与信息技术高速发展，世界已经进入信息经济时代，信息化日益加强的当今世界，互联网、局域网已经越来越成为人类社会生活不可或缺的组成部分。各类门户网站、政府网站、企业网站、公共网站、个人网站层出不穷。这些网站具有大量的信息资料，是一个十分重要的外部信息资料来源。尤其是各类专业网站和有关专业的数据库。在国外，许多专家把因特网和万维网称为“二手资料的新时代”。所以，各种网站、数据库的信息资料成为市场调查与预测人员收集信息资料不可或缺的来源。

网上冲浪

互联网

互联网的使用使已有资料的收集工作产生了革命性的变化。互联网具有查找方便、复制方便、存储方便、传输方便、使用方便、无国界无地域之分等特点。现在，可以在互联网上找到海量信息。互联网的主要优势是它涉及的领域非常宽，覆盖了几乎所有的主题，而且成本非常低。通过互联网收集二手资料的特点是：速度快，信息容量大，足不出户就可以收集到世界各地各个方面的资料。与传统的二手资料的收集过程相比，网上已有资料收集过程能够有效地缩短，提高了资料收集的实效性。目前传统的市场调查中已有资料的收集也越来越多的通过网络来进行。通过互联网可以收集到大量的已有资料，如大型调查咨询公司的公开性调查报告，大型企业、商业组织、学术团体、著名报刊等发布的调查资料，政府机构发布的调查统计信息等。

网上信息服务的提供者很多，信息量巨大，企业在选择信息服务时要充分考虑信息的及时性、准确性、艰巨性和安全性等方面的因素。网上已有资料的收集主要通过搜索引擎搜索所需信息的网址，然后访问所想查找信息的网站或网页。如果事先知道载有所需信息的网址，只要在浏览器的地址栏中键入网址即可查找到需要的信息。网上信息来源的渠道主要有 WWW（万维网）、Usernet News（网络新闻组）、BBS（电子公告板）、E-mail（电子邮件）。其中 WWW 是最主要的信息来源，目前全球有近 10 亿个 Web 网页，Web 网页涵盖的信息包罗万象，无所不有，查找信息要选择合适的搜索引擎，常用的搜索引擎有：中文的百度（www.baidu.com）、中搜(www.zhongsou.com)、雅虎中国(cn.yahoo.com)等;外文的 Google(www.google.com)、Yahoo!(www.yahoo.com)等。一些机构和国际组织的网站也是已有资料的重要来源,常用的有中华人民共和国国家统计局网站(www.stats.gov.cn)、中华人民共和国商务部网站(www.mofcom.gov.cn)、零点指标数据网(www.horizonkey.com)、世界贸易组织网站(www. wto.org)、国际货币基金组织网站(www.imf.org)、经济合作与发展组织网站(www.oecd.org)、世界银行网站(www.worldbank.org)、欧盟统计局网站(epp.eurostat.cec.ed.int)、美国商务部经济分析局网站(www.bea.gov)、美国商务部普查局网站(www.census.gov)等。

知识链接

企业外部资料的收集

企业外部资料指的是从企业外部获得的次级资料。我们把外部次级资料分成三个来源,即出版物、辛迪加数据和数据库。

1. 出版物

出版资料指的是那些可从图书馆或其他实体如贸易协会等获得的资料。出版资料有许许多多,正因为如此,市场营销研究人员要想使自己熟悉市场信息的来源,首先必须知道可从哪些公开出版物中能了解到,其次,必须学会使用检索工具,如《全国报刊索引》《世界经济文献目录》等,并能用计算机检索。在这里,我们只选择几种影响比较大、与市场营销研究工作关系密切的书报杂志。

(1) 年鉴类:①《世界经济年鉴》,中国社会科学院世界经济与政治研究所出版,年刊,是介绍世界经济及各国和地区基本经济情况和动态的资料性工具书。②《中国经济年鉴》,中国经济管理出版社出版,是全面系统地反映我国国民经济发展的新成就、新经验、新问题和新趋势的资料性年刊。③《中国对外经济贸易年鉴》,中国对外经济贸易部主办,年刊。反映上一年我国对外经济贸易,利用外资、引进技术和其他对外经济合作方面的方针政策、法律规定、信息资料和统计数据。④《中国统计年鉴》,国家统计局编,全面反映我国经济和社会发展情况的资料性年刊,提到了各方面的统计数字。⑤《中国百科年鉴》,是由中国大百科全书编辑部主编的综合性年鉴,主要反映上一年中国和世界各国的重大事件和新情况。⑥《欧洲金融年鉴》(Europe Finance Almanal/-NY.:Bowker,1975—),双年刊,主要报道欧盟各成员国的有关金融情况。⑦《世界年鉴》,是在美国出版历史最悠久,内容最详细、最综合的一种年鉴。它提供以美国为主,旁及世界各国的有关人、地、事件以及其他方面的最新资料。⑧《国际收支年鉴》,是国际货币基金组织的出版物,年鉴反映的大量资料和数据均由主编单位成员国提供,因此,每个所包含的国家和地区的数字是随着国际货币基金组织成员数字的变动而变化。⑨《国际金融统计年鉴》,是国际货币基金组织统计局的出版物,主要反映国际金融的基本情况。⑩《国际贸易统计年鉴》,是联合国统计处的出版物,是关于国际贸易的统计资料工具书,每年出版一次。⑪《美国统计摘要》,是一部美国官方综合性统计资料汇编,现由美国人口普查局编制,内容涉及美国经济和社会各个领域,是研究美国国情的重要工具书。

(2) 报纸类:①《经济日报》,是直属国务院以经济宣传为主的全国性报纸。它的任务是宣传党和政府有关经济工作的方针、政策,报道我国经济建设、改革开放的新成就、新经验、新问题。②《国际商报》,中华人民共和国商务部主办,是我国对外经济贸易方面的综合性报纸。它及时传达党和政府对外开放的方针、政策,公布对外经贸的有关条例、法规和通告,报道中外经贸动态,国际市场行情,展望市场经济趋势。③《中华工商时报》,由中华全国工商业联合会主办,它是一份综合性经济类报纸,反映我国工商企业的经济状态。

除上述几份全国性经济报纸外,全国各地还有许多报纸,都能为市场营销研究人员提供大量的经济信息。英美市场很有代表性,但英美的资料很多,必须从索引或指南着手。在美国,主要的报纸索引有《纽约时报索引》(New York Times Index)和《华尔街日报索引》(wall Street Journal Index),英国的主要报纸为《政府出版物日报》(英国皇家统计局)(Daily List of Government Publication)。

(3) 杂志类:①《经济研究》,中国社会科学院主办,月刊,以政治经济学为主,兼容各个经济学科的基本理论问题,是创刊最早的全国经济学界的综合性理论刊物。②《国际贸易》,是商务部主办的对外经济贸易专业刊物。它登载有国际贸易论坛、经贸述评、世界市场趋势研究、金融货币、经贸实务等内容。③《世界经济》月刊,由中国社会科学院世界经济与政治研究所以及中国世界经济学会主办,以理论性、综合性或战略性的学术论文为其特色,并兼发国别经济、调研报告、学术动态及统计资料等。④《管理世界》,国务院发展研究中心主办,双月刊,以宏观经济、体制改革和工商管理为主,兼容各经济学科和管理学科的基本理论和实务内容,是国内经济和管理学界权威性理论刊物。

除上述几种以外,全国各地还有很多种类的杂志,都能提供大量的经济信息。

美国(与市场营销研究有关)的主要刊物有:《商业期刊索引》(Business Periodical Index),这是美国一本最常用的指南;《商业情报来源》(Sources of Business Information);《市场情报指南》(Marketing Information Guide)等。英国(与市场营销研究有关)的主要刊物有:《英国市场情报来源》(Sources of U.K. Marketing Information);《每月统计摘要》(Monthly Digest of Statistics)等。

2. 辛迪加数据

辛迪加数据(Syndicated Data)指的是一种具有高度专业化,从一般数据库中所获得的外部次级资料。信息供应商把信息卖给多个信息需要者,这样使得每一个需要者获得信息的成本更为合理,这种例子包括美国全国家庭购买盘об数据、尼尔森电视监听数据和 Arbitron 的广播听众关系研究结果。

辛迪加数据的优点:①收集信息的费用可以由客户共同分摊。辛迪加信息服务公司将收集的数据出售给若干个客户,信息收集的费用可以由若干个客户共同分摊。②辛迪加数据的可信度较高。辛迪加公司专门收集常规数据,它们长期运作的信誉使得数据有较高可信度。③因为同时有若干家客户付费,因此,辛迪加信息公司能够更加深入地进行调研,收集更多的资料。④辛迪加信息公司拥有收集和加工资料的常规系统,信息供应商在不间断地收集有关信息,信息的需要者可以非常快地获得所需信息。

在国外,辛迪加数据主要用来跟踪消费者的态度和意见;为不同的细分市场找到不同的消费者群体和说明他们的概况;跟踪某些市场要素,如品牌产品的销售情况、市场份额占有情况;跟踪不同听众、观众和读者的情况,以便进行相关的促销决策。在国内,辛迪加数据服务还处于起步阶段,目前开展较多的是品牌产品追踪服务、消费者固定样本追踪调查服务、零售研究服务、媒体检测服务等。

辛迪加数据的主要应用在于:测量消费者态度以及进行民意调查;确定不同的细分市场;进行长期的市场跟踪。

3. 数据库

数据库指的是按照一定要求收集且具有内部相关性的数据的集合体。尽管存在着一些非计算机化的数据库,但数据库的主体却是计算机化的,因为数据库包含着大量的信息,只有通过计算机进行编辑、分类和分析才能较为容易地运用它们。

外部数据库指的是公司外部的组织所提供的简单的数据库。它们可以作为次级资料的来源。比较典型的是,商业信息机构向信息需要者提供这些数据库并收取一定的费用。我们把外部数据库放在外部次级资料来源的第三类中,是因为它不符合外部次级资料另两类中的任一类(出版资料或辛迪加数据)的定义。

根据包含在数据库中的数据记录的性质进行分类,可以分为四类:①文献目录数据库。这类数据库包含杂志文章、政府文件、会议报告、市场营销研究报告、报刊文章、论文、专刊等文件和索引。它通常还附带索引资料的概要和摘录。②数字数据库。这类数据库藏有时间序列数据那样的原始调查数据资料,还有各种产品销量和销售额的统计资料。③名录数据库。这类数据库由个人、企业以及商业服务部门的有关信息组成。通过名录数据库可以查获某个地理区域内过去两年中成立的企业名单。④全文数据库。这类数据库收集了组成数据库所有文件的各种数据和文字的全部内容。

第二节　文案调查法

一、文案调查法的含义与特点

文案调查法又称间接调查法,是利用企业内部和外部的现有的各种信息、情报资料,对调查内容进行分析研究的一种调查方法。与实地调查法相比，文案调查法具有以下几个特点：

文案调查法最突出特点是间接性。访问调查、观察调查、实验调查的直接对象是消费者和用户，而文案调查的直接对象不是消费者、用户，而是文献档案材料，是间接的第二手的市场资料。所以，文案调查法也称为间接资料调查法。访问调查法、观察调查法、实验调查法属于直接资料调查法。

文案调查法另一个特点是无接触性。即它不直接接触被调查者，在调查过程中不存在与被调查者的人际关系。文案调查法作为一种间接资料调查法，特别适用于对以往的产品销售状况调查、以往的市场占有率调查、现在的市场供求趋势的调查和市场环境因素变化调查等。

二、文案资料收集的基本原则

文案调查法的关键在于如何快捷、科学、全面收集有关的文案资料。要保证文案调查法成功应用，文案资料的收集必须遵循以下原则。

1. 针对性原则

文案资料的收集必须针对市场调查的目的、任务来进行。要把与调查主题密切相关的资料收集出来，要把对企业生产经营活动有用的资料收集出来。

2. 系统性原则

文案资料的收集，必须全面、系统，能满足市场调查课题的要求。为此，要通过各种信息渠道，利用各种机会，采取多种方式广开信息源，大量收集各方面有价值的文献，并且在时序上要保持连续性，以便获得反映客观事物发展变化情况的资料。

3. 时效性原则

文案资料大多数是历史性资料，要求调查人员在资料的收集过程中，必须考虑资料的时间背景，摒弃过时的、与目前市场情况不相符的资料内容，确保收集的资料能够准确反映调查对象的发展规律性。

4. 经济性原则

文案资料的收集必须要考虑其经济成本和使用后的效益。文案调查的好处就是省时、省钱，如果费用支出过高，就失去了它的经济效益。

案例分析

日本人是如何了解大庆油田的

1958 年，中国政府对国际社会宣布，中国彻底摆脱了贫油国的“帽子”——中国找到了大油田。

1959 年，《中国画报》在封面上刊载一张石油工人“战天斗地”的照片——日本情报人员根据石油工人的着装和大雪天判定，中国新发现的大油田一定是在中国东北的某地。

1960 年，《人民日报》报告文学《发扬铁人精神》文章中说到“铁人”王进喜在人拉肩扛的情况下将钻机拉到井位——日本情报人员根据铁路车站缺乏运输设备进一步判定，大油田一定在北满铁路上的一个四等小站，半径为 15 千米的区域中——人力的极限。

1965 年，《人民画报》的封面上刊载一张大庆新貌的照片——从画面景物之间的比例推算出远处炼油塔的处理能力——日本情报人员继续得出判断，制约大油田进一步发展的“瓶颈”是什么。

1972 年，中日邦交正常化后，中国政府向日本政府提出援建炼油设备的要求，日本政府建议通过国际招标方式进行——日本政府及有关方面早就已经准备好了相应的图纸。

依照常规，栏杆高 1 米左右，依照比例，日本人推断了油罐的外径，并换算出内径为 5 米，得出日炼油能力为 90 000 千升，加上残留油，再把原油大体上 30% 的出油率计算进去，判定原油加工能力为每天 3 000 千升；一年以 330 天计算，每口井年产原油为 1 000 000 升，大庆油田有 800 多口井，那么年产量约为 360 万吨。而在 1966 年大庆已有 820 口井出油，年产 360 万吨，估计到 1971 年大庆油田年产量可增至 1 200 万吨。通过对大庆油田位置、规模和加工能力的情报分析后，日本决策机构推断："中国在近几年中必然会感到炼油设备不足，买日本的轻油裂解设备是完全可能的，所要买的设备规模和数量要满足每天炼油一万吨需要。"

在对所获信息进行剖析和处理之后，根据中国当时的技术水准和能力及中国对石油的需求，三菱重工做出了中国必定要大量引进采油以及炼油设备的判断。三菱重工立即集中相关专家和技术人员，全面设计出了适合中国大庆油田的设备，做好充分的夺标准备。果然不久以后，中国政府向国际市场寻求石油开采设备，三菱重工便以最快的速度设计出最符合中国要求的设备，在激烈的国际竞争中，一举中标。数据分析的重要性，由此可见一斑。

（资料来源：根据搜狐网整理，https://www.sohu.com/a/164609950_779938）

三、文案调查的方式与方法

1. 文案调查的方式

在文案调查中，对于企业内部资料的收集相对比较容易，调查费用低，调查的各种障碍少，能够正确把握资料的来源和收集过程，因此，应尽量利用企业的内部资料。

对于企业外部资料的收集，可以依不同情况，采取不同的方式：

（1）具有宣传广告性质的许多资料，如产品目录、使用说明书、图册、会议资料等是企事业单位为扩大影响、推销产品、争取客户而免费面向社会提供的，可以无偿取得；而对于需要采取经济手段获得的资料，只能通过有偿方式获得，这也就构成了调查的成本，因此，要对其可能产生的各种效益加以考虑。

（2）对于公开出版、发行的资料，一般可通过订购、邮购、交换、索取等方式直接获得，而对于对使用对象有一定限制或具有保密性质的资料，则需要通过间接的方式获取。随着国内外市场竞争的日益加剧，获取竞争对手的商业秘密已成为市场调查的一个重要内容。

2. 文案调查的方法

要想研究现有资料，必须先查找现有资料。文案调查方法也就是对资料的查寻方法。

（1）参考文献查找法。参考文献查找法也叫追溯查找法，它是利用有关著作、论文的末尾所开列的参考文献目录，或者是文中所提到的某些文献资料，以此为线索追踪、查找有关文献资料的方法。利用参考文献法查找文献省功、省时，效率较高，查找的内容也相对集中，有利于收集到最新研究成果，但与检索工具查找法比较，所收集到的文献不够全面和广泛。

（2）检索工具查找法。检索工具查找法是利用已有的检索工具查找文献资料的方法。文献检索工具是指用以积累和查找文献线索的工具。依检索工具不同，检索方法主要有手工检索和计算机检索两种。①手工检索。进行手工检索的前提，是要有检索工具，因收录范围不同、著录形式不同、出版形式不同而有多种多样的检索工具。以著录方式来分类的主要检查工具有三种：一是目录，它是根据信息资料的题名进行编制的，常见的目录有：产品目录、企业目录、行业目录等；二是索引，它是将信息资料的内容特征和表象特征录出，标明出处，按一定的排检方法组织排列，如按人名、地名、符号等特征进行排列；三是文摘，它是对资料主要内容所做的一种简要介绍，能使人们用较少的时间获得较多的信息。②计算机检索。与手工检索相比，计算机检索不仅具有检索速度快、效率高、内容新、范围广、数量大、费用低等优点，而且还可打破获取信息资料的地理障碍和时间约束，能向各类用户提供完善的、可靠的信息，在市场调查电脑化程度提高之后,将主要依靠计算机来检索信息。

(3) 报刊剪辑分析法。报刊剪辑分析法是指调查人员在工作和闲暇时间,通过浏览报刊上所刊登的文章报道中,分析和收集情报信息的一种方法。信息社会突出的特点是信息量大和信息流快。市场情况的瞬息万变在日常新闻报道中都有所体现,这就要求调查人员要注意多观察、多动手,随时从各种报刊上获得与企业生产经营有关的情报信息。

(4) 情报联络网法。情报联络网法是指企业在一定范围内设立情报联络网,用来收集市场情报、竞争情报、技术经济情报等。企业建立情报网可采用重点市场(地区)设立比较固定的情报点,派专人负责或由营销人员兼职;在一般地区可与同行业、同部门的情报机构、信息中心、调研机构建立资讯业务联系,定期互通情报、交换资料,以满足各自的需要。如著名的跨国汽车企业在我国的北京、上海和广州这些汽车消费一线城市都设有代表处,这些代表处就兼有情报信息搜寻的职能。

四、文案调查的程序

文案调查法尽管易于着手操作,但要想在保证信息质量的前提下,资料收集工作又不至于成本过高,就需要依照一定的工作程序来进行。文案调查的操作程序如图 4-2 所示。

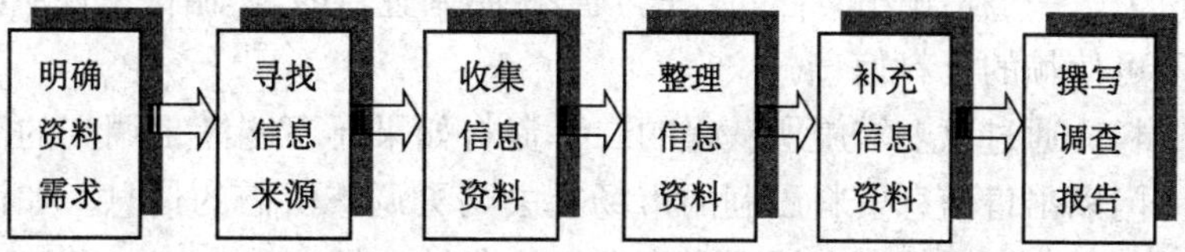

图 4-2 文案调查的操作程序

(一) 明确资料需求

在浩如烟海的信息世界里,文案调查者必须有针对性地来收集资料,为此,调查者应该首先围绕调查目的确定所需资料范围。所考虑的资料范围越广,越有可能涵盖所有的资料来源,资料主题的认定也就越准确。具体来讲,调查者在明确所需资料时,应该考虑此次调查所需资料的现实需求和长远需求。现实需求是本次文案调查工作为解决什么样的现实问题提供信息支持;长远需求则是通过本次文案调查工作为企业经常性的经营管理活动和方案提供基础性的资料和数据。只有明确所需资料,调查者完成工作所花费的时间、精力、财力才能越少。

(二) 寻找信息来源

资料目标确定以后,调查者就可以开始资料收集。一般情况下,首先会假设调查目标所需收集的资料都是存在的,尽管可能收集不到直接佐证调查目的的二手资料,但是通过有效的引用、目录或其他工具,就可以划定资料来源范围。这时,调查者就可以全神贯注地查找能够协助自己取得所需资料的各种辅助工具,包括书籍、期刊、官方文献资料的目录、索引、新闻报道等,从一般线索到特殊线索,这是文案调查人员收集信息资料的重要途径。

(三) 收集信息资料

信息资料的来源渠道逐渐清晰后,调查人员就可以着手信息资料的收集工作。这个环节的工作总体上有以下两点要求:一是保证信息资料的数量。在资料收集范围内,尽可能多地收集信息资料,以保证其涵盖面。二是保证信息资料的质量。在收集信息资料时,除了详细记录这些资料的来源出处(作者、文献名称、刊物名称、刊号、出版社名称、出版时间、资料所在页码)外,以方便在调查过程中对资料的利用,还应该对资料使用的一些限制、资料产生的程序及其他相关事项进行仔细研究,以防止资料本身的限制导致所收集资料的质量下降,从而影响市场调查的客观性。

在收集资料时,根据先易后难的原则,二手资料的收集可以按以下步骤进行:

(1) 查找内部资料。专业的调查人员从内部资料获取信息是首先应该考虑的工作,因为这些资料就在附近,收集成本较小,与此同时,也会为对外部资料的查找提供方向性的帮助。

(2) 查找外部资料。在内部资料的收集过程中,调查人员可能会发现收集工作面临困境,如资料不完整、利用价值低、涵盖面有限等,这就需要去借助外部资料来满足资料收集要求。这时可以去到图书馆或一些专业资料室,根据调查的主题和项目,利用图书资料索引收集资料。也可以在国际互联网上进行资料搜索,通过网络搜索引擎,输入关键字,就会出现所有网上公开的信息,然后从中挑选使用。

(3) 访问查找。在内部资料、外部资料查找过程中,有时候发现有些资料具有较高的时效性、专业性和科学性,甚至有些资料整体保密性较强。这时调查人员首先应该考虑替代资料,如果替代资料不易获取或者获取成本较高,就需要进一步地访问这些资料的来源地,如有关企业协会和统计机关。一般情况下,经过良好沟通,说明调查目的,遵循保密性原则,就应该可以从这些地方获取可信赖的资料信息。

(4) 购买资料。通过以上措施所获得的二手资料如果还不能满足调查的需要,调查人员还可以去一些专门以出售信息资料赢利的市场上去购买调查所需的信息。如许多经济年鉴、统计年鉴、地方志、企业名录等面向社会公开发行的资料。

(四) 整理信息资料

在实际调查中,二手资料种类繁多,对其整理、分析是事关二手资料能否充分利用的一项重要工作。这个环节的工作应有以下基本要求:围绕调查的目的和内容,根据资料来源,结合适当的收集方法做到去伪存真、去粗取精,从众多资料中将对调查目的有价值的资料选取出来,去除那些不确切、有限制的资料。具体可以这样做:在事先划定资料清单或分析计划的基础上,运用恰当的统计方法,也可以制成图表以利于对比分析。值得注意的是对于一些关键资料一定要多方考证,以证明其翔实无误。

(五) 补充信息资料

对于大型的市场调查项目,资料的收集难免会有欠缺,或者在对已收集资料的整理分析过程中,会发现有些资料欠缺、证据效力较弱,难以满足市场调查的需求,而这些情形的出现可能会对预测、决策构成潜在或直接影响时,就需要通过再调查或利用其他信息渠道来将所需资料补充完整。

(六) 撰写调查报告

在收集到充分的信息资料后,调查人员通过科学的方法进行分析,并把这些信息资料综合成一个严谨的调查报告提交给决策者。撰写文案调查报告应注意:①数据准确。全部数据要进行认真核对,争取做到准确无误。②方便阅读。尽量将有关资料制成非常直观的统计图表,以方便使用者阅读。③重点突出。在撰写调查报告时结论按重要程度排序,以突出重点,避免一些不必要的修饰。④结论明确。在提出结论时,应该避免一些不客观、不切实际的内容。在考虑了一切有关实际情况和调查资料的基础上，客观公正地提出调查报告。

五、文案调查资料的管理与利用

在企业经营过程中，为了特定的目的可能要进行多次的市场调查，每次市场调查都会收集到大量的二手资料。从资料信息的相关性来讲，显然，远期资料与近期资料之间有许多必然联系，资料的长时间积累，至少有利于调查者进行纵向的比较；从收集资料的成本来讲，如果能够将已收集的二手资料加以合理应用，就会大大节约调查费用。

无论从管理学的角度出发，还是继续支持营销决策的做出，我们都应该考虑调查资料的管理与合理利用问题。在信息爆炸的今天，管理利用好信息已经变得比如何获取信息更为重要。具体的做法是，作为现代化的企业都应该建立一个自己的信息管理系统，将日常运营过程中收集到的各种市场资料分门别类地进行归档，通过对其中的资料进行补充、分析、整理、修正、汇总，形成决策支持系统。

（一）文案资料的管理

资料管理就是指建立信息资料的获取、处理和存储系统，当进行管理决策时能够非常方便地提取到所需信息。具体工作包括资料的遴选及整理、资料的注释及归档等工作，这些工作有时十分乏味，其效果也并非立竿见影，所以要求资料管理人员要有一定的专业素质。

（1）资料的收集遴选。资料管理人员首先要有目标意识，在大致阅读所收集到资料的基础上，从中挑选出营销决策过程可能需要的信息，将信息进行分门别类地编号，或者剪贴、复制、装订成册，以方便保存和利用。

（2）资料的注释与归档。在文案调查中，信息需求量非常大，资料管理人员应该以最快的时间提供各种所需资料，随时更新各种信息，并且能够制定科学的索引或目录，使阅读者在信息查询时方便快捷。资料管理人员还应该依据资料性质选择适当的保存工具，对资料妥善储存并归档。可选择的工具有资料袋、登记卡片、卷宗、文字处理机、录（影）像带、计算机等。档案存放地应该保证安全、所存放的档案完整无缺。过期或失去效用的资料，应该定期销毁，在销毁时，有些资料、资料眉批或统计数据应该做好记录，以备后期查对。

知识链接

信息管理的重要性

计算机数据库、公开的二手资料、因特网和内部数据库都是一个组织信息管理系统的重要组成部分。掌握好的信息，才能做出明智的决策。今天的问题是如何管理手中的信息。大卫·申克(David Shenk)认为，从20世纪中期以后，人类历史上第一次制造信息的速度超过了处理信息的速度。他指出，大量的发明——计算机、微波传送、电视、卫星，以及其他同类事物，在极短的时间内，将我们从信息缺乏时代推进到信息过剩时代，强调的重点从如何获取信息，转移到了如何有效地管理和利用浩如烟海的信息资料，从而做出更好的决策。每一个面对决策的人都认识到信息是影响决策质量的唯一最重要的因素。你需要信息来识别问题，明确问题的范围和重要性，制定和评价选择方案。失败的决策通常是因为使用了错误的信息、不正确的信息、无效的假设，或者是对现有信息的错误分析。

今天，无论是大型组织、中型组织还是成长中的小型组织中的管理者都受到了信息的冲击。诸如美洲航空公司、派克·戴维斯制药公司(Parke-Davis Pharmaceuticals)和花旗集团，这些公司所关注的问题已经从信息的产生转移到了信息的组合和评价上，以促使信息对决策者更有意义。

（资料来源：[美]小卡尔·迈克丹尼尔，罗杰·盖茨.当代市场调研.范秀成，等，译.北京：机械工业出版社，2000）

（二）文案资料的利用

现有文案资料是一种潜在的资源，一经开发利用，就会转化为现实的生产力，从而避免重复劳动，节约大量人力、物力，产生一定的经济效果。那么，如何利用这些资料呢？

（1）对资料进行分门别类的处理，以加强针对性。在企业的信息管理系统中，都有大量切实有效的市场信息资料。由于企业中各个部门的职责不同，所需的信息也有差异，所以调查人员应该在资料管理员的帮助下，按照对路、适用的原则，对所有的市场信息资料进行筛选分类，按照不同管理层次的不同需求，分别进行处理，提高资料的针对性。如向上层报送市场信息分析资料，要紧紧围绕上层决策的需要，强调参考价值。为同一层次提供资料信息，需要大量的来自上下左右的资料，力求做到在详尽占有材料的基础上，有分析、有建议、有措施。向下属提供市场信息资料，要加强对下层决策的指导性。

（2）对资料进行合理取舍，以提高可用性。调查人员和资料管理人员不但要了解市场信息资料本身的价值，还必须分析信息对使用者是否有用，以及被采用后会产生什么样的效果。也就是说，在筛选市场行情信息资料时，有用则取，无用则舍，使提供的资料信息有较高的可用性。

（3）对市场资料进行深加工，以揭示规律性。市场信息资料的深度与广度，直接决定着市场信息资料本身的质量。如对同样市场信息资料的利用，有的人虽然对市场跟得很紧，看到什么赚钱就做什么，结果往往被市场左右。一些理性的市场信息利用者，虽然也随时关注市场动态的变化，但不会被市场表面现象所左右，而是另辟蹊径，或填补市场空白，或开始寻找新的市场机会，待进入市场时往往获得成功。其原因就在于掌握了市场行情供求规律，从收集的信息资料中，找到了规律性的东西。

（4）对资料进行系统处理，以把握整体性。市场资料分析利用是一个系统工程，有其内在的规律性。每条资料信息都不是孤立存在的，它必然和诸多事物有着内在和外在的联系。从纷纭复杂的资料中，抓住事物的本质和内在的联系，进行系统处理，使所获取的市场信息资料成为一个有序的整体，使决策者能从中了解到事物的来龙去脉，把握全局。这样，才能有效地提高信息资料的利用效果。

六、文案调查的优缺点

（一）文案调查的优点

（1）调查人员只需花费较少的费用和时间就可以获得有用的信息资料。

（2）文案调查可不受时间和空间的限制，通过文献资料的收集和分析，不仅可以获得有价值的历史资料，而且可以收集到比直接调查范围更为广泛的多方面资料。

（3）由于文案调查收集的资料都是书面形式的，因此不受调查人员和被调查者主观因素的干扰，反映的信息内容更为真实、客观。

（二）文案调查的缺点

（1）文案资料大都是历史的记载，随着时间的推移和市场环境的改变，这些数据资料难免会过时。

（2）文献档案中所记载的内容，大多数情况是为其他目的而做的，因此，很难与调查人员从事的调查活动要求相一致，需要进一步的加工处理。

（3）文案调查法需要调查人员要有较高的文化水平，如要有较高语言文字处理能力，查找文献的能力等。这在一定程度上限制了该方法的应用。

第三节　焦点小组访谈法

案例分析

定性研究和定量研究，哪一个更重要？

在蒙大拿州一个偏远的山谷，一位牧民正在放养他的牧群，突然，一辆崭新的高级轿车出现在他的面前，开车的人穿着非常考究，他放下车窗探出头来对牧民说："我敢打赌，我能非常准确地知道你的牛群有多少头牛，如果我的判断正确，你就送一头小牛给我，行不行？"

牧民看着这个一身名牌的家伙，又看了看漫山遍野的牧群，静静地说："当然，为什么不呢？"开车人停好自己的车，取出他的戴尔笔记本，连接上摩托罗拉移动电话，登录美国航天局的主页，在那里他申请了一个 GPS 定位卫星系统的服务，明确自己现在所处的位置，然后他要求另一颗卫星为他提供所在位置的高清晰照片，他用 Adobe Photoshop 打开得到的数字照片，将这些照片发给德国汉堡的数字图像处理中心处理。片刻之后，他收到了电子邮件，图片已经得到处理，数据也被储存起来，然后他访问了微软数据库系统，将电子邮件上的数据输入电子表格系统，几分钟后他得到了回复。最后他用微型高精度惠普激光打印机打印出一份 150 页的全彩报告，他拿着报告微笑地看着牧民："哈哈，1 586 头，怎么样？""完全正确，好吧，你自己可以挑选一头带回去了。"牧民答道。

牧民平静地看着开车人进入牧群，笑嘻嘻地看着他挑选了一头放进自己的车里。然后他走向车子："嗨！如果我能准确地猜出你的职业，你能把它还给我吗？"开车人看着这个乡下人想了想，点点头："当然，为什么不呢？""你一定是个国会议员。"牧民毫不犹豫地说。"哇！太准确了！"开车人惊道，"你怎么猜得这么准？"

"根本就用不着猜，"牧民说道，"你们总是这样，第一，没有人请你们来可你还是来了；第二，你们愿意花大量的时间和金钱去研究一个问题，其实你想要的答案我早就知道了；第三，我没有向你提出任何问题可你却能自己制造出问题；第四，你总是夸夸其谈，显得非常能干，你们总喜欢拿所谓准确的数据说话，但你们并不了解那些数据背后的实际情况。比如，你知道我牧群的数字，可是我要告诉你我放牧的是羊群而不是牛群……"

议员目瞪口呆地看着牧民。牧民伸出双手："好了，现在把我的牧羊犬还我吧。"

（资料来源：《读者》杂志，云弓编译，原文摘自《大河报》2007-07-27）

从本节至第五节是对定性调研方法的研究。根据调查对象是否了解项目的真正目的分为直接方法和间接方法两大类，如图 4-3 所示。直接的定性调研方法对研究项目的目的不加掩饰，项目的目的对调查对象是公开的，或者从所提问问题中可以明显看出。焦点小组访谈法与

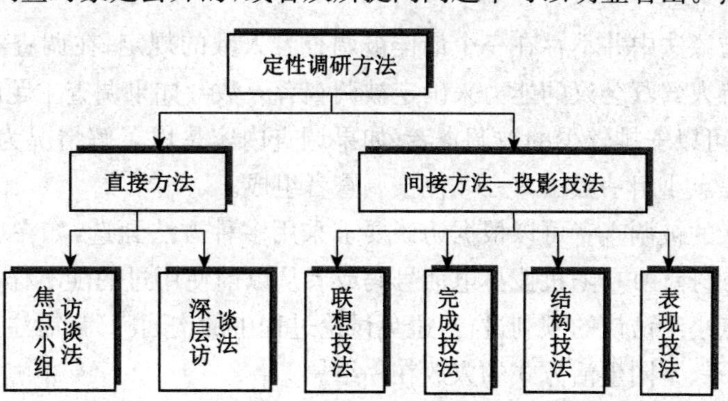

图 4-3　定性调研方法的分类

深层访谈法是两种主要的直接方法。间接的定性调研方法则掩饰项目的真正目的，投射技法是间接的定性调研中最常用的方法，具体包括联想技法、完成技法、结构技法及表现技法。

一、焦点小组访谈法概述

焦点小组访谈法也叫座谈法或小组讨论法，是挑选一组具有代表性的被调查者，在一个装有单向镜或录音、录像设备的房间中，采用小型会议的形式，由主持人引导对研究主题进行讨论，从而获得信息的一种调查方法。

焦点小组访谈法的特点在于，焦点小组访谈法不是单独访问一名被调查者，而是同时访问若干个被调查者。焦点小组访谈的过程是主持人与多个被调查者相互影响、相互作用的过程，“群体动力”在访谈过程中起关键作用。

焦点小组访谈法已经广泛地应用于各个方面，例如：理解消费者对某类产品的认识、偏好及行为；获取消费者对新产品的印象；获取关于产品的改进思路；研究广告创意等。焦点小组访谈法在消费品领域的调查中应用最为广泛，而对于工业企业来说则较少用到。原因是要把不同领域的管理者如工程师、销售经理、财务主管集中在一起进行讨论的难度较大。

二、焦点小组访谈法的实施

焦点小组访谈法能够在短时间内获取大量的信息，是一种十分有效的定性资料收集方法。焦点小组访谈法的实施过程如下。

（一）准备场地

焦点小组访谈通常是在专门的焦点小组测试室中进行的，一般来说，测试室都装有大的单向镜，单向镜后边是观察室，观察室里的工作人员可以看到测试室里的情况，而测试室里的焦点小组却看不到观察室里的工作人员。在测试室不显眼的地方装有录音、录像设备，记录整个讨论过程。焦点小组访谈法的测试室与一般会议室的最大不同就在于，它可以对整个讨论过程进行监控和记录。近年来，测试室的设备和布置在不断发生变化。例如，为了使被调查者在讨论中轻松自如，有的调查机构以起居室式的房间代替测试室；还有些调查公司放弃了单向镜而采用闭路电视设备来观察访谈情况等。

一般来说焦点小组访谈进行的时间大约在1.5～3个小时之间，因此，在选择焦点小组场地时要注意测试室的舒适性，这样才能保证焦点小组访谈的成功进行。

（二）确定被调查者

在焦点小组访谈法中并不存在一个最佳被调查者人数的规定，在调查实践中一般根据讨论主题、类型、主持人驾驭会议的能力来确定被调查者人数。如果调查主题的针对性较强或者技术色彩较浓，就可以安排较少的被调查者；如果调查内容是以了解情况为主，就需要安排较多的被调查者。焦点小组一般由8～12位被调查者组成。

焦点小组访谈的被调查者可以根据访谈要求采用多种方法甄选，如在城市繁华区随机拦截、根据街区随机选择住户、随机拨打电话号码或者从以前使用过的随机样本中挑选被调查者等。为了保证焦点小组访谈的顺利进行，避免讨论过程中的沟通障碍，需注意不要把不同社会层次、不同消费水平、不同生活方式的人放在一组。

尽管一些研究结果表明，被调查者参加焦点小组访谈的最主要的动机是获取报酬，但是在确定被调查者时我们应将完全以获取报酬为目的的职业受访者排除在外。

（三）确定主持人

拥有一个优秀的主持人是焦点小组访谈法成功进行的关键因素之一。一个优秀的焦点小组主持人必须具备两方面的技能：一是具备较强的组织能力和主持技巧；二是具备良好的商业沟通技巧，以便有效地与委托方进行沟通。

焦点小组访谈法对主持人的具体素质要求如下：①良好的理解能力。不仅要理解参与者说出来的内容，也要理解其尚未说出的潜台词。②良好的观察能力。要能观察到细节，善于理解肢体语言。③广博的知识面和广泛的兴趣。这就能够保证主持人迅速熟悉调查所讨论的主题，让自己尽快融入讨论。④客观性。能够抛开个人的思想和感情，听取他人的观点和思想。⑤善于调动被调查者的积极性，鼓励被调查者积极发言。⑥具备关于调查、营销和广告方面的基础知识。⑦能够控制大局，把握讨论的方向和进程。

（四）编制讨论指南

讨论指南由调查组织者、委托方与主持人三者共同研究确定，是焦点小组访谈讨论内容的概要。讨论指南列示了讨论的所有重要话题和讨论进行的顺序。讨论指南一般包括四个部分：①建立小组访谈的规则，并且就如何进行讨论进行说明；②介绍将要讨论的问题；③主持人激励被调查者进行深入讨论的策略和技巧；④对讨论进行总结的方法。

（五）编写访谈报告

（1）主持人口头报告法。主持人口头报告法是指在焦点小组访谈结束时，主持人按照自己的看法和体会对整个访谈过程所做的总结。其好处是主持人可以把自己的知识和被调查者的感想结合起来，及时总结出调查结论。需要注意的是，主持人的口头报告可能会由于主持人的偏见、记忆错误、遗漏等因素而存在偏差。

（2）小组座谈法。小组座谈法是指在焦点小组访谈结束后，所有参与主持和记录的人员通过小组座谈讨论的形式进行总结的一种方法。

（3）剪贴法。剪贴法是对焦点小组访谈的录像和录音进行剪辑和整理，使之成为一个比较完整而又精炼的材料，以该材料作为访谈报告的一种方法。

（4）书面调查报告法。书面调查报告一般包括两部分：第一部分主要说明调查的内容、征集被调查者的过程、被调查者的基本信息、调查的发现和收获、提出的主要建议等，篇幅一般在2～3页；第二部分是把整理过的访谈记录详细进行归类和说明。

三、焦点小组访谈法的发展

近年来，随着信息技术的飞速发展，焦点小组访谈法呈现出新的发展趋势。

1. 电话焦点小组访谈法

使用这种方法，被调查者会在一个特定的时间进行电话讨论。此时，无论他们在办公室、家里还是在任何地方，都可以通过电话进行访谈。在电话焦点小组访谈中，委托方可以在不让被调查者听到的情况下给主持人做出指示。整个过程大约持续1～1.5个小时，它能提供相当于传统焦点小组访谈2个小时的信息。它的优点在于：被调查者不用到测试室就可以进行调查，时间安排比较灵活，从而使一些在传统焦点小组访谈中很难征集到的被调查者（如医生、律师等）能够参加访谈。

2. 电视会议焦点小组访谈法

电视会议焦点访谈法它是在配有摄像机和麦克风的会议室里进行的,委托方和调研人员不用在现场就可以通过视频终端观察到访谈的整个过程,委托方和调研人员还可以和主持人进行沟通,指明小组讨论的方向。它的最大优势在于观察访谈的人员不用在现场就可以进行观察,这种访谈法允许大量的观察人员对访谈过程进行观察。

3. 在线焦点小组访谈法

在线焦点小组访谈法是以互联网为媒介展开的焦点小组讨论。在线焦点小组访谈法的优点在于:①在线焦点小组访谈法减少了访谈的成本,不仅访谈时的花费减少了,而且委托方承担的差旅费也减少了;②在线焦点小组访谈法可以征选到其他访谈方式难以接触到的目标人群,在网络上可以比较方便地组织各种专业人士参与讨论;③在在线焦点小组访谈中,委托方和主持人可以实现双向的充分沟通。需要注意的是,尽管在线焦点小组访谈法有着许多优点,但是在线焦点小组访谈法也受到一些批评,如缺乏群体动力、无法获得非言语信息、被调查者的可靠性较低、被调查者的注意力容易受到干扰等。

四、焦点小组访谈法的优缺点

(一) 焦点小组访谈法的优点

(1) 资料收集速度快,效率高。它能在同一时间访问若干个被调查者,节约了人力和时间,提高了调查活动的效率。

(2) 取得的资料较为广泛。在焦点小组访谈中群动力的作用巨大,在群动力的作用下,一个人的评论会引起其他人的一连串反应,这就会产生"滚雪球效应",使资料收集的范围较为广泛。

(3) 调查结果是比较好的职工教育材料。通过访谈的录像和录音资料,可以使更多的员工直接接触顾客,了解顾客的意见和需求。

(4) 可以进行科学监测。它能容许对数据的收集过程进行密切的监视,观察者可以亲自观看访谈的情况并可以将讨论过程录制下来,以备后期分析使用。

(二) 焦点小组访谈法的缺点

(1) 对主持人的要求较高。主持人既要熟练掌握访谈技巧,又要具有组织会议的能力,高素质主持人是焦点小组访谈成功的关键。

(2) 容易产生偏差。它的结果易受委托方、主持人的影响而产生偏差。

(3) 不宜对敏感性问题进行调查。

(4) 不利于资料的整理和分析。由于它产生的结果往往是无结构性的凌乱数据,这使得对结果的编码、分析和解释都很困难。

第四节 深层访谈法

一、深层访谈法的定义和特点

深层访谈,指访谈员和一名被调查者在轻松自然的气氛中围绕某一问题进行深入的讨论,目的是让被调查者自由发言,充分表达自己的观点。深层访谈法与焦点小组访谈法的区别在于，深层访谈是一对一进行的，而焦点小组访谈是一对多进行的。深层访谈是一种无结构的、直接的、一对一的访问，虽然访谈员在访问前会准备一个粗略的调查提纲，并试图按提纲来访问，但提问时的具体措辞和顺序可以根据访谈进行的具体情况进行调整。

二、深层访谈法的实施

（一）准备阶段

在准备阶段所需要做的工作包括选择被调查者、访谈员，预约访谈时间，制定访谈提纲，准备访谈用品等。

（1）被调查者必须符合调查的要求。与焦点小组访谈法相比，深层访谈的被调查者相对来说要更专业一些。据统计，深层访谈的被调查者平均谈话时间不少于60分钟，而焦点小组的被调查者平均发言时间不超过10分钟。对深层访谈被调查者的选择较为严格，需要较长时间、较为严格的甄别过程。一个合格的被调查者必须满足以下要求：①对调查主题感兴趣；②对相关事项有相当的了解；③没有沟通上的障碍；④具有一定的代表性，身份背景符合客户的要求。被调查者的选取方法与焦点小组参与者的选取类似，如街头拦截、随机拨打电话等。

（2）深层访谈要求访谈员掌握较高的访谈技巧，访谈员要善于挖掘受访者的内心感受。一个合格的访谈员必须具备两方面的条件：首先，访谈员应有丰富的知识，能够与被调查者展开讨论，善于发现受访者谈话中有价值的线索；其次，应有熟练的谈话技巧，能够很好地掌握谈话节奏。

（3）由于深层访谈的时间比较长，所以应事先预约，以便在被调查者方便时进行访问。访谈员应该预先拟好访谈提纲，以保证访谈达到预期目的。提纲的内容一般包括谈话目的、谈话步骤和谈话重点问题等。

（4）在访谈前，访谈员还需准备好访谈的用品，包括证件、笔、记录本、录音机等，如果需要向被调查者展示样品，还需要准备好样品、宣传资料等。

（二）实施阶段

深层访谈实施阶段需要注意以下几点：

（1）在开始访问之前，应该使被调查者完全放松并和被调查者建立融洽的关系。

（2）访谈员应详细介绍此次访谈的目的、意图，被调查者回答问题的意义、重要性以及其回答对自身没有任何不利的影响。

（3）访谈员最初提出的几个问题应该是能引起被调查者兴趣的一般性问题。并鼓励被调查者充分而自由地谈论他的感受和意见。

（4）访谈员的访问技巧很重要。访问员在访问过程中，通常只是间歇性地提出一些适当的问题，或表示一些适当的意见，以鼓励被访者多说话。

（5）在访谈过程中，对需要引导和追问的问题，访谈员要做必要的引导和追问。当被访者对所提出问题不理解或误解、对某一问题的回答有所顾虑或当被访者漫无边际地闲谈时，访谈员要有礼貌而巧妙地加以引导。而当被访者的回答含糊不清时，则要适当地追问，以使访谈能够顺利进行。

（6）在访谈中，调查员应采取中立的立场，做到“不带有任何的偏见，也不希望左右别人的态度和思想”。

（7）访谈员应注意礼貌，用语准确、明了、贴切、恰当，避免使用审讯或命令语气的提问，不能随便打断对方的回答，也不能对被访者的问答流露出任何鄙视或不耐烦的表现，更不能使用一些令对方忌讳、反感的语言。

（三）结束阶段

结束阶段是深层访谈的最后一个环节。在此环节，访谈员必须首先迅速重温一下访谈结果，或迅速检查一遍访谈提纲，避免遗漏重要的项目。然后，征求被调查者的意见，了解他们还有什么想法和要求等。最后，向被访者赠送准备好的礼品并感谢被调查者的支持与合作。

三、深层访谈法的优缺点

深度访谈法具有以下优点：①消除了群体压力的影响，被调查者不必只说最容易被群体接受的话，因此每个被调查者都会提供更诚实的信息。②一对一的交流使被调查者感到自己是被关注的焦点，因此乐于表述自己的观点、态度和内心想法。③访谈的时间充分，可以鼓励被调查者吐露更多信息，常常能够有意外的收获。

深度访谈法的局限性：①失去了群体动力，无法产生被调查者之间观点的相互刺激和碰撞。②成本较高，尤其是当受访人数较多时。③访谈员一天内访谈的人数有限，大多数访谈员一天访谈的人数超不过4～5个。

知识链接

深层访谈的使用

深层访谈主要也是用于获取对问题初步理解或深层理解的探索性研究。不过，深层访谈不如小组座谈会使用那么普遍。尽管这样，深层访谈在有些特殊情况下也是有效的，例如在有如下需要时：

(1)详细地刺探被访者的想法(如汽车的买主)。(2)讨论一些保密的、敏感的或让人为难的话题。(3)了解被调查者容易随着群体的反应而摇摆的情况(如大学生对古典音乐的态度，对出国留学的态度)。(4)详细地了解复杂行为(如选择购物的商店；见义勇为行动)。(5)访问专业人员(如某项专门的调研，对新闻工作者的调研)。(6)访问竞争对手(他们在焦点小组访谈中不太可能提供什么信息)。(7)调查的产品比较特殊，例如在性质上是一种感觉、会引起某些情绪及很有感情色彩的产品(如香水、洗浴液等)。在研究洗澡用香皂的广告时，被调查者总是说好的香皂让他(她)们在浴后感到“又干净又清爽”。不过他们常常无法解释“干净清爽”到底意味着什么。广告研究者想要用一种新方式来谈论“清爽”，但从大量文献的研究中找不到有帮助的资料。因此，调研人员通过深层访谈刺探“又干净又清爽”对被访者到底意味着什么。调查人员从有关干净清爽的所有方面来刺探：有这种感觉的次数、他们心目中的图像、与此相关的情绪和感觉、浮现什么音乐和色彩，甚至还有什么幻想等。从深层访谈中发现的一个主旋律是“从日常生活中逃脱出来”。即脱离拥挤的匆忙都市，自由地、放松地、无阻碍地被大自然包围。由这个主旋律所激发出的词语和形象给广告创意提供了新的思路，制作出了与其他竞争对手完全不同的令人清爽的成功的广告作品。这个例子说明了深层访谈在揭示隐蔽的反应所表现的价值。

第五节　投影技法

一、投影技法的概念与种类

（一）投影技法的概念

投影技法是一种无结构的非直接的询问形式，可以鼓励被调查者将他们所关心的问题的潜在动机、信仰、态度或感情投射出来。在投影技法中,并不要求被调查者描述自己的行为,而是要他们解释他人的行为。在解释他人的行为时,被调查者就间接地将他们自己的动机、信仰、态度或感情投影到了有关的情景之中。因此,通过分析被调查者对那些没有结构的、不明确的而且模棱两可的"剧本"的反应,来揭示他们的态度和情感。剧情越模糊,被调查者就更多地投影他们自己的感情、需要、动机、态度和价值观,就像心理咨询诊断中利用投影技法来分析患者的心理那样。

(二) 投影技法的种类

1. 联想技法

它是利用人们的心理联想活动或在事物之间建立的某种联系,向被调查者提及某种事物或词语,询问被调查者联想到什么,以获取被调查者对调查问题的看法、动机、态度和感情。联想法有多种形式,如有自由联想法、控制联想法、词语联想法等。如"当你听到小轿车这个词时,你想到了什么?"被调查者可以自由的无拘无束地说出他脑子里所想的东西,就是自由联想法。"当你听到小轿车这个词时,你首先想到的品牌是什么?"被调查者的联想答案只能限于"品牌"这个范围,这就是控制联想法。词语联想法又称引导性联想,它是调查者根据调研问题给出一连串的词语,每给一个词语,都让被调查者回答最初联想到的词语(反应语)。调查者感兴趣的那些词语(试验词语或刺激词语)是散布在那一串展示的词语中的,在给出的一连串词语中,也有一些中性的或充数的词语,用于掩盖研究的目的。例如,在对百货商店顾客光顾情况的调研中,试验词语可以选择"位置""购物""停车场""质量""价格"之类的词语。被调查者对每一个词语的反应词语(如位置——"延陵路")应按规定的时间书写出来。这样调查员可将那些反应犹豫者(停顿 3 秒以上)识别出来。调查员记录反应的情况,这样被调查者书写反应语所要求的时间也就得到了控制。这种技法的潜在假定是,联想可让反应者或被调查者暴露他们对有关问题的内在感情。对回答或反应的分析可计算如下几个量:①每个反应词语出现的频数;②在给出反应词语之前耽搁的时间长度;③在合理的时段内,对某一实验词语完全无反应的被调查者数目。

根本无反应的被调查者就被判断为情感卷入造成的反应阻塞。研究者常常将这些联想分为赞成的、不赞成的和中性的三类。一个被调查者的反应模式及反应的细节,可用来决定其对所研究问题的潜在态度和情感。

2. 完成技法

在完成技法中,给出不完全的一种刺激情景,要求被调查者来完成。常用的方法又分为句子完成法和故事完成法。

(1) 句子完成法。句子完成法与词语联想法类似,给被调查者一些不完全的句子,要求他们完成。一般来说,要求他们使用最初想到的那个单词或词组。与词语联想法相比,对被调查者提供的刺激是更直接的,从句子完成法可能得到的有关被调查者情感方面的信息也更多。不过,句子完成法不如词语联想法那么隐蔽,许多被调查者可能会猜到研究的目的。句子完成法的另一种类型是段落完成,被调查者要完成由某个刺激短语开头的一段文章。

(2) 故事完成法。在故事完成法中,给被调查者故事的一部分,要足以将故事完成人(被调查者)的注意力吸引到某一特定的话题,但是不要提示故事的结尾。被调查者要用自己的话来做出结论。例如:在百货商店顾客光顾情况的调查研究中,要求被调查者完成下面的故事。一位男士在他所喜爱的一家百货商店里买上班穿的西服。他花了 45 分钟并试了几套之后,终于选中了一套他所喜欢的。当他往算账柜台走去的时候，一位店员过来说："先生，我们现在有减价的西服，同样的价格但质量更高。您想看看吗?"这位消费者的反应是什么? 为什么? 从被调查者完成的故事中就有可能看出他对花费时间挑选商品的相对价值方面的态度，以及他在购物中的情感投资行为。

3. 结构技法

结构技法要求被调查者以故事对话或绘图的形式构造一种反应。在结构技法中，调查者为被调查者提供的最初结构比完成技法中提供的少。结构技法中的两种主要方法是图画回答法和卡通试验法。

(1) 图画回答法的做法是显示一系列的图画或漫画，有一般的也有不寻常的事件，在其中的一些画面上，人物或对象描绘得很清楚，但在另外一些画面上却很模糊。要求被调查者看图讲故事。他们对图画的解释可以显示出他们自身的个性特征。例如，可以将被调查者的特征描绘为是冲动的、有创造性的、没有想象力的等，其主题是从被调查者对图片的感觉概念中抽取出来的。

(2) 卡通试验法的做法是将卡通人物显示在一个与问题有关的具体环境内，要求被调查者指出一个卡通人物会怎样回答另一个人物的问话或评论。从被调查者的答案中就可以显示他对该环境或情况的情感、信念和态度。卡通试验法比图画回答法在实施和分析上都简单一些。

4. 表现技法

在表现技法中，给被调查者提供一种文字的或形象化的情景，请他将其他人的感情和态度与该情景联系起来。两种主要的表现技法是角色表演和第三者技法。

(1) 角色表演。在角色表演中，让被调查者表演某种角色或假定按其他某人的行为来动作。调查者的假定是，被调查者将会把他们自己的感情投入角色。通过分析被调查者的表演，就可以了解他们的感情和态度。例如，在百货商店顾客光顾情况的调查研究中，要求被调查者扮演负责处理顾客抱怨和意见的经理的角色。被调查者如何处理顾客的意见表现了他们对购物感情和态度。在表演中用尊重和礼貌的态度对待顾客抱怨的表演者，作为顾客，希望商店的经理也能用这种态度来对待他们。

(2) 第三者技法。在第三者技法中，是给被调查者提供一种文字的或形象化的情景，让被调查者将第三者的信仰和态度与该情景联系起来，而不是直接地联系自己个人的信仰和态度。第三者可能是自己的朋友、邻居、同事或某种"典型的"人物。同样，调查者的假定是，当被调查者描述第三者的反应时，他个人的信仰和态度也就暴露出来了。让被调查者去反映第三者立场的做法减低了他个人的压力，因此能给出较真实合理的回答。

二、投影技法的优缺点及应用

与无结构的直接方法(小组座谈法和深层访谈法)相比，投影技法的一个主要优点就是，可以提取被调查者在知道研究目的的情况下不愿意或不能提供的回答。在直接询问时，被调查者常常有意无意地错误理解、错误解释或错误引导调查者。而投影技法可以通过隐蔽研究目的来增加回答的有效性。特别是当要了解的问题是私人的、敏感的或有着很强的社会标准时，作用就更明显。当潜在的动机、信仰和态度是处于一种下意识状态时，投影技法也是十分有帮助的。

投影技法也有无结构的直接方法的许多缺点，而且在程度上可能更严重。这些技术通常需要有经过专门高级训练的调查员去做个人面访，在分析时还需要熟练的解释人员。因此，一般情况下投影技法的费用是高昂的，而且很有可能出现严重的解释偏差。除了词语联想法外，所有的投影技法都是开放式的，因此分析和解释起来比较困难，也容易产生主观片面性。

一些投影技法例如角色表演法要求被调查者从事不平常的行为，在这些情况下调查者可能假定同意参加的被调查者在某些方面也不是平常的。因此，这些被调查者可能不是所研究总体的代表。为此，最好将投影技法的结果与采用更有代表性样本的其他方法的结果相比较。

投影技法一般不像无结构的直接方法那么常用。有一个例外就是词语联想法，常常用于检验品牌的名称，偶尔也用于测量人们对特殊产品、品牌、包装或广告的态度。如果遵照以下几点指导，投影技法的作用还能加强：①当用直接方法无法得到所需的信息时，可考虑使用投影技法；②在探索性研究中，为了了解人们的最初的内心想法和态度，可使用投影技法；③由于投影技法很复杂，不要简单地认为谁都可以使用。

第六节　访问调查法

一、访问调查法的含义、特点和分类

（一）访问调查法的含义和特点

访问调查法，是指调查人员通过询问的方式向被调查者了解、收集信息资料的调查方法。访问调查法是市场调查中最常用、最基本的方法。访问既可以通过口头语言访问，也可以采用书面访问。不论哪一种形式的访问，都可以向被调查者收集大量第一手的市场信息资料。

访问调查与其他市场调查方法比较，有以下特点：

（1）访问调查是调查者与被调查者相互作用、相互影响的过程，也是人际沟通过程。访问调查法一般是由访问者提问问题，被访问者回答问题的过程。这一过程不仅是访问者提出询问作用于被访问者，而且必须有被访问者通过回答询问作用于访问者，这样才能达到访问的目的。访问过程中，访问者要努力掌握访谈过程的主动权，积极对被访问者进行影响、作用，激起被访问者回答问题的愿望。所以，在访问调查中要注意调查技巧和沟通艺术。

（2）访问调查的效果，不仅取决于调查者的素质，而且也取决于被调查者的素质和合作态度。观察调查、实验调查的效果只取决于调查者本人素质和工作态度，一般不取决于被调查者的素质和合作态度。而访问调查则不同，其调查结果受访谈双方的态度和素质的影响。

（二）访问调查法的分类

1. 按访问内容要求的不同分类

（1）标准化访问，也称为有结构访问。它是按照事先设计好的、有一定结构的访问问卷进行访问，整个访问过程是在高度控制下进行的。标准化访问的标准化表现在：选择访问对象的方法、访谈中提问的内容、提问的方式和顺序、对被访问者回答问题的记录方式等都是统一的。在标准化访问中，访问问卷是调查的主要工具，访谈过程按问卷中设计的内容进行，访谈结果

也记录在问卷中。标准化访问的突出优点是便于资料的整理、汇总和分析，有利于用统计分析方法研究现象总体的表现。其局限性则表现为缺少灵活性，不能充分发挥调查双方的主观能动性，在整个调查过程中不能更改内容。

（2）非标准化访问，也称为无结构访问。它事先不制定统一的访问问卷，只根据访问的目的列出粗线条的访问提纲，由访问者和被访问者根据提纲自由交谈。非标准化访问对调查双方都不存在严格的约束，有利于发挥双方的积极性和主动性。非标准化访问对于深入了解某些市场问题，对市场现象做细致的分析是很有利的。在市场调查实践中，调查者往往可以用此方法了解一些事先无法做出全部结果设想的市场现象的实际情况。非标准访问也有一点明显的不足，就是对调查结果的整理、分析工作量大。

2. 按访问方式不同分类

（1）直接访问，就是调查者和被调查者进行面对面的交谈。这种调查方式具体又有“走出去”和“请进来”两种，前者是调查者到被调查者中去进行访问；后者是请被调查者到调查者安排的地方进行访问。

（2）间接访问，就是调查者通过电话或书面问卷工具对被调查者进行访问。这种访问方式，由于调查者与被调查者不直接见面，所以称为间接访问。

3. 按访问的物质载体不同分类

（1）口头访问，是指调查者通过口头语言对被调查者进行访问，它包括面谈访问和电话访问。

（2）书面访问，是指调查者通过问卷形式对被调查者进行访问。即调查者设计好调查问卷，再通过邮寄或派人送发形式，将调查问卷传递到被调查者手中，再由调查者回答问卷并收回的访问方法。

二、访问调查法的主要类型

（一）面访调查法

面访调查是指调查人员依据问卷直接向被调查者口头提问，并当场记录答案的一种面对面的调查方法。根据调查地点和所使用设备的不同分为以下三类。

1. 入户面访调查

入户面访调查是指被调查者在家（或单位）单独接受访问。访谈员按照抽样方案中的要求，到被调查者家中或单位中，依据问卷或调查提纲进行面对面的直接访问。入户面访首先要确定到哪些家庭（单位）进行访问。如果抽样方案中已经具体给出了待访家庭（单位）的具体地址或名单，访谈员就要严格执行抽选程序，只能到这些家庭（单位）去访问，不得随意更换。如果抽样方案没有给出具体的名单，而只是给出若干抽样点和抽取方法的具体规定，访谈员应该严格按照规定进行抽样，不能随意地抽取样本。确定了调查家庭（单位）以后，就要确定具体的访问对象。被调查者应该根据调查设计的要求来选定。例如，有的调查设计要求访问户主，有的要求利用入户随机抽样表来确定被调查者。为了保证样本的随机性，访谈员应根据调查设计要求来选取访问对象。入户面访调查是一种应用较为普遍的资料收集方式。由于入户面访调查采取私下的、面对面的访谈形式，同时又有访谈员的协助，因此可以对复杂的内容进行调查。从被调查者角度来看，由于被调查者身处自己熟悉的环境，可以放松地参与访谈，从而有可能得到质量较高的调查结果。

2. 街头拦截式面访调查

街头拦截式面访调查也是一种较为普遍的询问调查。这种调查一般是在超市、商贸中心等繁华地段展开。在调查过程中访谈员按照规定的程序和要求选取被调查者，征得其同意以后，在现场或者在附近的访谈室展开访谈。在街头拦截式面访调查中，访谈员不用专门去寻找被调查者，这样，访谈员就可以将大部分时间用于访谈，减少了搜寻被调查者所耗费的时间、精力和费用，所以其调查费用要低于入户面访调查。对拒访者可以放弃，重新拦截新的受访者，确保样本不变。街头拦截式面访调查的不足：①样本代表性较差。虽然超市、商业中心等地客流量很大，但是这些人并不能代表调查的目标总体。例如，大多数超市的顾客都集中在某一区域，并且购物频率高的顾客接受访谈的概率高于购物频率低的顾客。②回答率较低。街头拦截式面访调查的回答率低于入户面访调查的回答率。③调查时间受限制。由于街头的访谈环境不如入户访谈的环境舒适，被调查者可能会表现出不安、急躁情绪，因此调查的时间不能太长。

3. 计算机辅助面访调查

计算机辅助面访调查(Computer-Assisted Personal Interviewing, CAPI)可以应用于入户面访调查和街头拦截式面访调查。在计算机辅助面访调查中，经过培训的访谈员配备笔记本电脑向被调查者进行面访调查。调查问卷事先存储在计算机内，调查员根据屏幕上所提示的问题顺序和指导语逐项提问，并及时将被调查者的回答通过键盘、鼠标或专用电脑笔输入计算机。计算机辅助面访调查的软件系统一般包括问卷设计系统、访问管理系统、数据录入系统和问卷统计系统 4 个子系统部分。

面访调查法是一种广泛应用于原始资料收集的数据收集方式。

面访调查法的优点：①可以获得较有代表性的样本。入户面访的目标总体和调查总体比较一致，并且由于入户面访的抽样方案比较严格，所以样本的代表性较好。②回答率较高。被调查者有机会面对面地向他人发表自己的见解，与他人讨论某些自己熟悉的产品或关心的问题，有可能实现情绪上的满足或知识上的满足。③可以对复杂问题进行调查。面访调查一般来说调查的时间较长，因此可以采用比较复杂的问卷，调查比较深入的问题。表格、卡片、实物展示、复杂的跳答技术等都可以在面访调查中使用。

面访调查法的缺点主要表现在：①费用较高。与自填问卷式调查，电话调查相比，面访调查的费用是最高的。②时效性较差。面访调查一般都需要较长的时间，尤其在被调查者的分布区域较广时，面访调查花费的时间则更长。③调查质量的控制难度大。对于入户面访调查，访谈员在许多不同的地点工作，质量控制只能通过事先的培训和事后的抽查来实现；对于街头拦截式面访调查，访谈员的工作也有较大的主动权。因此，面访调查存在较大的来自访谈员方面的误差，调查质量的控制难度较大。④对某些群体的访问成功率较低。一些高收入或高地位的特殊群体，普通的面访调查员很难接触。

面访调查法目前是国内使用最广泛的调查方法，几乎涉及市场调查的各个应用领域，包括：①消费者研究，如消费者行为研究、消费者生活形态研究、消费者满意度研究等；②媒介研究，如广告效果研究、媒介接触行为研究等；③产品研究，如对产品使用情况研究、新产品的开发研究等；④市场容量研究，如各竞争品牌的市场占有率研究、市场潜量的评估等。

(二) 电话调查法

电话调查是调查人员利用电话同被调查者进行语言交流，从而获得信息的一种调查方式。

1. 传统的电话调查

传统的电话调查使用的工具是电话、问卷和记录用的纸笔。经过培训的调查员使用电话，按照调查设计所规定的随机拨号方法拨打电话号码，当电话接通时按照准备好的问卷和培训的要求，筛选被调查者，然后对照问卷向合格被调查者逐题提问，并及时迅速地将回答的答案记录下来。

电话调查的样本选取一般采用两种方法：①利用现有的电话号码簿作为抽样框，借助随机数字表，随机拨打号码；按照等距抽样方法，从电话号码簿中抽取号码拨打；②按照调查地区的具体情况和抽样方案先确定拨打号码的前几位（通过前几位号码，如区号，确定调查的地区），然后按照随机的原则确定后几位。在电话调查中选取样本需要注意的是，电话号码簿作为抽样框存在一定的缺陷：一方面，一部分电话簿上的电话可能由于搬家、更改号码等原因失效；另一方面，有些电话号码并未登记到电话簿中。因此采用第一种选取样本的方法可能会存在抽样框误差。为了保证样本的随机性，如果被抽中的被调查者暂时无法联系上，应该记住该号码，换时间再打，一般情况下要连续追打 3～5 次。

电话调查不需要访谈员直接面对被调查者，因此对访谈员的要求主要在于发音、听力方面。电话调查要求访谈员发音准确、口齿清楚、语速适中、听力良好。

知识链接

全自动电话访谈(CATS)

近年来，在美国出现了一种利用内置声音回答技术取代传统的调查方式的电话访谈。这种全自动电话访谈方式利用专业调查员的录音来代替访问员逐字逐句地念出问题及答案。回答者可以将封闭式的答案通过电话上的拨号盘键入，开放式问题的答案则被逐一录在磁带上。

全自动电话访谈主要有两种类型：向外拨号方式和向内拨号方式。向外拨号方式需要一份准确的电话样本清单，电脑会按照号码进行拨号，播放请求对方参与调查的录音。这种方式的回答率很低，因为人们通常容易挂断电话。而向内拨号方式是由被访者拨叫指定的电话号码进行回答，这些号码通常是邮寄给被访者的。

使用全自动电话访谈的公司发现它们可以在较短的时间、利用较低的费用快速收集到大量信息。该系统的适用性很强，能够适合各种特定调查的需要。它已用于几种不同类型的调查：顾客满意度调查、产品（担保）登记、家庭用品测试及选举民意测验等。虽然全自动电话访谈无法代替其他传统的调查方法，但它为调查者提供了另外一种全新的选择。

2. 计算机辅助电话调查(CATI)

计算机辅助电话调查（Computer-Assisted Telephone Interviewing，CATI）通常是在一个装有计算机辅助电话调查设备的中心地点进行。整套 CATI 系统的硬件包括一台计算机主机、若干台与主机相连接的 CRT（Cathode Ray Tube）终端、耳机式或耳塞式电话和鼠标、若干台起监视作用的计算机和配套的音响设备。软件包括问卷设计系统、自动随机拨号系统、数据自动录入系统、简单统计系统和自动访问管理系统。

在计算机辅助调查中，每一位访谈员都坐在一台计算机终端或个人电脑面前，当被调查者电话被接通以后，问题和选项立即出现在屏幕上。访谈员根据屏幕提示进行提问，并将被调查者的选择直接录入计算机中。

计算机辅助调查省略了数据编辑及录入步骤，也避免了部分录入误差。例如，某些问题有四个备选答案 A、B、C、D，若访谈员键入 E，则计算机会拒绝接受，并要求访谈员重新键入答案。此外如果答案的形式或组合存在矛盾时，计算机也会拒绝接受。当访谈结束时，答案的录入也同时完成了。

督导员可以在现场或通过监控设备随时了解访谈的情况。在访谈过程中，计算机可以随时提供整个调查的进展情况，统计分析也可以在调查进行的任何阶段进行。这是传统市场调查不可比拟的优势。根据阶段性列表统计的结果，可以对问卷进行即时的修正，以节约调查时间或经费。例如，如果有99%的被调查者对于某一个问题的回答都是相同的，那么这个问题就基本上不需要再问了。

知识链接

CATI 系统调查访问程序及其应注意的问题

（一）实施 CATI 系统调查访问的程序

CATI 系统调查访问程序包括以下六个步骤。

步骤一：每位访员进入 CATI 调查访问主程序之后，屏幕上会出现访员签到确认画面。访员必须输入代号及密码。其中访员代号及密码由管理者设定，并且可同时进行两个以上的访问主题。不同访员可访问不同主题，以便于各访员独立作业不受干扰，输入完毕后按[确定]，继续下面的步骤。

步骤二：输入访员代号，密码及点选访问主题之后，会出现调查访问主画面。上面会显示访员的姓名，编号及线上实时调查状况统计。按[拨号]即开始进行访问，进入选择电话号码窗口，选择由 CATI 随机产生的新电话号码，或曾经排队的约访电话号码及曾拨过但因为忙线或无人接听的电话号码。

步骤三：这是拨号之后进行访问的第一个步骤。会出现拨号窗口画面。画面中包含目前访问的电话号码，第一及第二问候语，以及无法完成访问各项原因的按钮。如[忙线]、[无人接听]、[传真机]、[空号]、[拒访]、[无受访者]、[重新拨号]等。

步骤四：当电话拨通后按[开始访谈]，会出现调查访问主画面。其中包括各题的访问状况、访问题目、选项窗口、广播窗口及提示语窗口，此时访员即可按照访问题目及选项依序进行调查。

步骤五：当访问进行到一半时，受访者因故无法继续接受访问，但其答应另约时间进行访问，则按[约访]钮，会出现约访时间设定窗口。访员可根据受访者的空余时间设定下次访问时间，或者访问到一半时，受访者不想再接受访问，则按[完成]可以直接结束访问。

步骤六：访员欲结束当日访问工作，则必须进行签退的动作。程序为：[签退→确定→退出系统]，表示完成当日的访问工作。

（二）使用 CATI 应注意的问题

（1）访谈员在“发问——聆听——勾选答案”的过程中，必须严守价值中立原则，不掺杂个人意见、价值观和好恶。

（2）合格受访者当时不在或不便受访，也不能轻易放弃样本。

（3）不可随意改换他人访问，否则会破坏随机性原则。

（4）严防受访者“答非所问”的情况。若离题太远，应设法将其引入问卷内容中。切忌将不着边际、答非所问的回答归为“其他”，应再追问受访者的观点及倾向，请其作肯定的回答。

3. 电话调查法的优缺点及其适用范围

电话调查法的优点表现在：①费用低。由于访谈员不需要入户面访，节约了行程时间和费用。②样本覆盖面广。电话调查可以对任何有电话的地区、单位和个人直接进行电话询问调查。③时效性好。在询问法调查中，电话调查的实施速度最快。因此，电话调查被广泛地使用在热点问题调查、突发事件调查等时效性要求较高的领域。④能够得到更为坦诚的回答。电话调查可以得到比较坦诚的回答，例如，对某些特殊商品的看法，面访调查收集到的信息有可能不真实，而电话调查由于访谈员和被调查者只通过语音进行交流，可以在一定程度上获得较为真实的回答。⑤易于控制调查实施的质量。在电话调查中，访谈员基本上是在同一个地点进行电话访问，督导员或研究人员可以在调查实施的现场随时纠正访谈员不正确的操作，能够较好地控制调查实施的质量。

电话调查法的缺点表现在：①抽样总体与目标总体不一致。电话调查的抽样总体是拥有电话的用户，调查的目标有可能不包含在抽样总体中。使用电话调查时一定要注意抽样总体和目标总体之间的差异。②被调查者看不到演示物，应用领域受到一定限制。在电话调查中，访谈员通过语音与被调查者联系，不能向被调查者出示演示样品，因此不能应用于产品形象、广告或其他需要演示样品的场合。③调查内容难以深入。电话访问的时间不宜过长，一般应控制在 10 分钟左右，因此电话调查的问题不宜过于复杂，故而不适合对复杂问题进行调查。④访问的成功率会受到影响，被调查者不愿意接受调查时可能会挂断电话；随机拨打会遇到空号、错号；电话筛选装置可能过滤掉调查电话等问题会影响到调查的成功率。

在发达国家，由于电话普及率比较高，并且人们已经习惯于电话调查，因此，电话调查几乎涉及各个领域，甚至还有超过 30 分钟的复杂问卷的调查。然而在我国，目前电话调查的应用范围还比较有限，电话调查主要使用领域包括：热点问题或突发性问题的快速调查；特定问题的消费者调查，如新产品的购买意向、新推出广告的到达率、新开播栏目的收视率等；企业调查，如企业管理者对某些问题的看法、对某些产品的评价及购买意向等。

（三）邮寄调查法

邮寄调查，是指调查人员将事先设计印刷好的调查问卷或调查表格，通过邮政系统寄给已选定的被调查者，由被调查者按要求填写后，按约定时间寄回的一种调查方法，调查者根据对调查问卷整理分析，获得有关的市场信息。

采用邮寄调查法，首先是要选择好邮寄调查的对象。一般可利用各种通讯录、名册等，也可利用计算机，计算机中储存了大量客户的名单，从中抽选部分客户，作为邮寄调查的对象。其次，要努力提高调查问卷的回收率。邮寄调查的问卷回收率低。为了提高问卷回收率，一般的方法有：一是在寄出调查问卷时，一定要附上空白信封和邮票。在信封上已事先写好调查单位的地址，并贴上足够邮票，这会使被调查者感到真诚，并增强了回答问卷的责任感。二是物质上的激励，即随问卷附上某种有价值的东西，如优惠购物券、小礼物等。这些措施有益于提高问卷回收率。

邮寄调查是以邮递员取代调查员，并以邮资的形式取代了访问员的支出。它克服了电话访问和拦截式访问只能调查简单问题的缺陷。但同时也完全依赖于“问卷与被调查者”交流。因此，邮寄调查对问卷设计要求较高。邮寄调查作业程序见图 4-4。

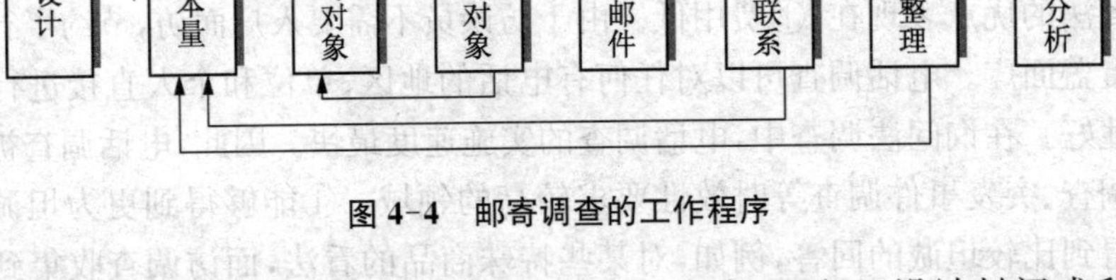

图 4-4　邮寄调查的工作程序

（1）问卷设计。即根据调查目的和要求，调查的内容和项目，设计封闭式和半封闭式问卷。设计时，还应考虑邮寄调查的特点，在问卷后附注填写要求、寄回时间、奖励办法。

(2) 确定样本量。即确定调查对象的总数目。由于邮寄调查的问卷回收率一般较低，因而样本量的确定应大于理论上的必要抽样数目。

(3) 选定邮寄对象。即确定邮寄调查的具体对象，并收集邮寄对象的名单、通信地址、邮编、电话号码等要素。

(4) 联系邮寄对象。即通过电话与选定的访问对象进行联系，请求他们协助填写问卷，说明填写要求和奖励办法。

(5) 寄出问卷邮件。在邮件中除了调查问卷外，还应附有致被调查者的信件，贴好邮票的回邮信件。

(6) 再次电话联系。寄出问卷邮件之后，可隔一定时间通过电话再次与邮访对象进行联系，确认是否收到问卷，并再次请求合作。

(7) 收回问卷整理。邮访对象寄回问卷后，应统计问卷回收的数量及回收率。问卷回收率一般应至少达到 60%，如果达不到这个最低数，应再次联系没有寄回问卷的被调查者，请求合作，并再次寄出问卷。如果仍不能达到要求，则可从没有寄回问卷的被调查者中随机抽样，最后通过面访的方式来提高应答率。

(8) 数据处理分析。邮寄调查结束后，则可对问卷进行分类、汇总和统计。

邮寄调查法的优点：①调查的空间范围大，调查对象的数量可大大增加；②不受调查者所在地区限制，可以获得很多地区、各个阶层的样本；③调查成本较低，只需花费少量邮资和印刷费用，可以节省大量的人力、物力、财力；④被调查者有较充分的时间填写问卷，从而为应答者提供了便利。

邮寄调查法的缺点：①问卷回收率较低；②调查所需时间较长；③邮寄调查无法对被调查者填写问卷进行必要的解释和指导，容易产生填写的差错，问卷的质量难以控制；④受调查对象的限制，邮寄调查的最大限制之一是被调查者必须有较高的文化程度。

(四) 留置调查法

留置调查，是调查人员将调查问卷当面交给被调查者，并详细说明调查目的和填写要求，留下问卷，由被调查者自行填写，再由调查人员按约定的时间收回问卷的一种调查方法。

置留调查法是介于邮寄调查和面访调查之间的一种方法，调查问卷设计与邮寄调查相似，但提问方式可以更灵活、更具体。留置调查法实际上是一种自我管理的调查形式。由于问卷留给被访者在闲暇时独立完成，因此在使用留置问卷访问法时应注意到，问卷要通俗易懂，不存在晦涩难懂或是有歧义的地方，同时对于作答方法和填写时的要求也要详细说明，以方便被访者的回答。

留置调查法的优点：①问卷回收率高，由于留置调查过程的问卷是当面送、当面收，所以问卷回收率高；②可信度高，可以围绕调查课题深入调查，被调查者可以当面了解填写问卷的要求，能充分体现调查者的意图；③回收问卷质量高，被调查者有充裕的时间思考回忆并考虑问题。

留置调查法的缺点是：①调查区域范围受到一定限制，难以进行大范围的留置问卷调查；②调查所需时间较长，费用相对较高。

留置问卷调查的关键在于保证调查的匿名性，在调查开展前调查员就应该向被调查者交代清楚。在问卷回收时，为了保证调查的匿名性，调查员可以手持问卷回收箱或回收袋，让被调查者亲自将问卷投入其中，或者在发放问卷的同时给被调查者一个空白信封，让被调查者亲自将问卷装入空白信封，然后交给调查员。

以上四种访问调查形式在不同评价标准下，各自优缺点的比较见表 4-2。

表 4-2　四种访问法优缺点的比较

类别 因素	面谈调查	电话调查	邮寄调查	留置调查
调查范围	较窄	较窄	广	较广
调查对象	可控、可选	可控、可选	难以控制、选择	有一定的控制、选择
影响回答的因素	能了解、控制与判断	无法了解、控制与判断	难以了解、控制与判断	有一定的了解、控制与判断
回收率	高	较高	较低	较高
回答速度	可快可慢	最快	慢	较慢
回答质量	较高	高	较低	较高
平均费用	最高	低	较低	一般

(五) 网络调查法

目前，互联网已经成为人类最大的知识宝库，据统计，80％的专业市场调查人员在市场调查项目中用到了互联网和其他在线服务。尽管网络调查还在一些方面遭受着人们的非议，但网络调查的发展却是飞速的，网络调查已经开始融入市场调查的主流当中。

网上冲浪

万维网地址

万维网或称 Web(world wide web)是互联网的一个组成部分，是设计用来简化文本和图像的传送工作的。万维网地址是以“www”开头，地址下一项叫域名。域名是经注册在互联网中使用的独特名称(类似于商标)、扩展名表明了域名的性质，如“.com”(商业性公司)、“.edu”(教育机构)、“.org”(非营利机构)、“.gov”(政府机构)、“.net”(网络服务商)等。

国内流行的搜索引擎如百度、搜狐、新浪、8848 以及美国的 Yahoo、Alta、Vista、Google 和 MSN 等已成为众多用户在网上查询信息的首选网站，这些机构都提供称为搜索引擎的服务项目。每一个搜索引擎都包含有世界范围内的文档链接集合，以各种网站独自的索引系统为用户输入一个或几个关键词，并在它的万维网地址库中找出所有这个或这些关键词出现的地方。

1. 网络调查的发展状况

网络调查是指以互联网为媒介进行的资料收集活动。从严格意义上来说，网络调查不仅可以收集原始资料，也可以收集已有资料。从这个角度上看可以把网络调查划分为两种方式：一种方式是利用互联网直接向网民调查，以收集原始资料；另一种方式是利用互联网的媒体功能，从互联网上收集已有资料。互联网给市场调查人员提供了一个全新的、具有很多先天优势的问卷调查工具。由于被调查者更乐于尝试网络调查这种新鲜事物，网络调查在原始资料的收集方面具有很大优势，相比较而言，常规的市场调查方法的效率正在逐渐下降。

网络调查在已有资料收集方面具有压倒性的优势。由于越来越多的政府机构、企业、报纸、杂志、电台等都纷纷将信息挂在网上，因此网络已成为信息的海洋，信息蕴藏量极其丰富。据估计，人类掌握的全部知识中，已经有一半的知识可以在网络上找到，如此巨大的知识库是任何一个企业都无法忽视的。

2. 利用网络调查收集原始信息的实施方法

网络调查收集原始资料的主要方式：①在线问卷调查，是对网站的访问者进行调查。企业可以在网站上发布调查问卷，通过举办竞赛、提供免费的电子杂志等方式鼓励被调查者参与。②电子邮件问卷调查以较为完整的 E-mail 地址清单作为样本框，使用随机抽样的方法发放 E-mail问卷，然后再对被调查者使用电子邮件催请回答。③新闻组讨论调查是利用新闻组与客户或潜在客户进行交流和讨论以获得信息的调查方式。各新闻组通常都有特定的讨论主题，参与特定新闻组讨论的人群通常具有许多相似的心理和人口统计特征，所以在进行新闻组讨论调查时，可以选择特定的新闻组，利用新闻组来筛选样本。例如，有关汽车的调查项目可以在以汽车为主题的新闻组中进行讨论。

3. 网络调查法的优点及其局限性

网络调查法是一种新兴的数据收集方式，其优点表现在：①调查成本比较低。使用互联网进行调查，问卷调查的实施费用、问卷的印刷费用、录入整理的费用等都被节省了下来，而且网络调查每增加一个样本的边际费用也比较低。②时效性好。由于省略了印刷、邮寄和数据录入的过程，因此网络调查甚至可以在几个小时内完成。Bachmann、Elfrink 和 Vazzana (1996)进行的一项研究表明，电子邮件问卷调查在应答的回收时间上比常规的邮寄问卷调查快 6.5 天。③能够高效率地找到具体的调查目标。网络上的站点丰富，涉及许多不同的领域，每一类站点都有自己特殊的群体。如果要对某一类群体进行研究，只需到与该类群体有关的网络上去寻找应答者即可。例如，一家公司为了找出购买特定品牌和样式的办公用品的消费者，用了 6 个月的时间，花费了数千美金进行电话调查，最后只找到了几个人，而在网络上，该公司只用了几个星期的时间，花费了很少的费用就找到了几百个这样的消费者。④交互性好，能够实现多样化的问卷设计。网络调查可以运用动画、声音和影像来提高问卷设计的质量，还可以将选项的排列进行随机化设计以避免排列顺序对调查结果的影响。⑤较高的质量控制。网络调查可以实现自动的逻辑检查，可以自动将逻辑上有矛盾的选项反馈给被调查者。网络调查还可以通过热点提示等方式对问卷中的内容进行解释，减少被调查者对问卷的误解，从而减少回答偏差。

网络调查法的制约因素：①样本的代表性问题。目前网络的普及率还不高，上网的人群还是以年轻人和知识分子为主，网民不能够代表所有的人口，这对调查结果的正确性有一定的影响。②无限制样本问题。无限制样本是指网上人人都能填写问卷，它完全是自我决定的，而且也可能存在同一个人重复填写问卷的情况。在网络上很难对样本进行验证，参与网络调查的人几乎都是自愿回答问题或自愿给出个人联系方式的网民。③网络的安全性。网络的安全性一直是影响网络调查顺利展开的一个制约因素，散布于因特网的间谍软件、木马软件更使网络的安全性成为一个巨大的问题。大量的网民在使用网络时都很担心暴露个人信息，这就影响了网民参加网络调查的积极性。④问卷长度受到限制。根据 Krasilovsky(1996)的研究，在网络上回答调查问卷的人注意力集中的时间很短，而且通常会在回答了 25～30 个问题后失去兴趣，所以，调查问卷设计得不宜过长。

知识链接

新型调查方法

触摸屏:奇奥斯卡(Kiosks)配备了触摸屏系统,提供了一种新型的在商店、诊所或其他消费、服务场所进行个人访谈的方法。但这种方法的使用量还小,仍无法分析其利弊。

传真调查:这是近年来收集商业公司信息的一种有效方法,与邮寄调查类似。它的最大的优点是从目标被访者中收集和传递信息的时间极大缩短,而且调查显示,在这种方法使用之初,其回答率高于邮寄调查。

因特网调研:因特网调研是调研方法中增长最快的一种方式。随着私人上网人数的增多,这种方法越来越具有优势。

E-mail 调研:这种方法已经出现,但是受技术限制,未能大规模推广。

自动语音调研:复杂系统通过电话号码盘或 800 电话以拨号回答多选题的方式实现了自动语音调研,这种方法还没有被广泛使用。然而,它已经在物理学家和其他一些难以联系到的消费者群体中进行了成功使用。这种方式使调研者可以在方便的任何时间(一天的任何时间,一年中任何一天)进行调研。

邮寄磁盘调研:这种方式具有典型邮寄调研的所有优、缺点。不过,它的另外一个优点是方便问卷中的跳问。例如,如果问:"你家有猫吗?"如果回答没有,则你需要跳过所有与猫有关的问题,而磁盘可以自动地完成这项任务。同时,磁盘调研有助于被访者使用自己语言,易于显示各种与问题有关的图形。最后,磁盘调研无须进行数据录入。不过,它的一个缺点是被访者必须拥有并能够使用电脑。

(资料来源:[美]小卡尔·迈克丹尼尔,罗杰·盖茨.当代市场调研.范秀成,等译.北京:机械工业出版社,2000)

第七节　观察调查法

一、观察调查法含义、特点和类型

(一) 观察调查法的含义及特点

观察调查法是调查员凭借自己的感官和各种记录工具,深入调查现场,在被调查者未察觉的情况下,直接观察和记录被调查者行为,以收集市场信息的一种方法。观察法不直接向被调查者提问,而是从旁观察被调查者的行动、反应和感受。

观察调查法的特点表现在:①观察法所观察的内容是经过周密考虑的。它不同于人们日常生活中的出门看看天气、到公园观赏风景等个人的兴趣行为,而是观察者根据某种需要,有目的、有计划的搜集市场资料、研究市场问题的过程。②观察法要求对观察对象进行系统、全面的观察。在实地观察前,应根据调查目的对观察项目和观察方式设计出具体的方案,尽可能避免或减少观察误差,防止以偏概全,提高调查资料的可靠性。③观察法要求观察人员在充分利用自己的感觉器官的同时,还要尽量运用科学的观察工具。人的感觉器官特别是眼睛,在实地观察中能获取大量的信息。而照相机、摄像机、望远镜、显微镜、探测器等观察工具,不仅能提高人的观察能力,还能将观察结果记载下来,增加了资料的翔实性。④观察法的观察结果是当时正在发生的、处于自然状态下的市场现象。市场现象的自然状态是各种因素综合影响的结果,没有人为制造的假象,其观察结果可以客观真实地反映实际情况。

(二) 观察调查法的类型

1. 人工观察和仪器观察

人工观察和仪器观察是根据观察是否要借助仪器来划分的。①人工观察。它是由调查人员凭借自己的感觉器官观察记录有关内容，由调查人员根据实际情况对观察到的现象做出合理的推断。②仪器观察。它是随科学技术的进步，一些先进的设备、手段，如录音、摄像等进入调查领域而出现的一种新的观察方法。如通过在商场的不同部位安装摄像系统，可以较好地记录售货人员和顾客的行为表现，借助仪器设备进行现场观察记录效率较高，也比较客观。

2. 结构观察和非结构观察

结构观察和非结构观察根据观察是否要设计观察卡片来划分的。观察卡片是一种标准化的观察工具，它对观察项目，要求事先做出明确的规定。①结构观察。它是指事先根据调查目的，设计出观察卡片，对观察具体项目、要求做出规定，以此来实施观察。结构观察，应用标准化记录工具进行记录。其记录结果即对市场现象进行观察的最终资料。观察记录标准化程度高，非常简练。某公司设计的牙膏销售计数的观察卡片，如表 4-3 所示，旨在了解消费者喜爱什么品牌的牙膏，各种品牌牙膏的市场占有率。结构观察也可以用于顾客流量的调查。为研究商业企业的经营状况和经营潜力，需要观察计数顾客进入商店的总人数、时间分段人数、平日和节假日客流人数。这种顾客流量现场计数，通常选择若干个有代表性的营业日（节假日、平常日、较少客流日），在商店所有出入口布置工作人员，在营业时间全程分时段计数顾客进店人数，然后进行汇总统计，分出日营业高峰时段、低谷时段客流量总数，平常客流量和节假日客流量等内容。②无结构观察，是指不需要事先设计观察卡片，调查人员只要按调查目的、任务，自行确定观察内容。显然，无结构观察有较大灵活性。

表 4-3　牙膏销售计数观察卡片

观察地点：＿＿＿＿＿　　观察员：＿＿＿＿＿　　观察时间：＿＿＿＿＿

品牌 售价	美加净	高露洁	白玉兰	草珊瑚	黑妹	洁银	……	其他
每支 5 元以下								
每支 5～10 元								
每支 10 元以上								

3. 参与观察和非参与观察

参与观察和非参与观察是根据调查者是否参与到被调查者的活动中来划分的。①参与观察。它是指调查者参与到被调查者的活动中进行观察。例如，一些商场中的企业信息员，他们为获得与本企业产品有关的信息，常年以售货员的身份在商场从事销售工作，观察顾客购买本企业产品的情况及同类竞争性产品的销售情况。在市场调查中，参与性观察法往往通过“伪装购物法”或“神秘购物法”来组织实施。它的任务一般包括观察购物环境、了解服务质量、观察消费者的购买行为、了解同类产品的市场情况。②非参与观察。它是指调查者不参与到被调查者的活动中来进行观察，即以局外人的身份进行观察。如上例中，企业信息员不以售货员的身份出现，而以旁观者的身份观察本企业产品和竞争者产品的销售状况。

案例分析

“神秘顾客”

“神秘顾客”是国外进行市场调查时比较常用的一种方法。“神秘顾客”又称伪装购物者。“神秘顾客”与一个正常购买商品的顾客一样，会与服务人员进行交流，咨询与商品有关的问题，挑选商品，比较商品，最后做出买或不买某种商品的决定。但是,“神秘顾客”与服务人员的交流并不是询问式调查,而是为了观察服务人员的态度、行为并以此对产品和服务做出评价。

“神秘顾客”调查法在国外应用很广泛。美国大约有200家这样的专门公司。最大的一家公司是设在西雅图和波特兰的特伦市场公司,该公司有100名职工和500多名“神秘顾客”。特伦市场公司已经经营了10多年,有十几万美国商店和服务单位接受了它的调查。其方法是让经过专门训练的“神秘顾客”作为普通消费者,可买也可不买商品,买了觉得不好也可退货。这样,要求他们详细记录下他们购物或接受服务时发生的一切情况,然后填写一份仔细拟订过的调查表。目的是分析商店或服务单位的服务质量和不良运转情况。买方市场的迅速到来,使现代企业竞争日益激烈,以服务为主的非价格竞争手段已经成为企业制胜的重要指标,所以“神秘顾客”的临场监督方法有助于一个企业服务标准得到比较彻底的贯彻。

很多外企经常运用“神秘顾客”来调查其在中国的分公司或代理商。例如,肯德基就用“神秘顾客”监督分店,肯德基国际公司遍布全球60多个国家和地区,分公司、子公司多达9 900多个。然而,肯德基国际公司地处万里之外,怎么保证它的下属循规蹈矩呢?曾经有一次,上海肯德基有限公司收到3份国际公司寄来的鉴定书,对他们外滩快餐厅的工作质量分3次鉴定评分,分别为83分、85分、88分。公司中外方经理都为之瞠目结舌,这3个分数是怎么评定的?原来,肯德基国际公司雇佣、培训了一批人,让他们佯装顾客,秘密潜入店内进行检查评分,这些“神秘顾客”来无影、去无踪,而且没有时间规律,这就使快餐的经理、雇员时时感受到某种压力,丝毫不敢疏忽,服务质量也就越来越好。

惠普公司曾雇“神秘顾客”在北京惠普授权经销商处进行调查,调查内容分为五个部分:第一部分是产品情况,第二部分是视觉效果,第三部分是店铺装备情况,第四部分是对惠普的支持,第五部分是价格的控制。

我国首家提供“神秘顾客”服务的是北京世纪蓝图市场调查公司,此公司的评估范围包括服务态度评估和操作规范评估两个方面。服务态度评估可以了解雇员的服务意识,操作规范评估可以考察违规行为及统一标准的执行情况。为了保证证据的真实性,防止个人的武断判断,一般对执行的全过程进行录音。

国内某商场就用此方法使服务质量得到了改进,该公司的经理向全体员工宣布,将会有一家调查公司长期派出调查员,以消费者的身份在商场购物,调查将如实地记录下员工的服务程序和态度,公司以此作为每个员工的重要奖惩依据。结果,“神秘顾客”使该商场的服务态度较以前有了明显好转,营业额也大幅度攀升。

4. 现场观察和痕迹观察

现场观察和痕迹观察是根据观察的内容不同划分的。

(1)现场观察。现场观察包括销售现场观察、使用现场观察和供货现场观察。①销售现场观察是指调查者到商场、经销店、各种展销会、交易会等现场,亲自观察和记录顾客的购买情况、购买情绪、同类产品竞争程度、新产品的设计以及各种商品的性能、样式、价格、包装等。②使用现场观察是在用户的使用现场,了解用户使用本企业生产或经销商品的情况,包括用途、使用条件、顾客在使用时遇到的困难、顾客要求等,以发现问题并及时加以改进。③供货现场观察即派人到原材料、配套件、协作件的生产企业,观察他们的生产条件、技术水平、工艺过程,以了解其所生产和经销商品能否满足要求,或到商业企业观察货源的准备情况。

(2)痕迹观察。痕迹观察不是观察被调查者正在进行的活动行为,而是观察被调查者活动行为留下来的痕迹。对被调查者的活动留下的痕迹进行观察,可以收集到一些有价值的市场信息资料。如美国一家广告公司,为了进行电视广告收视率调查,经用户同意,在1 200个家庭的电视机上安装了电子记录器,与公司总部相联,当观众收看时,就能把所看电视的频道、节目记录下来,这样就可以了解观众喜欢什么样的电视台和电视节目,确定广告播出的黄金时间。近年来,国外还流行食品橱观察、梳妆台化妆品观察等。

(三)观察调查法的记录技术

采用良好的记录技术,可以减轻观察者的负担,避免因忙于记录而顾此失彼。记录技术的好坏直接影响着调查结果。优良的记录技术应该准确、及时、无遗漏地记录信息，方便资料整理及分析。

常用的记录技术包括以下五种：①观察卡片记录。观察卡片或观察表与调查问卷的结构基本相同，卡片上列出观察项目和每个项目可能出现的各种情况。在实施观察时，观察员可以直接在观察卡片上填写观察记录，这样就加快了记录的速度。②符号记录。符号是指用符号代表在观察中出现的各种情况，在记录时，只需根据所出现的情况记下相应的符号，或在事先写好的符号上打钩即可，不需要用文字叙述。符号记录不仅加快了速度，而且便于资料的整理。③速记。速记是以简便易写的线段、圈点等符号系统来代表文字进行记录的方法，和符号记录一样，速记也可以加快记录的速度。④记忆。记忆采取的是事后补记的方式进行记录的技术。在调查时间紧迫或不宜进行现场记录的情况下，可以采用记忆方式记录。由于人的记忆力有限，因此在记忆时要抓住记忆要点，事后及时整理。采用这种记录技术虽然可以避免被调查者的顾虑，但却容易遗漏一些重要信息。⑤机械记录。机械记录是指在观察调查中，运用录音机、录像机、照相机等专用仪器进行记录。这种记录方法能详尽记录所要观察的事实，减轻调查人员的负担，但容易引起被调查者的顾虑，使调查结果失真。

二、观察调查法的具体应用

（一）观察调查法应用的原则及程序

观察法的运用是观察人员的主观活动过程。为使观察结果符合客观实际，要求观察人员必须遵循以下原则：

（1）客观性原则。观察者必须持客观的态度对市场现象进行记录，切不可按其主观倾向或个人好恶，歪曲事实或编造。

（2）全面性原则。必须从不同层次、不同角度进行全面观察，避免出现对市场片面或错误认识。

（3）持久性原则。市场现象极为复杂，且随着时间、地点、条件的变化而不断地变化。市场现象的规律性必须在较长时间的观察中才能被发现。

（4）道德性原则。注意遵守社会公德，不得侵害公民的各种权利，不得强迫被调查者做不愿做的事，不得违背其意愿观察被调查者的某些市场活动，并且还应为其保密。

观察法的一般程序是：①选择那些符合调查目的、便于观察的单位作为观察对象；②根据观察对象的具体情况，确定最佳的观察时间和地点；③正确和灵活地安排观察顺序；④尽可能减少观察活动对被观察者的干扰；⑤认真做好观察记录。

（二）观察调查法的应用范围

（1）观察顾客的行为。了解顾客行为，可促使企业有针对性地采取恰当的促销方式。所以，调查者要经常观察或者摄录顾客在商场、销售大厅内的活动情况，如顾客在购买商品之前，主要观察什么，是商品价格、商品质量还是商品款式等；顾客对商场的服务态度有何议论等等。

（2）观察顾客流量。观察顾客流量对商场改善经营、提高服务质量有很大好处。例如，观察一天内各个时间进出商店的顾客数量，可以合理地安排营业员工作的时间，更好地为顾客服务；又如，为新商店选择地址或研究市区商业网点的布局，也需要对客流量进行观察。

（3）观察产品使用现场。调查人员到产品用户使用地观察调查，了解产品质量、性能及用户反映等情况，实地了解使用产品的条件和技术要求，从中发现产品更新换代的前景和趋势。

(4) 观察商店柜台及橱窗布置。为了提高服务质量，调查人员要观察商店内柜台布局是否合理，顾客选购、付款是否方便，柜台商品是否丰富，顾客到台率与成交率以及营业员的服务态度如何等。此外，观察调查还可用于商品库存状况、产品质量和广告调查等领域。

案例分析

商业密探：帕科·昂得希尔

帕科·昂得希尔是著名的商业密探，他所在的公司叫恩维罗塞尔市场调查公司。他通常的做法是坐在商店的对面，悄悄观察来往的行人。此时，在商店里他的属下正在努力工作，跟踪在商品架前徘徊的顾客。他们的目的是要找出商店生意好坏的原因，了解顾客走进商店以后如何行动，以及为什么许多顾客在对商品进行长时间挑选后还是失望地离开。通过他们的工作给很多商店提出了许多实际的改进措施。例如一家主要由青少年光顾的音像商店，通过调查发现这家商店把磁带放置过高，孩子们往往拿不到，昂得希尔指出应把商品降低放置，结果销售量大大增加。又如，伍尔沃思公司发现商店后半部分的销售额远远低于其他部分。昂得希尔通过观察拍摄现场解开了这个谜：在销售高峰期，现金出纳机前顾客排着长长的队伍，一直延伸到商店的另一端，妨碍了顾客从商店的前面走到后面，针对这一情况，商店专门安排了结账区，结果使商店后半部分的销售额迅速增长。

(案例来源：黄静.市场调查与预测.北京：清华大学出版社，2014)

三、观察调查法的优缺点

(一) 观察调查法的优点

(1) 观察调查法具有直观性和可靠性。它能客观地收集丰富的第一手市场信息资料。观察调查是在被观察者没有觉察到自己的行动正在被观察的情况下进行调查，从而可以客观地搜集、记录观察现场实况，搜集第一手资料，调查资料真实可靠、准确性高，调查结果更接近实际。

(2) 观察调查法不依赖于语言交流，减少了误会和干扰。它基本上是调查者的单方面活动，不会收到被调查者意愿和回答能力等问题的困扰，因此利于对无法、无须或无意进行语言交流的市场现象进行调查。

(3) 观察调查法简便易行，灵活性强，可随时随地进行。

(二) 观察调查法的缺点

(1) 观察调查要受到时间、空间和经费的限制。它比较适用于小范围的市场调查。因为观察调查工作需要大量观察员到现场作长时间的观察，调查时间较长，调查费用支出较大。

(2) 观察调查法只能观察市场的表面现象，其调查结果只能反映客观事实的发生经过，不能说明事实发生的原因和动机。

(3) 对调查员的技术水平要求较高。观察调查法要求调查员拥有敏锐的观察力，良好的记忆力，必要的心理学、社会学知识以及现代化设备的操作技能等。

第八节　实验调查法

一、实验调查法含义和分类

实验调查法(Experimental Survey)是一种特殊的市场调查方法。它是根据市场调查的目的，把调查对象置于一定的条件下，进行实验对比来收集市场信息资料的调查方法。实验调查既是一种实践过程，又是一种认识过程，并将实践与认识统一为调查研究过程。企业的经营活动中经常运用这种方法，如开展一些小规模的包装实验、价格实验、广告实验、新产品销售实验等，来测验这些措施在市场上的反映，以实现对市场总体的推断。

实验调查法按照实验的场所可分为实验室实验和现场实验。①实验室实验。它是指在人为控制的环境中进行实验，研究人员可以进行严格的实验控制，它比较容易操作，时间短，费用低。如模拟设计一个营销实验室，来研究消费者购买行为与广告之间的关系。②现场实验。它是指在实际营销环境中进行实验，如选择几家商店做实验，研究商品价格变动对商品销售量的影响，其实验结果一般具有较大的实际应用价值，许多营销实验都属于现场实验。

二、实验调查法的实施步骤

在调查过程中，无论进行何种实验，一般都要经过以下几个步骤，如图 4-5 所示。

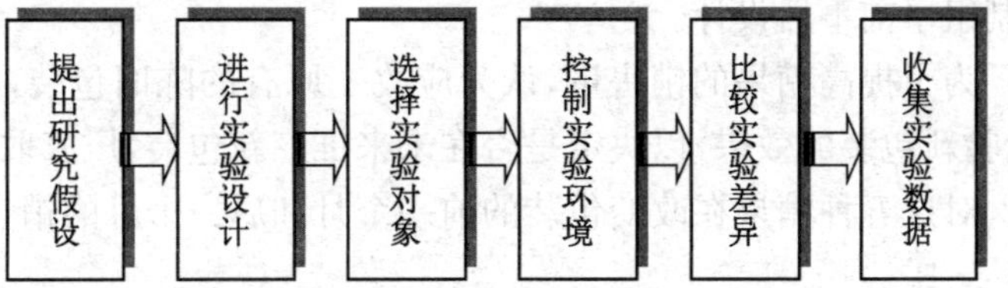

图 4-5　实验调查法实施步骤

1. 提出研究假设

根据已有的理论和经验对某一社会现象与另一社会现象之间是否有因果或共变关系提出理论假设。实验之前要提出研究假设作为实验指南。尽管研究假设无法在实验中一一验证，可它毕竟提供给实验活动得以施行的方案和策略。没有研究假设的提出，实验活动无从进行。

2. 进行实验设计

实验设计是实验的关键，它是研究人员研究控制、操作实验环境和实验对象，验证研究假设的规划。一项可行的实验，务必是建立在认真搞好实验设计的基础上的。

3. 选择实验对象

实验对象用成对挑选法和随机抽样法。成对挑选法是根据调查研究对象是否具有某一种或某几种特征，将其分为实验组和控制组。这种非随机方法操作简便，只是把握不住自变量和因变量，可靠性差些。随机抽样法是一种机会均等的抽样方法，这种方法选取的实验对象代表性高，但在实验中不易做到。因为，选取实验对象要在社会条件允许的范围内进行，选取控制组的数量是不固定的，可以是一个或一个以上。选择实验对象的条件要大致相同。

4. 控制实验环境

对实验组提供某种实验条件，即加进某种因素，对控制组实行控制，使其保持以往的环境条件，不受实验组的影响。在加进实验条件前要进行事先测量。

5. 比较实验差异

通过一段时间的实验以后，再来看看两个组的变化是否有差异。若无差异，则说明加进的实验条件不起作用，条件与结果之间没有相关关系。若有差异，则要根据差异的方向来确定实验条件起作用的方向。

6. 收集实验数据

对于实验数据如果记录不及时或记录出现差错，都会前功尽弃，它不像观察法那样可轻而易举地补充上，如重新实验又将浪费很多的人力、物力、财力。所以，必须及时收集实验数据，做好实验检测，得出实验结论。

三、实验调查法的主要类型

（一）实验组前后连续对比实验

实验组前后连续对比实验是在同一企业中，在不同给定条件中，对前后不同时期的实验对象加以观察，借以判定实验结果的一种调查方法。一般只选择一组实验所要调查的客体，即实验单位或实验组（如商店、消费者、商品等），确定实验时期，观察引入某一试验因素变化前后试验组产生的变化情况。实验组前后连续对比实验，其观察对象只有一个，就是所选定的实验单位。这种实验方法可用于企业改变产品花色、规格、款色、包装、调价等因素变化的影响分析。所以，它也叫无控制组事前事后设计。

例如，某食品厂为了提高糖果的销售量，认为应改变原有的陈旧包装，并为此设计了新的包装图案。为了检验新包装的效果，以决定是否在未来推广新包装，厂家取 A、B、C、D、E 五种糖果作为实验对象，对这五种糖果在改变包装的前一个月和后一个月的销售量进行了检测，得到的实验结果见表 4-4。

表 4-4 单一实验组前后对比表 单位：千克

糖果品种	实验前售量（y_1）	实验后销量（y_2）	实验结果（y_1-y_2）
A	300	340	40
B	280	300	20
C	380	410	30
D	440	490	50
E	340	380	40
合计	1 740	1 920	180

实验因素效果＝1 920－1 740＝180（千克）

或　　实验因素效果＝1 920/1 740×100％＝110.34％

实验数据显示，改变包装比不改变包装销售量增加 180 千克，或新包装的销售效果高于旧包装 10.34％。说明顾客不仅注意糖果的质量，也对其包装有所要求。因此断定，改变糖果包装，以促进其销售量增加的研究假设是合理的，厂家可以推广新包装。但应注意，市场现象可能受许多因素的影响，180 千克的销售增加量，不一定只是改变包装引起的。

对上述实验组事前事后实验法来说，通过引入实验因素对市场状况的作用效果，一方面避免了因为实验单位的不同而产生的实验误差；另一方面由于事前事后记录相差一段时间，在此期间，各种外来因素可能发生变化，从而影响结果的准确性。无控制组事前事后设计，表面上看比较科学，但事实上还是无法消除事前事后实验期间内外因素影响，实验误差较大。因此单一实验组前后连续对比实验，只有在实验者能有效排除非实验变量的影响，或者是非实验变量的影响可忽略不计的情况下，实验结果才能充分成立。

（二）实验组与控制组对比实验

实验组与控制组对比实验是在选择若干实验对象为实验组，同时选择若干与实验对象相同或相似的调查对象为控制组，并使实验组与控制组处于相同的实验环境之中，借以判定实验结果的一种调查方法。

例如，某食品厂为了解面包的配方改变后消费者有什么反应，选择了A、B、C三个商店为实验组，再选择与之条件相似的D、E、F三个商店为控制组进行观察。观察一周后，将两组对调再观察一周，其检测结果见表4-5。

表4-5　实验组与控制组对比表　　单位：百袋

项目	原配方销售量		新配方销售量	
	第一周	第二周	第一周	第二周
A	—	37	43	—
B	—	44	51	—
C	—	49	56	—
D	35	—	—	41
E	40	—	—	47
F	45	—	—	52
合计	120	130	150	140

从表4-5中可知，两周内原配方面包共销售了120＋130＝250（百袋），新配方面包共销售了150＋140＝290（百袋）。这说明改变配方后增加了40百袋的销售量或提高了16%的销售量，这对企业很有利。

实验组与控制组对比实验，必须注意二者具有可比性，即二者的规模、类型、地理位置、管理水平、营销渠道等各种条件应大致相同。只有这样，实验结果才具有较高的准确性。但是，这种方法对实验组和控制组都是采取实验后检测，无法反映实验前后非实验变量对实验对象的影响。为弥补这一点，可将上述两种实验进行综合设计。

（三）实验组与控制组前后对比实验

这是对实验组和控制组都进行实验前后对比，再将实验组与控制组进行对比的一种双重对比的实验法。它吸收了前两种方法的优点，也弥补了前两种方法的不足。

例如，某公司在调整商品配方前进行实验调查，分别选择了3个企业组成实验组和控制组，对其月销售额进行实验前后对比，并综合检测出了实际效果，见表4-6。

表4-6　双组前后对比表　　单位：百元

实验单位	前检测	后检测	前后对比	实验效果
实验组	$y_0 = 2\,000$	$y_1 = 3\,000$	$y_1 - y_0 = 1\,000$	$(y_1 - y_0) - (x_1 - x_0)$ $= 1\,000 - 400$
控制组	$x_0 = 2\,000$	$x_1 = 2\,400$	$x_1 - x_0 = 400$	

表4-6中的检测结果，实验组的变动量1 000万元，包含实验变量即调整配方的影响，也包含其他非实验变量的影响；控制组的变动量400万元，不包含实验变量的影响，只有非实验

变量的影响，因为控制组的商品配方未改变。

实验组与控制组前后对比实验的实验效果是从实验变量和非实验变量共同影响的销售额变动量中，减去由非实验变量影响的销售额变动量，反映调整配方这种实验变量对销售额的影响作用。由此可见，实验组与控制组前后对比实验，是一种更为先进的实验调查方法。

四、实验调查法的优缺点

（一）实验调查法的优点

（1）实验调查能获得第一手信息资料，为企业预测未来市场需求提供客观依据。企业可以运用实验调查法来分析研究，通过改变原有产品的质量、价格、包装、款式等，会产生多大的促销效果。在选择的特定的地区和时间内进行小规模试验，试探了解市场反应，并根据实验的初步结果，决定推广的规模及范围，从而提高企业经营活动的预见性，减少盲目性。

（2）实验调查取得的数据比较客观，可靠性较强，可信度较高。只要在实验单位、实验变量、实验设计、实验环境和条件基本相同的情况下，实验是可重复的，实验结果较为可靠。

（3）实验调查可以检验变量之间的因果关系。因为采用实验调查法进行市场调查，可以有控制地分析、观察某些市场现象间的因果关系及其相互影响程度，这是访问调查法、观察调查法等不易做到的。

（二）实验调查法的缺点

（1）实验效果的准确性难以绝对可靠。实验调查法是从自然科学中的实验方法移植过来的。但是对市场上的各种因素进行实验，不可能像自然科学中的实验一样准确。这是因为市场上的实验对象要受到多种不可控因素的影响。所以，对实验效果要做认真细致的分析。

（2）实验调查费用较高，时间长。实验法在技术上和分析上都有一定难度，因此费用一般比较高。有的实验要求有多个实验组和控制组，这就进一步加大实验的成本。另外，实验法持续的时间较长，特别是正式的随机实验，要进行事前、事后测量，所需要的时间更长。

（3）实验调查只适合于对当前市场变量的观察和研究分析，无法研究过去的情况，也无法收集未来市场变化的信息。

小　结

1. 市场调查资料收集方法可分为文案调查和实地调查两大方法。市场调查人员需要的资料可以分成已有资料和原始资料两大类。根据所收集的原始资料的性质，市场调查又可以分为定性调查和定量调查两类。收集二手资料的方法主要是文案调查法；收集定性原始资料的方法主要有焦点小组访谈、深层访谈法；收集定量原始资料的方法有访问调查法、观察调查法、实验调查法等。

2. 文案调查是指利用企业内部和外部的现有的各种信息、情报资料，对调查内容进行分析研究的一种调查方法，它具有间接性和无接触性的特点。文案资料收集应遵循的原则有针对性、系统性、时效性、经济性。通过对文案资料进行分门别类的处理，以加强针对性；对资料进行合理取舍，以提高可用性；对市场资料进行深加工，以揭示规律性；对资料进行系统处理，以把握整体性。

3. 访问法是利用问卷来收集事实、意见和态度的一种获得原始数据的调查方法。在访问法中，访谈员根据问卷向被调查者提出问题，通过被调查者的口头回答或填写调查问卷等形式来收集市场信息资料。访问调查法的主要方式有面访、电话、邮寄、留置和网络调查等，每一种调查方式在时效性、回答率、调查费用等方面都有显著的差异。

4. 观察调查法是调查员凭借自己的感官和各种记录工具，深入调查现场，在被调查者未察觉的情况下，直接观察和记录被调查者行为，以收集市场信息的一种方法。观察法从不同的角度可分为：人工观察和仪器观察；结构观察和非结构观察；参与观察和非参与观察；现场观察和痕迹观察。观察法可以用来观察顾客的行为、顾客流量、产品使用现场、商店柜台及橱窗布置等其他领域。观察法应遵循客观、全面、持久性的原则。观察法具有直观可靠性、灵活性高等优点，同时存在受到时间、空间的限制，只能观察市场表面现象的局限性。

实验调查法是根据市场调查的目的，把调查对象置于一定的条件下，进行实验对比来收集市场信息资料的调查方法。其主要类型有单一实验组前后对比实验、实验组与控制组对比实验、实验组与控制组前后对比实验。实验调查能获得市场情况的第一手信息资料，且取得的数据比较客观，可靠性、可信度较高，科学性较强。但实验调查费用较高，时间较长。

习　题

一、名词解释

1. 重点调查　2. 典型调查　3. 文案调查　4. 焦点小组访谈法　5. 投影技法
6. 访问调查法　7. 观察调查法　8. 实验调查法

二、填充题

1. 市场调查资料收集方法可分为文案调查(Desk Research)和__________(Fields Research)两大类。

2. __________是市场调查中最常用、最基本的方法。

3. CAPI 称为计算机辅助面访调查(Computer－Assisted Personal Interviewing)，而 CATI 称为________________。

4. 邮寄调查法主要缺点是_________________________________。

5. 制约网络调查法的首要因素应该是__________问题，它对调查结果的正确性有重要的影响。

6. 观察调查法的类型之一是现场观察和____________。

三、选择题

1. 与定量调查相比定性调查　(　　)

A. 成本高　　B. 样本量大
C. 对调查员的要求较低　　D. 能更好地了解消费者内心深处的态度、动机

2. 询问法的主要优点是　(　　)

A. 应用范围广　　B. 调查的成本较低，周期较短
C. 调查成本较低，结果较为准确　　D. 容易对调查人员进行控制

3. 电话调查的特点是　(　　)

A. 时效快，费用低　　B. 可用于调查敏感的问题
C. 不需要设计调查问卷　　D. 调查资料较为准确

4. 面谈访问调查的主要优点在于　(　　)

A. 能取得较高的回答率　　B. 可调查较大的样本量
C. 可节省调查费用　　D. 容易管理

5. 实验法的主要目的是　(　　)

A. 为了查明事情的原因　　B. 为了查明事情的结果
C. 为了查明原因和结果之间的关系　　D. 为了获得更准确的数据

四、判断题

1. 在实践中，只要文案调查活动遵循科学的程序进行，获取可信度较高的调查结果后运用于预测，必然能得出正确的市场决策。　(　　)

2. 人口普查数据提供详细的人口状况，这是一种典型的二手资料。（　）

3. 实地调查是收集二手资料的方法之一。（　）

4. 实地调查采用的方法不同，所必需的费用也不同。（　）

5. 在面对面访谈调查活动中，调查人员应该灵活变通、因地制宜，以求随时掌控访谈进程，取得较好的调查效果。（　）

五、简答题

1. 比较已有资料和原始资料的特点，定量调查和定性调查的区别。

2. 在调查实践中，为什么要先收集二手资料，后收集原始资料？

3. 文案调查资料收集的原则及方法。文案调查资料的管理与利用。

4. 访问调查方法按访问形式的不同有几种类型，比较各自的优缺点。

5. 简述网络调查法的优点及其局限性。

6. 什么是"神秘购物法"？举例说明观察调查法的应用范围。实验调查法的程序及原理。

六、案例分析题

重视市场调查的李维公司

Levi's是美国西部最闻名的名字之一。它也是世界第一条牛仔裤的发明人Levi Strauss（李维·施特劳斯）的名字。1847年，年仅十七岁的李维·施特劳斯从德国移民至纽约，几乎完全不会讲英语的他在美国的起初几年是为他的两名兄长打工。他在纽约及肯德基一带的偏僻市镇和乡村到处贩卖布料及家庭用品，他有时甚至露宿路边或在空的车房里过夜。加州淘金热的消息使年轻的施特劳斯相当入迷，他于1853年搭船航行到三藩市，随身携带了数卷营帐及蓬车用的帆布准备卖给迅速增加的居民。但他发现帆布有更好的用途，因为有一名年长的淘金人告诉他应该卖的是能承受挖金粗用的长裤，于是他把卖不完的帆布送到裁缝匠处订制了第一件Levi's牛仔裤。就在那一天，Levi's的传奇诞生了。

由于当时淘金工所穿的衣服皆为一般棉布衣，较易磨。牛仔裤则以其坚固、耐久、穿着合适获得了当时西部牛仔和淘金者的喜爱，大量的订货纷至沓来。李维·施特劳斯于1853年成立了牛仔裤公司，以"淘金者"和牛仔为销售对象，大批量生产"淘金工装裤"。

刚开始，李维·施特劳斯用厚实的帆布裁出低腰、直裤腿、窄臀围的裤子；后来，他放弃帆布，改用斜纹粗棉布，那是一种在法国纺织以不变色靛蓝染料织成的强韧棉布，穿起来更舒服。由于此种裤子精悍利落，因此也深得牛仔们的喜爱，渐渐便成为牛仔们的特色。

从1860至1940年期间，李维公司对原创设计作了不少改良，包括铆钉、拱形的双马保证皮标以及后袋小旗标，如今这些都是世界著名的正宗Levi's牛仔裤标志。目前，Levi Strauss公司的确已成美国传统，它代表的是西部的拓荒力量和精神。

在李维公司的发展历程中，始终坚持搞好市场调查，树立牢固的市场观念，按用户需要组织生产的市场决策。根据市场调查和长期积累的经验，李维公司认为，应该把青年人作为目标市场。为满足青年人的需要，李维公司坚持把耐穿、时髦、合体作为开发新产品的主攻方面，力争使自己的产品长期占领青年人市场。在20世纪60年代，他们了解到许多美国妇女喜欢穿男式牛仔裤。根据这种情况，李维公司经过深入调查，设计出适合妇女穿的牛仔裤、便装和裙子，1978年的妇女服装销售情况看好，销售额增加了58%。

为了满足市场需要，李维公司十分重视对消费心理的分析。1974年，为了拓展欧洲市场，研究市场变化趋势，了解消费者爱好，向德国顾客提出了"你们穿李维的牛仔裤，是要价钱低、样式好，还是合身"的问题。调查结果表明，多数首要的是"合身"。于是，公司派专人在德国各大学和工厂进行实验，一种颜色的裤子，竟生产出了不同尺寸、不同规格的45种型号，大大拓展了销路。公司还根据市场调查获得的各种有关用户的信息资料，制定出五年计划。虽然市场竞争相当激烈，但由于李维公司积累了相当丰富的市场调查经验，所制定的生产和销售计划同市场实际销售量只差1%～30%，基本做到了产销统一。李维公司的销售网遍及世界70多个国家或地区，他们对所属的生产和销售部门实行统一领导。他们认为产销是一个共同体，二者必须由一个上级来决定，工厂和市场之间要建立经常性的情报联系，使工厂的生产和市场的需求保持统一。为此，公司设立了进行市场调查的专门机构，在国内外进行市场调查，为公司的决策提供依据。

正确的市场决策，带来了李维公司的大发展。公司在20世纪40年代末销售额只有800万美元，1979年增加到20亿美元，30年增加了250倍。近20年来，李维公司已发展成为活跃于世界舞台的跨国企业，公司按地区分为欧洲分部、拉美分部、加拿大分部和亚太分部。各分部分管生产、销售、市场预测等项事宜。李维公司拥有120家大型工厂，设存货中心和办事处以及3个分公司(美国李维牛仔裤公司、李维国际公司和BSE公司)。分公司有规模庞大、设备先进的生产工厂42家，最大的一家年生产能力达到1 600万条。1979年，李维公司在美国国内总销售额达13.39亿美元，国外销售盈利超过20亿美元，雄居世界10大服装企业之列。

思考题：

1. 本案例中，都采用了哪些调查方法？

2. 李维公司对消费者心理进行调查分析时，能否用观察法来调查？

3. 市场调查是否为一门精确的科学？为什么李维公司所制定的生产和销售计划同市场实际销售量相差为1%～30%，仍可以说基本做到了产销统一？

第五章 抽样调查技术

学习重点和要点

(1) 理解抽样调查的概念及理论基础;了解抽样调查的原则、优缺点、抽样误差的控制及抽样设计的过程。

(2) 掌握随机抽样技术的分类及特点;熟练掌握随机抽样技术及其应用。

(3) 掌握影响抽样误差的主要因素,抽样平均误差和抽样极限误差的含义及计算。

(4) 掌握抽样推断方法及样本容量的确定。

第一节 抽样调查的一般理论

一、抽样调查的概念

1. 抽样调查的定义

抽样调查是指按随机原则,从调查对象总体中抽取一定的单位数目(样本)进行观察,并用样本(Sample)所得结果推断总体(母体群,Population)的一种专门组织的非全面调查。

市场调查工作的目标是获取总体的各类信息及特征,一般来说,有两种方法可供选择:一是普查,二是抽样调查。普查是一种了解调查对象真实情况的最准确的方法,它是通过逐一调查总体的每一个单位的信息,加以汇总,得到调查对象特征的调查方法。但是普查在人力、财力和物力成本上的耗费都过于庞大,有时甚至不可能进行普查。抽样调查是一种专门组织的非全面调查,它是按照一定的方式,从调查对象总体中抽选出一部分单位作为样本进行调查,并根据所得的结果推断总体情况和特征的一种专门性的调查活动。抽样调查是现代市场调查中的重要的组织方式,是国际上公认的和普遍采用的科学的调查手段。

抽样调查最主要的特点在于其应用科学的方法,在总体中抽取有代表性的调查对象进行研究,它克服了普查的组织困难和费用高、时间长的特点;也克服了传统调查方法(如重点调查、典型调查)的主观随意性和样本代表性不强的弱点,使其具有较强的代表性和科学性,是较科学和客观(遵循随机原则)的一种调查方法。

知识链接

现代抽样调查的先驱——盖洛普

"一种客观测量报刊读者阅读兴趣的新方法"是乔治·盖洛普(Georrge Gallup)在艾奥瓦大学撰写博士论文时使用的题目。通过对"Des Moines Register and Tribune"和瑞士数学家雅各布·贝努里(Jakob

Bernonlli)具有200年历史的概率统计理论的研究,盖洛普在抽样技术领域取得了进展。他指出,当抽样计划中的调查对象涵盖广泛,涉及不同领域、不同种族、不同经济层次的各种人时,你只需随机抽取而无需采访每个人。尽管当时他的方法不能为每个人理解和认同,但是现在已经被广泛使用。

盖洛普通常引出一些特例来解释自己在说什么或做什么,假设有7 000个白豆子和3 000个黑豆子十分均匀地混在一起,装在一只桶里。当你舀出100个时,你大约可以拿到70个白的和30个黑的,而且你失误的概率可以用数学方法计算出来。只要桶里的豆子多于一把,那么你出错的概率就小于3%。

20世纪30年代早期,盖洛普在美国很受欢迎。他曾在Drake大学新闻系任系主任,然后转至西北大学。在此期间,他从事美国东北部报刊的读者调查。1932年的夏天,一家新的广告代理商电扬广告公司,邀请他去纽约创立一个旨在评估广告效果的调查部门,并制定一套调查方案。同年,他利用民意测验法帮助他的岳母竞选艾奥瓦州议员。这使他确信他的抽样调查方法不仅在数豆子和报刊读者调查方面有效,并有助于选举人。只要你了解到抽样范围具有广泛性:白人、黑人,男性、女性,富有、贫穷,城市、郊区,共和党、民主党。只要有一部分人代表他们所属的总体,他就可以通过采访相对少的一部分人,预测选举结果或反映公众对其关心问题的态度。盖洛普证实,通过科学抽样,可以准确地估测出总体的指标。同时,抽样过程可节约大量资金。

盖洛普公司1935年由乔治·盖洛普博士创立,乔治·盖洛普公司在美国率先用统计抽样的方法预测美国总统的选举,并且一举获得成功。这家公司是以比较严谨的测量民众呼声、研究市场为专长的公司。目前盖洛普的业务已经发展为三位一体:公司做的第一大业务也是最大的一块业务是市场调查、市场营销以及营销咨询;第二大业务是企业的人力资源咨询;第三大业务是研究企业的发展战略,包括企业的兼并和重组。公司越来越向综合领域发展,它的主要定位就是以市场为切入口。

盖洛普公司在全球建立了40多家分公司,它所设立的办事处覆盖全世界60%的人口和70%的产值,同时乔治·盖洛普博士被美国的生活杂志评为美国100年来影响最大的人物之一,并且盖洛普也被载入英文字典。

这就是现代抽样方法的先驱——盖洛普的经历。今天,抽样调查已经成为比较科学的一种调查方式,发挥着越来越重要的作用。

2. 抽样的概念

抽样是指在抽样调查时采用一定的方法,抽选具有代表性的样本,以及各种抽样操作技巧和工作程序等的总称。为了使抽选的样本具有代表性,必须借助于各种抽样技术。抽样技术可以分为随机抽样技术和非随机抽样技术。通常所说的抽样调查是专指随机抽样技术。

知识链接

采用抽样调查方法的必要性

市场调查之所以采用抽样调查的方法,是基于以下两方面的原因。

一是市场调查的研究对象往往单位很多,时间、空间跨度较大,要获得全面的信息既无可能,也无必要。诸如水产品的养殖量,高速公路的交通运输量,家用电器的使用寿命,各种食品的质量检验,只能采用抽样的调查方法。又如家庭汽车的拥有量、手机的拥有状况等就没有必要进行全面调查。

二是市场调查的主体无论是企业还是专业调查机构,均受到人、财、物的限制,无力进行诸如人口普查式的全面调查,而且通常市场调查的信息要比人口普查的信息复杂得多。

由于以概率统计为理论基础的随机抽样具有调查周期短、速度快、时效性强的特点,不仅能通过确定整个抽样调查的各个环节,使调查费用控制在预算范围内;而且能通过对抽样方法的选择,使调查误差控制在要求范围内,以确保调查资料的准确性和可靠性。并且,还能通过对重要调查指标的部分抽样复查来评价、修正和补充其他调查方式得到统计资料,例如,为了检验我国人口普查资料的正确性,在普查完毕后要抽5%~10%的居民对一些重要的指标进行详细的复查,用复查结果修正人口普查资料。如第五次全国人口普查登记结束后,在2000年11月30日前完成了质量检验工作,全国统一抽取602个调查小区进行登记质量的抽样调查,人口漏登记率为1.81%,最后确定总人口为129 533万人。总之,随机抽样有着其他方法无法比拟的优势。

二、抽样调查的理论基础

抽样调查的理论基础是概率论。概率论中的大数定理和中心极限定理等一系列的理论为抽样调查提供了科学依据。

1. 大数定理

大数定理就是关于大量的随机现象具有稳定性的法则。其一般含义为：在个别因素具有偏差的总体中，一般的规律表现在集团中，也就是说，如果被研究的总体是由大量的相互独立的随机因素所构成，那么每个因素的影响将相互抵消，而显现出它们共同的作用倾向，使总体具有稳定性。

大数定理包括贝努里大数定理和切比雪夫大数定理。

(1) 贝努里大数定理。设 m 是 n 次试验中事件 A 出现的次数，m/n 为事件 A 出现的频率，P 是事件 A 发生的概率，那么，对事先给定的任意小的正数 ε，当 n 充分大时，事件的频率将无限地接近于概率，这就为样本推断总体提供了充分的理论依据，即

$$\lim P\left(\left|\frac{m}{n}-P\right|<\varepsilon\right)=1 \quad \text{（贝努里大数定理）}$$

(2) 切比雪夫大数定理。设 $\bar{x}$ 为抽样平均数，$\bar{X}$ 为总体平均数，n 为抽样单位数。若随机变量总体存在着有限的平均数和方差，则对于充分大的抽样单位数 n，可以用几乎接近于 1 的概率来期望样本平均数与总体平均数的绝对离差为任意小，即对于任意小的正数 ε 有

$$\lim P\left(|\bar{x}-\bar{X}|<\varepsilon\right)=1 \quad \text{（切比雪夫大数定理）}$$

即随着抽样单位 n 的增加，抽样平均数 $\bar{x}$ 有接近总体平均数 $\bar{X}$ 的趋势，或者说抽样平均数 $\bar{x}$ 在概率上收敛于总体平均数 $\bar{X}$。

知识链接

历史上著名的掷硬币试验

为了研究随机现象发生的规律性，历史上人们做了大量的研究，著名的掷硬币试验结果如表 5-1 所示。

表 5-1　投硬币试验结果

实验者	投掷次数	出现“正面朝上”的次数	频率
蒲　丰	4 040	2 048	0.506 9
德摩根	4 092	2 048	0.500 5
费　勒	10 000	4 979	0.497 9
皮尔逊	24 000	12 012	0.500 5
罗曼诺夫斯基	80 640	39 699	0.492 3

从表 5-1 中我们可以看出，当投掷硬币次数很大时，出现“正面朝上”的频率稳定在 0.5 左右，各种情况下的概率趋于 1/2，这表明：当试验次数很大时，频率将稳定在概率附近。

掷硬币试验告诉我们，单独掷一次硬币，出现“正面朝上”或者是“反面朝上”纯粹是偶然的，你可能连掷 10 次，都是“正面朝上”或者“反面朝上”。但随着掷硬币次数的增加，达到一定的数量时，大数定律就会发生作用，整个结果将呈现出稳定的统计规律性，即“正面朝上”与“反面朝上”的次数将趋于相等。

大数定律表明，只要样本容量达到一定的规模，其调查结果就可以用来估计总体的情况，虽然这种估计不

是绝对准确的，但只要误差在我们允许的范围之内就可以了。

2. 中心极限定理

大数定理解决了抽样平均数(或比率)趋近于总体平均数(或比率)的问题，但未解决抽样平均数与总体平均数的离差大小，离差不超过一定范围的概率，以及离差的分布特征等问题。这需要借助中心极限定理。中心极限定理是研究变量和分布序列的极限定理，即：如果总体变量存在有限的平均数和方差，那么，不论这个总体变量如何分布，随着抽样单位数 n 的增加，样本平均数的分布均趋于正态分布。这一结论为我们组织抽样调查提供了很重要的理论依据。因而在现实生活中，某一随机变量和呈正态分布是很普遍的，而抽样平均数也是一个随机变量和的分布，因此当抽样单位 n 充分大时，抽样平均数也趋于正态分布，这为抽样误差的概率估计提供了一个极为便利的条件。

三、抽样调查的原则

抽样调查应遵循随机原则，一方面可以使抽选出来的部分单位(样本)分布情况较大可能接近总体的分布情况，从而使根据样本所做出的推断结论对总体具有充分的代表性；另一方面，遵循随机原则可有助于市场调查人员更准确地计算抽样误差，并有效地加以控制，从而提高调查的精度。按随机原则抽取样本，保证了样本推断总体的客观性，这是抽样市场调查科学性的根本所在，从而使调查结果具有真实性、可靠性。

非随机抽样不遵循随机原则，它总是从方便出发或根据主观的选择来抽取样本。非随机抽样无法估计和控制抽样误差，无法用样本定量资料，采用统计方法来推断总体。但非随机抽样简单易行，尤其适用于做探测性市场研究。

四、抽样调查的优缺点

(一) 抽样调查的优点

与全面调查相比，抽样调查具有调查方法的科学性，搜集资料的经济性和调查结果的及时、准确性等优点。

(1) 科学性。一方面，抽样调查遵循随机原则，保证了样本推断总体的客观性；另一方面，概率论中的大数定理及中心极限定理等一系列的理论为抽样调查提供了科学的理论依据。从而能根据样本指标推断总体参数并把抽样误差控制在允许范围之内，使得抽样调查结果的正确性甚至比全面调查还高。

(2) 经济性。抽样调查的规模比全面调查小，调查资料和汇总资料都可以大大节省人力、物力、财力。抽样调查的样本在调查总体中所占的比重，一般来说，最大不超过三分之一，在一些大的总体中，有时只有百分之几、甚至万分之几，如在全国城市居民家庭调查户中，就只占城市居民总户数的万分之五。

(3) 及时性。抽样调查节省时间，具有较强的时效性。由于抽样市场调查的样本单位少，搜集、整理、汇总调查资料的工作量相对较少，信息传递的时间必然比全面市场调查短，从而提供资料迅速，创造了资料的时间价值，因而可提高信息的时效性。

(4) 准确性。抽样调查具有较高的准确性，质量高，可信度好。抽样调查的样本是按随机原则抽取的，从而排除了主观因素的干扰，能够保证样本推断总体的客观性。抽样调查是建立在数理统计基础上的科学方法，只要由专门人员主持抽样调查，严格按照抽样调查的要求进行抽样，可以确保获取的信息资料具有较好的可靠性和准确性，对那些无法或没有必要进行普查的项目具有很好的适用性。

（二）抽样调查的缺点

由于抽样调查的对象是调查总体中的一部分，抽样调查的结果是从对抽取的样本中所获取的信息资料推断出来的，所以，抽样调查不可完全避免地存在抽样误差。抽样误差客观存在，抽样误差无疑会影响抽样的正确性。一般来说，只要把抽样误差控制在调查项目所允许的范围内，就不会影响抽样调查的可信度和质量。

五、抽样误差的控制

抽样调查的主要缺点是无法避免抽样误差。降低抽样误差可以从以下几方面着手：

1. 准确选定抽样方法

选择正确的抽样方法，有利于使抽取的样本能真正代表样本的总体，从而减少误差。抽样方法分为随机抽样和非随机抽样两大类。对抽样方法的选择，要根据调查目的和要求以及调查所面临的主客观、内外部条件进行权衡。一般条件下，随机抽样方法具有更大的适用性。

2. 正确确定样本数目

一般而言，样本数目与抽样误差呈反比关系，即样本越大，抽样误差越小，反之亦然。但是，抽样误差又与调查总体的特征差异有关。总体差异越大，在同样样本数的条件下误差越大；总体差异越小，在同样的样本数条件下误差越小。换言之，在确保同样的误差前提下，如果总体中的差异大，则需抽取的样本数应该大一些，反之亦然。而且，抽样的样本大小又与调查的成本有关，样本越大，费用越高，反之亦然。所以，确定样本数要综合考虑对抽样误差的允许程度、总体的差异性和经济效益的要求等因素。

3. 加强对抽样调查的组织领导

加强对抽样调查的组织领导，提高抽样调查的工作质量，从而有效地控制抽样误差。要以科学的态度对待抽样调查，特别是要由专门人才或经过严格的培训的人员承担抽样调查工作。抽样方法要适当，工作程序要规范，严格按照所选用的抽样方法的要求进行操作，确保整个抽样工作科学合理。

六、抽样设计的一般程序

一项完整的抽样调查，从开始到结束是一项庞大的系统工程。这就要求在抽样调查之前，周密细致地做好抽样调查的设计工作，使具体调查方案的实施能有条不紊地进行。

所谓抽样设计，就是从一定总体抽取样本之前，预先确定抽样程序和方案，在保证所抽选的样本对总体有充分代表性的前提下，力求取得最经济、最有效的结果。

抽样设计的任务，就是依据调查目的，在给定人力、物力、财力等条件下，在从所要调查的总体中抽取样本资料以前，设计一个精度高且能够由样本正确推断总体的良好的抽样调查方案，从而取得有效的结果。抽样设计过程一般包括五个步骤，如图 5-1 所示。

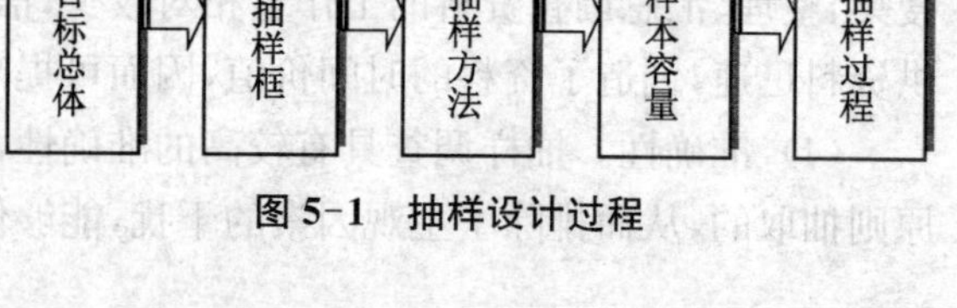

图 5-1　抽样设计过程

（一）定义目标总体

进行抽样设计的第一步，就是要定义目标总体。定义目标总体就是在具体抽样前，首先对从中抽取样本的总体范围与界限作明确的定义。这是由抽样调查的目的所决定的，因为抽样调查虽然只是对总体中的一部分个体实施调查，但其目的却是为了描述和认识总体的状况和特征，是为了发现总体中存在的规律性，所以必须事先明确总体的范围；另外，定义目标总体也是达到良好的抽样效果的条件。如果不清楚明确地界定总体的范围与界限，那么，即使采用严格的抽样方法，也可能抽出对总体严重缺乏代表性的样本来。

目标总体必须被精确定义，不精确的目标总体定义将会导致抽样调查无效。目标总体定义源于调查设计开始阶段对调查问题和目标的系统陈述，涉及调查将从哪里获取数据信息，哪些人的观点、态度或反应对调查问题至关重要，涉及谁应该或谁不应该被包括进样本当中的准确说明。如对某地区居民购买力进行抽样市场调查，那么首先要明确居民购买力是居民具有货币支付能力的需求量；其次还要明确是城市居民，还是城乡居民；最后明确总体的数量是多少，若以户为单位进行调查，就要掌握该地区居民总户数。在此基础上，还要对总体的情况进行必要的分析，如该地区居民购买力是否存在明显的水平差别，形成不同的层次，如果存在，可以考虑用分类随机抽样抽取样本，这样用样本特征推断总体时才更准确。

案例分析

《文学摘要》的厄运

为使电话访问获得成功，必须有一个包含所有总体单位的有效电话号码清单。如果目标总体中很大一部分个体没有电话，抽样框架对总体涵盖不全，以此为基础所做的抽样调查就可能导致结果出现严重的偏倚。

在1936年美国总统选举中，由《文学摘要》杂志组织了一项民意调查，该调查当时预测共和党候选人阿尔夫·兰敦将击败民主党在任总统富兰克林·罗斯福，预测结果与实际结果如表5-2所示。

表5-2　预测结果与实际结果对照表

姓　名	预测结果（支持率）	实际结果（支持率）
阿尔夫·兰敦	55%	37%
富兰克林·罗斯福	41%	61%

是的，这项全国瞩目的民意调查得出了完全错误的结论，《文学摘要》也因此关门倒闭。为什么会出现这样严重的错误？一个原因是抽样框架主要是根据电话号码簿和汽车登记册建立的。在1936年，拥有汽车或电话的这些人显然是富裕的美国人，这些人大多数是共和党的坚定支持者；而大多数投票选民既不拥有电话，也不拥有汽车。另一个问题可能是由于无回答引起的偏倚——总共寄出了一千多万份的问卷，但是返回的问卷不足25%。

是什么原因导致《文学摘要》杂志的预测失败了呢？除了抽样方法以及邮寄方式上的原因外，对抽取样本的总体缺乏清楚的认识和明确的界定也是极为重要的原因。从上述案例看出，因为它当时抽样所依据的并不是美国全体已登记的选民名单，而是依据电话号码簿和汽车登记簿来编制抽样范围，这样一来，那些没有家庭电话和私人汽车的选民就被排除在其抽样的总体之外。而在当时，由于1933年开始的美国经济大萧条的影响，一方面大量人口滑落到下等阶层；另一方面，此时劳动阶层选民希望选个民主党人当总统，因而很多人出来投票。结果，这些未被抽到民意测验中的较穷的选民压倒多数地投了罗斯福的票，使《文学摘要》杂志的预测遭到惨败。

这一实例告诉我们，要有效地进行抽样，必须事先了解和掌握总体的结构及各方面的情况，并依据研究的目的明确界定总体范围。样本必须取自明确界定后的总体，样本中所得的结果，也只能推广到这种最初已明确界定的总体范围中。

（二）制定抽样框

抽样框又叫抽样的构架或抽样的结构，它是指可以备选作为样本的全部抽样单位的顺序或编排形式。这个概念最早出现在美国的农业抽样调查中。他们认为，目标总体确定后，还是比较抽象的，应该把全部应该作为备选的单位编排成目录，使总体包括的单位的名称、地址、编号等落实在文字上。这样既可保证各单位既不遗漏，又不被重复抽取。

抽样构架包括三种形态：①具体的抽样结构，即抽样单位可列成表册的形态，包括目录结构、区域结构和目录区域复合结构；②抽象的抽样结构，即抽样单位没有表册而是开放的形态，如大型零售商场对购买者和消费者进行随机访问调查时，其抽样结构就是抽象的、隐含的；③阶段式抽样结构，即在采用分段抽样设计时，按照抽样阶段不同，可产生不同的抽样结构，当抽样在几个阶段、在几个不同抽样层次上进行时，则要分别建立起几个不同的抽样框。

（三）选择抽样方法

在选择抽样方法时，需要决定用放回还是不放回抽样，用概率抽样还是非概率抽样。在放回抽样中，从抽样框中选出一个个体并获得数据后，再把这个个体放回抽样框中，所以个体可能会不止一次被抽中。在非放回抽样中，一旦一个个体被抽中进入样本，它就会从抽样框中被剔除，因此不会再被选中。这两种方法的统计量的计算略有不同，但是如果抽样框相对于最终的样本量来说很大的话，则差别不大。因此，只有当抽样框与样本量相比较小时，这个问题才需要考虑。

在选择随机抽样和非随机抽样之间，随机抽样在获取准确的样本方面更科学、有效。

（四）确定样本容量

样本规模的大小涉及人力、物力、财力的消耗问题，在抽样调查工作前要审慎地加以考虑，要根据既定的经费、工作时间及规定的精度，依据抽样理论估计样本容量，使得调查工作既符合调查质量的要求，又不浪费人力、物力和财力。

确定样本量需要考虑一系列的定性和定量因素。定量的考虑将在概率抽样方法中详细讨论，定性的考虑主要有：①决策的重要性。一般来讲，决策越重要，需要的数据信息越多，所获取的信息就应该越精确，也就要求有较大的样本容量。②研究性质。对于探索性的研究样本量通常较小，而对于归纳性研究则要求有较大的样本。③变量数目。如果要对大量变量进行数据收集，就要求有较大的样本量。④分析性质。如果要求使用多变量的复杂数据分析方法，样本量应该较大。如果需要详细分析数据，样本量也应该较大。⑤发生率。发生率是指符合研究条件的人的百分率。发生率决定对于一个给定的样本量，需要对多少潜在对象进行接触和筛选。发生率越低，需要接触的潜在对象就越多。⑥完成率。不是所有合格的调查对象都会接受调查，完成率是指完成调查的合格对象的百分率，完成率越低，需要接触的潜在对象越多。⑦资源约束。样本量决策受资源的约束，在任何一个市场调查研究项目中，资金和时间都是有限的。⑧其他，包括合格的数据收集人员的人数等。

（五）执行抽样过程

抽样过程的执行要求详细制定关于总体、抽样框架、抽样单位、抽样方法及样本量的抽样设计决策如何履行。如果抽样单位是家庭，就需要对家庭有一个操作化的定义，对于空缺的家庭单位及无人在家情况下的复查应该制定相应方法，对所有抽样设计决策应该提供详细的消息。

知识链接

抽样方案设计原则

（一）最佳效益原则

抽样调查需要一定的费用开支，抽样调查的组织和实施在很大程度上受经费制约。如果单纯为了节约经费而缩小抽取的样本的单位数，就会扩大抽样误差，影响调查质量，两者必须兼顾不可偏废，具体来说有两种做法：

1. 在核定费用范围内寻求最小的抽样误差

在统计推断中，用某一统计量作为总体参数的估计量是否有效可行，归根结底取决于抽样误差的大小。为了减少抽样误差，可以采取扩大样本容量的办法，但这势必增大经费开支，或超过费用限额。因此，在核定费用范围内，为了提高抽样精度，即缩小抽样误差，一方面可以采用扩大样本容量的方法；另一方面可以考虑采取适当的抽样组织形式。在相同的样本容量条件下，调查费用大致是相同的，但采取不同的抽样组织形式所得到的抽样误差不同，故在抽样设计中要以抽样误差为标准，比较不同抽样方案的效果，以确定最佳的抽样组织形式。通常采用以下指标反映相同经费下两种不同组织形式的抽样方差 σ_1^2 与 σ_2^2 之间差异程度，以找出在核定费用范围内抽样效果比较好的抽样组织形式，即

$$比值 = \sigma_1^2/\sigma_2^2$$

$$差值 = \sigma_1^2 - \sigma_2^2$$

2. 在给定精度的条件下寻求最少的费用

市场抽样调查需要一定的费用开支。抽样调查的费用可以分为两类：一是固定费用，属于共同性开支，与调查单位的多少无关，如咨询费、方案设计费、宣传费及办公费等；二是可变费用，是由调查单位直接负担的费用，这类费用不仅与调查单位的数量有关，而且与地理区域和交通条件等有关，如调查员的培训费、调查材料费、差旅费等。

抽样调查的组织和实施在很大程度上受到经费的限制。如果为了节约经费而缩小样本单位数，就会扩大抽样误差，影响调查效果。所以在保证调查精度的条件下，费用最少的抽样方案可以认为是最佳方案。

（二）与问卷甄别、数据处理相呼应原则

抽样设计还应与调查问卷的甄别以及数据处理相呼应，避免相互之间的脱节。抽样设计的内容应当便于数据收集起来后的数据可靠性、准确性的甄别，便于数据的编码，便于使用计算机进行数据的加工、处理。

（三）用户认可原则

抽样方案设计出来后应当取得用户的认可，特别是有关费用的多少、精度的高低、抽样框的选择、调查进度的安排等应反复与用户协商，听取其要求，取得一致的意见后方可实施。

第二节 抽样调查技术的类别及特点

一、抽样调查技术的类别

（一）抽样调查技术的概念及分类

抽样调查技术是指在抽样调查时采用一定的方法，抽选具有代表性的样本，以及各种抽样

操作技巧和工作程序等的总称。为了使抽取的样本具有代表性，必须借助于各种抽样技术。抽样调查技术可分为随机抽样调查技术和非随机抽样调查技术两大类。

（二）随机抽样调查技术

随机抽样调查技术又叫概率抽样技术，是指对总体中每一个个体都给予平等的抽取机会的抽样技术。在随机抽样条件下，每个个体抽中或不抽中，完全凭机遇，它排除了人为的主观因素选择。在具体操作过程中，调查员必须严格遵守正确的选择程序，即要求避免武断或有偏见地选择抽样单位。当严格执行这些程序时，概率论中的法则都是有效的。由于采用的技术和调查总体特征的不同，随机抽样技术又可分为不同的方法，包括简单随机抽样技术、分层随机抽样技术、系统随机抽样技术和分群随机抽样技术四类。

（三）非随机抽样调查技术

非随机抽样调查技术又称非概率抽样技术，它是对总体中每一个个体不具有被平等抽取的机会，而是根据一定的主观标准来抽选样本的抽样技术。非随机抽样技术包括任意抽样技术、判断抽样技术、配额抽样技术和滚雪球抽样技术等。

根据简便易行、减少开支的原则选择总体中的某些要素（单位），会导致非随机性。有目的的非随机性可能会系统地排除或过分强调总体的某些部分。

抽样调查技术的分类，如图5-2所示。

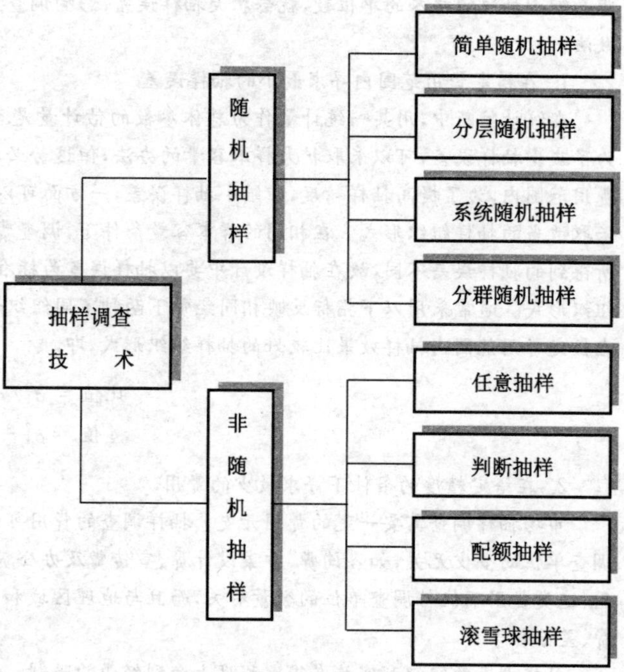

图 5-2　抽样调查技术分类

二、随机抽样调查技术的分类及特点

（一）随机抽样调查技术的类别

1. 简单随机抽样技术

简单随机抽样（Simple Random Sampling），又称纯随机抽样技术，是指对总体单位不做任何分类、排队，而是完全按随机的原则、纯粹偶然的方法从总体中抽取样本单位进行调查。

简单随机抽样的优越性在于看起来简单，并且满足概率抽样的一切必要的要求，保证每个总体单位在抽样时都有相等的被抽中的机会，样本的结果可以推论到目标总体上，大多数统计推论的方法都是假定数据是由简单随机抽样的方法收集的。

简单随机抽样的不足：①构建一个可以供简单随机抽样的抽样框通常很难；②它可能导致样本很大、很分散，增加了数据收集的时间和成本；③它通常比其他概率抽样方法的精确度低，有较大的标准差；④它所产生的样本不一定具有代表性，虽然平均来说，所抽出的样本可以很好地代表总体，但一个给定的简单随机样本可能会非常错误地代表目标总体，如果样本量很小，这种情况就更可能发生。

2. 分层随机抽样

分层随机抽样(Stratified Random Sampling)，又称分类随机抽样或类型随机抽样，它是先把全部总体单位按有关主要标志分为若干层(类)，然后在各层(类)中按纯随机抽样或机械抽样的方法抽取一定数目的单位作为样本单位进行调查。例如，调查人口可按年龄、收入、职业、居住位置等标志划分为不同的阶层，然后按照要求在各个阶层中进行随机抽样。

分层抽样是一个两阶段的过程，每个子总体称为层。从每层中独立地进行抽样，所得到的样本称为分层样本。用来将总体分层的变量称为分层变量，选择分层变量时应注意同质性、异质性、相关性以及分层成本。一层之内的个体应该尽可能同质，不同层的个体应该尽可能异质，分层变量还应该与需要研究的特征紧密相关。最后，这些变量应该易于测量和应用，从而降低分层过程中的成本。

分层抽样在实际工作中应用得非常广泛。一是分层抽样的抽样效率较高，也就是分层抽样的估计精度高。这是因为分层抽样估计量的方差只和层内方差有关，和层间方差无关。因此，可以通过对总体分层，尽可能地降低层内差异，使层间差异大，从而提高估计精度。另外，从直观上也可以想象出，简单随机抽样调查可能出现极端的情况，样本偏向某一部分，而分层抽样每层都要抽取一定的样本单元，因此样本在总体中分布比较均匀。二是分层抽样不但可以估计总体的参数，也可以估计每层的参数。有时调查的目的不仅要估计总体指标，可能还要估计各层的指标。三是所得样本更具有代表性，对不同层可以根据实际情况采取不同的抽样方法，还可以提高估计量的精度，因而分层抽样是一种常用的抽样技术。

3. 系统随机抽样

系统抽样(Systematic Random Sampling)，又称等距随机抽样或机械随机抽样，它是先将总体单位按某种标志顺序排列，并根据总体单位数和样本单位数计算出样本距离，然后按相等的距离或间隔抽取样本单位的抽样技术。

在系统抽样中，如果个体排列的顺序与需要研究的特征无关，则系统抽样将产生与简单随机抽样非常相似的结果，当个体的排列顺序与需要研究的特征有关时，系统抽样能够增加样本的代表性。

系统抽样比简单随机抽样的成本低，因为只需要做一次随机选择，而且，随机数不必像在简单随机抽样中那样与个体相匹配。如果可以得到与需要研究的总体特征有关的信息，则系统抽样可以获取比简单随机抽样更有代表性、更可靠的样本。其缺点是：如果单元排列存在周期性变化，而抽样者对此缺乏了解或缺乏处理的经验，抽取出样本的代表性就可能很差；再一个就是系统抽样的方差估计较为复杂。

4. 分群随机抽样

分群随机抽样(Cluster Sampling)又称整群抽样，它是先将总体按时间和空间形式分为许多群，然后按纯随机抽样或机械抽样方式，从中抽选若干群来组成样本，对被抽中的各群中的所有单元无一例外地进行全面调查。如对成批连续生产的工业产品，可抽取10%的产品进行质量检验，并在生产过程中每5小时抽取出半小时的产品进行全面检查等。

整群抽样和分层抽样之间最关键的差别在于，在整群抽样中，只有一些子总体(群)被选出来；而在分层抽样中，为了进一步地抽样，所有的子总体(层)都被选出来了。在同质性和异质性方面，构成群的标准与构成层的标准刚好相反；分层抽样中，要求一层之内的个体应尽可能同质，不同层的个体应该尽可能异质；而整体抽样中，要求一个群内的个体应该尽可能异质，但是各群本身应该尽可能同质，理想情况下，每个群都应该是总体的一个小规模的代表。在整群抽样中，只有那些被选中的群才需要抽样框。

整群抽样的优点：①实施调查方便，可以节省费用和时间。被抽中的群中各单位的分布非常集中，抽中一个群后，在一个点上可以调查多个单位，调查效率高。②不需要总体抽样框。在许多情况下，对于目标总体而言唯一容易得到的抽样框是群，而不是个体，这时用整群抽样或许有很好的效果。

整群抽样的主要缺点：由于抽取的样本单位比较集中，群内各单位之间存在相似性，差异比较小，而群与群之间的差别往往比较大，使得整群抽样的样本可能不具有代表性。

（二）随机抽样技术的特点

1. 随机抽样技术的优点

（1）随机抽样是从总体中按照随机原则抽取一部分单位进行调查。其调查范围和工作量比较小，又排除了人为干扰，因此，能省时、省力、节省费用，又能较快地取得调查结果，同时，抽取的样本可以大致上代表总体，可以用样本调查结果推断总体。

（2）随机抽样技术能够计算调查结果的可靠程度，可通过概率得出推算值与实际值的差异，即抽样误差，并将误差控制在一定范围内。抽样误差可分为平均数抽样误差（$\mu_{\bar{x}}$）和成数抽样误差（μ_p）。

2. 随机抽样技术的缺点

（1）对所有调查样本都给予平等看待，难以体现重点。

（2）与非随机抽样技术相比，同样规模的调查，抽样范围比较广，所需时间较长，参加调查的人员和费用多。

（3）需要具有一定专业技术的专业人员进行抽样和资料的分析。

三、非随机抽样技术的类别及特点

非随机抽样（Non-Probability Sampling），也称非概率抽样，是指抽样调查时不按随机原则，而由调查人员根据调查的目的和要求，按照主观标准或仅按方便的原则抽选样本的抽样技术。非概率抽样基本上不考虑随机性原则，它属于机会性的（Opportunistic）或目的性的（Purposive）抽样。机会性选择纯粹是为了方便；目的性选择是为了尽快确定有典型意义或代表性的样本单位。

在市场调查中，采用非随机抽样通常是由于以下几个原因：①受客观条件限制，无法进行严格的随机抽样；②为了快速获得调查结果；③在调查对象不确定，或无法确定的情况下采用；④总体各单位间离散程度不大，且调查员具有丰富的调查经验。

（一）非随机抽样技术的类别

1. 任意抽样

任意抽样（Convenience Sampling），又称便利抽样，它是根据调查人员的方便，随意抽选样本的一种抽样方法。如进行现场访问，任选一群消费者或营业员谈话了解他们对商品质量的看法或购买的意向。最典型的方法就是“街头拦截调查”，如在街头、商店、公园等公共场所，调查者根据自己的判断，拦住某个行人作询问调查或对在柜台购买商品的顾客进行调查等，这些被采访或询问的“街头行人”就是偶遇样本。还有一种称作“方位选择法”，即对某一相对聚集的群体，从不同的方位确定样本单位，对其进行调查、询问。想要调查外地居民在本市的购物状况，则机场、火车站、长途汽车站、宾馆等地都是可供选择的调查场所。任意非随机抽样法是社会学研究者较早运用的一种非随机抽样方法，其基本的理论依据是，所面对的总体中的每一个体都具有同质性。

任意抽样在所有抽样技术当中成本最低，耗时最少，抽样单位易于接近，易于测量并且乐于合作。但这种抽样方法仍有严重的局限性，它的样本信息无法代表总体，不能根据样本信息对总体进行任何推论。因而，便利样本不适合于描述性研究和因果关系研究，它较适合于探索性研究，通过调查发现问题，产生想法和假设。便利抽样也可以用于正式调查前的预调查。一般在调查总体中每一个体都是同质时才能采用此类方法。但是实践中并非所有总体中每一个体都是相同的，所以抽样结果偏差较大，可信程度较低，它的样本没有足够的代表性，故在正式市场调查时很少采用任意抽样法。

2. 判断抽样

判断抽样(Judgement Sampling)，又称目的抽样，它是指在抽取样本时，依据调查人员对实际情况的了解和经验，人为确定样本单位，或由了解情况的专家圈定样本。应用这种抽样方法的前提是调查者必须对总体的有关特征有相当高的了解。判断非随机抽样法的“判断”，包括两个层面的内容：一是对总体的判断，即判断总体规模结构；二是判断样本的代表性，即面对认识的总体，你认为哪些个体对总体具有代表性，将其选出来作为样本进行调查。

判断抽样法具有简便、快捷、节省费用，符合调查目的和特殊需要，可以充分利用调查样本的已知资料，被调查者配合较好，资料回收率高等优点。而且，它在样本量小及样本不易分门别类挑选时有较大的优越性。但是由于样本选择是主观的，所以样本的质量取决于挑选人员的经验、专业知识和对情况的了解，而且判断抽样不支持对一个特定总体的直接推论。判断抽样更多地用于探索性调查以发现问题。但是这种方法受主观因素影响较大，其效果过分依赖于调查者对调查对象的了解程度、判断水平及结果分析与解释能力。所以这种方法易发生主观判断产生的抽样误差，同时由于判断抽样中各个调查单位被抽取的概率不知道，因而无法计算抽样误差和可信度。如果调查者的经验丰富，知识面广，判断能力强，抽取的样本代表性就大，反之则小。

判断抽样与典型市场调查和重点市场调查是不同的方式。

判断抽样与典型市场调查的区别：①典型市场调查的“典型”在总体中是极少数，通常只有一两个，其调查的单位数极少。而判断抽样的样本中的单位则具有一定的规模，样本单位的规模远远大于典型单位数。②典型市场调查通常只有定性意义，它不具备数量推断的条件，而判断抽样及其他非随机抽样方式都可作数量的推断，具有定量认识的特征。

判断抽样与重点市场调查的区别：①重点市场调查的“重点单位”有客观的标准，它们是在总体中居于重要地位和重要影响力的单位；而判断抽样的样本要根据调查者的主观判断来确定，不同的抽样者在同样的条件下可能会抽出不同的样本单位。②“重点单位”的数量在总体中居少数，而判断抽样的样本单位的数量要多得多。

判断抽样法适用于调查总体中各调查单位差异较小，调查单位比较少，选择的样本有较大代表性的情况。

知识链接

判断抽样样本单位的确定方法

在判断抽样中,依据调查的目的不同,样本单位的确定通常有以下几种情况:

第一种是选择"平均型"样本。即选择在调查总体中能代表总体平均水平的单位构成"平均型"典型样本,其目的是了解总体平均水平的大体位置。

第二种是选择"众数型"样本。即在调查总体中选择能代表总体中占多数的单位组成"众数型"判断样本,其目的是掌握目标总体中多数总体单位所处的现状。如某企业要调查其自身产品与竞争对手产品销售的情况,根据主观判断选择了一些同时对销售双方产品有代表性的零售商店作为判断样本。又如调查国内钢铁行业管理体制、运营机制等状况,所挑选的样本单位一定得避开宝钢、首钢等国有特大型钢铁企业,其原因是尽管它们钢铁产量占全国的比重大,但他们的管理水平、运营能力不能代表众多钢铁企业现状。

第三种是"特殊型"样本。比如选择很好(高)的或很差(低)的典型单位为样本,目的是分析研究造成这种异常的原因,从而"解剖麻雀"、查找根源。如在问卷设计阶段,为检验问卷设计得是否得当,则会有意地选择一些观点差异悬殊的人作为样本,即调查者专找那些偏离总体平均水平者进行调查,以确定问题答案的选项。可见,通常我们说的重点调查和典型调查都是判断样本的特例。

3. 配额抽样

配额抽样(Quota Sampling),又称定额抽样,它是指按照一定的标准分配样本数额,然后在规定数额内,由调查人员任意抽选样本的抽样方法。它是非随机抽样中最流行的一种。

配额抽样可以被看作两阶段有约束的判断抽样。第一阶段首先确定个体的配额组成;第二阶段在便利或判断的基础上按配额的要求抽选样本。为了确定配额,研究人员要列出相关的控制特征,并确定这些特征在目标总体中的分布,相关的控制特征可以是性别、年龄、收入、职业、文化程度等。一般来讲,配额的分配使样本的组成与总体的组成在特定特征方面相同。

配额抽样类似随机抽样中的分层抽样,都是事先对总体所有单位按某种标志分为若干层(组),但它们也有明显的区别。在分层抽样中,是按随机原则在各层中抽取样本,所以分层抽样属于概率抽样;而在配额抽样中,样本的抽取不是随机的,调查人员可以根据主观判断或方便原则抽取样本,所以配额抽样属于非概率抽样。正因为如此,虽然配额抽样的样本组成与总体在特定特征方面相同,但仍然不能确保样本是有代表性的。

配额抽样与判断抽样也有区别。一是抽取样本的方式不同。配额抽样是分别从总体的各控制特性的层次中抽取若干个样本,而判断抽样是从总体的某一层次中抽取若干个符合条件的典型样本。二是抽样要求不同。配额抽样注重"量"的分配,而判断抽样注重"质"的分配。三是抽样方法不同。配额抽样方法复杂精密,判断抽样的方法简单、易行。

配额抽样按配额的要求不同,可分为独立控制配额抽样和非独立控制配额抽样两大类。

(1) 独立控制配额抽样。独立控制配额抽样,是根据目标总体的不同特性,对具有某个特性的总体单位分别规定单独分配数额,而不规定必须同时具有两种或两种以上特性的样本单位数额。

例如:某调查项目需要对顾客进行调查,在一个城市中欲采用配额抽样抽出一个 $n=500$ 的样本,控制变量有年龄和性别,配额是按单个变量分别分配的,各个年龄段上的配额和性别的配额,如表 5-3 所示。从表 5-3 可以看出,对年龄、性别两个分类标准,分别规定了样本数额,而没有规定两者之间的关系。这种配额抽样操作简便,调查人员选择余地大。但可能出现偏斜,如年龄低的均为女性,年龄高的均为男性,从而影响样本的代表性。

表 5-3 独立控制配额样本配额数表(人)

(1)		(2)	
年龄	人数	性别	人数
20～30 岁 30～40 岁 40～50 岁 50 岁以上	150 150 100 100	男 女	250 250
合计	500	合计	500

(2) 非独立控制配额抽样。非独立控制配额抽样，也称交叉控制配额抽样，它是在综合考虑各种特性之间相互关系的基础上，根据目标总体的各个不同特性，交叉分配样本单位数额。

如在上例中，如果采用相互控制配额抽样，就必须对年龄和性别两项特性同时规定样本分配数额，其配额分配如表 5-4 所示。从表 5-4 可以看出，交叉控制配额对每一个控制特性所需分配的样本都做了具体的规定，调查人员必须按规定在总体中抽取调查单位，由于各个特性都同时得到了控制，从而克服了独立控制配额抽样的缺点，提高了样本的代表性。但现场调查中操作的难度要大些。

表 5-4 非独立控制配额样本配额数表(人)

性别 年龄	男	女	合计
20～30 岁	70	80	150
30～40 岁	75	75	150
40～50 岁	55	45	100
50 岁以上	50	50	100
合计	250	250	500

配额抽样不需要抽样框，它兼顾了总体的结构特征，保证了总体各个类别都包括在所抽样本中，它使样本的分布较均匀，使得到的样本结构成为总体结构的缩影，正是由于配额抽样不仅便于实行，而且与其他几种非随机抽样相比，样本更具有代表性，因此它是目前应用最多的一种非随机抽样方法。不过，在进行市场配额抽样调查时，为了减少主观因素的干扰和影响，要特别注意配额和调查结果之间的密切联系，还要对调查员和调查过程加以控制。

【例题 5-1】 在某乡镇抽样 400 户，对某种商品的需求量进行调查。对该镇所属全部居民按照年人均纯收入分类，这是考虑到收入水平的差异直接影响到对该商品的需求。同时将全部居民按照每户人口数分组，居民对该商品的需求量不仅受到收入水平的影响，还受到家庭人口数的影响。若对某乡镇所属全部居民只按照年人均纯收入水平分类，其各类比重和样本单位在各类的分配，如表 5-5 所示。若对某乡镇全部居民按照年人均纯收入和家庭人口数两个标志分类，其各类比重，如表 5-6 所示。

根据表 5-5、表 5-6 中各类比重，各类应抽样本单位数如下：

(1) 500 元及以下、3 人以下类：400×3%=12(户)

(2) 500 元及以下、3 人及以上类：400×7%= 28(户)

(3) 500～1 000 元、3 人以下类：400×22%=88(户)

(4) 500～1 000 元、3 人及以上类：400×53%=212(户)

(5) 1 000 元及以上、3 人以下类：400×4%=16(户)

(6) 1 000 元及以上、3 人及以上类：400×11%=44(户)

共抽取 400 户，其中 3 人以下各种收入水平样本户数 116 户(400×29%=116 户，或者 12+88+16=116 户)；3 人及以上各种收入水平样本户数 284 户(400×71%=284 户，或者 28+212+44=284 户)。

以上不论是单标志还是双标志的定额抽样，在确定样本单位数额时所依据的是总体各类单位占总体单位数的比重，故称其为比例定额抽样。实际工作中还常常采用的一种方法是最佳比例定额抽样，这种方法在将总体分类定额抽样时，不仅要依据各类在总体中的比重，还考虑到总体各类标准差的大小。即对标准差大的类别和标准差小的类别在抽样时给予不同数额。其样本单位数在各类中的定额公式为：

$$n_i = n \times \frac{N_i \sigma_i}{\sum N_i \sigma_i}$$

式中 n_i——各类应抽样本单位数；

n——样本容量(样本单位数)；

N_i——各类总体单位数；

σ_i——总体各类标准差。

表 5-5 单标志分类定额抽样计算表

按照年人均纯收入分类(元)	总体各类户数比重(%)	各类中样本单位数(户)
500 及以下	10	40
500～1 000	75	300
1 000 以上	15	60
合 计	100	400

表 5-6 双标志分类总体比重表

每户人口数(人) / 年人均纯收入(元)	3 人以下	3 人及以上	合计
500 及以下	3%	7%	10%
500～1 000	22%	53%	75%
1 000 以上	4%	11%	15%
合计	29%	71%	100%

在市场调查中，总体各类标准差的资料往往不是本次调查所得，而是对同一现象过去所作

的市场抽样调查资料。从表 5-7 中看出，1 000 元及以上收入类的标准差最大，500 元以下类的标准差也较大，所以必须加大这两类样本单位数的定额，而相应减少标准差较小的 500～1 000 元类的样本单位数定额。

表 5-7　双标志分类总体比重表

按照年人均纯收入分类(元)	N_i	σ_i	$N_i\sigma_i$	$\frac{N_i\sigma_i}{\sum N_i\sigma_i}$	n_i
500 及以下	1 000	50	50 000	12%	48
500～1 000	7 500	30	225 000	53%	212
1 000 及以上	1 500	100	150 000	35%	140
合　计	10 000	—	425 000	100%	400

4. 滚雪球抽样

滚雪球抽样又称链式抽样或网络抽样，它是以"滚雪球"的方式，通过少数自己可以确定的样本单位进行调查，并逐步获得更多样本单位的信息。滚雪球抽样的示意图如图 5-3 所示。

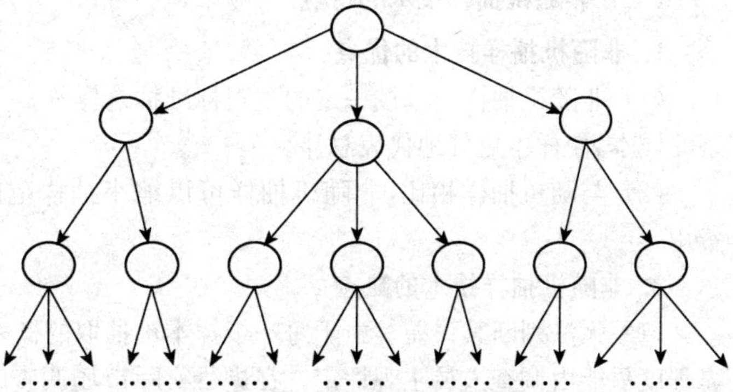

图 5-3　滚雪球抽样示意图

滚雪球抽样的适用条件是总体各单位之间具有一定的联系，否则难以往下滚动。它通常适用于对总体缺乏了解，没有现成的抽样框的情形，一般在产业调查研究中较为有效。例如，某调查部门为了了解某市外来农村打工人员的状况，要获得一份完整的名单是极其困难的，调查者只能借助已接受调查的农民工去接触新的农民工，即调查者开始只同几个在该市务工的农民进行面谈，得知一些情况后，再请他们提供所知的其他在当地的农民工名单，如此逐步扩大到所需数目的外来农民工数量，以通过对这些农民工的调查研究，来全面掌握该市外来农民工的籍贯、工作性质、生活环境、经济收入状况等。

滚雪球抽样的优点是，可以方便快捷地、有针对性地找到样本单位，而不至于"大海捞针"。它的一个主要目的是估计在总体中非常稀少的某些特征，能显著地增加在总体中找到具有某种特征的个体的可能性，同时样本方差和成本相对较低。其局限性是要求总体单位之间必须有一定的联系，并愿意提供和保持这种关系，否则将失去抽样的前提，影响这种调查方式的进程和效果。

案例分析

新产品的顾客意见调查

伊利公司是一家外地的食品生产企业。在 2000 年以其享誉中国北方数省的冰激凌"苦咖啡"打入上海冷饮食品市场。为获得更加准确的市场信息，伊利公司想开展一场市场调查活动。调查对象是上海冷饮食品经销商。但是，伊利公司手头上只有少数几家上海经销商的名单，于是他们想采用滚雪球抽样来确定所有的访问对象。

第一步:伊利上海分公司选择上海的老客户——家利超市公司,作为第一个访问对象。访问员张小姐与李先生在按调查提纲的规定要求,提问完所有问题后起身,向家利超市公司市场部徐经理致谢。张小姐向徐经理问道:"徐经理,我们对上海的情况不熟悉,不知您是否可以向我们介绍几家与贵公司相似的上海冷饮经销商的情况?"于是热心的徐经理请两位客人再次坐下,对徐经理来说这些都是烂熟于胸的东西。两位访问者十分仔细地听着。

第二步:张小姐请徐经理将自己介绍给徐经理熟悉的几家上海冷饮经销商的有关管理人员。"徐经理太感谢您了,很冒昧地提出这样的要求,您是否能把我们介绍给您在这几家公司的朋友?""当然没问题。"于是,徐经理拿起了办公桌上的电话,拨通了华联、联华等几家超市公司的朋友的电话,"我是小徐啊,我有两位朋友想来你们那儿,了解有关冷饮的销售情况,你看有空吗?有空!好,请他们马上就来?好的,谢谢,有空我请你吃饭。再见。"

第三步:张小姐与李先生又马不停蹄的赶往华联和联华。在搜集了有关资料后又请这两家超市公司的受访者为自己介绍新的受访者。

这样,伊利公司的调查样本单位数以几何级数迅速增加。

(二) 非随机抽样技术的特点

1. 非随机抽样技术的优点

(1) 非随机抽样技术按一定的主观标准抽选样本,可以充分利用已知的资料,选择较为典型的样本,使样本更好地代表总体。

(2) 与随机抽样相比,非随机抽样可以缩小抽样范围,节约调查时间、调查人员和调查费用。

2. 非随机抽样技术的缺点

(1) 无法判断其误差。由于每一个样本被抽取的概率不一样,无法借助概率推算误差,可靠程度只能由调查人员主观评定。在进行实际市场调查时,调查人员要根据不同的调查要求和目的,选择最合适的抽样技术,才能起到良好效果。

(2) 调查者不知道抽中的单位所具有代表性的程度。

(3) 非随机抽样的结果不能也不应该推断总体。

第三节 随机抽样技术及其应用

一、简单随机抽样技术的应用

简单随机抽样是抽样技术中最简单、最完全的随机抽样,这种方法一般应用于调查总本中各个个体之间差异程度较小的情况,或者调查对象不明,难以分组、分类的情况。如果市场调查范围较大,总体内部各单位之间的差异程度较大,则要同其他随机抽样技术结合使用。

简单随机抽样技术常用的有抽签法和随机数表法。

(一) 抽签法

用抽签法抽取样本,先将调查总体的每个单位编上号码,用均匀同质的材料制作 N 个签,然后一次抽取 n 个签,或一次抽取一个签但不放回,接着抽取下一个签直到抽取预先规定的样

本单位数 n 个签为止，则 n 个签上所示的号码表示入样的单位号。

这种方法适用于总体单位数目不多、单位之间标志的变动程度不大的情况。它经常在企业有奖销售、奖券发行等活动中使用。

（二）随机数表法

随机数表法是用随机数表代替抽签法的标签和卡片。随机数表（表 5-8）是用特别的编码机或电子计算机编制成的数字群，完全符合随机原则，表内任何号码的出现都有同等的可能性，而且重复的概率很小。随机数表最早出现于英国。较大的随机数表由兰德公司（RAND）1955 年编制出版的 100 万随机数表和肯德尔与史密斯在 1938 年编制出版的 10 万随机数表。

表 5-8　随机数表片段

61 19 69 04 46	26 45 74 77 74	51 92 43 37 59	65 39 45 95 93
15 47 44 52 66	95 27 07 99 53	59 36 78 38 48	8239 61 01 18
94 55 72 85 73	67 89 75 43 87	54 62 24 44 31	91 19 04 25 92
42 48 11 62 13	97 34 40 87 21	16 86 84 87 67	03 07 11 20 59
23 52 37 83 17	73 20 88 98 37	68 93 59 14 16	26 25 22 96 63
16 22 77 94 39	49 54 43 54 82	17 37 93 23 78	87 35 20 96 43
84 42 17 53 61	57 24 55 06 88	77 04 74 47 67	21 76 33 50 25
63 01 63 78 59	16 95 55 67 19	98 10 50 71 75	12 86 73 58 07
33 21 12 34 29	78 64 56 07 82	62 42 07 44 38	15 51 00 13 42
57 60 86 32 44	09 47 27 96 54	40 17 64 09 62	90 52 84 77 27
18 18 07 92 46	44 17 16 58 09	79 83 86 19 62	06 76 50 03 10
26 62 38 97 75	84 16 07 44 99	83 11 46 32 24	20 14 85 88 45
23 42 40 64 74	82 97 77 77 81	07 45 32 14 08	32 98 94 07 72
62 36 28 19 95	50 92 26 11 97	00 56 76 31 38	80 22 02 53 53
37 85 94 35 12	83 39 50 08 30	42 34 07 96 88	54 42 06 87 98

使用随机数表时，首先要把调查总体中的所有单位加以编号，根据编号的位数确定使用若干位数字，然后查随机数表。在随机数表中任意选定一行或一列的数字作开始数，接着可从上而下，或从左至右，或一定间隔（隔行或隔列）顺序取数，凡编号范围内的数字号码即为被抽取的样本。如果是不是重复抽样，碰上重复数字应舍掉，直到抽足预定样本数目为止。

例如：拟在 900 人中抽取 20 个样本，可先将 900 人由 1 至 900 编号 $N=900$，然后从表中任何一个数字开始从左到右（或从右到左），从上到下（或从下到上），连续（或间隔相同位数）进行抽样。假设表 5-7 第 11 行第 1 个位数开始，从左到右，每三位数一组编码，则有：

181　807　**924**　644　171　658　097　**983**　861　**962**　067　650　031　026　623
897　758　416　074　499　831　146　322

其中：924、983、962 大于 900 应舍去，所保留 20 个样本编号即为抽样的样本。

二、分层随机抽样技术的应用

分层随机抽样技术是根据市场调查的目的和要求将总体单位按其属性特征分为若干层（或类型），使同层内的元素差异较小，层与层之间的元素差异较大，然后从每层中随机挑选样本。这种抽样设计的依据是同质总体产生的样本其抽样误差小于异质总体。因此,分层抽样设计的理论目的是为了缩小抽样误差。

分层抽样要注意三点:一是每层之间要有明显的差异;二是要知道各层的单位数目及比例;三是分层数目不宜太多,层内元素应保持一致性。只有这样,才能使抽取的样本反映各层的特征,提高样本的代表性,减少误差。分层抽样的具体形式有:等比例分层抽样、非比例分层抽样、最低成本分层抽样和多次分层抽样四种。

1. 等比例分层抽样

等比例分层抽样是指按照每个层(类)中的单位数量占总体单位数量的比例,分别抽取各层(类)的样本单位的数量。等比例分层抽样要求各层(类)样本单位数量的分配比例与总体单位在各层(类)的分配比例一致。计算公式如下:

$$\frac{n_i}{n}=\frac{N_i}{N} \quad 即 \quad n_i=\frac{N_i}{N}\times n$$

式中 n_i——各类型应抽选的样本单位数;

n——样本单位总数;

N_i——各类型的调查单位数;

N——总体(母体)单位数量。

【例题 5-2】 某地区共有居民(N)为 20 000 户,按经济收入高低进行分类,其中高收入居民(N_1)为 4 000 户,中等收入居民(N_2)为 12 000 户,低收入居民(N_3)为 4 000 户,从中抽选 200 户进行购买力调查,则各类型应抽取的样本个数为:

高收入样本数目为: $n_1=\frac{N_1}{N}\times n=\frac{4\,000}{20\,000}\times 200=40$(户)

中等收入样本数目为: $n_2=\frac{N_2}{N}\times n=\frac{12\,000}{20\,000}\times 200=120$(户)

低收入样本数目为: $n_3=\frac{N_3}{N}\times n=\frac{4\,000}{20\,000}\times 200=40$(户)

等比例分层抽样方法简便易行,分配合理,计算方便,适应于各类型之间差异不大的分类抽样调查,如果各类之间差异过大,则不宜采用,而应采用非比例分层抽样。

2. 非比例分层抽样

非比例分层抽样,也称分层最佳抽样法,它不是按各层中单位数占总体单位数的比例分配样本单位,而是根据其他因素(如各层平均数或成数的标准差大小,抽取样本工作量和费用大小等)调整各层的样本单位数。这种分配方法大多适用于各类总体的个体数相差悬殊或均方差相差较大的情形。如果按分层标准差大小调整各层样本个数(称分层最佳抽样),其任意一层抽取的样本量计算公式为

$$n_i=\frac{N_iS_i}{\sum N_iS_i}\times n$$

式中 S_i——各类型调查单位平均数(成数)的样本标准差。

【例题 5-3】 仍以上述居民收入与购买力之间的关系为例。各层样本标准差为:高收入为 300 元,中等收入为 200 元,低等收入为 100 元。如表 5-9 所示。

表 5-9 确定样本量的数据表

层次（不同经济收入）	各层调查单位数 N_i（户）	各层样本标准差 S_i（元）	乘积 N_iS_i
高	4 000	300	1 200 000
中	12 000	200	2 400 000
低	4 000	100	400 000
$\sum N_iS_i$	20 000	—	4 000 000

注：样本标准差的差别主要凭经验判断确定，上例是假定的，也可以通过计算公式确定。计算公式为

$$样本标准差=\sqrt{\frac{离差的平方和}{样本数目}}$$

即 $$S=\sqrt{\frac{1}{n}\sum_{i=1}^{n}(x_i-\bar{x})^2} \quad 或 \quad S=\sqrt{\frac{1}{n-1}\sum_{i=1}^{n}(x_i-\bar{x})^2}$$

按照上述公式计算，得出各类型应抽选的样本单位数为

高收入样本单位数为： $\frac{1\,200\,000}{4\,000\,000}\times 200=60$（户）

中等收入样本单位数为： $\frac{2\,400\,000}{4\,000\,000}\times 200=120$（户）

低收入样本单位数为： $\frac{400\,000}{4\,000\,000}\times 200=20$（户）

通过上述计算可以看出，用非比例抽样法与比例抽样法，抽取样本数各层次之间不同，特别是高收入增加 20 户（60 户－40 户），低收入减少 20 户（40 户－20 户），中收入不变。由于购买力同家庭经济收入关系很大，因而要增加高收入户的样本数，相应减少低收入户的样本数，这样使所抽选的样本更具有代表性。

分层抽样实质上是把科学分组方法和抽样原理结合起来，前者能划分出性质比较接近的各层（组），以减少标志值之间的变异程度；后者是按照随机原则，可以保证大数法则的正确运用。因此，分层抽样一般比简单随机抽样和系统抽样更为精确，能够通过对较少的抽样个体调查得到比较精确的推断结果，特别是当总体数目较大，内部结构复杂时，分层抽样常常能取得令人满意的结果。

分层抽样技术在实际应用中非常广泛，几乎所有的大型抽样调查项目都要用到分层抽样技术，有时与其他抽样方法结合反复使用。人们之所以喜欢分层抽样技术，主要是因为便于项目的组织与管理，同时，其抽样效率通常比简单随机抽样要高。当然，分层抽样也有其局限性。主要是它要求调查设计人员必须对总体单位的情况有较多的了解，否则难以设计出科学合理的分层样本，为此也必然要花费更多的时间和精力。

3. 分层经济抽样

分层经济抽样又称德明（Deming）分层抽样，是指各层的调查费用有明显差异时，在不影响可信度的前提下，调整各层的样本容量，使调查费用尽量减少。

分层比例抽样和分层最佳抽样的着眼点是调查结果的统计效果，而分层经济抽样则是在

考虑统计效果的前提下，根据费用支出来确定各层应抽样本数。也就是说，在抽样中既考虑统计结果的准确性，也考虑经济效果。其计算公式为

$$n_i = \frac{N_i S_i / \sqrt{C_i}}{\sum N_i S_i / \sqrt{C_i}} \times n$$

式中　C_i ——第 i 层每个样本单元调查费用的估计价值。

4. 多次分层抽样

多次分层抽样是指对调查母体进行分层的次数在两次或两次以上的分层抽样方法。采用这种抽样方法，是在对调查母体分层以后，再对调查副母体进行分层，最后仍以单纯随机抽样方法抽取样本。

在上述几种分层随机抽样方法中，一般来说，要符合下述要求：第一，分层以构成调查内容的核心项目和关系密切的项目为标准。如调查居民收入，应以收入水平作为分层标准；调查服装消费可以用年龄作为分层标准，这些都属于关系密切的调查项目。第二，以公认的、界限清楚的客观依据为分层标准，如地区、职业、文化程度等。总之，分层之后的调查副次母体应在一定的标准下保持同质，各层之间保持异质。

三、系统随机抽样技术的应用

系统抽样又称等距随机抽样或机械抽样，它首先要选择标志将调查对象的全部个体按一定的顺序排队，其次要依简单随机抽样方式从总体中抽取第一个样本点，即所谓随机起点，然后依据按某种固定的顺序和规律依次抽取其余样本点，最终构成系统样本。此抽样方式被称为系统抽样和机械抽样的原因是：其抽样除第一个样本点的抽取明显是随机的之外，其余样本点的抽取完全由第一个样本点的确定所决定，即一经抽出第一个样本点，整个样本就随之完全确定，这种“牵一发而动全身”的整体性正是所谓的系统或机械的特点。

1. 系统抽样的排序方法

系统随机抽样的实施必须进行的程序是将总体单位排序，而排序问题对样本的代表性有较大的影响。排序标志的选择又是系统抽样调查的第一步。任何一个调查对象往往有多个标志并存，都可以作为系统抽样排序的标志。同一调查对象，选择不同的排序标志，必然会得到不同的样本及不同的估计值和不同的抽样精度。所以，根据调查对象性质和调查目的，慎重选择排序标志，是系统抽样调查中至关重要的一个环节。系统抽样标志的排序方法有两种：

（1）按有关标志排序。即指用于排序的标志与所调查的项目有密切的关系。例如，在对商品销售量进行调查时，按当年预计销售量等标志排序；又如在购买力调查时，按收入多少由低至高排序。用有关标志排序可以利用总体的有关信息，提高样本的代表性，并提高抽样估计精度。我国现行的社会经济系统抽样调查工作中，一般都采用有关标志排队的方法。

（2）无关标志排序。即指用于排序的标志与所调查的项目没有直接关系，例如，在流水作业生产线上每隔一定时间抽取一个或多个产品进行产品的质量检查。

无论采用有关标志排序还是采用无关标志排序，系统抽样一定要满足下列三个条件：一是调查对象中的每个总体单位都必须而且只属于一个系统样本；二是任何一个系统样本中所含总体单位数一般都相等；三是任何一个系统样本都具有同等被抽中的机会。

2. 总体和样本间的关系

在系统抽样工作中，总体单位总量 N 和样本容量 n 之间的关系有两种情况，即 N 是 n 的整数 k 倍和 N 不是 n 的整数倍 $(k=N/n)$，这时，我们将系统抽样直观地表现为直线系统抽样和循环系统抽样。

(1) 直线系统抽样。它是指当总体单位总量 N 刚好是系统样本容量 n 的整数倍时的系统抽样。这时首先计算抽样间距 $k=N/n(N=k\cdot n)$，把总体 N 分为 n 段，每段 k 单元。先从编号 1 至 k 的总体单位中随机确定一个随机起点，然后按直线的编号形式每隔 k 个总体单位抽取一个样本单位，直至抽足 n 个样本单位为止。这种抽法就是通过系统抽样把总体的 N 个单位正好划分为容量 n 的 k 个系统样本，并以 $1/k$ 的概率从中抽取一个样本。因为 n 个总体单位被包括在 k 个系统样本中的一个样本的机会仅有一次，因而保证了每个总体单位都有相同的机会进入样本中。

(2) 循环系统抽样。它是指当总体单位数 N 不是 n 的整数倍时的系统抽样 $(N\neq k\cdot n)$。这时，首先应将总体单位排序成首尾相接的圆形系统，抽样间距 k 取最近 N/n 的整数，从 1 到 N 中随机抽取一个随机起点，然后按圆形编号形式每隔 k 个总体单位抽取一个样本单位，直到抽足 n 个总体单位构成系统样本为止。这种循环抽样方法使每一总体单位都置身于抽样调查之中，样本容量也不会随起点的变化而变化，而且能抽出 N 个可能的系统样本，使其均有 $1/N$ 的机会被抽中。

上述两种方法，一旦抽取的随机起点确定了，整个样本就完全确定了，这是系统抽样的一个显著的特点。此外，当 $N=k\cdot n$ 时，不论直线系统抽样还是循环系统抽样，目标总体的每个总体单位被抽到的机会均等；而当 $N\neq k\cdot n$ 时，只有循环系统抽样才能使各个总体单位被抽中的机会均相等，所以说，这是一种严格的等概率抽样。必须注意的是，在现实中，系统样本容量一般都很大，往往大于 30，这时，即使 $N\neq k\cdot n$，也可以把它视作整数对待，也就是说，不去考虑 N/n 不是整数的影响，以 $N=k\cdot n$ 的情况处理，这是抽样调查中常常采用的处理方法。

3. 常用的系统抽样方法

(1) 随机起点等距抽样。当抽样间隔 k 确定后，便可在已编号的调查对象中，从 $1\sim k$ 号总体单位中随机抽选第一个样本单位，然后每隔 k 个总体单位抽取一个样本单位，直到抽足 n 个样本单位为止。例如，第一个随机号抽到 3 号总体单位，则样本排序为 3、$k+3$、$2k+3$、…、$(n-1)k+3$ 的 n 个总体单位便构成一个随机起点的系统样本。

值得注意的是，当抽选间隔和被调查对象本身节奏(或周期)相重合时，可能会抽出一套代表性极差的样本，这就会影响调查的精密度，会产生系统误差，影响样本的代表性。例如，对某商场每周的商品销售量情况进行系统抽样调查，若抽取的第一个样本点是周末，抽样间隔为 7 天，那么抽取的样本单位都是周末，而周末商品销售量通常较大。这样就会产生系统偏差(各样本标志值偏向一边)，从而影响等距抽样的代表性。

(2) 半距起点等距抽样。半距起点等距抽样又称中点法系统抽样，是在总体第一部分的 $1\sim k$ 号总体单位中，取中间项为起点，然后每隔 k 个单位抽取一个样本单位，直到抽足 n 个样本单位为止。这种方法其实就是以 n 个部分中每部分的中间项构成容量为 n 的系统样本。当 k 为偶数时，其中间项是 $k/2$、$k+k/2$、$2k+k/2$、…、$(n-1)k+k/2$；或者中间项是 $k/2+1$、$k+k/2+1$、$2k+k/2+1$、…、$(n-1)k+k/2+1$。当 k 是奇数时，中间项为 $(k+1)/2$、$k+(k+1)/2$、$2k+(k+1)/2$、…、$(n-1)k+(k+1)/2$。

不论按有关标志排序还是按无关标志排序，都可用中点法系统抽样，其优点是简便易懂，容易操作，尤其当总体按有关标志的大小顺序排序时，总体各部分中间项的标志值接近于相应部分标志值的平均数，即各样本单位标志值都近似于本部分的中位数，能保证样本对总体具有较好的代表性。但这种确定起点和抽取样本的方法不符合随机抽样原则，这是其最大缺点。按这种方法在总体中所抽到的样本只有一个或者两个，即当总体排序标志和样本容量确定时，其样本单位也随之确定了，不能保证总体中的 k 个样本具有相同的机会被抽中，从而不能进行样本轮换，抽样框的利用率低。

(3) 随机起点对称等距抽样。它是指当第一部分随机抽取到编号 i 的第一个样本单位时，在第二部分与第一部分对称的位置 $2k-i$ 处抽取第二个样本单位，在第三部分抽取编号是 $2k+i$ 个单位，而在第四个部分抽取编号是 $4k-i$ 个单位，以此交替对称进行。这种随机起点对称系统抽样抽取样本单位的方法可概括为：在总体排序奇数部分抽取第 $jk+i(j=0, 2, 4, \cdots)$ 个单位，在总体排序偶数部分抽取第 $jk-i(j=2, 4, \cdots)$ 个单位。

随机起点对称系统抽样既弥补了随机起点系统抽样的不足，又保留了半距起点系统抽样的优点，回避了它的局限性，是一种较好的抽样方式。

系统抽样法，就其类型而言，兼有随机抽样与非随机抽样的特性，或者说，它既可以属于非随机抽样法，也可以属于随机抽样法。这关键取决于第一个样本的抽取方法；如果第一个样本采用判断抽样法选取，那么它就是非随机抽样；同样，如果第一个样本采用随机抽样方法选取，那么它就是概率抽样。系统抽样如果按随机抽样法取样，还可以进行统计推算，估计抽样误差。因而在实践中，系统抽样方法受到人们的普遍重视和关心。

系统抽样技术抽样程序简单，抽样方法简便易行，能保证样本单位在总体中均匀地分布，提高了样本对总体的代表性，有利于降低误差。但系统抽样也有其局限性，表现在：一是系统抽样的前提是要有总体中每个单位的有关材料，特别是按有关标志排序时，更需要较为详细、具体的相关资料；二是当抽样间隔和调查对象本身的循环周期性重合时，就会影响调查的精度；三是机械抽样的抽样误差计算较为复杂。

四、分群随机抽样技术的应用

分群随机抽样技术也称整群抽样技术，它是先要把调查总体按某一标志分为若干个群，然后用单纯随机抽样方法从中抽取某些群体进行全面调查。如果不是对所抽取的群体进行全面调查，而是进一步划分为若干个小群体，再按随机原则抽取一个或一部分小群体来调查，称为多阶段分群抽样。

整群抽样与前几种抽样最大差别在于，它的抽样单位不是单个元素，而是成群的元素。它可以是居民家庭，学校中的班级，也可以是工厂的车间，还可以是城市中的居委会。

分群抽样调查方法同分层抽样有相似之处，两者都是先选择分组标志，将总体分为一些群(层)，要求群(层)与群(层)之间不重叠，使每一个总体单位只能属于一个群(层)。但两者分群(层)的目的截然不同：分层抽样中的分层标志的选择是要尽量使各层内调查变量的各个变量值(标志值)之间相近，缩小层内各标志值的变化程度，其抽取的单元是总体单位；而分群抽样分群的目的是要使各群内部的各单位之间在所要调查的指标上差别增大，使所要收集的数据资料能够在每个群内总体单位之间拉开差距，以扩大每个群内各标志值的差异程度，其抽取的单元是总体的群。

因为分群抽样中的群的作用与分层抽样中层的作用刚好相反，所以在实际市场调查中，对于给定的调查对象，其分组的原则取决于选用的抽样组织形式。因此，对分群抽样，应该采用尽量使群间方差小，而群内方差大的划分方法。也就是，分群抽样的分群原则是：应选择能使群间方差尽量小，而群内方差尽量大的标志作为分群标志。

分群抽样的方差取决于群间方差，群间方差越小，估计量的方差就越小，推断结论就越准确。采用分群抽样进行市场调查时，当群的大小接近，即群内的个体数接近时，常用简单随机抽样抽取群；当群的大小相差比较大时，为了提高效率更多地采用不等概率抽样方法即按与群的大小成比例的概率抽样。

分群随机抽样划分群体时，每群的单位数可以相等，也可以不等，等群抽样个体单位数相同，不等群抽样个体单位数不同。在每一群中的具体抽样方式，既可以采用简单随机抽样方式，也可以用等距抽样方式，但不管何种方式，却只能用不重复抽样方式。

分群抽样设计的优点体现在两个方面：

(1) 适用于没有或难以构造总体框架的总体的抽样调查。比如某地区或城市由于某种原因难以拿出一个全面的总体单位列表；即使有，可能已经过时，这时最好使用分群抽样法。例如，要调查上百幢居民楼组成的新建居民区住户的人均年收入和人均住房面积状况，最为适宜的是采用分群抽样调查，若采用对住户的简单随机抽样，则必须有该居民区所有住户的抽样框，可这正是新建居民区的不足，致使抽样无法进行。

(2) 调查单位比较集中，工作方便，可以减少调查人员旅途往返时间和费用。

由于分群抽样调查单位只能集中在若干群中，而不能均匀分布在总体的各个部分，因此一般情况下，它的误差大于单纯随机抽样的误差，即估计精度通常比单纯随机抽样的精度差，一般也低于分层抽样的估计精度。从而，在市场调查的抽样实践中采用整群抽样时，一般都要比其他抽样组织方式选择更多的单位，以降低抽样误差，提高抽样结果的准确性。

第四节 抽样调查技术的运用

一、抽样调查的几个基本概念

(一) 全及总体和抽样总体

1. 全及总体

全及总体是指所有要调查研究的那个对象的全部单位，也称目标总体，简称总体。构成总体的每一个具体单位称为总体单位，简称个体。总体按所包含的个体数目是否有限分为有限总体和无限总体。有限总体包含的个体数目是可以计算出来的，并且称有限总体包含的个体数目为总体容量，记为 N 。无限总体包含无限个个体，不能用记数方法取得。例如，一家公司一年的汽车销售量，一个地区的总人口，全国工业企业总数等都构成有限总体。但是，一个湖泊、海洋有多少尾鱼，某型号炮弹的全部可能射程等，这些都无法知道，它们构成无限总体。市场调查所研究的总体绝大部分是有限总体。

2. 抽样总体

抽样总体是指从全及总体中抽选出来的那一部分总体单位(个体)所组成的集合，简称样本，构成样本总体的单位数目称为样本容量，通常用 n 表示。由于从一个总体中可能抽取多个样本，所以样本不是唯一确定的，而是随机的。

样本容量 n 与总体容量 N 相比较是个很小的数，往往是百分之几或千分之几，比例最大时样本容量 n 一般也不超过总体容量 N 的 1/3。但当总体容量 N 很大时，样本容量 n 本身也必须足够大，这样才能保证样本对总体的代表性，确保样本是总体的缩影。在统计中，一般把抽取 30 个以上个体，即 $n \geqslant 30$ 的样本，叫作大样本，而把抽取 30 个以下个体，即 $n < 30$ 的样本，称为小样本。社会经济现象抽样调查的抽样推断通常采用大样本。

(二) 总体参数和样本统计量

1. 总体参数

总体参数是总体的数量特征，即凡根据总体各标志值计算的，用于反映总体数量特征的指标均称为总体指标或全体指标，有时也称总体参数。例如，全体消费者的月平均消费支出，一批商品的合格率等都是总体指标。由于总体是唯一确定的，因此总体指标是一个确定的量，但在市场抽样调查中，调查对象的参数往往是未知的，是需要进行推断的。总体参数通常有总体均值（$\bar{X}$）、总体标准差（σ）、总体方差（σ^2）、总体比率（P）等。

2. 样本统计量

样本统计量是样本的数量特征，凡根据样本中各标志值计算的，用来估计和判断总体数量特征的指标均称为样本指标或抽样指标。理论上说，由于样本指标的数值是随着样本的不同而变化的，如从全体消费者中抽取一部分测定月平均消费指支出，从一批商品中抽取一部分测定其合格率，这些指标值随着抽到样本的不同而有所差别，所以样本指标不是唯一确定的，因而它是一个随机变量。样本统计量通常有样本均值（$\bar{x}$）、样本标准差（s）、样本方差（s^2）、样本比率（p）等。

(三) 抽样框与抽样单位

抽样框是一个包括全部总体单位的框架，用来代表总体，以便从中抽取样本的一个框架。抽样框可以是一个一览表(名单或名录)、一本名册、一幅地图、一段时间等。

抽样单位是指样本抽取过程中的单位形式，亦即从抽样框中直接抽取的单位称为抽样单位，它可能是总体中的基本单位，也可能是总体中的基本单位的集合。例如，为了调查某市大学生的身高，那么全市大学生作为一个总体，总体单位是每一个大学生。由于总体比较大，又缺全市大学生名单这一抽样框，因此，采取抽几个大学作为样本，这时每个大学是抽样单位，抽样框是全市的大学名单。

(四) 样本量和样本单位

样本量是指样本的大小，即一个样本中包含的样本单位的多少。

样本单位是构成样本的基本单位，与总体单位的形式是一致的，样本单位可以直接从总体中抽取总体单位，亦可以从抽样单位中产生。样本量的大小，取决于抽样调查的精度要求，受各总体单位的标志变异程度、抽样估计的可信程度、抽样方式方法等因素的制约。

(五) 总体分布、样本分布和抽样分布

总体分布是指各总体单位标志值的分布状况，又称总体结构。样本分布是指样本中各样本单位标志值的分布状况，又称样本结构。当样本量足够大时，样本分布趋于总体分布。抽样分布是指从总体中抽取所有可能的样本的统计量构成的分布。根据中心极限定理，当样本量足够大时，样本均值等统计量的分布趋近于正态分布，因而可用正态分布来做区间估计。

（六）重复抽样和不重复抽样

在组织随机抽样时，可以根据个体能否重复抽取，分为重复抽样和不重复抽样两种方法。

1. 重复抽样

重复抽样也称回置抽样。它是在抽取样本过程中，即要从总体 N 个单位中简单随机抽取一个容量为 n 的样本，可首先从总体中随机抽取一个单位，经观察登记后重新放回原总体中，再从总体中随机抽取第二个单位进行观察登记，如此下去，直到抽满预定的样本容量 n 个单位为止。重复抽样的特点是：同一单位有多次被抽中的机会，并且总体单位数目始终不变，每一个单位抽中或抽不中的机会在每次都是相同的，每次结果相互独立，而且都是在相同的条件下进行的。因此，每一单位可能中选的机会在每一次都是相同的。每个单位每次被抽中的机会是 $1/N$，在 n 个样本单位抽样中，每个单位被抽中的概率是 n/N。

一般地说，从总体 N 个单位中，随机重复抽取 n 个单位构成样本，考虑顺序排列的样本可能数目为 N^n 个；不考虑顺序组合的样本可能数目为 C_{N+n-1}^{N} 个。

2. 不重复抽样

不重复抽样也称不回置抽样。它是在抽取样本过程中，即要从总体 N 个单位中抽取一个容量为 n 的样本，可以每次从总体中抽取一个单位，连续进行 n 次抽取便构成样本，但每次抽出的单位不再重新放回参加下一次的抽选。它遵循的是有限制的随机原则，即每抽取一次，总体单位就少一个，每个单位的中选机会在各次是不相同的，但它没有违背随机原则，因为每次抽样时，总体中现有的每个单位仍然有相同的机会被选中。

不重复抽样的特点：同一单位只有一次被抽中的机会，并且总体单位数目随着样本数目抽取次数的增多而越来越少。每个单位抽中或不中的机会在各次是不同的。每个单位每次被抽中的机会为 $1/(N-n+1)$；在 n 个样本单位抽取中，每个单位被抽中的概率为 n/N。

一般地说，从总体 N 个单位中，随机不重复抽取 n 个单位构成样本，考虑顺序排列的样本可能数目为 P_N^n 个，不考虑顺序组合的样本可能数为 C_N^n 个。

在同一总体中，若对样本的容量要求相同，重复抽样的样本个数总是大于不重复抽样的样本个数，市场调查多采用不重复抽样，因为不重复抽样的误差小于重复抽样的误差。

二、抽样调查误差分析

（一）抽样误差的概念及其影响因素

1. 抽样误差的概念

抽样误差(Error Of Sampling)也称随机误差或代表性误差，是指由于随机抽样的偶然因素的作用使样本结构不足以代表总体结构，而引起抽样指标与全及指标之间的绝对离差。

抽样误差主要是指样本平均数与全及总体平均数之差（$\bar{x}-\bar{X}$），样本成数与全及总体成数之差（$p-P$），这种误差不包括抽样调查时的登记性误差，也不包括假如破坏随机原则而可能发生的系统偏差。

因为在随机抽样调查的各种组织形式下，样本的抽取遵循随机原则，不同的样本由于包含的单元不同，得到的估计值自然不同，这是抽样误差产生的根本原因。所以，各个样本指标与总体相应的实际指标值之间不可避免地存在差距，由此产生了抽样误差。

在抽样调查中，调查误差分为登记性误差和代表性误差两类。

（1）登记性误差。登记性误差不属于抽样误差，它是在市场调查过程中由于主、客观原因，如测量、登记、计算、抄录等错误或调查者所报资料不实，指标口径、含义不清，遗漏或重复调查等原因造成的，登记性误差也称工作误差。

（2）代表性误差。即样本的结构与实际总体结构不一致而产生的误差，这种代表性误差只有在抽取部分样本单位代表总体推算全面时才会发生。

代表性误差的产生基于两种情况：

一种是指抽样时违反了随机原则，有意识地抽选较好或较差的单位进行调查观察，并据此计算抽样指标数值，这必然出现比全及指标数值偏高或偏低。这种由于系统性原因造成的样本代表性不足所产生的误差称为系统性误差。系统性误差和登记性误差都是不应发生的，是可以而且也应该采取措施避免发生而将其减小到最低限度。

另一种是指虽然按随机原则进行抽样，但由于偶然抽取的样本结构与总体的结构发生偏差，就会出现或大或小的偶然性的代表性误差。它不是由于调查失误所引起的，而是随机抽样推断所固有的，是不能消除的偶然性误差。

这里所讲的抽样误差，就是指这种偶然性的代表性误差。即按随机原则抽样时，在没有登记性误差和系统性误差的条件下，单纯由于不同的随机样本得出不同的估计量而产生的误差。抽样误差是抽样调查所固有的，是无法避免与消除的，但可以使用数学方法计算其数量界限，并通过抽样设计程序控制其范围。当然，抽样误差的数值是随样本的不同而变化的，所以它也是随机变量。

抽样误差的大小与样本指标的代表性成反比。即抽样误差越大，样本的代表性越小；抽样误差越小，样本的代表性越大。正是由于抽样误差的大小直接影响调查数据的质量及结论的价值，因此，一方面我们要认识这种误差的不可避免性，分析影响随机误差大小的因素，用科学方法来测定误差的数值，并作定量分析；另一方面，我们要通过抽样设计和适当的增加样本容量等有效措施，把误差控制在可接受的范围内。

2. 影响抽样误差大小的主要因素

（1）总体各单位标志值的变异程度。在其他条件不变的情况下，总体标志的变异程度愈小，抽样误差也愈小，总体标志的变异程度愈大，抽样误差越大，两者成正比例关系。若总体单位之间没有差异，即总体的标志变异程度指标 σ^2 为零，这时样本指标就完全等于总体指标，则抽样误差不存在。概率统计已经证明，抽样平均误差与总体的标准差成正比。

（2）抽取样本的单位数。在其他条件不变的情况下，抽样单位数越多，抽样误差越小；抽样单位数越少，抽样误差越大。因为抽样单位数扩大了，据大数法则，样本就越能反映总体的数量特征，如果把抽样单位数扩大到接近总体时，那么这时抽样调查也就越接近于全面调查，抽样误差就几乎为 0。抽样误差的大小可由样本容量的调整而得到控制。概率统计已经证明，抽样平均误差与样本单位数的平方根成反比。

（3）样本的抽选方法。在样本容量相同的条件下，就同一样本而言，不重复抽样的抽样误差一般小于重复抽样的抽样误差，因为不重复抽样的样本比重复抽样的样本，能反映总体的结构，因此抽样误差会小一些。实践中大多采用不重复抽样。

（4）抽取样本的组织形式。在样本容量和抽样方法相同的情况下，不同的抽样组织形式会有不同的抽样误差，而且同一组织形式的合理程度不同，也有不同的抽样效果。一般地说，按有关标志排队的机械抽样和分层抽样的抽样误差要小于简单随机抽样和整群抽样。这是因为，前者其样本单位分布均匀，各单位标志变异程度相对较小。

（二）抽样平均误差

前面提到的抽样误差，是专门指随机性的代表性误差。这种误差又可表现为：一是实际误差，它指的是样本综合指标（平均数或成数）与相应总体综合指标的实际偏差，即 $(\bar{x}-\bar{X})$ 和 $(p-P)$。然而，实际抽样时，总体指标是未知的，所以实际误差是无法计算的。二是平均误差，它是指所有样本抽样误差的平均数。由于抽样误差是一个随机变量，为了总体衡量样本代表性的高低，就需要计算抽样误差的一般水平，抽样平均误差就是反映抽样误差一般水平的指标。

通常所说的抽样误差，是专门指抽样平均误差。它是指所有样本抽样误差的平均数，它不是一个简单的算术平均数，而是抽样平均数或抽样成数的标准差，即可能出现的样本指标的平均离差。因此，抽样平均误差被用作衡量样本指标对总体指标代表性高低的尺度。抽样平均误差越大，样本代表总体的真实性越小；反之，样本代表总体的真实性越大。

设从总体中抽取容量为 n 的样本，不妨设可以得到 M 个这样的样本，形成 $\bar{x}_1$、$\bar{x}_2$、…、$\bar{x}_M$ 个样本平均数的观察值。由于随机抽取样本，样本平均数为取 M 个值的随机变量，因此它们偏离总体均值 $\bar{X}$ 的程度 $|\bar{x}-\bar{X}|$ 也不同，可能产生 M 个不同的抽样误差。这些误差中的任何一个都不能代表抽样误差的一般水平。为了找出抽样误差的一般水平，依据随机变量的处理方式，可知样本平均指标与总体平均指标偏离程度的数学期望

$$E|\bar{x}-\bar{X}|=\frac{1}{M}\sum_{i=1}^{M}|\bar{x}-\bar{X}|$$

这是 M 个不同误差的平均值，它可以反映各个抽样误差的集中趋势。但由于上式是以绝对值形式表现的，在数据处理上极不方便。通常改为抽样方差 $s_{\bar{x}}^2$ 和抽样平均误差（$u_{\bar{x}}$），即

$$s_{\bar{x}}^2=\frac{1}{M}\sum_{i=1}^{M}(\bar{x}_i-\bar{X})^2,\quad \mu_{\bar{x}}=\sqrt{\frac{1}{M}\sum_{i=1}^{M}(\bar{x}_i-\bar{X})^2}$$

抽样平均误差 $\mu_{\bar{x}}$ 也称样本标准差、根方差或估计量标准差。它是抽到不同样本组合误差的平均数，即所有样本指标的平均标准差。它是反映样本对总体的代表性，是测定样本对总体代表性高低的一个重要尺度，也是根据样本指标对总体指标进行推断的主要依据。

根据标准差的计算方法，抽样平均数（或成数）的标准差是抽样平均数（或成数）与其平均数离差的平方的算术平均数的平方根，然而由于抽样平均数的平均数等于总体平均数，抽样成数的平均数等于总体成数，抽样指标的标准差恰好反映了抽样指标和总体指标的平均离差程度。设用 $\mu_{\bar{x}}$ 表示抽样平均数的平均误差，μ_p 表示抽样成数的平均误差，M 表示样本可能数目，则

$$\mu_{\bar{x}}=\sqrt{\frac{\sum_{i=1}^{M}(\bar{x}_i-\bar{X})^2}{M}},\qquad \mu_p=\sqrt{\frac{\sum_{i=1}^{M}(p-P)^2}{M}}$$

在实际抽样调查中，由于并不是所有可能的样本都要抽取，而只是抽取一个样本作为观察样本。同时总体平均数 $\bar{X}$ 与成数 P 也是未知的，故按上述公式来计算抽样平均误差实际上是

不可行的。数理统计已经证明,所有可能被抽中的样本平均数的标准差同总体平均数的标准差为:

$$s_{\bar{x}} = \frac{\sigma}{\sqrt{n}}$$

式中 $s_{\bar{x}}$ ——样本平均数的标准差;

σ ——总体标准差;

n ——样本容量。

样本平均数的标准差($s_{\bar{x}}$)的值和抽样平均误差的值是一致的,利用这个关系,进行抽样平均误差的计算。

1. 抽样平均数的平均误差计算

(1) 重复抽样时

$$\mu_{\bar{x}} = \sqrt{\frac{\sigma^2}{n}} = \frac{\sigma}{\sqrt{n}} \approx \frac{s}{\sqrt{n}}$$

由上式可以看出,抽样平均误差与标准差成正比,与样本单位数的平方根成反比。

(2) 不重复抽样时

$$\mu_{\bar{x}} = \sqrt{\frac{\sigma^2}{n}\left(\frac{N-n}{N-1}\right)} = \sqrt{\frac{\sigma^2}{n}\left(1-\frac{n}{N}\right)} \approx \sqrt{\frac{s^2}{n}\left(1-\frac{n}{N}\right)}$$

式中 $\mu_{\bar{x}}$ ——平均数的抽样误差;

N ——总体单位数;

s^2 ——样本方差。

将不重复抽样的平均误差和重复抽样的平均误差公式对比,相差一个 $(1-n/N)$,这个数值永远小于 1 且大于 0。可见在同样条件下,不重复抽样的平均误差,永远小于重复抽样的平均误差,如果抽样单位数相对于总体单位数很小时,或者所面对的全及总体为无限总体时,则 $(1-n/N)$ 接近于 1。实际工作中,即使用不重复抽样方法,也往往用重复抽样公式计算抽样平均误差。

2. 抽样成数的平均误差计算

成数抽样误差的计算方法和平均数抽样误差的计算方法原则是一样的,所不同的是成数的总体方差是 $\sigma_P^2 = P \cdot (1-P)$,则成数抽样误差计算公式很容易理解。

(1) 重复抽样时

$$\mu_p = \sqrt{\frac{P(1-P)}{n}} \approx \sqrt{\frac{p(1-p)}{n}}$$

(2) 不重复抽样时

$$\mu_p = \sqrt{\frac{P(1-P)}{n}\left(\frac{N-n}{N-1}\right)} = \sqrt{\frac{P(1-P)}{n}\left(1-\frac{n}{N}\right)} \approx \sqrt{\frac{s_p^2}{n}\left(1-\frac{n}{N}\right)}$$

式中 μ_p ——成数(相对数)抽样平均误差;

p ——成数(相对数);

s_p^2 ——样本成数的方差。

实际计算时,总体方差 σ^2 的资料是无法知道的,可以采用以下几种方法获得:①用样本方差 s^2 或标准差代替总体方差或标准差;②用过去同类问题全面调查或抽样调查的经验数据代替;③在正式抽样调查之前,组织试验性抽样,用试验样本数据代替。

(三) 非抽样误差

在市场调查中,非抽样误差是基于抽样误差之外的各种原因引起的误差,其不仅存在于随机抽样中,而且也存在于其他非随机抽样中。从理论上讲,导致非抽样误差出现的原因既可能是概念性错误,又可能是逻辑性错误,还可能是回答的错误解释等;在实际工作过程中,非抽样误差可以产生于抽样调查的各阶段,包括抽样设计、调查实施、数据处理以及分析阶段。非抽样误差可分为样本设计误差和测量误差。

1. 样本设计误差

(1) 抽样框误差。抽样框误差主要是由于不准确或不完整的抽样框而引起的误差。例如,本章第一节中介绍的 1936 年《文学摘要》杂志从电话簿和汽车登记簿中选出了一大批选民做调查,它预言,阿尔夫·兰敦会在竞选中击败富兰克林·罗斯福。然而,这份抽样框选择的选民并不能代表 1936 年整个美国的选民。因为当时大多数人没有电话、汽车,因而抽样框大部分是富裕阶层,他们更倾向于投共和党的票。所以,在竞选后不久,《文学摘要》因其失误的预言导致可信度急剧下降,最终破产。

(2) 调查对象范围误差。它是指因为对调查对象范围限定得不准确而引起的误差。例如,将某项研究对象限定在 35 岁以上,但后来发现,不少年轻人也应包含在调查对象中,这种对调查对象范围限定得不准确,也必然给抽样带来误差。

(3) 抽选误差。从抽样框的组建和界定调查对象的范围都没什么问题,但在实施抽样过程中,特别是在非随机抽样中,带有主观原因,人为地选择偏高偏低的单位进行调查,这必然导致调查结果出现偏高或偏低的现象,从而产生抽选误差。

2. 测量误差

测量误差是指经测量处理的信息与原信息之间的误差。具体表现在以下几方面:

(1) 问卷设计误差。良好的问卷设计要符合设计要则,决定问卷的内容必须遵循相关原则,否则会出现问卷设计误差。可口可乐公司就出现过这样的错误,结果导致新可乐的失败(第六章第一节中的可口可乐市场调查的案例分析),原因是新可乐的调查仅集中在消费者对于产品口味的意见,而忽略了他们对于产品变化的态度,没有考虑到顾客对于可口可乐所倾注的感情和象征意义。

(2) 调查员误差。它是指因调查员和被调查者之间的相互作用而引起的误差。如调查员有时在自觉、不自觉地影响被调查者,导致其给出不真实或不明确的答案。调查员的年龄、气质、形体语言等都有可能影响被调查者部分或全部的答案。所以,对调查员必须加以培训和管理,并使其保持中立的立场。

(3) 处理过程误差。这是指在市场调查过程中,由于抄写、登记、计算等工作过程中而引起的误差。它存在于任何调查方式中,随着调查范围和规模的扩大,其误差的可能性也越大。这种误差可以通过严格的工作规范和程序加以控制。

(4) 回答误差。如果人们在对某一特定问题的回答中持有特定的偏向,则会产生回答误差,回答误差包括有意误差和无意误差两种基本形式。有意误差产生的原因是因为被调查者故意对所提问题做出不真实的回答。无意错误是指回答者希望能够做出真实、准确的回答,但却给出了不正确的答案。这类错误可能是由于提问的格式、内容或其他原因造成的。

三、抽样极限误差

(一) 抽样极限误差的含义

由于在调查过程中采用的是随机原则,要确定地指出某一抽样指标的误差究竟是多大几乎是不可能的,因为根据随机性原则,样本本身是随机的,根据随机样本计算的抽样指标也必然是随机的。抽样误差会随着不同的样本而变化,确切地计算抽样误差是不可能的。但我们可以把抽样误差控制在一定范围内,这就需要研究极限误差问题。

抽样极限误差(the limit Error of Sampling),就是指在一定条件下样本指标与总体指标之间抽样误差的最大可能范围。即是指以样本指标推断总体指标时,允许有多大范围的抽样误差。抽样误差通常用 Δ 表示。

我们知道,总体指标是一个确定的数,而样本指标是随机的,必然围绕总体指标左右变动。那么,抽样指标变动的上限或下限与总体指标之差的绝对值就表示抽样误差的最大可能范围,即抽样极限误差是抽样指标可允许变动的上限或下限与总体指标差的绝对值。

设 $\Delta_{\bar{x}}$ 与 Δ_p 分别代表抽样平均数和抽样成数的抽样极限误差,则有

$$\Delta_{\bar{x}} = |\bar{x} - \bar{X}|, \quad \Delta_p = |p - P|$$

上式 $\bar{x}$ 与 p 都表示样本平均数和样本成数可允许的上限或下限数值,即有

$$\bar{X} - \Delta_{\bar{x}} \leqslant \bar{x} \leqslant \bar{X} + \Delta_{\bar{x}}, \quad P - \Delta_p \leqslant p \leqslant P + \Delta_p$$

上式表明,抽样平均数 $\bar{x}$ 是以总体平均数 $\bar{X}$ 为中心,在 $\bar{X} - \Delta_{\bar{x}}$ 至 $\bar{X} + \Delta_{\bar{x}}$ 之间变动,区间($\bar{X} - \Delta_{\bar{x}}$, $\bar{X} + \Delta_{\bar{x}}$)的总长度为 $2\Delta_{\bar{x}}$,在此区间内,样本平均数和总体平均之间的绝对离差不超过 $\Delta_{\bar{x}}$。同样,抽样成数 p 是以总体成数 P 为中心,在 $P - \Delta_p$ 至 $P + \Delta_p$ 之间变动,抽样成数在区间($P - \Delta_p$, $P + \Delta_p$)内与总体成数的绝对离差不超过 Δ_p。

由于总体平均数和成数是未知的,它要求靠已经计算出来的抽样平均数和抽样成数来估计。因而抽样极限误差的实际意义是希望总体平均数 $\bar{X}$ 落在样本平均数 $\bar{x} \pm \Delta_{\bar{x}}$ 的范围内。总体成数 P 落在抽样成数 $p \pm \Delta_p$ 的范围内,因而上面的不等式应该变换为

$$\bar{x} - \Delta_{\bar{x}} \leqslant \bar{X} \leqslant \bar{x} + \Delta_{\bar{x}}, \quad p - \Delta_p \leqslant P \leqslant p + \Delta_p$$

(二) 抽样误差的概率度

由于样本指标本身是一个随机的数值,因而抽样极限误差也不过指的是联系一定可靠程度确定的抽样误差可能范围。这就需要引入一个置信度的概念。抽样估计的置信度就是表明抽样指标和总体指标的误差不超过一定范围的概率保证程度。概率统计证明,抽样极限误差和其把握程度即概率 $F(t)$ 之间有着同向的数量关系,如表 5-10 所示。

表 5-10　常用概率度 t 与相应概率对照表

概率度 t	把握程度 $F(t)$	允许误差 Δ
1.000	0.682 7	1.000 μ
1.500	0.866 4	1.500 μ
1.640	0.900 0	1.640 μ
1.960	0.950 0	1.960 μ
2.000	0.954 5	2.000 μ
3.000	0.997 3	3.000 μ

表 5-10 说明，概率度 t 一方面是把握程度 $F(t)$ 大小的决定因素；另一方面是扩大或缩小抽样误差的倍数，而这个扩大或缩小以后的抽样误差范围，正是在给定的概率把握程度 $F(t)$ 下，样本指标与总体指标间的最大差距——允许误差或极限误差，通常表示为：$\Delta = t\mu$，即抽样概率度 t 是抽样极限误差与抽样平均误差之比，而极限误差是抽样概率度 t 与抽样平均误差的乘积。

理论上已经证明，在样本单位数足够多（$n \geqslant 30$）的条件下，样本平均数的分布接近于正态分布。若在正态分布下，以正态分布曲线下总面积为 1 或 100%。$F(t)$ 就是所占面积的百分比，它可以表现推断结果的可靠度，如图 5-4 所示。

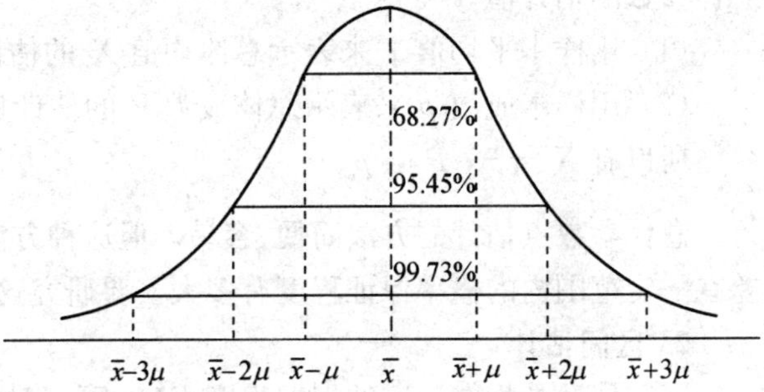

图 5-4　推断结果的可靠程度

概率度 t 是把抽样平均误差标准化后的一个度量，如果说有 2 个概率度，即 $t=2$，就是说总体指标与样本指标之间相差 2 个抽样平均误差范围。也就是说，概率度 t 表示误差范围为抽样平均误差的 t 倍，即

$$t = \frac{|\bar{x} - \bar{X}|}{\mu_{\bar{x}}} = \frac{\Delta_{\bar{x}}}{\mu_{\bar{x}}},\quad \Delta_{\bar{x}} = t \cdot \mu_{\bar{x}};\quad t = \frac{|p - P|}{\mu_p} = \frac{\Delta_p}{\mu_p},\quad \Delta_p = t \cdot \mu_p$$

（三）抽样极限误差的计算

1. 平均数抽样极限误差

（1）重复抽样时

$$\Delta_{\bar{x}} = t \cdot \mu_{\bar{x}} = t \cdot \sqrt{\frac{\sigma^2}{n}}$$

（2）不重复抽样时

$$\Delta_{\bar{x}} = t \cdot \mu_{\bar{x}} = t \cdot \sqrt{\frac{\sigma^2}{n} \times \left(1 - \frac{n}{N}\right)}$$

2. 成数抽样极限误差

（1）重复抽样时

$$\Delta_p = t \cdot \mu_p = t \cdot \sqrt{\frac{p \cdot (1-p)}{n}}$$

(2) 不重复抽样时

$$\Delta_p = t \cdot \mu_p = t \cdot \sqrt{\frac{p \cdot (1-p)}{n}\left(1-\frac{n}{N}\right)}$$

四、抽样推断方法及样本容量的确定

(一) 抽样推断方法

抽样调查的最终目的就是要用抽样指标去推断总体指标，这种推断实际上是一种科学估计。利用样本指标估计总体指标常用的方法有点估计和区间估计两种。

1. 点估计

点估计也称定值估计，它是在不考虑抽样误差的条件下，用样本计算出的统计量直接作为总体参数的估计值。

(1) 用样本平均值 $\bar{x}$ 来表示总体均值 $\bar{X}$ 的估计量($\hat{\bar{X}}$)。

(2) 用样本成数 p 来表示总体成数 P 的估计量($\hat{P}$)。

所以有 $\hat{X} = \bar{x}$, $\hat{P} = p$。

总体参数点估计的方法简便、容易。但这种方法没有表明抽样估计的误差，也没有指出误差在一定范围内的概率保证程度有多大。要研究这些问题，就要采用区间估计的方法。

2. 区间估计

区间估计是指在一定的把握程度 $F(t)$ 下，用样本指标($\bar{x}$ 或 p)和其抽样误差来推算总体相应指标 $\bar{X}$ 或 P 取值的可能范围，即总体指标真值所在的区间。

这个包含总体指标真值的区间又叫置信区间，置信区间如何确定呢？这就需要联系极限误差。由于极限误差 $\Delta(\Delta=t \cdot \mu)$ 在理论上是指有 $F(t)$ 的概率把握度，确保样本指标与总体指标之间的差距不论多大都不会超过 $t \cdot \mu$，即有 $F(t)$ 的把握，使：

$$|\bar{x}-\bar{X}| \leqslant \Delta_{\bar{x}}, \quad |\bar{x}-\bar{X}| \leqslant t \cdot \mu_{\bar{x}}$$
$$|p-P| \leqslant \Delta_p, \quad |p-P| \leqslant t \cdot \mu_p$$

成立。于是得到：在概率把握度 $F(t)$ 下，由样本指标所确定的总体参数 X 和 P 的估计区间，即置信区间为

$$\bar{x}-t\mu_{\bar{x}} \leqslant \bar{X} \leqslant \bar{x}+t\mu_{\bar{x}}, \quad p-t\mu_p \leqslant P \leqslant p+t\mu_p$$

上述中 $\bar{X}$, P 表示被估计总体参数在区间 $[\bar{x}-\Delta_{\bar{x}}, \bar{x}+\Delta_{\bar{x}}]$ 和 $[p-\Delta_p, p+\Delta_p]$ 内的概率为 $1-\alpha$，即

$$P[\bar{x}-\Delta_{\bar{x}} \leqslant \bar{X} \leqslant \bar{x}+\Delta_{\bar{x}}]=1-\alpha, \quad P[p-\Delta_p \leqslant P \leqslant p+\Delta_p]=1-\alpha$$

于是称 $[\bar{x}-\Delta_{\bar{x}}, \bar{x}+\Delta_{\bar{x}}]$ 和 $[p-\Delta_p, p+\Delta_p]$ 为置信区间。所谓置信区间就是联系一定概率保证程度确定的区间，它表达了区间估计的精确性，$1-\alpha$ 为置信度或概率，表示区间估计的可靠程度。例如 $1-\alpha=0.95$，说明有95%的可能总体参数包括在估计区间内。而不包含在

这个区间的概率为 $\alpha=5\%$，也叫显著水平。

可见，科学的区间估计方法要具备三个基本要素：①要有合适的统计量作为估计量。②要有合理的允许误差范围。它是指样本统计量与被估计总体参数离差的绝对值可允许变动的上限和下限。估计误差如果超过一定限度，参数估计本身也就会失去价值。误差范围愈小表明抽样估计的准确度愈高，反之，就表明准确度愈差。③要有可靠的概率保证程度。估计的概率保证程度又称估计的置信度，在实际抽样中并不能保证被估计的参数真值都落在允许误差的范围内。如果一种估计可信度很低，这就意味着所冒风险很大，这种估计也就没有什么价值。

(二) 样本容量的确定

确定样本容量是抽样设计中十分重要的问题。因为样本的大小是决定抽样误差的直接因素，如果样本容量太小，会使调查结果出现较大的误差，从而降低了抽样估计的效果；如果样本容量太大，又会造成人、财、物及时间的浪费。所以，在总体变异程度一定时，样本容量 n 既与调查费用有关，又与估计精度有关，它是平衡费用与估计精度的杠杆。对于一个抽样设计，一般应尽量做到在给定费用的限制下，使精度最高，或在达到所要求的精确度下，使调查费用最低。而对于样本容量的设计，就是要找到费用和精度兼顾的样本容量。

1. 影响样本容量的因素

(1) 总体各单位之间的标志值变异程度。在抽样范围一定的条件下，总体各单位之间的标志差异程度越大，需要抽选的样本数目越多；反之，则需要抽选的样本数目越小。当总体单位的标志值都相等时，一个总体单位标志值就足以代表总体的平均水平。

(2) 允许误差的大小。在其他条件一定的情况下，允许的误差小，抽样数目就应相对多一些；反之，允许误差大，抽样数目就可少一些。在抽样调查设计时，应当取多大的允许误差，要根据调查的目的要求，调查经费和时间来确定。一般来说，调查的准确度要求高、调查力度强、调查经费充足，允许误差就可以定得小一些；反之，允许误差就只能放大一些。

(3) 把握程度(置信概率) $F(t)$ 的大小。如果置信概率 $F(t)$ 要求越高，即 t 值越大，则样本单位数就越多(Δ 一定的条件下)；反之，则样本单位数就越少。

(4) 抽样设计方案及抽样操作方法。假定其他条件相同，一般来说，简单随机抽样(包括重复抽样和不重复抽样)和整群抽样比系统抽样和分层抽样所需样本数目要大一些；重复抽样比不重复抽样所需样本数目要大一些。

2. 样本容量的计算

我们仅以简单随机抽样方式条件下，确定必要样本容量的计算方法。而其他随机抽样组织形式下样本容量的计算方法，可以通过各自的平均抽样误差或抽样极限误差的计算式自行推导。

(1) 平均数指标样本容量的计算。

① 重复抽样时

$$n=\frac{t^2\cdot\sigma^2}{\Delta_{\bar{x}}^2}=\frac{\sigma^2}{\mu_{\bar{x}}^2}$$

② 不重复抽样时

$$n=\frac{N\cdot t^2\cdot\sigma^2}{N\cdot\Delta_{\bar{x}}^2+t^2\cdot\sigma^2}=\frac{N\cdot\sigma^2}{N\cdot\mu_{\bar{x}}^2+\sigma^2}$$

（2）成数指标样本容量的确定。

① 重复抽样时

$$n=\frac{t^2P(1-P)}{\Delta_P^2}=\frac{P(1-P)}{\mu_P^2}$$

② 不重复抽样时

$$n=\frac{N\cdot t^2\cdot P(1-P)}{N\cdot\Delta_P^2+t^2\cdot P(1-P)}=\frac{N\cdot P(1-P)}{N\cdot\mu_P^2+P(1-P)}$$

式中 n——样本容量；

N——总体单位数；

σ^2——总体方差；

t^2——概率度平方；

$\Delta_{\bar{x}}^2$——平均数允许误差平方；

P——成数；

Δ_P^2——成数（相对数）允许误差平方。

【例题 5-4】 某市进行居民家计调查，按简单随机不重复抽样方式，已知 $N=100\,000$，$\sigma^2=10\,000$，抽样平均误差 $\mu_{\bar{x}}=5$ 元，要求在 95.45％的概率把握程度下，即概率度 $t=2$ 时，计算所需要的样本容量。

解：$F(t)=95.45\%$ 时，$t=2$ 则 $\Delta_{\bar{x}}=t\cdot\mu_{\bar{x}}=2\times5=10$（元）

$$n=\frac{N\cdot t^2\cdot\sigma^2}{N\cdot\Delta_{\bar{x}}^2+t^2\cdot\sigma^2}=\frac{100\,000\times2^2\times10\,000}{100\,000\times10^2+2^2\times10\,000}=398(\text{户})$$

当 $t=3$ 时，即允许误差不变，$\Delta_{\bar{x}}$ 仍为 10 元，这就意味着抽样平均误差 $\mu_{\bar{x}}$ 缩小为 3.3 元，在此情况下，样本容量为：

$$n=\frac{N\cdot t^2\cdot\sigma^2}{N\cdot\Delta_{\bar{x}}^2+t^2\cdot\sigma^2}=\frac{100\,000\times3^2\times10\,000}{100\,000\times10^2+3^2\times10\,000}=892(\text{户})$$

可见，在允许误差和其他条件不变的情况下，把握程度由 95.45％（$t=2$）提高到 99.73％（$t=3$），需要增加的样本容量为 1.24 倍。

在抽样方案设计中确定必要样本容量时，经常会出现所需数据资料缺乏等情况，此时，我们应注意以下两个问题：①计算公式中的总体方差是未知的，可用样本数据、经验数据、试验性或试调查数据代替。但在有几个数据资料可供选择时，应选择方差大的数据资料。特别是在有关成数方差的资料完全缺乏时，可用成数方差的最大值 0.25（＝0.5×0.5）来代替。②在通过一次性抽样调查来实现对总体平均指标值 $\bar{X}$ 和成数 P 进行估计的预期目标时，如果用它们各自样本容量的计算公式得出的结果不一样，就应选择两个数中较大的一个为必要样本容量，即这两个数中的较大者是应抽取的样本单位数目的下限。

小 结

1. 抽样调查是指按随机原则，从调查对象的总体中抽取一定的单位数目（样本）进行观察，并用样本

(Sample)所得结果推断总体(母体群,Population)的一种专门组织的非全面调查。抽样调查的理论基础是概率论。概率论中的大数定理和中心极限定理等一系列的理论为抽样调查提供了科学依据。

抽样调查应遵循随机原则。按随机原则抽取样本是抽样调查科学性的根本所在。抽样调查具有科学性、经济性、及时性、准确性等优点。抽样调查的主要缺点是无法避免抽样误差。对抽样误差的控制可以通过准确选定抽样方法、正确确定样本数目、加强对抽样调查的组织领导等方面来实现。抽样设计,就是从一定总体抽取样本之前,预先确定抽样程序和方案,在保证所抽选的样本对总体有充分代表性的前提下,力求取得最经济、最有效的结果。抽样设计的任务就是依据调查目的,在给定人力、物力、财力等条件下,在从所要调查的总体中抽取样本资料以前,设计一个精度高且能够由样本正确推断总体的良好的抽样调查方案。

2. 随机抽样技术又叫概率抽样技术,是指对总体中每一个个体都给予平等的抽取机会的抽样技术。随机抽样技术包括简单随机、分层随机、系统随机和分群随机抽样技术四类。

简单随机抽样技术,是指对总体单位不做任何分类、排队,而是完全按随机的原则、纯粹偶然的方法从总体中抽取样本单位进行调查。分层随机抽样技术,是先把全部总体单位按有关主要标志分为若干层(类),然后在各层(类)中按纯随机抽样或机械抽样的方法抽取一定数目的单位作为样本单位进行调查。它可分为等比例分层、非比例分层、最低成本分层和多次分层抽样四种。系统抽样技术,是先将总体单位按某种标志顺序排列,并根据总体单位数和样本单位数计算出样本距离,然后按相等的距离或间隔抽取样本单位的抽样技术。分群随机抽样技术,是先将总体按时间和空间形式分为许多群,然后按纯随机抽样或机械抽样方式,从中抽选若干群来组成样本,对被抽中的各群中的所有单元无一例外地进行全面调查。

3. 抽样误差,即按随机原则抽样时,在没有登记性误差和系统性误差的条件下,单纯由于不同的随机样本得出不同的估计量而产生的误差。通常所说的抽样误差,是专门指抽样平均误差。影响抽样误差大小的因素主要有:总体各单位标志值的变异程度、抽取样本的单位数、样本的抽选方法、抽取样本的组织形式等。抽样平均误差是指所有样本抽样误差的平均数。它是抽样平均数或抽样成数的标准差。抽样极限误差,就是指在一定条件下样本指标与总体指标之间抽样误差的最大可能范围。

4. 抽样调查的最终目的就是要用抽样指标去推断总体指标,这种推断实际上是一种科学估计。利用样本指标估计总体指标的方法有点估计和区间估计两种。影响样本容量的因素:①总体各单位之间的标志值变异程度;②允许误差的大小;③把握程度(置信概率)$F(t)$的大小;④抽样设计方案及抽样操作方法。对于一个抽样设计,一般应尽量做到在给定费用的限制下,使精度最高,或在达到所要求的精确度下,使调查费用最低。而对于样本容量的设计,就是要找到费用和精度兼顾的样本容量。

习　题

一、名词解释

1. 抽样调查　2. 抽样设计　3. 抽样框　4. 分层随机抽样　5. 整群抽样
6. 系统抽样　7. 抽样误差　8. 抽样极限误差

二、填充题

1. 抽样调查的主要优点有科学性、经济性、＿＿＿＿＿和准确性。

2. 遵循＿＿＿＿＿原则抽取样本单位是随机抽样的最主要特点,也是区别于其他非全面市场调查的主要方面。抽样调查的理论基础是＿＿＿＿＿＿＿。

3. 随机抽样技术可分为简单随机抽样技术、分层随机抽样技术、＿＿＿＿＿抽样技术和分层抽样技术。

4. 分群抽样的分群原则是:应选择能使群间方差尽量＿＿＿＿＿＿,而群内方差尽量＿＿＿＿＿＿＿的标志作为分群标志。

5. 一般而言,样本数目与＿＿＿＿＿＿＿成反比关系。

6. 抽样平均误差与样本单位数的平方根成＿＿＿＿＿,与总体的＿＿＿＿＿成正比。

三、选择题

1. 反映样本指标与总体指标之间的抽样误差可能范围的指标称 （ ）

A. 样本平均误差　　B. 抽样极限误差

C. 可靠程度　　D. 概率度

2. 用简单随机抽样(重复抽样)方法抽取样本单位，如果要抽样平均误差降低25%，则样本容量需扩大到原来的 （ ）

A. 2倍　　B. 4倍　　C. 5倍　　D. 16倍

3. 分层抽样和配额抽样的不同之处表现在 （ ）

A. 配额抽样是按随机方法选取样本的　　B. 分层抽样是按判断抽样选取样本的

C. 分层抽样不属于概率抽样　　D. 分层抽样是按随机原则选取样本的

4. 下列正确的命题是 （ ）

A. 分层抽样要求各层之间具有同质性

B. 整群抽样要求各层之间要有差异性

C. 整群抽样要求各群之间要有同质性

D. 分层抽样和整群抽样都要求"部分"之间具有同质性

5. 若市场上母体是由一些情况大体相同的群体组成，且群体内差异大，群间差异小，宜采用什么抽样方法 （ ）

A. 单纯随机抽样　　B. 分群随机抽样

C. 分层随机抽样　　D. 判断非随机抽样

6. 下列说法正确的是 （ ）

A. 概率度t值小，精度高，把握程度低　　B. 概率度t值大，允许误差大，精度高

C. 概率度t值小，精度高，把握程度高　　D. 概率度t值大，允许误差小，把握程度高

四、判断题

1. 分层随机抽样(类型抽样)，实质上是科学分组与抽样原理的结合应用，但它的精确度一般比简单随机抽样和机械抽样来得低。 （ ）

2. 分群抽样技术(整群抽样)在划分群体时，每个群体的所包含的单位数可以相等，也可以不相等。 （ ）

3. 一般地说，简单随机抽样和分群随机抽样的误差要大于等距随机抽样和分层随机抽样的误差。 （ ）

4. 抽样平均误差是指所有样本抽样误差的平均数，它是抽样平均数或抽样成数的标准差。 （ ）

5. 概率度t值小，允许误差小，精度降低，把握程度降低。 （ ）

6. 在允许误差和其他条件不变的情况下，把握程度提高，就需要减少样本的数目。 （ ）

五、计算题

1. 某市区居民家庭共12万户，与本年12月底抽取2 400户进行洗衣机未来购买调查，样本调查结果如下：本年初洗衣机保存量为288台；本年实际购入洗衣机96台；下年度打算购买洗衣机为120台。已知该年洗衣机社会零售量6 100台(其中集团购买200台)。根据上述资料，测算该市下年度洗衣机居民家庭需求量和社会零售量。要求：

(1) 计算出样本年初与年末洗衣机家庭普及率以及下年度样本每百户预计购买洗衣机多少台？

(2) 按样本下年度每百户预计购买量推断该市下年度居民家庭洗衣机需求量，并运用简单随机重复抽样公式计算出抽样误差，估计需求量置信区间值(要求把握程度为95%)。

(3) 假设全年居民家庭户数不变，下年度集团洗衣机预计购买量保持上年度水平，试利用样本下年度洗衣机预计购买量比上年实际购买量的增长率，估算出下年度洗衣机的社会零售量。

2. 某外贸公司出口一种茶叶，规定每包规格不低于150克，现采用不重复抽样的方法抽取其中1%进行

检验。测得结果如表 5-11 所示。

表 5-11 某外贸公司出口茶叶抽样资料

每包重量(克)	组中值	包数
148～149	148.5	10
149～150	149.5	20
150～151	150.5	50
151～152	151.5	20
合　计	—	100

(1) 要求以 99.73%的概率估计这批茶叶平均每包的重量范围,以便确定平均重量是否达到规格要求。

(2) 要求以 99.73%的概率,保证这批茶叶包装合格率范围。

3. 对某厂日产 10 000 个灯泡的使用寿命进行抽样调查,抽取 100 个灯泡,测得其平均寿命为 1 800 小时,标准差为 6 小时。要求:

(1) 按 68.27%的概率计算抽样平均数的极限误差。

(2) 按以上条件,若极限误差不超过 0.4 小时,应抽取多少只灯泡进行测试。

(3) 按以上条件,若概率提高到 95.45%,应抽取多少只灯泡进行测试?

(4) 若极限误差为 0.6 小时,概率为 95.45%,应抽取多少只灯泡进行测试?

4. 某县某年城关镇共有居民家庭 1.86 万户,根据以往的资料,居民家庭人均可支配收入的标准差为 0.8 千元,95%的居民家庭拥有空调。现采用重复抽样的方式了解今年居民家庭空调以旧换新的需求情况,若置信概率为 95%,要求总体居民家庭今年人均可支配收入估计的抽样极限误差不超过 0.1 千元,空调拥有率估计的抽样极限误差不超过 3%,求应抽取的合适的样本量。

六、案例分析题

国家卫生服务总调查

一、调查目的

国家卫生服务总调查分为家庭健康询问调查和卫生机构调查,其基本目的是提供人群健康状况及卫生服务需求量,有关卫生服务资源的筹集、分配、结构和卫生服务资源利用及其效率的资料,为卫生事业管理决策提供客观依据。

二、调查对象和调查时间

家庭健康询问调查的对象为全国样本住户的实际人口(凡居住并生活在一起的家庭成员和其他人,或单身居住、生活的均作为一个住户)。卫生机构调查为抽中样本地区[包括样本县(市或市区)、样本乡镇(街道)、样本村(居委会)]的卫生机构和基层卫生组织。

国家卫生服务总调查的调查时间从 1998 年 6 月 6 日开始,6 月 25 日结束。

三、抽样设计

国家卫生服务总调查抽样的原则是经济有效。根据调查目的和调查内容采用多阶段分层分群随机抽样方法抽取“样本地区”和“样本个体”。

第一阶段分层采用多变量分析法,综合社会经济、文化教育、卫生保健和人口结构等多个指标为分层标志,以县(市或市区)为单位进行分层,将全国 2 400 多个县(市或市区)分为五类地区,根据所要求的样本量按各层占总体比例分群随机抽取各层的“样本县(市或市区)”共 90 个。

第二阶段分层采用人口数或人均收入为标志，以样本乡镇（街道）为单位，每个“样本县（市或市区）”按20%的比例分群随机抽取乡镇（街道），平均每个县（市或市区）抽取五个乡、镇（街道）为“样本乡镇（街道）”，全国共抽取450个。

第三阶段采用人口数或人均收入为标志，以村（居委会）为单位，平均每个“样本乡镇（街道）”分群随机抽取两个“样本村（居委会）”。全国共抽取900个村（居委会）。

最终的抽样单位是户，在每个“样本村（居委会）”中随机抽取60户，全国共抽取54 000户，全国平均每户被抽取的概率为1∶5 000。

四、抽样分析

（一）概述

国家卫生服务总调查抽样的原则是，既要兼顾调查设计的科学性即样本地区和样本个体对全国和不同类型地区有足够的代表性；又不至于过多地增加样本容量而加大调查的工作量，即经济有效的原则。抽样的方法是多阶段分层分群随机抽样。

（二）第一阶段分层分群抽样

1. 第一阶段抽样着重解决两个基本问题。一是由于全国各县、市差异极大，如何确定第一阶段分层的基准；二是抽样比例，多大的县、市样本量能经济有效地代表全国和不同类型的地区。

2. 第一阶段分层基准的确定。第一阶段分层的指标是通过专家咨询法和逐步回归法筛选的10个与卫生有关的社会经济、文化教育、人口结构和健康指标。

3. 第一阶段分层样本容量的确定。用经济有效的样本代表总体是抽样调查的精髓。样本容量的确定基于以往的经验和其他国家抽样调查样本的设计，首先给定一个样本容量大小的范围，确定抽取样本容量为120，90，60，45，30个大小不等的样本。为了保证各层每一个县（市或市区）都有同等被抽取为样本的概率，必须考虑不同大小样本县的样本在各层的分配，即按比例地分层抽样。

按等距随机抽样方式，每个不同大小样本容量的样本抽取6次，同一样本容量的也抽取6次，通过计算每次抽样样本各变量统计量，分别与总体各变量参数进行比较，从中筛选出总体参数最为接近的那个样本，作为该样本容量的最佳抽取样本。

考虑到经济有效的原则和对全国、不同类型地区和上述每个指标的代表性，国家卫生服务总调查的县（市或市区）样本容量取90个。

（三）第二阶段分群随机抽样

1. 在上述抽取的90个“样本县（市或市区）”中，以乡镇（街道）为第二阶段分群等距随机抽样单位。全国每个乡镇（街道）被抽取为“样本乡镇（街道）”的概率为1∶160。第二阶段分群等距随机抽样全国共抽取450个乡镇（街道），平均每个“样本县（市或市区）”抽5个乡镇（街道）。第二阶段分层分群抽样具体由各样本县（市或市区）抽取。

2. 第二阶段分群随机抽样的基准。由于一个县（市或市区）内社会经济、文化教育和卫生状况的差异远小于全国各县、市之间的差异，因而确定县（市或市区）的抽样基准相对容易。根据我国各县（市或市区）的基本特征、实际的可操作性和以往抽样调查常用的指标，确定采用人口数（或人均收入）作为分层基准。

3. 第二阶段分群随机抽样的方法：①将样本县（市或市区）所有的乡镇（街道）按人口数的多少（或人均收入）由多到少依次排列。②由多到少依次计算人口数（或人均收入）的累计数。③计算抽样间隔，用累积的人口数（或人均收入累计总数）除以抽取的样本数（累计总数/5）。④用纸币法（随便拿出一张人民币，看人民币的号码与最初累计数哪一个数接近，取这个数为开始数）随机确定一个样本乡镇（街道），然后加上抽样距离确定第二个样本乡镇（街道），依此类推确定第三个至第五个样本乡镇（街道）。

（四）第三阶段随机抽样

1. 第三阶段随机抽样的基准和样本容量：①同一个乡镇（街道）内各村（居委会）的经济发展和卫生状况基本上变异不大，因此，第三阶段不用分层，直接采用分群随机抽样的方法从“样本乡镇（街道）”中抽取样本村（居委会），但是，抽样时应按各村人均收入或人口数作为标志进行排序，第三阶段随机抽样由调查指导员负责。②每个“样本乡镇(街道)”分群随机抽取2个村(居委会),全国共抽取900个村(居委会),全国每村被抽为样本的概率为1∶1∶120。

2. 第三阶段分群随机抽样的方法:①将样本乡镇(街道)所有的村(居委会)按人口数的多少(或人均收入)由多到少依次排列。②由多到少依次计算人口数(或人均收入)的累计数。③计算抽样间隔,用累计的人口数(或人均收入累计总数)除以抽取的样本数(累计总数/5)。④用纸币法(随便拿出一张人民币,看人民币的号码与最初累计数哪一个数接近,取这个数为开始数)随机确定一个样本村(居委会),然后加上抽样距离确定第二个样本村(居委会)。

(五) 样本户的抽样

1. 最终的抽样单位是户。在每个“样本村(居委会)”中按20%的比例随机抽取样本户,平均每个村抽60户,全国共抽取54 000户,全国平均每户被抽取为样本的概率为54 000/28 000万,约5 000户中抽1户。如果每户按4个人计算,人口抽样的比例为1∶5 000左右。

2. 抽户方法是各样本乡镇(街道)的调查指导员按上述抽样比例在样本村(居委会)随机抽取,具体方法为:①按人口普查的编码顺序,按门牌号、楼号、单元号从小到大排列。②对同一门牌号,同一个大院和楼号的,按门号从小到大排列,对同一门牌号内没有门号的按从左到右、从外到里、从下到上的原则编码,一经编码不许变动。③编好的住户码列入住户清单中。④根据抽样比例计算应抽的户数(一般平均每个样本村60户),然后按等距随机抽取,方法同上。第一步确定所有用户的人口累计数、本村的平均人口数(1 200/300=4)和本村应抽取的住户数(300×20%=60);第二步计算抽样距离(1 200/60=20);第三步确定第一个随机数;第四步用这个随机数加上抽样距离,以此类推。⑤抽样时可多抽取6户作为备用,抽取方法是在上述抽样完毕以后,按上述步骤在从未抽取的住户中抽取。

根据上述案例,试分析在国家卫生服务调查中采用了哪些抽样调查技术?

第六章 问卷设计技术

学习重点和要点

(1) 理解市场调查问卷设计的含义，掌握问卷设计的目标和基本要求。

(2) 理解设计调查问卷的原则和程序。

(3) 掌握问句的含义，问句答案设计的技术，领会问句的设计原则。

(4) 理解问卷中问题的编排顺序及编码设计。

第一节 问卷设计概述

调查问卷是市场调查中用来收集资料的一种工具，一种类似于体温表、测力器、磅秤、米尺那样的工具。不同的是，调查问卷在形式上是一份精心设计的问题表格。调查问卷是用来测量人们的行为、态度和社会特征的，它是至今为止用于收集第一手资料最普遍的工具。

问卷设计是市场调查的关键环节，对调查质量有着重大影响。问卷在设计上的缺陷会影响到市场调查的其他环节，甚至可能导致整个调查项目的失败。

案例分析

可口可乐的市场调查

20世纪80年代，美国可口可乐公司耗资500万美元，进行了历时两年的市场调研，调查了20万消费者。然而，这却是一次几乎产生灾难性结果的市场调研。这事还得从头说起：1885年4月23日，罗伯特·戈伊朱埃塔宣布了一个惊人的决定：经过99年的发展，可口可乐公司决定放弃其一成不变的传统配方，推出新一代可口可乐。

罗伯特·戈伊朱埃塔的决定是有道理的。近百年来，可口可乐公司的发展一直是令人羡慕的。但是，在20世纪80年代初，可口可乐在市场上的销售增长率从每年递增13%猛降到2%。与此相比，百事可乐却来势凶猛，异常红火。可口可乐公司的市场占有率也从曾是百事可乐的两倍，降到只领先2.9个百分点。可口可乐从独步天下变成只能与百事可乐分庭抗礼，而且还是可口可乐多花费了1亿美元的情况下办到的。问题在哪里？可口可乐公司开始了秘密的市场调研。

在这次市场调研回答中，可口可乐公司出动了2 000名调查人员，在10个主要城市调查消费者的口味，调查消费者是否会接受一种新的可口可乐饮料。他们向顾客出示了一系列问题的问卷，请被调查者当场回答。他们的问题中有这样一句话："可口可乐配方中将增加一种新的成分，使消费者喝起来更柔和，你愿意吗？"在有的问卷中他们也会问这样的一句话："可口可乐将与百事可乐的口味相仿，你会感到不安吗？"调查结果显示，只有11%的消费者对新口味表示不安，而且其中的一半人表示会适应新口味的可口可乐。于是，可口可乐公司决定研究开发出全新的可乐。

为了万无一失，可口可乐公司投资400万美元进行了一次更大的口味尝试活动。13个大城市的19.1万消费者参与了对新口味可口可乐饮料的尝试。在众多口味饮料中，消费者对可口可乐的新口味青睐有加。55%的品尝者认为，新口味饮料胜过传统可口可乐配方。有1.5亿人在“新可乐”问世的当天品尝了它。试饮活动总结出一句话：应该立即上马生产新可口可乐饮料。

新可乐配方马上就要投产了。但是，可口可乐公司又面临一个新问题：是为新可乐增加一个生产线呢？还是用“新可乐”生产线彻底代替传统可乐生产线。经过与遍布全世界的瓶装厂商量，并进行财务预算后，罗伯特·戈伊朱埃塔对生产线说出了那句至关重要的话：“用新可乐代替传统可乐，停止传统可乐的生产与销售。”

没有想到这一句话，却引起了冲天巨浪，有如引爆了火山。新饮料上市后4个小时，可口可乐公司接到650个抗议电话。10天后，每天接到5 000多个抗议电话。更有雪片似的抗议信件，有的说要改喝茶水来代替可乐。可口可乐公司不得不开辟83个热线，雇用更多的公关人员处理这些抱怨和抗议。在西雅图，一群忠实于可口可乐的消费者还组织了“美国佬可乐饮者”协会，准备在全国范围内发动抵制“新可乐”的运动。在刚开始的一周内，新可乐的销售很好。但是，1个月以后，已经有新可乐的销售商和瓶装厂要求恢复经营传统可乐了。到了3个月后，市场调研显示，只有30%的消费者说新可乐的好话了。愤怒的情绪在全国蔓延，传媒也在煽风点火。社会学的一个教授说：“社会调查证明，许多人认为，可口可乐公司把一个神圣的象征给毁了。”罗伯特·戈伊朱埃塔的老父亲也公开站出来批评新可乐，甚至他还威胁说：“他将不认罗伯特·戈伊朱埃塔这个儿子。”消费者运动越演越烈，火山爆发了。

至此，罗伯特·戈伊朱埃塔不得不率领可口可乐公司的全体高层管理者站在可口可乐标志下，向公众道歉，并宣布立即恢复传统配方可乐的生产。消息一公布，全国一片沸腾，电视频道中断了洽谈节目，马上插播可口可乐公司的新闻公告。有位议员在参议会上发表演讲说：“这是美国历史上一个非常有意义的时刻，表明有些民族精神是不可改的。”真是巨浪冲天。

痛定思痛，可口可乐公司犯的这个灾难性错误的根源在哪儿？“新可乐”上市前，可口可乐公司不可谓不慎重，耗资巨大，范围广泛，被调查者反应良好。但是，他们再次查阅调查、问卷后，发现市场调研问卷只考虑新可乐饮料，而遗留了一句问题。那就是：他们在向消费者调查各种关于生产或者增加新可乐饮料的时候，忘了询问消费者：“如果是在停止老可乐饮料的情况下，您是否会选择新饮料？”事后调查证明，几乎所有消费者都认为，是在保留老可乐的情况下，询问对一种新口味可乐的态度，于是又都认为那当然是一件好事啦。问题就出在这里！汲取了这次教训，可口可乐公司后来使用新可乐饮料与传统可乐配方一起生产和销售的方案，终获成功。直到现在，仍然保持了在饮料市场上的霸主地位。

重新回顾一下，我们可以发现可口可乐公司将其营销调研问题限定得太狭窄。调查只限于味道问题，而没有考虑用新可乐取代旧可乐时消费者的感觉如何。它没有考虑无形资产——可口可乐的名称、历史、包装、文化遗产以及形象。对许多美国人而言，可口可乐与棒球、热狗和苹果派一起成为美国习俗，它代表了美国社会中最根本的东西。对许多消费者来说，可口可乐的象征性意义比它的口味更重要。如果调查的范围更广泛一些，是应该能够发现这些强烈情感的。

可口可乐公司的经理们在解释调研结果和制定决策时的判断力也很差。例如，他们认为有60%的消费者喜欢新可乐，那么新可乐就能赢得市场，正如一个获得60%选票的政治候选人一样。但是这一调研结果同样也意味着有40%的消费者仍然喜欢原来配方。由于放弃旧可乐，公司伤害了一大批不愿做改变的旧可乐的忠实饮用者。公司更明智的做法应该是保留旧可乐，同时将新可乐作为一个延伸品牌推出，正如它后来成功地推出了“樱桃可乐”一样。

从此以后，可口可乐公司开始建设全美国最大的、管理最好的和最先进的营销调研系统，良好的营销调研使公司数十年来一直在竞争激烈的软饮料市场上独占鳌头。

一、问卷及问卷设计的概念

在现代市场调查中，应具有事先准备好的询问提纲或调查表作为调查的依据，这些文件统称问卷。问卷(Questionnaire),也称为调查表,是调查人员根据调查目的和要求设计的、由一系列问题和可能附带的备选答案及其他辅助内容所组成的、向被调查者收集资料的工具。它系统地记载了所需调查的具体内容,是了解市场信息资料、实现调查目的和任务的一种重要形式。采用问卷进行调查是国际通行的一种调查方式,也是我国近年来推行最快,应用最广的一种调查手段。

填写一份问卷通常只要几分钟到十几分钟的时间。这种简单快捷的问卷填写体验很容易让人产生一个错觉:问卷设计也很简单,就是几个问题加上一些选项而已。事实上,要设计一个能符合调研需求的问卷并不是一件容易的事情,有经验的研究者在问卷设计上仍可能会犯错。如何设计好的问卷是调研人员必须学习和掌握的基本功。在问卷设计中,有一些共同的基本原则和方法可供遵守,与此同时,问卷设计所涉及的知识面非常广泛,问卷的设计者需要掌握很多技巧,因此,问卷设计既是一门科学,也是一门艺术。

所谓问卷设计,它是根据调查目的和要求,将所需调查的问题具体化,并具有一定的格式,使调查者能顺利地获取必要的信息资料,以便于统计分析的一种手段。因为问卷方式通常是靠被调查者通过问卷间接地向调查者提供资料,所以,作为调查者与被调查者之间中介物的调查问卷,其设计是否科学合理,将直接影响问卷的回收率,影响资料的真实性、实用性。因此,在市场调查中,应对问卷设计给予足够的重视。

现代市场调查表,最基本的要求是“四易”,即:易于回答、易于记录、易于整理统计和易于辨别回答的真伪。

二、问卷的类型

(一) 根据市场调查中使用问卷方法的不同分类

(1) 自填式问卷。自填式问卷是指由调查者发给(或邮寄给)被调查者,由被调查者根据实际情况自己填写的问卷。

(2) 代填式问卷。代填式问卷是由调查者按照事先设计好的问卷或问卷提纲向被调查者提问,然后根据被调查者的回答进行填写的问卷。

上述两类问卷在具体结构、问题类型、措辞以及版式等方面都会有所不同。一般而言,代填式问卷要求简便,最好采用两项选择题进行设计;而自填式问卷由于可以借助于视觉功能,在问题的设计上相对可以更加详尽、全面一些。

(二) 根据问卷发放方式的不同分类

(1) 送发式问卷。送发式问卷是由调查者将调查问卷送发给选定的被调查者,待被调查者填答完毕之后再统一收回。这种问卷由于有充足的时间供被调查者思考、查询或向他人请教,因此,在问卷设计上可适当安排一些较深入性的问题。送发式问卷的最大优点是问卷回收率高,缺点是成本偏高。

(2) 邮寄式问卷。邮寄式问卷是通过邮局将事先设计好的问卷邮寄给选定的被调查者,并要求被调查者按规定的要求填写后寄回给调查者。邮寄式问卷的匿名性较好,便于设计一些人们不愿在公开场合讨论的敏感性问题,比如涉及一些人的隐私方面的问题、争议较大的问题、政治敏锐性问题以及有威胁或有损自我形象的问题等等。邮寄式问卷的回收率比较低。如果缺乏必要的跟踪提示,很难达到满意的调查效果。

(3) 报刊式问卷。报刊式问卷是随报刊发送的问卷，报刊读者在作答后回寄给调查的组织者。报刊式问卷有稳定的传递渠道，匿名性好，费用低，因此有很大的适用性，但回收率不高。

(4) 网上访问式问卷。网上访问式问卷是通过因特网进行调查的问卷类型。此种问卷不受时间和空间的限制，匿名性好，费用低，便于获取大量信息，特别是对于一些敏感性、威胁性问题，更容易获得满意的答案。其缺点是对网上所获信息的准确性和真实性程度难以界定。

送发式问卷、邮寄式问卷、报刊式问卷、网上访问式问卷大致可以划归自填式问卷范畴。

(5) 人员访问式问卷。人员访问式问卷是由调查者按照事先设计好的调查提纲或调查问卷对被调查者提问，然后再由调查者根据被调查者的口头回答如实填写问卷。人员访问式问卷的回收率高，有利于设计一些便于深入讨论的问题，但不利于涉及敏感性问题，同时对访问人员的访问技巧有较高的要求。

(6) 电话访问式问卷。电话访问式问卷是通过电话来对被调查者进行访问调查的问卷类型。此种问卷要求简单明了，在问卷设计上要充分考虑以下几个因素：①通话时间限制；②听觉功能的局限性；③记忆的规律；④记录的需要。电话访问式问卷一般应用于问题相对简单明确，但需及时得到调查结果的调查项目，如电视节目收视率调查。

人员访问式问卷、电话访问式问卷大致可以划归代填式问卷范畴。

三、问卷设计的结构

市场调查问卷通常是由标题、说明词、填表说明、问题与备选答案、被调查者的基本情况、编码、作业记录等项内容组成。

(一) 标题

问卷标题是对调查主题的大致说明。问卷标题应该醒目、吸引人，让被调查者对所要回答的问题先有一个大致的印象，能够唤起被调查者积极参与调查的兴趣。问卷的标题要开门见山，直接点明调查的主题和内容。

【例 6-1】 一些问卷的标题：

①关于欧洲消费需求的调查；②大屏幕高清平板彩电消费需求的调查；③我与广告——公众广告意识调查；④中国互联网发展状况及趋势调查；⑤1.4 升排量以下的小排量汽车市场需求状况调查。

(二) 说明词

问卷说明词旨在向被调查者说明调查的目的、意义。有些问卷还有填表须知、交表时间、地点及其他事项说明等。问卷说明一般放在问卷开头，通过它可以使被调查者了解调查目的，消除顾虑，并按一定的要求填写问卷。问卷说明既可采取比较简洁、开门见山的方式，也可在问卷说明中进行一定的宣传，以引起调查对象对问卷的重视。

【例 6-2】 儿童发展状况调查问卷的说明词。

亲爱的家长：您好！

首先请原谅打扰了您的工作和休息！

儿童是祖国的未来，儿童的成长和教育是家长们十分关心的问题。为了探索儿童成长和教育的规律，我们在北京、湖南等地开展了这项调查，希望得到家长们的支持和帮助。

本次调查不用填写姓名和工作单位，各种答案没有正确、错误之分。家长们只需要按自己的实际情况在合适的答案上打√，或者在________中填上适当内容。请您在百忙之中抽出一点时间填写这份调查表。

为了表示对您的谢意，我们为您的孩子准备了一份小小礼物，作为这项调查活动的纪念。

祝您的孩子健康成长！

祝您全家生活幸福！

北京大学社会学系“儿童发展研究”课题组

【例 6-3】 民营企业社会融资状况调查问卷的说明词。

________公司董事长：

您好！随着社会主义市场经济的发展，民营经济已成为我国国民经济构成中的重要组成部分，然而，由于社会信用体制的不健全和一些社会偏见的惯性，民营企业与国有企业在社会融资市场上的竞争地位明显有差异。我们进行这次调查就是为了了解你们在这方面所取得的成绩，面临的困难，以及对这些问题的看法和要求，为政府有关部门制定政策提供重要决策依据。我们诚恳的希望得到您的支持和合作，请将您的真实想法提供给我们，我们保证为您所谈的情况严格保守秘密。占用了您的宝贵时间，向您致以深切的谢意！

民营企业社会融资状况课题调查组

（三）填表说明

填表说明的目的在于规范和帮助受访者对问卷的回答，填表说明可以集中放在问卷前面，也可以分散到各有关问题之前。尤其对自填式问卷，填表说明一定要详细清楚，而且格式位置要醒目。否则，即使被调查者理解了题意，也可能回答错误，引起数据偏差或误差，如可能造成单选题回答成多选题、排序题回答成选择题、该跳答处没有跳答、要求填写的数量单位是“克”却回答成“盒”等。填表说明如果是仅针对问卷中个别的复杂问题，则要紧跟在该问题之后列出；如果是针对问卷中全部的问题和答案，可以单独作为问卷的第三部分，在说明词后列出。

【例 6-4】 一份调查问卷的填表说明。

A. 凡符合您的情况和想法的项目，请在相应的括号中划√；凡需要具体说明的项目，请在横线上填写文字。

B. 每页右边的阿拉伯数字和短横线是计算机汇总资料用的，不必填写。

C. 请回答所有问题。如有一个问题未按规定回答，整个问卷会作废。

D. 填写问卷时，请不要与他人商量。

（四）问题与备选答案

问题与备选答案是问卷的主体部分，也是问卷中的核心内容。它主要以提问的方式提供给被调查者，让被调查者进行选择和回答。显然，这部分内容设计得好坏关系到整个问卷的成败，也关系到调查者能否很好地完成信息资料的收集，以实现调查目标。

问卷中所要调查的问题可分为三类：第一类是事实、行为方面的问题，了解市场中已发生或正在发生的客观现象、人们的行为和结果；第二类是观点、态度和动机等方面的问题，主要是了解被调查者的主观认识、消费偏好等；第三类是未来的可能行为，主要是了解被调查者未来的一种态度，而不是一种准确的行为预测。这三类问题性质、作用不同，使用的询问方式和询问技术也不一样。

【例 6-5】 一份调查问卷的问题与备选答案。

请在您选中答案的方框内打√：

1. 您通过什么途径知道了这本书：

□听别人介绍　　□在书店看到　　□杂志　　□网络

□报纸　　□培训班购买　　□其他

2. 您认为这本书的质量怎么样？

□好　　□中　　□差

3. 您所在单位的行业为：

□制造业　　□咨询业　　□金融业　　□服务业

□机关　　□教育　　□其他

（五）被调查者的基本情况

被调查者的基本情况也称问卷中的基础性数据，是指被调查者的一些主要特征。如在消费者调查中，消费者的性别、年龄、婚姻状况、家庭的类型、人口数、文化程度、职业、经济情况等，所在单位的性质、规模、行业、所在地等，具体内容要依据研究者先期的分析设计而定；又如在企业调查中，企业名称、企业类型、所有制性质、商品销售额、利润总额、职工人数情况等。通过这些项目，可以对调查资料进行分组、分类，以方便后期的分析。

【例 6-6】 一份调查问卷的被调查者的基本情况。

请填写您单位的基本情况：

1. 单位名称________________；　　5. 2018 年销售额________________；

2. 行业类型　大□　中□　小□　；　　6. 2018 年利润总额________________；

3. 所有制类型________________；　　7. 2018 年所得税额________________；

4. 通信地址________________；　　8. 2018 年末职工人数________________。

（六）编码

编码是指问卷中事先确定了一个数字作为每一个问题及答案的代码。这是为了调查后期数据处理的方便。一般情况下，市场调查问卷都应该编码，以便分类整理，方便计算机处理和统计分析。编码工作一般在问卷设计时完成，即将代表了相应变量的阿拉伯数字标在答案的最右边，在调查结束后直接输入计算机。与此同时，问卷本身也需要进行编号，该编号除了表示问卷顺序之外，还应包括与该样本单位有关的抽样信息。

编码既可以在问卷设计的同时就设计好，也可以等调查工作完成以后进行。前者称为预编码(Precoding)，后者称为后编码(Postcoding)。在实际调查中，研究者大多采用预编码，因此，编码也就成了问卷中的一个部分。

【例 6-7】 一份调查问卷的编码。

在目前的市场环境中，贵公司所追求的主要经营目标是什么？

①完成当年的销售额和利润计划　　（　　）　　①__________

②提升自己的社会责任感，重塑商业伦理　　（　　）　　②__________

③大幅度提高主要产品的市场占有率　　（　　）　　③__________

④进一步加大国际化的步伐　　（　　）　　④__________

知识链接

调查问卷的编码

1. 封闭式问题的编码。

Q1　您的性别：　①男　②女

Q2　您的文化程度：　①小学及以下　②初中　③高中或中专　④大专以上

Q3　您的婚姻状况：　①未婚　②已婚　③离婚　④丧偶　⑤其他

该例中，问题的代码分别为Q1、Q2、Q3，每个问题的答案也都被赋予了代码，例如在Q1中，①代表男性，②代表女性。对于封闭式问题，在问卷回收后就可以直接录入电脑，非常便捷有效。因此，在进行问卷设计时，应尽可能地使用封闭式问题。

2. 开放式问题的编码。

Q4　请问您的职业是什么？＿＿＿＿＿＿＿＿

Q5　请问您不喜欢该产品的原因有哪些？＿＿＿＿＿＿＿＿

该例中，问题的代码分别为Q4、Q5，但是答案需要被调查者用文字来表述。问卷回收后，编码者需要阅读答案内容，根据答案内容进行归类分组，再对其进行编码。

（七）作业记录

调查作业记录主要包括记录调查人员的姓名、访问日期、访问时间、访问地点等（如果有必要，还可以将被调查者的一系列资料进行登记，但必须是在征得被调查者同意的情况下列入），其目的是核实调查作业的执行和完成情况，以便对调查人员的工作进行监督和检查。有些重要的调查还需要记录调查过程中有无特殊情况发生，及被调查者的配合情况等。

【例6-8】　一份调查问卷的作业记录。

被调查者电话＿＿＿＿＿＿；　问卷审核日期＿＿＿＿＿＿；

调查员姓名＿＿＿＿＿＿；　调查日期＿＿＿＿＿＿；

调查开始时间＿＿＿＿＿＿；　调查结束时间＿＿＿＿＿＿。

四、问卷设计的目标及基本要求

（一）问卷设计的目标

问卷设计的最终目标是要设计出符合市场调查与预测需要，能获取足够、适用和准确的信息资料的调查问卷，以保证调查工作能正确、顺利、圆满地完成。具体应满足以下目标：

（1）与所需资料相适应。首先是问卷必须能保证获得调查所需的信息资料；其次是通过问卷调查得到的信息资料与所需的信息资料相匹配。

（2）便于调查人员调查。问卷是调查人员实施调查的工具，所以，它必须易于为调查人员操作管理，即便于调查人员顺利发问、记录，并确保所取得的信息资料正确、无偏差。

（3）便于被调查者回答。问卷最终要通过被调查对象的应答，提供有效的信息资料实现其价值，所以，问卷必须便于被调查者应答。一是要充分考虑到问卷实施的可能条件和环境；二是要使问卷适合于应答者，针对应答者设计问卷。使被调查者能够充分理解问句，能够回答，愿意回答，乐于回答，顺利回答，正确回答。

（4）便于问卷结果处理。问卷在调查完成后要能够方便地检查其正确性和适用性，便于对调查结果的整理、统计和分析。

（二）问卷设计的基本要求

（1）主题明确。要根据调查的主题，围绕调查课题和研究假设设计必要的问题。问题的目的应明确，重点要突出，没有可有可无的问题。

（2）问题数量合适。问卷设计的问题数量过少、过于简略，都无法完全提供所需要的信息；数量过多、过于繁杂，不仅会大大增加工作量和调查成本，而且会降低回答质量，降低问卷的回复率和有效率，也不利于正确说明调查所要说明的问题。

（3）结构合理、逻辑性强。问题排序应有一定的逻辑顺序，符合被调查者的思维程序。一般是先易后难、先简后繁。

（4）通俗易懂。问卷应使被调查者一目了然，并愿意如实回答。问卷中语气要亲切，符合被调查者的理解能力和认识能力，避免使用专业术语。敏感性问题在设计时应注意技巧，使问卷具有合理性和可答性，避免主观性和暗示性，以免答案失真。

（5）便于资料的校验和整理。通过问卷所收集的资料，应该便于检查核对和整理加工。

五、问卷的作用

（一）方法简便易行，降低人为计量误差

问卷提供了标准化和统一化的数据收集程序。它使问题的用语和提问的程序标准化。每一个访问员问完全相同的问题，每一个应答者看到或听到相同的文字和问题。只要被调查者有一定的文化水平和语言表达能力，就能完成问卷。由于此种方法简捷易行，因此问卷调查的适用面非常广泛。

如果不用问卷，而是由访问员和应答者进行口头交流，随感而问，那么，应答者的回答可能受到访问员语调、语速和用词的影响，而不同访问员的提问方式也会不同，导致的结果是所收集的资料精度下降。这会严重影响调查报告的质量。另外，如果问卷设计得不好，那么所有精心设计的抽样方案、训练有素的访问人员、合理的数据分析技术和资料的编辑和编码都将是资源的浪费。

（二）便于统计分析，提高调查结论的科学性

问卷调查的结果统计可以用计算机将每一个被选择的答案进行汇总、归类，大大地方便了数据资料的整理和分析。通过提问和回答的方式，问卷将消费者实际的购买行为体现出来，也揭示出了消费者的态度、观点、看法等定性的认识，并将其转化为定量的研究，这样就使得调查人员既了解了调查对象的基本状况，同时，对于跟调查对象有关的各种现象也可以进行相关分析；如果不用问卷，对不同应答者进行比较的有效基础就不存在了，从统计分析的角度看，收集到一大堆混乱的数据也难以处理。所以说，问卷在这里是一种作用非常大的控制工具，它使得数据资料的收集、整理和分析工作变得有章可循。

（三）节约调查时间，提高工作效率

经过调查人员的工作，许多项目被设计成由被调查者以备选答案的形式回答的问题，调查人员对问卷只需稍做解释，说明意图，被调查者就可以答卷。而且一般不需要被调查者再对各种问题做文字方面的解答，只需对所选择的答案做上记号或标识即可。因此，可以节省大量时间，使调查者能在较短的时间内获取更多有用的信息，而且不需要访问人员做大量记录，因此在加快调查进度的同时，调查内容就更全面、更准确，更能反映出被调查者的意愿。

第二节 问卷设计的原则与程序

一、问卷调查面临的困难

一个成功的问卷设计应该具备两个功能：一是能将所要调查的问题明确地传达给被调查者；二是设法取得对方合作，并取得真实、准确的答案。

在实际市场调查中，由于被调查者的个性不同，他们的教育水准、理解能力、道德标准、宗教信仰、生活习惯、职业和家庭背景等都具有较大差异，加上调查者本身的专业知识与技能高低不同，将会给调查者带来困难，并影响调查的结果。具体表现为以下几方面：

（1）被调查者不了解或是误解问句的涵义，不是无法回答就是答非所问。

（2）回答者虽了解问句的涵义，愿意回答，但是自己记忆不清应有的答案。

（3）回答者了解问句的涵义，也具备回答的条件，但不愿意回答，即拒答。具体表现在：①被调查者对问题毫无兴趣。其主要原因是，对问卷主题没有兴趣，问卷设计呆板、枯燥，调查环境和时间不适宜。②对问卷有畏难情绪。当问卷时间太长，内容过多，较难回答时，常会导致被调查者在开始或中途放弃回答，影响问卷的回收率和回答率。③对问卷提问内容有所顾虑。其结果是不回答，或随意作答，甚至做出迎合调查者意图的回答，这是导致调查资料失真的最主要原因。

（4）回答者愿意回答，但无能力回答，包括回答者不善于表达的意见，不适合回答和不知道自己所拥有的答案等。例如，当询问消费者购买某种商品的动机时，有些消费者对动机的涵义不了解，很难做出具体回答。

为克服问卷调查困难，实现问卷的两个主要功能，问卷设计时应遵循一定的原则和程序。

二、问卷设计的原则

（一）目的性原则

目的性原则是问卷设计的最重要原则，也是问卷设计首先要遵守的原则。问卷设计的根本目的是设计出符合调查需要，能获得足够、适用和准确的信息资料的调查问卷，以保证调查工作的顺利完成。因此，一份问卷的设计就不只是列出一系列问题，还涉及许多在问卷上看不到的因素。对任何一项问卷设计工作来说，调查的目的都是其灵魂，因为它决定着问卷的内容和形式，涉及问卷必须问什么、不必问什么等重大问题。

因为问卷调查是通过向被调查者询问问题来进行调查的，所以，询问的问题必须是与调查主题有密切关联的问题。这就要求在问卷设计时，重点突出，避免可有可无的问题，并把主题分解为更详细的项目，即把它分别做成具体的询问形式供被调查者回答。总之，在问卷设计中要做到“为什么要问这个问题，这个问题我能得到什么信息”。

（二）可接受性原则

调查表的设计要比较容易让被调查者接受。由于被调查者对是否参加调查有着绝对的自由，调查对他们来说是一种额外负担，他们既可以采取合作的态度，接受调查；也可以采取对抗行为，拒绝回答。因此，请求合作就成为问卷设计中一个十分重要的问题。应在问卷说明词中，将调查目的明确告诉被调查者，让对方知道该项调查的意义和自身回答对整个调查结果的重要性。问卷说明词要亲切、温和，提问部分要自然，有礼貌和有趣味，必要时可采用一些物质鼓励，并代被调查者保密，以消除其某种心理压力，使被调查者自愿参与，认真填好问卷。此外，还应使用适合被调查者身份、水平的用语，尽量避免列入一些会令被调查者难堪或反感的问题。

（三）顺序性原则

在设计问卷时，要讲究问卷的排列顺序，使问卷条理清楚，顺理成章，以提高回答问题的效果。通常考虑的顺序主要有时间顺序、类别顺序、逻辑顺序等。问卷中的问题一般可按下列顺序排列：①容易回答的问题（如行为性问题）放在前面；较难回答的问题（如态度性问题）放在中间；敏感性问题（如动机性、涉及隐私等问题）放在后面；关于个人情况的事实性问题放在末尾。②封闭性问题放在前面；开放性问题放在后面。这是由于封闭性问题已由设计者列出备选的全部答案，较易回答，而开放性问题需被调查者花费一些时间考虑，放在前面易使被调查者产生畏难情绪。③注意问题的逻辑顺序，如可按时间顺序、类别顺序等合理排列。

（四）简明性原则

简明性原则主要体现在三个方面：①调查内容要简明。没有价值或无关紧要的问题不要列入，同时要避免出现重复，力求以最少的项目设计必要的、完整的信息资料。②调查时间要简短，问题和整个问卷都不宜过长。设计问卷时，不能单纯从调查者角度出发，而要为回答者着想。调查内容过多，调查时间过长，都会招致被调查者的反感。根据经验，一般问卷回答时间应控制在 30 分钟左右。③问卷设计的形式要简明、易懂、易读。

（五）匹配性原则

匹配性原则是指要使被调查者的回答便于进行检查、数据处理和分析。所提问题都应事先考虑到能对问题结果作适当分类和解释，使所得资料便于做交叉分析。

坚持匹配原则需正确把握调查目的与信息资料的关系，使得问卷调查完成后，能够方便地检查其正确性和适用性，便于进行调查结果的整理和统计分析；把握问题与问题之间的关系，不设置一个多余的问句去获取不需要的资料，不遗漏一个必要的问句以致需要的资料残缺不全；把握数据与数据之间的关系，便于进行数据之间的核算、检验和分析。

三、问卷设计的程序

调查问卷的设计要目的清晰，容易让被访者接受，问题的编排应该合理有序。用词简明扼要，表述准确，应答者的回答便于整理分析。在现实市场调查活动中，设计者在设计调查问卷时，必须注意各个环节、各个项目及内容的相关性，依据一定程序进行，才能保证问卷的科学性和易操作性。调查问卷设计流程，如图 6-1 所示。

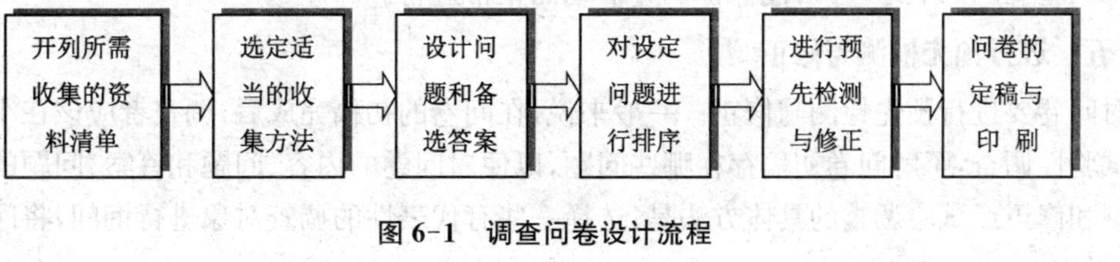

图 6-1　调查问卷设计流程

（一）开列所需收集的资料清单

围绕调查目的开列所需收集的资料清单是问卷设计的准备阶段。在问卷设计之前，调查者必须明确调查课题的范围和项目，将所需的资料全部列出。①要将所要了解的信息划分类别，列出资料清单，并归纳出具体的调查项目；②应划分哪些是主要资料，哪些是次要资料，以确定分工收集时的着力点；③应依据调查项目确定资料的收集方向。如要了解企业的市场营销行为，调查者需要了解市场调查、市场细分、目标市场、市场定位、市场拓展、市场竞争等宏观资料，还应该了解产品、价格、渠道、促销等微观资料，依据所列的调查项目，调查者可设计出一系列具体的需要被调查者回答的问题，从而获得所需要的信息资料。

在此阶段，调查者还需要区分和了解被调查者的各种特性，如被调查者的社会阶层、收入水平、行为习惯等社会经济特征；文化程度、知识结构、理解能力等文化特征；需求动机、购买心理、消费意向等心理特征，以此作为拟定问卷的出发点和基础。同时应该广泛听取有关人员意见，做到使问卷符合客观实际，以满足未来分析的需要。

（二）选定适当的收集方法

要根据所需资料的性质、特点选定其适当的收集方法。调查目的不同，所需收集的资料也不同，调查者所选择的调查方式和方法也会随之不同。在面访调查中，由于可以与被调查者面对面地交谈和沟通，故可以询问一些较长和复杂的问题；在电话调查中，调查者只能问一些较短和简单的问题；邮寄问卷是由被调查者自己填写，故询问的问题可以多一些，但要给出详细的填表说明；网络调查收集资料的速度快，且多是匿名访问，故可以询问一些社会热点和敏感性问题。

（三）设计问题和备选答案

要结合调查项目和资料收集方法设计问题和备选答案。调查者可以根据所需收集的资料，遵循设计原则开始设计问卷的初稿，即主要对提问的问题和答案进行设计，为此，调查者需要注意以下程序：①将调查项目细分，即把调查的项目转化成具体的调查纲目；②标明每个纲目下的资料需要采用什么方法提问，并设计出问句和答案；③对问题进行检查筛选，考虑每个问题是否必需，而且能否获取答案；④考虑问卷是否需要编码及说明词的内容。

值得注意的是，问卷中的问题并非越多越好。如果问题太多，加之答案不好获取，会使调查对象感到厌烦而拒绝合作，从而影响调查的进行，还会增加调查的成本和数据处理难度。

（四）对设定问题进行排序

要依据逻辑思维习惯对设定问题进行排序。问题排序的原则是：要按照问题的类型、逻辑性、难易程度、思维习惯进行排列。具体做法是由浅入深，由易而难，从简到繁。即将一些简单的、容易引起对方兴趣的问题排在前面，将那些复杂的、易引起对方不适和敏感的问题放在后面，中间的过渡和衔接要连贯和自然，同时，调查者也考虑人的思考习惯和思维逻辑。只有合理安排调查提问的顺序，才可能保证调查活动的正常进行。

（五）进行预先检测与修正

对问卷要进行预先检测与修正。一般来说，在问卷的初稿完成后，调查者应该在小范围内进行试验性调查，了解问卷初稿存在哪些问题，以便对问卷的内容、问题和答案、问题的次序进行检测和修正。试验调查的具体方法是：选择一些有代表性的调查对象进行询问，将问卷中存在的问题尽可能表现出来，如问卷中的语言使用、问题的选项、问卷的长短等；然后依据试调查的结果，看调查对象对问卷中所有问题是否乐意回答或能够回答，哪些问题是多余的，还有哪些不完善或遗漏的地方。发现问题，应该立即进行修改。如果预先测试导致问卷内容发生了较大变动，调查者还可以进行第二轮测试，以使最后的定稿更加规范和完善。

（六）问卷的定稿和印刷

对问卷进行修改以后，就可以定稿并准备印刷。在问卷定稿阶段，调查者要确定问卷说明词、填表说明、计算机编码等，再一次检查问卷中各项要素是否齐全，内容是否完备。在印刷阶段，调查者要决定问卷外观、纸张质量、页面设置、字体大小等。问卷只有做到印刷精良、外观大方，才能引起被调查者的重视，才能充分实现调查问卷的功能和作用。

第三节 问句设计技术

问卷的语句由若干个问句所构成，问句是问卷的核心，在进行问卷设计时，必须对问句的类别和提问方法仔细考虑，否则会使整个问卷产生很大的偏差，导致市场调查的失败。因此，在设计问卷时，应对问句有较清楚的了解，并善于根据调查目的和具体情况选择适当的询问方式。

一、问句的含义

所谓问句，一般的理解是指询问的句子。问句是一份问卷中分量最多的一部分，同时，问卷调查所需的资料也是通过问句的形式得到的。这里所说的问句和平常所说的问句是不一样的，其区别包括两个方面：一是问卷中的问句不单指询问的语句，还包括将要记录的答案、计算机编号和说明怎样回答四个部分。整个问句由问、答、说明和编号构成。二是调查问卷中的问句不一定非要采用提问的形式和口吻，常常采用叙述一种情况或事实然后征求意见。

【例 6-9】 一份调查问卷的问句。

您每天用于体育锻炼的时间约为多少？（请在答案前的□内打上“√”）

□(1)不到半小时；□(2)半小时至 1 小时；□(3)1 小时至 2 小时；□(4)2 小时以上。

以上的问、答、说明和编号构成了整个问句。

【例 6-10】 调查问卷的一种提问方式。

由调查询问人员出示卡片，然后对被调查对象说：“这张卡片上列举了许多品牌的奶粉，请您按顺序指出您认为排在第一、第二、第三的奶粉品牌”。

二、问题的主要类型及询问方式

（一）直接性问题、间接性问题和假设性问题

1. 直接性问题

直接性问题是指在问卷中能够通过直接提问方式得到答案的问题。直接性问题通常给回答者一个明确的范围，所问的是个人基本情况或意见，比如，“您的年龄”“您的职业”“您最喜欢的洗发水是什么牌子的？”等，这些都可获得明确的答案。这种提问对统计分析比较方便，但遇

到一些窘迫性问题时,采用这种提问方式,可能无法得到所需要的答案。

2. 间接性问题

间接性问题是指那些不宜于直接回答,而采用间接提问的方式得到所需答案的问题。通常是指那些被调查者因对所需回答的问题产生顾虑,不敢或不愿真实地表达意见的问题。调查者不应为得到直接的结果而强迫被调查者,使他们感到不愉快或难堪。这时,如果采用间接回答方式,使被调查者认为很多意见已被其他调查者提出来了,他所要做的只不过是对这些意见加以评价罢了,这样,就能排除调查者和被调查者之间的某些障碍,使被调查者有可能对已得到的结论提出自己不带掩饰的意见。

【例 6-11】 一份调查问卷的间接性问题。

"您认为妇女的权益是否应该得到保障?"大多数人都会回答"是"或"不是"。而实际情况则表明许多人对妇女权益问题有着不同的看法。如果改问:

"A:有人认为妇女权益应该得到保障的问题应该得到重视。"

"B:另一部分人认为妇女权益问题并不一定需要特别提出。"

您认为哪些看法更为正确?

对 A 种看法的意见:①完全同意　　②有保留的同意　　③不同意

对 B 种看法的意见:①完全同意　　②有保留的同意　　③不同意

采用这种提问方式会比直接提问方式收集到更多的信息。

3. 假设性问题

假设性问题是通过假设某一情景或现象存在而向被调查者提出的问题。

【例 6-12】 一份调查问卷的假设性问题。

1."有人认为目前的电视广告过多,您的看法如何?"

2."如果在购买汽车和住宅中您只能选择一种,您可能会选择哪种?"

(二) 开放性问题、封闭性问题和半封闭性问题

1. 开放性问题

开放性问题(Open-Ended Response Questions)是指所提出问题并不列出所有可能的答案,而是由被调查者自由作答的问题。开放性问题一般提问比较简单,回答比较真实,但结果难以做定量分析,在对其做定量分析时,通常是将回答进行分类。

【例 6-13】 一份调查问卷的开放性问题。

1."您认为应该如何改进电视广告?"

2."您认为软包装饮料有哪些优、缺点?"

3."您在选择手机时会考虑哪些因素?"

4."您认为大型综合超市如何改进其服务质量?"

开放性问题的优点:①可用于回答各种类型的问题,特别是用于那些答案很多、比较复杂,尚未弄清各种可能答案的问题;②被调查者有机会发挥自己的主动性和创造性,充分自由地表达自己的意见;③有利于误差检验,可以从回答中发现是否存在对原问题的误解;④适用于选项过多的情况。

开放性问题的缺点:①资料的标准化程度低,开放性问题的回答多种多样,资料分散,不易编码和量化,难以进行整理、比较和深入的统计分析;②开放性问题旨在充分、详细、准确地包括各种信息,但往往有与提问不相关和无价值的信息掺杂进来;③对一些复杂的问题,要占用

较多的时间来思考和回答，往往降低问卷的回收率；④回答开放性问题需要较高的语言表达能力和写作技巧，不适用于文化水平较低的调查对象。

2. 封闭性问题

封闭性问题(Closed-ended Questions)是指已事先设计了各种可能的答案的问题，被调查者只要或只能从中选定一个或几个现成答案的提问方式。

【例 6-14】 一份调查问卷的封闭性问题。

1."您购买洗衣粉通常在：(单项)"

(1) 超级市场　　(2) 便利店　　(3) 大卖场　　(4) 百货店　　(5) 其他

2."您购买××洗衣粉的主要原因是：(选最主要的两个)"

(1) 洗衣效果好　　(2) 价格便宜　　(3) 购买方便　　(4) 不伤手　　(5) 朋友介绍

封闭性问题是问卷中最常用的一种问题类型。

封闭性问题的优点：①封闭性问题的选项是预先设计好的，可事先编码，便于归纳整理和比较分析；②易于被调查者对问题的理解；③被调查者仅需要选择备选项，从而节省答卷时间，保证问卷有较高的回收率和有效率；④对文化程度较低的被调查者也可使用；⑤有利于询问一些敏感性问题，因为在匿名的情况下，被调查者可能会对已有的选项进行真实的选择。

封闭性问题的缺点：①设计比较困难，对一些比较复杂的调查项目和备选项都有很多不太清楚的问题，很难把选项设计得全面、完整，一旦设计上存在缺陷，会影响调查的准确性；②被调查者只能在规定的答案范围内做出选择，无法反映其他各种有目的的和真实的想法；③可能会导致被调查者猜答或随便选答问题，从而降低回答的真实性和可靠性。

3. 半封闭性问题

半封闭性问题是一种介于开放性问题和封闭性问题之间的一种问题设计方式，它是在采用封闭性问题的同时，最后再附上一项开放性问题。

【例 6-15】 一份调查问卷的半封闭性问题。

1."您认为企业竞争力研究对本企业意义如何？能否简单谈谈您的看法？"

(1) 十分必要　　(2)必要　　(3)不太必要　　(4)没有必要

理由________________________________。

2."舒肤佳香皂和力士香皂相比，您觉得怎样(可以多选)？"

□价格较便宜　　□较耐用　　□闻起来更香

□泡沫比较多　　□大小更适中

□其他________________________________。

(三) 事实性问题、行为性问题、动机性问题和态度性问题

1. 事实性问题

事实性问题主要是要求被调查者回答一些有关事实性的问题。例如，"您通常什么时候看电视"。在市场调查中，许多问题均属于事实性问题。其主要目的是为了获得有关事实性资料。因此，问题的意见必须清楚，使被调查者容易理解并正确回答。

通常在一份问卷的开头和结尾都要求回答者填写其个人资料，如职业、年龄、收入、家庭状况、教育程度、居住条件等，这些问题均为事实性问题。事实性问题也称为"分类性问题"，因为可根据所获得的资料将被调查者分类。对此类问题进行调查，可为分类统计和分析提供资料。在问卷中，通常将事实性问题放在后边，以免被调查者在回答有关个人问题时有所顾忌，因而影响以后的答题。如果抽样方法是采用配额抽样，则分类性问题应置于问卷之首，否则不知道被调查者是否符合样本所规定的条件。

2. 行为性问题

行为性问题是对回答者的行为特征进行调查。例如，“您是否做过××事”。

3. 动机性问题

动机性问题是为了了解被调查者行为的原因或动机问题。例如，“为什么购某物？为什么做某事？”等。在提动机性问题时，应注意人们的行为可以是有意识动机，也可以是半意识动机或无意识动机产生的。对于前者，有时会因种种原因不愿真实回答；对于后两者，因回答者对自己的动机不是十分清楚，也会造成回答的困难。

4. 态度性问题

态度性问题是关于对回答者的态度、评价、意见等问题。

【例 6-16】 一份调查问卷的态度性问题。

“你是否喜欢中央电视台的‘开心词典’节目？”

(1) 喜欢　　(2)无所谓　　(3)不喜欢

关于态度性问题的调查，不仅需要考虑真实的态度，还必须考虑态度的强度，这就涉及态度测量技术问题。态度调查会出现标准不一的问题，如上例中何种程度才能称作喜欢，不同对象判断标准不一。这时我们往往建议将其转化为事实性问句，以看过“多少次”作为判断是否喜欢的标准，也即将判断的标准统一掌握在调查人员手里。

应该注意的是，在实际调查中，几种类型的问题往往是结合使用的。在同一个问卷中，既有开放性问题，也有封闭性问题。甚至同一个问题中，也可将开放性问题与封闭性问题结合起来，组成结构式问题。例如，“您家里目前有空调吗？有□，无□；若有，是什么牌子的？”同样，事实性问题既可采取直接提问方式，对于回答者不愿直接回答的问题，也可以采取间接提问方式，问卷设计者可以根据具体情况选择不同的提问方式。

三、问句的答案设计

(一) 二项选择法

二项选择法也称真伪法或二分法，是指提出的问题仅有两种答案可以选择。“是”或“否”，“有”或“无”等。两种答案是对立的、排斥的，被调查者的回答非此即彼，不能有更多的选择。

【例 6-17】 一份调查问卷的二项选择答案设计。

1. “您家里现在有吸尘器吗？”　　2. “您家里有没有海尔电器？”

□有　　□无　　□有　　□没有

这种方法的优点是：易于理解和可迅速得到明确的答案，便于统计处理，分析也比较容易。但回答者没有进一步阐明理由的机会，难以反映被调查者意见与程度的差别，了解的情况也不够深入，所以也容易产生大量的测量误差。这种方法，适用于互相排斥的两项择一式问题及询问较为简单的事实性问题。

(二) 多项选择法

多项选择法是指所提出的问题事先预备好两个以上的答案，回答者可任选其中的一项或几项。这是各种调查问卷中采用最多的一种问题类型。

【例 6-18】　一份调查问卷的多项选择答案设计。

“您喜欢下列哪一种牌号的牙膏？”（在您认为合适的□内划√）

中华　□　　　　芳草　□　　　　洁银□

康齿灵□　　　　美加净□　　　　黑妹□

由于所设答案不一定能表达出填表人所有的看法，所以在问题的最后通常可设“其他”项目，以便使被调查者表达自己的看法。

这个方法的优点是比二项选择法的强制选择有所缓和，答案有一定的范围，也比较便于统计处理。但设计者应注意：①要考虑到全部可能出现的结果，及答案可能出现的重复和遗漏；②要根据选择答案的排列顺序。有些回答者常常喜欢选择第一个答案，从而使调查结果发生偏差。此外，答案较多，使回答者无从选择，或产生厌烦。一般这种多项选择答案应控制在 8 个以内，当样本量有限时，多项选择易使结果分散，缺乏说服力。

（三）顺位法

顺位法是列出若干项目，由回答者按重要性决定先后顺序，顺位法主要有两种：一种是对全部答案排序；另一种是只对其中的某些答案排序，这应由调查者来决定。具体排列顺序，则由回答者根据自己所喜欢的事物和认识事物的程度等进行排序。

【例 6-19】　一份调查问卷的顺位答案设计。

“您选购空调的主要条件是：（请将所给答案按重要顺序 1，2，3……填写在□中）”

价格便宜□　　　　外形美观□　　　　维修方便□　　　　品牌知名度高□

经久耐用□　　　　噪音低　□　　　　制冷效果□　　　　其他　　　　□

顺位法便于被调查者对其意见、动机、感觉等做衡量和比较性的表达，也便于对调查结果加以统计。但调查项目不宜过多，过多则容易分散，很难排序，同时所询问的排列顺序也可能对被调查者产生某种暗示影响。这种方法适用于对要求答案有先后顺序的问题。

（四）回忆法

回忆法是指通过回忆了解被调查者对不同商品质量、牌子等方面印象的强弱。例如：“请您举出最近一个月在电视广告中出现的电冰箱有哪些牌子？”调查时可根据被调查者所回忆牌号的先后和快慢以及各种牌号被回忆出的频率进行分析研究。

（五）比较法

比较法是采用对比提问方式，要求被调查者做出肯定回答的方法。

【例 6-20】　一份调查问卷的比较答案设计。

“请比较下列不同品牌的啤酒，哪种更好喝？”（在您在认为好喝的品牌方格□中划√）

（1）青岛□　　　　百威　□　　　　（2）雪花□　　　　燕京□

（3）燕京□　　　　天目湖□　　　　（4）金陵□　　　　珠江□

比较法适用于对质量和效用等问题做出评价，在市场竞争问题分析中应用较多，便于较快获得有针对性的具体资料。应用比较法要考虑被调查者对所要回答问题中的商品品牌等项目是否相当熟悉，否则将会导致空项发生。

（六）自由回答法

自由回答法是指提问时可自由提出问题，回答者可以自由发表意见，并且无已经拟定好的答案。如，“您觉得软包装饮料有哪些优缺点？”“您认为应该如何改进电视广告？”等。

这种方法的优点是:涉及面广,灵活性大,回答者可充分发表意见,可为调查者搜集到某种意料之外的资料,缩短问者和答者之间的距离,迅速营造一个调查气氛。缺点是:由于回答者提供答案的想法和角度不同,因此在答案分类时往往会出现困难,资料较难整理,还可能因回答者表达能力的差异形成调查偏差。同时,由于时间关系或缺乏心理准备,被调查者往往放弃回答或答非所问,因此,此种问题不宜过多。这种方法适用于那些不能预期答案或不能限定答案范围的问题。

(七) 过滤法

过滤法又称"漏斗法",是指最初提出的是离调查主题较远的广泛性问题,再根据被调查者回答的情况,逐渐缩小提问范围,最后有目的的引向要调查的某专题性问题。

这种方法询问及回答比较自然、灵活,使被调查者能够在活跃的气氛中回答问题,从而增强双方的合作,获得回答者较为真实的想法。但要求调查人员善于把握对方心理,善于引导并有较高的询问技巧。其不足是不易控制调查时间。它适合于被调查者在回答问题时有所顾虑,或者一时不便于直接表达对某个问题的具体意见时所采用。

(八) 列表法

列表法是将两类不同问题综合到一起,通常用表格来表现。表的横向是一类问题,纵向是一类问题。这种问题结构可以反映两方面的综合作用,提供单一问题无法提供的信息。

【例 6-21】 一份调查问卷的列表答案设计。

如表 6-1 所示,请您给上海大众的几款车型做一个比较,在您认为正确的地方打"√"。

表 6-1 一份调查问卷的列表答案设计

车型 评价项目	桑塔纳 3000	帕萨特	POLO
1. 耗油量低			
2. 外观大方			
3. 乘坐舒适			
4. 价格合理			
5. 操控灵活			
6. 制动性好			
7. 维修方便			
8. 零配件齐全			
9. 故障率低			
10. 售后服务好			

(九) 矩阵法

矩阵法是将同类问题及几组答案集中排列成一个矩阵由被调查者按照题目要求选择答案。它简明扼要,同类问题集中排列,回答方式相同,节省了阅读填写时间,为被调查者按照要求选择答案提供了方便。但是,这种集中排列方式容易使被调查者产生厌烦情绪,在同一份问卷中,这种方法的问题不宜多次使用。

【例 6-22】 一份调查问卷的矩阵答案设计。

如表 6-2 所示,“您在超市购物时,是否存在下列现象? 存在程度如何?”(请在相应的空格内打“√”)

表 6-2 一份调查问卷的矩阵答案设计

程度 现象	经常存在	偶尔存在	不存在	不知道	不想回答
1. 售货员态度不好					
2. 卖场过于拥挤					
3. 排队等候结账					
4. 以次充好					
5. 不退货					

四、问句设计原则

(一) 明确性原则

明确性原则即要使被调查者容易并且能充分理解问句的含义。这是问句设计最基本的原则。问句设计要注意运用简短、明了、容易理解的文字,避免使用生僻、模棱两可的文字和长而复杂的句子。问句的结构尽量单纯化、口语化,不要故意用双重否定来表示肯定的意思。

【例 6-23】 在问句设计中体现明确性原则。

1. “对于目前市面上出现的各式各样的洗衣粉,您更偏爱哪种品牌?”远不如“您更喜欢哪种牌子的洗衣粉?”来得干净利落。与其问:“当前无论是食品还是日用化学品都有不注明出厂日期和有效使用日期的问题,您购买染发剂时是否注意到这一点?”就不如问:“您购买染发剂是否注意保质期?”

2. “您常用哪种剃须刀?”这里,“哪种”既可指电动剃须刀或机械剃须刀,也可指某种品牌的剃须刀或一次性剃须刀,含义不明确。

3. “是否有许多食品商不愿意不在标签上注明保质期?”此问句运用了双重否定,使人们不能一下子明白其真实意思。

(二) 能力性原则

能力性原则即要使被调查对象能够、愿意并有能力回答问题。为此,应当做到:①注意由联想唤回记忆的途径,协助被调查者对象回忆往事,由浅显的、重要的问题,或由有兴趣的开始发问,用一系列的问句进行询问,最后逐渐问到所需要的资料。②充分注意到被调查对象的隐私,保全面子。如许多人对年龄、收入、受教育程度等问题极为敏感,认为是个人隐私,不太愿意直接回答问题,可以运用间接询问和分层列表达到要求的资料。③必须仔细考虑普通的调查者是否具有足够的专业知识,是否掌握提问的信息。在对普通消费者进行调查时,应尽量避免“品牌形象”“市场定位”“边际分析”等高层管理人员常用的技术性术语。

【例 6-24】 在问句设计中体现能力性原则。

1. “您认为 AMD 的 CPU 与英特尔的 CPU 相比有什么特别之处?”

2. “您认为 Web2.0 技术有何优点?”

一般的被调查者不具有该方面的知识，很难对此问题进行回答。让从来没有接触过股票知识的人指出最有用的技术分析时，所能得到的只能是一脸的莫名其妙或者胡乱的猜测。此时，可以考虑设置过滤性问题来排除那些根本不具有回答能力的人。例如在问某问题之前，先问："您是否对××问题有自己的看法？""您是否对××事有过经历？"等。

（三）界定性原则

界定性原则即要对问句确定界限、避免混淆。为此，应当做到：①注意一个问句一个要点。例如，"您为什么从 A 超市转到 B 超市购物？"此问句至少包含三个要点：一是为什么要转；二是为什么仍然转到超市而不是大卖场；三是为什么转到 B 超市。②注意舍弃概括，关注特定。问句中对时间、地点、人物、事件、频率等要问的界限都应该有一个特定的范围，而不应该只是概括的表示。如"普通""经常""一些"等，以及一些形容词，如"美丽"等。这些词语，各人理解往往不同，在问卷设计中应避免或减少使用。

【例 6-25】 在问句设计中体现界定性原则。

1. "您最近经常旅游吗？"此句中的"最近""经常"两个概念都不是很明确，对其理解可能会有很大的差别。

2. "你是否经常购买洗发液？"回答者不知"经常"是指一周、一个月还是一年，可以改问："你上月共购买了几瓶洗发液？"

（四）过滤性原则

过滤性原则即要过滤样本，对一定的对象提适当的问题。问卷中的问句是针对全体被调查对象设计的，但有的问句并不适宜全体被调查对象，有的甚至是部分调查对象无法回答的，若不将这部分被调查对象剔除出来，会影响结论的准确性。因此，必须要过滤样本，寻求适合对象进行询问。例如，你每天抽几支香烟？只能对抽烟者。因此，必须先过滤样本，可先设计一问句，"您抽烟吗？"然后针对抽烟部分对象继续询问，不抽烟部分对象则跳过这一问句。这样才能得到准确的答案。

（五）事实性原则

事实性原则即要尽量采用具体的事实性问题设问，避免提一般性的问题。为此，应当做到：①避玄虚求具体；②化意见为事实。许多意见性的问题都可以用事实来说明。如"您是否爱好旅游？"对此，不同的调查对象有可能有不同的理解，从而影响资料的价值。可以修改为"您平均一年出门旅游几次？"调查人员可事先定好爱好、比较爱好和不爱好的标准，这样就可以得出是否爱好旅游的比较可靠的资料。

【例 6-26】 在问句设计中体现事实性原则。

"您认为××奶粉好吗？"此句是要询问消费者对这种奶粉的感觉如何。但"好"是一个弹性很大的概念。要尽量将这类问句询问得具体些，可分别询问营养、口味、溶解性等，以便被调查对象的判断。

（六）客观性原则

客观性原则即要避免因调查者的主观因素而引起偏差的提问。为此，应当做到：

（1）避免带有引导性的提问。如果提出的问题不是"中性"的，而是暗示出调查者的观点和见解，力求使回答者跟着这种倾向回答，这种提问就是"引导性提问"。

【例 6-27】 在问句设计中应当避免引导性的提问。

1.“消费者普遍认为××牌子的冰箱好,你的印象如何?”

2.“××啤酒泡沫丰富、口味清纯,你对它的印象如何?”

引导性提问会导致两个不良后果:一是被调查者不加思考就同意所引导问题中暗示的结论;二是由于引导性提问大多是引用权威或大多数人的态度,被调查者考虑到这个结论既然已经是普遍的结论,就会产生心理上的顺向反应。此外,对于一些敏感性问题,在引导性提问下,不敢表达其他想法等。因此,这种提问是调查的大忌,常常会引出与事实相反的结论。问句设计必须保持中立的态度,要客观、公正。

(2) 避免引起反感的提问。

【例 6-28】　在问句设计中避免引起反感的提问。

您家没有购买大屏幕彩电的原因是:

① 买不起　　　② 住房狭小　　　③ 不会使用

这种提问法会伤及调查对象的自尊,不易得到准确答案。应将备选答案改成:

① 价格不合适　② 住房不允许　　③ 用处不大

(3) 问句应给予应答者充分的答案选择。

【例 6-29】　在问句设计中应给予充分的答案选择。

“您在业余时间是下棋还是跳舞?”这种询问往往令既不下棋也不跳舞的应答者无从选择,或者下棋和跳舞都不是在业余时间常涉及的项目的应答者只能选择一个非本意的答案。当然,如果调查项目是调查业余时间下棋或跳舞发生的概率时,可以这样询问。

(七) 一致性原则

一致性原则即所提问题与所设计答案应做到一致。

【例 6-30】　在问句设计中体现一致性原则。

“您经常看哪个栏目的电视?”

①经济生活;②商务电视;③电视购物;④经常看;⑤偶尔看;⑥根本不看。

对于类别的提问和对于程度的了解,一般不能在同一个问题答案中出现,两者宜分别进行。如上面提问的哪一类,就只能在类别中加以选择,而不能加上程度内容,否则会出现多余或矛盾的选择。

(八) 独立性原则

独立性原则即要注意避免问题的从众效应和权威效应。从众效应是指人们普遍持有的一种随大流的思想,在许多问题上愿意同意大多数人的意见。权威效应是指由于受权威人士、权威观念、权威机关等因素的影响而被迫放弃自己的观点。这些在问卷设计中都是应尽量避免的。

【例 6-31】　在问句设计中要避免的权威效应。

1.“科学家认为,钙是人体生理不可缺少的元素。您的孩子需要补钙吗?”(科学权威)

2.“保护环境是我国的一项基本国策。您认为对于污染严重的企业是否应该立即实行‘关停并转’?”(政府权威)

3.“您如何看待‘第三者’插足他人家庭?”(道德权威)

以上三种提问均会产生权威效应,从而影响调查结果的真实性。

(九) 真实性原则

真实性原则即要避免使用某些假设性提问。假设性提问是在假设的前提下,要求被调查者作答。这类假设性问题的最大弊端在于，既然问题是假设的，被调查者就不会太认真，因而由此得出的统计结论很可能失真。

【例 6-32】 在问句设计中要避免的某些假设性提问。

"如果某品牌的羽绒服在原有价格基础上再降价 25%，您是否愿意购买一套？"

还有一些问题暗含某种假设。如"你目前从事什么职业？"（假设每个被调查者都有工作），"上次投票时你投了谁的票？"（假设他投了票），此类问句即使被调查者不具备回答某个问题的资格或者并没有自己的观点，也会勉强回答这个问题。解决的方法同样要设置过滤性问题，只对符合资格的被调查者继续询问其他问题。

（十）时间性原则

时间性原则即要注意问句的时间性。时间过久的问题易使人遗忘。

【例 6-33】 在问句设计中要注意问句的时间性。

1. "去年您家庭的生活费支出是多少？用于食品、衣服方面分别是多少？"

2. "贵公司去年的会务费支出是多少？"

这些问题除非被调查者连续记载并仔细查找记录，否则很难准确回答。一般可问："您家上月生活费支出是多少？""贵公司上个月的会务费支出为多少？"显然，这样缩小了时间范围可使问题回忆起来容易，问句答案也比较准确。

五、问卷中问题的编排顺序

问卷中问题的编排顺序，即问题相互之间的排列组合和排列顺序，这是问卷设计中的另一个相当重要的问题。良好的排列组合方式和排列次序会激发被调查者的兴趣、情绪，进而提高其合作的积极性；而杂乱无章的排列，则会影响被调查者的顺利作答和资料的准确性，甚至影响到问卷的回收率。一般来说，问题的排列顺序必须按照以下两条基本要求确定：一是便于被调查者顺利作答；二是便于资料的整理和分析。在考虑问题编排顺序时应注意以下几点：

（一）按问题的难易程度排列次序

一般而言，问卷的开头部分应安排比较容易的问题，这样可以给被调查者一种轻松、愉快的感觉，以便其继续作答。如果一开始就遇到难答的问题，就会影响他们继续回答问题的积极性。先易后难的排列方式具体包括：①先封闭性问题后开放性问题。也就是开放性问题尽量安排在问卷的后面。开放性问题需要被调查者较多的考虑时间，书写时间长，若被调查者发现一开始的问题就难以回答，很可能断定自己没有时间完成该问卷，或断定该问卷将花费较多的精力，以致拒绝回答。②先列被调查者较熟悉的问题，再列较生疏的问题。③先问事实、行为方面的问题，然后再问观念、情感、态度等方面的问题。④先问一般性问题，后问特殊性问题，或者说先问能引起被调查者兴趣的问题，然后再问容易引起他们紧张、顾虑、厌烦的问题。

（二）按问题的时间先后顺序排列次序

某些问题具有时间上的逻辑联系，此类问题应考虑按照时间顺序先问当前的情况，再问过去的情况，而不宜远近交错、前后跳跃，这会打乱被调查者的思路，通常人们的思维总习惯按照一定的时间顺序进行。

（三）相同性质或同类问题尽量集中排列

如果问卷中出现相同性质或同类问题，应尽量安排在一起，这样便于被调查者作答时，其思路不至于经常被不同性质的问题所阻隔，同样不至于过分频繁地在不同内容之间跳跃，从而减少或预防被调查者的疲劳程度和厌烦情绪，提高问卷的回收率和作答质量。

综合以上几条，要求问题的排列具有严密的逻辑性。有关逻辑性描述如表 6-3 所示。

表 6-3　问卷中问题的逻辑性顺序

位置	类型	实例	理论基础
过滤性问题	限制性问题	“过去的 12 个月您曾滑过雪吗?” “您拥有一副雪橇吗?”	为辨别目标回答者，对去年滑过雪的雪橇拥有者的调查
最初的几个问题	适应性问题	“你拥有何种品牌的雪橇?” “您已使用几年了?”	易于回答，向回答者表明调查很简单
前 1/3 的问题	过渡性问题	“您最喜欢雪橇的哪些特征?”	与调查目的有关，需稍费些力回答
中间 1/3 的问题	难于回答及复杂的问题	“以下是雪橇的 10 个特点，请用以下量表分别评价您的雪橇的特征。”	应答者已保证完成问卷并发现只剩下几个问题
最后部分	分类和个人情况	“您的最高教育程度是什么?”	有些问题可能被认为是个人问题，应答者可能留下空白，但它们是在调查的末尾

六、不同信息传递方式的问卷设计

调查者与被调查者之间接触方式的差异也就表现为他们之间信息传递方式的不同。具体分为小组座谈问卷、电话访问式问卷、送发式问卷、邮寄式问卷和网上访问式问卷等 4 种方式。

1. 小组座谈问卷

小组座谈是调查人员直接访问的一种特殊方式，它是邀请一定数量的被调查者一起座谈，由访问人员或调查组织者做主持人引导讨论，以得到有用的资料。

(1) 小组座谈问卷其实是主持人用来引导讨论的一份提纲，它不可能像标准的问卷那样完整，内容翔实。问卷中问句的数量由访问员控制，强调追询采访，以利于实现横向或纵向扩展询问的主题，收集更多有价值的资料。

(2) 小组座谈一般不在问卷上做记录，而是另派人作专门记录，也可用录音记录。据此记录整理成的报告注重质的概念，而不同于其他的统计分析注重量的概念。

(3) 小组座谈有比较充分的时间，又是面谈式访问，因此，说明词可以长一些，详细一些，多介绍一些讨论的目的、价值和一些讨论的方法，以鼓励参加讨论者积极地发表意见。

(4) 小组座谈的样本特性资料在过滤样本、选择参加者时已经有了初步的记录，分小组时，可依据特性资料进行编配。对于小组座谈来说，要收集的特性资料不是个体的，而是总体说明某类特性有多少，并将这些总体的特性资料附在报告里。

(5) 小组座谈的作业证明记载一般在报告书的开头，包括座谈会名称、组别、座谈时间、地点、出席人、支持人和记录人。

2. 电话访问式问卷

(1) 电话访问式问卷最重要的特点是简洁明了。访问的时间要短，一般 3～5 分钟。因此，说明词要开门见山，内容要简明扼要。

（2）问句要短，要口语化。问句太长会使被调查者难以理解。询问的口气要客气、清晰，问句要简单，最好也要让对方的回答简单，便于记录。它不像直接访问那样，可以出示图表、照片或卡片等，也不能使用多项选择问句或列举问题。

（3）对于定量尺度的调查项目，如年龄、收入、受教育程度等，既不便给出量值区间请对方选择，又不能单刀直入询问，而应采用间接的、探询式的问法，例如，“您是哪年出生的？”“您最终就读于哪一所大学？”等等。总之，电话访问是相当容易被拒绝的，我们在样本特性资料的询问中要尽量地委婉。

（4）电话访问记录要做好事先准备。电话访问时记录答案的时间很短，而且多用自由回答式问句，因此要求记录迅速、完整。一般可采用速记法，或者录音整理方式。所有这些都需要做好事前的准备工作。

3. 送发式问卷

送发式问卷属于自填问卷。它是指由调查人员直接发送给被调查者，待其填写完毕再收回的问卷。这种问卷的指导语要尽可能写清楚。特别是对使用什么样的符号表示选定答案要说明白，必要时可配以示范。对于过滤分叉回答的问题，要在版面上处理好，使回答者一目了然。送发式问卷的填写时间一般掌握在 30 分钟之内。

4. 邮寄式问卷和网上访问式问卷

设计邮寄式问卷和网上访问式问卷，除了上述送发式问卷的注意事项外，还应特别注意以下几点：

（1）说明词写作要尽可能详尽，语气要亲切。因为发送式问卷可以有人在发问卷时向被调查者交代调查目的、背景和意义，恳请其热情合作；而邮寄式问卷则只能靠文字表达。说明词部分要提出回收时间和回寄地址、邮编、收件单位或个人等。回收时间一般安排在问卷寄出后 15～30 天为宜。

（2）邮寄式问卷的外形要亲切稳重。邮件要封口，字体要稳重大方，书写工整。信函要用私人信函以示尊重，公函或印刷品邮件容易被忽视或不予置理。同时最好注明收件人姓名。

（3）问句的数量要精简，思路要连贯。因为邮寄式问卷和网上访问式问卷完全依赖收件人的意愿和理解来回答，如果问卷篇幅过长，思路欠连贯，就容易产生厌烦，从而影响问卷回收率。要写清问句回答的方法，可举例说明。对于某些专有名词、术语等，做一定的解释。

（4）做好提高回收率设计尤为重要。邮寄式问卷回收率低是最大的缺陷，因此，要注意问卷设计的技巧性。必须注意，回收信件的地址不能是委托调查的企业，而必须是调查机构或者使用者信箱；尽量使用私人信函而非公函。为了提高回收率，在邮寄问卷的信封内附送一个贴有邮票的信封，并印好调查机构的邮政编码和地址。再如国外有的调查机构常在信封内装有少量纸币作酬劳；也有些调查机构许诺对收回的问卷进行抽奖或赠送免费上网时间等。

知识链接

计算机辅助问卷设计系统的特点

计算机辅助问卷设计系统有几项突出的优点。它比使用一个排字工人要方便、快捷和“友好”得多。事实上，调研公司会发现当需要扩大业务并有多项调研项目时，购买该类软件的花费完全是值得的。在简化问卷设计步骤上，该类软件同样可与其他软件兼容，这将为编码及数据分析带来方便。为了让你对该系统的优点有直观感觉，我们将具体描述一下它的几个最显著的特点：即便利的特征、数据文件创立、数据分析与报告及其他特征。

1. 便利的特征

在典型的问卷设计程序中，设计者通常要考虑问题的形式、回答的种类，如是否可选择多个答案、是否可运用跳问方式、如何编码等。便利性有时使它表现为菜单形式，或是问卷各部分提问的形式，可让你将问题事先输入计算机中，然后选择你想要的提问方式。在许多软件中，各种典型的问卷形式都有，如多项选择、开放性回答、表格式回答等。一旦你输入问题，该软件就会设计好版面，并且在需要之处加入格子。通过应用适当的形式，你可以使你的数据收集与你的调研项目相一致。该软件同时也适用于邮寄问卷调查、电话调研和拦截访问等。

2. 数据文件创立

计算机辅助问卷设计可从访问者的回答中直接创立数据文件。在计算机辅助电话访问(CATI)中，管理问卷调查的调研员从计算机屏幕即时输入各种问题和应答者的回答，它们立即成为数据文件。即便是一个在调研项目，计算机辅助问卷设计通过两次扫描和转换，并可成为最后文件。它只需要键盘操作，就可输出所需要的文件。计算机辅助问卷设计方便了文件输出过程，并具有自动查错功能。

3. 数据分析与报告

大多数问卷设计软件要同时兼有数据分析、图形例示及提供最终报告形式的功能。问卷设计软件可以列出相应问题的各个答案的百分比，并把问卷的各项调查的结果生成表格，这些表格也可在其他软件如 SPSS 中使用，便于进一步分析。

4. 其他特征

计算机辅助设计的运用是多种多样的。例如，如果你装入彩色系统，那么就可以用不同的颜色来突出需要强调的词语及结构。有时，它可为你提供类似时钟的功能，记录访问所需的时间或问卷组织的时间。同样，类似活页簿的功能可在屏幕上创立一个窗口，使被访者只需要敲击一个简单的按键便可加入讨论中。各类回答的随机性适用于了解问题结果的倾向性。它们具有制表功能，对特定的问题、限额情况能进行即时汇总。

第四节 编码的设计

一、编码及其作用

编码(Coding)就是按照某种规则，将问卷信息转换成计算机可以识别的代码，以便于对其进行数据整理与分析。

在问卷的设计中，根据编码进行的先后顺序，分为预编码和后编码两类。①预编码是指在调查实施之前进行编码设计，它是问卷设计的重要组成部分。问卷设计人员在设计问卷内容、拟订具体问题、编制问卷选项的过程中，同时完成总体编码框架和具体编码的设计任务。②后编码是指在调查结束之后，计算机输入数据之前进行的编码。一般来讲，正式的大规模调查中使用的问卷都应该进行预编码。本节对预编码的相关问题进行说明。

编码是实现电子计算机数据处理的桥梁，其作用主要有：①将问卷所包含的信息转换成计算机可以识别的符号，便于计算机进行处理；②减少数据录入和分析的工作量，节省费用和时间，提高工作效率。

二、编码设计的一般步骤

编码设计主要包括以下几个步骤。

（一）确定每个变量所用符码的性质

编码所用的符码有两类：代码和数码。代码与数码都是用阿拉伯数字表示的，但二者的性质不同。代码中的数字并无数学意义，只是一种代号。例如，在关于家庭类型的问题选项中，用“1”表示“夫妇家庭”，用“2”表示“单亲家庭”，用“3”表示“核心家庭”，用“4”表示“隔代家庭”，用“5”表示“主干家庭”，用“6”表示“联合家庭”，用“7”表示“单身家庭”，用“8”表示“其他家庭”，这里的数字没有任何数学比较意义（见图 6-2）。

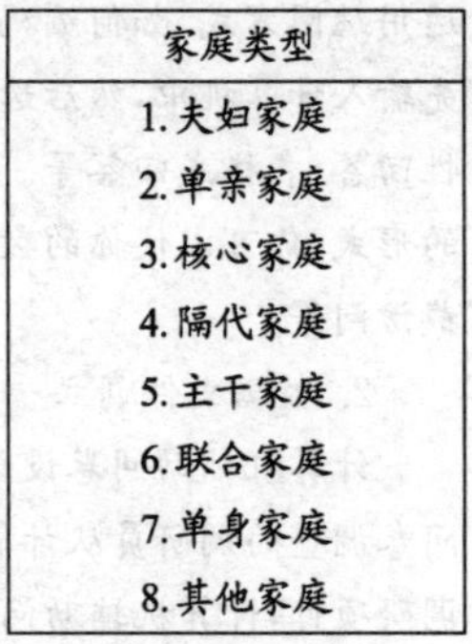

图 6-2　家庭类型

数码值本身不仅有类别的意义，也有相应的数学意义，它可以进行相应的数学运算，如月收入 5 000 元、住房面积 120 平方米等。

（二）为每一变量规定符码

对于离散型变量，这一步骤意味着给变量的每个备选答案赋予一个确定的代码，如给“夫妇家庭”规定的代码是“1”，给“单亲家庭”规定的代码是“2”等。

对于连续型变量，实际上是确定该变量的最大值，最大值不同，所需数码的位数就不同。如家庭人口数有可能超过 10 人，但不会达到百人，所以用两位数字表示就可以了，而收入用两位数字表示就不合适。

（三）确定每个变量所需编码的位数

每个变量编码时所需的位数是不同的，需要几位就预留几个空位，过多会产生浪费，过少又会使有些调查资料无法编码。例如，家庭类型编码留一个空位即可，如图 6-3 所示；家庭人口编码可预留两个空位，如图 6-4 所示。

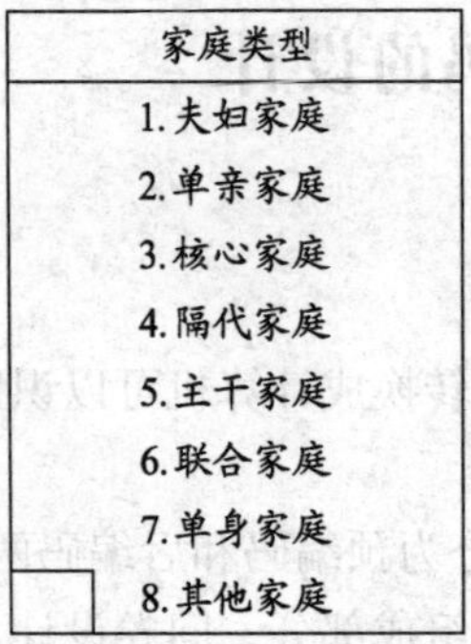

图 6-3　家庭类型编码

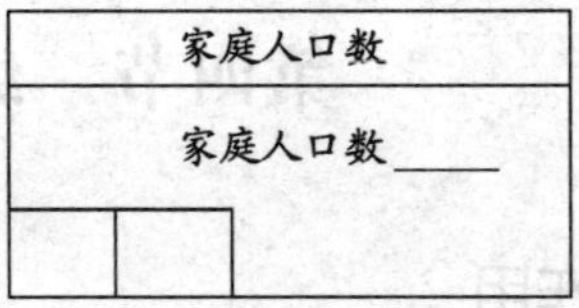

图 6-4　家庭人口编码

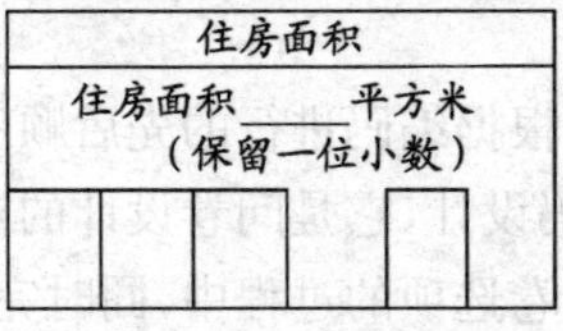

图 6-5　住房面积编码

三、含小数变量值的编码设计

在实际调查中，有些变量值常会出现小数，如住房面积为 120.5 平方米。对这种变量的编码可将其分解成只含整数和只含小数的两个子变量。如将住房面积分解成住房面积平方米和住房面积平方分米两个子变量，然后按编码设计的一般步骤分别对每个子变量进行编码设计，在进行统计分析时，再将两个子变量还原成原变量。例如：前面三个空位用于填写住房面积整数位数，后面一个空位用于填写住房面积小数位数（见图 6-5）。

小　结

1. 在现代市场调查中，应有事先准备好的询问提纲或调查表作为调查的依据，这些文件统称问卷。问卷也称为调查表，是调查人员根据调查目的和要求设计的、由一系列问题及其可能附带的备选答案及其他辅助内容所组成的、向被调查者收集资料的工具。所谓问卷设计，它是根据调查目的和要求，将所需调查的问题具体化，并具有一定的格式，使调查者能顺利地获取必要的信息资料，以便于统计分析的一种手段。

一份完整的调查问卷通常包括标题、说明词、填表说明、问题与备选答案、被调查者基本情况、编码、作业记录等内容。问卷设计的目标是：与所需资料相适应；便于调查人员调查工作；便于被调查者回答；便于问卷结果的处理。问卷设计的基本要求是：主题明确；问题数量合适；结构合理、逻辑性强；通俗易懂；便于资料的校验和整理。

2. 设计调查问卷应遵循目的性原则、可接受性原则、顺序性原则、简明性原则、匹配性原则。问卷设计的程序一般由开列所需收集的资料清单；选定适当的收集方法；设计问题和备选答案；对设定问题进行排序；进行预先检测与修正；问卷的定稿和印刷等步骤构成。

3. 问句是问卷的核心。所谓问句，一般的理解是指询问的句子。问卷中的问句不单指询问的语句，还包括将要记录的答案、计算机编号和说明怎样回答 4 个部分。设计问句答案的主要形式有二项选择法、多项选择法、顺位法、回忆法、比较法、自由回答法、过滤法、列表法、矩阵法等。掌握问句设计技术应注意明确性、能力性、界定性、过滤性、事实性、客观性、一致性、独立性、真实性、时间性等原则。问卷中问题的排列顺序必须符合两条基本要求：一是便于被调查者顺利作答；二是便于资料的整理和分析。

4. 编码的设计就是按照某种规则，将问卷信息转换成计算机可以识别的代码，以便于对其进行数据整理与分析。根据编码进行的先后顺序，分为预编码和后编码两类。

习　题

一、名词解释

1. 问卷　2. 问卷设计　3. 问句　4. 开放性问题　5. 编码

二、填充题

1. 问卷设计是市场调查的关键环节，________是至今为止用于收集第一手资料最普遍的工具。

2. 现代市场调查表，最基本的要求是“四易”，即：易于回答、易于记录、易于______和易于辨别回答的真伪。

3. 编码既可以在问卷设计的同时就设计好，也可以等调查工作完成以后进行，前者称为________(Precoding)，后者称为后编码(Postcoding)。

4. _______原则是问卷设计的最重要原则，也是问卷设计首先要遵守的原则。

5. 问卷中的问句不单指询问的语句，还包括将要记录的答案、________和说明怎样回答四个部分。

6. 问句设计中的________原则，即要注意避免问题的从众效应和权威效应。

三、选择题

1. 某调查问卷的问题：“您对网上购物有什么看法”，属于何种类型的问题？（　　）

A. 公开式　　B. 开放式　　C. 保守式　　D. 封闭式

2. 下面是一份问卷的一个问题：“请问您使用什么牌子的牙膏？”这一提问的不当是（　　）

A. 用词不够确切　　B. 含有诱导性问题

C. 包含了多项选择　　D. 采用了否定形式的提问

3. “您觉得这种新款的轿车的加速性能和制动性能怎么样？”这一提问有什么问题？（　　）

A. 包含的内容过多　　B. 问题不清楚

C. 内容过于笼统　　D. 问题具有诱导性

4. 问卷中过滤问题的主要目的是 （　　）

A. 确保被调查者合格　　B. 确保调查结果准确

C. 确保问卷的完整性　　D. 确保问卷的回收率

5. “您最近使用什么品牌的牙膏?”这一问题在哪一方面不清楚? （　　）

A. Who(谁)　　B. Where(何处)　　C. When(何时)　　D. What(什么事)

四、判断题

1. 为了保证收集到重要资料,问卷设计一定要面面俱到,时间控制在至少30分钟以上。 （　　）

2. 问卷中的一些词汇,如“经常”“通常”等已经成为人们有较大共识的词语,可以在设计时大量采用。 （　　）

3. 在现实生活中,许多人认为年龄、收入、受教育程度等都属于个人隐私,不愿意真实回答,所以在设计问卷时可以把这些问题省略,以免影响整个回答的真实性。 （　　）

4. 问卷中的问句应由问、答、说明和编号构成。 （　　）

5. 问卷内容应考虑顺序性原则,即敏感性问题放在前面,易回答的问题放在中间,较难回答的问题放在后面。 （　　）

6. “您认为乘公共汽车或开私家车上班,哪个更方便和经济?”这个问题设计不妥。 （　　）

五、简答题

1. 简述问卷的类型及问卷的基本结构,问卷设计的概念、目标及基本要求。

2. 问卷设计的原则及程序?问句答案的设计形式有哪些?

3. 问卷中问题的排序应注意哪些问题?

4. 如何进行不同信息传递方式的问卷设计?

六、案例分析题

某啤酒公司的经理正在考虑改进啤酒包装,采用250 mL的小瓶并采用4～6瓶组合包装出售的策略。这样做的目的一方面是方便顾客,因为小瓶容量小适合单人饮用,不需另用杯子也不会造成浪费。第二方面是希望对更多的人具有吸引力,使小瓶装啤酒进入一些大瓶装啤酒不能进入的社交场合。第三方面是方便顾客购买并促进销售。这种啤酒在国外早已流行,但目前是不是在我国推出的时机呢?在正式做出采用新包装的决策之前,必须获得下面问题的答案:新包装是否有足够的市场?目标市场是什么?一般在什么时候饮用?顾客希望在哪类商店买到?

研究目的有以下几方面:①测量消费者对小瓶组合包装啤酒接受的可能性;②辨别小瓶组合包装啤酒的潜在购买者和使用者;③辨别新包装啤酒的使用场合;④判断顾客希望在什么地方的商店买到这种啤酒;⑤判断潜在的市场大小。

样本将是18岁以上的饮用啤酒的人。信息收集将通过在百货公司等地方拦截顾客并以面谈访问方式进行,这样做可以向被调查者出示新包装啤酒的图片和样品。

调查问卷初稿:

亲爱的女士、先生:

您好!我是××市场调查公司的员工,我们正在进行有关啤酒市场的调查,可以占用您几分钟时间问您几个问题吗?您所提供的信息对我们这次调查的结果相当重要。

(1) 您已经18岁了吗?(视情况发问) 是(　　)　否(　　)

(2) 您喝酒吗?是(　　)　否(　　)

(3) 您喝什么类型的酒?白酒(　　)　葡萄酒(　　)　香槟酒(　　)　啤酒(　　)(到问题5)　其他(　　)

(4) 您喝啤酒吗?是(　　)　否(　　)(询问结束)

(5) 您认为啤酒适合在正规场合还是在非正规场合喝?正规场合(　　)　非正规场合(　　)　两者都行(　　)

(6) 您多长时间喝一次啤酒?天天喝(　　)　一星期一次(　　)　半个月一次(　　)　一个月一次

（　　）　一年几次（　　）

(7) 您在什么场合喝啤酒？日常进餐时（　　）　特别节目（　　）　来客人（　　）

周末假日（　　）　聚会（　　）　郊游（　　）　感到轻松愉快时（　　）　其他（　　）

(8) 您知道酒类用多个小瓶组合包装出售吗？是（　　）　否（　　）

(9) 您认为将 250 mL 的啤酒 6 个一组包装在一起销售这种方法如何？好主意（　　）

不好（　　）　无所谓（　　）

(10) 为什么？＿＿＿＿＿＿＿＿＿＿＿＿＿。

(11) 您喝过××啤酒吗？是（　　）　否（　　）

说明：某啤酒公司现正准备改进包装，采用小瓶(250 mL)6 个一组专门包装在市场上推出（出示照片）。

(12) 如果价格不比单瓶装增加的话，您愿意购买这种包装的啤酒吗？愿意（　　）

（到 14 题）　可能（　　）　不愿意（　　）　不知道（　　）

(13) 为什么？＿＿＿＿＿＿＿＿＿＿＿＿＿。

(14) 您会在哪些场合使用这种小瓶装啤酒？正常进餐（　　）　特别节目（　　）

小型聚会（　　）　周末（　　）　大型聚会（　　）　野餐（　　）　休息放松（　　）

体育运动后（　　）　其他（　　）

(15) 您希望在哪类商店买到这种包装的啤酒？食品商店（　　）　专门酒店（　　）

百货公司（　　）　连锁超市（　　）　其他（　　）

(16) 您觉得这种包装的啤酒应该与哪些啤酒摆在一起？白酒（　　）　香槟酒（　　）

葡萄酒（　　）　其他啤酒（　　）　饮料（　　）　其他（　　）

谢谢您的合作！

讨论题：

1. 问卷初稿和研究设计是否符合研究目的？

2. 可否用其他问题来了解顾客态度和购买意向，可用什么方法产生更有用的信息？

3. 对于问卷中内容，还有哪些值得修改的地方？

七、在线问卷调研操作题

某公司的营销人员在进行网络调研的时候，接触了大量网络调研工具。其中帮助最大的是各种可以制作和创建调查问卷、提供在线调研功能的网络调查平台。这些网站为调研者设计和制作网络市场调研问卷、开展网络市场调研信息收集工作带来了极大的便利性。

那么，如何在线使用这些调研平台设计出一份科学的网络调研问卷呢？

目前在线制作调研问卷的网站有很多，比如调研宝(http://www.diaoyanbao.com)、问卷网(http://www.wenjuan.com)、问卷星(http://www.sojump.com/mobile/index.aspx)、问道网(http://www.askfrom.cn，见图 6-6)等。我们这里选取问道网为例，通过在网站上的实际操作，了解一下在线的网络调查问卷的制作过程。

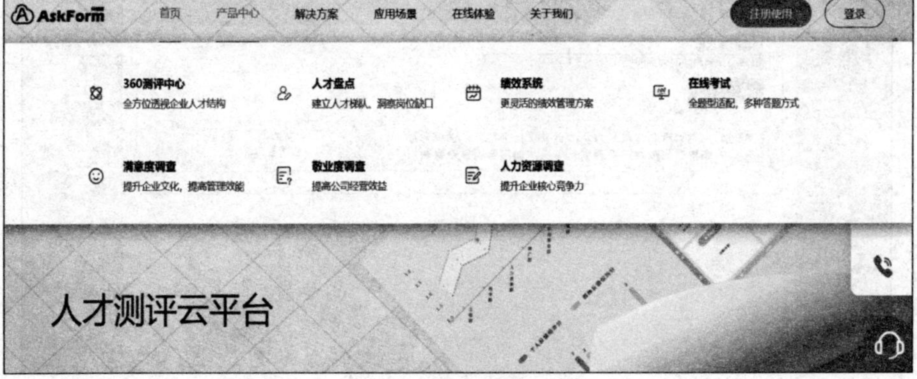

图 6-6　问道网首页

（一）确定调研主题

首先，根据企业经营的网络营销目标确定调研的目的。例如，福建省长乐市某纺织有限责任公司想将自己生产的衣服在网上进行销售，但不知网络市场行业发展状况怎样，于是计划对网络消费者进行以服装产品的消费倾向为目标的网络市场调研。

（二）通过 AskForm 平台在线设计网络调研问卷

1. 在 AskForm 网站进行注册

在浏览器地址栏里输入“http://www.askform.cn”，打开首页，然后点击右上角的“注册使用”按钮进行注册。注册完成后使用账号登录网站。

2. 在线制作网络调研问卷

(1) 登录成功之后，点击管理首页旁边的“问卷调查”按钮，然后点击“创建问卷调查”按钮，创建调研问卷，如图 6-7 所示。

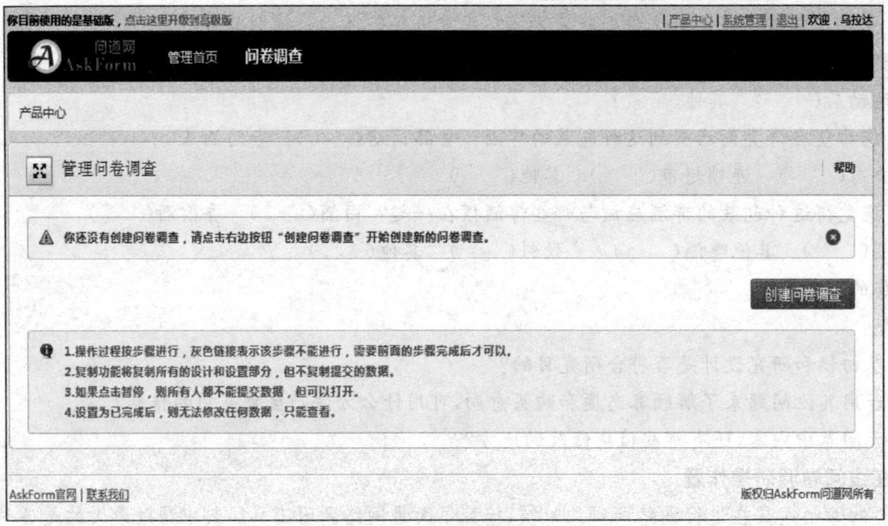

图 6-7　创建调研问卷

(2) 设置“问卷调查名称”，如图 6-8 所示。

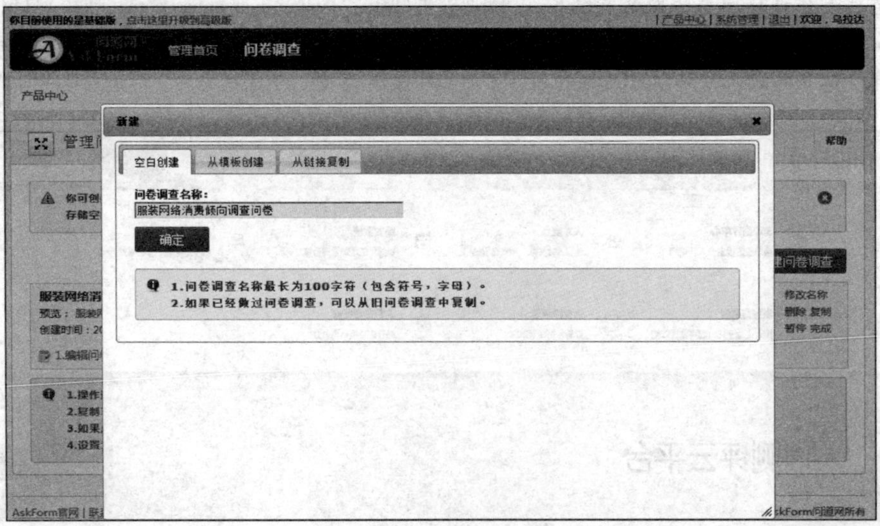

图 6-8　设置问卷调查名称

(3) 填写设计调研说明,如图 6-9 所示。

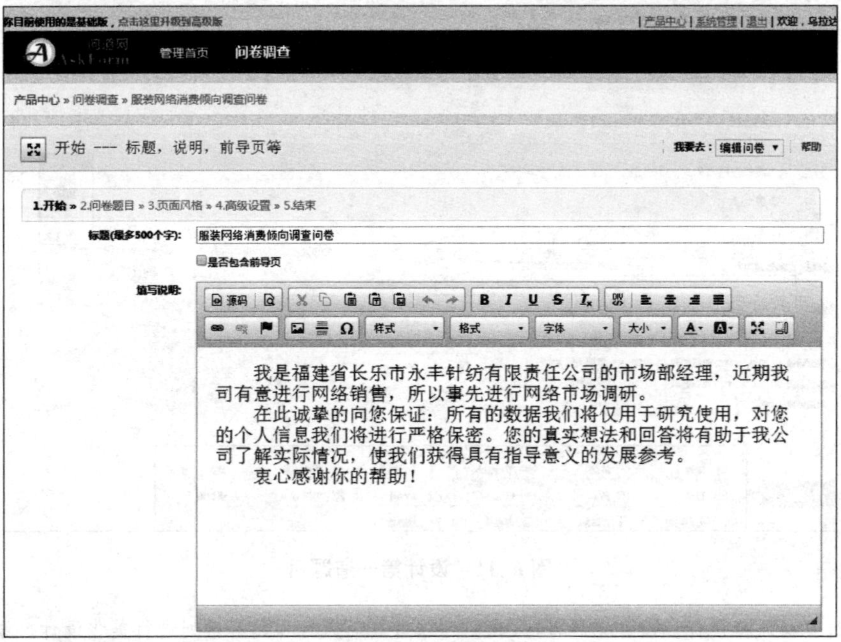

图 6-9　设计调研说明

(4) 开始问卷设计,网站提供了两个选择,即“点击下面提醒按钮添加题目”和“批量生成题目”。一般情况下,建议单击下方“题目题型”中的按钮进行设计,如图 6-10 所示。

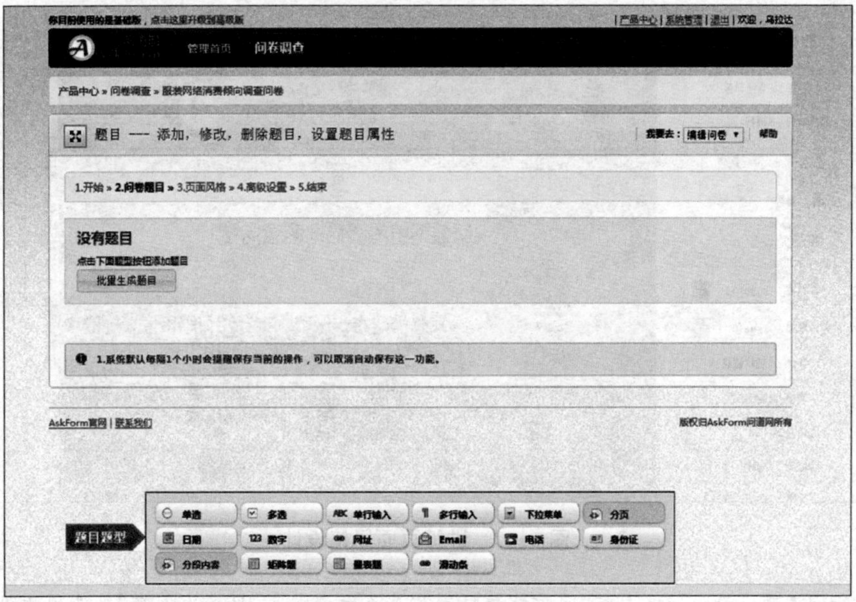

图 6-10　开始问卷设计

(5) 设计第一道题目。首先试着设计一个性别选择题目,点击“题目题型”中的“单选”,然后在“标题”和“选项”中进行编辑填写。右边的按钮可以对选项进行增加、删除、上移、下移设计,后面的题目也与此类似,如图 6-11 所示。

图 6-11 设计第一道题目

(6) 进行页面风格设计。设计完题目后,我们可以对页面风格和题目排列进行美化设计。添加一些颜色和图案,为被调查者提供一个舒适的界面,减少枯燥感,如图 6-12 所示。

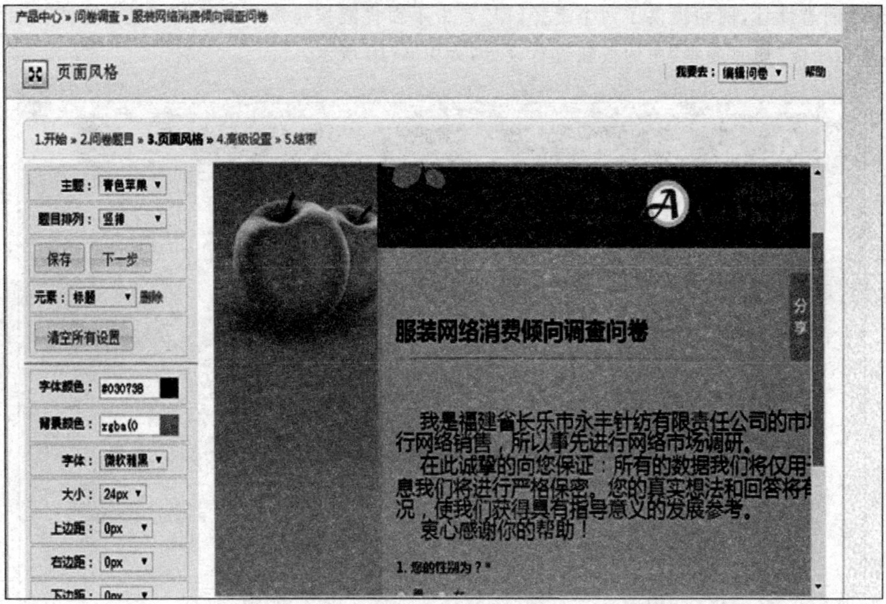

图 6-12 进行页面风格设计

(7) 进行问卷高级设计。其中有“回收数量限制”“是否允许单个 IP 多次回答”等选项的设计,如图 6-13 所示。

(8) 问卷制作完成,向网站提交设计完成的问卷。

(9) 传播问卷。在提交成功后会生产问卷的网络链接,可以将其复制,通过不同方式进行传播和分享,如图 6-14 所示。

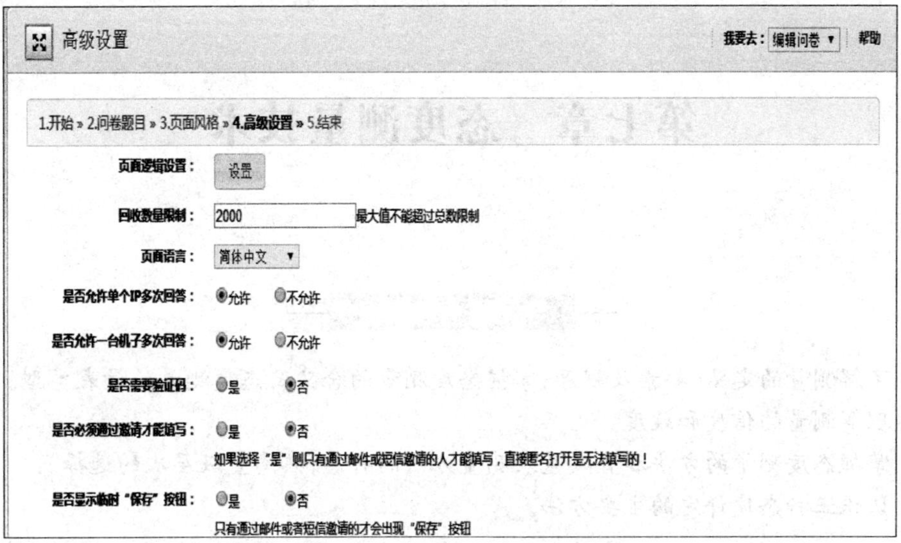

图 6-13 进行问卷高级设计

图 6-14 传播问卷

（10）AskForm 网站的在线调研。点击首页问卷调查，在问卷调查下点击“公开问卷”一栏，可以查找近期发布的所有在线问卷。

（11）查看样本数据、统计分析、统计报表。在 AskForm 网站的管理首页，随时可以点击“调查问卷”查看样本数据，问卷进行的状态。等样本数据收集到一定程度时，还可以进行统计分析和统计报表下载。

操作要求：

1. 登录问道网(http://www.askfrom.cn)，熟悉网站功能，掌握在线网络市场调研问卷的制作方法。

2. 简单制作一份在线网络问卷，然后发布问卷，并进行样本数据的调研统计分析。

第七章　态度测量技术

学习重点和要点

(1) 了解测量的定义、要素及程序；掌握态度测量的含义及态度测量的量表类型。

(2) 理解测量的信度和效度。

(3) 掌握态度测量的方法和直接量表测量方法的种类；熟悉量级层次的选择。

(4) 认识三种态度评定的主要方法。

在现代市场营销观念指导下，市场营销人员必须设法了解消费者对产品、品牌及企业形象等方面所持的态度。前面介绍的一些资料收集方法，在围绕对客观资料的收集方面非常有效，但却无法用来准确地测量人们的态度。在市场调查问卷中，常常需要对被调查者的态度、意见、感觉等心理活动方面的问题进行判别和测定，比如，居民对政府住房消费新政的态度和评价、人们对液晶彩电的喜爱程度、网上支付安全性的态度等，所有这些问题，都要借助各种数量方法加以测定。把质量性质的问题用数量形式表示出来，可采用态度测量技术。

第一节　态度测量的含义与类型

一、测量的概念及其程序

(一) 测量的定义

人们每天在用人体自身的各种器官去对外部世界进行测量：眼睛在测量物体的大小、颜色、形状、空间距离；耳朵在测量各种声音的高低、方向、含义；鼻子在测量各种气体的味道；皮肤在测量周围的温度等。人们在科学研究中发明了许多专门的测量仪器，规定了各种测量的特定程序，创造了许多规范的测量方法，极大地提高了测量的水平和效果。人们不仅有了米尺、磅秤等这样一些基本的测量物体长短、高低、大小、轻重的工具，还发明了温度计来精确测量大气或人体的温度；发明了望远镜来测量宇宙中不同行星之间的距离；发明了显微镜来测量人眼所无法看到的血液中的红白细胞的数目等。我国的 FAST 望远镜能提供世界上最精确的脉冲星到达时间的测量数据。

在社会经济调查中，人们也进行着另外一些形式的测量。比如，用人口登记的方法来测量一个国家的人口数量和人口结构，用电话访问的方法来测量人们对不同政党候选人的支持率，用自填问卷的方法来测量大学生们所具有的择业倾向等。虽然各种各样的测量在所测量的内容、方式等具体方面千差万别，但它们在一些最本质的方面却完全一致。这些最本质的方面，就是测量所具有的科学的内涵。

美国学者史蒂文斯认为:“测量就是依据某种法则给物体安排数字。”

我们认为,所谓测量(Measurement),就是根据一定的法则,将某种物体或现象所具有的属性或特征用数字或符号表现出来的过程。

测量的主要作用,在于确定一个特定分析单位的特定属性的类别或水平。它不仅可以对事物的属性作定量的说明(即确定特定属性的水平),同时,它也能对事物的属性作定性的说明(即确定特定属性的类别)。而在社会经济调查中,研究者所进行的大部分测量往往都是这种定性的测量。

(二) 测量的要素

测量包含 4 个基本要素,即测量客体、测量内容、测量法则、数字和符号。

(1) 测量客体,即测量的对象。它是客观世界中所存在的事物或现象,是要用数字或符号来进行表达、解释或说明的对象。比如,测量一张桌子的高度时,这张桌子就是测量的客体或对象。在社会经济调查中,最常见的测量客体是各种各样的个人及由若干个人所组成的各种社会群体、社会组织等。在测量的 4 个要素中,测量客体所对应的是“测量谁”的问题。

(2) 测量内容,即测量客体的某种属性或特征。实际上,我们所测量的对象虽然是某一客体,但所测量的内容却并不是客体本身,而是这一客体的特征或属性。比如,桌子是测量客体,而桌子本身我们却无法测量,只有桌子的各种特征,比如它的高度、宽度、重量、颜色等,才能构成我们测量的内容。同样的道理,社会中的个人、群体、组织等是测量客体,但我们所测量的却并不是这些个人、群体、组织本身,而是他们的各种特征。在对消费者个人进行调查时,调查人员不是测量某个消费者,而是测量消费者的感受、态度、偏好、品牌忠诚度等相关因素。只有这些特征才是我们测量的内容。在测量的 4 个基本要素中,测量内容所对应的是“测量什么”的问题。

(3) 测量法则,即用数字和符号表达事物各种属性或特征的操作规则。也可以说,它是某种具体的操作程序和区分不同特征或属性的标准。比如,“将桌子放置在水平的地面,然后用直尺从地面垂直的靠近桌面的边缘,桌面所对应的直尺上的刻度即是桌子的高度”,这句话所陈述的就是测量桌子高度的规则。又比如,在社会经济调查中,我们要测量人们的收入状况,那么,“将被调查者工资单上的应发金额数加上每月奖金发放统计表上他所得的奖金数额”就是一种测量法则。再如,“根据每个人工作积极性的高低分派数字 5～1 的数字。如果某个人工作积极性高,就给他分派数字 5,反之则给他分派数字 1,介于两者之间的人,则分派给他们中间的数字 4～2”。这样 5～1 这些抽象数字符号就依据我们规定的法则表示一个人工作积极性的高低了。在测量的 4 个基本要素中,测量法则所对应的是“怎么测”的问题。

(4) 数字和符号,即用来表示测量结果的工具。比如,120 cm、110 cm 等就是测量桌子高度所得的结果。在市场调查中,研究者进行测量的结果,许多是用数字来表示的,但也有许多是用文字来表示的。如被调查者的性别(用男、女)、被调查者对住房购买政策的态度(用赞成、反对)、被调查者对某品牌喜爱的程度(用喜欢、无所谓和不喜欢)等。尽管许多用文字表达的测量结果在统计分析时都转换成了数字,但这种数字并不能像算术中的数字那样进行加、减、乘、除运算。在测量的 4 个要素中,数字和符号所对应的是“如何表示”的问题。

(三) 测量的程序

基本而完整的调查测量程序如图 7-1 所示。

1. 识别核心概念

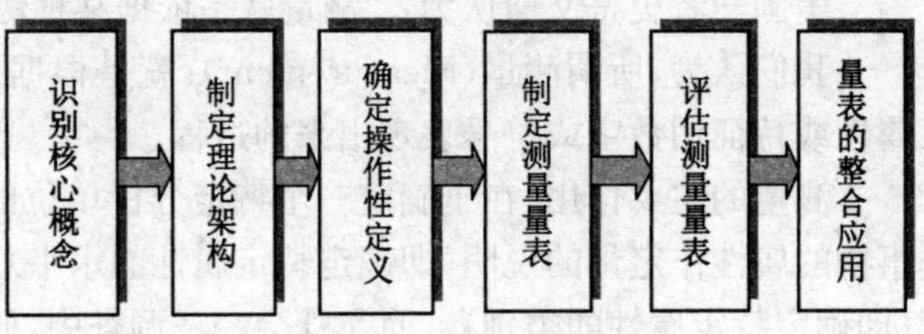

图 7-1 调查测量程序

测量过程是从确定调查者所关心的调查问题及其核心概念开始的。概念是从特定问题或事实中提炼出来的抽象的想法。概念是一种思想或将感觉到“好像他们都是相同的”数据组合在一起的类别。例如,“现代化”是与“近代”与“古代”的做法、行为、观念有所区别的一个抽象概念,它可能是指政治现代化(如民主化和法制化)、经济现代化(如工业化、专业化和全球化)或社会观念现代化(如平等、自由)等,但是,它一定又是“感觉是相同的”,成为现代的、适合现代需要,大约公元 1500 年以来出现的新特点、新变化。

2. 制定理论架构

架构是存在于较高抽象水平上的概念,是为理论应用而创造的。它不仅比日常的概念更抽象,而且似乎能跨越各种已存在的思想类别。换言之,架构是用其他概念来构造一个更高抽象层次的概念,对所研究的概念确立边界,表明所研究概念的中心思想。例如,态度是一种社会心理学架构,态度被定义为:由学习得来的,对有关特定对象的一种持续性的有利或不利反应举止的预存立场。

特定架构的价值有赖于它们在解释、预测和控制现象时的可用性有多大。科学的理论架构应该是组成性的,这就意味着它们必须具有能用于理论的能力。例如,质量是物理学家提出的关于物质世界的一个很好的架构。质量本身无法被看到或听到,然而物体这种假设的属性是很明显、很重要且可以测量的。

通常,架构并不是可直接观察到的,而是通过一些间接的方式如问卷中的发现推断出来的。品牌忠诚度、高参与性购买、社会阶层、个性和渠道力量等都是重要的营销架构,它们不能直接被观察,然而使用这些架构有助于理解、描述和预测市场行为,调查者借助这些架构可以将营销环境中发现的复杂现象简单化及进行整合。

3. 确定操作性定义

有了科学、精确的理论架构,制定操作性定义就有了依据和准绳。操作性定义通过详细列出调查者必须去测量什么来定义或给出概念的含义。换句话说,它根据具体情况下实施测量的目的和要求,赋予架构一定的操作意义。在市场营销理论中存在很多重要而复杂的架构,测量它们对于理论应用来讲十分关键,但是,通常无法直接测量它们。例如,我们不可能对态度进行直接测量,因为态度是一种抽象概念,它是存在于人脑中的事情。然而,研究者可以给态度一个操作性很强的定义:态度与某一特定对象有关;态度有其方向和强度;态度有其结构,通常认为由认知成分、感情成分和行为成分构成。

总之,操作性定义就好比桥梁,它将理论构架与现实世界的事件或因素联系在一起。诸如“态度”或“高参与性购买”等概念非常抽象,操作性定义将这类概念转换为可观测的事件。

调查者应该注意的是,无论理论构架如何科学、精确,任何一个概念都可能引出许多不同的操作性定义。调查者必须本着科学研究的精神,选择最科学、最适合调查目标要求的操作性定义。例如,在国际市场上,一些营销构架存在着明显不同的操作性定义。在中国、英国、德国及斯堪的纳维亚半岛国家,酒精饮料包括啤酒;而在地中海沿海国家,啤酒却被视为软饮料,所以在意大利、西班牙或希腊等国进行有关啤酒竞争调查时，啤酒应与软饮料做比较。在法国，人们用冷热连续谱来测量香味；而在世界其他许多国家，这不是香味所指定的属性。

4. 制定测量量表

量表是一系列结构化的符号和数字，这些符号和数字按照一定规则分配给适合的目标、人、状态或事件。符号和数字的“结构化”，实际涉及产生一个将被测物体某种特性定位的连续统一体。这些符号和数字的分配代表了由量表所要测量内容的个人判断。由调查设计者使用的具体提问方式及填答说明给出分配符号和数字的规则。

表 7-1 给出了一个有关理论架构及其相关的操作性定义与测量量表的例子。我们可以从中了解理论架构、操作性定义与测量量表三者之间的关系。本例中，营销专家将开发出的角色模糊的操作性定义用于销售管理。理论上讲，角色模糊将导致工作压力、阻碍员工提高绩效的能力和获取工资报酬的能力，并且还导致员工对工作的不满。

表 7-1　“角色模糊”架构的操作性定义和测量量表

理论架构	角色模糊是由个人所获信息与角色所要求的适当绩效不符而直接引起的，它是个人的实际知识水平和个人需要与价值达到满意之间的差距
操作性定义	个人从其他员工和顾客处感受到的对工作角色的责任和期望的总的不确定性（范围从非常不确定到非常确定的五级量表）
测量量表	测量量表由 45 个项目组成，所有项目统一使用五级量表。评分标准是：1＝非常确定，2＝确定，3＝中等，4＝不确定，5＝非常不确定。部分问题如下： * 公司给予我自由行动的空间有多大； * 公司期望我怎样处理工作中非正常的活动； * 公司期望我完成的工作量； * 老板在多大程度上会倾听我的看法； * 老板对我的满意度是多少； * 其他部门的经理希望我怎样与他们共事； * 其他部门的经理会如何看待我所从事的工作； * 公司期望我如何与顾客打交道； * 在工作中我应如何行动（与顾客）； * 公司是否希望我用小的谎言来赢得顾客的信任； * 公司是否希望我向顾客隐瞒公司的混乱状况； * 家人认为我应在工作上花费多少时间； * 我的家庭会在多大程度上分担我的工作问题； * 同事们希望我在工作中如何表现； * 同事们希望我将多少信息传递给老板

制定测量量表实际上是一个选择的过程。正像一个理论架构可能有很多操作性定义一样，通常也有很多种测量的方法可以用来度量某个操作性概念。

5. 评估测量量表

测量量表及由若干量表组成的整份问卷设计完成后，研究者或客户通常会存有以下一些疑问：这些量表及问卷是否能准确反映所要研究现象的属性？如果使用多份性质相同的量表或问卷，被访问者的回答是否会一致？如果使用同一份问卷重新再做一次调查，被访者的回答是否还会相同等。要消除调查者和客户心中的疑问，就需要评估量表的有效性（或效度）和可靠性（或信度）。

6. 量表的整合应用

经过有效性和可靠性评估的量表要放到整份调查问卷中，在内容、逻辑、措辞等方面进行统一考虑和适当调整，形成一份内容严密、逻辑合理、措辞得当的完整的调查问卷。将各种量表在整份问卷中进行整合以后，问卷就可以用来实际测量和收集数据了。

案例分析

物质世界和精神世界的不同测量

物质世界的时间量程

各种重要的事情都可能在一两飞秒之内发生，如果你的闪光灯太慢，你就会漏掉这些转瞬即逝的镜头。人们正学会利用原子和分子本身的特点，来观察由它们组成的微观世界。

“阿托秒”是一种新发现的“时间切片”，它很微小但却有巨大的应用潜能，它(阿托秒)是物质真正的时间量程。

人类的生理功能同时存在于并且取决于几个不同的时间量程。例如，普通人的心脏每秒跳动一次；闪电的速度是1/100秒；在日常摄影中，照相机的闪光灯能在1/1 000秒内“定格时间”；一台家用计算机能在1纳秒(即10^{-9}秒)内运行一个简单的软件指令；电路在1皮秒(即10^{-12}秒)内开关若干次。研究者们利用飞秒脉冲(1飞秒即10^{-15}秒)研究出一种新方法，可以直接在眼角膜上进行激光眼外科手术，而不会损坏角膜上面的组织。对那些比原子核小得多、轻得多、速度也快得多的电子感兴趣的物理学家们来说，这种时间量程还是太慢了。于是人们就进入了“阿托秒”(即10^{-18}秒)的研究领域。当你进入更微观的物质结构中，比如在原子核中，你就会发现一些粒子的运动速度会更快。更微小更精确的时间量程将带领我们进入ZEPTO秒(即10^{-21}秒)的王国。

(资料来源于《读者》，2004-01-18，Alan Burdick，张睿译)

精神世界的情绪量程

BBDO广告代理商已经研制出一个度量系统，可以评估消费者对广告的情绪反应。它的情绪度量系统是一种专有技术，这种技术使用一些脸部照片帮助测试参与者选择其对广告的反应。BBDO的研究人员认为，这个过程从实质上消除了传统文本测试的固有偏差。在传统体系中，测试参与者通常会低估他们的情绪反应，因为他们感觉将情绪反应用语言表达出来会显得很傻，而且语言可以有不同的解释方法。这样，传统的文本测试就倾向于度量思想而不是感觉，因此也就不能充分度量情绪上的反应。

这家广告代理商设计了53张照片——从1 800张照片中挑选出来的，代表了BBDO所谓的“情绪世界”，而不只是让消费者从简单的列表中挑选或者是用自己的语言书写。每一组照片代表着6名参与者各自不同的表情，从高兴(顽皮)到厌恶(反感)，共包含了26个类别的情绪。

该系统是如何工作的呢？正如大部分的文本测试一样，先向参与者展示某个单一的广告或者一组场景，然后再给出一份问卷，测试他们是否记住品牌名称或者文本要点。在这一过程中的任何一点，调查人员都要分发照片，并要求所有参与者都不要写下或者谈论广告场景，而是迅速地将照片进行分类，留下任何或者所有能够反映出他或她在看过广告之后感受的照片。

正如阿托秒这种时间量程引导我们进入和认识更微观的物质结构一样，像情绪度量系统这样的测量技术的创新，正不断改进对营销现象的测量，并引导营销管理者和调查人员更深入地认识消费者。

二、态度的定义及其成分

大多数市场调查活动中提出的问题都是为了对态度进行测量。例如：一家生产洗衣机的厂商想要了解有多少潜在购买者知道某个品牌洗衣机的存在。说起洗衣机，他们能想到哪些品牌？一家食品生产商想了解消费者在知道某个新产品概念后的购买意图如何。政府管理机构想要制定一项能源政策，需要了解哪一部分民众会同意这样一项政策——买耗油高的车时要额外支付一笔税收。

以上这些都需要了解当前顾客或潜在顾客的基本导向和基本态度。他们形成某种态度的依据，包括已有信息、他们的感觉（喜欢和不喜欢）以及他们的行为意图。

企业管理者真正想要了解并且最终想要影响的是行为。他们会采取态度测量结果来代替对行为的测量。原因是：第一，人们普遍相信，态度是行为的先兆。如果消费者喜欢某个品牌，那么他们选择这个品牌的可能性就大于选择另一个他们不那么喜欢的品牌。第二，一般来说，提问态度方面的问题比观察和解释实际行为更现实可行。态度测量指标与行为测量指标相比，其优越性最明显的地方在于它能够进行诊断或解释。

态度是一种与我们周围环境的某些方面相关的，包括动机、情感、感觉和认识过程的持久结构，是对一种客体所持有的一种比较稳定的赞同或不赞同的内在心理状态。因为态度的存在是从它造成的后果中推断出来的，所以态度实际上并不能被直接观察到或测量到。而人们的价值观和信念会决定或影响他们的购买决策。价值观和信念又是由态度决定的；反过来，价值观是态度的决定因素，并且信念的形成要涉及评价。

态度可以定义为个人构造看待环境的方式和指导它对环境做出的反应时要用到的精神状态。构成态度的成分主要有三个：认知或知识、偏好或喜欢、意图或行动。每个成分都提供了一个看待态度的独特角度。

1. 认知或知识

认知或知识代表了一个人掌握的关于某个对象的信息。这类信息包括知晓这个对象存在、对这个对象的特征或属性所持的信念以及对这些属性的相对重要性做出的判断。例如一个人计划到古镇度过一次黄金假期时要用到的知识。他不需要提示就能想起来几个古镇的名字，如周庄、丽江等，这叫作“无协助回忆知晓”。其他古镇的名字可能要到旅行社提起的时候才能想起来，这叫作“有协助回忆知晓”。关于古镇的知识并不只限于知晓。一个人能从他人的经验里、相关文章和其他来源那里对这些古镇各自的特点或属性形成自己的信念和判断。例如，哪个古镇最悠闲或者最便宜等。另一类信息是总体相似性判断，比如，阳朔和丽江比大理和西安更相似。

2. 偏好或喜欢

偏好或喜欢概括了一个人对某个对象、状况或人的总体感觉，它使用的是“喜欢——不喜欢”或“赞许——反对”这样的尺度。喜欢可以用对其中一个事物的偏好胜过另一个来表现。偏好可以通过问“最偏爱”哪一个或哪一个是“第二选择”之类的问题测量出来。人们还会对对象的属性做出喜好的判断。比如，有人可能喜欢某个古镇的其他所有特点，只是不喜欢它的位置，因为到那里的路途遥远。

3. 意图或行动

意图或行动指的是一个人对未来自己会对某个对象采取什么行为所持的期望。例如，他是“非常”喜欢、“有点”喜欢还是“一点也不”喜欢“十一”长假到丽江去度一周黄金假期？意图通常只限于某一个特定的时期。提问关于购买意图的问题，最大的好处在于它能结合被调查者支付能力或支付意愿方面的信息。例如，一个人可能喜欢阳朔胜过其他小的古镇，但是出于支付能力的考虑，他并没有今年到阳朔旅游的意图。

三、态度测量的含义及类型

(一) 态度测量的含义及意义

态度测量就是调查人员根据被调查者的可能认识或认识态度就某一问题列出若干答案，设计态度测量表，再根据被调查者的选择来确定其认识或认识程度(态度)的行为和过程。简言之，态度测量就是测量态度。

市场调查所涉及的问题不外乎两类，一类属于定量问题，如价格、收入、销售量、年龄等，它们可以用数字来表示；另一类属于定性问题，如被调查者的看法、需求等，这些一问一答的资料不便于直接记录，也不便于整理分析定性态度。而多数情况下，市场调查的主要目的是要了解被调查者的态度或意见。为了更准确地了解被调查者的态度强度、认识深浅，可以采用一定的态度测量技术，把定性问题用数量形式表示出来，正确描述这些调查对象的态度，为市场营销决策和采取营销措施提供依据。

态度测量表是一种通过某些事先拟定的用语、记号和数目，来测定和分析被调查者的态度、意见、评价和看法等心理活动的度量工具。它能将调查的定性资料进行量化。事实上，消费者在市场上选择什么样的商品，其内心有一定的尺度，这种尺度在心理学上称为量表。

(二) 量表的含义及设计步骤

1. 量表的含义

量表是由反映某一个抽象概念的所有测量指标和备选答案构成的调查表。例如，“对A产品的评价”就是一个抽象的概念，为了评价A产品，可以从“产品价格”“产品质量”“使用性能”“产品包装”四个方面考察，这些方面就构成了对A产品评价的操作性概念。针对“对A产品的评价”的四个指标，再设计“好”“较好”“中等”“较差”“差”五个等级，并依次赋值为“5”“4”“3”“2”“1”。这样就构成A产品评价量表(见表7-2)。

表 7-2 A产品评价量表

指 标	好	较好	中等	较差	差
	5	4	3	2	1
产品质量					
产品价格					
产品性能					
产品包装					

由表7-2可以看出，量表是由相互关联的指标或题目构成，这里，指标的选择至关重要，在选择指标时应注意以下几点：

(1) 构成量表的各个指标与所反映的抽象概念应高度相关。每一抽象概念可以从不同角度设置具体测量指标，指标不同，结论往往相差很大。这就要求设计者对所研究的概念有一个比较深刻的认识，把握本质，使指标与所研究概念有较高的相关程度。

(2) 构成量表的指标个数应适当。增加指标个数，可以抵消测量误差，提高测量的信度。但从实际工作的角度来看，指标个数不可能无限增多。应根据所研究概念的范围和复杂程度来确定指标个数,一般而言,范围较小、复杂程度较低的现象,指标个数可以少些;反之,指标个数可以适当增多。

(3) 构成量表的指标的测量层次选择应适当。对社会经济现象的测量可采用四种尺度:定类尺度、定序尺度、定距尺度和定比尺度。其中,定类尺度的统计功能和允许的统计处理方法最少,所以,其测量层次最低;定比尺度的统计功能和允许的统计处理方法最多,所以其测量层次最高,在实践中,对于同一抽象概念,可以使用不同测量层次的指标来反映。由于定比指标采用的统计处理方法多于定序指标,所以,在设计量表时,应尽量选择定距指标或定比指标。另外,当较低层次的指标被引入同一量表时,就会降低其测量层次,从而减少可采用的统计处理方法。

2. 量表的设计步骤

量表的设计包括两步:

(1) 设定规则,并根据这些规则为不同的态度特性分配不同的数字。这些数字和态度变量的取值必须一一对应,每个数字代表唯一的态度变量值,而每个态度变量值对应一个唯一的数字。这种对应关系应该是明确的和固定的。

(2) 将这些数字排列或组成一个序列,根据采访者的不同态度,将其在这一序列上进行定位。例如,将"对于某商场的态度"这一态度变量的可能取值,用不同的数字来代表:"1"代表"喜欢"、"2"代表"无所谓"、"3"代表"不喜欢";然后,根据受访者是回答"喜欢""无所谓"和"不喜欢"填写调查问卷或调查表。这就是一个典型的三级量表。

量表中用数字代表态度的特性是出于两个原因。首先,数字便于统计分析;其次,数字使态度测量活动本身变得容易、清楚和明确。

(三) 态度测量的量表类型

由于市场调查研究中所涉及的现象具有不同的性质和特征,因而对它们的测量也就具有不同的层次和标准。史蒂文斯 1951 年创立了被广泛采用的测量层次(Levels of Measurement)分类法,他将测量层次分为四种,即定类测量、定序测量、定距测量和定比测量,从而也就形成四种基本的态度测量量表。

1. 类别量表

类别量表(Nominal Scale)是指由定类尺度指标构成的量表。它是一类将数据分成各种互相排斥、互不相容的类别的态度测量表。一般而言,该量表所列的答案都是不同性质的,每一类答案只表示分类,而不必对每个答案加以比较。

类别量表在本质上是一种分类体系,它的数学特征主要是"等于"与"不等于"(或者"属于"与"不属于")。

【例 7-1】 类别量表示例。

1. 您家里现在有没有电脑?

(1) 有　(2) 没有

2. 您家里今年是否打算购买电脑?

(1) 要买　(2) 不买　(3) 尚未决定

3. 您认为影响快餐经营最重要的因素是什么?

a. 地段　b. 价格　c. 商品质量　d. 服务质量　e. 其他

这种句前的字符又称名义标度或类别标度,它的数字本身无意义,只代表每类答案的编号，其目的在于对调查资料进行分类，计算出各类别的次数和频率。句前的字符不能作加、减、乘、除的运算。调查的目的只在求得各分类答案的数量。

由于定类层次的测量实质是一种分类体系，因而必须注意所分的类别既要具有穷尽性，又要具有互斥性。即所分的类别既要相互排斥、互不交叉重叠，又对各种可能的情况包罗无遗。这样，所测量的每一个对象都会在分类体系中占据一个类别，且只会占据一个类别。

类别量表具有对称性和传递性两种属性：

所谓对称性，是指甲对乙的关系也就是乙对甲的关系。如果甲与乙同类，则乙也一定与甲同类。反之，如果甲与乙不同类，则乙也一定不会与甲同类。

所谓传递性，指的是如果甲与乙同类，而乙与丙同类，那么，甲一定与丙也同类。

类别量表的调查资料汇总后必须分析全体被调查者的代表性看法，称为平均态度值。在该类量表中，平均态度值不能用算术平均数或中位数表示，而只能以众数作为平均态度值。同时，可计算各类答案的百分比以供比较，还可以进行卡方检验、二次检验等。

由于对任何一门科学来说，分类都是基础，其他几种层次的测量，也都是把分类作为最基本的测量内容。或者说，其他几种层次的测量中，都无一例外地包含着定类测量的分类功能。特别是在社会经济现象的测量中，大量的变量又都是定类变量，分类更是最基本的目标和最经常性的操作。

2. 顺序量表

顺序量表（Ordinal Scale）是指由定序尺度指标构成的量表。量表中所列答案之间具有顺序关系，且其顺序关系是由每个被调查者根据自己的态度来确定的。所以它比类别量表要多一个特征，即顺序量表必须要对各个备选答案充分考虑，逐一比较，然后确定每个答案之间的顺序特征。不过，顺序量表也仅能对答案按高低顺序逐一排列，但不表明测量对象某种特征的绝对数量和差距。

【例 7-2】 顺序量表示例。

某调查机构要求被调查者根据他们心中的偏好，对意愿中购物的百货公司、超级市场、专卖店和仓储式商店，依最喜欢、较喜欢、一般、不喜欢的顺序排列，最喜欢给 4 分，不喜欢给 1 分。某位调查对象的答案是：

超级市场(4)　　百货公司(3)　　专卖店(2)　　仓储式商店(1)

这个答案表明该被调查对象对各种商店选择的先后次序的看法，并不表明各类零售商店之间的差距有多少。也就是说，在该被调查者看来，并不是说超级市场一定是比仓储式商店好 4 倍，也不能说，超级市场与百货公司之间的差距一定就等于百货公司与专卖店之间的差距。因此，在顺序量表中，代表各类答案的分数也不能作加、减、乘、除的运算，只能说明一个顺序关系。

在顺序量表中，调查资料汇总确定各产品的好恶顺序，以求平均态度值时，可以采用四分位数、中位数、众数、加权平均数。

顺序量表中的有序标度的划分，可根据调查项目的要求深度及评价程度提出，通常采用 3 级、5 级、7 级等划分方法。有序标度中各等级的评分方法，既可采用比例中的自然序数评分法，还可以采用固定总数评分法，即要求被调查者对不同商品或不同项目打出一定分数，但总分不能超过 10 分或 100 分。比较而言，自然序数评分法更为简便易得。

顺序量表的数字特征是大于或小于（$>$或$<$），它比类别量表的数字特征高一个层次。定

序测量所得到的信息比定类测量更多。同时,定序除了具备定类的对称性以外,还具备不对称性。这种不对称性指的是甲对乙具有某种关系时,并不等于乙对甲也具有这种关系。比如,甲>乙时,就不会有乙>甲。但此时的传递性依然成立,如甲>乙,乙>丙,那么,一定有甲>丙。顺序量表的实例有产品质量的等级,消费者的品牌偏好,足球赛的名次等。

3. 等距量表

等距量表(Interval Scale)是指由定距尺度指标构成的量表,它不仅能表示各备选答案之间的顺序,还可以测量各顺序位置之间的距离和数量差别。因此,差距量表中被调查者评定的分数可以用作加减运算,但不能相互做乘除。

【例 7-3】 等距量表示例。

要求被调查者根据自己的心理偏爱,对下列五种品牌的电视机打分,结果如下:

长虹(50 分) TCL(40 分) 海尔(30 分) 康佳(20 分) 熊猫(10 分)

这种打分不仅可以排出对五种电视机喜欢顺序,而且,每种电视机之间的差距也是相等的,50－40＝40－30＝10,但还不能就此认为对 40 分电视机的好感度就是 20 分的 2 倍。这是因为在差距量表上并没有一个真正的零点。所谓真正的零点,它是指量表中零点的确定具有完全客观的标准。在此例中,我们不能确定所打分数是以什么为零点标准的基础上计算出来的。由于差距量表不具备真正的零点,因此,量表中所表示的只能是差距关系和顺序关系。

等距量表用来测量人的智商和自然界的温度就是典型的例子。在等距量表中,我们不仅可以说明哪一类别的等级较高,而且还能说明这一等级比那一等级高出多少单位。如我们分别测量北京与武汉的温度,结果发现北京的温度为 20℃,武汉的温度为 30℃。由此我们可以了解到北京与武汉的气温不同(定类测量的测量结果),了解到武汉的气温比北京的气温高(定序测量的测量结果),而且还了解到武汉的气温比北京的气温高出 10℃(定距测量的测量结果),但我们仍不能说武汉的温度是北京温度的 1.5 倍。

需要注意的是,等距量表中的值可以为 0,但这个 0 却不具备数学中我们所熟悉的 0 的含义,这里"0"是表示一个数值,即"0"水平,而不是表示"没有"或"不存在",这里的"0"是一个有意义的数值。比如,在冬天,我们可以测得北京的气温为 0℃,但它却并不是表示北京"没有温度",而只是代表北京的气温达到了水的"结冰点温度"。从测量的角度看,此时 0 只不过是一个特定的数字而已,它是人们主观认定和选取的。因为在另一种温度量表中(华氏温度计中),0 度则是冰点下 32 度。

在等距量表中计算平均态度值可采用算术平均数,也就是将所有被调查者对某一答案的分数汇总后除以人数。不同答案之间的平均态度值以算术平均数来确定顺序和差距关系。它还可以计算标准差和相关系数,也可以进行 t 检验和 F 检验等参数统计分析方法。

4. 等比量表

等比量表(Ratio Scale)是由定比尺度指标构成的量表。等比量表除了具有类别量表、顺序量表、等距量表的一切特征外,还具有真正的零点这一特性。等比量表是采用比例标度来说明各类别之间的顺序关系成比例的量表。所谓比例标度是指在间隔标度中如果存在绝对零点(真正零点),则称这种间隔标度为比例标度。比例标度既有同等的间隔,也有一个绝对的零点,数字之间的比较和事物之间的比较是一致的。这里的"0"表示没有或不存在。等比量表中各答案之间具有类别关系、顺序关系、差距关系和比率关系。如对身高、年龄、体重等变数的测量,对面积、距离、回报率、人口统计等的测量,这些都可以用等比量表。因此,可以说体重

50 kg 的人是体重 25 kg 人的两倍，这里的零标准是客观的。

等比量表所测得的数据既能进行加、减运算，又能进行乘、除运算，并适用各种统计计算。在等比量表中，计算平均态度值可采用几何平均数。

以上四种态度测量表中，最常用的是类别量表和顺序量表。因为态度测量本质上是一种顺序关系，很难用差距关系和比率关系来表示，就如给牙膏品牌打分一样，测量的结果不能表示在实际生活中被调查者在十次购买牙膏中，四次是购买高露洁，三次是购买佳洁士，二次是购买美加净，一次是购买洁银，而只能表示购物时的选择顺序是怎样的。因此，尽管等距量表和等比量表看上去包含更多的信息和运算方式，但实际运用中却用得不多。

上述四种量表体现了描述和测量社会与市场现象的不同水平，四种量表的基本特性通过表 7-3 列出，以便比较。

表 7-3 四种量表的基本特性

量表类型	量表描述	涉及的典型变量	描述性统计
类别量表	用数字识别对象类别，判断属于或不属于	归类，如男性或女性，用户或非用户	频数、百分比或众数
顺序量表	除识别外，数字还用于确定顺序，判断更大或更小	排序，如对酒店和银行的偏爱，对食品口味打分	均值或中位数、方差矩阵
等距量表	除类别和顺序外，数字还用于判断距离，判断间距的相等性	复杂架构的偏好，如温度、有关品牌的认知水平	均值或全距、方差
等比量表	综合上面三种性质，再加上绝对零点，判断比例的相等性	可获得精确测量时，如销售数额、年龄、收入	几何平均数、调和平均数

知识链接

测量层次的数学特性

类别量表、顺序量表、等距量表和等比量表，这四种测量的层次由低到高，逐渐上升。高层次的测量具有低层次测量的所有功能，即它既可以测量低层次测量可以测量的内容，也可以测量低层次测量所无法测量的内容，同时，高层次的测量还可以作为低层次测量处理。比如，定序测量具有定类测量的分类功能，且可以作为定类测量使用；同样，定距测量具有定序测量的排序功能与定类测量的分类功能，也可以作为这两种测量使用，但反过来则不行。为进一步清楚地说明四种测量层次的差别，我们将它们各自的数学特性总结在如表 7-4 中。

表 7-4 四种测量层次的数学特性总结

项 目	定类测量	定序测量	定距测量	定比测量
类别区分(=、≠)	有	有	有	有
次序区分(>、<)	—	有	有	有
距离区分(+、-)	—	—	有	有
比例区分(×、÷)	—	—	—	有

第二节　测量的信度与效度

正确的数据来自正确的测量。当测量值等于实际值时，我们说市场调查提供了正确的测量。然而，在调查工作中，测量值等于实际值的情况极为罕见，调查结果总存在着这样或那样的测量误差。所以，测量量表制定完成后，研究者必须回答诸如：该测量是否能准确反映所要研究对象的属性？如果使用多份性质相同的量表，被访者的回答是否会一致？如果重新再做一次调查，被访者的回答是否还会相同等问题，这些就需要评价量表的信度和效度。

一、测量的精度和误差

理想的市场调查能够提供精确、清晰、及时的数据。正确的数据来源于正确的测量。在市场调查中，测量值等于实际值是极少见的，或者说根本不可能存在。任何测量结果都可以表达为由以下几个组成部分构成的

$$X_O = X_T + X_R + X_S \tag{7-1}$$

观察值 X_O 和实际值 X_T 之间的差距称为误差，误差包括系统误差 X_S 和随机误差 X_R。系统误差 X_S 是一种偏差，代表影响观察值的稳定性因素，每次都以相同的方式影响观察值。随机误差 X_R 不稳定，代表影响观察值的偶然性因素，表现为在对同一对象或同一个人进行反复测量或同等测量时结果前后不一致。误差的大小反映了测量精度的高低。系统误差和随机误差之间的区别对理解信度和效度的概念是很重要的。一个良好的测量工具（量表）应具有足够的信度和效度。

二、信度

（一）信度的概念及类型

信度（Reliability）即可靠性，它指的是采取同样的方法对同一对象重复进行测量时，其所得结果相一致的程度。换句话说，信度是指测量结果的一致性和稳定性，即测量工具能否稳定地测量所测的事物或变量。

例如，用同一台磅秤去称某一物体的重量，如果称了几次都得到相同的结果，则可以说这台磅秤的信度很高；反之则可以说它的信度很低，或者说这一测量工具是不可信的。

系统误差对信度没什么影响，因为系统误差总是以相同的方式影响测量值。随机误差可能导致不一致性，从而影响信度。因此，信度可以定义为在测量中避免随机误差，提供前后一致的数据的程度。随机误差 X_R 越小，信度越高，如果随机误差 $X_R=0$，就认为测量是完全可信的，信度最高。

大部分信度指标都以相关系数 r 来表示，具体的类型主要有以下三种。

1. 再测信度（Test-Retest Reliability）

对同一群对象采用同一种测量，在不同的时间点先后测量两次，根据两次测量的结果计算出相关系数，这种相关系数就叫再测信度。这是一种最常用、最普遍的信度检查方法。使用这种方法时，两次测量所采用的方法、所使用的工具是完全一样的。

【例 7-4】　设计一套衡量高校教师科研水平的量表，以每位教师在测量中得分的高低来

判断其水平高低。为了评估这套量表的信度，先后两次对某高校 15 位教师实施测量，分别用 x_1 和 x_2 表示两次测量的分数变量，得分结果如表 7-5 所示。

表 7-5　再测信度计算表

调查对象	x_1	x_2	x_1^2	x_2^2	x_1x_2
1	16	16	256	256	256
2	15	15	225	225	225
3	13	16	169	256	208
4	13	14	169	196	182
5	13	12	169	144	156
6	11	11	121	121	121
7	10	13	100	169	130
8	10	12	100	144	120
9	10	10	100	100	100
10	9	11	81	121	99
11	9	11	81	121	99
12	8	9	64	81	72
13	8	10	64	100	80
14	7	8	49	64	56
15	6	7	36	49	42
$\sum$	158	175	1 784	2 147	1 946

根据表 7-5 的测量结果，可以对两次测量进行相关分析，计算两次测量的相关系数：

$$r=\frac{n\sum x_{1i}x_{2i}-\sum x_{1i}\sum x_{2i}}{\sqrt{n\sum x_{1i}^2-(\sum x_{1i})^2}\cdot\sqrt{n\sum x_{2i}^2-(\sum x_{2i})^2}}=0.914\ 2$$

两次测量的相关系数为 0.914 2，说明两次测量相关性较高，因此，该量表的信度也较高。

再测信度的理论依据是：如果随机误差存在，那么可以通过两次测量中得分的变化显示出来。这样就可以用两次测量结果间的相关分析或差异的显著性检验方法评价测量工具信度的高低。结果越是相关，差异越不显著，则信度越高。

再测信度的缺点：第一，结果与时间间隔关系密切。在其他条件相同的情况下，测量时间间隔越长，信度越低。第二，最初的测量可能会改变被测特征。如测量人们对低脂肪食品的态度可能会使他们更关心健康问题，从而对低脂肪食品持更肯定的态度。第三，实施重复测量有时是不可能的。例如，测量消费者对某种新产品的反映。第四，第一次测量的答案可能会对以后测量有影响，被调查者可能会试图回忆第一次测试时给出的答案。第五，安排和取得被调查者第二次测量的合作非常困难。第六，再测信度的相关系数可能会因被调查题目自身之间的相关而偏高，因为两次测量中，同一题目自身之间的相关性要比不同题目间的高。

2. 复本信度(Parallel-Forms Reliability)

再测信度中的问题可以通过创造测量工具的等价形式来避免。用两个形式不同等价量表,对同一组被调查者在不同的时间进行测量,两次测量结果间的相关性可以用来评价量表的信度,这就是复本信度或等值信度。

复本信度与再测信度的理论依据是一致的,两者的主要区别在于测量工具本身。再测信度使用同一测量工具,复本信度使用一对高度相关但不同的测量工具。

比如,学校考试时的 A、B 卷就是这种复本的一个近似的例子。在市场调查中,我们可以设计两份调查问卷,每份使用不同的项目,但都用来测量同一个概念和事物,对同一群对象同时使用这两份问卷进行测量,然后根据两份问卷所得的分数计算其复本信度。

使用复本信度方法的要求是:所使用的复本必须是真正的复本,即二者在形式上、内容上都应该完全一致。而其存在的主要问题是:第一,设计两份完全等价的测量工具相当困难,甚至可以说是不可能的。严格意义上讲,两个量表的测量题目应具有相同的均值、方差和相关性,但即使这些条件都满足了,还是有可能出现内容不等价的情况。低度相关可能是由量表的信度不够造成的,也可能是由于量表形式不等价而造成的。第二,即使可以得到两份等价的测量工具,从它的难度、时间和投入的费用方面考虑也是不值得的。

3. 折半信度(Validity)

将研究对象在一次测量中所得的结果,按测量项目的单双号分为两组,计算这两组之间的相关系数,这种相关系数就叫作折半信度。如果这两半相关系数高,则说明量表内在一致性高。量表的题目可按序号的奇、偶分为两半,也可以随机地折半。

比如一个态度测量包括 30 个项目,若采用折半法技术来了解其内在一致性,则可以将这 30 个项目分为相等的两部分,再求其相关系数。通常,研究者为了采用折半信度来检验测量的一致性,需要在他的测量表中增加一倍的测量项目。这些项目与前半部分的项目在内容上是重复的,只是表面形式不同而已。如果被调查者在前后两部分项目上的得分之间高度相关,则可以认为这次测量是可信的。这种方法与复本信度的情况类似,它要求前后两个部分的项目的确是在测量同一事物或概念。

由于测量的题目越多,所估计的信度值会越高,因此,采用折半信度必须以斯布(Spearman-Brown)校正公式校正被低估的信度值。

斯布校正公式可以表述为:

$$r_{XX}=\frac{n\times r_{AA}}{1+(n-1)\times r_{AA}} \tag{7-2}$$

式中　n ——测量工具长度增长或缩短的倍数;

r_{XX} ——测量工具增长或缩短后的信度;

r_{AA} ——测量工具原本的信度。

在应用斯布公式时,若测量增加题目,则 $n>1$;若测量减少题目,则 $n<1$。由斯布公式可推导出公式(7-3),即

$$n=\frac{r_{XX}(1-r_{AA})}{r_{AA}(1-r_{XX})} \tag{7-3}$$

通过公式(7-3),可以确定在一个测量题目较少且信度较低的测量中需要增加多少题目

才能使其信度增加到期望的数值。例如,一个有 20 个题目的测量,其信度为 0.75,若要使其信度增加到 0.9,则测量题数增加的倍数为

$$r=\frac{0.9\cdot(1-0.75)}{0.75\cdot(1-0.9)}=3$$

为满足要求,需要把测量题数增加到原来的 3 倍,即需在原测量中再增加 40 个题目。同样,题目过长,要缩减到适当的数量,又不至于对信度有较大损失,也可以应用公式 7-3。

(二) 影响信度的因素

在实际工作中,信度会受到许多因素的影响,因此,在解释测量信度时,应了解各种可能影响因素,以免对测量的信度做不正确的解释。影响信度的因素主要包括以下三种。

(1) 测量题目数量。测量题目数量越多,信度越高(可利用斯布公式证明)。因为测量题目越多,则测量内容的代表性就越高,增加了估计真实分数的准确性,因此,信度也就越高。

(2) 样本的异同性。样本的异质性越高,则信度也越高;反之,样本的同质性越高,信度越低。这是因为在误差分数的方差不变的条件下,测量分数的方差越大,显示样本的异质性越高,则信度系数越高,可利用公式 7-4 证明。

$$r=1-S_e^2/S_T^2 \tag{7-4}$$

式中 r——测量的信度系数;

S_e^2——测量误差;

S_T^2——测量总得分的方差。

(3) 测量难度。如果测量题目的难度过难或过于简单,则分数会集中在较低或较高的区间,使得分数间的方差变小,造成信度降低。因此,一般情况下,要提高测量信度,则题目难易程度应适中,使测试分数的全距扩大,即方差增加。

三、效度

测量的效度(Validity)也称作测量的有效度或准确度。它是指测量工具或测量手段能够准确测出所要测量的变量的程度,或者说能够准确、真实地度量事物属性的程度。可以说效度指的是测量标准或所用的指标能够如实反映某一概念真正含义的程度。当一项测量所测的正是它所希望测量的事物时,我们就说这一测量具有效度,或者说它是一项有效地测量。反之,则称为无效的测量或者测量不具有效度。

比如我们打算测量某个样本中的大学生的智商分布。我们采用一份标准的智商测量表对他们进行测验,并用他们每个人在测验中所得的分数来表示他们的智商,那么,这一测量是有效的。但是,如果我们采用的是一份英文的智商测验量表,那么,当我们同样用所得到的分数来表示他们的智商时,我们的测量就不具有效度。因为此时我们所测量的并不是大学生们的智商,而是他们的英文水平了。

测量的效度具有三种不同的类型,即表面效度、准则效度和构造效度,它们分别从不同的方面反映测量的准确程度。

1. 表面效度(Face Validity)

表面效度也称为内容效度或逻辑效度,指的是测量内容或测量指标与测量目标之间的适

合性和逻辑相符性。也可以说是指测量所选择的项目是否“看起来”符合测量目的和要求。评价一种测量是否具有表面效度，首先必须知道所测量的概念是如何定义的；其次需要知道这种测量所收集的信息是否和该概念密切相关，然后评价者才能尽其判断能力之所及，做出这一测量是否具有表面效度的结论。比如用问卷去测量人们的消费观念，那么，首先要弄清“消费观念”的定义，然后看问卷中的问题是否都与人们消费观念有关。如果问卷中的问题明显是有关其他方面的，则这种测量就不具有表面效度。如果发现问卷中的问题所涉及的都是有关消费观念方面的内容，而看不出它们是在测量与消费观念无关的其他观念时，则可以说这一测量具有表面效度。

【例 7-5】 麦当劳委托你测量年龄在 18～30 岁之间、每月至少吃一次汉堡包的成年人对公司的印象。你设计下面的量表并要求顾客对其打分：

现代化的建筑	5	4	3	2	1	老式的建筑
环境漂亮	5	4	3	2	1	环境差
停车场清洁	5	4	3	2	1	停车场肮脏
标志有吸引力	5	4	3	2	1	标志没有吸引力

一位麦当劳的执行经理可能很快就提到有关量表的问题：从来不吃汉堡包的人只要经过麦当劳的店门，就能够对这些做出评价。经理人员可能进一步意识到，这份量表不具备表面效度，因为许多重要因素，如食品质量、休息室和进餐室的清洁卫生及服务的快速和礼貌等，都没有被测量。

表面效度最终是一种评判性行为，调查者可以通过下列步骤来判断内容的有效性：①对所要测量的概念、对象进行仔细和准确的界定；②竭力收集相关的文献资料及举行小组访谈，尽量列举可能包括的内容；③召开专家座谈会，研讨量表中应包括哪些内容；④对量表进行预先测试，也可以通过开放式提问来了解可能包括在内的其他内容。

2. 准则效度(Criterion Validity)

准则效度又称实证效度或共变效度，指的是使用同一种不同以往的测量方式或指标对同一事物或变量进行测量时，将原有的一种测量方式或指标作为准则，用新的方式或指标所得到的测量结果与原有准则的测量结果做比较，如果新的测量方式或指标与原有的作为准则的测量方式或指标具有相同的结果，那么，我们就说这种新的测量方式或指标具有准则效度。

准则效度的实质是要检验测量分数与准则变量之间的相关性和一致性。准则变量是检验效度的参照标准，通常以测量分数来表示。准则变量可以是人文学和心理学特征、态度和行为以及从其他量表得到的数据。在选择准则时，应根据测量的实际目的谨慎选择。如果选择的准则本身都缺乏效度，它也就不能用以评估测量的效度。

根据时间跨度的不同，准则效度可分为同时效度和预测效度。

(1) 同时效度。当测量工具的测量数据和准则变量的值被同时收集时，可使用同时效度。比如，如果一个测量消费者对彩电态度的量表能够正确估计出市场上高、中、低收入的家庭分别拥有彩电的数目和比例，则它就具有同时效度。同时效度通常与心理特征的评估与诊断有关，大多数心理测量手册上提供的效度资料都属于同时效度。

(2) 预测效度。当测量工具的测量数据收集在先，过一段时间之后才收集准则变量值时，可使用预测效度。例如，测量消费者对彩电态度的量表如果能正确地预测出明年消费者购买彩电的行为，就具有预测效度。调查人员可以在第二年收集有关实际购买的数据，和量表测量结果进行比较，用来评价量表的预测效度。

一般可以根据效度系数来确定准则效度。效度系数是测量分数和准则变量间的相关系数，可以通过以下三种方法计算。

(1) 积差法。它是计算准则效度最常用的方法，公式参见再测信度中的相关系数计算公式。

(2) 等级相关法。等级相关法适用于两次测量的评分均使用等级尺度，或一个测量评分使用等比尺度，另一个评分使用等级尺度，其计算公式为

$$r=\frac{6\sum d_i^2}{n(n^2-1)}$$

式中 n ——等级的项数；

$\sum d_i^2$ ——两个评量等级差异的平方和。

等级相关法多用于调查对象较少的情况。

(3) 二列相关法。当 x，y 两个正态变量中有一个变量由于某种原因被人为地分为两个类别（如学生成绩被分为及格和不及格），而另一个变量仍为连续变量时，应计算二列相关系数，其计算公式为

$$r_b=\frac{\bar{x}_p-\bar{x}_q}{s_t}\times\frac{p\cdot q}{b}$$

式中 r_b ——列相关系数；

p ——人为地分成两类，如“通过”与“未通过”变量中，“通过”所占的比率；

$\bar{x}_p$ —— p 部分 x 数列的平均数；

$\bar{x}_q$ —— q 部分 x 数列的平均数；

b —— x 的正态曲线中 p 部分的纵轴最高值；

s_t ——标准差。

3. 架构效度(Construct Validity)

架构效度是指测量是否真正体现最初的理论架构以及体现程度。架构效度最关心的问题是：量表实际测量的是哪些特征？在评价架构效度时，调查人员要试图解释“量表为什么有效”这一理论问题以及考虑从这一理论问题中能得出什么推论。架构效度要求对每个特征的测量背后有足够的理论支持，并且这些被测量的特征之间应该有合理的关系。例如，某一智力测量的架构效度是指受测试学生所表现出的解题作答行为是否被解释为智力行为。如果智力测量的分数可以被解释为智力行为，则该测量的架构效度就高。如果测量的分数只能解释成学习成就（虽与智力有关，但非智力本身），则其表面效度可能很高，但架构效度并不高。因此，智力测量的架构效度越高，其评定智力的能力也越高。

对于营销理论人员来讲，架构效度是非常重要的。我们可以直接观测到购买行为，如某人是否购买 A 品牌；而营销理论工作者则着力开发一些架构，如生活方式、参与度、态度等，帮助我们理解消费者为什么购买某些产品或为什么不买。

评估架构效度有收敛效度和区别效度两种统计方法：收敛效度是指用来测量同一架构的不同测量工具之间的相关程度。区别效度是指利用相同的测量方法测定不同的特征或概念，

区别不同特征或概念的程度，即不同特征或概念间应是低度相关。

假设设计一个多项量表来测量在折扣商店的购物倾向。理论上认为，这种购买倾向由4种个性变量引起：高度的自信、低地位需求、低特色需求及高水平的适应性。而且，理论上还认为，在折扣商店的购物倾向与品牌忠诚度或高度的争强好胜不存在相关性。

如果量表具有以下特征，则表明存在架构效度：一是与在折扣商店购买倾向的其他测量结果高度相关，如经常光顾的商店和社会阶层（收敛效度）；二是与非相关的品牌忠诚度架构和高度的争强好胜之间存在低度相关性（区别效度）。

需要特别注意的是，测量的效度与信度都是一种相对量，而不是一种绝对量，即它们都是一种"程度事物"。对于同一种对象，人们常常会采用各种不同的测量方法和各种不同测量指标。也许这些方法和指标都没有错，但它们相互之间一定会在效度与信度这两方面存在程度上的差别。我们对它们进行评价和选择的标准是：越是在准确性和一致性上程度更高的方法和指标，就越是好的测量方法，就越是高质量的测量指标。

四、信度和效度的关系

信度和效度的关系可以用前面讨论的测量值的构成公式 $X_O=X_T+X_R+X_S$ 来理解。如果测量是有效的，即 $X_O=X_T$、$X_S=0$、$X_R=0$，此时测量必然是可信的。但如果测量是可信的，此时测量却不一定是有效的，因为两次测量结果一致并不能代表此结果就是测量对象的真实属性。因此，信度是效度的必要条件，但不是充分条件。

第三节　态度测量的方法

量表作为一种测量工具，它试图确定主观的、有时是抽象的定量化测量程序，即用数字来代表测量对象的某一特性，从而对测量对象的不同特性以多个不同的数字来表示的过程。根据要测量的概念或对象的复杂性和不确定性，量表既表现为四种不同的测量水平，又有一维量表与多维量表之分。

知识链接

测量量表的两类维度

量表除了考虑不同的测量水平外，还应考虑对于应答者或物体测量的维度。按测量维度区分，测量量表可以分为一维量表和多维量表。

一维量表用于测量应答者或物体的单一特性。例如，可以设计一种量表来测量消费者对价格的敏感性。虽然可能会设计好几个条款来测量它，但这些条款都可以结合为单一的测量，并把所有消费者一起放在一条称为价格敏感程度的线谱上。

多维量表是指某一概念或客体需要用多个维度来描述。例如，美洲虎汽车通过富裕程度、价格敏感性、对汽车的欣赏水平等三个方面来测量其目标消费者的特性。又如，快速比萨店则可能需要从食品的整体质量、菜单项目的多样性、雇员的服务态度、物有所值及服务速度等几方面属性对顾客满意度进行测量。

一维量表是多维量表的基础，多维量表是一维量表的集成。

一、态度测量方法的种类

态度测量的方法可以分为两大类：

(1) 直接量表。由调查人员用直接量表对被调查者的态度直接进行测量。这是一种最常见和常用的方法，通常由调查人员将有关态度的询问问题或语句，直接询问被测量者，并由后者自己测量其态度并选择答案。这种方法所使用的量表，统称为直接量表。

(2) 间接量表。由调查人员通过其他标准对被调查者反映的态度进行评定。这是在做有关态度询问时，由被调查者自己决定询问语句，然后由调查人员来进行评定的态度。这种方法所使用的量表，统称为间接量表。

直接量表是态度测量的方法，间接量表是态度评定的方法。

二、几种主要的直接量表

1. 评比量表

评比量表是市场调查中最常用的一种顺序量表，它是调查者在问卷中事先拟定有关问题答案的量表。在问卷中，调查人员根据被调查者的可能态度，拟定有关问题的答案，量表的两端是极端答案，中点是中性答案，并且每个答案都事先给定一个分数。这种量表就是评比量表。评比量表的设计依据：人们对某种事物的态度可能十分复杂，但总是处在两种极端态度之间，以两种极端态度为极限，在中间划分若干不同的等级，便可以判定人们态度的位置，从而把态度问题数量化。评比量表有以下几种形式：

(1)

很不喜欢	不喜欢	稍不喜欢	无所谓	稍喜欢	喜欢	很喜欢
1	2	3	4	5	6	7

(2)

完全不重要	不很重要	不重要	无所谓	重要	很重要	非常重要
−3	−2	−1	0	1	2	3

(3)

在平均之下	在平均之上	稍佳	甚佳	最佳之一	最佳
□□	□□	□□	□□	□□	□□

(4)

是	是	是	否	否	否

可以看出，评比量表中的第一、第二种量表的不同态度答案的分数已经标明，而且分数的设计有两种方法：一种按自然数列设计，最不利的态度给 1 分，其次给 2 分，其余的类推，最有利态度得最高分，最高分的分数就等于所列答案的个数。一般地，量表设计了几个答案，也即最高分为几分，就称为几分制量表。如上述第一种量表为七分制量表。另一种是中性态度给零分，有利态度分值为正，不利态度分值为负，且相互对称设计，分数的总分为零。如上述第二种量表。这两种方式中，前一种优点是顺序清楚，后一种优点是便于被调查者判断，以免弄错答案。无论分数怎样设计，在调查资料汇总时，都可以计算总分和平均数，以平均分数作为被调查者的平均态度值。此外，还可以计算不同态度分数的百分比，以供比较。

第三种量表主要用于同类产品的比较，它的效率较高，因为整个量表的有利态度答案较多，在测量被调查者态度是否倾向有利时，比其他量表更实用。

第四种量表是利用答案字体的大小来代表态度的强度。

评比量表的优点在于问句容易制作并且使用简单。但缺点在于不知道被调查者在评价时他自己使用的评价标准是什么。较保守的被调查者可能认为 80 分已经相当不错了，而对于那些比较开明的人来说，稍许好一点就可以给 90 分以上。因而，可能会带来一些误差。

2. 等级量表

评比量表是一种绝对值的评价方法，被调查者根据自己主观认识，对某一因素做出评价，量表中没有提供其他可供比较的因素。而等级量表是一种相对值的评价方法，它指的是调查人员向被调查者列举若干个不同因素，被调查者根据对这些因素的不同认识划分出等级的一种量表方式。因此，它的等级的确定，是相对于列举出的其他因素而言的。在调查消费者对一些品牌偏好时，可采用这一方法。

【例 7-6】 下列四种牌号的洗衣粉，请按您喜爱的程度分别给予适当分数(顺序由 1～4)：

汰渍____________　　　　　　碧浪____________

白猫____________　　　　　　奥妙____________

等级量表也是使用广泛的一种态度测量技术，这种题目容易设计，受测者也比较容易掌握回答的方法。等级量表强迫受测者在一定数目的评价对象中做出比较和选择，从而得到对象间相对性和相互关系的测量数据。

等级量表最大的缺点在于只能得到顺序数据，不能对各等级间的差距进行测量，同时卡片上列举对象的顺序也有可能带来所谓的顺序误差。此外，用于排序的对象个数也不能太多，一般要少于 10 个，否则很容易出现错误、遗漏。而且，从心理学角度来说，对象个数越多，受测者越难以分辨对各对象偏好程度的差别。诸如只对两三个对象有明显偏好，其他都差不多的情况，在实际研究中是经常发生的。在这种情况下就必须借助其他间接的评价方法。

3. 平衡与非平衡量表

所谓平衡量表是指有利态度的答案数目与不利态度的答案数目相等。非平衡量表是指有利的答案数目与不利的答案数目不相等的量表。在评比量表中的第三种量表就是一个非平衡量表。例如，在平衡量表设计中，答案为评比量表中的第二种，若改成非平衡量表设计则为：

不重要　　无所谓　　重要　　很重要　　最重要

采用平衡量表，回答的答案有均匀分布的可能性，而非平衡量表，一般是有利态度答案较多，就有可能使调查结果倾向有利方向，从而出现偏差。但是，如果调查之前已经掌握调查结果有可能在有利态度方面时，采用非平衡量表可以减少答案的分布，简化调查，又可以使有利态度的答案设计更精确，调查结果更准确。

4. 强迫性与非强迫性量表

强迫性量表是指市场调查人员对某一问题列出若干答案，无论被调查者选择哪一种答案，都迫使他们明确表示自己的看法。

【例 7-7】 强迫性与非强迫性量表。

东方航空公司与其他航空公司相比较，你认为：

a. 较其他公司好　　b. 差不多　　c. 较其他公司差

这样，被调查者无论选择哪个答案，都必须明确地表示自己的看法。而事实上，极有可能他对调查的对象并不全部了解，若是迫使他选择一个答案，势必造成误差，而使用非强迫性量表则可避免以上缺点。非强迫性量表就是指在调查人员列出的若干答案中，有一个是允许被调查者不表明自己态度的。

在上例中，调查人员再加上第四种答案：d.很难说，就使强迫性量表变成了非强迫性量表。这就是，东方航空公司与其他航空公司比较，你认为：

a. 较其他公司好　　b. 差不多　　c. 较其他公司差　　d. 很难说

（a～c：强迫性量表；a～d：非强迫性量表）

5. 固定总数量表

固定总数量表常用于不同商标产品的比较以调查消费者对品牌的偏好，也可以用于对于同一问题的不同因素之间重要性程度的比较。在此量表中，调查人员列出若干答案，被调查者根据自己的认识程度给每个答案评分，不管分数如何分配，各答案分数的总和必须是一个固定数值。

【例 7-8】 请您"根据好吃的程度，将 100 分分配给 A、B 两个牌子的冰激凌。"

(1) A 牌冰激凌(70)　　(2) B 牌冰激凌(30)

【例 7-9】 在选购西服时，您认为下列三个因素的重要程度如何？请按照您所认为的重要性程度将 100 分分配给 A、B、C 三个因素。

A. 式样(20)　　B. 价格(30)　　C. 牌子(50)

在例 7-8 中，通常只要调查 30～50 个样本，即可表现出稳定的数值，统计分析的方式就是将所有样本对 A 牌号的打分加总，然后与 B 牌号的得分比较，所得比率就是 A 牌比 B 牌好吃的程度。当涉及三个或者三个以上牌子或影响因素的比较时，统计分析时应以得分最低的牌子(或因素)的得分为基数，将其他各个牌子(或因素)的得分与基数相比，所得的一系列比率就是量表值。

【例 7-10】 固定总数量表用于两种牌号偏好比较的测量工具。比如：

(1) 牌号甲(70)、牌号乙(30)　　(2) 牌号乙(60)、牌号丙(40)

(3) 牌号甲(80)、牌号丙(20)

应用固定总数量表，便于汇总计算对比百分率。而且，按分数高低排列，也可形成一个顺序量表。

6. 语义差别量表

语义差别量表是美国伊利诺伊大学奥斯古德(C.E. Osgood)1957 年发展出来的态度测量方法。实际上，此方法也是测定商品、品牌、公司形象、企业标准字及标准色等印象的方法。

语义差别量表用成对反义形容词测试回答者对某一项目的态度，通常是一个 7 级评分量表，两端由极端的词语构成。具体来说，语意差别量表是同时列出若干子量表，每一子量表的两端是极端态度，中间为中性态度，被调查者在每一子量表上都选择一个答案，然后将答案汇总，以判断被调查者态度。从某种意义上说，它又是评比量表的集合使用。

【例 7-11】 某汽车公司想了解潜在购买者对该公司牌号(甲)与其他两个竞争牌号(乙、丙)的态度，采用语意差别量表来进行调查，如图 7-2 所示。

将各汽车牌号在各个子量表中的得分连接，可看出该被调查者对各牌号汽车的认识程度。汇总所有的调查表中各牌号汽车的得分，那么，在潜在购买者心目中的差别，在语意差别量表上即可清楚地表示出来，另外，也可以计算不同项目的总分和平均分，以进行比较。

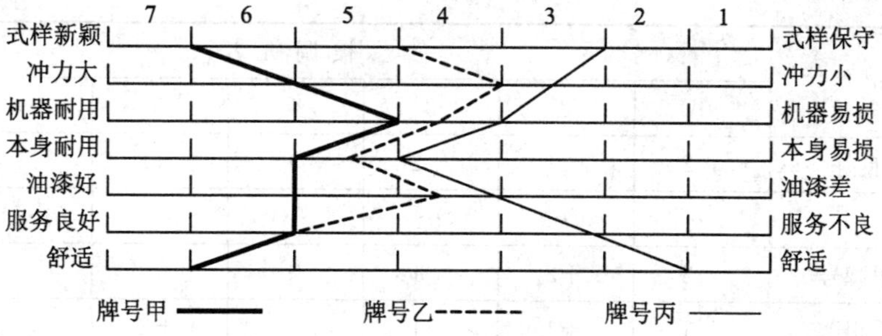

图 7-2　语义差别量表

由于功能的多样性，语意差别量表被广泛地用于市场研究，用于比较不同品牌商品和厂商的形象，以及帮助制定广告战略、促销战略和新产品开发计划等。

7. Q 分类法

如果调查人员要把研究的客体如被调查者、品牌服务等进行分类，以便更明确地了解各类客体的特点和需求时，可采用 Q 分类法。Q 分类法的步骤是：

(1) 拟订 50 句至 100 句有价值判断的语句，由有利态度到不利态度顺序排列。

(2) 制定一个奇数的是否同意量表，可以是 5 分制或 7 分制。以 5 分制为例：

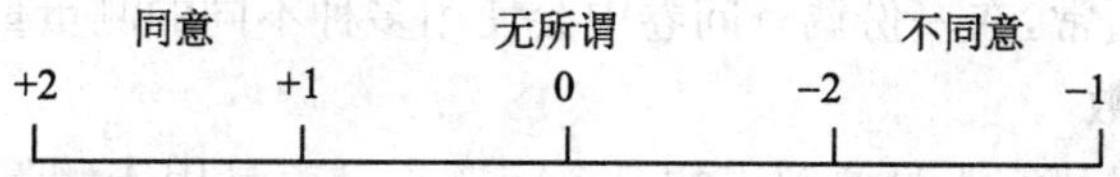

凡同意的语句，视同意的程度，可供＋1 分或＋2 分；不同意的语句，也视不同意的程度，可给－1 分或－2 分；无所谓的语句，给 0 分。

(3) 每个分数位置上的语句数目分配应该是正态分布的，比如共有 50 条语句，其分配为：

量表：	＋2	＋1	0	－1	－2
语句数目：	7	10	16	10	7

被调查者必须按照上面规定的语句数目的要求来分配各类语句。

假设某次调查共拟订 50 条语句，被调查者 100 人，用 Q 分类法，其结果如表 7-6 所示。

根据表 7-6 所列的各被调查者的态度经 Q 分类法处理后的资料，被调查者可分为三类：第一类：对甲牌号有良好印象的，如被调查者 1 和 3；第二类：对甲牌号持中性态度的，如被调查者 4 和 100；第三类：对甲牌号有不良印象的，如被调查者 2 和 5。

经过 Q 分类后，被调查者的各种态度可以被分成少数的几类。而大多数情况下，因为调查人员在事先或调查中对被调查者的经济能力、社会背景等都有所了解。因此，可对每一类被调查者联系其背景资料进行分析，以更好地了解这一类型被调查者的特点和要求。

表 7-6　Q 分类法调查结果表

语　句	被调查者						
	1	2	3	4	5	…	100
1. 我最喜欢用甲牌号	＋2	－1	＋2	0	－1		0
2. 我总是买甲牌号	＋1	－2	＋1	0	－2		0

（续表）

语　　句	被调查者						
	1	2	3	4	5	…	100
3. 甲牌号品质良好	+2	−1	+2	0	−1		0
…	…	…	…	…	…	…	…
48. 我不喜欢甲牌号	−2	+2	−1	0	+2		0
49. 甲牌号品质很差	−1	+1	−1	0	+2		0
50. 我不会用甲牌号	−2	+2	−2	0	+2		0

三、量级层次的选择

量表制作与测量的难易程度是研究人员选择的重要因素。绝大多数研究人员都倾向于使用制作简单，而且测量操作也非常容易的量表。所以在实践中，制作相对容易的评比量表、等级量表、固定量表和赖克梯量表经常被使用，而制作过程冗长复杂的沙氏通量表（第四节介绍）已很少被使用。语意差别量表的制作和开发比较复杂，但是此量表用于特定问题的测量效果非常好，所以使用的场合比较多。究竟采用哪种量表，原则上还是取决于所需要解决的问题和想要知道的答案。通常，在一份调查问卷中会使用多种不同的测量量表。

1. 量级层次的个数

量级层次的个数是研究人员要解决的一个问题。量表是用于测量态度、感觉或动机等的倾向程度，如果层次个数太少，比如只有同意、无所谓、不同意三个层次，那么量表就过于粗略而不够全面，答案的结果不够准确。但量级层次过多，又可能超出了人们的分辨能力。研究表明，评比量表、赖克梯量表等基本上以5～9层为宜。一般地，4～8层次是最易于接受的，其中，5个层次的量表使用得最多。

2. 量级层次的奇数与偶数

用奇数个量级层次还是用偶数个量级层次也是没有理想答案的。偶数个量级的量表意味着没有中间答案，受访者就会被迫选择一个正向或负向答案，但那些确实持有中立意见的人就无法表达他们的观点。而奇数个量级层次通常有一个中间性位置，对无法表达他们感觉的被调查者可能会作中间选择。其缺点在于对那些没有特别偏好的人来说，他们只会选中间位置，从而使得调查者难以区分不同的被调查者类型。

3. 量级层次的适应性

单个问题调查中，量级层次与问题的适应性似乎不存在太大的难度，但当一系列陈述语句组合在一起而使用同样的量级层次时，就有可能出现问题。

【例7-12】 量级层次的适应性问题。

	平均以上	平均以下	平均
您认为我店销售员的服务质量在	______	______	______
您认为我店的营业时间在	______	______	______

在这里，设立的量级层次对于服务质量的判断是可行的，但对于营业时间来说就有点牵强了。因此，在组合式问句里，适应性问题就显得十分重要。

第四节 态度评定的方法

在态度测量方法中所分析的各种方法，其问句、答案及其分值都是调查人员根据自己的认识制定的，而且各个答案的分值也是调查人员主观决定的，被调查者总是被动地选择答案。很多时候，被调查者对答案或问句的理解与调查人员有误差甚至截然不同，因而就不可避免地产生误差。那么，如何准确地设问和制定答案以及对各个答案所代表的分值究竟多大，就必须运用态度评定的方法，即询问的问句或答案的选择是由评定者或被调查者决定的。通常，态度评定的方法又称间接量表，主要有沙斯通量表（Thurston Scales）、赖克梯量表（Likert Scales）和哥提曼量表（Gutlman Scales）三种。

一、沙斯通量表

1929 年，沙斯通将精神物理的测定法应用于测定社会态度。根据沙斯通的构想，人类对社会的态度虽然极为复杂，但在某一事物的一种极端到另一个极端之间，决定每个人态度的位置是一件可能的事。沙斯通量表的建立步骤是：

（1）由调查人员拟订可能的有关态度调查的语句，如调查电视观众对商业广告的态度，可用这些语句：

a. 大多数的商业广告都很单调；　　b. 大多数的商业广告都很有趣；

c. 商业广告能帮助消费者选购最佳的商品；　　d. 看商业广告完全浪费时间；

……

（2）选择若干名评定员，一般在 20 名到 50 名左右，将上述的语句，按照正负态度分别列入 11 个组内，这 11 个组可以是依负态度的极端向正态度的极端的次序排，中间的第六组为中立态度。当然，每个评定员对各语句的态度认识是不一样的，比如某评定员认为第一句语句是负态度最极端的，就将它列入第一组，其他评定员也可能将它列入第二、第三组内。而事实上，所有语句都可以分为 3 类，即正态度、中性态度和负态度或者是有利态度、中立态度和不利态度。有利态度的语句一般不可能列入表示不利态度的组别内。同样，负态度的语句也不可能列入表示正态度的组别内。

（3）所有评定员将语句分组后，即可根据各语句在各组内的分配状况，计算其平均数或中位数。以第二句语句为例，假设它的分配状况如表 7-7（评定员为 50 人，各组的号数即代表各组的分值）所示。

表 7-7　评定结果计算表

X	f	fX	$(X-\bar{X})$	$(X-\bar{X})^2$	$f(X-\bar{X})^2$
1	0	0	−8.3	68.89	0
2	0	0	−7.3	53.29	0
3	0	0	−6.3	39.69	0
4	0	0	−5.3	28.09	0
5	0	0	−4.3	18.49	0

（续表）

X	f	fX	$(X-\bar{X})$	$(X-\bar{X})^2$	$f(X-\bar{X})^2$
6	2	12	−3.3	10.89	21.78
7	2	14	−2.3	5.29	10.58
8	10	80	−1.3	1.29	16.90
9	11	99	−0.3	0.09	0.99
10	15	150	0.7	0.49	7.35
11	10	110	1.7	2.89	28.90
$\sum$	50	465	—	—	86.50

平均数为 $$\bar{X}=\frac{\sum fX}{n}=\frac{465}{50}=9.3$$

标准差为 $$\sigma=\sqrt{\frac{\sum f(X-\bar{X})^2}{\sum f}}=\sqrt{\frac{86.50}{50}}=1.32$$

上面的 X 为各组的组号，同时也代表其分值。f 代表各评定员，n 代表评定员数。可知：第二句语句的平均数为 9.3，也就是它的分值，它的标准差是 1.32。标准差反映的是 50 名评定员对这一语句的态度的离中趋势或离势，如果他们的看法比较接近，离势就小，也就是标准差小。反之，标准差大。凡是标准差大的，就说明被调查者对该语句的看法会相差很大，也可能是该语句意思表达不清。这种语句显然应该在询问问卷中剔除，而尽可能采用标准差小的语句。

(4) 计算全部语句的平均数和标准差以后，制定每一语句的分值属于哪一组，然后，在每一组内选出两个标准差最小的语句以供作问卷。一般的，尽可能挑选接近以下分值：1.5、2.0、2.5、3.0、…、10.5、11 的语句，这样，就建立了一个等距量表，因此，沙斯通量表也称作等距量表。

在问卷的设计时，这些被选出的语句不一定要按分值大小来排定顺序，一般地，在问卷中甚至不将每个语句的分值列出。而只是在资料分析时才将被调查者的答案转化为分值。在调查中，只要求被调查者对每个语句表示同意或者不同意，同意就得分。最后将总得分除以语句总数，所得的平均值就是该被调查者对商业广告的态度值。当然，对于沙斯通量表来说，也存在一些不足之处，表现为：①该方法十分花费时间；②评定员的态度可能与被调查者的态度有差别；③选择不同的评定员会产生不同的态度量表。

二、赖克梯量表

赖克梯量表的特点是所拟订的语句有不同强度之分，也就是增加了对态度强度的评定。此方法不需要评定员，其评定结果比沙斯通量表相对要准确些。赖克梯量表的建立步骤如下：

(1) 拟订若干条正负态度语句，两者的数目不一定要相等。每条语句的答案可分为：十分同意、同意、未定、不同意、十分不同意五类。如果被调查者认为该语句是对的，也就是说他对该语句的态度是肯定的，他就可以从“十分同意”和“同意”两者中选一个；反之，如果他持不赞成态度，就应选“不同意”或“十分不同意”；假如是既不赞成也不反对，则选择“未定”。

(2) 对被调查者所选的答案，都给予一个分值，由于语句有正、负态度之分，它们的给分办法也有不同。对于正态度语句，给分的值应由十分同意到十分不同意递减，比如可以是 5、4、3、2、1 分布，也可以是 +2、+1、0、−1、−2 分布；负态度语句则反之，比如，由十分同意到十分不同意可以是 1、2、3、4、5 分布或 −2、−1、0、+1、+2 分布。

例如，某被调查者对 10 条语句的反应及分值的计算如表 7-8 所示。

表 7-8 赖克梯量表调查结构

语 句	十分同意	同 意	未 定	不 同 意	十分不同意	分 值
1(正)	—	√	—	—	—	4
2(正)	—	—	—	—	√	1
3(负)	—	√	—	—	—	2
4(正)	—	√	—	—	—	4
5(负)	—	—	√	—	—	3
6(正)	—	—	—	—	√	1
7(负)	√	—	—	—	—	1
8(正)	—	√	—	—	—	4
9(正)	—	√	—	—	—	4
10(负)	—	—	√	—	—	3
$\sum$						27

10 条语句的平均分值应该为 (50+10)/2=30，而该被调查者的总分为 27，也就是他的平均态度值为 27，稍低于平均值，那么，可以说他对这一问题的态度是稍倾向于否定的。如果被调查者的总分高于平均值，则他的态度倾向于肯定，分数越高，正态度就越高；总分越低，负态度也就越低。我们也可以从分值上看出态度强度来。

当然，还可以按被调查者评价的分值将他们分为三类：赞同的、中间的和反对的。对每一类型进行人口统计或其他样本特性方面的分析，从中发现同类被调查者存在哪些方面的共性。此外，赖克梯量表也可以进行语句的选择，具体的方法是：先将每位被调查者对每一语句所选的答案转化成分值，由于各人的看法不同，分值也有高低之别，将所有分值由高到低排列，再从最高和最低的两端起各抽取一定比例的分数组成高分组和低分组，各求平均数。两组平均数相差越大，就表明该语句辨别正负态度的能力越强；反之，则能力越弱。当然，我们要尽可能地选择辨别能力强的语句，也就是平均数差值大的语句。

三、哥提曼量表

哥提曼量表主要用于评定被调查者中持有利态度与不利态度的百分率，其分析步骤是：

(1) 在问卷中拟订若干语句，要求被调查者以“是”或“否”的标准回答。

(2) 根据被调查者的回答把所有被调查者汇列成表 7-9，对语句每答一个“是”可得 1 分。

表 7-9 哥提曼量表调查结果

被访者＼问句	1	2	3	4	5	6	7	8	分数
1	1	1	1	1	1	—	1	—	6
2	1	—	—	—	1	—	1	1	4
3	1	1	—	—	1	—	1	1	5
4	—	—	—	—	1	—	1	—	2
5	1	—	—	—	1	—	1	1	4
6	1	—	—	1	1	—	1	—	4
7	1	1	—	1	1	1	1	1	7
8	1	1	—	1	1	—	1	1	6
9	—	—	—	—	—	—	1	—	1
10	1	1	—	1	1	—	1	1	6
11	1	—	—	—	1	—	1	1	4

将表 7-9 的资料，首先依据各被访者所得分数的高低，重新排列次序，然后再按答案“是”的数目多少，将各问句从左至右顺序排列，得到重新整理的表格，如表 7-10 所示。

表 7-10 哥提曼量表整理后的调查结果

被访者＼问句	7	5	1	8	2	4	6	3	分数
7	1	1	1	1	1	1	1	—	7
10	1	1	1	1	1	1	—	—	6
8	1	1	1	1	1	1	—	—	6
1	1	1	1	—	1	1	—	1	6
3	1	1	1	1	1	—	—	—	5
5	1	1	1	1	—	—	—	—	4
2	1	1	1	1	—	—	—	—	4
11	1	1	1	1	—	—	—	—	4
6	1	1	1	—	—	1	—	—	4
4	1	1	—	—	—	—	—	—	2
9	1	—	—	—	—	—	—	—	1

经过以上的排列，所有的答案就构成了一个三角形态，哥提曼量表法就是利用这一三角形态来作为判断语句和量表的基础，凡是答案“是”落在三角形态以外的都当作是误差，也就是说，凡是有答案“是”落在三角形态以外的语句都认为是易被误解的语句，因而就不适宜作为整个量表的一个组成部分。研究人员再将这些准确性欠佳的语句剔除，重新整理一个三角形态。另外，还可以借助三角形态来评定量表所出现的误差是否能够被接受，通常采用系数 R 进行

$$R = 1 - 误差项目 /(语句数目 \times 被调查者人数)$$

以上例子的 R 系数为

$$R=1-2/(8\times 11)\approx 0.977$$

通常来说，系数 R 至少有 0.9，否则就表明量表设计欠准确，语句必须调整。

分析被调查者态度的强度以及持有利态度与不利态度的百分比。首先将被调查者所持的态度分为有利与不利两种，然后对答案资料进行划分，划分成不同的答案形态。通常，答案的形态有许多种，如 5 个语句所构成的答案形态最多可达 120 种，我们借助计算机的作用，选择最有代表性的 6 种，也可以是分布最密集的 6 种形态。然后，计算各类答案形态的态度强度分，强度分的计算可以按下列的方法来给分：

① 十分同意(给＋2 分)　② 同意(给＋1 分)　③ 未定(给 0 分)

④ 不同意　(给－1 分)　⑤ 十分不同意(给－2 分)

最高的态度强度分是＋10 分，最低的态度强度是－10 分。最后，按强度分的大小将各类答案形态从上至下排列成表，再计算被调查者的累积百分率，这就是“哥提曼量表”(见表 7-11)。

表 7-11　最后结果的哥提曼量表

被调查者型态	答案型态																									被调查者数目	各类型态度百分比%	累积百分比%	强度分数
	语句																												
	1	2	3	4	5	1	2	3	4	5	1	2	3	4	5	1	2	3	4	5	1	2	3	4	5				
A	×					×					×					×					×					40	20	20	＋10
B	×					×						×						×					×			30	15	35	＋5
C		×					×					×						×						×		20	10	45	＋2
D		×					×						×						×					×		40	20	65	0
E			×						×					×					×						×	30	15	80	－5
F					×					×					×					×					×	40	20	100	－10
总计																										200	100		

将各答案类型的强度分数取绝对值作为纵轴，以被调查者数目累积百分率作为横轴，绘制曲线图(见图 7-3)。

图 7-3 中的曲线在态度强度分是 0 分时，累积百分率在 65%，这里就是有利态度与不利态度的分界点，也可以认为，这一曲线图就代表了哥提曼量表。在这一例中，有 65%的应答者对该问题持有利态度，其余 35%则持不利态度。

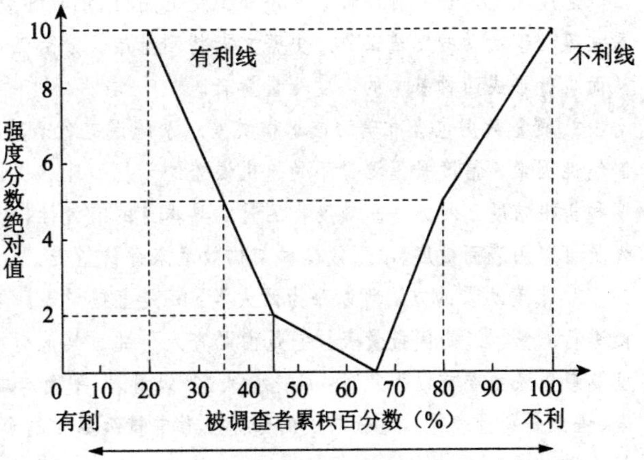

图 7-3　哥提曼量表曲线图

一般的，通过计算机作用还可以尽可能详细地列出答案型态，这样，曲线图就会更详尽地描绘出态度强度的分布情况。而从趋势上判断，哥提曼量表可有四种型态，如图 7-4 所示。

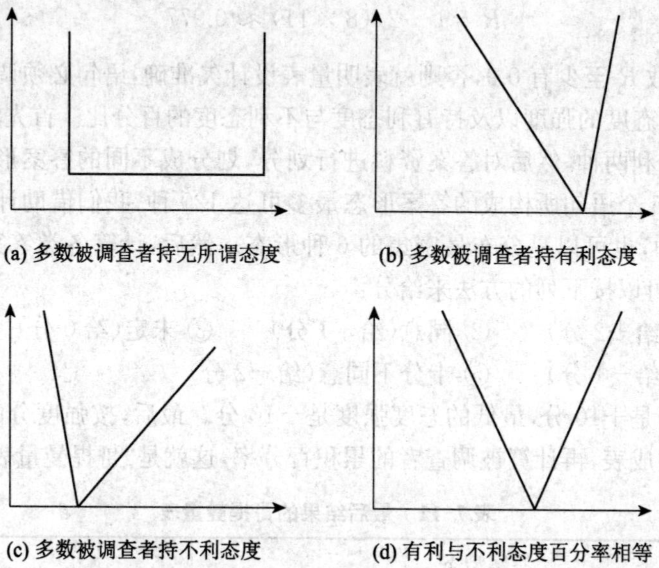

图 7-4　哥提曼量表的四种形态

小　结

1. 测量，就是根据一定的法则，将某种物体或现象所具有的属性或特征用数字或符号表现出来的过程。测量的主要作用，在于确定一个特定分析单位的特定属性的类别或水平。它不仅可以对事物的属性作定量的说明，同时，它也能对事物的属性作定性的说明。而研究者所进行的大部分测量都是这种定性的测量。

测量包含四个要素，即测量的客体、测量的内容、测量的法则、数字和符号。测量的程序包括：第一步，识别感兴趣的核心概念；第二步，制定理论架构；第三步，确定操作性定义；第四步，制定测量量表；第五步，评估测量量表；第六步，量表的整合应用。

态度测量就是调查人员根据被调查者的可能认识或认识态度就某一问题列出若干答案，设计态度测量表，再根据被调查者的选择来确定其认识或认识程度(态度)的行为和过程。

态度测量表是一种通过某些事先拟定的用语、记号和数目，来测定和分析被调查者的态度、意见、评价和看法等心理活动的度量工具。史蒂文斯将测量层次分为四种，即定类测量、定序测量、定距测量和定比测量，从而也就形成四种基本的态度测量量表。

2. 测量数据包含准确的信息和误差。系统误差代表观察值的稳定性因素；随机误差代表影响观察值的偶然性因素。信度是指测量不受随机误差的干扰而能够提供稳定数据的程度。评估信度有再测信度、复本信度和折半信度三种方法。效度指测量工具本身的有效性，是测量工具避免系统误差和随机误差的程度。调查人员可以用表面效度、准则效度和架构效度来评价量表。

3. 态度测量的方法可以分为两大类：一是直接量表。它是由调查人员用直接量表对被调查者的态度直接进行测量。二是间接量表。它是由调查人员通过其他标准对被调查者反映的态度进行评定。直接量表态度测量方法主要有以下几种：评比量表、等级量表、平衡与非平衡量表、强迫性与非强迫性量表、固定总数量表、语义差别量表等。量级层次的选择应考虑量级层次的个数、量级层次的奇数与偶数和量级层次的适应性等因素。

4. 态度评定的方法，即询问的问句或答案的选择是由评定者或被调查者决定的。它又称间接量表，主要有沙斯通量表、赖克梯量表和哥提曼量表三种。沙斯通量表的构想是指人类对社会的态度虽然极为复杂，但在某一事物的一种极端到另一个极端之间，决定每个人态度的位置是一件可能的事。赖克梯量表的特点是所拟定的语句有不同强度之分，也就是增加了对态度强度的评定。哥提曼量表主要用于评定被调查者中持有利态度与不利态度的百分率。

习 题

一、名词解释

1. 测量 2. 态度测量 3. 态度测量量表 4. 信度 5. 复本信度 6. 效度

二、填充题

1. 测量包含4个基本要素，即：测量的客体、测量的内容、测量的法则和________。

2. 量表是由反映某一个抽象概念的所有测量指标和________构成的调查表。

3. 等比量表(Ratio Scale)是由定比尺度指标构成的量表。等比量表除了具有类别量表、顺序量表、等距量表的一切特征外，还具有________这一特性。

4. 信度(Reliability)即可靠性，它指的是采取同样的方法对同一对象重复进行测量时，其所得结果相一致的程度。大部分信度指标都以________来表示。

5. 语义差别量表用________测试回答者对某一项目的态度，通常是一个7级评分量表，两端由极端的词语构成。从某种意义上说，它又是评比量表的集合使用。

6. 态度评定的方法又称间接量表，主要有沙斯通量表(Thurston Scales)、赖克梯量表(Likert Scales)和________(Gutlman Scales)三种。

三、单项选择题

1. 评比量表是一种 ( )

A. 顺序量表 B. 类别量表 C. 差距量表 D. 等比量表

2. 下列态度测量技术中，只能以众数作为平均态度值的是 ( )

A. 类别量表 B. 顺序量表 C. 差距量表 D. 等比量表

3. 按测量尺度级别理论，下列对事物的度量尺次由低级到高级、由粗略到精确逐步递进的是 ( )

A. 定类→定序→定比→定距 B. 定距→定比→定类→定序

C. 定序→定类→定比→定距 D. 定类→定序→定距→定比

4. 测量消费者对不同性质问题的分类(如是、否等)用的量表是 ( )

A. 类别量表 B. 顺序量表 C. 差距量表 D. 等比量表

5. 信度是效度的 ( )

A. 必要条件 B. 充分条件

C. 必要条件 D. 既非必要也非充分条件

6. 以下哪种误差每次都以相同的方式影响观察值? ( )

A. 随机误差 B. 系统误差

C. 相对误差 D. 抽样误差

四、判断题

1. 等比量表中各答案之间具有类别关系、顺序关系、差距关系和比率关系。 ( )

2. 当测量尺度有了等距和绝对零点时，该测量尺度是就是定距尺度。 ( )

3. 在类别量表中可以用算术平均数或中位数作为平均态度值。 ( )

4. 差距量表中的数据可以进行加减乘除运算。 ( )

5. 等比量表除了具备差距量表的所有特征之外，最重要的是具有真正零点这一特征。 ( )

6. 类别量表不存在比较关系，没有排序的意义，如：在一次市场调查中，有海尔空调(赋值为0)和奥克斯

空调(赋值为1)两个品牌。 ( )

7. 同时效度通常与心理特征的评估与诊断有关,大多数心理测量手册上提供的效度资料都属于同时效度。 ( )

五、选择填充题(指出下列1~10题中量表的类型,并将序号填在下列横线上)

属于类别量表的实例__________;属于顺序量表的实例__________;

属于差距量表的实例__________;属于等比量表的实例__________;

1. 请指出您的性别:男________ 女________。

2. 请根据你的喜好排列以下品牌,你的首选请标"1",其次标"2",依此类推。

____长虹 ____康佳 ____TCL

3. 请划出你对上海大众汽车公司的帕萨特轿车的评价。

式样新颖	______	______	______	______	式样保守
耗油量小	______	______	______	______	耗油量大
良好的设计	______	______	______	______	不好的设计
便宜的价格	______	______	______	______	价格太贵
舒适	______	______	______	______	不舒适
安全性高	______	______	______	______	安全性低

4. 用圈划出你对以下几句话的同意程度。

陈述	非常不同意				非常同意
a. 我总是期望放假	1	2	3	4	5
b. 我喜欢体育比赛节目	1	2	3	4	5
c. 我喜欢旅游	1	2	3	4	5

5. 上个月您在大润发超市购物金额超过100元的次数?

0 1 2 3 4次以上(含4次)

6. 指出下列所有您可能购买的品牌:

____联想 ____方正 ____IBM ____清华紫光

7. 您认为现在读一年大学(国内的)的合理学费为______元?

8. 你是否同意:"网络教学是一种发展趋势?" 同意____ 反对____

9. 你认为2020年中国的GDP增长速度会:

____高于2019年 ____与2019年相当 ____比2019年低

10. 请根据你的整体偏好划分以下品牌的级别。

品牌	排列(用圈划出)									
	非常差									非常好
农夫山泉	1	2	3	4	5	6	7	8	9	10
乐百氏	1	2	3	4	5	6	7	8	9	10
娃哈哈	1	2	3	4	5	6	7	8	9	10

六、简答题

1. 测量的要素有哪些?测量的程序。测量层次的数学特性。

2. 测量的信度和效度的各自类型。

3. 直接量表态度测量方法主要有哪几种?

七、案例分析题

海尔集团公司(Haier)的调查问卷

海尔集团公司是中国知名家电企业,其中空调产品是公司利润的重要来源之一。公司希望将自己的企业形象同其他生产空调的公司进行比较,以下是调查问卷的部分问题。

A1. 我们想了解您对以下5家生产空调的公司的整体印象。请您给他们评级，从1到5，1表示最差，5表示最好。阅读表7-12并打分，要保证不同的公司有不同的分值，而且每个公司都有一个分值。

表7-12　对以下5家生产空调的公司的整体印象

公司	等　级
格力电器	______
海信集团	______
海尔集团	______
科龙集团	______
春兰集团	______

A2. 现在我想知道您对一些用来形容海尔集团和它生产的空调的陈述的意见。对我所读出的每个陈述，请告诉我您同意或不同意这个陈述的程度。如果您完全同意此陈述，请给它10分，如果完全不同意给它0分。或者，您可以用其间的任何能表达您对每个陈述意见的数字(阅读表7-13，从有标记·的陈述开始，并分别给每个陈述一个数字，保证每个答案都被记录下来)。

表7-13　对海尔集团和它生产的空调的陈述意见

陈述	评　分
·他们是一个现代化的高科技公司	______
他们的空调比其他公司的空调给顾客提供更高的价值	______
他们的空调比其他公司的空调更耐用	______
他们是关注产品质量的公司	______
他们的空调比其他公司的空调享受更好的售后服务	______
他们是一个信誉良好的公司	______
他们的空调比其他公司的空调更让人放心	______

A3. 假如今天您要购买以下电器(见表7-14)，哪种品牌是您的第一选择？第二选择？第三选择？(在相应的电器下面圈出数字)

表7-14　电器品牌的选择

品　牌	空　调			电冰箱		
	第一选择	第二选择	第三选择	第一选择	第二选择	第三选择
格力电器	1	1	1	1	1	1
海信集团	2	2	2	2	2	2
海尔集团	3	3	3	3	3	3
科龙集团	4	4	4	4	4	4
春兰集团	5	5	5	5	5	5

A4. 假如今天您要在市场上购买一台空调，您会有多大兴趣购买您在家中电视广告上看到的海尔空调？您能说出您将……(阅读表7-15)，圈出一个数字。

表 7-15 对购买电视广告上看到的海尔空调的兴趣

非常感兴趣	1
有些兴趣	2
无所谓	3
不太感兴趣	4
完全没兴趣	5

A5. 为什么您会有这样的感觉?(探寻完整和有意义的答案)

A6. 下面问您几个个人问题,目的完全是为了对资料进行分类统计:

(a) 您目前是否拥有海尔集团制造的家用电器? □是 □否

(b) 在您的家庭中对此类耐用品做出购买决定的是谁? □男性 □女性

(c) 下列哪些数字适合您的年龄段:

① 25 岁以下; ② 25～34 岁; ③ 35～44 岁; ④ 45～54 岁; ⑤ 55 岁以上

讨论题:

1. 问卷中使用了哪几种量表?每种量表的目的是什么?有哪些其他量表可以用来代替以获得相同的信息?

2. 您认为可以在这份问卷中使用语意差异量表吗?如可以,有哪些可以使用的形容词?

3. 您是否认为海尔集团公司的总裁现在已拥有足够的信息来评价顾客所认知的他们的企业形象和竞争地位?如果不是,还应询问哪些问题?

第八章　数据分析技术

学习重点和要点

(1) 了解数据分析的含义和基本要求、数据的计量尺度。

(2) 掌握双变量和三变量交叉列表的分析方法。

(3) 掌握集中趋势和离散趋势分析技术，掌握动态分析的一些基本指标。

(4) 掌握假设检验及统计检验分析方法。

(5) 了解数据分析软件的应用，掌握数据处理的数理统计方法。

第一节　数据分析的概念

一、数据分析的含义

“数据分析”一词在其广义的含义下，是一个普通用语。对20世纪后半叶的数理统计学家来说，它是统计学中的一种新思想、新方向，甚至是可能对未来的统计学发展有重大影响的、革命性的新思想和新方向。数据分析的目的是把某一问题的来龙去脉都搞清楚。关键点就是要学会分解因素再综合。

市场调查数据分析，是指根据一定的调查目的，应用一种或数种科学的方法，通过对调查的资料进行研究，找出所调查事物或现象的本质及规律性，进而指导实践的过程。市场调查数据分析所运用的科学方法很多，如统计学、哲学、逻辑方法、数学方法等。我们进行分析除了要了解各因素对总体影响外，还要看各因素之间的相互关系，哪些是重要的影响因素，哪些是次要的影响因素，这样才能为企业提供较科学的预测和决策依据。

二、数据分析的基本要求

要掌握数据分析的方法和技术，必须弄清楚数据分析应注意的基本要求。

(一) 目的性

无论在数据的收集还是在数据的分析阶段，我们必须清楚地知道通过数据分析要获取什么信息。例如对某地区房地产市场的销售情况数据分析时，要明确通过这些数据的分析，我们要预测房地产市场未来的发展呢，还是要找出影响房地产市场消费者购买行为的主要因素。

(二) 科学性

数据分析必须实事求是，按照科学态度和方法办事。但是，数据分析中违反科学性现象的并不少见。例如,篡改调查或实验数据,编造虚假的分析结果,利用数据分析结果撒谎等等。应该指出,定量研究是当今世界社会科学的主流,而且几十年经久不衰,推动着社会科学迅速发展,这一事实本身说明了定量方法的生命力和作用。但是,数据分析只是一种方法或手段,它只有被正确使用时才会发挥应有作用。如果违背科学性原则,胡乱编造、任意篡改数据,这样的数据分析可能会变成为错误行为进行辩护的工具。

(三) 规范性

数据分析必须按照统计学、数学、逻辑学等原理,严格按照操作程序与规则。现今,统计软件的大众化同时带来了统计软件的滥用。由于统计软件傻瓜化,一点鼠标即可完成各种统计分析,顷刻之间计算出一大堆结果,这很容易使人产生错觉,好像统计分析非常简单,没有必要去学习枯燥的统计学原理。然而科学的统计分析并非如此简单。因为统计分析必须根据不同的数据类型和不同的研究目的,使用不同统计分析的方法和公式。而且,每一种统计方法的使用,都必须满足各种各样的前提条件。如果不考虑数据类型、研究目的和各种前提条件,任意使用统计软件去分析数据,只能得出不可靠的甚至错误的结果。因此,在目前强调规范原则具有很强的针对性和重要意义。

(四) 效用最大化

数据分析要最大限度地发挥数据在科学研究中的作用,避免调查资源的浪费。完成一项规范的调查任务,要花费大量人力、物力、财力和时间。对于获得的这些宝贵数据,应该非常珍惜,深入研究,充分利用,使它们多出成果,出好成果。

知识链接

数据分析并不是简简单单的数据整理

如果你不能衡量它,那么你就不能有效增长它。

你是否听过这样的故事:隔壁老王开了一家水果铺子,你问他每天生意怎么样,他可以回答“卖得不错/很好/最近不景气”。这些都是很虚的词,因为他认为卖得不错也许是卖了50个,而你认为的卖得不错,是卖了100。

现代管理学之父彼得·德鲁克曾说过:“如果你不能衡量它,那么你就不能有效增长它。”

产品经理要想做好数据分析,应该有一套完整的思维体系,在价值观、方法论和工具三个层面上储备相关知识。确认运营目的,分析核心指标,同时立足于产品和用户,用数据来打磨产品,用数据来检验迭代,不断提升用户体验。

(1) 什么是数据分析

数据分析就是用适当的统计分析方法对收集来的大量数据进行分析,提取有用信息和形成结论,并对数据加以详细研究和概括总结的过程。在实用中,数据分析可帮助人们做出判断,以便采取适当行动。需要注意的是,数据分析是从数据中提取有用的信息,而不是流于形式。它是分析产品过往的数据来洞悉问题,驱动有效目标的产品迭代。

(2) 数据分析的核心方法

AARRR(Acquisition Activation Retention Revenue Refer)是硅谷的一个风险投资人戴维·麦克鲁尔在2008年创建的数据分析方法,分别是指获取、激活、留存、收益和推荐。从AARRR框架(获取、激活、留存、收益与推荐五个环节)入手进行产品分析,这是一个非常好的分析方法。在AARRR的每个环节中,我们应当关注什么样的数据、什么样的数据表现才是正常的。

(3) 数据分析的思维框架

① 建立指标体系:指标体系没有放之四海而皆准的模板,不同业务形态有不同的指标体系。②明确好

坏指标:好指标应该是核心驱动指标。③建立正确的指标结构:指标结构的构建核心是以业务流程为思路,以结果为导向。

(4) 数据分析流程

我们可以试着树立整体的流程:①明确分析目的和思路;②数据收集;③数据处理;④ 数据分析;⑤数据展现;⑥报告撰写。这个流程只是从“数据”的角度阐释了前后的流程,并未结合业务实际;但值得注意的是数据分析的最终目的是为了指导实践,而不是写一份报告。

由此可见,数据分析是一门多学科、多领域的交叉学问,涉及的东西非常多。

(资料来源:人人都是产品经理,http://www.woshipm.com/data-analysis/629017.html)

三、数据的计量尺度

要对客观现象进行计量,首先必须弄清数据的计量尺度问题。根据对研究对象计量的不同精确程度,人们将计量尺度分为四个层次:定类尺度、定序尺度、定距尺度和定比尺度。

(一) 定类尺度

定类尺度是最粗略、计量层次最低的计量尺度。它是按照客观现象的某种属性对其进行分类。这一场合所使用的数值只是作为各种分类的代码,并不反映各类的优劣、量的大小或顺序。例如,人口按性别分为男女,用“1”表示男性,用“0”表示女性。定类尺度的主要数学特征是“=”或“≠”。在统计处理中,对于不同的类别,虽然可以计算单位数,但它不能表明第一类的一个单位可以相当于第二类的几个单位。

(二) 定序尺度

定序尺度是对客观现象各类之间的等级差或顺序差的一种测度。利用定序尺度不仅可以将研究对象分成不同的类别,而且还可以反映各类的优劣、量的大小或顺序。例如,顾客的满意度可以分为很满意、满意、基本满意、不满意和很不满意等五类。在这里,定序尺度虽然无法表明一个优等于几个良,但却能确切地表明优高于良,良又高于中……定序尺度的主要数学特征是“<”或“>”。

(三) 定距尺度

定距尺度是对现象类别或次序之间间距的测度。定距尺度不但可以用数字表示现象各类别的不同和顺序大小的差异,而且可以用确切的数值反映现象之间在量方面的差异。定距尺度使用的计量单位一般为实物单位或者价值单位。反映现象规模水平的数据必须以定距尺度计量,例如,产品产量、企业数、国内生产总值等都以定距尺度为计量尺度。定距尺度的主要数学特征是“+”或“-”。统计中的总量指标就是运用定距尺度计量的。

(四) 定比尺度

定比尺度是在定距尺度的基础上,确定相应的比较基数,然后将两种相关的数加以对比而形成相对数(或平均数),用于反映现象的结构、比重、速度、密度等数量关系。例如,对某企业通过计算其全员劳动生产率,以此反映该企业的生产效率。定比尺度的主要数学特征是“×”或“÷”。在统计的对比分析中,广泛地运用定比尺度进行计量。

有关数据计量尺度的四个层次在上一章已做详细介绍。

第二节 交叉列表分析

一、交叉列表分析的含义及变量的选择

交叉列表分析是指同时将两个或两个以上有一定联系的变量及其变量值,按照一定的顺序交叉排列在一张统计表内,使各变量值成为不同变量的结点,从中分析变量之间的相关关系,进而得出科学结论的一种数据分析技术。

例如,表 8-1 给出某调查中电脑的拥有情况和电脑拥有者之间的某种关系,从中可以看出电脑的拥有情况似乎与收入水平有很大的关系,在拥有电脑的 504 人中高收入者有 252 人,低收入者仅有 96 人。

表 8-1 电脑的拥有情况与收入之间的关系

拥有情况	收入水平			行合计
	高收入	中等收入	低收入	
有	252	156	96	504
没有	156	240	300	696
列合计	408	396	396	1 200

交叉列表分析技术现在广泛地运用在市场调查中,它的优点:①交叉列表分析的结果很容易直观地被那些不具备较多统计知识的经营管理人员接受和理解;②一系列交叉列表比多变量分析更有助于理解复杂的问题;③方法简便易行,尤其是一般市场调查人员更易使用和接受;④交叉列表将复杂的数据简单化;⑤交叉列表分析的结果为数据的深度分析提供一定的基础,如可为相关分析、因子分析等提供依据。

然而,要做好一个交叉列表分析也是不容易的。它的成功主要取决于研究者选择关键变量以及根据这些变量组成交叉表的能力。列出交叉列表时,要考虑选择哪些变量来进行研究。要根据研究问题的目的来选择变量,要选择最能反映市场经济现象本质特征的变量来研究。

根据选择变量的个数不同,可以分为双变量交叉列表和三变量交叉列表。双变量交叉列表是研究两个变量之间的相关关系,然而在许多情况下,调查变量之间的关系是复杂的,这时,只研究两两变量之间的关系就不够了,而必须考虑多个变量之间的关系。三变量交叉列表分析就是在双变量分析的基础上,加入第三个变量做进一步分析。

二、双变量、三变量交叉列表分析法的计算

(一) 双变量交叉列表的基本计算

为了进一步考察表 8-1 中两个变量之间的关系,我们可以计算它们的频率表。在交叉列表分析中,一般需要计算四种不同数据表,即频数表、原表百分率表、列百分率表、行百分率表。频数表就是通过对原始数据的初步整理而得到变量间具有某种简单关联的交叉表,如表 8-1 所示。如果把这些频数除以总数就变成了原表百分率表,如表 8-2 所示。在揭示变量间的相互关系时,列百分率表和行百分率表更具有意义。列百分率指用各列单位的原始频数除以

列频数总和，公式为：列单位百分率＝单元频数/列单元总和，如表8-3所示，高收入者中有62%拥有电脑，而中等收入和低收入消费中分别只有39%和24%拥有电脑，这说明电脑的拥有率与收入有很大的关系。

表8-2 原表百分率表

%

拥有情况	收入水平			行合计
	高收入	中等收入	低收入	
有	21	13	8	42
没有	13	20	25	58
列合计	34	33	33	100

表8-3 列表百分率表

%

拥有情况	收入水平			行合计
	高收入	中等收入	低收入	
有	62	39	24	42
没有	38	61	76	58
列合计	100	100	100	100

而行百分率指用各行的原始频数除以行单位总和，公式为：行单元百分率＝单元频数/单元所在行的总值，如表8-4所示，在拥有电脑的消费者中高收入者占到50%，这也很明显地说明了收入对电脑的拥有率有较大的影响。当然应注意的是并非所有的按行和列计算的百分率都有现实意义，以免盲目地用那些没有意义的百分率而导致不科学的判断。

表8-4 行表百分率表

%

拥有情况	收入水平			行合计
	高收入	中等收入	低收入	
有	50	31	19	100
没有	22	34	44	100
列合计	34	33	33	100

（二）三变量交叉列表的基本计算

双变量交叉列表分析是最基本的交叉列表分析，表8-1～表8-4所进行的电脑的拥有情况与收入之间的分析就是一个典型的双变量交叉列表分析。然而许多情况下，调查变量之间的关系是复杂的，这时只研究两两变量之间的关系就不够了，而必须考虑多个变量之间的关系。

三变量交叉列表分析就是在双变量分析的基础上，加入第三个变量做进一步分析。一般通过加入第三个变量，原有双变量交叉列表的结果可能出现四种情况：①更精确地反映原有二变量之间的联系。②揭示出原有的两个变量之间不相关，尽管用双变量交叉列表分析结果显示了两者之间的某种相关性。也就是说，三变量交叉列表分析说明原二变量之间的相关性是虚假的。③可能使原先通过双变量交叉列表分析显示出相关性的两个变量，在加入第三个变量后，显示出二者之间存在的某些相关性。④原有的相互之间的相关性没有变化。

通过二变量交叉列表分析，我们已初步得出电脑的拥有情况受“收入水平”的影响很大，然而当引入第三个变量“受教育程度”，对这些变量之间的关系做进一步的分析时，我们发现“受教育程度”与电脑的“拥有情况”之间的关系更密切，相反原来的两个变量之间的相关性并不强，分析结果如表 8-5 所示。表中显示：大专以上的受访者中无论是高收入、中等收入还是低收入者他们的电脑拥有率都差不多，而低于大专的受访者中也有相似的情况，这说明真正有相关性的变量是“受教育程度”和“拥有情况”，而不是“收入水平”与“拥有情况”，他们之间的相关性是虚假的，这也就引入第三个变量的第三个可能性结果。假如我们不做这种深入的交叉列表分析，就很有可能做出不科学的市场判断，从而造成决策失误的可能。

表 8-5　按“收入水平”和“受教育程度”分类的“拥有情况”三维列表 %

拥有情况	受教育程度					
	大专以上			低于大专		
	收入水平			收入水平		
	高收入	中等收入	低收入	高收入	中等收入	低收入
有	65	63	60	40	34	20
没有	35	37	40	60	66	80
列合计	100	100	100	100	100	100
个案数	200	196	196	208	200	200

第三节　数据资料的概括技术

一组数据经过分组整理后，形成了次数分配。将次数分配用直方图或次数分布曲线图画出来，我们对该组数据的变化规律就有了直观的了解。然而进一步的推断、决策等研究不仅要求我们对其分布变化的规律有直观的了解，而且要求我们用几个最简洁又最能充分描述其分布数量特征的统计量将其分布变化的规律性表示出来。这些统计量包括：数据次数分配集中趋势的测度、离散程度的测度、偏态程度的测度及峰度的测度。

一、集中趋势的概括技术

研究数据分布集中趋势的主要指标是各类平均数。所谓平均数，就是概括地描述数据分布的一般水平或集中趋势的数值。根据各种平均数的具体代表意义和计算方式的不同，可将平均数分为两类：即数值平均数和位置平均数。

所谓数值平均数就是以统计数列的所有各项数据来计算的平均数，用以反映统计数列的所有各项数值的平均水平。其特点是，统计数列中任何一项数据的变动，都会在一定程度上影响到数值平均数的计算结果。换句话说，数值平均数是由分配数列的所有变量数值来确定的。数值平均数包括了算术平均数、调和平均数、几何平均数和幂平均数。其中，算术平均数的应用最为广泛。

所谓位置平均数是根据标志值的某一特定位置来确定的，它不是对统计数列中所有各项数据进行计算所得的结果，而是根据数列中处于特殊位置上的个别单位或部分单位的标志值来确定的，常用的位置平均数有众数和中位数两种。

本节以算术平均数、众数、中位数这三种常用的平均数加以说明。

(一) 算术平均数

计算算术平均数有两种形式：简单算术平均数和加权算术平均数。

(1) 简单算术平均数。简单算术平均数适用于未分组的资料，它是由总体各单位标志值简单加总得到的标志总量除以总体单位总量而得。计算公式如下：

$$\bar{x}=\frac{x_1+x_2+\cdots+x_n}{n}=\frac{\sum_{i=1}^{n}x_i}{n}$$

式中　$\bar{x}$ ——算术平均数；

x_i ——各单位标志值；

n ——总体单位数。

(2) 加权算术平均数。加权算术平均数适用于原始资料已经分组，并得出次数分布的场合。在计算各组的标志总量时，必须先将各组标志值乘以相应的次数，求得各组的标志总量。

加权算术平均数的计算公式为：

$$\bar{x}=\sum_{i=1}^{n}x_i\cdot\frac{f_i}{\sum_{i=1}^{n}f_i}\quad\text{或}\quad\bar{x}=\frac{x_1f_1+x_2f_2+\cdots+x_nf_n}{f_1+f_2+\cdots+f_n}=\frac{\sum_{i=1}^{n}x_if_i}{\sum_{i=1}^{n}f_i}$$

式中　f_i ——各组标志值出现的频数(次数)；

$f_i\Big/\sum_{i=1}^{n}f_i$ ——频率。

(3) 是非标志的平均数。在第一节中，我们提到数据也可根据其计量尺度的高低分为四个层次，对于以定类尺度和定序尺度计量的数据资料，统计处理往往是把它们的类别差异过渡到数量上的差异，然后再计算平均数。

例如，从业人员按性别分为男、女两组；高中生的升学考试将考生分为文科和理科两组；企业生产的产品分为合格和不合格两组等等。它们都是以品质标志把总体单位划分成两类，且可用“是”与“非”区分之，故称之为“是非标志”或“交替标志”。

在一批产品中，若将合格品看作具有“是”的属性，那么不合格品就具有“非”的属性。设合格率为 p，不合格率为 q，以 1 作为“是”(合格品)的单位的标志值，以 0 作为“非”(不合格品)的单位的标志值，这样就把以文字表示的品质标志转化为数量标志。按加权算术平均数公式计算，得到

$$\bar{x}=\frac{\sum_{i=1}^{n}x_if_i}{\sum_{i=1}^{n}f_i}=\frac{1\times p+0\times q}{p+q}=p$$

p 也称为总体中具有某种属性的单位成数，所以成数是一种特殊的平均数。

(二) 众数

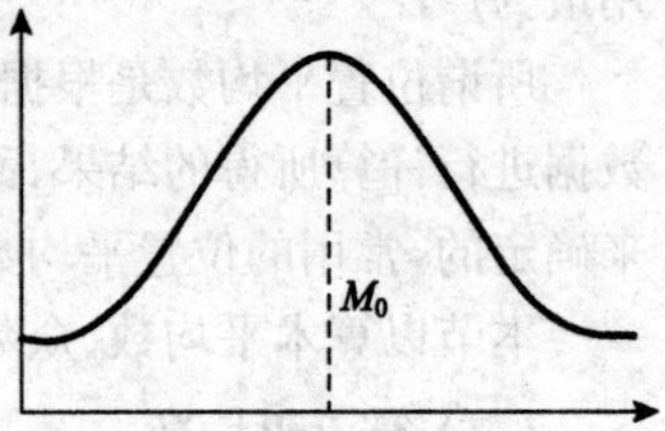

图 8-1　次数分布曲线图

众数是指统计总体或分布数列中出现的频数最多、频率最高的标志值,用符号 M_o 表示。在分布曲线图上,众数就是曲线的最高峰所对应的标志值,如图 8-1 所示。

定类数据或单项式分组数据的众数可直接通过观察得到,即出现次数最多的变量值就是众数。定距变量分组数据众数,除可以用众数所在组的组中值来近似代替外,还可以用插值公式来确定,即

$$M_0 = L + \frac{\Delta_1}{\Delta_1 + \Delta_2} \times d \quad 或 \quad M_0 = U - \frac{\Delta_2}{\Delta_1 + \Delta_2} \times d$$

式中　L ——众数所在组的下限值;

U ——众数所在组的上限值;

Δ_1——众数所在组变量值的次数与前一组变量值次数之差;

Δ_2——众数所在组变量值的次数与后一组变量值次数之差;

d ——众数所在组的组距。

众数具有非常直观的代表性。可利用众数来表明社会现象的一般水平,也可以用它来作为某些生产决策的参考依据。例如,为了掌握农贸市场上某一农产品的价格水平,不一定要全面登记该农产品每一次成交的价格,只要调查其最普遍的成交价格即可。

(三) 中位数

将总体各个单位按其标志值的大小顺序排列,处于数列位次中点的单位的标志值即中位数,用符号 M_e 表示。从中位数的概念可以看出,在数列中,标志值小于中位数的单位占一半,标志值大于中位数的单位也占一半。如果数列出现极端值,常用中位数来代表总体标志值的一般水平,以避免数列的平均水平受极端值的影响。例如,人口的平均年龄会受到一些特别长寿人年龄的影响,使计算结果偏大,而年龄中位数往往能够较好地体现人口年龄的平均水平。

依据原始数据计算中位数时,首先需要将变量值按照大小顺序排列,设排序结果为 $x_1 \leqslant x_2 \leqslant \cdots \leqslant x_n$,则中位数可以按照下面的方法来确定:

当 n 为奇数时　　　　　　$M_e = x_{(n+1)/2}$

当 n 为偶数时　　　　　　$M_e = (x_{n/2} + x_{n/2+1})/2$

单项数列资料确定中位数与根据未分组资料确定中位数方法基本一致。它是先计算各组的累计次数(或频数),再按下列公式确定中位数的位置,并对照累计次数确定中位数。

公式:

$$(\sum_{i=1}^{n} f_i + 1)/2$$

组距资料确定中位数与单项式资料不同的是需要采用公式计算。

下限公式:

$$M_e = L + \frac{\frac{\sum f}{2} - S_{m-1}}{f_m} d$$

上限公式：

$$M_e = U - \frac{\frac{\sum f}{2} - S_{m+1}}{f_m} d$$

L ——中位数组的下限；

U ——中位数组的上限；

f_m ——中位数组的次数；

S_{m-1} ——中位数所在组以前各组的累计次数；

S_{m+1} ——中位数所在组以后各组的累计次数；

$\sum f$ ——总次数；

d ——中位数所在组的组距。

在进行数据分析时，如果数据的差异程度比较小，则可以计算算术平均数，如果数据的差异程度比较大，则要使用众数或者中位数来计算其一般水平。

二、离散趋势的概括技术

要把握一组数据的数量变化规律仅仅有集中趋势的测度值是不够的，与集中趋势相对应的，还要了解数据的离散程度。数据的离散程度分析是用来描述数据之间的差异的，描述数据离散程度的指标有极差、平均差、方差、标准差和离散系数。

（一）极差

极差是数据中的最大值与最小值之差。用公式表示为：$R = R_{\max} - R_{\min}$。

极差越大，说明数据之间的差异程度越大，数据的离散程度也就越大；极差越小，说明数据的差异程度比较小，数据比较均匀，数据的离散程度也就越小。但是，极差只是数据中的两个极值之差，不能反映整体数据的离散程度，只能反应数据两端的差异大小，所以，极差只是反应数据离散程度的比较粗略的指标。

（二）平均差

平均差是总体中各单位的标志值与其算术平均数的离差的绝对值的算术平均数。平均差与极差的区别在于平均差涉及了总体的全部数据，更能综合反映总体数据的离散程度。用公式表示为

$$A \cdot D = \frac{\sum |X - \bar{X}| \cdot f}{\sum f}$$

（三）标准差和方差

标准差是测定标志变动度最重要的指标，它的意义与平均差的意义基本相同，但在数学性质上比平均差要优越，由于各标志值对算术平均数的离差的平方和为最小，所以，在反映标志变动度大小时，一般都采用标准差。标准差是反映标志变动度的最重要的指标，是指总体各单位的标志值与算术平均数离差的平方和的平均数的均方根。方差（标准差）越大，说明数据的离散程度越大。计算公式为

$$\sigma=\sqrt{\frac{\sum(x-\bar{x})^2}{n}}$$

标准差的平方就是方差 σ^2。在大多数的市场调查中，所收集的数据来源于一个样本，我们计算样本方差时，更希望用它来估计总体方差 σ^2。当样本的关于平均数的离差平方和除以 $(n-1)$，而不是 n 时，其得到的样本方差是对于总体方差的无偏估计。样本方差以符号 s^2 表示，其计算公式为

$$s^2=\frac{\sum(x-\bar{x})^2}{n-1},\quad \sigma=\sqrt{pq}=\sqrt{p(1-p)}\text{（是否标志的标准差）}$$

(四) 离散系数

以上极差、平均差、方差和标准差是测定数据离散程度的绝对量指标。当两组数据的平均水平差异很大时，仅仅用离散程度的绝对量指标是不能反映问题的，比如，有两个超市，甲超市的日平均销售收入为 1 万元，标准差为 0.5 万元，乙超市的日平均销售收入为 10 万元，标准差为 3 万元，则要看哪个超市的日平均销售收入比较均匀，我们就不能够仅用标准差来判断，因为本身这两个超市的平均销售收入的差异就比较大，所以要用离散系数来判断。离散系数是描述数据离散程度的相对指标，是把数据离散程度的绝对指标与其算术平均数对比得到的。以标准差系数为例，计算公式为

$$V_\sigma=\sigma/\bar{X}$$

离散系数大的，说明数据的离散程度大，离散系数小的，说明数据的离散程度小。计算以上两个超市的离散系数甲超市为 0.5，乙超市为 0.3，由此可以判断，乙超市的日销售收入比甲超市均匀。

三、偏度与峰度

要全面了解分布的特点，仅了解分布的集中趋势和离散程度是不够的，还需要了解分布是否对称和集中趋势高低等特征。偏度和峰度就是对分布的进一步描述。

(一) 偏度(Skewness)

偏度，是指反映频数分布偏态方向和程度的测度。从方向上看，偏度分左偏和右偏两种。在频数分布中，最大集中点以上(频数曲线图横轴上众数的右边)的频数占总频数的一半多，称为右偏或正偏，如图 8-2(b)中的左图；最大集中点以下(频数曲线图横轴上众数的左边)的频数占总频数的一半多，称为左偏或负偏，如图 8-2(b)中的右图。左偏和右偏是最常见的偏态，尤其是右偏多于左偏。从程度上，偏斜度有大小之分，极端的偏斜状态有 J 形分布(如图 8-2(c)所示)和 U 形分布(如图 8-2(d)所示)两种。偏度的计算公式为

$$\alpha=\frac{\sum(x-\bar{x})^3/n}{\left[\sqrt{(x-\bar{x})^2/n}\right]^3}$$

当 $\alpha=0$ 时，表示分布是正态的或对称的；当 $\alpha>0$ 时，表示右偏或正偏，α 值愈大，正偏程度愈高；当 $\alpha<0$ 时，表示左偏或负偏，α 值越小，负偏程度愈高，α 越接近于 0，表示分布偏斜

程度越小。

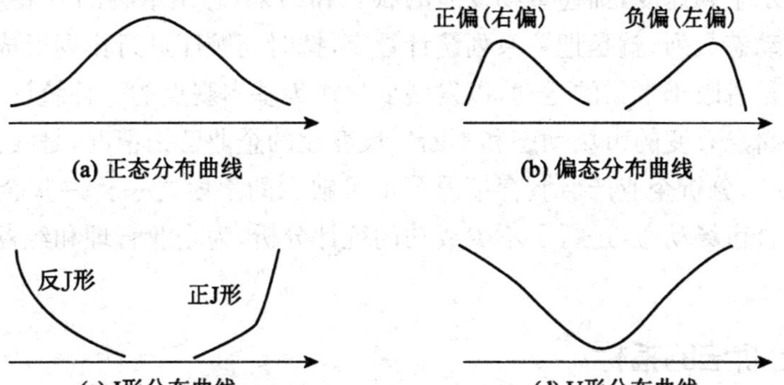

(a) 正态分布曲线　(b) 偏态分布曲线

(c) J形分布曲线　(d) U形分布曲线

图 8-2　常见的频数分布曲线

(二) 峰度(Kurtosis)

峰度,是指频数分布曲线高峰的形态,即反映分布曲线的尖峭程度的测度。在频数分布中,有的频数分布曲线与正态曲线相比是尖顶,有的则是平顶,无论是尖顶或平顶,峰度就是用来衡量频数分布曲线的高耸程度的一个数字特征。峰度的高低一般以正态分布的高峰作为比较的标准。在单峰(分布曲线只有一个高耸点)的频数分布中,若均值所在组的频数特别大,其上下各组的频数先陡然地下降继而缓和地减少,曲线的高峰必定较正态峰高而狭,称为尖顶高峰(或高狭峰);若中间约有半数的频数相当均匀,曲线的高峰必定较正态峰低而阔,称为平顶高峰(或低阔峰),如图 8-3 所示。

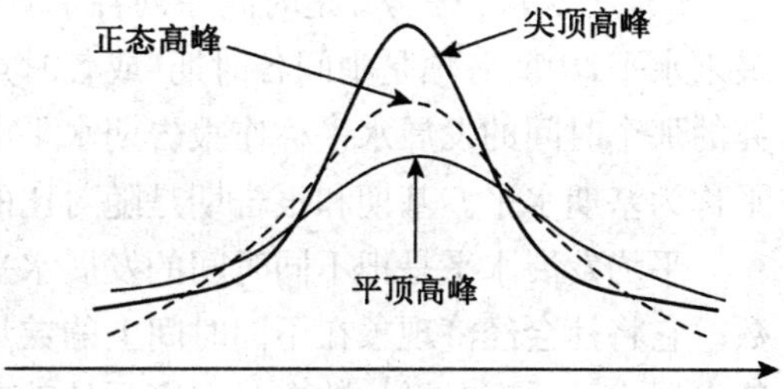

图 8-3　峰度

峰度的计算公式为

$$\beta=\frac{\sum(x-\bar{x})^4/n}{\left[\sqrt{(x-x)^2/n}\right]^4}-3$$

当 $\beta=0$ 时,表示分布的峰度是正态分布的峰度;当 $\beta>0$ 时,表示分布曲线的高峰是尖顶高峰,它表明变量数列的次数比较集中于众数的位置,且 β 愈大,顶部尖峭程度愈高;当 $\beta<0$ 时,表示分布曲线的高峰是平顶高峰,它表明变量数列的次数在众数附近比较分散,且 β 值愈小,顶部就更趋于平坦。

第四节　动态分析技术

一、动态分析法的含义

动态分析法是研究事物发展变化的过程、趋势和规律的一种统计分析方法。它强调事物在时间上的变化，其基本内容是通过编制动态数列以及通过对动态数列的计算和加工处理来反映事物发展的水平和速度，描述事物发展的状态和结果，总结事物的发展规律，预见事物的发展趋势。所谓动态数列，就是把一系列统计数字，按时间顺序进行排列形成的有序数列。

动态分析法是着眼于事物的运动，以发展变化作为基本观点的一种统计分析方法，所以它最能直接地反映瞬息万变的市场动态和不断发展变化的企业营销情况，是我们捕捉市场信息，研究市场供需规律，分析企业产、销、存情况等不可缺少的手段之一。一些企业的统计工作者利用这一方法结合市场动态，进行了不少成功的统计分析，为企业管理和经营决策提供了必要的依据。

二、动态分析法的指标

利用动态数列中的资料，可以计算一系列的动态分析指标，一般分为水平指标（如发展水平、平均发展水平、增长量、平均增长量）和速度指标（如发展速度、增长速度、平均发展速度、平均增长速度）。

（一）发展水平和平均发展水平

发展水平是时间序列中原有的统计指标数值，它通常用符号 a 表示。

a_0、a_1、a_2、…、a_n 是时间序列各个时期（或时点）的发展水平，其中 a_0 是最初水平，a_n 是最末水平，中间各项是中间各时期（或各时点）的水平。在研究某一时期的发展水平时，常把研究的那个时间的发展水平称作报告期水平或计算期水平，用来作为比较基础的时间的发展水平称为基期水平。基期和报告期是随对比的时间而确定的。

平均发展水平是把不同时间的发展水平加以平均所得到的平均数，统计上称为序时平均数。它将社会经济现象在不同时间上的数量差异抽象化，从动态上反映现象在一段时间的一般发展水平。序时平均数在时间序列的动态分析中，可以用来修匀序列，消除现象在短时间内的波动，使序列能更明显地反映出现象的发展变化趋势。序时平均数还广泛用来对比不同单位、不同地区、不同部门以至不同国家在某一时间内现象发展的一般水平。

（二）发展速度和平均发展速度

发展速度是时间序列中两个时期发展水平的比值，即：发展速度＝报告期水平/基期水平。它是用来研究社会经济现象发展程度的相对指标，说明报告期水平已发展到基期水平的若干倍或百分之几。由于计算发展速度时采用的基期不同，发展速度可分为定基发展速度与环比发展速度两种。定基发展速度是以各个报告期水平同某一固定基期发展水平之比。若以 a_0 表示固定基期，则定基发展速度为：a_1/a_0、a_2/a_0、a_3/a_0、…、a_n/a_0。定基发展速度用来说明被研究现象在一定时期内总的发展情况。环比发展速度是用各报告期水平同前一期水平相比。若时间序列是：a_0、a_1、a_2、a_3，…、a_n，那么，环比发展速度为：a_1/a_0、a_2/a_1、a_3/a_2、…、a_n/a_{n-1}。环比发展速度用来说明被研究现象逐期发展变化的情况。

平均发展速度是某一段时间内，各时期环比发展速度的平均数，用以说明现象在这段时间内逐年平均发展变化的程度。由于社会经济现象在各个时期所处的条件及影响其变化的因素不同，因而各时期的发展速度有差别，平均发展速度通过对各个时期发展速度的平均，消除了差别，便于对不同时期社会经济现象的发展变化情况进行对比。平均发展速度依据速度指标的特性采用不同的方法计算，常采用的有几何平均法和方程法两种。

(三) 增长量和平均增长量、增长速度和平均增长速度

增长量是两个时期发展水平的差值，即增长量＝报告期发展水平－基期发展水平。

若差值大于 0 是增长量，小于 0 是减少量。它反映报告期比基期增减的绝对数量。因对比的基期不同，分为逐期增长量和累积增长量。逐期增长量是以前一期为基期计算的相邻两个时期的增减绝对量。若以 a_0、a_1、a_2、…、a_n 表示时间序列各期发展水平，则逐期增长量为 a_1-a_0、a_2-a_1、…、a_n-a_{n-1}。累积增长量是以某一固定时期为基期计算的各报告期与某一固定时期的增减绝对量，即 a_1-a_0、a_2-a_0、…、a_n-a_0。它说明在某一段时期内总的增减量。累积增长量等于相应各个时期逐期增长量之和，即有 $a_n-a_0=(a_1-a_0)+(a_2-a_1)+\cdots+(a_n-a_{n-1})$。

平均增长量是某一段时期内逐期增长量的序时平均数。反映现象的平均增长水平。即

$$平均增长量=\frac{逐期增长量之和}{逐期增长量个数}=\frac{累计增长量}{动态数列项数-1}$$

增长速度是增长量与基期水平的比值，即：

$$增长速度=\frac{增长量}{基期水平}=\frac{报告期水平-基期水平}{基期水平}=发展速度-1$$

增长速度用以说明社会经济现象的增长程度，当发展速度大于 1 时，增长速度大于 0，表明现象增长的程度；发展速度小于 1，增长速度小于 0，表明现象下降的程度。增长速度与发展速度一样，也分为定基和环比两种。

定基增长速度是用累积增长量与固定基期水平相比，即

$$定基增长速度=\frac{累积增长量}{固定基期水平}=定基发展速度-1$$

它用以反映社会经济现象在一段较长的时间内总的增长程度。

环比增长速度是用逐期增长量与前期水平相比，即

$$环比增长速度=\frac{逐期增长量}{前期水平}=环比发展速度-1$$

它用以反映社会经济现象逐期的增长程度。

平均增长速度是环比增长速度的平均数，但不能根据各个环比增长速度直接求得，而是根据平均发展速度计算，即

$$平均增长速度=平均发展速度-1$$

以上这些分析指标被大量运用于动态分析中，是为我们进行动态分析服务的。动态分析的具体方法有多种：按对动态数列的加工方法不同，可分为时距扩大分析法、移动平均分析法、按月平均分析法、最小平方分析法等。按对客观事物的研究目的不同，可分为水平分析法、速度分析法、长期趋势分析法、季节变动分析法、趋势预测分析法等。这些具体的方法将在第十章时间序列分析预测中具体介绍。

第五节　统计检验分析

一、假设检验概述

(一) 假设检验的涵义

在假设检验中,我们首先对总体参数做一个尝试性的假设,称该尝试性的假设为原假设(零假设),记为 H_0。然后,定义另一个与原假设的内容完全相反的假设,称为备用假设,记作 H_1。μ_0 代表原假设和备用假设中所考虑的指定数值。假设检验的过程就是根据样本数据对这两个对立的假设 H_0 和 H_1 进行检验。

(二) 原假设和备用假设的建立

在假设过程检验中,建立原假设和备用假设通常有以下形式:

(1) 检验研究中的假设。其形式通常为 $H_0: \mu \leqslant \mu_0$, $H_1: \mu > \mu_0$。

在某些研究中,拒绝 H_0 将得出支持研究的结论并可以采取研究行动。在建立原假设和备用假设时,研究中所用的假设将表达为备用假设。

(2) 检验某项声明的有效性。其形式通常为 $H_0: \mu \geqslant \mu_0$, $H_1: \mu < \mu_0$。

在涉及对某项声明的有效性进行检验时,通常将认为声明为真的假设作为原假设 H_0,声明原假设是不正确的假设为备用假设。当拒绝 H_0 时,应考虑采取措施纠正该项声明。

(3) 决策中的假设检验。其形式通常为 $H_0: \mu = \mu_0$, $H_1: \mu \neq \mu_0$。

在这种类型的情况下,我们看到如果拒绝 H_0 就必须采取某种措施。

(三) 假设检验的步骤

第一步:建立原假设和备用假设。如果原假设中只有一个点,即 $H_0: \mu = \mu_0$ 称为简单原假设;如果原假设中不止一个点,即 $H_0: \mu \leqslant \mu_0$ 或 $H_0: \mu \geqslant \mu_0$,称为复合原假设。一般来说,建立的原假设是与研究目标相对立的假设,而备择假设是我们所要研究的目标。

第二步:寻找检验 H_0 的统计量。

第三步:选择显著性水平 α。α 表示检验中所犯的第一类错误,即将原假设成立误判为备用假设成立。在检验中,还存在第二类错误 β,即将备用假设成立误判为原假设成立。这两类错误见表 8-6。

表 8-6　假设检验中的两类错误

决　策		总体的情况(假设可能的状态)	
		H_0 是真的	H_1 是真的
结论	接受	结论正确	第二类错误
	拒绝	第一类错误	结论正确

在这两类错误中,理论工作者研究后认为第一类错误(即 α) 重要,第二类错误(即 β) 相对次要。原因是:

首先,原假设是什么常常是明确的,而备用假设是什么则常常是模糊的。如对某一批产品改进,改进前的质量参数是 μ_0,要检验产品改进后的质量与改进前有无明显差别,$H_0: \mu = \mu_0$ 表示改进前后没有差别,则产品质量有了差别(即 $\mu \neq u_0$) 就是模糊的。此时,不知道是 $\mu > \mu_0$ 还是 $\mu < \mu_0$。若 $\mu > \mu_0$,到底大多少,也不清楚。因而若错误地将 H_0 成立当成 H_1 成立,而 H_1 是什么并不清楚,这种错误是危险的,所以不犯第一类错误重要。

其次,原假设常常是简单假设,而备用假设常常是复合假设,备用假设的成立往往是不明确的,如 $H_1: \mu > \mu_0$。由于 μ 可以任意逼近 μ_0,μ 比 μ_0 大到什么程度不明确,也说明不犯第一类错误重要。由于两类错误的性质不同,将严重的错误放在 α 上,这同将检验者的目的放在备用假设上是一致的。当 α 确定后,检验之临界值或拒绝域就确定了。

第四步:用检验统计量值与临界值比较,若统计量值超过临界值,说明落入拒绝域中,就可以比较有把握地拒绝原假设,因为此时犯错误的概率是清楚的,只有 α 这么大。若统计量值落入接受域中,意味着没有把握拒绝原假设,尚需进一步检验。此时不能做出接受原假设的肯定结论,因为接受原假设时可能犯第二类错误,其大小为 β。

二、对总体均值和百分比的假设检验

(一) 对总体均值的假设检验

对总体均值的检验是指根据样本均值和标准差来判断总体均值的大小的方法。在统计学中,样本有大样本和小样本之分。当样本容量大于 30 时,就称此样本为大样本;当样本容量小于 30 时,就称此样本为小样本。如果检验的统计量是大样本,则根据中心极限定理,不论其总体的分布是否已知、是否正态,均可用 Z 统计量进行检验。当样本容量为小样本时,用样本标准差 s 作为总体标准差的 σ 的估计值。如果假定有理由认为总体服从正态概率分布,则对总体均值的值进行推断时采用 t 分布。

1. 大样本下总体均值的检验

大样本下总体均值采用 Z 检验。检验统计量为

$$Z = \frac{\bar{x} - \mu_0}{\sigma / \sqrt{n}}$$

计算所得到的值说明了 $\bar{x}$ 与 μ_0 相距多少个标准差。我们用 Z 作为检验统计量来确定 $\bar{x}$ 与 μ_0 之间的距离是否足够远,进而判断是否拒绝原假设。

需要注意的是,在大多数情况下,我们要用样本的标准差 s 来代替总体的标准差 σ。

(1) 大样本下总体均值的单边检验。

如果给出拒绝域仅仅位于抽样分布的一侧,我们将这种情形的检验称为单边检验。单边检验有两种形式:其一,$H_0: \mu < \mu_0$,$H_1: \mu \geqslant u_0$;其二,$H_0: \mu \geqslant u_0$,$H_1: \mu < \mu_0$。

对于 $H_0: \mu < \mu_0$,$H_1: \mu \geqslant \mu_0$,如果样本均值比 μ_0 大得多,则我们拒绝 μ_0 而接受 H_1,在显著性水平 α 下,当检验统计量 $Z > -Z_\alpha$ 时,我们就拒绝 H_0 而接受 H_1;对于 $H_0: \mu \geqslant \mu_0$,$H_1: \mu < \mu_0$,拒绝域为 $Z < -Z_\alpha$。

【例 8-1】 某大学对 500 名已毕业三年的校友的月收入进行调查,结果如表 8-7 所示,是否可以由调查结果判定毕业三年的校友的总的平均收入在 165 元以上(显著性水平 α 为 0.05)?

表 8-7 校友月收入调查表

样 本	样本均值($\bar{x}$)	标准差(s)	样本大小(n)
男校友(1)	168.6	29	448
女校友(2)	163	26	52
总 样 本	168	28.7	500

检验步骤如下:

第一步:设总平均收入的评判标准值为 $\mu_0=165$,实际值用 $\bar{x}$ 表示。

第二步:用 H_0 表示与研究的目标结论相对立,即 $H_0: \mu \leqslant \mu_0$,用 H_1 表示与研究目标结论相对应,即备用假设,$H_1: \mu > \mu_0$。

第三步:计算检验统计量 $Z=\dfrac{\bar{x}-\mu_0}{\sigma/\sqrt{n}}=\dfrac{168-165}{28.7/\sqrt{500}}\approx 2.35$。

第四步:$\alpha=0.05$,查正态分布表得到 $Z_\alpha=1.645$,由于 $Z>Z_\alpha$,所以拒绝 H_0 得出结论是毕业三年的校友的平均月收入在 165 元以上。

(2) 大样本下总体均值的双边检验。

双边检验时,它的拒绝域在抽样分布的上侧或者下侧,我们通常提出原假设 $H_0: \mu=\mu_0$,备择假设 $H_0: \mu \neq u_0$,并建立统计量 $Z=\dfrac{\bar{x}-\mu_0}{\sigma/\sqrt{n}}$。

当 $|z|>z_\alpha$ 时,拒绝原假设。

2. 小样本下总体均值的检验

小样本下总体均值检验时,如果是正态分布,采用检验统计量:$t=\dfrac{\bar{x}-\mu_0}{s/\sqrt{n}}$

检验的原理与大样本下总体均值检验原理类似。只不过在 t 统计量的自由度为 $n-1$。

(1) 小样本下总体均值的单边检验。小样本下总体均值单边检验的形式为:$H_0: \mu<\mu_0$,$H_1: \mu \geqslant \mu_0$。

则拒绝域为 $t>t_\alpha(n-1)$;

若是 $H_0: \mu \geqslant \mu_0$,$H_1: \mu<\mu_0$

拒绝域为 $t<-t_\alpha(n-1)$。

(2) 小样本下总体均值的双边检验。小样本下总体均值的双边检验形式为:$H_0: \mu=\mu_0$,$H_1: \mu \neq \mu_0$。

拒绝域为 $|t|>t_\alpha(n-1)$。

【例 8-2】 某食品厂用自动装罐机装罐头食品,每罐标准重量为 500 克。现随机抽取 10 罐来检查机器工作情况,这 10 罐的重量为(单位:克):495、510、505、498、503、492、502、512、497、506。

假定重量服从正态分布,试问这段时间机器工作是否正常(给定显著性水平 5%)?

解:检验者检验的目的是试图发现机器不正常的情况。因而按检验步骤,建立假设 H_0:$\mu=500$,$H_1: \mu \neq 500$。

由样本计算得 $\bar{x}=502$,$s=6.50$,查表 $t_{\alpha/2}(10-1)=2.262\,2$,检验统计量为

$$t=\frac{|\bar{x}-500|}{s/\sqrt{n}}=\frac{|502-500|}{6.50/\sqrt{10}}=0.97$$

由于 $t=0.97<t_{\alpha/2}$，因而不能拒绝原假设，故机器没发现异常。

(二) 对总体百分比的假设检验

1. 大样本下总体百分比的检验

用 P 代表总体百分比，p 代表样本百分比，P_0 代表总体百分比的某一假设值，对于总体百分比的检验有以下三种形式：

$$H_0: P \leqslant P_0,\ H_1: P > P_0$$
$$H_0: P \geqslant P_0,\ H_1: P < P_0$$
$$H_0: P = P_0,\ H_1: P \neq P_0$$

大样本下检验的统计量仍是 Z，前两种形式是单边检验，第三种形式是双边检验。应该指出的是，当总体的 P 未知时，我们用样本的 p 代替总体的 P。

(1) 大样本下总体百分比的单边检验。

大样本下总体百分比的检验统计量为

$$Z=\frac{p-P_0}{\sqrt{P(1-P)/n}}=\frac{p-P_0}{\sqrt{p(1-p)/n}}$$

如果原假设和备择假设如下　$H_0: P \geqslant P_0,\ H_1: P < P_0$

显著性水平 α 下，拒绝域为 $Z<-Z_\alpha$；

如果原假设和备择假设如下　$H_0: P \leqslant P_0,\ H_1: P > P_0$

显著性水平 α 下，拒绝域为 $Z>Z_\alpha$。

(2) 大样本下总体百分比的双边检验。

大样本下总体百分比的检验统计量为

$$Z=\frac{p-P_0}{\sqrt{P(1-P)/n}}=\frac{p-P_0}{\sqrt{p(1-p)/n}}$$

在双边检验中，原假设和备择假设如下　$H_0: P=P_0,\ H_1: P \neq P_0$

显著性水平 α 下，拒绝域为 $|z|>z_{\alpha/2}$。

【例 8-3】 某公司进行一次新产品研究，其中一个方面是调查新产品将来可能的市场占有率，对 500 名潜在用户调查后发现有 15%的潜在用户回答很可能或绝对可能购买该新产品，公司的其他研究表明，在新产品全面投入市场后，市场占有率必须超过 12%才能保证获利。问是否应该开发这个新产品？(显著性水平为 0.05)检验步骤：

第一步：建立原假设和备择假设。这里 $P_0=12\%$，样本的 $p=15\%$。原假设为市场占有率小于等于 12%，即 $H_0: P \leqslant 12\%$，那么 $H_1: P > 12\%$。

第二步：计算检验的统计量为

$$z=\frac{p-P_0}{\sqrt{p(1-p)/n}}=\frac{15\%-12\%}{\sqrt{15\%\times(1-15\%)/500}}=2.064$$

$$z > z_\alpha = -1.645$$

所以，应该拒绝接受 H_0，即认为可以开发这个新产品。

2. 小样本下总体百分比的检验

(1) 小样本下总体百分比的单边检验。

小样本下总体百分比单边检验的形式为

$$H_0: P \leqslant P_0, \quad H_1: P > P_0$$
$$H_0: P \geqslant P_0, \quad H_1: P < P_0;$$

检验统计量为
$$t = \frac{p - P_0}{\sqrt{p(1-p)/n}}.$$

如果是 $H_0: P \geqslant P_0, \quad H_1: P < P_0$

则拒绝域为 $t < -t_\alpha$

如果是 $H_0: P \leqslant P_0, \quad H_1: P > P_0$

则拒绝域为 $t > t_\alpha$

(2) 小样本下总体百分比的双边检验。

小样本下总体百分比双边检验的形式为

$$H_0: P = P_0, \quad H_1: P \neq P_0$$

检验统计量为
$$t = \frac{p - P_0}{\sqrt{p(1-p)/n}}$$

拒绝域为 $|t| > t_{\alpha/2}$

第六节　数据分析软件 SPSS 的应用

一、数据分析软件 SPSS 简介

SPSS，SAS，BMDP，SYSTAT，Minatab，Statistica，Stata，TSP 等软件都具有较强的统计分析功能。其中，SPSS(Statistical Package for the Social Science)，即社会科学统计软件，SPSS for Windows 是一个组合式软件包，它集数据整理、分析功能于一身。其具体的功能包括：汇总数据、创造合适的统计表格和图表、检验变量之间的关系、执行基于给定数据的假设检验、构造合适的模型。现代计算机的运行速度很快，使得研究人员能够采用各种科学的方法检验出变量之间的关系。但要想正确使用 SPSS，仅学习其软件说明是不够的，在调查与预测中，还要通过管理学、市场营销学、经济学、统计学等学科的知识，去发现数据背后的“真相”，而不是单纯的数据分析。本书以 SPSS for Windows 16.0 为例，简单介绍其应用。

二、利用 SPSS 输入数据

SPSS for Windows 的安装和运行的具体方法可以参考 SPSS 相关书籍。安装完成后，

SPSS for Windows 启动后显示出主界面，主界面上有 11 个菜单栏，如图 8-4 所示。

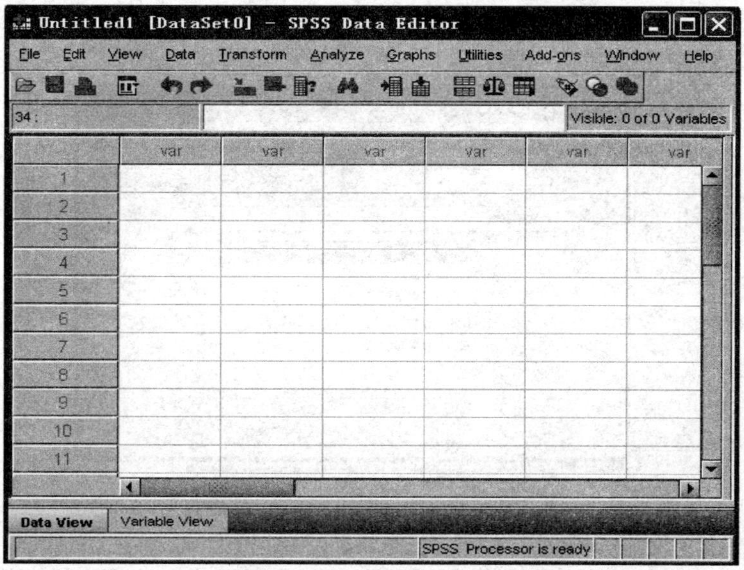

图 8-4 SPSS 主界面

在主界面的左下角有两个观看/选择按钮：①Data View(数据窗口)；②Variable View(变量窗口)。

(一) 用 SPSS 输入数据

在输入数据之前，要先定义变量。单击主界面上的变量窗口，将进入变量定义窗口，如图 8-5 所示，这样，就可以对问卷所得来的所有问题及回答进行定义。其中：

①Name：变量名，一般用问卷中提问项目的关键词。②Type：变量类型，一般用的是 Numeric(数值型)。其列出的 8 种可选的基本变量类型为：数字型(Numeric)、逗号型(Comma)、句点型(Dot)、科学计数型(Scientific Notation)、日期格式型(Date)、美元型(Dollar)、定制货币型(Custom Currency)和字符串行(String)。③Wideth：变量的总宽度。④Decimals：小数位数，一般设置为 0。⑤Lable：变量标签。⑥Values：变量的值(与编码相对应，即对回答项目每类都分配一个数字，单选题、多选题一般是事前编码，开放式问题一般事后编码)。⑦Missing：缺省值。⑧Columns：列宽。⑨Alignment：对齐方式。⑩Measure：量表测量。

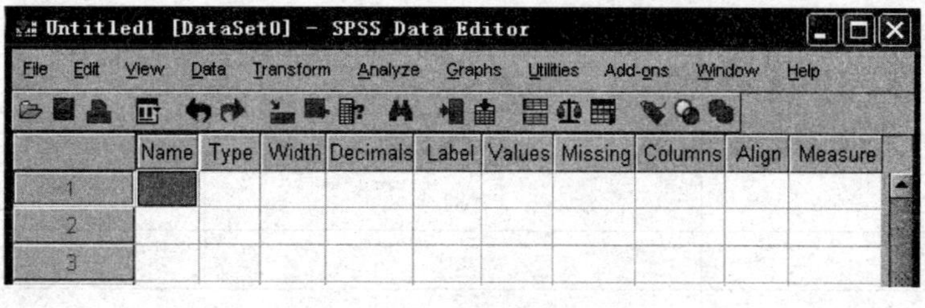

图 8-5 SPSS 变量定义窗口

值得注意的是，Values 输入时，要对应编码进行输入。比如，这样一个问题：“你是否喜欢使用玉兰油滋润霜?”有这样几个选项：1.非常不喜欢；2.不喜欢；3.无所谓；4.喜欢；5.非常喜欢。在 Value 值栏定义的变量的值如图 8-6 所示。

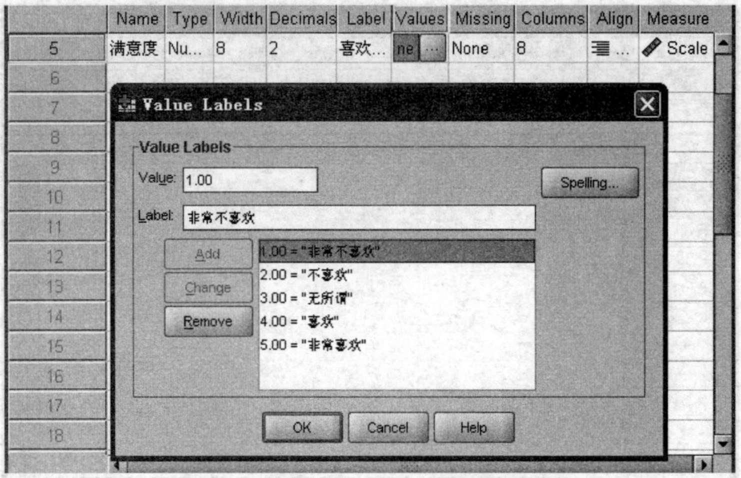

图 8-6　SPSS 定义变量的 Values 属性视图

定义好变量的属性之后就可以输入数据了。每一行记录着一个调查样本的所有回答情况的资料。输入完成后,单击"File"选择"Save",就可以将文件保存为".save"的数据文件。

(二) 用 SPSS 读取外部文件

在很多地方我们可能得到的是其他格式的数据,如经常会采用 Excel 格式、文本格式等输入数据。要使得这些数据方便地读入 SPSS,可以有多种方式,在数据量不大的情况下最简便的方法是:复制+粘贴。如果数据量比较大,可以直接导入 Excel 数据:用鼠标点击"File→Open→Date",将文件类型改成"Excel(＊.xls)",找到要打开的文件名。在随后的对话框中选择要打开的数据表,根据需要再给定数据区域。

值得注意的是,将 SPSS 导入的数据要仔细检查有没有数据丢失和错误的现象。

三、利用 SPSS 对数据进行整理

(一) 用 SPSS 对数据排序、筛选

1. 排序

【例 8-4】　某企业的销售额和广告投入数据如表 8-8 所示。

表 8-8　某企业的销售额和广告收入数据

季度 i	销售额 y (10 万元)	广告费 x (万元)
1	28	25
2	31	28
3	50	34
4	53	38
5	61	47
6	70	62

如果要对数据按“销售额”进行排序，则鼠标选择“Data→Sort Cases”，会弹出如图 8-7 所示的对话框，选中对话框左边矩形框中的“销售额”，单击中间的箭头，把这个变量移至右边的矩形框中。再选择排序方式（升序或降序），点击“OK”就可以了。

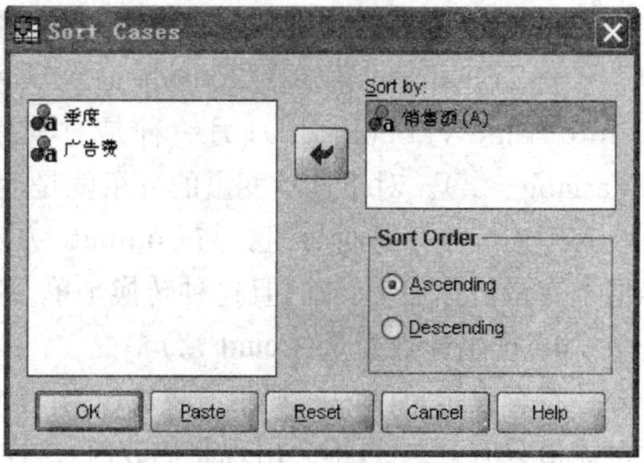

图 8-7　SPSS 数据排序视图

2. 筛选

仍以上述数据为例，假如我们要筛选出销售额在 50 万元以上的季度进行分析，选择“Data→Select Cases”，进入“Select Cases”对话框，如图 8-8 所示，选择“If conditions is satisfied”然后单击“If”按钮进入 If 对话框，如图 8-9 所示，在该对话框中的条件表达式栏中输入“销售额>50”的条件表达式，单击“Continue”按钮，在“Select Cases”对话框中单击“OK”按钮。筛选的结果如图 8-10 所示：未被选中的观测行号被打上的反斜杠。这样，在随后的分析中就只会对筛选出的变量进行分析了。

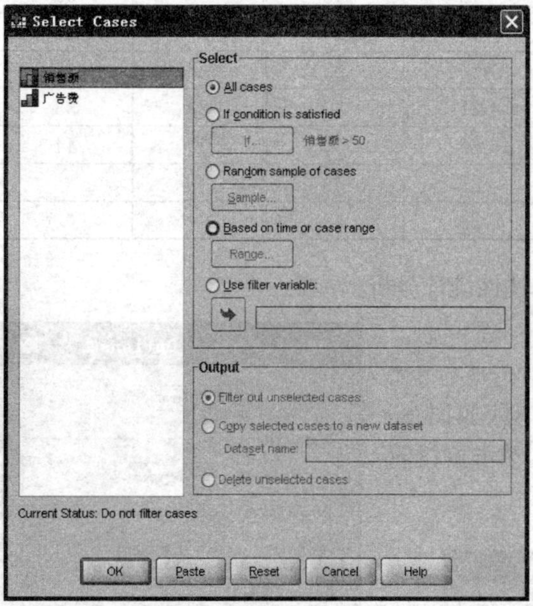

图 8-8　“Select Cases”对话框

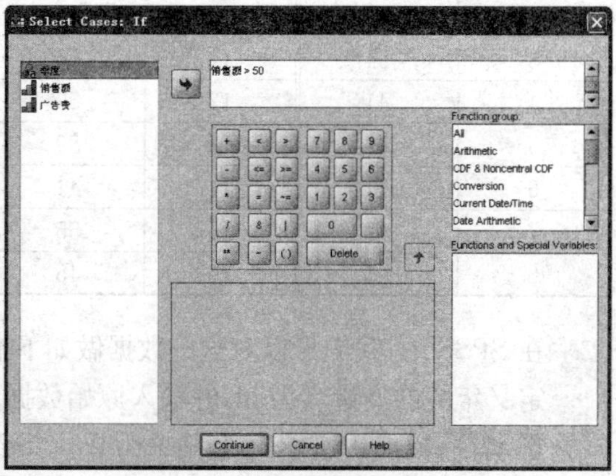

图 8-9　“If”对话框

	季度	销售额	广告费	filter_$
1	1	28	25	0
2	2	31	28	0
3	3	50	34	0
4	4	53	38	1
5	5	61	47	1
6	6	70	62	1

图 8-10　筛选结果

（二）用 SPSS 生成新的变量

在“transform”菜单下，便可以根据已有变量生成新的变量，有以下的命令操作：

1. 利用算术符号和函数生成新变量(Compute)

假设某问卷回答项目 5、4、3、2、1 分别代表非常满意、满意、一般、不满意、很不满意。运行 Compute：新变量=6−原来变量，则 5、4、3、2、1 就转化成 1、2、3、4、5。

2. 用新变量代表名次(Rank Cases)

比如：对总成绩进行排名，分数最高的排在第一名。

3. 连续变量离散化(Recode)或变量的重新赋值

选 Transform 菜单的 Recode 命令项,此时有两种选择:一种是对变量自身重新赋值(Into Same Variables ...);另一种是对其他变量或新生成的变量进行赋值(Into Different Variables ...)。对于连续变量的分组就是运用这个命令。比如将个人的背景信息中的年龄、收入等连续变量进行分组。与 Compute 方法不同的是:Recode 方法不能进行运算,只能根据指定变量值作数值转换,且这种转换是单一数值的转换。

4. 产生计数变量(Count ...)

符合设定范围内的观测值将被设为 1,不符合设定范围内的观测值将被设为 0,新变量的可能值只有 0 与 1,不会出现其他数值,这样就可以计算出合乎条件的频数资料。

四、利用 SPSS 进行描述性统计分析

【例 8-5】 现有某个企业 30 个职工的年龄如表 8-9 所示。

表 8-9 某企业职工年龄数据表

工号	年龄	工号	年龄	工号	年龄	工号	年龄
1	48	9	42	17	51	25	53
2	49	10	35	18	43	26	50
3	54	11	56	19	50	27	36
4	41	12	59	20	35	28	42
5	38	13	59	21	37	29	33
6	41	14	41	22	37	30	44
7	42	15	55	23	39		
8	41	16	45	24	49		

在 SPSS 中,我们可以对这一数据做如下描述性统计分析:

定义年龄的变量名为 nl,并输入原始数据。

选择[Analyze]⟶[Descriptive Statistics]⟶[Descriptives ...],打开[Descriptives]主对话框(如图 8-11 所示)。在主对话框左边列表中选定变量 nl,单击按钮使之进入[Variables(s)]列表框。

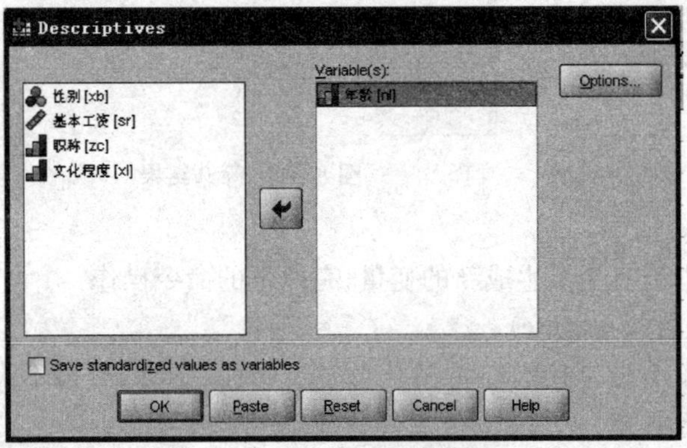

图 8-11 [Descriptives]主对话框图

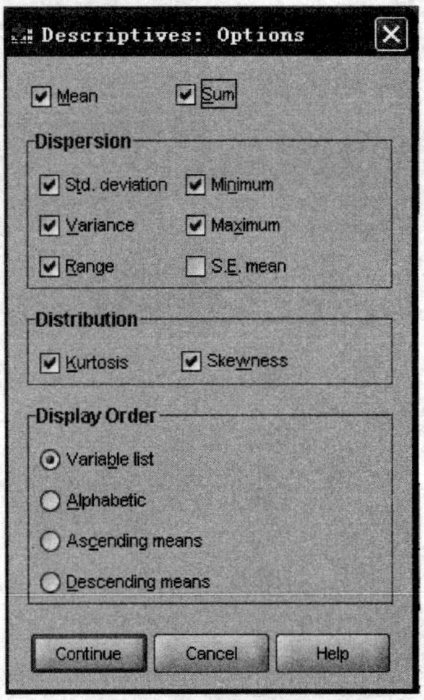

图 8-12 [Descriptives: Options]子对话框

单击[Options ...]按钮，打开[Descriptives: Options]子对话框，如图 8-12 所示。选择均值(Mean)、总和(Sum)、标准差(Std. deviation)、方差(Variance)、极差(Range)、最小值(Minimum)、最大值(Maximum)、偏度(Skewness)和峰度(Kurtosis)，选好后单击[Continue]按钮返回[Descriptives]主对话框，再单击[OK]按钮即可得到各种统计量的计算结果，如表 8-10 所示。

表 8-10　Descriptive 结果输出表

Descriptive Statistics

	N	Range	Minimum	Maximum	Sum	Mean	Std. deviation	Variance	Skewness		Kurtosis	
	Statistic	Statistic	Statistic	Statistic	Statistic	Statistic	Statistic	Statistic	Statistic	Std. Error	Statistic	Std. Error
年龄	30	26.00	33.00	59.00	1 345.00	44.833 3	7.469 86	55.799	0.364	0.427	0.909	0.833

以上结果没有给出中位数、众数等统计量，可以在频数(率)分析时增加选项计算相应的统计量，具体操作步骤如下：

定义工人编号和年龄的变量名分别为 zgh 和 nl，然后输入变量 zgh 和 nl 的原始数据。

选择[Analyze]⟶[Descriptive Statistics]⟶[Frequencies ...]，弹出[Frequencies]主对话框(如图 8-13 所示)。现对 nl 进行频数分析，在对话框左侧的变量列表中选 nl，单击按钮使之进入。

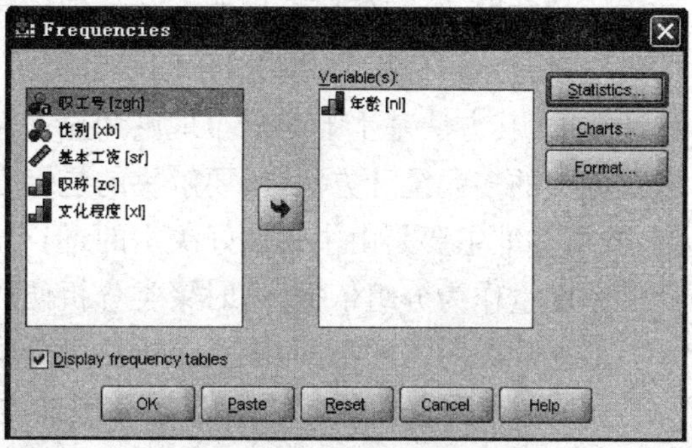

图 8-13　[Frequencies]主对话框

单击[Statistics ...]按钮，弹出[Frequencies: Statistics]子对话框，并单击相应项目。本例中选择均值(Mean)、中位数(Median)、众数(Mode)、总和(Sum)、标准差(Std. deviation)、方差(Variance)、极差(Range)、最小值(Minimum)、最大值(Maximum)、偏度(Skewness)和峰度(Kurtosis)，选好后单击[Continue]按钮返回[Frequencies]主对话框，再单击[OK]按钮即可得到各种统计量的计算结果(如表 8-11 所示)。

表 8-11　Frequencies 结果输出表

Frequencies Statistics

年龄	N		Mean	Std. Error of Mean	Median	Mode	Std. deviation	Variance	Skewness	Std. Error of Skewness	Kurtosis	Std. Error of Kurtosis	Range	Minimum	Maximum	Sum
	Valid	Missing														
	30	0	44.833 3	1.363 80	42.500 0	41.00	7.469 86	55.799	0.364	0.427	0.909	0.833	26.00	33.00	59.00	1 345.00

第七节　数据处理的数理统计方法

对于小样本的调查数据资料的分析，仅用常用数据分析方法就足够了。但是对大样本的调查资料的分析，为了进一步挖掘出数据间更深层的联系，对调查资料进行必要的深度分析是必不可少的。这里我们主要介绍相关分析、聚类分析、方差分析等几种常用的数理统计方法，并通过 SPSS 进行演示，说明他们在大型市场调查中的应用。

一、聚类分析法

1. 基本概念

聚类分析(Cluster Analysis)是根据事物本身的特性研究个体的一种分类方法，目的在于将相似的事物归类。聚类分析的原则是同一类中的个体有较大的相似性，不同类的个体差异很大。它可以根据变量在性质上的亲疏程度对变量进行分类，但更多的应用是将个体或样本按它们的性质的亲疏程度分类，使同类的事物相对于某些变量来说是相同的、相似的或同质的；而类与类之间却有着显著的差异或是异质的。

聚类分析和判别分析主要的区别在于：判别分析是在已知研究对象分类的情况下，利用某种技术建立函数式，然后对某些个体进行判断以将之正确地归入其中的某一类；而聚类分析则是在变量或样本在没有任何分类的情况下，即使类别的个数一般也是未知的，分析的依据就是原始的数据，没有任何事先的有关类别信息可参考。

与多元回归分析、判别分析、因子分析等多元统计方法不同，聚类分析并不是一种纯粹的统计技术，其方法基本上与分布理论和显著性检验无关，一般不从样本推断总体。它作为一种进行分类的多元统计方法，所要解决的是综合分类及客观分类问题。通常分类仅限于单个度量，分类标准主要是由主观偏好决定的，但有时本身样本很多，分类无法可依，很难确定应该选择哪个度量作为分组依据，这时聚类分析便成为一种很好的选择。

根据分类对象的不同，聚类分析法可分为样本聚类和变量聚类两种。

(1) 样本聚类在统计学中称为 Q 型聚类，这是在实际调查分析遇到较多的聚类问题。如根据消费者的生活方式把消费者分成几类；根据观众看电视的偏好把观众分成几类等等。

(2) 变量聚类在统计学中称为 R 型聚类，反映事物特点的变量很多，我们往往根据所研究问题选择部分变量对事物的某一方面进行研究。

SAS、SPSS 等统计软件所提供的聚类分析方法就是 Q 型聚类问题的系统聚类法。

系统聚类分析一般以自下而上的方式进行，先把距离最近的样本归到一类，然后把距离最近的类并成一类。假设选定 n 个指标，则每个研究对象的指标都是一个 n 维向量，或者说是一个 n 维空间点。聚类过程开始时，每个点被视为一类；通过计算样本间的距离或相似系数，把其中相似的类合并为一类，合并后，类的数目要减少为 $n-1$ 个；重新计算类与类间的距离或相似系数，再选择其中最相似的两类进行合并归为一类……经过逐次合并，使类的个数下降到某个标准为止。这个聚类过程可以用聚类图(树图)形象地描述出来。

2. 聚类分析法在市场研究中的作用

(1) 细分市场。市场细分的过程就是将各种消费者划分为同质的类别或部分，市场细分所用的变量由研究的目的所决定，一般可用背景、生活形态、产品使用、消费行为、消费心理等变量。

(2) 市场机会研究。按照同一类的产品或品牌聚类，可将竞争的产品或品牌分类。竞争更为激烈的会在同一类内。通过比较和分析自己目前的情况和竞争对手的情况，就有可能发现潜在的新产品市场机会。

(3) 消费者心理和行为研究。同一类别的消费者或购买者可能有着相似的购买行为或购买动机，通过对不同类别的消费者的研究，可以深入地探讨各类消费者的消费行为和心理。

(4) 实验市场的选择。为了推出某项新的市场策略，如开发新的产品、推出新的促销方式、展示新的广告创意等，需要进行事先的实验。通过聚类分析，可将实验的对象(商场、城市、居民区等)分成同质的几个小组，作为实验组和控制组。

(5) 设计抽样方案。大规模的抽样调查，常常采用分层抽样，以提高抽样的精度。例如，在调查某市居民使用空调情况的抽样方案中，常常按一些影响消费水平和消费行为的变量对消费者进行分层，然后在各层中再实现多级抽样，分层所采用的方案之一就是聚类分析。

(6) 作为多元分析的预处理。通过聚类分析可以达到简化数据的目的，将众多的样本先聚集成比较好处理的几个类别或子集，然后再进行多元分析。例如，在回归分析中，有时不对原始数据进行拟合，而是对这些子集的中心进行拟合，可能会更有意义。又比如，为了研究不同的消费群体的消费行为特征，可以先聚类，然后再利用判别分析进一步研究各个群体之间的差异。

3. 样本间的相似性或距离测度

为了得到比较合理的分类，首先要采用适当的指标来定量地描述研究对象(样本或变量，通常是样本)之间联系的紧密程度。常用的指标有“距离”和“相似系数”。设观测数据为 X_{it} $(i=1, \cdots, n;\ t=1, \cdots, m)$，用 d_{ij} 表示 i 个样本 X_i 与 j 个样本 X_j 之间的距离，可定义以下 5 种距离和 1 种常用相似系数：

(1) 欧氏距离(Euclidean distance)

$$d_{ij}=\sqrt{\sum_{t=1}^{m}(X_{it}-X_{jt})^2}\quad (i, j=1, \cdots, n)$$

(2) 欧氏距离的平方(Squared Euclidean distance)

$$d_{ij}=\sum_{t=1}^{m}(X_{it}-X_{jt})^2\quad (i, j=1, \cdots, n)$$

(3) 绝对值距离(Block)

$$d_{ij}=\sum_{t=1}^{m}|X_{it}-X_{jt}|\quad (i, j=1, \cdots, n)$$

(4) 切比雪夫距离(Chebychev distance)

$$d_{ij}=\max_{1\leqslant t\leqslant m}|X_{it}-X_{jt}|\quad (i, j=1, \cdots, n)$$

(5) 幂距离(Power or Customized distance)

$$d_{ij}=\left[\sum_{t=1}^{m}(X_{it}-X_{jt})^p\right]^{\frac{1}{r}}\quad (i, j=1, \cdots, n)$$

常用的相似指标 S (similarity)有余弦系数(Cosine)，即

$$S=\left(\sum_{t=1}^{m}X_{it}X_{jt}\right)\Big/\sqrt{\left(\sum_{t}X_{it}^2\right)\cdot\left(\sum_{t}X_{jt}^2\right)}\quad (i, j=1, \cdots, n)$$

4. 常用的系统聚类法

在系统聚类刚开始时，样本类间距离与样本间距离是等价的，而后它们就不同了，因此还需要再定义反映样本类间相似性度量的类间距离或相似系数。几种常用的系统聚类方法：

(1) 最短距离法(Nearest Neighbor)。这种方法也叫单一连接法,两个类间的距离定义为分别来自两个类中的元素对之间的最短距离,并依此类间距离选择最“靠近”的类来合并。

(2) 最长距离法(Furthest Neighbor)。这种方法也叫完全连接法,两个类间的距离定义为分别来自两个类中的元素对间的最远距离,并依次类间距离选择最“靠近”的类来合并。

(3) 中间距离法(Medina Clustering)。这种方法也叫平均连接法,两类之间的距离不取两类中元素对之间的最短距离,也不取最远距离,而是取介于最短距离和最远距离之间的平均距离,并依此类间距离选择最“靠近”的类来合并。

(4) 沃德法(Ward's Method)。这种方法也叫方差法,它是由 Ward 在 1936 年提出来的。其分类思想和基本方差分析相似,即在分类的过程中,使类内元素间的离差平方和尽可能地小,而类间的离差平方和尽可能地大。Ward 法实际上就是使离差的平方和 S 达到最小的分类。聚类刚开始时,先将每个样本看成一类,此时的 $S=0$,然后将其中的两类合并。因为减少一类 S 值就要增加,所以要选择合并的两类应是使 S 值增加得最小的两类,这样反复进行合并,直至所有的样本聚合为所要求的类数。

(5) 重心法(Centroid Clustering)。其优点是在定义类间的距离时充分考虑了样本中每一类所包含的样本数目。它把样本类间的距离定义为这两类的重心间的距离,而每一类样本的重心就是该类样本的均值。其后面类间的合并过程基本与最短距离、最远距离、中间距离法相类似。

(6) 类间平均连接法(Between-Group Linkage)。在该方法中合并两类的结果使所有的两两元素对间的平均距离最小,元素对的两个成员间分别属于不同的类。这种方法中使用的各对元素间的距离,即非最远距离,也非最近距离。

(7) 类内平均连接法(Within-Group Linkage)。在该方法中若当两类合并为一类后,合并的类中的所有项之间的平均距离最小。两类间的距离即是合并后的类中所有可能的宏观测量对之间的平均距离。

5. SPSS 聚类分析的示例

在 SPSS 所提供的聚类分析方法中,最常见的就是用以完成系统聚类的分层聚类法。通常情况下,所有统计软件(如 SPSS)在进行系统聚类之前都有一个 Proximitic 过程,它是先根据反映各类特性的变量原始数据进行预处理,即利用标准化方法对原始数据进行一次转换,并进行相似性测度或距离测度。然后 Cluster 过程根据转换后的数据进行聚类分析。

【例 8-6】 某公司想推行一个新的促销方案,为了在既定的预算内达到最好的促销效果,该公司准备把现有的 20 个地区市场分成 5 类,根据各类市场的特点进行有针对性的促销活动。表 8-12 是公司收集的有关各市场的基本市场信息,包括该公司现有产品的销售情况、目标市场的人口数量以及人均可支配的收入。在进行聚类分析时要求样本间距用欧氏距离,类间距离采用最短距离法。

表 8-12 公司获得的市场信息数据表

市场	产品销售量(千台)	目标人口(万人)	人均可支配收入(百元)
1	50	20	56
2	91	65	58
3	36	30	14

（续表）

市场	产品销售量(千台)	目标人口(万人)	人均可支配收入(百元)
4	165	56	59
5	25	12	45
6	36	30	36
7	78	59	78
8	25	10	23
9	124	50	24
10	36	30	68
11	148	25	100
12	145	33	105
13	258	100	35
14	98	26	42
15	123	58	26
16	256	87	59
17	236	110	46
18	45	23	23
19	78	46	69
20	101	36	66

建立数据文件，定义变量：市场、销售台数、目标人口、人均可支配收入的变量名为 area、sale、popu、income，然后输入原始数据，如图 8-14 所示。从“Analysis”菜单→“Classify”中的“Hierarchical Cluster”项，弹出 Hierarchical Cluster Analysis 对话框。从对话框的左侧的变量列表中选 sale、popu、income 点击向右的箭头按钮使之进入 Variable(s)框中；在 Cluster 处选择聚类类型，其中 Cases 表示观察对象聚类，Variables 表示变量聚类，本例选择 Cases，如图 8-15 所示。

	area	sale	popu	income
1	1	50	20	56
2	2	91	65	58
3	3	36	30	14
4	4	165	56	59
5	5	25	12	45
6	6	36	30	36
7	7	78	59	78
8	8	25	10	23
9	9	124	50	24
10	10	36	30	68
11	11	148	25	100
12	12	145	33	105
13	13	258	100	35
14	14	98	26	42
15	15	123	58	26
16	16	256	87	59
17	17	236	110	46
18	18	45	23	23
19	19	78	46	69
20	20	101	36	66

图 8-14　录入 spss 的数据文件

点击“Statistics”按钮，弹出 Hierarchical Cluster Analysis：Statistics 对话框，选择 Proximity matrix，要求显示邻近距离矩阵，如图 8-16 所示。点击“Continue”按钮返回 Hierarchical Cluster Analysis 对话框。本例要求系统输出聚类结果的树状图，因此需点击“Plots”按钮弹出 Hierarchical Cluster Analysis：Plots 对话框，选择 Dendrogram 项，如图 8-17 所示。点击“Continue”按钮返回 Hierarchical Cluster Analysis 对话框。

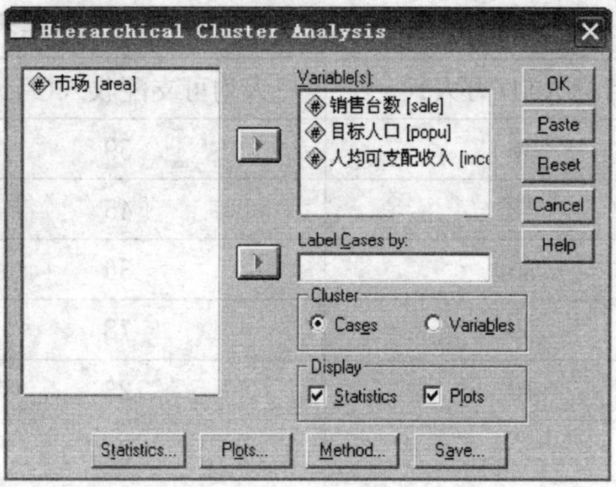

图 8-15　聚类分析变量选择对话框

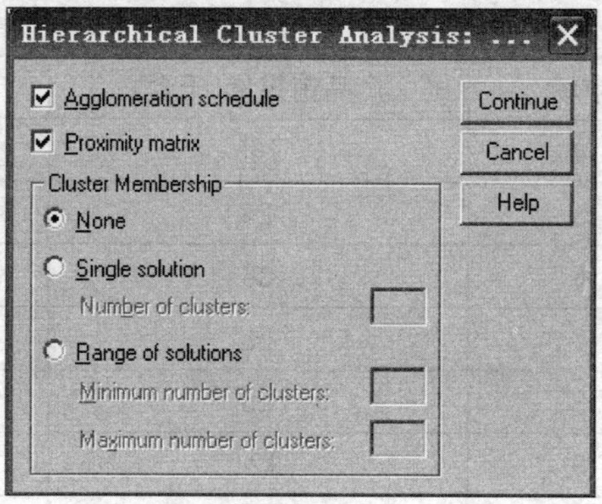

图 8-16　聚类分析统计选择对话框

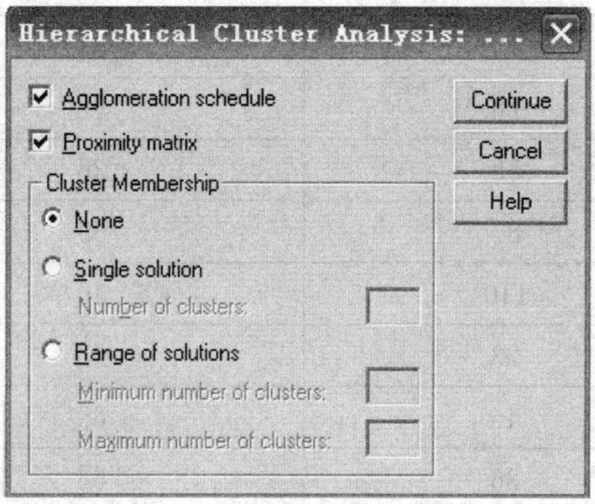

图 8-17　聚类分析图例选择对话框

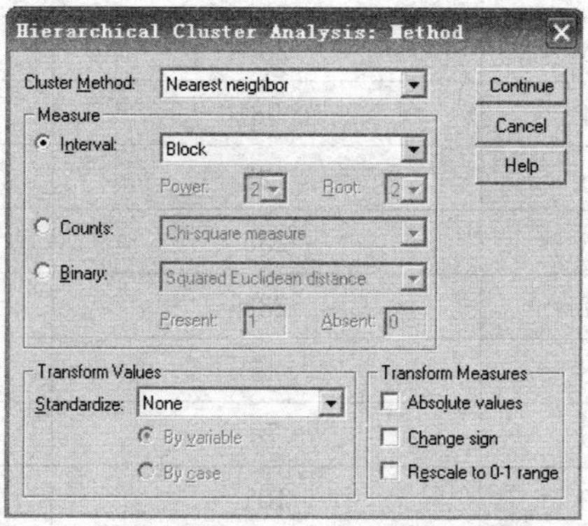

图 8-18　聚类分析方法选择对话框

点击"Method"按钮弹出 Hierarchical Cluster Analysis：Method 对话框，系统提供了 7 种聚类方法可供用户选择，本例选择最短距离法。在对样本间距离测度时，系统提供了 8 种方法供用户选择，本例选择绝对距离法（Block），如图 8-18 所示。点击"Continue"按钮返回 Hierarchical Cluster Analysis 对话框，再点击"OK"按钮即完成分析。

本例经过 SPSS 分层聚类分析后结果如表 8-13、表 8-14 和图 8-29 所示。

表 8-13　数据处理的基本信息

Cases 观测量					
Valid 有效值		Missing 缺失值		Total 合计	
N 个数	Percent 百分比	N 个数	Percent 百分比	N 个数	Percent 百分比
20	100.0	0	0	20	100.0

注：single linkage 单一连接法。

表 8-14　聚类的凝聚过程表

聚类步顺序号	合并的类		合并的类	合并项第一次出现的聚类步序号		下步合并序号
	类 1	类 2		类 1	类 2	
1	9	15	11.000	0	0	16

（续表）

聚类步顺序号	合并的类		合并的类	合并项第一次出现的聚类步序号		下步合并序号
	类 1	类 2		类 1	类 2	
2	11	12	16.000	0	0	18
3	7	19	22.000	0	0	9
4	3	6	22.000	0	0	6
5	5	8	24.000	0	0	8
6	3	18	25.000	4	0	7
7	3	10	32.000	6	0	8
8	3	5	33.000	7	5	10
9	7	20	36.000	3	0	11
10	1	3	36.000	0	8	15
11	7	14	37.000	9	0	13
12	13	16	39.000	0	0	14
13	2	7	39.000	0	11	15
14	13	17	43.000	12	0	19
15	1	2	59.000	10	13	16
16	1	9	68.000	15	1	17
17	1	4	77.000	16	0	18
18	1	11	86.000	17	2	19
19	1	13	122.000	18	14	0

结果解释说明如下：表 8-12 说明共有 20 例样本进入聚类分析，采用相关距离测度技术。由于本例中的各样本间的绝对值距离矩阵表数据比较多，这里将其省略，在表 8-13 中详细地显示了类间最短距离法合并的进程。在本例聚类过程中一共有 19 步合并步骤，即第一步是第 9 类市场与第 15 类市场合并，第二步是第 11 类市场与第 12 类市场合并，…，第十九步是第 1 类市场与第 13 类市场合并。

图 8-19 用更为直观的聚类树状关系图表示了本例中的 20 类市场聚合的先后顺序，而且从图中我们可以清楚地看出，20 类市场经过 19 次合并后聚合为一类市场。同时，根据本例把 20 类市场分成 5 类市场的具体要求，我们可以在这个聚类树状关系图上部的标尺线上立刻查到类间距离 10～15 之间对应着 5 条谱线，及相应各类的具体构成元素。本例所聚合成的 5 类市场具体是：第 13、16、17 类市场合并为一类，第 11、12 类市场合并为一类，第 4 类市场单独为一类，第 5、9 类市场构成一类，其余的 12 类市场合并为一类。

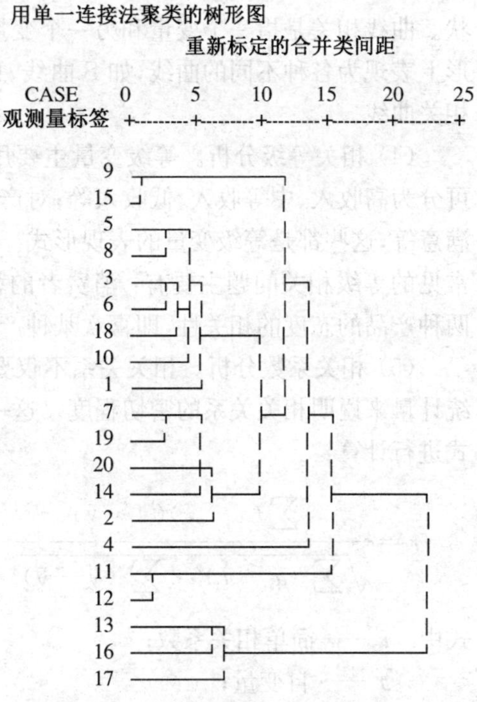

图 8-19 最短距离聚类树形图

二、相关分析法

1. 基本概念

相关分析是通过对变量之间的相关系数的计算、分析来研究调查资料中变量之间关系的有无，及相关程度的大小的一种统计分析方法。与精确的一一对应的函数关系相比较，相关关系所研究的变量之间的依存关系不是确定的，即不能用变量的数值来精确地求出因变量的数值。比如，居民非商品支出与文化生活服务支出之间的关系。非商品支出多，其文化生活服务支出也就多，但这二者之间并没有精确的数量关系，只是一种依存关系。

相关分析的目的就是对现象之间的相互关系的密切程度和变化规律，有一个具体的数量观念，找出相互关系的模式，以便做出准确的判断，进行统计预测和推算，为制定经营计划和运筹远景提供资料。相关关系的分析一般包括以下几方面内容：

(1) 相关方向分析。从变量相关方向来区分，有正相关、负相关和零相关。如一个变量变动时，另一个变量也向同一方向变动，这叫正相关。如两个变量的变动方向相反，则这两个变量负相关。当一种变量变动，另一变量不发生变动或有变化也无规律可循，这叫零相关。

(2) 相关关系分析。从变量变动所涉及的关系来分，有简单相关和偏相关。简单相关仅涉及两种变量之间的关系，又叫单相关。例如，企业的美誉度与知名度之间的相关性问题。偏相关则表示一个变量同时与两个以上的变量之间的相互关系，又叫多重相关，因此偏相关分析就是在研究两个变量之间的线性相关时，控制可能对其产生影响的变量。例如，我们研究销售额与人口数、总收入之间的关系，人口数量的多少、总收入的大小都会影响销售额。对于偏相关一般采用统计软件进行。

(3) 相关形式分析。从变量之间的相互关系的表现形式来分，有直线相关和曲线相关。直线相关是指一个变量发生变动时，另一个变量随之发生大致均等的变动，在图形上近似直线状。曲线相关是指一个变量和另一个变量相关，但是关系不是用直线而是用曲线描述。在图形上表现为各种不同的曲线，如 S 曲线、J 曲线等，如产品生命周期曲线就是一个典型的曲线相关曲线。

(4) 相关等级分析。等级变量主要用于说明不同程度之间的顺序关系，如消费者的收入可分为高收入、中等收入、低收入等；对产品的喜欢程度可分为完全满意、比较满意、一般、不太满意等，这些都是等级变量的表现形式。等级相关就是要找出两个等级变量之间的相互关系。常见的等级相关问题主要有：消费者的教育程度是否影响他们对某种产品的态度；消费者对两种产品的态度的相关性，即喜欢某种产品的人是否也喜欢另一种产品，或者相反等。

(5) 相关系数分析。相关关系不仅要确定变量之间是否存在相关关系，还要计算出一个统计量来说明相关关系的密切程度。这一统计量就是相关系数，简单相关系数一般依以下公式进行计算：

$$r=\frac{\sum(x-\bar{x})(y-\bar{y})}{\sqrt{\sum(x-\bar{x})^2\cdot\sum(y-\bar{y})^2}}=\frac{n\sum xy-\sum x\cdot\sum y}{\sqrt{n\sum x^2-(\sum x)^2}\cdot\sqrt{n\sum y^2-(\sum y)^2}}$$

式中 r ——简单相关系数；

x ——自变量；

$\bar{x}$ —— x 的平均值；

$\bar{y}$ —— y 的平均值。

相关系数只是把客观上存在的关系用一定的数值表现出来，它只说明了有相关关系，而不能肯定它们之间是因果关系，这一点在我们用抽样法研究总体特点时表现很明显。由于实际抽样中的数据总是存在误差，所以样本中两变量间的相关系数为 0，也不能说明总体中两个变量的相关系数为 0。同样，样本中两变量间相关系数不为 0，也不能保证实际中这两个变量是相关，因此相关分析必须经过检验。

2. SPSS 进行相关分析的示例

【例 8-7】 在激烈的市场竞争中，许多厂家都在用调整价格的方法来促进产品的销售。某家服装代理商想在制订新的价格政策之前，明确地知道价格与产品的销售量间的相关性，为此公司收集了过去部分销售资料，数据如表 8-15 所示。

表 8-15 服装价格与销售量数据表

价格(P)/元	150	156	178	145	136	156	210	168	136	178	168
销售量(S)/件	210	223	150	230	300	236	136	189	380	265	236

本例中，我们仅研究服装价格与销售量的关系，而不考虑其他方面对二者关系的影响。将价格 P 作为自变量，销售量 S 作因变量，将数据输入到数据文件中，如图 8-20 所示。

从菜单“Analysis”→“Correlate”→“Bivariate”，打开双变量相关分析的主对话框（“Bivariate Correlate”），如图 8-21 所示。在左侧的源变量栏中选择“价格[P]”和“销售量[S]”，进入变量栏（“Variables”），其余使用系统默认值，点击“OK”运行即可。

	P	S
1	150	210
2	156	223
3	178	150
4	145	230
5	136	300
6	156	236
7	210	136
8	168	189
9	136	380
10	178	165
11	168	236

图 8-20 录入 SPSS 的数据文件

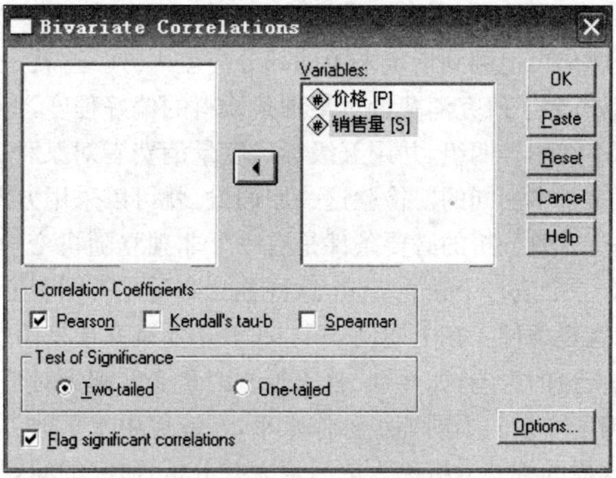

图 8-21 双变量相关分析的主对话框

经过 SPSS 程序运行最终输出的结果如表 8-16 所示。

对输出的相关系数表进行分析，Pearson 相关系数为 −0.825，表示价格与销售变量间变化方向是相反的。同时 SPSS 系统在对本例进行假设检验时，是以 1%为显著水平检验的，它所计算的假设价格与销售量间的相关系数为 0 的概率 $p=0.2\%$，由于这个概率小于 1%，因而我们可以说在本例中价格与销售量是呈负相关的，而且还具有较显著的相关性。

表 8-16 相关系数

相关因素		价格	销售量
价格	安尔逊相关系数	1.000	−0.825*
	显著性概率(双尾检测)	0.0	0.002
	N 观测量数目	11	11
销售量	安尔逊相关系数	−0.825*	1.000
	显著性概率(双尾检测)	0.002	0.0
	N 观测量数目	11	11

* 1%显著水平下(双尾检测)的相关系数。

三、方差分析法

1. 基本概念

在市场调查中,经常要考察某一现象的影响因素,并对这些因素的影响程度进行鉴别。如在调查分析中经常研究消费者对品牌的购买倾向是否受不同价格水平和不同的分销渠道的影响,品牌销售量是否受广告投入(高、中、低)和价格水平(高、中、低)影响等问题时,就需要用到方差分析方法。

方差分析是一种用于检验一些因素的影响是否显著的定性统计方法,确切地说,它主要是通过检验两个或两个以上的样本均值是否相等来分析各效应的显著性,即方差的齐次性。在检验时的原假设一般是所有的均值相等。严格讲,"方差分析"所分析的并非方差,而是研究数据的"变异",是在可比较的数据组中,把总的变异按各指定的变异来源进行分解的一种技巧。对变异的度量,可以说唯一有效的方法是离差平方和。方差分析的方法就是从总的离差平方和中分解出可追溯到指定来源的部分离差平方。这就是方差分析的基本思想。

例如,为了研究消费者对某种茶饮料的偏好程度,将消费者分为经常饮用、一般饮用、少量饮用和不饮用等四组,并用五级标尺度量消费者对某种茶饮料的喜好程度。H_0:四组在偏好程度上是基本相同的。检验这一原假设,就可以采用方差分析方法。

进行方差分析的必要条件是有一个非独立随机变量,这个非随机变量是定距或定比型变量,还有一个或多个独立变量,这些独立变量是类别型变量,被称为因素变量,它们是影响变量变化的客观条件。在上述例子中,非独立随机变量是消费者对某种茶饮料的偏好程度,因为它受其他变量的影响,如性别、收入等。因素变量则为对消费者进行分组的类别变量,如性别、用量等,因素变量的不同等级称作水平,在此例中水平数为 4。如果所研究的问题只涉及一个因素,则这样的方差分析称为单因素方差分析,研究的问题涉及一个以上的因素则称为多因素分析。在此例中,如果我们进一步对男性消费者和女性消费者的偏好程度分别进行研究,就要引入两个类别变量。一个是性别,它的水平数为 2;另一个为使用量,它的水平数为 4,此时要进行的就是双因素方差分析。

2. 单因素方差分析

在市场调查中,经常需要考察一个独立变量 X,即单因素对非独立随机变量 Y 的影响的显著性,也即是检验 X 定义的不同组关于 Y 的均值是否相等。在一般情况下几组均值是不等的,这种不等可能是由于这几组数据对应的总体均值的确存在差异,也可能是由于这几组数据的随机波动造成的。至于多因素方差分析方法具体可参见各类统计书籍。

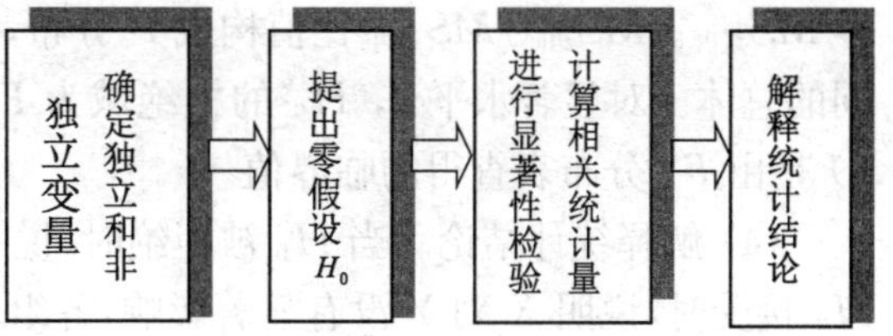

图 8-22 单因素方差分析过程

单因素方差分析过程图 8-22 所示。

(1) 确定独立和非独立变量。对某一个问题我们考虑一个因素 X，即独立变量，它有 k 个水平，记为 X_1，X_2，…，X_k。在每组水平下进行观察，可得到非独立变量 Y 的观测值 X_{ij}，$i=1, 2, \cdots, n_j$；$j=1, 2, \cdots, k$。全部数据结构如表 8-17 所示。这样每个组的样本容量为 n_j，总的样本容量即为 $N=n_1+n_2+\cdots+n_k$。

表 8-17 样本分配表

	独立变量 X（因素，即定类变量）				
	1	2	3	…	k
1	x_{11}	x_{12}	x_{13}	…	x_{1k}
2	x_{21}	x_{22}	x_{23}	…	x_{2k}
…	…	…	…	…	…
n_j	$x_{n1,1}$	$x_{n2,2}$	$x_{n3,3}$	…	$x_{nk,k}$

(2) 提出零假设 H_0。H_0：$\mu_1=\mu_2=\cdots=\mu_k$，即各组均值相等。

(3) 计算相关统计量，在给定显著性水平 α 下进行显著性检验。首先要求出关于 Y 的总离差：$SS_{总}=\sum\sum(y_{ij}-\bar{Y})^2$。$SS_{总}$又记作 SS_y，$\bar{Y}$ 是样本均值。由于总离差只源于每组的组内离差和组间离差，经数学推导，总离差可以分解为两部分：$SS_{总}=SS_{组内}+SS_{组间}$。$SS_{组间}$反映的是组与组之间 Y 的变化，它与 X（组）密切相关，记作 SS_x。$SS_{组内}$ 又记作 SS_e，反映的是由 X 定义的各组内 Y 的变化，它与 X（组）无关，是 Y 的观察值在组内变化程度的度量，是由抽样随机误差造成。故总的离差又可表示为 $SS_y=SS_x+SS_e$。在方差分析中，抽样的随机误差项假定是服从均值为 0、方差为固定常数的正态分布，它与组无关，同时，误差之间是彼此独立的。

$$SS_y=\sum_i\sum_j(y_{ij}-\bar{Y})^2,\quad SS_x=\sum_j n_j(\bar{Y}_j-\bar{Y})^2,\quad SS_e=SS_y-SS_x$$

式中 $\bar{Y}$——总平均值；

$\bar{Y}_j$——第 j 组平均值；

y_{ij}——观察值。

将 $SS_{组间}$、$SS_{组内}$ 和 $SS_{总}$ 除以各自的自由度得到均方 MS，$MS_{组间}=SS_{组间}/(k-1)$，是组间均方；$MS_{组内}=SS_{组内}/(N-k)$，是组内均方；$MS_{总}=SS_{总}/(N-1)$，是总均方。因此，检验统计量 F 可表示为

$$F=\frac{SS_{组间}/(k-1)}{SS_{组内}/(N-1)}=\frac{MS_{组间}}{MS_{组内}}$$

一种情况无须处理，即各种样本均来自同一总体，$MS_{组间}/MS_{组内}=1$。考虑抽样误差的存在，则有 $MS_{组间}/MS_{组内}\approx 1$。另一种情况是处理确实有作用。组间均方是由于误差与不同处理共同造成的结果，各样本来自不同的总体。那么，组间均方远远大于组内均方，即 $MS_{组间}$

$\gg MS_{组内}$。$MS_{组间}/MS_{组内}$ 比值构成 F 分布，用 F 值与其临界值比较，推断各样本是否来自相同的总体。对显著水平 α，H_0 的拒绝域为 $F > F_\alpha(k-1, N-k)$。其中，$F_\alpha(k-1, N-k)$ 是由 F-分布表查得的临界值。

(4) 解释统计结论。当 H_0 被拒绝时，说明 X 对 Y 有显著影响，各组均值不全相等；反之，H_0 接受时，说明 X 对 Y 没有显著影响，各组均值相等。

运用单因素方差分析时，要严格注意几个前提条件：①因素的每个水平是可以严格控制的，如性别就只有男、女两个水平，也可以把因素的每个水平都看成是一个自变量；②各个总体的概率分布均服从有相同方差的正态分布；③观测结果可以看作是相互独立地抽自各个总体的简单随机样本。否则，很有可能会误用方法，使分析失败。

3. SPSS 示例分析

下面是一个在不同广告投入下关于销售额的差异性分析问题。设 Y 为某地区某微波炉的月销售额，X 为广告投入的费用，对 X 取四个水平，得到四组观测样本，具体数据见表 8-18。

表 8-18　不同广告投入下的月销售额　　单位：万元

1	56.03	68.36	59.8	87.6	98.5	68.9	78.3
2	69.36	78.60	98.5	84.6	87.6	78.65	101.2
3	45.60	65.78	48.69	53.6	49.8	68.20	55.86
4	78.90	69.69	100.3	112.6	105.6	115.6	135.69

新建变量 x 标识四种不同的广告投入水平，用变量 y 存放观测值，可建立数据文件如图 8-23 所示。从"Analyze"→"Compare Means"→"One-Way ANOVA"，激活 One-Way ANOVA 单因素方差分析对话框，如图 8-24 所示。将变量"观测值月销售额[y]"移入 Dependent List 独立列栏，将变量"广告投入水平[x]"移入 Factor 栏，如图 8-25 所示。点击"OK"按钮提交运行的结果如表 8-19 所示。

	x	y		x	y
1	1	56.03	15	3	53.60
2	2	69.36	16	4	112.60
3	3	45.60	17	1	98.50
4	4	78.90	18	2	87.60
5	1	68.36	19	3	49.80
6	2	78.60	20	4	105.60
7	3	65.78	21	1	68.90
8	4	69.69	22	2	78.65
9	1	59.80	23	3	68.20
10	2	98.50	24	4	115.60
11	3	48.69	25	1	78.30
12	4	100.30	26	2	101.20
13	1	87.60	27	3	55.86
14	2	84.60	28	4	135.69

图 8-23　录入 SPSS 的数据文件

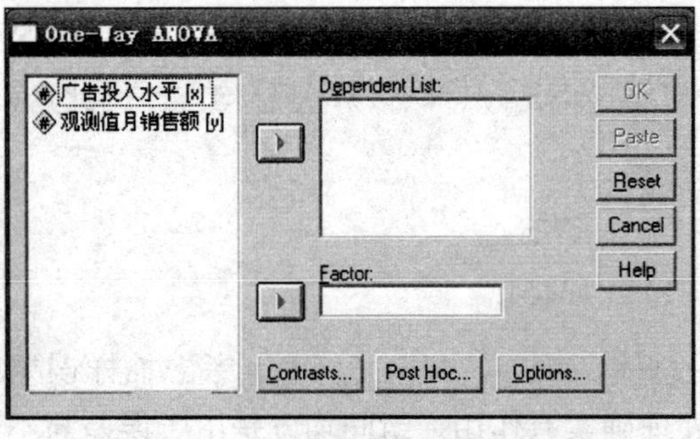

图 8-24　单因素分析变量选择对话框

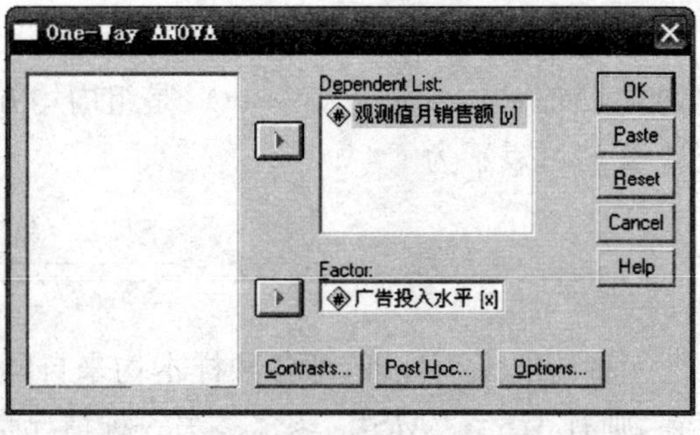

图 8-25　单因素分析变量选择之后的对话框

表 8-19 方差分析统计表

分析指标 方差来源	离差平方和	自由度	均方	F	Sig.
组间	8 291.205	3	2 763.735	11.777	0.000
组内	5 632.227	24	234.676		
合计	13 923.431	27			

由表 8-19 知，方差来源于两部分，即组间和组内，其自由度分别为 3 和 24，总自由度为 27；离差平方和：组间离差平方和为 8 291.205，组内离差平方和为 5 632.227，总的离差平方和为 13 923.431；均方：组间均方为 2 763.735，组内均方为 234.676；F 值为 11.777，其中由于 $p = 0.000 < 0.001$（在本例中 SPSS 给定的显著 α 为 0.001），因此可以否定原假设，说明这 4 种广告投入水平下的月销售额是显著差异，即不同的广告投入，其销售额是不同的。

小 结

1. 市场调查数据分析，是指根据一定的调查目的，应用一种或数种科学的方法，通过对调查的资料进行研究，找出所调查事物或现象的本质及规律性，进而指导实践的过程。数据分析必须符合目的性、科学性和规范性等基本要求。数据的计量尺度有定类尺度、定序尺度、定距尺度和定比尺度四种。

2. 交叉列表分析法是指同时将两个或两个以上有一定联系的变量及其变量值，按照一定的顺序交叉排列在一张统计表内，使各变量值成为不同变量的结点，从中分析变量之间的相关关系，进而得出科学结论的一种数据分析技术。根据选择变量的个数不同，可分为双变量、三变量交叉列表。在许多情况下，必须考虑多个变量之间的关系。三变量交叉列表分析就是在双变量分析的基础上，加入第三个变量做进一步分析。

3. 数据资料的概括技术，是通过数据次数分配集中趋势、离散程度、偏态程度及峰度的测度来实现的。利用算术平均数、几何平均数、众数、中位数等指标来描述数据的集中趋势；利用极差、标准差、离散系数等指标来描述数据的离散趋势；偏度和峰度是描述次数分布是否对称和集中趋势高低等特征的。动态分析的基本方法，重点放在平均发展水平、增长量、平均增长量、发展速度、增长速度这些基本的动态分析指标的计算和应用上。

4. 在假设检验中，首先是对总体参数做一个尝试性的假设，称该尝试性的假设为原假设(零假设)，记为 H_0。然后，定义另一个与原假设的内容完全相反的假设，记作 H_1，称为备用假设。μ_0 代表原假设和备用假设中所考虑的指定数值。假设检验的过程就是根据样本数据对这两个对立的假设 H_0 和 H_1 进行检验。统计检验包括对于总体均值和总体成数两种常用的检验技术，要学会其在市场调查数据分析中的具体应用。

5. SPSS 即社会科学统计软件，它是一个组合式软件包，它集数据整理、分析功能于一身。具体功能包括：汇总数据、创造合适的统计表格和图表、检验变量之间的关系、执行基于给定数据的假设检验、构造合适的模型等。

数据处理的数理统计方法包括聚类、相关、方差等几种常用分析方法。系统聚类方法有最短距离法、最长距离法、中间距离法、沃德法、重心法、类间平均连接法和类内平均连接法。在 SPSS 所提供的聚类分析方法中，最常见的就是用以完成系统聚类的分层聚类法。相关分析是通过对变量之间的相关系数的计算、分析来研究调查资料中变量之间关系的有无，及相关程度的大小的一种统计分析方法。它包括相关方向分析、相关关系分析、相关形式分析、相关等级分析和相关系数分析。方差分析是一种用于检验一些因素的影响是否显著的定性统计方法，它主要是通过检验两个或两个以上的样本均值是否相等来分析各效应的显著性。

习 题

一、名词解释

1. 数据分析　2. 交叉列表分析　3. 众数　4. 动态分析法　5. 峰度

6. 偏度　7. 假设检验　8. 聚类分析　9. 相关分析　10. 方差分析

二、填充题

1. 研究数据分布集中趋势的主要指标是各类平均数。平均数又可分为两类：即数值平均数和________。

2. 标准差是反映标志变动度的最重要的指标，是指总体各单位的标志值与算术平均数离差的________的均方根。

3. 在组距资料中确定中位数时，S_{m+1} 代表中位数所在组以后各组的________。

4. 偏度是指反映频数分布偏态方向和程度的测度。当偏度系数 $\alpha < 0$ 时，表示__________，α 值越小，负偏程度愈高。

5. 根据分类对象的不同，聚类分析法可分为样本聚类（统计学中又称为 Q 型聚类）和__________（统计学中又称为 R 型聚类）两种。

三、单项选择题

1. 平均指标反映了　（　）

A. 总体次数分布的集中趋势　B. 总体分布的特征

C. 总体单位的集中趋势　D. 总体次数分布的离中趋势

2. 某单位的生产小组工人工资资料如下：90 元、100 元、110 元、120 元、128 元、148 元、200 元，计算结果均值为 $\overline{X} = 128$ 元，标准差为　（　）

A. $\sigma = 33$　B. $\sigma = 34$　C. $\sigma = 34.23$　D. $\sigma = 35$

3. 众数是总体中下列哪项的标志值　（　）

A. 位置居中　B. 数值最大　C. 出现次数较多　D. 出现次数最多

4. 标准差指标数值越小，则反映变量值　（　）

A. 越分散，平均数代表性越低　B. 越集中，平均数代表性越高

C. 越分散，平均数代表性越高　D. 越集中，平均数代表性越低

四、多项选择题

1. 根据标志值在总体中所处的特殊位置确定的平均指标有　（　）

A. 算术平均数　B. 调和平均数　C. 几何平均数　D. 众数

E. 中位数

2. 影响加权算术平均数的因素有　（　）

A. 总体标志总量　B. 分配数列中各组标志值

C. 各组标志值出现的次数　D. 各组单位数占总体单位数比重

E. 权数

3. 标志变异指标有　（　）

A. 全距　B. 平均差

C. 标准差　D. 标准差系数

E. 相关系数

4. 几何平均数的计算公式有　（　）

A. $\sqrt[n]{X_1 \cdot X_2 \cdot \cdots \cdot X_{n-1} \cdot X_n}$　B. $\dfrac{X_1 \cdot X_2 \cdot \cdots \cdot X_{n-1} \cdot X_n}{n}$

C. $\dfrac{\dfrac{X_1}{2} + X_2 + \cdots + X_{n-1} + \dfrac{X_n}{2}}{n-1}$　D. $\sqrt[\Sigma f]{\Pi X^f}$

E. $\sqrt[n]{\Pi X}$

五、计算题

1. 某企业 360 名工人生产某种产品的资料如表 8-20 所示。

表 8-20　某企业 360 名工人生产某种产品的资料

工人按日产量分组(件)	工人数(人)	
	7 月份	8 月份
20 以下	30	18
20～30	78	30
30～40	108	72
40～50	90	120
50～60	42	90
60 以上	12	30
合 计	360	360

试分别计算 7、8 月份平均每人日产量，并简要说明 8 月份平均每人日产量变化的原因。

2. 某地甲、乙两个农贸市场三种主要蔬菜价格及销售额资料如表 8-21 所示。

表 8-21　某地甲、乙两个农贸市场三种主要蔬菜价格及销售额

品　种	价　格 (元/千克)	销售额(万元)	
		甲市场	乙市场
甲	0.3	75	37.5
乙	0.32	40	80
丙	0.36	45	45

试计算比较该地区哪个农贸市场蔬菜平均价格高？并说明原因。

3. 从表 8-22 和表 8-23 看，加入中介变量“居住地”后，说明价值与是否拥有旅行车之间的关系实质上是什么？

表 8-22　价值取向与旅行车拥有状况

价值取向	是否拥有旅行车		
	是	否	合计
自由主义	9(16%)	46(84%)	55(100%)
保守主义	11(24%)	34(76%)	45(100%)

表 8-23　拥有旅行车的价值取向与居住地域情况

价值取向	居住地域		
	北方	南方	全体
自由主义	5%	41%	16%
保守主义	5%	43%	24%

4. 某产品的次品率为 0.17。现对该产品进行新工艺试验，从中抽取 400 件检验，发现有次品 56 件。能否认为这项新工艺明显有效（$\alpha = 0.05$）？

第三篇　市场预测的原理和模型

第九章　市场预测概述

学习重点和要点

(1) 了解市场预测的发展及其作用，理解市场预测的要素。

(2) 掌握市场预测应遵循的基本原理，认识市场预测的属性和工作要求。

(3) 掌握市场预测精确性与预测模型的评价。

(4) 掌握市场预测的方法和各种非模型预测技术。

第一节　市场预测原理

一、市场预测的发展和作用

(一) 市场预测的发展

严格地说，市场预测是19世纪下半叶开始的，一方面资本主义经济中的市场变化极其复杂，只要能够获取利润，减少经营风险，就要把握经济周期的变化规律；另一方面，数理经济学对现象数量关系的研究已逐步深入，各国统计资料的积累也日渐丰富，适用处理经济问题，包括市场预测的统计方法，如指数法、图示法、相关法、综合平衡法、时间序列分析法等也已先后创立并逐步完善。学术界关于市场预测的里程碑是从奥地利经济学家兼统计学家斯帕拉特·尼曼(1837—1888)算起的。他运用指数分析方法研究了金、银、煤、铁、咖啡和棉花的生产情况，有关铁路、航运、电信和国际贸易方面的问题，以及1866—1873年的进出口价值数据，他的研究成果首次见于1874年出版的，由贝姆所编的《地理年鉴》一书。在1878年出版的著作中，他通过对各国的贸易关系和势力范围的研究，以及对商品来源和销路的考察，最后得出关于世界市场变动的有意义的结论。在1887年国际统计学会第一次会议上，他提出应以国家的经济统计资料、人民生活统计资料和社会伦理统计资料作为市场预测的基础，并首次尝试运用指数分析方法进行预测。

20世纪以来，随着资本主义垄断的产生、竞争的加剧、商品寿命周期的缩短、商品的日益丰富、商品交换量的增长，科学的市场预测真正产生并迅速发展起来。第二次世界大战之后，凯恩斯经济理论的形成为市场预测提供了新的理论基础，而经济数学、电子计算机和通信技术的迅速发展与广泛应用，使市场信息资料的收集、加工、整理和分析工作的效率大大提高，从而为市场预测提供了有效的手段和量化方法，使得市场预测的科学性得以提高。

近几十年来，促使市场预测科学技术发展的因素，主要有以下几方面。

第一，商品经济的发展。发达国家商品经济的发展，市场竞争激烈，各企业都把市场预测看作是决定企业成败兴衰的关键。据估计，通过市场预测所获得的利润，相当于预测经费的50倍。发达国家的大量事实证明，商品经济越是发达，市场预测工作越是发展。

第二，科学技术的发展。科学技术的发展，给整个国家建设和人民生活带来巨大的变化。据估计20世纪以来，世界总产值每隔20年翻一番，其发展速度之快超过历史上任何时期，这主要是由于科学技术的发展和现代管理的进步而取得的。科学技术的发展，商品生产速度的加快，特别是电子计算机技术的迅速发展，为进一步研究引起市场变化的种种复杂因素及相互联系，提供了新的条件，从而促进了预测事业的迅速发展。

第三，军事的发展。军事技术的发展使得未来的战争十分残酷激烈，只有分析敌我双方的力量，研究和预测未来战争的战术、兵器、装备、兵种、规模等的变化和趋势以及应变能力进行预测分析才能立于不败之地。我们熟知的《孙子兵法》，包含很多预测问题。如："生死之地，存亡之道，不可不察也"，这个"察"就是预测。这部书历时两千多年长盛不衰，至今仍被中外军事战略家、企业家奉为经典，主要原因是它提供的种种预测方法，能够帮助人们进行正确的决策。

市场预测活动的发展表现在预测机构量的增长与规模的扩张。目前，全世界的专业预测咨询机构就有几千家，著名的美国兰德(RAND)公司、斯坦福国际咨询研究所、数据咨询公司、大通经济计量公司、沃顿经济计量预测公司等。在日本，许多大型企业都有自己完整的预测机构。在我国，经济预测工作从20世纪80年代以来才逐渐开展。在过去的三十年中，我国政府对宏观经济预测越来越重视，如国务院发展研究中心，就是直属国务院的政策研究和咨询机构，其主要职责是研究国民经济、社会发展和改革开放中的全局性、综合性、战略性、长期性问题，提供政策建议和咨询意见。随着社会主义市场经济的进一步发展，市场预测的重要性将日益显现，市场预测工作的规模和质量定会进入一个新的发展阶段。

科学的预测之所以能被人们所广泛、持久的加以应用，是因为人类在自身的生产、社会实践中，领悟到"科学的预测是正确行动的先导"这一道理。民间流传的两句成语"人无远虑，必有近忧"，"凡事预则立，不预则废"正是对科学预见的重要性所做的经验总结。有了科学的预测，就可能做出正确决策，导致胜利和成功。

(二) 市场预测的作用

1. 提高决策的科学性

在市场经济条件下，企业是市场的主体，生产经营什么，生产经营多少，怎样调整生产经营方向、规模和结构，如何制定企业的经营战略和营销策略，都必须由企业根据市场的供求状态来决定。但是，面对不可确定性的市场要提高决策的科学性，必须认真做好市场预测。市场预测可以帮助决策者把握未来市场发展变化的趋势和规律，分析影响市场发展变化的各种因素，可以为决策者提供有关未来市场的规模、水平、结构、数量关系等方面的定量预测结果和对策建议，从而使决策者能根据科学的预测结果做出科学的决策，确保决策的正确性、科学性和可行性。

2. 提高企业的竞争力

市场经济是一种竞争经济，企业必须主动了解市场、适应市场，主动参与市场竞争，才能在市场竞争中求得生存和发展。市场预测可以测定市场潜力，发现市场机会，可以把握未来市场供求的变化态势，产品市场的发展走向，消费者需求的变化趋势，及其市场竞争格局的变化等，所有这些预测信息都有助于企业制定市场竞争策略，开拓和占领新的市场，开发新的产品，扩大生产经营能力，从而提高企业的市场适应能力和竞争能力。

3. 提高企业的经济效益

企业全部经济活动的核心是提高经济效益和社会效益，首要的是提高企业的经济效益。市场预测能够使企业及时了解和把握市场供求的变化趋势，消费者需求的潜力和需求的新变化，产品市场的发展趋势，从而使企业适应市场变化，主动调整生产经营结构，合理配置各种资源，扩大适销对路产品的生产和销售，提高市场占有率，加速资金周转，降低成本费用，提高经济效益。

二、市场预测的基本要素

市场预测从确定预测目标、收集整理资料、选定合适的预测方法，到对预测对象的发展变化进行分析，对未来的发展变化态势和前景做出判断，构成了一个完整的预测过程。市场预测包含了四个基本要素，即信息、方法、分析和判断。

1. 信息要素

信息是数据、资料、情报、消息的总称，它是客观事物特性和变化的表征和反映，存在于各种信息载体。一类是未经记录或未经处理的资料（是不完整的）；另一类是经过记录和整理的资料，这类信息是进行科学预测的依据。科学的预测是根据历史的和现实的信息，运用科学的分析方法揭示出事物的发展规律，对未来状态所做的科学判断。市场预测必须大量收集社会经济发展的历史统计数据和当前市场的发展动态，进行预测分析和推断。无论是定性预测，还是定量预测，都是以大量的信息为基础的。

2. 方法要素

方法要素又称技术要素，是指在预测的过程中进行质和量的分析时所采用的各种手段。市场预测的质量，不仅依赖于所使用的信息，而且与选用什么样的方法密切相关。预测既是科学又是艺术。预测方法是科学的，但选用哪类或哪种方法却是一种艺术。预测科学发展到今天，已积累了300多种行之有效的方法。它不仅包括先进的数学计量方法，也包括在实践中积累起来的，有效的主观经验和逻辑判断方法。

3. 分析要素

分析就是根据有关理论所进行的思维研究活动。即指对信息、数据资料经过加工处理之后，加以分析研究。市场预测的实质是利用信息和预测方法进行市场分析，预测前后都必须进行分析或做出解释，预测过程就是对预测事件进行分析和解释的过程。在预测前要对收集到的历史数据进行分析，识别现象发展变化的性质、特点和趋向，借以决定所采用的预测方法，或检验数据是否符合所建模型的理论前提条件；在预测中，预测者进行综合、比较、计算、估计、推断和论证，以求得出预测结果，这本身就是一种分析研究的过程。在预测结果做出之后，预测者还需要进行经济理论分析和假设检验，以评价预测结果的合理性和可靠性，并对预测要发生的事件和机理、原因和结果做出解释。

4. 判断要素

判断要素是预测四要素中最重要的要素，它具有极高的艺术价值，并对预测过程有着极其重要的影响。因为预测信息的选用、预测方法的选择、预测结果的推断或对预测结果依据最新的经济动态所做出的修正、预测值的合理性和可靠性的评价等，都需要运用判断要素，没有准确的判断，就没有较为准确的市场预测结果。

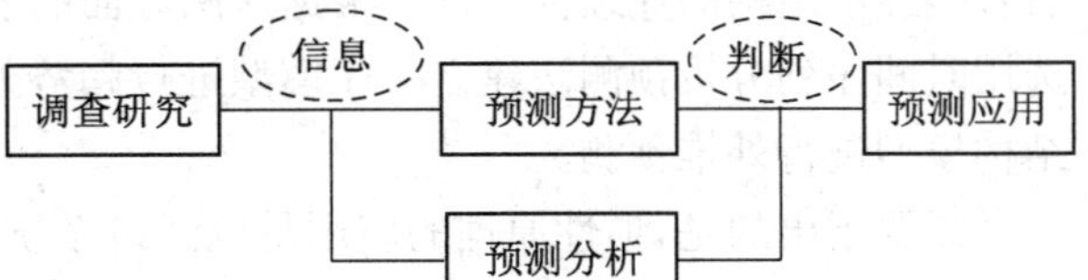

图 9-1 预测活动过程

市场预测的四个基本要素构成了预测活动的过程，如图 9-1 所示。

预测活动的基本过程表明，预测不是猜测，不是主观臆想，而是有理论指导，采用适当方法，借助于预测者分析判断能力的探索性研究活动。

三、市场预测的基本原理

市场预测的原理是预测活动的认识论基础，它阐明人们之所以能够运用各种预测方法对未来客观事物发展趋势做出估计和推断的基本规则。唯物辩证法认为，事物都是发展变化的，而变化是有规律可循的。预测的任务就是要求认识和把握研究对象变化的规律，以推断事物未来的发展变化。市场预测应遵循以下基本原理。

1. 可知性原理

辩证唯物法的认识论认为，客观世界是可知的，客观事物发展变化的规律是可以认识的。人们通过实践、认识、再实践、再认识……这一无限往复的过程，可以克服主观和客观、认识和实践之间的矛盾，不断认识事物的本质，揭示客观事物发展变化的规律性。指导人们认识和改造客观世界的各种实践活动。全部预测活动是建立在可知性原理基础上，人们能否预测事物未来发展变化趋势，全依赖于能否找出预测目标的演变规律。人们认识客观事物的规律性不是一蹴而就的。对于复杂的事物或者受偶然因素影响较大的事物，往往需要有较长时间的反复的认识过程，才能逐步揭示其规律性。在市场预测中，由于受市场供求、市场竞争、消费者行为、国家政策和国际市场等多种因素的影响使人们感到市场变幻莫测，增大了市场预测的难度。其实，依据可知性原理，只要我们勇于探索，善于分析，便可以逐步认识市场发展变化规律，提高市场预测的准确性。

2. 连续性原理

连续性原理也称连贯性原理，是指客观事物的发展具有合乎规律的连续性。

牛顿定律揭示，任何物体都有保持其原来运动状态不变的特性，这种特性即为惯性。这种惯性不仅存在于物理系统，也存在于社会系统、经济系统、政治系统等。在预测的理论与方法体系中，所有定量预测技术都或多或少地以惯性原理为其理论基础。一切社会经济现象都有它的过去、现在和未来。市场作为一个客观经济事物，其发展变化是一个连续性的过程，现在的市场是由过去演变而来的，未来市场是过去和现在的延续。因此，在进行市场预测时，必须首先从收集过去和现在的资料入手，然后推测出将来的发展变化趋势。所谓鉴往知来，就是要求我们从大量历史和现实的信息中，找出事物发展过程所固有的规律，才能据此推断未来。

一般来讲，市场经济活动的连续性表现在两个方面：一是指预测对象自身在较长时间内所呈现的数量变化特征保持相对稳定；二是指预测对象系统的因果关系结构基本上不随时间而变化，而结构模型中各变量及参数则要遵循历史资料分析确定。前者是时间方面的连续性；

后者是经济结构的连续性。正是根据这两方面的表现，我们才能依据调查的样本资料，对前者选用时间序列分析预测法建立时序模型进行趋势外推；对后者选用因果关系分析预测法建立结构模型进行外推预测。

需要指出的是，惯性原理的应用是以经济系统的稳定性为前提的，一般认为，只要系统处于相对稳定状态或预测对象的发展处于相对稳定阶段时，就可以运用惯性原理进行预测。

3. 类推性原理

类推性原理，是指客观事物之间存在着某种类似的结构和发展模式，人们可以根据已知事物的某种类似的结构和发展模式，类推未来某个预测目标的结构和发展模式。利用典型样本推断总体，并得出符合实际的结论，就是因典型样本同总体结构和发展模式上具有相似性。这是市场类推原理的基础。

一般地说，客观事件之间类似性越相同，类推预测效果越好。这种类推既适用于同类事物之间的类推，也适用于不同类事物之间的类推。在不同事物之间的类推预测，只是更加强调不同事物之间的结构、本质特征和发展模式上必须具有明显的相似性。例如，股票行情持续下跌，可能预示着经济不景气将要发生；股票行情看涨，预示着经济发展前景看好。发达国家的计算机的更新换代类比推测我国电子计算机更新换代的发展的过程。又如，市场景气预测法，产品生命周期预测法均属于类推性原理。由此可见，在市场预测中，只要掌握其先兆模式，就可类推与先兆模式相关联的现象的发展模式。

类推预测的基本原理如图 9-2 所示。A 事物是我们的研究对象，为了预测 A 事物的未来状态，先找到 A 事物的类似事物 B（为 A 事物的先导事物），我们已经掌握事物 B 的完整的变化过程，而且 A 事物的近来表现与 B 事物变化的初级阶段非常类似，这样就可以根据 B 事物的变化规律来推测 A 事物的未来状态。

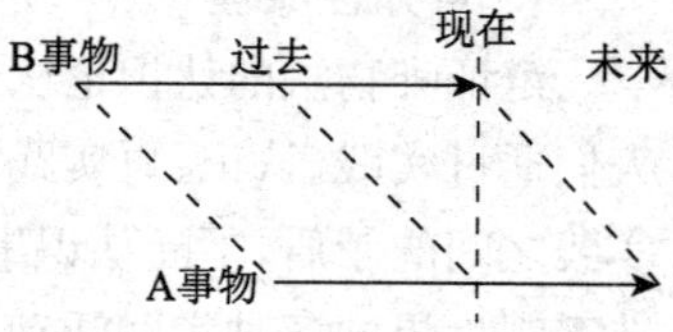

图 9-2 类推性原理示意图

利用类推原理进行预测可分为定性类推预测和定量类推预测。在缺乏数据资料的情况下，类推事物的相互联系只能作定性处理，这就是定性类推预测；定量类推预测需要一定的数据资料，根据先导事物的数据变动情况，建立先导事物与研究对象的数量关系，进行预测。

4. 相关性原理

相关性原理，也称因果性原理，是指客观事物、各种现象之间存在着一定的因果关系，人们可以从已知的原因推测未知的后果。世界上各种事物之间都存在着直接或间接的联系。事物之间或构成一种事物的诸多因素之间存在着或大或小的相互联系、相互依存、相互制约的关系，要么相生，要么相克。这些关系常常在一定的模式中反映出因果关系。通常应用的回归分析模型就是根据这一原理建立起来的。

因果性原理强调，在市场预测中，必须重视对影响预测目标的各种因素的具体分析，找出预测目标（因变量）与影响因素（自变量）之间的数量变动关系。当自变量为已知时，就可以推断出因变量的预测值。这种数量之间的因果关系，既可以表现为确定的函数关系，也可以表现为不确定的统计相关关系。通过因果关系的分析，可以把握影响预测目标诸因素的不同作用，由因推果，预测出市场的必然趋势和偶然因素可能产生的干扰。

5. 可控性原理

可控制性原理，是指人们对所预测的客观社会经济事件的未来发展趋向和进程，在一定程度上是可以控制的。人们在客观规律面前不是无能为力的，认识了客观事物发展的规律性，可以努力创造条件，使预测对象在人们自觉控制下朝着希望的方向发展。例如，依据对人口预测的分析判断，可以自觉采取各种措施，促使人口增长率控制在所希望的一定的比率上，预先较有把握地使其不确定性极小化。依据这个原理，在市场预测中应尽可能利用可以控制的因素，即利用不确定性较小的经济变量，来推测所要预测的市场变量。例如，我国基本建设投资额在正常情况下是可以控制的，如果某种生产资料的需求量同基本建设投资额密切相关，就可以利用两者之间的比例关系或者建立回归方程进行预测。因此，在市场预测中，要特别重视对可控因素的分析，选择确定性较大的经济变量。

6. 随机过程原理

人们在实践中，会遇到两类现象：一类指在一定条件下必然出现的现象，称为确定性现象；另一类指事先无法准确预知其结果的现象，称为随机现象。同样，事物的发展变化过程也可分为确定性过程和随机性过程两类。随机现象具有一定的统计规律，我们可以通过概率判断和对随机过程的分析来预测事物的未来状态。

在实际预测中，遵循随机过程原理，常用概率论和数理统计方法求出随机事件出现各种状态的概率，然后根据概率判断法推测对象的未来状态如何。同时，事物的发展在偶然性中隐藏着必然性，通过偶然性的大量观察事物来揭示必然性。在市场预测中，通过大量数据的对比研究以消除偶然性因素的影响，反映出研究现象发展变化的必然性、数量特征和数量规律，并据此进行预测推断，如马尔柯夫预测、交叉作用影响法等。

掌握预测的基本原理，有助于建立正确的思维程序。对预测者拓展思路，合理选择和灵活运用预测方法十分必要。然而，世界上没有一成不变的事物，预测对象的发展不可能是过去状态的简单延续，预测的事件也不会是已知类似事件的重复再现，相似不等于相同，因此，在市场预测过程中，还应对客观情况进行具体细致的分析，以求提高预测结果的准确性。

四、市场预测的属性和工作要求

(一) 市场预测的属性

1. 服务性

市场预测是为决策服务的。早在20世纪60年代，陈云同志就明确指出：“我们做工作，要用90%以上的时间研究情况，用不到10%的时间决定政策。”决策应是以科学预测结果作为基础，通过分析比较，趋利避害，选取最优方案。所以，预测是决策的先导，是决策科学化的前提。没有准确、科学的预测，是不可能取得决策的成功的。预测的最终目的是要取得决策的成功。因此在做预测时一定要把握好服务这一特点，根据不同的要求，选择不同的方法，采用不同的手段，真正使市场预测成为决策的前提和基础。

2. 描述性

市场预测是认识客观事物、掌握客观规律的一种科学方法。它按一定的程序，通过不同的方法，取得关于事物未来发展变化趋势的各种信息。即对各种可能出现的情况、结果和水平做出客观、科学的描述。在预测过程中，无论是建立定量预测的数学模型，还是定性预测的逻辑思维模型，都是人们对客观事物认识的一种描述。这种描述一方面反映了预测具有科学性，不是主观随意的猜想；另一方面也反映了预测具有近似性，即这种描述是肯定会有误差的。因为这种描述是建立在人们对于事物过去和现在情况的基础上对未来发展变化情况的描述。所以这种描述会在一定程度上和将来发生的实际情况存在偏差。

3. 局限性

人们在从事预测工作时，由于受到经验、知识、时间、条件、认识、工具等诸多方面的限制，对未来的认识总会有一定的局限性。任何事物的发展都会有其规律，但这种规律只能在事物的发展过程中逐步地明显化和逐步地被认识，因此市场预测的误差也是在所难免的。

(二) 市场预测的工作要求

1. 准确性

虽然预测是对未来的一种估计，其与实际出现的结果不可避免地会存在一定的偏差。但必须十分强调要努力提高预测的准确性。如果误差大到让人难以接受的程度，预测工作也就没有意义。因此，如何及时地获取市场变化的可靠信息就成为预测成败的第一个环节。预测人员必须忠于客观事实，决不能用凭空臆想来替代客观数据。同时，为确保预测的准确性，要善于识别"真信息""伪信息"和"模糊信息"。对不同渠道收集的资料、数据应加以"筛选"，"去粗取精，去伪存真"。

2. 时间性

市场预测工作的时间性，包括两方面的含义：一是指企业预测工作必须在决策要求的时间内完成，这是由于市场预测工作归根到底是为决策服务的，而决策具有很强的时间性，今天是有效、正确的决策，明天可能变成无效甚至错误的决策；二是企业预测所需收集的资料或信息是在一定的时空中进行的，有些历史资料由于时间长，已没有任何参考的价值。

3. 经济性

企业预测与企业其他工作一样，都应讲究经济效益。也就是说，企业预测不能也不应该不计成本。预测工作应在基本满足准确性和时间性的基础上，尽可能降低预测费用。

4. 满意性

在企业预测工作中，预测结果在时间性、准确性、经济性方面往往是相互矛盾。所谓满意性，即预测不能对某一方面过于苛求，应综合考虑各方面要求，做出使决策者满意的选择。

第二节　市场预测方法

一、定性预测方法

定性预测法又称定性判断法，是对未来市场发展的性质进行预测分析和推断。它可以对未来市场发展的方向、性质、趋势及重大转折点等进行预测分析，也可以对未来市场发展的规模、水平、速度、结构、比例等进行判断预测分析。

定性预测主要依靠预测者个人的专门知识、经验和直观材料，对市场发展做出分析判断，以确定未来市场发展趋势、性质和程度。亦可采用集体判断预测，集体预测能集中多数人的智慧，集思广益，克服个人预测中难免存在的主管片面性。

定性预测方法的前提是用"专家"进行预测，把预测所必需的事实、知识和信息交给"专家"处理，而不是单纯地用数学模型处理。

在实际工作中，由于缺乏历史资料或准确的数据，或者影响市场发展的因素错综复杂，难以数量化，有时甚至根本不可能用数量指标表示时，一般采用定性预测方法。在企业市场预测中，企业的战略规划、中长期技术开发、新产品研制、经营环境分析等往往采用定性分析方法。定性预测的具体方法有特尔菲法、头脑风暴法、主观概率法、经验判断法、类推法、因素分析法和情景预测法等。

1. 定性预测法的优点

（1）经验是感性和理性的综合，它是从实践中摸索和总结出来的，因此，定性判断具有一定的科学性。定性判断法的预测推断结果能否接近于未来的客观实际，在很大程度上取决于预测者的知识、业务水平和分析能力，以及是否掌握有关预测目标的丰富资料。

（2）简便易行。一般地说，人们可以根据各自的知识、经验，运用定性判断法做出预测。它没有烦琐的计算过程，不需要复杂的计算工具。预测迅速，节省费用和时间。

（3）能综合分析各种影响因素，可以弥补数学模型预测方法的不足。市场情况的变化十分错综复杂，有的难以计量，有的呈现模糊性，运用数学方法预测比较困难时，可采用定性判断法。即使在运用统计方法建立预测模型时，或者对预测方法进行评价和选择时，也需要运用定性判断法。

2. 定性预测法的缺点

（1）缺乏数量上的精确描述。社会经济现象变动是复杂的，对复杂的数量变动关系直接凭经验较难掌握，如不运用统计分析和数学模型，难以做到定量的精确性。

（2）运用直观判断易受心理、情绪影响，产生主观片面性。决策者的个性和情绪，有时也会对经验判断法的运用带来不利影响。

（3）个人经验判断法有一定的局限性。它的预测结果易受主观因素影响，受到人的知识，经验丰富度及其能力大小的束缚和限制。

二、定量预测法

定量预测法又称数学模型预测法，它是指运用一定的统计和数学方法，通过建立数学模型来描述预测目标的变化发展规律，并依此对预测目标的未来进行预测。定量预测法较之定性预测法最大的区别是通过建立数学模型来预测。因此，这类方法有两个明显的特点：一是受人们的主观因素影响较小，即较为客观；二是对数据的要求较高，高质量的数据资料是有效运用定量预测法的基本前提。定量预测方法有许多类型，通常按建立数学模型的思路不同可分为时间序列预测法和因果分析预测法两大类。

1. 时间序列预测法

时间序列预测法是根据按时间顺序排列而构成的一组数据，通过分析研究，揭示现象发展变化的过程、特点、趋势和规律，然后加以延伸，并通过一定的计算方法来预测未来的变化趋势和发展前景，称为时间序列预测法。

时间序列预测法包括各种移动平均数法、指数平滑数法、季节变动预测法、周期波动预测法和时间数列自回归预测法等。

时间序列预测法的主要优点是：只要利用历史统计资料，就能进行预测，因而简便易行，节约费用。但也存在一定的缺点：它只注意预测目标与时间的关系，而忽视了其他因素的影响，有一定局限性；另外，预测目标的未来发展趋势是在过去模式基础上进行推断的，而没有考虑未来市场的变化，因而不够准确。为了弥补其缺点，在进行时间序列预测时，可以适当加大近期数据的权数，使预测结果更符合实际情况。

2. 因果预测法

因果预测法是利用社会经济现象之间所具有的因果关系，分析研究各种变量之间的数量关系，找出规律性，从已知自变量来推算未知的因变量的方法。市场情况的变化是由许多因素决定的，各种市场变量之间客观上存在着错综复杂的因果关系，利用因果分析预测法预测市场的变化趋势，可以由因求果，比较切合实际。因果分析预测法主要包括回归分析预测法、计量经济模型预测法，多元统计分析预测技术和投入产出法等。

因果预测法的优点是：能够从现象之间的因果关系出发，由因推果，预测结果有根有据，可靠性比较强，预测精度较高。但因果预测法也有局限性，主要表现在模型的估计与检验的工作量大；模型所描述的经济结构关系不能完全等同于未来的经济结构关系，故模型的应变性较差；预测时，模型中的自变量必须首先进行预测，才能据此预测因变量的变化，如果自变量预测不准确，势必影响因变量预测的准确性。

三、组合预测法

组合预测法是将定性判断法、时间序列预测法和因果预测法进行组合运用。在各种预测方法求出的预测结果的基础上，再经过等权组合或者不等权组合求出最终预测结果。大量的研究结果表明，采用多种预测方法，且数据来源或样本不同的情况下，组合预测的效果最好。

组合预测法有以下五种情形：一是多种定性预测法的组合；二是多种外推预测法的组合；三是多种因果预测法的组合；四是外推预测法与因果预测法的组合；五是定性预测法、外推预测法、因果预测法的组合。实践研究证明，这些形式的组合预测能极大地提高预测的精度。

组合预测法的优点是：能最大限度地使用较多的预测信息，能消除虚假现象和避免一些不合理的假设，能使不同预测方法产生的预测误差相互抵消一部分，从而降低预测误差，提高预测的准确性。组合预测法的缺点是，预测的工作量大、费时费力，一般来说，对预测结果精度要求较高时，才采用组合预测法。

第三节　预测精确性与预测模型评价分析

预测是研究未来状态的。但客观事物的未来状态受一系列不确定因素所影响，因而预测误差总是存在的。预测结果作为计划和决策的依据，其准确程度直接影响到计划的完善和决策的正确。因此，一个预测工作者或一个预测结果的用户，不仅关心预测精确性问题，而且还关心如何提高预测的精确度和对预测方法的评价问题。

一、预测精确性分析

(一) 预测精确性度量指标

所谓预测的精确性，就是预测的准确度，它同预测误差的大小紧密相连，它是用来描述预测值与实际值偏离程度的数值表现。在数据的统计结构稳定的假设下，可以用事后预测值与实际值的拟合精度来衡量预测的精度。显然，某一时点上的预测误差，只能表示局部的预测精度。要衡量整体模型的预测精度，必须考虑所有时点的总误差量。

假设观察期的实际值为 Y_1，Y_2，Y_3，…，Y_n，预测模型计算得到的相应预测值 $\hat{Y}_1$，$\hat{Y}_2$，$\hat{Y}_3$，…，$\hat{Y}_n$，则单个绝对误差为 $e_i = Y_i - \hat{Y}_i (i=1, 2, 3, \cdots, n)$；单个预测值的相对误差值为 $\bar{e}_i = (Y_i - \hat{Y}_i)/\hat{Y}_i \times 100\%$。统计测定预测精确度的常用指标有以下几种：

(1) 平均误差 ME，即 n 个预测误差的平均值为

$$ME = \frac{1}{n}\sum_{i=1}^{n} e_i = \frac{1}{n}\sum_{i=1}^{n}(Y_i - \hat{Y}_i)$$

对于误差，其累积值会因正负误差的相互抵消而不能准确表示总的误差量。绝对误差的累积则可确切地表示预测误差的总量。

(2) 平均绝对误差 MAE，即 n 个绝对预测误差值的平均值为

$$MAE = \frac{1}{n}\sum_{i=1}^{n} |e_i| = \frac{1}{n}\sum_{i=1}^{n} |Y_i - \hat{Y}|$$

MAE 越小，预测精度越高。

(3) 均方误差 MSE，即 n 个预测值误差的平方和的平均值为

$$MSE = \frac{1}{n}\sum_{i=1}^{n} e_i^2 = \frac{1}{n}\sum_{i=1}^{n}(Y_i - \hat{Y}_i)^2$$

MSE 的大小意味着预测精度的高低，MSE 越大，表明预测误差越大。反之，MSE 越小，表明预测误差越小。

(4) 均方根误差 $RMSE$，即 n 个预测值误差的平方和的平均值的平方根，也称均方根误差，即

$$RMSE = \sqrt{\frac{1}{n}\sum_{i=1}^{n} e_i^2} = \sqrt{\frac{1}{n}\sum_{i=1}^{n}(Y_i - \hat{Y}_i)^2}$$

均方根误差类似于反映变量离散程度的标准差，可用来计算预测估计区间和绘制控制图。由于它可以取得与实际值相同的单位，所以应用比较广泛。

(5) 平均误差率 MER，即 n 个预测值的相对误差的平均值为

$$MER = \frac{1}{n}\sum_{i=1}^{n}\frac{(Y_i - \hat{Y}_i)}{Y_i}$$

平均误差率可以消除计量单位不同的影响，用于不同事物预测误差之间的比较。

(二) 影响预测精度性的原因分析

预测人员或预测结果的使用者，不仅关心预测精度性的度量问题，而且更关心如何才能保证一定的预测精度性问题，因此，必须了解影响预测精度性的一些主要因素。由于资料数据、预测技术及预测人员经验水平的限制，预测结果不可能完美无缺。我们应该正确地认识和运用预测技术，不断积累经验，努力提高预测的精确性。同时，也应清楚地看到预测技术的局限性和预测结果的误差，运用有关技术方法尽可能地把预测误差控制在一定范围之内，以减少由于预测误差带来的损失。影响预测精度的因素主要有三方面：

1. 数据资料的质量

预测对象的历史资料反映了它的变化背景和发展过程，而最近的信息则显示了它的动态倾向。分析研究历史资料、外界环境资料和信息，可以寻找出预测对象的特征和发展规律。

对资料和信息的基本要求是准确、完整、及时和精简。准确的资料才能反映客观情况；完整的资料可避免预测分析的片面性；及时的资料和信息有利于抓住预测对象的变动特征；而简明扼要的资料才具有实用价值。做好资料和信息的收集整理工作，一是要选择正确的信息源。要把第二手资料作为重要的信息来源。必要时还需采用适当的调查方式和方法去收集第一手资料。二是注意对原始资料的分析整理，以便去伪存真，去粗存精，提供有实用价值的资料。

2. 预测方法和模型

经验表明，任何一种方法都有它的适用范围和利弊。在预测之前，对不同方法的原理、假设、特性、步骤、计算量及适用范围与条件等必须有充分了解，根据所要预测的对象和要求，选择适当的方法，以使方法本身造成的预测误差降到最小。对于预测数学方法的选择，第一要对预测对象的特性和数据结构进行分析；第二要选择合适的预测方法；第三要选择模型的参数。

3. 分析判断的能力

在预测过程中，无论是了解预测系统特性、选择影响预测对象变化的主要因素，还是资料的取舍和整理，选定预测模型，直至选用预测结果，调整预测值等，都要靠预测人员的判断而决定。判断正确与否，对预测结果的精度有不同程度的影响，必须认真分析，慎重确定。

影响预测精确性的因素很多，要做出准确的预测绝不是一件轻而易举的事，不仅要对预测对象做深入的调查研究，掌握和熟悉各种可靠资料，而且要对经济环境进行科学的分析，正确处理好影响预测精确性的各种因素，预测精确性要求才可能到达。

二、预测模型的评价准则

预测模型是预测的主要工具。要保证预测结果的准确性，首先要对模型的优劣进行评价。

1. 合理性

预测模型是对实际事物发展规律的模拟，利用模型计算得到的预测结果应与逻辑推断的事物发展趋势相一致。否则，说明预测模型不合理，不能用于实际的预测。例如，某市场在采用回归预测方法建立甲商品销售额的模型时，选取城市居民的可支配收入 x_1、人口总数 x_2、新婚夫妇的数量 x_3 作为自变量，得到如下预测模型：$y=230.7+3.5x_1-x_2+6.6x_3$。

从经验和逻辑上来看，x_1、x_2、x_3 中任何一个变量数量的增加都应导致销售额 y 的增加，但模型中 x_2 的系数为-1，表示随着人口总数的增加，商品的销售额将下降。这说明模型不能合理地解释客观现象，不能采用这个模型进行预测。

2. 稳定性

如果一个预测模型能在较长的时间内准确地反映预测对象的发展变化情况，那么就是一个稳定的模型。如果一个模型无论是用 2014 年的统计数据为起始资料建立的，还是用 2019 年后的统计数据建立的，其参数和预测结果都不会受较大的影响，则表明模型具有较高的稳定程度。模型的稳定程度越高，则抗干扰的能力越强，可使用的时间也越长。另外，稳定性也是多个预测模型中比较和选择较好模型的一项依据。

3. 简单实用

形式简单，便于应用也是评价和选择模型的一项准则。例如，当用一个自变量建立的回归模型与用两个自变量建立的回归模型所获得的预测结果相近时，自然应该选择前者。因为前者使用方便，而且自变量本身常常带有观测、抽样等误差，两个自变量的误差对因变量的影响一般大于一个自变量的影响。

4. 预测能力

预测能力是评价模型最主要的标准。预测能力是建立在合理性基础上的，模型不能解释预测对象的实际变化，也就谈不上具有预测能力。预测能力也与模型的稳定性密切关联，稳定性好，则模型就具有较强的预测能力。预测的置信区间也是衡量模型预测能力的重要标准，置信区间过宽，则预测的精确度较差，故模型的预测能力也较低。

5. 完善程度

用于预测或做经济分析的模型，只是客观经济过程的一种简化。因此，要达到一定的精度，应尽可能选择那些对解释变量有较强解释力的变量。使用这些变量建立的模型，不仅能反映客观经济现象的主要方面，而且能为人们所理解和接受。

第四节　非模型预测技术

非模型市场预测是指不依托数学模型，而是凭借预测者的经验、学识和综合分析能力来进行预测的方法。非模型预测技术是一种很实用的预测方法，特别是在对预测对象所掌握的历史统计资料不多，或影响因素复杂，难以分清主次，或对主要影响因素难以用模型预测的情况下，对经济形势的发展、市场趋势的变化、企业未来的发展、企业经营战略等的预测具有重要作用。

一、专家预测法

专家预测法是以专家有创造性的逻辑思维来获得未来信息的一种方法。专家预测属于直观预测范畴，它简便易行，是应用历史比较悠久的一种方法，至今为止在各类预测方法中仍占主要地位。其最大优点是，在缺乏足够统计数据和原始资料的情况下，可以做出定量估计，得到文献上还未反映的信息。

所谓专家，实质上是指一个人的“智能结构”。这里的“智能结构”包括人的智力和拥有的知识、经验和资料信息。这里所指的专家，不仅包括科技和工程方面的专家、经济学专家、管理学专家、从事一般理论研究的专家，还包括从事预测方法研究的专家。具体确定什么样的专家组，根本上是由预测的项目决定的。

专家预测法特别适用于对新产品、更新换代产品及相关技术发展的预测。

(一) 专家个人判断预测法

专家个人判断法是指个别专家依靠自身的专业知识、专业经验和特殊技能来进行预测判断的方法。也就是以“专家个人”的“微观智能结构”通过创造性思维来获取未来信息。即依靠专家对预测对象未来的发展趋势及状况所做的个人判断进行预测。

专家个人预测法有着悠久的历史，在古代，无论是在国事处理中征询谋士的见解，还是在家事处理中征求亲友的意见都是个人判断法的原始形式。如中国历史上最有名的预测——“隆中对”，就是一个典型的例子。公元 207 年，刘备“三顾茅庐”，向隆中的诸葛亮请教统一中国的大计。诸葛亮以“隆中对”答之，在“隆中对”中，诸葛亮精辟地分析了当时的形势，并科学地预测了其后的发展趋势。

专家个人判断预测法的主要优点：能最大限度地发挥专家个人智能结构效应，充分利用个人的创造能力；不受外界影响，并且组织工作简单，便于掌握，预测成本低。

专家个人判断预测法的主要缺点：受个人智能结构的限制，即专家知识面、知识深度、占有资料、对预测对象兴趣大小等因素的影响，难免带有片面性；专家容易忽略或贬低相邻学科和部门的研究成果，往往不能综合地考虑某一领域的发展带来的经济后果和社会后果。所以，这种方法与其他方法结合使用，效果更佳。

（二）专家会议预测法

专家会议预测法就是以专家集体的“宏观智能结构”（通过专家“微观智能结构”之间的信息交流，互相启发，引起“思维共振”，互相补充，产生组合效应，形成宏观智能结构）通过创造性逻辑思维来获取未来信息。如：经济决策和经济管理部门在制定经济发展规划、分析现行经济运行走势、探讨抑制通货膨胀和制定产业政策时，经常召开专家会议，征询专家们的意见，各种不同的观点和意见在会议讨论中展开，以求通过讨论达成共识。作为预测结果的陈述为以后的决策提供依据。专家会议法也称集体经验判断预测法。

这种方法的做法是：①由若干个熟悉预测对象的人员组成一个预测小组；②要求每个预测者在做出预测结果的同时，说明其分析理由，并允许小组成员在会上充分争论，而且，在分析讨论的基础上，预测者可以重新调整其预测结果；③把若干预测者的结果运用主观概率统计法进行综合处理，得出最终预测结果。

预测结果的综合处理一般分两步进行：第一步，采用主观概率统计法计算出每个预测者预测期望值；第二步，运用加权平均法或算术平均法计算出预测最终结果。

专家会议预测法的主要优势：能发挥若干专家组成的团体的智能结构效应，此效应往往大于这个团体中每个成员单独创造力的总和；通过多个专家间的“思维共振”可产生创造性的思维，有可能在较短时间内得到富有创见的成果。所以，能否发挥专家会议预测法的优势，在很大程度上取决于专家选择的适当与否。

选择专家的注意点是：①专家要具有代表性，应来自与预测项目有关的各个方面，最好互不相识，有较好的代表性；②专家要具有丰富的经验和知识，要有较高的学历和相关工作经历，有良好的联想思维能力；③专家应具有一定的市场调查与预测方面的知识和经验；④专家人数要适当，这有利于充分发表意见和对问题进行分析，人数应控制在 15 人以内。

专家会议预测法的优点：①专家会议的信息量比单个成员占有的信息大；②专家会议考虑的因素比单个成员考虑的因素多，提供的方案比单个成员提供的具体；③专家会议有助于打消或减轻个人承担全部责任的顾虑；④专家会议有利于意见交流和相互之间的启发补充，而且可以利用不同学科领域的专家所掌握的知识和经验联合攻关，解决问题。

专家会议预测法的缺点：①易受人际关系的影响，易屈服于权威或大多数人的意见，有时少数人的意见或不知名者的意见是正确的；②易受表达能力的影响；③易受时间的影响；一是很难在同一时间内把有关专家都集中起来；二是会议也不可能开得太长。

二、头脑风暴法

头脑风暴法（Brain Storming，简称 BS）又称智力激励法、脑力激荡法，是一种典型的创造性思维预测方法。1939 年，美国人奥斯本为了在广告方面想出更多更好的方案而将其转化为无拘无束、自由奔放的思考问题之意，首创了头脑风暴思维方法。20世纪50年代，头脑风暴法作为一种创造性思维方法，在专家会议预测中得到广泛应用，成为一种受人重视的预测方法。

具体地说，头脑风暴法是针对一定问题，召集由有关人员参加的小型会议，在融洽轻松的会议气氛中，与会者敞开思想、各抒己见、自由联想、畅所欲言、互相启发、互相激励，使创造性设想起连锁反应，从而获得众多解决问题的方法。

目前，头脑风暴法作为一种创造性的思维方法，在预测、规划、社会问题处理、技术革新以及决策等许多领域中得到了广泛应用，日趋普及。这正如A.F.奥斯本所说："只要遵循头脑风暴会议的规则，头脑风暴会议几乎可以解决各方面的问题。"头脑风暴法可分为两大类：

1. 直接头脑风暴法

直接头脑风暴法，就是一般意义上的头脑风暴法，即根据一定的规则，通过共同讨论具体问题，鼓励创造性思维活动的一种专家之间直接交换信息的方法。

(1) 头脑风暴法应遵循的原则。

① 严格限制预测对象范围。就所论问题提出一些具体要求，并严格规定提出设想时所用术语，以便限制所论问题范围，使参加者把注意力集中于所论的问题。

② 认真对待和研究任何一种设想，不能放弃和终止讨论任何一个设想，不管是否适当可行，不能对别人意见提出怀疑。

③ 鼓励参加者对已经提出的设想进行改进和综合，允许一个人多次发言，为准备修改自己设想的人提供优先发言权。

④ 支持和鼓励参加者解除思想顾虑，禁止批评别人已提出的设想；创造一种自由的气氛，激发参加者的积极性。

⑤ 发言简短，不详细论述。限制每一个人的发言时间，时间过长，有碍于一种富有成效的创造性气氛的形成。

⑥ 不宣读发言稿。不允许参加者宣读事先准备的建议一览表。

⑦ 将所有设想集中起来；在后续阶段对提出的所有设想进行估价。

为了提供一个创造性思维环境，必须决定小组的最佳人数和会议的进行时间。通常小组规模以10～15人为宜，会议时间一般为30～60分钟。

(2) 参加人员的选取原则。

① 如果参加者相互认识，要从同一职位(职称和级别)的人员中选取，领导人员不应参加，否则对下属人员产生一定压力。

② 如果参加者互不认识，可从不同职位的人员中选取，但禁止宣布参加者的职位，主持会议者应一视同仁。

③ 参加者的专业力求与所论问题一致，但不是专家组成员的必要条件。并且专家组中，希望包括一些学识渊博，对所论问题有所理解的其他领域的专家。头脑风暴法专家小组的构成：一是方法论学者——预测学领域的专家；二是设想产生者——所论问题领域专家；三是分析者——所论问题领域高级专家；四是演绎者——具有发达逻辑思维能力专家。

头脑风暴预测的参加者都应具有发达的联想思维能力。在用头脑风暴预测时，应尽可能提供一个有助于把注意力高度集中于所论问题的创造性环境。所有头脑风暴法产生的结果，应当认为是集体创造的成果。头脑风暴预测的领导工作最好委托给预测学家负责。因为预测学家对所提的问题和从事科学辩论有充分的经验，同时他们熟悉处理程度和处理方法。如果所论问题专业面很窄，则应邀请所论问题的专家和预测专家共同负责领导工作。

预测领导者要对预测问题做如下说明：问题产生原因、原因分析和可能的结果（最好把结果进行夸张描述，以便使参与者感到矛盾必须解决）；分析解决这类问题的世界性经验；解决这一问题的现存途径；以中心问题及其子问题，形成需要解决的问题（问题的内部结构相对简单将有助于发挥头脑风暴的效果）。

头脑风暴法组织者的发言应能激发参与者的思维灵感，通常开始时，组织者须采取强制询问的做法。因为很少有可能在 5～10 分钟内就创造自由交换意见的气氛。组织者的主动活动限于开始。一旦参加者被激励起来，新的设想就会源源不断涌现出来。有时某个人提出的设想，往往是在前一个提出设想的基础上，经过“思想共振”的“头脑风暴”迅速发展起来的，以及对两个或多个设想的综合。发言量越大，意见越多种多样，所论问题越广越深，出现有价值的设想的概率越大。

对会议提出的设想应通过录音方式记录，不放过任何一个设想，由专门的分析组作系统化处理。分析组对会议产生的设想，通常按如下程序系统化：①就所有提出的设想编制名称一览表；②用通用术语说明每一设想；③明确重复的和互为补充的设想，并在此基础上形成综合设想；④提出对设想进行综合的准则；⑤分组编制设想一览表。

2. 质疑头脑风暴法

质疑头脑风暴法，是在直接头脑风暴法的基础上，对所提出的已系统化的设想进行质疑。通常是一种同时召开两个会议的集体产生设想的方法。第一个会议完全遵从直接头脑风暴法原则；第二个会议对第一个会议提出的设想进行质疑。质疑头脑风暴法应遵守的原则与直接头脑风暴法一样，只是禁止对已有的设想提出肯定意见而鼓励提出新的可行设想。在质疑过程中，可能产生一些可行的设想，这些可行设想包括：对已提出的设想无法实现的论证；存在的限制因素，以及排除限制因素的建议；可行设想的结构通常是：这样是不可能的，因为……，如果使其可行，必须利用……质疑过程一直进行到没有问题可以质疑为止。质疑中的所有评论意见和可行设想都应及时记录下来。

经验表明，头脑风暴法可以排除折中方案，对所论问题通过公正的、连续的分析，可以找到一组切实可行的方案。因而，头脑风暴法在军事和民用预测中得到广泛应用。例如在美国国防部制订长远科技规划中，采取头脑风暴法邀请 50 名专家开了两周会议。参与者的任务是对事先提出的工作文件提出非议，并通过讨论把文件变为协调一致的报告。通过讨论，原工作文件中只有 25%～30%的意见得到保留，由此可以看到头脑风暴法的价值。英国邮政部和美国洛克希德（Lockheed）公司、可口可乐（Coca-Cola）公司和国际商用机器公司（IBM）也积极应用头脑风暴法开展预测。

专家预测法仍存在固有弊端：①参加的专家有限，代表性不充分；②权威的影响较大，顺权威思路；③易受表达能力的影响；④受自尊心等心理因素的影响，不愿公开自己的见解；⑤易受“潮流”思想的影响，可能会否定“非正统”的新观点。

三、德尔菲法

（一）德尔菲法的产生和特点

1. 德尔菲法的概念及其产生

德尔菲法（Delphi Method）是第二次世界大战后发展起来的一种直观预测法。这种方法是专家会议法的发展和完善，是一种有发展前途的判断分析预测方法。它是以“系统分析”方法在价值判断领域内的一种有益的延伸。它突破了传统的数量分析的限制，为更合理、更有效地进行决策提供了支撑、依据。

德尔菲法又称专家小组法或专家意见征询法，是以匿名的方式，逐轮征求一组专家各自的预测意见，最后由主持者进行综合分析，确定预测值的方法。

德尔菲法，是由美国兰德公司(RAND)于 1946 年首创和使用，也是全球最常用的 120 多种预测法中使用权重比例最高的一种。“兰德”一词是英文“研究与发展”的缩写。该公司成立于 1948 年，被人们称作“一个世界瞩目的思想库”，其总部设在美国加利福尼亚州的圣莫尼卡。该公司之所以以“德尔菲”为此法命名，是由于“德尔菲”是古希腊的一座城市，是传说为希腊神话中的太阳神——阿波罗的神殿所在地，而阿波罗神具有极高的预卜未来的能力，故后人借用德尔菲比喻神的高超预见能力，故将其引用来做这种预测方法的名称。

德尔菲的本质是利用专家的知识，经验，智慧等无法量化的带有很大模糊性的信息，通过通信的方式在专家之间的进行信息的交换，逐步地取得一致的意见，从而达到预测的目的。据《未来》杂志报道，20 世纪 40 年代～70 年代中期，专家会议和德尔菲法在各类预测法中比重由 20.8%提高到 24.2%。德尔菲应用如此广泛，足以说明该方法本身在技术和社会预测方面具有较大价值。

2. 德尔菲法的特点

德尔菲法在应用过程中有两个关键的步骤：其一是选择合适的专家；其二是设计合理的征询表。德尔菲法作为应用最广泛的一种科学评价方法与一般专家意见汇总法相比，具有以下几方面特点：

(1) 匿名性。为克服专家会议易受心理因素影响的缺点，德尔菲法收集专家意见，是通过匿名函询方式，背靠背地发表意见，应答者只能在信息反馈时才知道全体专家的倾向。专家们只同组织者发生联系，且专家姓名也是保密的。这样可减少交叉影响、权威效应，有助于开拓专家们的思想，畅所欲言，真实地反映专家们的意见。

(2) 反馈性。多轮反馈是德尔菲法的核心。它要多次轮番征询意见，一般要经过 3 到 4 轮。每次征询都必须把预测主持者的要求和已经参加应答的专家意见的统计资料反馈给专家，供提出下一轮预测时参考，所以德尔菲法具有信息反馈的特点。这样经多次反馈，可不断修正预测意见，使预测结果较为准确可靠。

(3) 收敛性。德尔菲法在每轮意见收集后，组织者将意见进行处理，根据意见集中程度，重新整理问题，再次征询专家意见，每轮都通过整理问题，提供集中意见，使意见趋于集中。

(4) 统计性。德尔菲法在咨询过程中要求专家们对所研究的问题做出概率估计。在经过多轮的专家意见征询后，对最后一轮的专家意见运用数学方法进行数量化的处理。一般用平均法和中位数法求其平均数，以平均数作为预测结果。这种定性判断和定量分析相结合，有利于提高预测的科学性和准确性，实现对专家意见和预测结果做出定量化的统计归纳。

(二) 德尔菲法的优缺点

1. 优点

(1) 便于独立思考，独立估测。应邀专家背靠背，能克服权威效应、情感效应等心理因素的影响，有利于专家能够充分的独立思考问题。

(2) 能集思广益，又能经济合理。以信函方式征询专家意见，具有经济合理性；同时，又通过广泛性征询各方面专家的意见，具有集思广益效果，可修正个人意见的片面性。

(3) 利用探索性解决问题。它采用多轮征询意见方法，允许专家修改和完善自己的意见，每轮反馈了解到整体意见和不同意见的理由，使专家受到启发，便于更好的修改和完善自己的意见。

(4) 具有广泛的应用范围。它虽属定性预测法，但能解决历史资料缺乏和不足的问题，也能预测有充足历史资料的事件；能进行近期现实问题的预测，也能用于远期抽象问题估测，不受地区、人员的限制。

2. 缺点

(1) 易忽视少数人的创意。它的轮间整理是采用众数理论进行的，往往少数人的创意被预测者忽视，当真理掌握在少数人手里时，预测结果往往失败。

(2) 缺少思想交锋和讨论。背靠背，凭个人经验和知识作估测，受到个人资料占有数量和本身知识广度及深度影响，背靠背，使各位专家没有机会正面交锋和相互启发。

(3) 组织者主观意向明显。多轮反馈，都是组织者归纳整理前一轮专家意见，其意见取舍、新资料的提供，都直接影响专家意见的修改情况和集中意见的结果。

(4) 较费时日。它采用多轮信函方式，使预测过程较费时日。

(三) 德尔菲法的预测程序

德尔菲法以匿名方式征求一组专家各自意见，然后将个人意见汇总整理，再反馈给专家个人，供他们分析判断，提出新的意见。如此多次反复，直至专家意见趋于一致，最后取这种一致的意见作为预测结果。

德尔菲法预测过程由管理小组的工作和应答专家的工作两方面组成。管理小组成员应对德尔菲法的实质过程有正确了解，了解专家情况，具有专业知识，掌握统计学、数据处理等方法。参加预测的专家中要包括有关课题的各专业的专家，也要有其他专业的专家，最好安排几个善于跨学科思考的人，或者喜欢争论或提问题的人。

在第一轮征询表中，经常由管理小组预先拟订一个预测事件的一览表，直接让专家们评价，同时允许他们对此表进行补充和修改。

与预测课题有关的大量技术政策和经济条件，不可能被所有应答者掌握，管理小组应尽可能把这方面的背景材料提供给专家们。尤其在第一轮中，这方面的信息力求详尽，同时也可以要求专家对不够完善、准确的过去数据提出补充和评价。

在征询表中，最常见的问题是要求专家对某项技术实现的日期进行预言，在一般情况下专家回答的日期是与实现可能性正好相当的日期。在某些情况下，常要求专家提供 3 个概率不同的日期，即不大可能实现——成功概率 10%；实现可能性相等——成功概率 50%；基本上已能实现——成功概率 90%。当然也可选各类日期的均值作为预测结果。

征询表制订后就可以开始预测。预测过程中要创造条件使专家能够自由、独立地进行判断。德尔菲法一般进行 3～4 轮。

第一轮：发给专家的第一轮征询表不带任何框框，只提出预测主题。预测管理小组对专家填写后寄回的征询表进行汇总整理，归并同类询问题，排除次要询问题，用准确术语提出一个预测询问题一览表，并作为第二轮征询表发给应答小组的每个专家。美国和加拿大锻造协会就粉末锻件和冷锻件潜在增长趋势的预测，第一轮时专家们共提出 150 多个预测征询问题，管理小组归纳整理为 121 个。

第二轮：根据第一轮统计材料，补充材料与专家提供的理由，专家对第二轮征询表所列的每个征询问题做出评价，并阐明理由。管理小组对专家意见进行统计处理。

第三轮：根据第二轮统计材料，专家再一次进行判断和预测，并充分陈述理由。有时在第三轮时仅要求持异端意见的专家充分陈述理由，因为他们的依据经常是其他专家忽略的一些外部因素或未曾研究过的一些问题。这些依据往往对其他成员重新做出判断产生影响。

第四轮：在第三轮统计结果基础上，专家再次进行预测。根据管理小组要求，有的成员要重新做出论证。

通过第四轮，专家的意见一般可以相当一致。例如美国制造工程师学会和密执安大学协作，分别组织125名和150名专家对生产管理技术和生产装配技术进行了预测，四轮后的预测结果相当接近，持不同意见的仅占20%。

德尔菲法是一个可控制的组织集体思想交流的过程。由许多不同的专家组成的集体，作为一个整体解答某个复杂问题。在第三轮调查进行汇总整理后，调查结果的变化已经收敛。

(四) 德尔菲法的统计处理

一般情况下，专家意见经过3～5轮反馈后，预测结果的概率分布接近正态，即可用最后一轮征询的意见，对其用统计方法进行整理。德尔菲法中常用的统计指标有：均值，期望值，中位数，上、下四分点，加权综合分值，直方图等。数据处理可采用下列方法。

1. 专家作答情况统计处理

(1) 问卷回收率，是指收回问卷的份数占向专家发出问卷份数的比率，即

$$\text{问卷回收率}=\frac{\text{收回问卷份数}}{\text{发出问卷份数}}\times 100\%$$

问卷回收率的大小，表示专家对此调查关心和支持程度，也反映调查结果的代表性。

(2) 问卷回答率，是指专家对所咨询的问题有效回答的份数占收回问卷份数的比率，即

$$\text{问卷回答率}=\frac{\text{对该问题有效回答份数}}{\text{收回问卷份数}}\times 100\%$$

问卷回答率的大小，说明专家对该问卷的熟悉和关注程度，也说明调查结果的可信度。

2. 对数量和时间答卷的统计处理

当专家的回答是一系列可供比较大小的数据，或有前后顺序排列的时间，统计调查结果需要用数量或时间表示时，则可用中位数和上、下四分点，预测值全距(极差数)的方法来处理，用以求出调查结果的期望值和区间。

(1) 中位数的计算方法。首先将几位专家所提供的几个(包括重复的)答数按从小到大顺序排列。

$$x_1 \leqslant x_2 \leqslant x_3 \leqslant \cdots \leqslant x_{n-1} \leqslant x_n$$

中位数计算公式为

$$\bar{x}=\begin{cases} x_{k+1} & n=2k+1\ (\text{奇数}) \\ (x_k+x_{k+1})/2 & n=2k\ (\text{偶数}) \end{cases}$$

(2) 上、下四分位的计算公式。上下四分位数分别表示处于专家预测结果排序数列中3/

4 与 1/4 的两个数。

下四分位点的计算公式为

$$x_{下}=\begin{cases} x_{\frac{2k+1}{2}} & n=2k+1 \quad k\text{ 奇数} \\ \left(x_{\frac{k}{2}}+x_{\frac{k}{2}+1}\right)\Big/2 & n=2k+1 \quad k\text{ 偶数} \\ x_{\frac{k+1}{2}} & n=2k \quad k\text{ 奇数} \\ \left(x_{\frac{k}{2}}+x_{\frac{k}{2}+1}\right)\Big/2 & n=2k \quad k\text{ 偶数} \end{cases}$$

上四分位点的计算公式为

$$x_{上}=\begin{cases} x_{\frac{3k+3}{2}} & n=2k+1 \quad k\text{ 奇数} \\ \left(x_{\frac{3k}{2}+1}+x_{\frac{3k}{2}+2}\right)\Big/2 & n=2k+1 \quad k\text{ 偶数} \\ x_{\frac{3k+1}{2}} & n=2k \quad k\text{ 奇数} \\ \left(x_{\frac{3k}{2}}+x_{\frac{3k}{2}+1}\right)\Big/2 & n=2k \quad k\text{ 偶数} \end{cases}$$

$\bar{x}$（中位数）表示预测的期望值，下、上四分位点表示调查期望值区间的下限、上限。

(3) 四分位内距计算公式为

$$qd=\frac{x_{上}-x_{下}}{2}$$

四分位内距说明，所有数据中大概有 50%的数据位于中位数两侧的一个四分位内距范围内。用中位数来说明数据集中趋势的同时，用于其相适应的四分位内距说明数据的离散趋势。

(4) 预测值全距（极差数），表示调查结果的最大变动幅度，是各专家之间看法的分散程度的一种量度，即

$$\text{预测值全距}=\text{最大值}-\text{最小值}$$

【例 9-1】 设某企业聘请 16 位专家对一项新产品的销售量进行预测，最后一轮的预测值（单位：万件）从小到大的排列为：67，69，70，70，71，73，74，74，75，75，75，76，77，80，80，83。求中位数，上、下四分位数，四分位内距，预测值全距。

$n=16$ 为偶数，$k=n/2=8$ 为偶数，则 $\bar{x}=(x_8+x_9)/2=(74+75)/2=74.5$（万件）

$k=8$（偶数），$3k/2=12$（万件） $3k/2+1=13$（万件）

$x_{上四}=(x_{12}+x_{13})/2=(76+77)/2=76.5$（万件），$x_{下四}=(x_4+x_5)/2=(70+71)/2=70.5$（万件）

四分位内距 $qd=\dfrac{x_{上四}-x_{下四}}{2}=\dfrac{76.5-70.5}{2}=3$（万件）

预测值的全距 = 最大值 − 最小值 = 83 − 67 = 16（万件）

在德尔菲法中，对专家判断结果进行数据处理的数学基础是专家意见服从或接近服从正态分布。大量试验证明，第一轮的判断结果一般符合正态分布，而且随反馈轮次的增加，其均值与真值的偏移程度逐步减少。选择使用平均数或中位数的原则：如数据分布的偏态较大，

一般使用中位数，以免受个别偏大或偏小的判断值的影响；如数据分布的偏态较小，一般使用平均数，以便能充分考虑到每个判断值的影响。

3. 对等级比较答案的统计处理

在征询专家对某些调查项目做重要程度的排序内容时，通常采用总分比重进行统计。

(1) 列出各评价项目，规定其重要程度的评分标准；

(2) 计算各个评价项目的总得分，即

$$T_j = \sum_{i=1}^{n} p_i N_i \quad (j = 1, 2, 3, \cdots, m)$$

式中 T_j ——第 j 个项目的总得分；

p_i ——排在第 i 位的得分；

N_i ——赞同某项目排在第 i 位的人数；

m ——参加比较的项目的个数。

(3) 计算各项目所得的总分比重，即

$$k_j = T_j / m \cdot \sum_{i=1}^{n} p_i \quad (j = 1, 2, 3, \cdots, m)$$

式中 k_j ——第 j 个项目的总分比重 $\left(\sum_{j=1}^{m} k_j = 1\right.$，因为所有项目的总分比重之和等于 $\left.1\right)$；

m ——对该问题做出回答的人数 $\left(\sum_{i=1}^{n} N_i = m\right.$，对某项目评分的总人数为 $\left.m\right)$。

(4) 按总分比重从大到小排列各项目的重要程度等级。

除了上述各种专家意见的统计处理方法之外，还可用直方图表示专家预测的分布，用方差或标准差表示专家预测值的离散程度等。

【例 9-2】 某针织品销售公司聘请专家对 2015 年以后运动衣裤的市场需求进行预测。要求专家在下列项目：品牌、价格、式样、吸汗、耐穿中，选择影响销售的主要项目 3 个，并按其重要性进行排序。评分标准规定为：评为第一位的给 3 分，第二位的给 2 分，第三位的给 1 分（即 $p_1 = 3$，$p_2 = 2$，$p_3 = 1$）。对第三轮征询做出回答的专家人数为 82 名（即 $m = 82$），赞成“品牌”项排第一位的专家有 61 人（$N_1 = 61$），赞成“品牌”项排第二位的专家有 13 人（$N_2 = 13$），赞成“品牌”项排第三位的专家有 1 人（即 $N_3 = 1$）。将有关数值代入公式：

$$T_j = \sum_{i=1}^{n} p_i N_i = 3 \times 61 + 2 \times 13 + 1 \times 1 = 210$$

“品牌”项的总分比重计算公式：

$$k_j = T_j \Big/ m \cdot \sum_{i=1}^{n} p_i = 210/82 \times (3 + 2 + 1) = 0.43$$

由专家对其余 4 项评分结果（略），算得的各项目总分比重为：价格比重 0.15、式样 0.30、吸汗 0.02、耐穿 0.10。

根据总分比重大小，得出按重要性排在前三位的项目依次为品牌、式样、价格。

四、主观概率法

（一）主观概率的概念及其特点

1. 主观概率的概念

概率有主观概率和客观概率之分，所以，对“概率”的解释有主观的解释和客观的解释。

概率的客观解释认为，所谓一个事物的概率，就是在大量重复包含该事物的试验中，此事物出现的相对频率。客观概率，是指某一随机事件经过反复试验后，出现的频数，也就是对某一随机事件发生的可能性大小的客观估量。如掷一枚硬币，出现正反两面的客观概率各为50%。该观点在定义概率量时，总假设可以在完全相同的条件下大量重复某一实验，但是在对事物进行预测的时候，概率的各种客观性解释显得很不现实，不能够看作是完全条件下可重复的试验的结果。大多数统计理论都是建立在概率的客观解释基础上的。

概率的主观解释认为，所谓概率就是人们对某一试验的特定结果主观信念的量度。根据这种解释，“某人当选总统的概率为0.75”这种说法是合理的、可接受的。由于不同的个人对未来事物出现的概率有不同的信念，所以这种对未来事物或趋势发展可能性所做的主观判断或估计，被称为主观概率。

主观概率是凭个人经验的主观判断，反映一个人对某一事件在未来发生或不发生可能性的估计，对未来事件的主观判断和信任程度。客观概率与主观概率的根本区别在于，客观概率可以经过反复试验，检验其准确性（可检验性），而主观概率则不具有这种可检验性。

2. 主观概率的特点

主观概率是一种心理评价，具有明显的主观性。同一事件，不同的人对其发生的概率判断是不同的，它的测定因人而异，受人的心理影响较大。判断的准确性主要取决于预测者的经验、知识水平和对预测对象的把握程度。

在实际中，主观概率与客观概率的区别是相对的，因为任何主观概率总带有客观性；另外，任何客观概率在测定过程中也难免带有主观因素。因为实际工作中所取得的数据资料很难达到（大数）规律的要求。所以，在现实中，既无纯客观概率，又无纯主观概率。

（二）主观概率法的含义

主观概率法是预测者对预测事件发生的概率（即可能性的大小）做出主观估计，或者说对事件变化动态的一种心理评价，然后计算它的平均值，以此作为预测事件的结论的一种定性预测法。

（三）主观概率的基本定理

主观概率与客观概率一样，也必须满足概率论的三个基本公理。设 $p(E_i)$ 为事件 E_i 发生的概率，则

（1）$0 \leqslant p(E_i) \leqslant 1$；

（2）$\sum_{i=1}^{n} p(E_i) = 1 \ (i=1, 2, 3, \cdots, n)$；

（3）$p(\sum_{i=1}^{n} E_i) = \sum_{i=1}^{n} p(E_j)$（若 E_i，E_j 为互斥事件）。

上述基本公理的含义是：①每一事件发生的概率大于等于零，小于等于 1；②必然发生的

事件概率等于1,必然不发生的事件概率等于零;全部事件(样本空间)中各个事件概率之和必须等于1;③两个互斥事件之和的概率等于它们的概率之和。

主观概率预测值公式为

$$E(x)=\sum_{i=1}^{n} p_i X_i$$

式中　p ——事件出现的概率;

x ——预测估计值;

n ——估计值的个数。

由主观概率的概念可知,即使是同一事件,不同的专家也可能给出不同的概率判断,因此为了避免个人意见的偏见,预测结论往往根据多个专家的意见综合形成。

用 $p(E)$ 代表事件 E 的主观概率综合值, $p_i(E)$ 为第 i 个专家的估计结果,专家总数为 m,则

$$p(E)=\frac{1}{m}\sum_{i=1}^{m} p_i(E)$$

(四) 主观概率的分布

每一个预测者对同一事件所得出的主观概率是不同的。如果预测者认为某产品未来某时期销售量超过1 600台的主观概率是0.125,超过1 400台的主观概率是0.5,超过1 200台的主观概率是0.875,这样可以得到如图9-3所示的主观概率正态分布图。

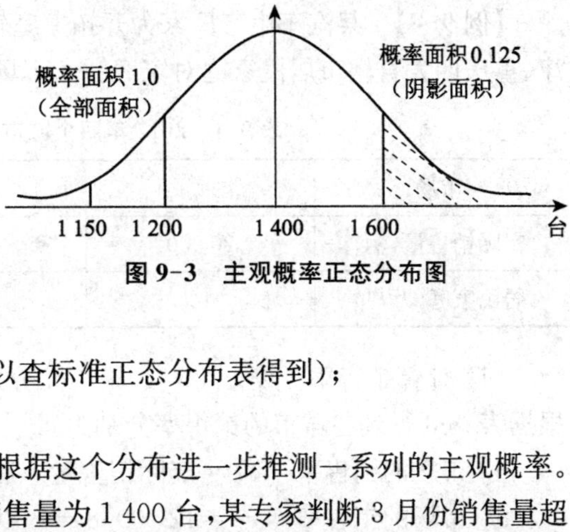

图9-3　主观概率正态分布图

主观概率的正态分布决定于分布的平均值 $\bar{x}$(中心)和标准差 S。平均值一般采用历史平均值,如图9-3的平均值 $\bar{x}=1\,400$ 台,标准差 S 的确定可依据下列公式:

$$S=(x-\bar{x})/t。$$

式中　t ——相对于 x 的主观概率的分布值(可以查标准正态分布表得到);

x ——销售量预测值。

只要掌握预测者的主观概率正态分布,就可根据这个分布进一步推测一系列的主观概率。

【例9-3】　某企业的某种商品2月份平均销售量为1 400台,某专家判断3月份销售量超过1 600台的概率是12.5%。试根据这位专家的主观概率的分布,推断3月份销售量超过1 150台的概率。

根据已知条件得主观概率分布的中心为: $\bar{x}=1\,400$ 台。现销售预测值为1 600台,且 $x>1\,600$ 的主观概率 $p=0.125$,从标准正态分布表查得对应于 $p=0.125$(或者 $1-p=0.875$) 的分布值 $t=1.15$。于是得到这位专家主观概率分布的标准差为

$$S=(x-\bar{x})/t=(1\,600-1\,400)/1.15=174(台)$$

这样它的主观概率的分布式以1 400台为平均值,174台为标准差的正态分布。根据这个规律,并采取 $t=(x-\bar{x})/S$,可以预测销售量的主观概率。例如,预测 $x>1\,150$ 的主观概率,

只要将 $x=1\,150$，$\bar{x}=1\,400$，$S=174$ 代入，即得

$$t=(x-\bar{x})/S=(1\,150-1\,400)/174=-1.436\,8$$

再查正态分布表，当 $t=-1.436\,8$ 时，概率是 0.924，即 92.4%。

这个实例说明：①如果知道预测者主观概率的分布规律，就不必再对它进行提问，而只要用公式 $t=(x-\bar{x})/S$ 和标准正态分布，就可以预测相应于任何一个 x 的主观概率。②如果知道预测者的主观概率分布规律，还可以用以检查通过提问而得到的主观概率。例如例 9-3 中，预测者认为 $x>1\,150$ 的概率是 85%的可能性，而根据分布规律，这个概率是 92.4%，这就说明 85%的数字不正确，即他的估计偏低了。

五、联测法

联测法就是以某个企业的普查资料或某一地区的抽样调查为基础，进行分析、判断、联测，确定某一行业以至整个市场的预测值。

在市场预测中，普查固然可以获得全面系统的资料，但由于主客观条件的限制，有时不可能进行全面普查，只能进行局部普查或抽样调查。因此，在许多情况之下，运用局部普查资料或抽样调查资料，经过分析、判断，对整个行业或整个市场进行联测，就成为客观需要。运用联测法的关键在于局部普查资料应具有典型意义，抽样调查的样本应能反映母体的全貌，不然就会出现难以估计的误差，从而导致整个预测失去意义。下面用一个实例来说明联测法的应用步骤。

【例 9-4】 某汽车生产厂家为开拓家庭轿车市场，拟用联测法预测 2018 年北京、上海、天津、重庆四大直辖市居民家庭对家庭轿车市场的需求量，已知 2017 年销售数据如表 9-1 所示。

表 9-1 2017 年四个城市家庭户数以及家庭轿车购买量

市场	北京 x_1	上海 x_2	天津 x_3	重庆 x_4
实际销售量(辆)	20 000	12 000	20 000	10 000
居民家庭(万户)	10	8	16	10

(1) 计算销售率。设 x_1，x_2，x_3，x_4 分别代表北京、上海、天津、重庆四城市的汽车市场，根据表 9-3 得到各城市的销售率分别为：

x_1 市场的销售率　c_1＝实际销售量／居民家庭户＝20 000/10＝2 000 辆／万户

x_2 市场的销售率　c_2＝12 000/8＝1 500 辆／万户

x_3 市场的销售率　c_3＝20 000/16＝1 250 辆／万户

x_4 市场的销售率　c_4＝10 000/10＝1 000 辆／万户

(2) 抽样调查需求量。选择 x_1 市场进行抽样调查，假设 2018 年 x_1 市场每 100 户对轿车的需求量为 25 辆，即 x_1 市场的需求率 $d_{x1}=0.25$。

(3) 根据 x_1 市场的需求量联测其他市场的需求量。各市场销售率差异可以近似地反映出各市场需求水平的差异，即：

$$\frac{c_{x_1}}{c_{x_2}}=\frac{d_{x_1}}{d_{x_2}}$$

由此式得到：

x_2 市场的需求率 $d_{x2}=\dfrac{c_{x2}d_{x1}}{c_{x1}}=\dfrac{1\,500\times 0.25}{2\,000}=0.187\,5$

x_3 市场的需求率 $d_{x3}=\dfrac{c_{x3}d_{x1}}{c_{x1}}=\dfrac{1\,250\times 0.25}{2\,000}=0.156\,25$

x_4 市场的需求率 $d_{x4}=\dfrac{c_{x4}d_{x1}}{c_{x1}}=\dfrac{1\,000\times 0.25}{2\,000}=0.125$

(4) 根据 2018 年的需求率，求该年各城市的需求量。根据需求率和各地区的居民家庭数得到 2018 年该市场的需求量分别为

x_1 市场的需求量 $=0.25\times 10=2.5$ 万辆　x_2 市场的需求量 $=0.187\,5\times 8=1.5$ 万辆

x_3 市场的需求量 $=0.156\,25\times 16=2.5$ 万辆　x_4 市场的需求量 $=0.125\times 10=1.25$ 万辆

六、转导法

转导法也称连续比率法或经济指标法。它是以间接调查所得的某项经济指标预测值为基础，依据该指标与预测目标间相关比率的资料，转导出预测值的一种方法。可见，转导法是一种演绎预测法。这种方法简便易行，在市场预测中被广泛应用。转导预测模型为

$$\hat{y}=y_0\times(1+k)\times\eta_1\times\eta_2\times\cdots\times\eta_n$$

式中 $\hat{y}$ ——预期目标下期预测值；

y_0——本期某参考指标观察值；

k ——参考指标下期增或减的比率；

$\eta_1,\eta_2,\cdots,\eta_n$ ——预期目标与参考指标间客观存在的相关联系的比率系数；

n ——相关联系的层次数。

【例 9-5】 已知某地区 2017 年第一季度社会商品零售总额为 4 860 亿元，根据历史资料，第一季度社会商品零售总额为全年的 28.6%，其中汽车类产品占 2.9%，小轿车的市场份额又占整个汽车市场的 42%。某品牌轿车市场占有率为 3.5%，国家统计局发布第一季度社会商品零售总额的增长率为 11.6%。试运用转导法预测 2018 年该品牌轿车在该地区的销售额为多少？

由已知得到：$y_0=4\,860\div 28.6\%$，$k=11.6\%$，$\eta_1=2.9\%$，$\eta_2=42\%$，$\eta_3=3.5\%$，故该品牌轿车在该地区预测销售额为：

$$\begin{aligned}\hat{y}&=y_0\times(1+k)\times\eta_1\times\eta_2\times\cdots\times\eta_n\\&=(4\,860\div 28.6\%)\times(1+11.6\%)\times 2.9\%\times 42\%\times 3.5\%=8.084\,4(\text{亿元})\end{aligned}$$

实际运用中为了使销售额预测更准确，需要对实际情况进行分析，并根据预测值和市场最新变动情况对预测进行调整，得出最终的预测结论。

七、指标预测法和类比法

(一) 指标预测法

指标是经济状况或经营状况的反映。各种经济现象的变化在时间顺序上往往具有一定的

规律性，这种规律性可以从各种指标之间的关系中体现出来，比如钢材价格提高，必然引起汽车价格的上涨。指标预测法就是通过分析各种有关指标来预测市场的发展变化。

指标预测法是美国经济学家最早开始使用的，其主要目的是用于研究经济周期的波动，后来在发达国家得到实际应用。我国目前也用一套指标体系来预测国家的经济发展状况。通常把经济指标按时间先后分三类。

(1) 领先指标(Coincident Indicators)或超前指标(预兆性指标)。即同经济周期和整个市场变化相比始终先行出现的指标。如订货合同、新收订单、新开办企业数量、股票、基建财政拨款、工业贷款等。由于先导指标具有预兆性作用，因此，这类指标是市场预测所依据的主要指标。

(2) 同步指标(Coincidendt Indicators)或一致指标。即同经济周期或市场变化一致的指标。如国民生产总值、国民收入、工业生产指数、失业率、个人收入、货币供给量、发电量等。同步指标的变化与总体经济的变化在时间上基本是一致的，在总体经济出现高涨或衰退时，它也出现上升或下降。鉴于同步指标所具有的这种“同步变化”的性质，我们就可以根据它的变化来分析总体经济的运行状况。

(3) 滞后指标(Lagging Indicators)或迟到指标。即同经济周期或市场变化相比始终落在后面的指标，如投资完成额、财政收入、库存总量、长期失业(指 15 周以上的失业)等。因为落后指标是在总体经济活动出现变动之后才发生变化，在时间上是落后的，所以它通常主要用来分析市场行情发生过的变化所具有的某些特征或规律。在市场分析和预测的过程中，主要使用领先指标和同步指标。

指标预测法主要分为两类：一是领先滞后指标预测；二是扩散指数预测。

1. 领先滞后指标预测

领先滞后指标预测主要是利用领先指标来推断预测目标(同步指标和滞后指标)的变化趋向。其预测步骤如下：

(1) 确定预测目标。即确定预测目标及其预测的变量或指标。

(2) 选择领先指标。一般应根据经济理论、经济关系、实践经验及实证分析找出与预测对象有直接关系并起领先变化作用的经济变量作为领先指标。其中实证性分析一般是绘制预测对象(目标)与领先指标的动态曲线图，然后参考两者上升或下降的变化曲线，判断先行指标变化的间隔时间和变动方向。由于领先的间隔时间有长有短，变动方向有同增同减的顺向关系，也有此长彼消的逆向关系，因此应根据具体情况做具体分析。一般来说，应选择既领先预测对象变化的又是顺向关系的经济变量作为领先指标。

(3) 收集和处理统计数据。为了较正确地揭示领先指标和预测目标的变动关系和规律，一般来说，应收集 15 年以上的数据。可将各领先指标的同期环比个体指数用几何平均法或加权平均法求出领先指标综合指数，然后绘制领先滞后指标预测关系图，借以考察领先滞后的时间规律。

(4) 利用领先滞后的关系进行外推预测。即根据领先指标变化的领先时间和变动方向，推测预测目标未来的变动趋向。

实际上，领先滞后指标预测是根据事物的因果关系来预测的，也就是把作为原因的现象用先导指标来表现，把作为结果的现象用滞后指标来体现。

【例 9-6】 某市第一年到第四年基建投资额与建材工业产值资料如表 9-2 所示，试预测第五年建材工业产值。

表 9-2　基建投资额与建材工业产值

年　度　号	1	2	3	4
基建投资额/(亿元)	20	15	30	25
建材工业产值/(亿元)	10	15	10	20

根据上述数据作图(见图 9-4)。

从图 9-4 中可看出,当上一年基建投资额上升时,下一年建材工业产值上升;当上一年基建投资额下降时,下一年建材工业产值就下降。其时间先后顺序都是一年。因此可以将基建投资额作为建材工业产值的先导指标,将建材工业产值作为基建投资额的滞后指标,以下年的建材产值与上一年的基建投资额相比,其比值为

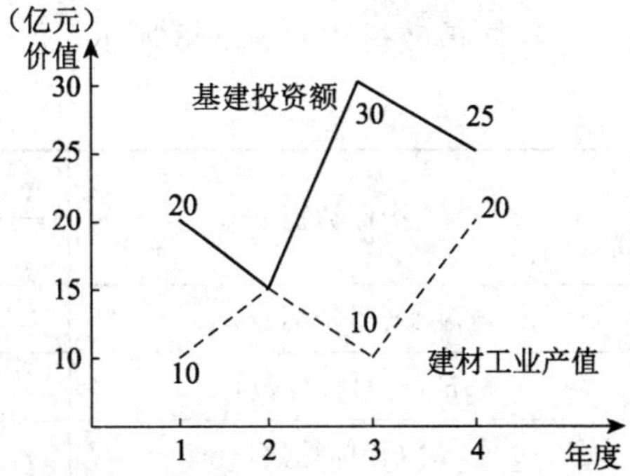

图 9-4　基建投资额与建材工业产值的关系

$$15/20=0.75,\quad 10/15=0.67,\quad 20/30=0.67$$

将上述计算结果加以平均为

$$(0.75+0.67+0.67)/3=0.697$$

即当年建材工业产值大约是上一年基建投资额的 69.7%。按照这个比例计算,已知第四年基建投资额为 25 亿元,则第五年的建材工业产值为

$$25\text{ 亿元}\times 0.697=17.425\text{ 亿元}$$

这种预测方法的优点是:①简单易行,费用低;②可以随实际情况对指标系统做调整,故预测比较灵活;③主观干预性少。所以它比较适合于宏观及短中期的定性预测,可为各种宏观计划提供一个未来的经济情景描述。其局限性就是先导时间都是现象,所以预测都是根据现象进行的,不是本质因果关系的预测。

2. 扩散指数预测

在市场预测中,某些经济指标和社会消费品零售额只能反映市场运行和周期变动的集中趋势和总体变动情况,但不能揭示部门、企业、商品之间的变动差异和离散趋势。为此,可利用扩散指数来反映和衡量经济变动的离散趋势,预测总量指标的变化趋向。

扩散指数预测就是根据一批领先指标的升降变化,计算出上升指标的扩散指数,以扩散指数为依据来判断市场未来的景气情况,进而预测企业的景气情况,它是预测市场景气情况的一种方法。这里的扩散,系指不局限于运用某些或某几项指标,而是扩散到一批经济指标,即运用一批经济指标的变化来预测市场未来的发展变化趋势。扩散指数预测的步骤如下:

(1) 预先选择影响预测因素中一批领先的经济指标,如工业项目投资、银行存款、就业人数、收入水平、工资总额、住宅建设投资、股价指标等。

(2) 在一批领先经济指标中,确定在预测期处于上升趋势和下降趋势的经济指标。

(3) 根据在预测期处于上升趋势的经济指标,确定扩散指数,即

$$扩散指数(DFI)=\frac{n(正在上升的领先经济指标个数)}{m(全部领先经济指标个数)}\times 100\%$$

(4) 根据所求得的扩散指数,对市场景气情况进行判断预测。

如果20项先导指标出现三种变化情况:

① 第一种情况是:12项指标上升,8项指标下降。

② 第二种情况是:10项指标上升,10项指标下降。

③ 第三种情况是:8项指标上升,12项指标下降。

这样扩散指数如表9-3所示。

表9-3 扩散指数表

指标类别	变动情况		
	Ⅰ	Ⅱ	Ⅲ
N(+号指标数)	12	10	8
F(−号指标数)	8	10	12
M(指标总数)	20	20	20
$DFI=N/M\times 100\%$(扩散指数)	60	50	40

凡扩散指数达到60以上者,可判断为市场处于上升状态。即市场未来会出现乐观景象。如果扩散指数为50时,便认为市场已达到转折点,即市场未来的发展或由上升转为下降,或由下降转为上升。当扩散指数仅为40以下时,则预计未来市场会出现下降局面。

知识链接

"中经"指数

从宏观方面来看,建立在经济周期理论上的景气指标体系,是美国经济学家最早开始使用的,其主要目的是用于研究经济周期的波动情况。这种方法后来在发达国家得到普遍的运用。不过,由于在建立景气指标的内容和方法上的差异,各国的景气动向信息缺乏可比性。我国目前也用一套指标体系来预测国家的宏观经济发展状况,如"中经"指数。

"中经"指数是中国经济景气动向指数的简称,由国家信息中心编制,因此也称SIC景气动向指数。目前该指数包括"中经"扩散指数和"中经"合成指数两个系列,每个系列分别由先行、一致和迟行三类指数组成。

一是"中经"指数的先行指标为:钢产量、水泥产量、化肥产量、10种有色金属产量、国家银行企业存款、国家银行短期贷款余额、出口商品总值。二是"中经"指数的一致指标为:工业总产值、社会消费品零售总额、银行工资性现金支出、预算内工业销售收入、狭义货币、进出口总额、基建投资额。三是"中经"指数的迟行指标为:财政预算支出、商品零售物价总指数、海关进口总额、国家银行商业贷款。

"中经"扩散指数(DI)反映不同时点上升指标的比例,如果DI低于50%,则表示构成DI指数的经济指标中有半数以上出现下降;反之,则表示经济活动上升。当DI曲线从上往下穿越50%线时,表示经济运行已经超过景气的"峰",开始进入"收缩"阶段;反之,DI曲线从下向上穿越50%线时,则表示经济景气由"谷"开始回升。该指标的特点是能够反映景气在各部门的涉及和渗透,较准确地反映我国经济波动中的转折点,但不能反映景气变动的幅度。

"中经"合成指数(CI),就是主要用来反映景气变动的方向和幅度,并对经济景气局面进行判断和测度的一类指标。

对企业进行市场预测来说,"中经"指数是一些非常有价值的宏观经济状况指标,通过观察研究这些指数,可把握国家经济和全国市场的变化动向，这对企业具体项目的预测是非常有参考价值的，而且对企业的市场运营也有很重要的提示作用。

（二）类比法

类比法又称类推法，是从特殊到特殊的推理，以两个相似事物某些属性相当的判断为前提，推出两者的其他某个或某些属性相当的结论。其形式为：

前提→对象 A 与对象 B 具有关系 R；
前提→对象 A 有属性向量 a 与受 a 影响的属性 d；
前提→对象 B 有与 a 相当的属性 a'。
结论→对象 B 可能有与 d 相当的受 a' 影响的属性 d'。

类比有定性与定量两种：属性可以是质也可以是量。例如，由西红柿栽培→西瓜栽培，即西瓜像西红柿那样栽培；由企业核算→社会核算，即全社会像企业一样搞核算。又如：

（1）西方国家人均 1 000 美元收入时的消费结构→我国人均收入达到 1 000 美元时的消费结构。这里：R＝国家，人的共性；a＝1 000 美元；d＝西方国家消费结构；a'＝1 000 美元；d'＝我国消费结构。

（2）美国洗涤剂取代肥皂的速度→正在发展洗涤剂国家将会有怎样的取代肥皂的速度。这里：R＝国家共性；a＝美国生活习惯，a'＝别国的生活习惯；d＝美国的取代速度，d'＝别国的取代速度。

（3）奥地利一个名叫奥恩布鲁格的医生，其父亲是酒商，常用手指敲击来判断桶中酒量。这个医生有一次给病人看病，病人没医好去世了，后来就打开其胸腔检查，发现内部全部是脓水，该医生受父亲的影响发明了“叩诊法”。这里：A＝酒桶，B＝胸腔（含水）；R＝胸腔与酒桶同是容器可装液体；a＝酒桶可敲击；a'＝胸腔可敲击；d＝判断酒桶中酒量，d'＝预测胸腔中水量。

类比法的特点是：①类比是形式逻辑推理中必然性最弱的一种，不同演绎与归纳，从理论上讲预测可靠性差些，但分析速度快。②集抽象思维与形象思维于一体。特殊是形象，特殊到特殊又是抽象过程，故而结果鲜明，给人感觉深刻。③定性、定量预测皆可用。预测空间可大可小，可为制定宏观技术经济规划提供依据，为制定产品发展战略提供依据。④费用少。⑤需要较高的想象力、综合力，人人可以预测，但不一定都预测好，主观作用很大。⑥仍是依据现象关系、外在关系做预测，不是依据本质因果关系作预测。⑦类推载体不易确定。

小　结

1. 20 世纪以来，随着资本主义垄断的产生、竞争的加剧、商品寿命周期的缩短、商品的日益丰富、商品交换量的增长，科学的市场预测真正产生并迅速发展起来。促使预测科学技术发展的因素主要有：商品经济的发展、科学技术的发展、军事技术的发展等。市场预测有利于提高决策的科学性；有利于提高企业的竞争力；有利于提高企业的经济效益。市场预测包括四个基本要素，即信息、方法、分析和判断。

2. 市场预测应遵循的基本原理有可知性原理、连续性原理、类推性原理、相关性原理、可控性原理和随机过程原理。市场预测有三大属性，即服务性、描述性和局限性。市场预测的工作要求包括准确性、时间性、经济性和满意性。

3. 预测的精确性，就是预测的准确度，它是用来描述预测值与实际值偏离程度的数值表现。影响预测精度的因素主要有数据资料的质量、预测方法和模型本身、分析判断的能力三个方面。统计测定预测精确度的常用指标有平均误差、平均绝对误差、均方误差、均方根误差和平均误差率。评价预测模型一般应遵循合理性、稳定性、简单实用、预测能力和完善程度等基本准则。

4. 市场预测方法可分为定性预测法、定量预测法和组合预测法三大类。定性预测法又称定性判断法，是对未来市场发展的性质进行预测分析和推断。定量预测方法又称数学模型预测法，它是指运用一定的统计和数学方法，通过建立数学模型来描述预测目标的变化发展规律，并依此对预测目标的未来进行预测。非模型市场预测是指不依托数学模型，而是凭借预测者的经验、学识和综合分析能力来进行预测的方法。

专家预测法是以专家有创造性的逻辑思维来获得未来信息的一种方法。专家个人判断法是指个别专家依靠自身的专业知识、专业经验和特殊技能来进行预测判断的方法。而专家会议法是根据预测的目的和要求，邀请有关方面的专家通过会议形式展开讨论，提出自己的判断，然后综合专家们的意见做出预测。头脑风暴法可分为直接头脑风暴和质疑头脑风暴两类。直接头脑风暴法，即根据一定的规则，通过共同讨论具体问题，鼓励创造性思维活动的一种专家之间直接交换信息的方法。质疑头脑风暴法，是在直接头脑风暴法的基础上，对所提出的已系统化的设想进行质疑。

德尔菲法，是以匿名的方式，逐轮征求一组专家各自的预测意见，最后由主持者进行综合分析，确定预测值的方法。德尔菲法具有匿名性、反馈性、收敛性和统计性的特点。主观概率法是预测者对预测事件发生的概率做出主观估计，然后计算它的平均值，以此作为预测事件的结论的一种定性预测法。指标预测法就是通过分析各种有关指标来预测市场的发展变化。扩散指数法是根据选取的一系列反映市场景气情况的指标的变化情况来判断未来市场的发展情况。类比法又称类推法，是从特殊到特殊的推理，以两个相似事物某些属性相当的判断为前提，推出两者的其他某个或某些属性相当的结论。

习　题

一、名词解释

1. 定量预测方法　2. 头脑风暴法　3. 德尔菲法　4. 主观概率法
5. 转导法　6. 扩散指数预测　7. 可知性原理　8. 相关性原理

二、填充题

1. 市场预测包含四个基本要素是：信息、方法、分析和________。

2. 市场预测的基本原则(原理)有可知性原理、连续性原理、________原理、相关性原理、可控制性原理和随机过程原理。

3. 在采用德尔菲法进行预测过程中，选择合适的专家与________是两个最重要的环节，它们是德尔菲法成败的关键。

4. 德尔菲法具有匿名性、反馈性、________和统计性四个方面的显著特点。

5. 扩散指数预测法中的扩散指数(DFI)＝____________；用三点估计法对主观概率进行处理，其平均预测值(E)＝__________。

6. 定量预测又称做数学模型预测法，它可分为两大类：一类是时间序列预测法；另一类是________。

三、简述题

1. 市场预测应遵循的基本原理有哪些？简述市场预测的作用、属性和工作要求。

2. 如何进行市场预测的精确性与预测模型的评价分析。

3. 简述专家会议预测法的优、缺点，德尔菲法的特点及预测程序。

4. 头脑风暴法应遵循的原则和参加人员的选取原则各是什么？

四、计算题

1. 某公司甲、乙、丙、丁四位营销经理对2018年度公司的销售额做出各自的预测(并给予不同的权数)，以及有关2011至2017年各年实际数和预测数的对比资料分别见表9-4和表9-5，请用主观概率预测法预测

2018 年度公司的销售额(单位：万元)。

表 9-4　四位营销经理对 2018 年公司销售额的各自预测数　　万元

预测值	甲			乙			丙			丁		
重要度	1			1.2			1.5			2.5		
概率	0.3	0.4	0.3	0.7	0.2	0.1	0.2	0.4	0.4	0.2	0.5	0.3
销售额	1 100	950	750	1 200	800	700	1 150	900	750	1 100	1 000	850

表 9-5　2011—2017 年各年实际数与预测数的比率

年　度	2011	2012	2013	2014	2015	2016	2017
比率＝实际额/预测额	0.98	1.03	1.02	0.86	0.97	1.01	0.9

2. 设本年上半年社会消费品零售总额达 11 439 亿，从历史情况来看，上半年零售额平均占全年零售总额的 42%，预计明年零售总额在扣除物价上涨因素影响以后将比今年递增19.3%；再依据去年资料，家用电器销售额占零售总额的 0.2%，小家电销售额占家用电器销售额的 15%，某企业某小家电销售额占小家电销售总额的 2%，则该企业某小家电明年销售预测值为多少？

3. 某公司开发了一种产品，聘 9 位专家预测新产品投放市场后一年的销售额。预测前详细介绍了背景资料。采用德尔菲法方式，请专家各自做出判断，经过 3 次反馈之后，专家意见大体接近，得出结果如表 9-6 所示。

表 9-6　9 位专家判断结果

专家号	第一次判断			第二次判断			第三次判断		
	最低销售	最可能销售	最高销售	最低销售	最可能销售	最高销售	最低销售	最可能销售	最高销售
1	10	15	18	12	15	18	11	15	18
2	4	9	12	6	10	13	8	10	13
3	8	12	16	10	14	16	10	14	16
4	15	18	30	12	15	30	10	12	25
5	2	4	7	4	8	10	6	10	12
6	6	10	15	6	10	15	6	12	15
7	5	6	8	5	8	10	8	10	12
8	5	6	10	7	8	12	7	8	12
9	8	10	19	10	11	20	6	8	12
平均	7	10	15	8	11	16	8	11	15

请对 9 位专家的预测结果(第三次判断)，运用以下方法进行统计处理：

(1) 简单平均法。

(2) 加权平均法(最可能、最低和最高销售按 0.5、0.2 和 0.3 加权平均)。

(3) 三点估计法(公式：$E=\dfrac{a+4b+c}{6}$,a 最低估计值,b 最可能估计值,c 最高估计值)。

(4) 中位数法(最可能、最低和最高销售额按 0.5,0.2 和 0.3 加权平均)。

4. 某地区有常住居民 15 万人,预测 2017 年年末可比年初人口增加 2%,该地区食用油消费量资料如表 9-7 所示。

表 9-7　该地区食用油消费量

年　份	2012	2013	2014	2015	2016
人均消费量(kg)	5.4	6.1	6.6	6.8	7.5

根据上述资料要求：

(1) 运用增长率估算法(按定基的平均增加率为预测期增长率)推算出 2017 年该地区人均食用油消费水平(保留两位小数)。

(2) 以 2017 年食用油消费水平,预测出该地区 2017 年末全部居民的食用油消费量的预测值。

(3) 设该地区某企业的食用油零售量的市场份额为 15%,试推算出该企业食用油零售量的预测值(保留两位小数)。

五、案例分析题

某彩电生产厂商为开拓大屏幕彩电市场,拟用联测法预测某四个城市市场明年居民家庭对大屏幕彩电的需求量。假设企业准备开拓的四个城市市场为 X_1, X_2, X_3, X_4,4 个城市的居民收入水平、住房改革进程大致相当。因此,可以用某一城市的市场需求抽样调查资料,分析判断后联测其他三城市的市场需求量。通过间接调查了解到,4 个城市本年大屏幕彩电的销售量及城市居民家庭户数如表 9-8 所示。经过选择 X_1 市场进行抽样调查得知如下资料：X_1 市场明年每 100 户对大屏幕彩电的需求量为 12 台,即需求率为 0.12,那么,X_1 市场的需求量为 $0.12\times5=0.6$(万台)。要求根据 X_1 市场的需求率联测其他市场明年的需求量。

表 9-8　4 个城市大屏幕彩电的销售量及城市居民家庭户数

市　场	X_1	X_2	X_3	X_4
实际销售量(台)	2 000	1 800	2 600	1 600
居民家庭(万户)	5	4.8	6	4.5
销售率(台/万户)	400	375	433	356

第十章 时间序列分析预测

学习重点和要点

(1) 了解时间序列分析预测法的概念及分类,认识时间序列变动趋势及预测模型。

(2) 掌握平均数预测方法,重点掌握移动平均数预测法。

(3) 掌握指数平滑预测方法及其应用。

(4) 了解趋势外推的假定条件及其模型选择。

(5) 掌握季节指数预测方法的步骤及其应用。

第一节 时间序列分析预测概述

在预测研究某事物的未来状态时,有时很难找到具体的相关因素,或者找到了主要的相关因素,但这些因素与研究对象关联的程度很难把握,这时就很难作相关分析。但我们可以把研究对象从过去到现在的运动倾向看作是内因和外因共同作用的结果,把时间作为自变量进行趋势外推预测。时间序列分析预测所依据的惯性原理,就是指研究对象从过去到现在有一个运动倾向,将这种运动倾向向未来延伸,就可以预测事物的未来状态。

一、时间序列预测法的含义及分类

市场的变化总是随着时间的推移,不断延伸,不断替代。这一过程受社会、经济、人文等诸多因素的影响。但他们都是遵循事物发展变化的连续性原理。因此,我们可以完全不去关心各种因素的变化,而依据市场现象本身的时间序列去研究市场现象的发展趋势。

1. 时间序列及其分析目的

时间序列是变量依相等时间间隔的顺序而形成的一系列变量值。大量社会经济统计的指标值随着时间的推移,形成了统计指标的时间序列。因此,时间序列是某一统计指标长期变动的数量表现。时间序列亦称为动态数列或时间数列(Time Series),就是把反映某一现象的同一指标在不同时间上的取值,按时间的先后顺序排列所形成的数列。我们一般研究的是均匀间隔时间上的时间数列。

时间序列的构成要素主要有两个。一是现象所属的时间。可以是一段时间,时间可长可短,可以日或年为时间单位。也可以是时点,如月初或年末。二是现象在一定时间条件下的统计数据,即发展水平。一般用 y_1, y_2, y_3, …, y_t 表示时间序列, t 为时间。

任何现象,随着时间的推移,都会呈现出一种在时间上的发展和运动过程。时间数列分析是指从时间的发展变化角度,研究客观事物在不同时间上的发展状况,探索其随时间推移的演变趋势和规律，揭示其数量变化和时间的关系，预测客观事物在未来时间上可能达到的数量和规模。因此，进行时间序列分析的目的有三个：①描述事物在过去时间的状态；②分析事物发展变化的规律；③对事物的发展变化趋势进行预测。

2. 时间序列分析预测法的概念

时间序列分析预测法，又称动态数列预测法，是以连续性原理为依据，以假设事物过去和现在的发展变化趋势延续到未来为前提，从预测对象的历史资料所组成的时间序列中，找出事物的发展趋势，并且用其趋势延伸，来推断未来状况的一种预测方法。

时间序列分析在经济统计和预测技术中占有重要地位，该预测法是通过分析预测目标的时间序列，随时间的变化趋势来外推预测目标的未来值，把影响预测目标变化的一切因素由"时间"综合起来描述。

3. 时间序列预测法的分类

时间序列分析预测法分为两大类：①确定型时间序列预测法，是指利用反映事物具有确定性时间数列进行预测的方法，包括移动平均数法、指数平滑法、趋势外推法、季节指数预测法等；②随机型时间序列预测法，是指利用反映事物具有随机性时间数列进行预测的方法，包括马尔柯夫(Maykor)链法、灰色系统(Grey System)预测法等。建立随机性时间序列模型需要较深的数学知识和较多的历史数据，方法复杂、计算量大，但它在短期预测方面精度高，因此得到越来越广泛的应用。

二、时间序列变动趋势

社会经济现象的时间序列中的每一时期的数值，都是由许多不同的因素同时发生作用的综合结果。例如，某商品的月销售量会受居民的购买力、商品价格、质量的好坏、顾客的爱好、季节的变化等因素的综合影响。通常根据各种因素的特点或影响效果可将这些因素分为以下四大类：

1. 长期变动趋势(T)

指事物受某关键因素影响，时间序列在较长时间内连续不断地向一定方向呈现出持续上升[见图 10-1(a)]或下降[见图 10-1(b)]的变动形态，或相对停滞在某一水平上的倾向[见图 10-1(c)]，反映了事物主要发展趋势，是事物本质在数量上的表现。它是分析预测目标时间序列的重点。

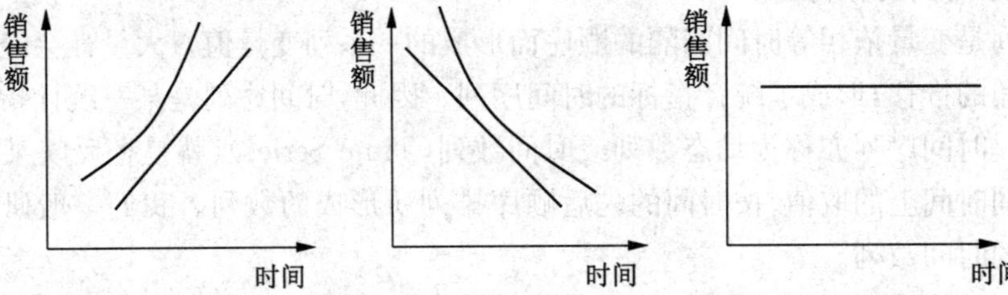

(a) 上升变动趋势　　(b) 下降变动趋势　　(c) 水平变动趋势

图 10-1　时间序列长期变动趋势

长期变动趋势反映了经济现象在一个较长时间内的发展方向，可以表现为一种近似直线的持续向上、向下或平稳的趋势，也可以表现为某种类似于指数趋势或其他曲线趋势的形式。

经济现象的长期趋势一旦形成,总能延续一段相当长的时期。如股票市场的牛市(向上趋势)与熊市(向下趋势)有时也能延续数月乃至数年。因此,分析预测经济现象的长期趋势对于正确预测经济现象的发展具有十分重要的意义。

2. 季节变动趋势(*S*)

季节变动趋势是指经济现象受自然条件或社会条件的某关键因素的影响,时间序列在某一时期内随季节或某规律的变化而引起周期性(一种长度和幅度相对固定)的变化。季节变动因素既包括自然季节影响所形成的波动,如农作物的生长受季节影响,从而导致农产品加工业的季节变动;也包括人为季节影响,如春节、中秋节、每周 5 天工作制等所形成的波动,如商业上某时令商品的季节变动趋势。

季节变动的周期性比较稳定,一般以一年为周期的周期性变动,当然也有不到一年的周期变动,如银行的活期存款,发工资前少,发工资后多,在每个月具有周期性。

3. 循环变动趋势(*C*)

循环变动趋势是指时间序列在为期较长的时间内(以数年为周期的周期性变动),呈现出有规律地上升与下降交替循环变动(涨落相同的波浪起伏变动)。如 GDP、工业产值指数、股票价格等大多数的经济指标均具有明显的周期变动特征。它和季节变动形态的区别在于,它波动的周期较长,变动周期长短不一致。它与长期趋势的不同点是呈涨落相同的波浪式起伏变动。如资本主义经济出现周期性波动的危机、萧条、复苏、高涨等阶段。

4. 不规则变动趋势(*I*)

不规则变动趋势又称随机变动趋势,指时间序列由各种偶然因素引起的无周期性的波动,其呈现的变动趋向没有一定规则,忽降忽升。如股票市场受突然出现的利好或利空消息的影响使股票价格产生的波动。不规则变动一般又可分为突然变动与随机变动。随机变动是指由于大量的随机因素所产生的影响。突然变动如一些突发事件,如战争、天灾、政治变动等。

三、时间序列预测法的特点

1. 以连续性原理为依据

时间序列预测法假设预测目标过去至现在的发展过程的规律性会继续延伸到未来为前提。大千世界,纷繁复杂的事物发展大体上都遵循了时间发展的一维性。

2. 精度随预测期长度降低

时间序列预测用于短期预测精度较高,中期预测其次,长期预测最低。这是因为随着时间的推移,事物发展受环境因素的制约或影响越大。

3. 定量和定性相结合

时间序列预测法本质上是一种统计定量分析方法,但在具体分析中又凭借人们的实践经验及掌握的理论知识进行定性分析。定量和定性相结合以达到完善的效果。

4. 只研究对象与时间的关系

时间序列法撇开了市场发展的因果关系,而去分析市场的过去和未来的联系,仅研究预测对象与时间因素的关系。

为此,运用时间序列预测法必须注意:

(1) 数据资料的完整性。编制的时间序列资料必须准确、系统、完整,否则,将直接影响预测值的精度。

(2) 数据资料的可比性。时间序列中各种经济变量所发生的时间间隔应该一致,各项数字的计算方法和计算单位应保持一致,否则就无法反映该经济变量在相同时间内所发生的经济现象的数量关系。

(3) 数据资料的一致性。即采集的观察期数据资料要保证其计算原理、计算方法、计算单位的一致性,还要保证各数据资料所反映的预测对象总体范围的前后一致性。

(4) 数据资料处理的科学性。首先应根据已有资料绘制历史数据曲线图,确定其趋势变化类型。再次,根据趋势变化类型、预测目的以及期限,选定具体的预测方法,并进行模拟运算。最后,将量的分析与质的分析相结合,确定市场未来发展趋势的预测值。只有这样,才能应用数据资料引申历史,推断未来。

四、时间序列预测模型

时间序列预测法是设法消除随机波动的影响,揭示长期趋势、季节变动和循环变动的规律,因而形成了长期趋势分析、季节变动分析和循环变动测定等一系列的时间序列分析预测方法。基本原理是将原数列 Y_t 的数值分解为长期趋势、季节变动、循环变动和不规则变动。然后进行预测分析。

当将时间序列分解成长期趋势变动、季节趋势变动、循环变动和不规则变动四种变动后,可以认为时间序列变量 Y_t 是这四种变动因素的函数,即:$Y_t = f(T_t, S_t, C_t, I_t)$,式中的 Y_t、T_t、S_t、C_t、I_t,分别表示第 t 时期时间序列的观察值、长期趋势因子值、季节变动因子值、循环变动因子值和不规则变动因子值。

时间序列预测常用的分解模型有加法模型、乘法模型和混合模型。

(1) 加法模型为:$Y_t = T_t + S_t + C_t + I_t$。

(2) 乘法模型为:$Y_t = T_t \times S_t \times C_t \times I_t$。

(3) 混合模型为:$Y_t = T_t + S_t \times C_t \times I_t$。

相对而言,乘法模型应用更为广泛,在乘法模型中,时间序列值 Y_t 和长期趋势用绝对数表示,季节变动、循环变动和不规则变动用相对数表示。对于一个具体的时间序列,要用哪几种变动组合,采取哪几种组合形式,应根据所掌握的资料、时间序列及研究的目的来确定。

第二节　平均数预测法

平均数预测法是以一定时期内预测目标的时间序列的平均数,作为预测目标趋势的预测依据,以此来计算趋势预测值。平均数主要包括简单平均数,增长量平均数,发展速度平均数,移动平均数。

一、简单平均数预测法

简单平均数预测法适用于市场现象在各期变化不大,变动趋势呈水平直线状态,各观察值错落于某一直线上下的情况。预测对象无显著长期趋势变动和季节变动。它主要对未来市场的水平进行估计。根据计算平均数的要求不同,分为简单算术平均数和加权算术平均数。

(一) 简单算术平均数

就是以观察数据之和除以求和时使用的数据个数(或资料期数)求得平均数。

设 $x_1, x_2, \cdots, x_n$ 为 n 个观察值,要求预测 $n+1$ 期的数据。则计算公式为

$$\hat{x}_{n+1}=\bar{x}=\frac{x_1+x_2\cdots+x_n}{n}=\frac{1}{n}\sum_{i=1}^{n}x_i \quad (i=1, 2, 3, \cdots, n) \tag{10-1}$$

式中　$\hat{x}_{n+1}$ —— $n+1$ 期的预测值;

$\bar{x}$ ——算术平均数;

x_i ——第 i 期观察数据;

n ——数据个数。

在预测企业费用水平、资金周转速度、劳动效率等时,一般采用先进平均数法。先进平均数法是先进于一般平均水平的各个总体单位标志值总和的平均数。步骤:先计算出一般的平均数;然后把先进于一般平均数的那一部分总体单位的标志值相加,再计算平均数。

算术平均法的优点是计算方便。当预测对象并无显著的长期趋势和季节变动时,采用此法,其预测结果大致可以令人满意。其缺点是所有观察值不论新旧在预测中一律同等对待。

(二) 加权算术平均数

在经济预测过程中,往往各期的统计数据对预测值的重要性不同,而简单平均数法只反映一般的平均状态。因而不能体现重点数据的作用。加权平均数法就通过对不同的数据按其重要性乘以不同的权数,将这些乘数相加之和除以各权数之和,以求加权平均数,并以此来计算趋势预测值。

设 $x_1, x_2, \cdots, x_n$ 为 n 个观察值, $w_1, w_2, \cdots, w_n$ 为已知对应的权数,则加权平均数的预测值为

$$\hat{x}_{n+1}=\frac{w_1x_1+w_2x_2+\cdots+w_nx_n}{w_1+w_2+w_3+\cdots+w_n}=\sum_{i=1}^{n}w_ix_i\Big/\sum_{i=1}^{n}w_i \tag{10-2}$$

知识链接

加权算术平均法权数的确定

加权算术平均法的关键是确定适当的权数,权数的确定往往没有规律可循,通常要凭预测者的经验判断来确定。一般来说:①对距离预测期越近的数据可以给较大的权数;反之离预测期越远的数据可以给较小的权数;②当历史数据变动幅度较小时,可由远而近,采用等差数列为权数 $(1, 2, 3, \cdots, n)$;当历史数据变动幅度较大时,可由远而近,采用等比数列 $(1, 2, 4, 8, \cdots, 2^{n-1})$ 为权数;③当历史数据波动起伏不定时,可以对不同变动幅度给予不同的权数,并使各权数之和等于 1 或 10。

二、增长量平均数预测法

时间序列中各期的近期增长量如果大体相等,则说明该市场现象的变动是呈直线趋势上升或下降,即为线性增长(下降)趋势。采用算术平均法预测此类现象,预测结果必然出现滞后性。趋势上升的,预测结果偏低;趋势下降的,预测结果偏高。用增长量平均法可纠正滞后偏误。

设时间序列各期水平为 $x_1, x_2, \cdots, x_n$,从第二期起各期逐期增长量为:Δx_i($\Delta x_i=x_i-$

x_{i-1}），$\Delta\bar{x}_i$ 为各期增量的平均值。则：

$$\Delta\bar{x}_i=\frac{\sum_{i=2}^{n}[(x_n-x_{n-1})+(x_{n-1}-x_{n-2})+\cdots+(x_2-x_1)]}{n-1}=\frac{\sum_{i=2}^{n}\Delta x_i}{n-1}$$

预测模型为

$$\hat{x}_{n+1}=x_n+\Delta\bar{x}_i \tag{10-3}$$

三、发展速度平均数预测法

时间序列中各期(第一期除外)的环比发展速度如果接近，说明该市场现象呈指数曲线的变化趋势，可采用发展速度的平均法进行预测。发展速度的平均数多采用几何平均法计算，故此法也称几何平均法(比例预测法)。

设 x_1，x_2，…，x_n 为 n 个观察值(或样本)，则它们的几何平均数 $\hat{x}$ 为

$$\hat{x}=\sqrt[n]{(x_1\times x_2\times x_3\times x_4\times\cdots\times x_n)}=\sqrt[n]{\prod x_i}\quad(i=1,\ 2,\ 3,\ \cdots,\ n)$$

式中　x_i——观察期内各期环比发展速度；

n——数据的个数。

当已知的各期观察值为发展水平，预测市场发展速度时，往往利用平均发展速度来进行，所以，也叫平均发展速度预测法。以 $\hat{x}$ 表示平均发展速度，以 a_i 表示第 i 期的发展水平，几何平均数的计算公式为

$$\hat{x}=\sqrt[n-1]{\frac{a_2}{a_1}\times\frac{a_3}{a_2}\times\frac{a_4}{a_3}\times\cdots\times\frac{a_n}{a_{n-1}}}=\sqrt[n-1]{\frac{a_n}{a_1}}$$

近期的预测模型为

$$\hat{x}_T=x_t\hat{x}^T\quad 或\quad \hat{x}_{t+T}=x_t\hat{x}^T \tag{10-4}$$

T 是观察期末为 $T=0$ 起的预测期的时期序号。

运用几何平均法进行预测的前提条件是预测对象的发展过程呈持续上升或下降，并且逐期上升或下降的速度(环比速度)大体相等，否则不宜采用。

【例 10-1】 某工业企业 2011—2017 年各年的产值资料如表 10-1 所示，试用发展速度平均法预测 2018—2020 年的产值。

表 10-1　某企业各年的产值资料

年　份	产值(万元)	环比发展速度(%)	趋势值
2011	4 820	—	—
2012	5 400	112.03	5 396
2013	6 030	111.67	6 041
2014	6 750	111.94	6 763

（续表）

年　份	产值(万元)	环比发展速度(%)	趋势值
2015	7 570	112.15	7 571
2016	8 480	112.02	8 476
2017	9 490	111.91	9 488

首先,计算各期环比发展速度。如 2014 年为：$a_{2014}/a_{2013}=6\ 750/6\ 030=111.94\%$。

从表 10-1 中可见,各期环比发展速度较接近,可用发展速度平均预测法。

其次,计算环比发展速度的几何平均数：$\hat{x}=\sqrt[n-1]{\dfrac{a_{2017}}{a_{2011}}}=\sqrt[6]{\dfrac{9\ 490}{4\ 820}}=111.95\%$。

再次,建立预测模型：$\hat{x}_T=x_t\hat{x}^T=9\ 490\times1.119\ 5^T$。

最后,进行预测：2018—2020 年的 T 值分别为 1、2、3。

2018 年、2019 年、2020 年三年的预测值分别为：$9\ 490\times1.119\ 5^1=10\ 624$(万元)；$9\ 490\times1.119\ 5^2=11\ 894$(万元)；$9\ 490\times1.119\ 5^3=13\ 315$(万元)。

四、移动平均数预测法

移动平均数预测法,是将观察期的数据由远而近,按一定的跨越期进行平均,取得平均值,然后,随着观察期的推移,按一定跨越期的观察期数据也相应向前移动,每向后移动一步,去掉最前面一个数据,增添原来观察期之后的一个新数据,并逐一求得移动平均值;最后,将接近预测期的最后一个移动平均值作为确定预测值的依据。

移动平均法适用于变动不太大,比较单纯的中短期预测,如商品流转额等。该方法反映现实的准确程度,取决于移动跨越期的长短,而跨越期的长短,又取决于观察期数的多少以及预测的目的和要求。

移动平均法是在算术平均法的基础上发展起来的预测方法。它以假设预测期相邻的若干观察期数据有密切关系为基础,利用过去若干实际值的均值来预测现象的发展趋势。当时间序列的数值由于受周期变动和不规则变动的影响,起伏较大,不易显示出发展趋势时,可用移动平均法,消除这些因素的影响,分析预测序列的长期趋势。

移动平均的方法一般可采用算术平均与几何平均。它们又有简单移动平均与加权移动平均之分。移动平均按次数的多少又有一次移动平均、二次移动平均和三次移动平均等。

（一）一次移动平均法

一次移动平均预测法,也称简单移动平均法。是指对时间数列按一定的观察期,连续移动只计算一次移动平均数作为预测值。即直接以本期移动平均值作为下期预测值的方法。预测模型如下

$$\hat{y}_{t+1}=M_t^{(1)}\qquad M_t^{(1)}=\frac{x_t+x_{t-1}+x_{t-2}+\cdots+x_{t-n+1}}{n}=\frac{1}{n}\sum_{i=t-n+1}^{t}x_t \tag{10-5}$$

式中　$M_t^{(1)}$ ——第 t 期的一次移动平均值,作为下期 $t+1$ 的预测值;

　　n ——期数(移动平均数的跨越期);

x_t ——前一期的观察值；

x_{t-1} ——前二期的观察期；

x_{t-n+1} ——前第 n 期的观察值；

$\hat{y}_{t+1}$ —— $t+1$ 的预测值。

上述公式也可以写成

$$当期预测值=\frac{前一期观察值+前二期观察值+\cdots+前\ n\ 期观察值}{期数}$$

类似：$\hat{y}_t=M_{t-1}^{(1)}=\dfrac{x_{t-1}+x_{t-2}+\cdots+x_{t-n}}{n}$。

【例 10-2】 某商场某年的销售额资料见表 10-2，试计算 $n=3$ 和 $n=4$ 时的一次移动平均值。

按一次移动平均预测法的公式计算各预测值见表 10-2。

表 10-2 某商场某年的销售额

月份	实际销售额(万元)	3 个月移动平均值 $n=3$	4 个月移动平均值 $n=4$
1	234	—	—
2	219	—	—
3	226	—	—
4	214	226.3	—
5	231	219.7	223.3
6	231	223.7	222.5
7	257	225.3	225.5
8	234	239.7	233.3
9	238	240.7	238.3
10	252	243	240
11	254	243.1	245.3
12	257	248	244.5

例如，当 $n=3$ 时，4 月份预测值为：

$$M_3^{(1)}=\frac{x_3+x_2+x_1}{3}=\frac{226+219+234}{3}=226.3(万元)$$

当 $n=4$ 时，8 月份预测值为：

$$M_7^{(1)}=\frac{x_7+x_6+x_5+x_4}{4}=\frac{257+231+231+214}{4}=233.3(万元)$$

表 10-2 中 1，2，3 期平均数 226.3 万元，作为下一期的预测值，列在第 4 期第一栏上，故

$M_3^{(1)}$ 与 $t=4$ 是同一期,其余各期依次类推。在应用移动平均法时,样本值的修均程度取决于在计算移动平均值时使用样本的个数。当使用样本的个数多,灵敏度较差,预测值可能有明显的滞后现象发生,使用样本太少时,则达不到消除偶然因素影响的目的。

使用移动平均法时将预测期前若干期的实际平均数作为预测值,它适用于:对变动不大,发展趋势较稳定的水平型数列预测对象进行短期预测。当预测对象的发展水平变化较大时,将会出现显著的滞后偏差。也就是说,时间序列呈上升趋势时,会使预测值偏低;当时间序列呈下降趋势时,又会使预测值偏高。

在简单移动平均公式中,每期数据在平均中的作用是等同的。但实际上,每期数据包含的信息并不一样,近期数据通常有更多未来信息。我们可以考虑各期数据的重要性,对近期数据给予较大的权数,采用加权平均方式求得移动平均数,从而进行预测,这种预测方法称为加权移动平均法。

加权移动平均法公式

$$\hat{y}_{t+1}=M_t=\frac{x_t w_1+x_{t-1}w_2+\cdots+x_{t-n+1}w_n}{w_1+w_2+\cdots+w_n} \tag{10-6}$$

式中,w_1, w_2, w_3, …, w_n 分别表示 x_t, x_{t-1}, …, x_{t-n+1} 的权数,一般 $w_1>w_2>w_3>\cdots>w_n$。

在期数较多的情况下,为简化计算,简单移动平均法可采用下列递推公式:

$$M_t^{(1)}=\frac{x_t+x_{t-1}+x_{t-2}+\cdots+x_{t-n+1}}{n}=M_{t-1}^{(1)}+\frac{x_t-x_{t-n}}{n} \tag{10-7}$$

可见移动平均法是将时间序列的数据逐项移动而平均的,$M_t^{(1)}$ 与 $M_{t-1}^{(1)}$,仅首尾两数有变化,中间各数据是依次向前推移的。如果已知 $M_t^{(1)}$ 仅需计算 $(x_{t+1}-x_{t-n+1})/n$,即可求得 $M_{t+1}^{(1)}$。

$$M_{t+1}^{(1)}=M_t^{(1)}+\frac{x_{t+1}-x_{t-n+1}}{n}$$

例如,上例中,当 $n=3$ 时,已知 $M_3^{(1)}=226.3$,则

$$M_4^{(1)}=M_3^{(1)}+\frac{x_4-x_1}{3}=226.3+\frac{214-234}{3}=219.7$$

移动平均法适用于即期预测。移动平均法所得到的时间数列被修匀的程度取决于移动平均取得的固定跨越期限。期限越长,时间数据越平滑,修匀效果好,误差越小,但会降低平均数列对原时间序列反应的灵敏程度;期限越短,越接近于原时间数列的波动轨迹,修匀程度越差,误差越大,灵敏度提高。一般说,当原时间序列波动频繁且幅度较大时,n 宜选大,反之则宜选小。

移动平均法的缺点是:①一次移动平均值的计算必须存储多个实际值,当预测项目很多时,就要占据相当大的预测空间;②注重最近几个实际值,没有利用 $t-n$ 期以前各期的数据信息;③只对最近的一期进行预测,不能对更远未来做预测。

(二) 二次移动平均法

二次移动平均法也称趋势移动平均法,它是对一次移动平均值再进行一次移动平均,并在

最后的一次移动平均值和二次移动平均值的基础上建立预测模型，求得预测值。

采用一次移动平均法进行预测时，可将计算出的 t 期的移动平均值原封不动地作为 $t+1$ 期的预测值使用，当出现线性趋势时，预测值将会出现滞后于这种趋势（称为滞后偏差）。M_t 的实质是对过去几个数据的算术平均，当时间序列呈增长趋势时有 $M_t > y_t$，当时间序列呈现递减趋势时有 $M_t < y_t$。为了消除这种情况，可以对一次移动平均值再进行二次移动平均，并在最后的两个移动平均值（即最后的一次移动平均值和二次移动平均值）的基础上求得预测值，以提高预测精度。

二次移动平均法的公式为

$$M_t^{(2)} = \frac{M_t^{(1)} + M_{t-1}^{(1)} + M_{t-2}^{(1)} + \cdots + M_{t-n+1}^{(1)}}{n} = \frac{1}{n}\sum_{i=t-n+1}^{t} M_t^{(1)} \tag{10-8}$$

递推公式为

$$M_t^{(2)} = M_{t-1}^{(2)} + \frac{M_t^{(1)} - M_{t-n}^{(1)}}{n}$$

式中 $M_t^{(1)}$ ——一次移动平均数；

$M_t^{(2)}$ ——二次移动平均数；

n ——移动平均数跨越期。

二次移动平均并不直接用来预测，而是为了求得平滑系数，建立移动平均预测模型，以便克服一次移动平均值的滞后现象。所以，二次移动平均不能单独地用于预测，只能与一次移动平均数配合使用。

如果把时间序列的最后几项数据看成是某直线上的点，并认为未来时间亦按直线趋势变化，则可设直线方程为

$$\hat{y}_{t+T} = a_t + b_t T \quad (T = 1, 2, \cdots, n)$$

$$a_t = 2M_t^{(1)} - M_t^{(2)}$$

$$b_t = \frac{2}{n-1}(M_t^{(1)} - M_t^{(2)})$$

$$\hat{y}_{t+T} = \frac{2nM_t^{(1)} - (n+1)M_t^{(2)}}{n-1} \tag{10-9}$$

式中 t ——目前的时期数；

T ——由 t 算起的预测期的时期数；

$\hat{y}_{t+T}$ ——第 $t+T$ 期的预测值；

a_t ——截距，即目前的数据值；

b_t ——线性趋势斜率（单位时间周期的变化量）。

【例 10-3】 某公司今年产品产量数据如表 10-3 所示，移动平均项数 $n=3$，试预测明年 1 月与 2 月的产量。

按公式 $M_t^{(1)} = \dfrac{y_t + y_{t-1} + y_{t-2}}{3}$，$M_t^{(2)} = \dfrac{M_t^{(1)} + M_{t-1}^{(1)} + M_{t-2}^{(1)}}{3}$

$$a_t = 2M_t^{(1)} - M_t^{(2)}$$

以及

$$b_t = \frac{2}{n-1}(M_t^{(1)} - M_t^{(2)})$$

计算一次、二次移动平均数以及 a_t、b_t，结果见表 10-3。

表 10-3　某公司今年产品产量数据

月份 t	产量数据 y_t	一次移动 $M_t^{(1)}$	二次移动 $M_t^{(2)}$	a_t	b_t
1	50	—	—	—	—
2	45	—	—	—	—
3	52	49	—	—	—
4	53	50	—	—	—
5	48	51	50	52	1
6	52	51	50.7	51.3	0.3
7	54	51.3	51.1	51.5	0.2
8	50	52	51.4	52.6	0.6
9	55	53	52.1	53.9	0.9
10	56	53.7	52.9.	54.5	0.8
11	51	54	53.6	54.4	0.4
12	58	55	54.2	55.8	0.8

若现在处在 $t=12$ 时期，预测明年 1 月、2 月的产量：

$$y_{12+1} = a_{12} + b_{12} \times 1 = 55.8 + 0.8 \times 1 = 56.6(\text{吨})$$
$$y_{12+2} = a_{12} + b_{12} \times 2 = 55.8 + 0.8 \times 2 = 57.4(\text{吨})$$

趋势移动平均法，对于同时存在直线趋势与周期波动的序列，是一种既能反映趋势变化，又可以有效地分离出周期变动的方法。

第三节　指数平滑预测法

移动平均预测法在运用过程中存在两个明显的问题：一是计算移动平均预测值，需要有近期 n 个以上的数据资料，当预测项目很多时，就要占据相当大的预测空间；二是计算未来预测值没有全部利用历史资料，只考虑 n 期资料（而且是等同看待）便做出推测，$t-n$ 期以前数据对预测值不产生任何影响。为了克服这些缺点，就产生了指数平滑法。

1959 年，美国学者布朗在《库存管理的统计预测》一书中，提出了指数平滑预测方法，有效地克服了上述缺点，并且计算简便，成为常用的市场预测方法。

指数平滑法是一种特殊的加权移动平均法，因具有连续运用所需资料少，计算方便，更新预测模型非常简易等优点，所以是市场预测中经常使用的一种预测方法。特别适用于观察值有长期趋势变动和季节变动的预测。

一、指数平滑法的含义及特点

指数平滑法又称指数移动平滑法，它是移动平均法的发展，实质上是一种以特殊的等比数列为权数的加权移动平均法。它适用于预测长期趋势变动和季节变动的事物。

指数平滑法可分为一次指数平滑、二次指数平滑法和多次指数平滑法。指数平滑法有以下特点：

(1) 它是一种特殊的加权移动平均法，离预测期最近的市场现象观察值权数较大，远期权数较小，既不忽视远期数据，更看中敏感的近期数据。它改进了移动平均法的两个缺点：一是存储数据量较大；二是“最近”的 n 期数据等权看待(等权数为 $1/n$)，对 $t-n$ 期前的数据完全不考虑的情况。

(2) 对同一市场现象，连续计算其指数平滑值，出于综合考虑，对于早期的市场观察值给予递减的权数，由近向远，按等比级数减小。其级数首项是 α，公比是 $(1-\alpha)$。

(3) α 值是可调节的值，$0<\alpha<1$，α 值小，市场现象观察值对预测值的影响，由近向远减弱缓慢，否则，影响由近向远加速减弱。

如果将预测目标的历史统计数据依时间顺序描述在坐标系上，可以发现其一般的有规律的变化趋势，可概括为如图 10-2 所示的三种类型。

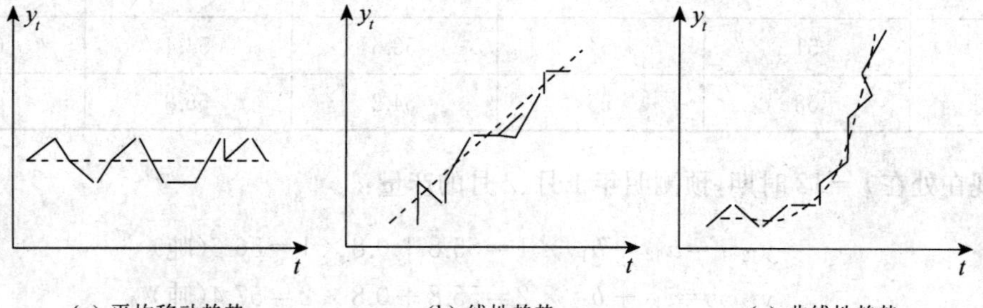

图 10-2　数据变化趋势图

(1) 第一种称为平稳移动趋势：$\hat{y}_{t+T}=S_t^{(1)}$。

(2) 第二种称为线性趋势：$\hat{y}_{t+T}=a_t+b_tT$。

(3) 第三种称为非线性趋势：$\hat{y}_{t+T}=a_t+b_tT+c_tT^2$。

大部分预测目标的变化过程只要类似于其中一种，都可以用指数平滑法进行预测。

二、指数平滑法预测方法及应用

指数平滑公式可由移动平均公式推演而来。在一次移动平均法中，曾经得到一个简化移动平均数公式：$M_t^{(1)}=M_{t-1}^{(1)}+\dfrac{x_t-x_{t-n}}{n}$，$M_{t-1}^{(1)}=\dfrac{x_{t-1}+x_{t-2}+x_{t-3}+\cdots+x_{t-n}}{n}$。

$M_{t-1}^{(1)}$ 是 x_{t-1}，x_{t-2}，…，x_{t-n} 的平均值，可近似代表其中任何一个数值，用 $M_{t-1}^{(1)}$ 近似代替 x_{t-n} 代入 $M_t^{(1)}$ 式中，则

$$M_t^{(1)}=M_{t-1}^{(1)}+\frac{1}{n}x_t-\frac{1}{n}x_{t-n},\ M_t^{(1)}=M_{t-1}^{(1)}+\frac{1}{n}x_t-\frac{1}{n}M_{t-1}^{(1)}=\frac{1}{n}x_t+\left(1-\frac{1}{n}\right)M_{t-1}^{(1)}$$

令：$\alpha=1/n$，$S_t^{(1)}=M_t^{(1)}$，则上式变为

$$S_t^{(1)}=\alpha x_t+(1-\alpha)S_{t-1}^{(1)}\quad 或\quad S_t^{(1)}=S_{t-1}^{(1)}+\alpha(x_t-S_{t-1}^{(1)})\tag{10-10}$$

式中　$S_t^{(1)}$ —— t 期一次指数平滑值(亦称 t 期预测值)，实际应用时可作为 $t+1$ 期的预测值；

α ——平滑系数(平滑的加权数) $0\leqslant\alpha\leqslant1$；

x_t —— t 期的观察值(实际值)。

平滑系数实际上是一个加权系数，它的大小规定在 $S_t^{(1)}$ 中，x_t 和 $S_{t-1}^{(1)}$ 所占比重，α 越小，$S_t^{(1)}$ 中的数据 $S_{t-1}^{(1)}$ 所占比重越大，所得预测值就越平滑而稳定；α 越大，$S_t^{(1)}$ 中新数据 x_t 所占比重越大，预测值对新趋势的反映就越快。

当 $\alpha=1$ 时，$S_t^{(1)}=x_t$；当 $\alpha=0$ 时，$S_t^{(1)}=S_{t-1}^{(1)}$

从上述公式推导可以看出，采用指数平滑法进行预测，只需要一个时间 t 时期的实际值 x_t 与前一个指数平滑平均数和一个 α 值，这是移动平均法所不及的。

为了进一步理解指数平滑法的实质，据指数平滑值的递推公式：$S_t^{(1)}=\alpha x_t+(1-\alpha)S_{t-1}^{(1)}$ 可以得到时间序列 t 观察期之前逐期的一次指数平滑值，即

$$S_t^{(1)}=\alpha x_t+(1-\alpha)S_{t-1}^{(1)},\quad S_{t-1}^{(1)}=\alpha x_{t-1}+(1-\alpha)S_{t-2}^{(1)},\quad S_{t-2}^{(1)}=\alpha x_{t-2}+(1-\alpha)S_{t-3}^{(1)},$$
$$\cdots,\quad S_1^{(1)}=\alpha x_1+(1-\alpha)S_0^{(1)}$$

逐项代入得

$$\begin{aligned}S_t^{(1)}&=\alpha x_t+\alpha(1-\alpha)x_{t-1}+\alpha(1-\alpha)^2x_{t-2}+\cdots+\alpha(1-\alpha)^{t-1}x_1+\alpha(1-\alpha)^tS_0^{(1)}\\&=\alpha\sum_{i=0}^{t-1}(1-\alpha)^ix_{t-i}+\alpha(1-\alpha)^tS_0^{(1)}\end{aligned}\tag{10-11}$$

只要能估算出初值 $S_0^{(1)}$，就能列出各期的指数平滑值，$S_t^{(1)}(t=1,2,3,\cdots)$。而在求本期指数平滑值时，只需用上期的指数平滑值以及本期的实际值两个数据。从 $S_1^{(1)}$ 开始逐次迭代，便可求出各期的 $S_t^{(1)}$。

此外，在时间序列数据中，x_t 对 $S_t^{(1)}$ 的影响最大，x_1 对 $S_t^{(1)}$ 的影响最小，理由是随着时间向后推移，x_i 的加权系数 $\alpha(1-\alpha)^{t-i}$ 越来越小。就是说在指数平滑法中，对各期实际值不是同等看待，而是认为近期的实际值对预测值影响较大，远期的实际值对预测值的影响比较小。

由此可见，加权系数分别是 α，$\alpha(1-\alpha)$，$\alpha(1-\alpha)^2$，…，按几何级数衰减，越近的数据，权数越大，越远的数据，权数愈小，并且权数之和为 $\alpha\sum_{i=0}^{\infty}(1-\alpha)^i=1$。

(一) 一次指数平滑法

一次指数平滑法，是以最后一个一次指数平滑值为基础确定预测对象估计值的预测方法。它一般适用于预测目标时间序列波动无明显增加或减少的场合(水平型历史数据)。

设 x_0，x_1，x_2，…，x_n 为时间序列的观察值，$S_1^{(1)}$，$S_2^{(1)}$，$S_3^{(1)}$，…，$S_n^{(1)}$ 为时间 t 观察值的一次平滑值；α 为平滑常数，其值为 $0<\alpha<1$；$S_t^{(1)}$ 为第 $t+1$ 期预测值。

预测模型最终表达为

$$\hat{y}_{t+1}=S_t^{(1)} \tag{10-12}$$

式中 $S_t^{(1)}$ ——当前期一次指数平滑值；

$\hat{y}_{t+1}$ ——下期预测值。

一次指数平滑法的预测公式来源于简单移动平均法计算公式

$$S_{t+1}^{(1)}=S_t^{(1)}+\alpha(x_t-S_t^{(1)})$$

下期预测值＝本期预测值＋加权因子×（本期实际－本期预测）

下期预测值，只是本期预测值加上加权因子乘以本期的预测误差。

一次指数平滑法的预测步骤：

第一步：确定初始值 $S_0^{(1)}$，$S_0^{(1)}$ 只能进行估计，一般情况下，可以取时间序列的第一个数据或前三个数据的平均值作为初始值。

$$\begin{cases} x_1 \quad (m>20) & \text{选用第一期数据；} \\ \dfrac{x_1+x_2+x_3}{3} \quad (m\leqslant 20) & \text{一般以最初几期的实际值的平均值；} \\ SD=\sqrt{\dfrac{\sum(x_t-\hat{x}_t)^2}{m}} & \text{式中，}SD\text{ 为估计标准差；}m\text{ 为提供的资料数。} \end{cases}$$

置信区间为 $(\hat{x}_{m+1}-tSD,\ \hat{x}_{m+1}+tSD)$，其中，$t$ 取 1，2，3，…。

第二步：选择平滑系数。α 取值大小，实际上体现了不同时期统计数据在预测中所起的作用不同。α 的取值大小与时间序列的修匀程度成反比。α 的合理选取应注意以下三点：

(1) 对斜坡型历史数据，平滑系数应取较大的值，例如 $0.6\leqslant\alpha\leqslant 1$，因为斜坡型历史数据的上升或下降趋势比较显著，近期数据明显的含有预测信息，即含有预测信息的可能性较大，因而平滑系数 α 应取较大的值。

(2) 对于水平型历史数据，平滑系数应取较小的值，如 $0<\alpha<0.3$，因为水平数据趋势不明显，随机因素较多，无论近期或远期数据都很难看出含有预测信息的可能性，平滑系数 α 应取较小的值。

(3) 对于水平型和斜坡型，趋势混合型的历史数据，平滑系数应取适中的值 $0.3\leqslant\alpha<0.6$。

第三步：确定预测值。

【例 10-4】 某机床厂从 2005 年到 2016 年机床销售量数据如表 10-4 所示，请预测 2017 年的销售量。

表 10-4 某机床厂机床销售量及有关平滑数据 单位：台

年份	序号 t	实际销售量 x_t	一次平滑值 $S_t^{(1)}$	二次平滑值 $S_t^{(2)}$	三次平滑值 $S_t^{(3)}$
—	0	—	405	405	405
2005	1	423	410.4	406.62	405.486
2006	2	358	394.68	403.038	404.752
2007	3	434	406.476	404.069	404.457

（续表）

年份	序号 t	实际销售量 x_t	一次平滑值 $S_t^{(1)}$	二次平滑值 $S_t^{(2)}$	三次平滑值 $S_t^{(3)}$
2008	4	445	418.033	408.259	405.66
2009	5	527	450.723	420.998	410.262
2010	6	429	444.206	427.96	415.571
2011	7	426	438.744	431.196	420.259
2012	8	502	457.721	439.153	425.927
2013	9	480	464.405	446.729	432.168
2014	10	384	440.283	444.795	435.956
2015	11	427	436.298	442.246	437.843
2016	12	446	439.209	441.335	438.890

由已知数据看出，x_t 有不规则变动，但后期有明显的向上增长的线性趋势。

设 $S_0^{(1)}=405$ 台，$\alpha=0.3$，$m=12$，根据 $S_t^{(1)}=\alpha x_t+(1-\alpha)S_{t-1}^{(1)}$

$$S_{12}^{(1)}=\alpha x_{12}+(1-\alpha)S_{11}^{(1)}\quad 0.3\times 446+(1-0.3)\times 436.298\approx 439(\text{台})$$

所以，2017 年的销售量预计为 439 台。

（二）二次指数平滑法

一次指数平滑虽然克服了移动平均法的两个缺点。但当时间序列的变动出现直线趋势时，用一次指数平滑法进行预测，仍存在着明显的滞后偏差，因此，也必须加以修正。修正的方法与趋势移动平均法相同，即再作二次指数平滑，利用滞后偏差的规律来建立直线趋势模型。这就是二次指数平滑法。

二次指数平滑法，是呈线形趋势的时间序列，在一次指数平滑法的基础上，对一次指数平滑值再做一次指数平滑，然后，利用两次指数平滑值，建立预测的数学模型，最后运用数学模型确定预测值。它适用于时间序列的变动为斜坡型线性趋势的情况。

$$S_t^{(1)}=\alpha x_t+(1-\alpha)S_{t-1}^{(1)};\quad S_t^{(2)}=\alpha S_t^{(1)}+(1-\alpha)S_{t-1}^{2}\tag{10-13}$$

$S_t^{(1)}$：第 t 期的一次平滑值；$S_t^{(2)}$、$S_{t-1}^{(2)}$：第 t 期、第 $t-1$ 期的二次平滑值；$0<\alpha<1$。

如例 10-4，计算企业每年两次指数平滑值（$\alpha=0.3$）。

当 $\alpha=0.3$，取 $S_0^{(1)}=S_0^{(2)}=405$ 台。

$$S_1^{(2)}=\alpha\times S_1^{(1)}+(1-\alpha)S_0^{(2)}=0.3\times 410.4+(1-0.3)\times 405=406.62$$

$$S_2^{(2)}=\alpha\times S_2^{(1)}+(1-\alpha)S_1^{(2)}=0.3\times 394.68+(1-0.3)\times 406.62=403.038$$

…

$$S_{12}^{(2)}=\alpha\times S_{12}^{(1)}+(1-\alpha)S_{11}^{(2)}=0.3\times 439.209+(1-0.3)\times 442.246=441.335$$

有关二次移动平滑计算数据见表 10-4。

二次指数平滑法与二次移动平均法一样，不能独立地进行预测，而必须与一次指数平滑法配合，建立预测的数学模型，然后运用数学模型确定预测值，预测模型的直线方程如下

$$\hat{y}_{t+T}=a_t+b_tT$$

式中　$\hat{y}_{t+T}$ ——$t+T$ 期的预测值；

T ——本期到预测期的时期数；

a_t，b_t ——参数(平滑系数)。

a_t，b_t 的计算方法如下

$$a_t = 2S_t^{(1)} - S_t^{(2)}$$

$$b_t = \frac{\alpha}{1-\alpha} \times (S_t^{(1)} - S_t^{(2)}) \tag{10-14}$$

上述公式可由二次移动平均法求参数的公式 $a_t = 2M_t^{(1)} - M_t^{(2)}$ 推导出，当用二次移动平滑法预测时，令：$S_t^{(1)} = M_t^{(1)}$，$S_t^{(2)} = M_t^{(2)}$，并且 $\alpha = \frac{2}{n+1} \Rightarrow n = \frac{2-\alpha}{\alpha}$。

【例 10-5】 以例 10-4 为例，试用二次指数平滑法预测 2017 年企业的机床销售量。

$\alpha = 0.3$，$S_0^{(1)} = S_0^{(2)} = 405$ 台，$S_{12}^{(1)} = 439.209$，$S_{12}^{(2)} = 441.335$

$a_{12} = 2S_{12}^{(1)} - S_{12}^{(2)} = 2 \times 439.209 - 441.335 = 437.083$

$b_{12} = \frac{\alpha}{1-\alpha} \times (S_{12}^{(1)} - S_{12}^{(2)}) = \frac{0.3}{1-0.3} \times (439.209 - 441.335) = -0.911$

$\hat{y}_{t+T} = a_t + b_t T = 437.083 - 0.911T = 437.083 - 0.911 \times 1 \approx 436$ 台

即 2017 年企业的机床销售量预计为 436 台。

应当注意两点：

(1) 利用二次指数平滑法分解出来的线性趋势不是长期的平均趋势，而是近期的移动趋势。线性预测模型中的移动系数 a_t 和 b_t 均随时间 t 的推移而变动，由此构成由多个线性方程构成的动态趋势。因此，随着新的信息的获得，要重新计算 a_t 和 b_t，以适应新的变化情况。

(2) 在一般情况下，第一、第二期没有指数平滑值，只能用第一期观察值或前期平均值替代。所以，二次指数平滑法一般要到第四期才开始反映趋势，并且越来越精确。因此，采用二次指数平滑法至少需要 6 期以上的历史数据。

(三) 三次指数平滑法

如果实际数据时间序列有非线性增长倾向，则一次、二次指数平滑法都不适用了，此时应采用三次指数平滑法，建立非线性预测模型，再用非线性预测模型进行预测。

三次指数平滑法是在二次指数平滑法的基础上，再进行一次平滑。三次指数平滑值并不直接用于预测，而是为了求解平滑系数，建立二次曲线预测模型做准备。

三次指数平滑几乎适用所有的时间序列分析应用问题。二次指数平滑预测模型是三次指数平滑预测模型的特殊情况，即当数据具有线性趋势时，曲率为零。

三次指数平滑值的计算公式：

$$\begin{aligned} S_t^{(1)} &= \alpha x_t + (1-\alpha) S_{t-1}^{(1)} \\ S_t^{(2)} &= \alpha S_t^{(1)} + (1-\alpha) S_{t-1}^{(2)} \\ S_t^{(3)} &= \alpha S_t^{(2)} + (1-\alpha) S_{t-1}^{(3)} \end{aligned} \tag{10-15}$$

式中　$S_t^{(3)}$ ——第 t 期的三次指数平滑值；

$S_t^{(2)}$ ——第 t 期的二次指数平滑值；

$S_{t-1}^{(3)}$ ——第 $t-1$ 期的三次指数平滑值；

α ——平滑系数，$0<\alpha<1$。

三次指数平滑法的数学预测模型为

$$\hat{y}_{t+T}=a_t+b_tT+c_tT^2$$

式中　$\hat{y}_{t+T}$ —— $t+T$ 期的预测值；

t ——各次指数平滑值的时间，通常作为本期；

T ——由本期到预测期的时期数；

a_t，b_t，c_t ——参数。

求参数 a_t，b_t，c_t 的公式

$$\begin{aligned} a_t&=3S_t^{(1)}-3S_t^{(2)}+S_t^{(3)} \\ b_t&=\frac{\alpha\left[(6-5\alpha)S_t^{(1)}-2(5-4\alpha)S_t^{(2)}+(4-3\alpha)S_t^{(3)}\right]}{2(1-\alpha)^2} \\ c_t&=\frac{\alpha^2(S_t^{(1)}-2S_t^{(2)}+S_t^{(3)})}{2(1-\alpha)^2} \end{aligned} \tag{10-16}$$

式中　$S_t^{(1)}$ ——一次指数平滑值；

$S_t^{(2)}$ ——二次指数平滑值；

$S_t^{(3)}$ ——三次指数平滑值；

α ——加权系数。

【例 10-6】　以例 10-4 为例，试用三次指数平滑法预测 2017 年企业的机床销售量。

解　$\alpha=0.3$　$S_0^{(2)}=S_0^{(3)}=405$ 台

$$S_t^{(3)}=\alpha S_t^{(2)}+(1-\alpha)S_{t-1}^{(3)}\quad S_{12}^{(3)}=\alpha S_{12}^{(2)}+(1-\alpha)S_{11}^{(3)}$$
$$=0.3\times441.335+(1-0.3)\times437.843=438.89$$

将　$S_{12}^{(1)}=439.209$，　$S_{12}^{(2)}=441.335$，　$S_{12}^{(3)}=438.89$，代入公式求得

$$a_{12}=432.512,\quad b_{12}=-5.248,\quad c_{12}=-0.420$$

则 2017 年该企业的机床的销售量为（$T=1$）

$$\hat{y}_{t+T}=a_t+b_tT+c_tT^2=432.512+(-5.248)\times1+(-0.420)\times1^2\approx427\text{ 台。}$$

第四节　趋势外推预测法

一、趋势外推的假定条件及其模型选择

1. 趋势外推法的假定条件

统计资料表明，社会经济现象的发展大多是渐进或连续的，其相对于时间具有一定的规律性。因此，当预测对象随着时间变化呈现某种水平、上升或下降的趋势，并且无明显的季节波动，又能找到一条合适的曲线反映这种变化趋势时，就可以用时间 t 为自变量，时序数值 y 为

因变量，建立趋势模型：$y=f(t)$。当有理由相信这种趋势能够延伸到未来，则赋予变量 t 所需之值，就可得到相应的时间序列未来值，这就是所谓的趋势外推法。

趋势外推法也称趋势延伸法，它是根据预测目标的历史时间数列所揭示的变动趋势外推未来，以确定预测值的时序预测法(即是对拥有长期趋势变动的时间序列进行预测)。

利用时间序列趋势外推法，应该注重趋势外推法的假设条件：

(1) 预测目标的发展变化过程没有跳跃，一般属于渐进变化。如果预测我国原油市场的价格，出现 2003 年美对伊的战争，这时国际原油市场发生很大的波动，不能再采用以前的时间序列模型对原油价格进行预测。

(2) 决定过去事物发展的因素在很大程度上仍决定事物未来的发展，其他条件不变或变化不大。也就是说，假定根据过去资料建立的趋势外推模型能适合未来，即未来和过去的规律一样。

由以上两个假设可知，趋势外推法是遵循连续性原理，根据时间序列发展过程规律表现出的长期趋势变动轨迹，用数学方法找出拟合长期趋势变动轨迹的数学模型，并据此进行预测的方法。另外，把过去的趋势向未来延伸的得越远，满足上述两个条件的可能性就越小。所以，这种预测方法一般是在短期和中期的预测才有价值。

2. 趋势模型及其选择

趋势外推法本质上是利用某种函数关系式描述预测对象的发展趋势，并将这种趋势予以延伸，实现对未来的测定。最为常见的趋势模型如图 10-3 所示。正确识别并选择趋势模型是应用趋势外推法的首要工作，其基本方法有图形识别和差分计算两种。

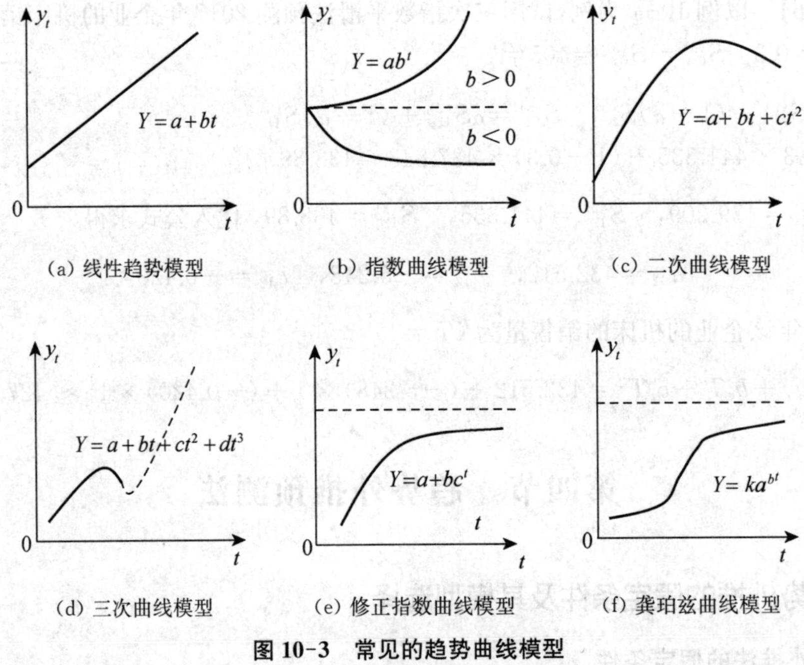

(a) 线性趋势模型　(b) 指数曲线模型　(c) 二次曲线模型

(d) 三次曲线模型　(e) 修正指数曲线模型　(f) 龚珀兹曲线模型

图 10-3　常见的趋势曲线模型

(1) 图形识别法。它是通过绘制时间序列的散点图，将散点图与各类曲线模型的图形进行比较，选择最适宜的趋势模型。我们可借助多种计算机应用软件，在非常短的时间内进行多种模型的模拟。如在实际模拟中有时由于几种曲线图形接近而难以通过图形直观确认，这时通常同时对几种趋势模型进行计算，选择标准差最小的趋势模型为预测模型。

(2) 差分法。所谓差分，就是变量的微小变化，根据历史数据计算差分把数据修匀，将非平稳时间序列转为平稳序列。

假设时间序列为 $y_t(t=1, 2, 3, \cdots, n)$，则定义：

$$\begin{cases} \text{一阶前向差分为：} y'_t = y_t - y_{t-1} \\ \text{二阶前向差分为：} y''_t = y'_t - y'_{t-1} = y_t - 2y_{t-1} + y_{t-2} \\ \text{三阶前向差分为：} y'''_t = y''_t - y''_{t-1} = y_t - 3y_{t-1} + 3y_{t-2} - y_{t-3} \\ \qquad\qquad \vdots \\ k\ \text{阶前向差分为：} y_t^k = y_t^{k-1} - y_{t-1}^{k-1} = y_t + \sum_{r=1}^{k} (-1)^r C_k^r y_{t-r} \end{cases} \tag{10-17}$$

将时间序列的差分与各类趋势模型的差分特点进行比较，就可以选择适宜的预测模型。常用趋势模型的差分指标特征如表 10-5 所示。

表 10-5　常用趋势模型的差分指标特征

差分指标随时间变化特征	时间序列趋势模型	差分指标随时间变化特征	时间序列趋势模型
$y'_t=$ 常数 $=b$	$y=a+bt$	$y'_t/y'_{t-1}=$ 常数 $=e^b$	$y=ae^{bt}$
$y''_t=$ 常数 $=2c$	$y=a+bt+ct^2$	$y'_t/y'_{t-1}=$ 常数 $=C$	$y=a+bc^t$
$y'''_t=$ 常数 $=6d$	$y=a+bt+ct^2+dt^3$	$\lg y'_t/\lg y'_{t-i}=$ 常数 $=b$	$y=ka^{b^t}$

当时间序列各期数值的差分计算值与表 10-5 相符或大致相符，就可以选择对应的趋势模型进行拟合。模型拟合最常用的方法有最小二乘法和三段和值法。

二、多项式曲线趋势外推法

多项式曲线趋势预测模型的一般形式为

$$\hat{y}_t = b_0 + b_1 t + b_2 t^2 + b_3 t^3 + \cdots + b_k t^k \tag{10-18}$$

式中　$\hat{y}_k$ ——预测目标变量；

t ——时间；

$b_i(i=1, 2, 3, \cdots, k)$ ——待定系数。

当 $k=1$ 时，为线性趋势模型(直线模型)；当 $k=2$ 时，为二次多项式(抛物线)趋势模型；当 $k=3$ 时，为三次多项式趋势模型；当 $k=n$ 时，为 n 次多项式趋势模型。

(一) 直线趋势外推法

如果观察值的时间序列资料大体上时按每期相同的数量增加或减少，即表现为近似直线上升或下降时，可以适用直线趋势法求得趋势直线，并以这条趋势直线的延伸来确定预测值。

或当时间序列散点图呈线性趋势，即散点分布近似呈直线上升或下降时，可选用线性趋势外推法进行预测。线性趋势外推法的预测模型为

$$\hat{y}_t = a + bt \tag{10-19}$$

式中　$\hat{y}_t$ ——时间序列 y_t 的线性趋势估计值；

t ——时间序列中各项指标的时间序号(时间变量)；

a, b ——待定系数,它们分别为趋势直线的截距和斜率,其值可根据最小二乘法推算确定。斜率 b,即为对于 t 的每一个变化,相应 y 的平均变化值。

直线趋势外推法的一般步骤是:

第一:据预测对象的历史数据,判断其是否呈现出直线趋势。判断方法可描点画图(散点图),也可计算观察值的阶差(差分)。当一次阶差为一常数时,就可运用直线趋势法进行预测。

第二:求趋势直线,用直线方程表示。确定 a、b 值的常用方法有图解法、阶差分析法和最小二乘法。

第三:根据趋势直线方程确定预测值。

1. 图解法(散点图法)

就是将自变量 t(时间)和因变量 y(如销售额)之间的关系反映在一个坐标图上。横轴:t;纵轴:y。根据资料标出若干点,经目测,从中画一条最接近各点并与纵轴相交的一个直线。该线与纵轴相交的纵坐标即为直线趋势方程中的 a,直线的斜率 b 可由图中取定的两点坐标计算。

【例 10-7】 某公司 2010—2014 年销售 B 商品资料如表 10-6 所示。试用直线趋势外推的图解法预测 2015 年的商品销售额。

表 10-6 某公司 2010—2014 年销售 B 商品资料

年 份	2010	2011	2012	2013	2014
时间序列 t	0	1	2	3	4
销售额 y	100	118	140	162	180

(1) 据资料做出各点,判断其大致呈直线趋势。

(2) 确定一条与各点距离最小的直线,延长后于纵轴相交,如图 10-4 所示。本例相交于纵坐标 100 万元,横轴 0~4,表明在 2010—2014 年的 5 年中,平均销售额由 100 万元增至 180 万元,每年均增 20 万元 $(180-100)\div 4=20$,即趋势直线斜率为 20,即 $b=20$,所以直线方程:$y=100+20t$。

(3) 2015 年,$t=5$,所以 2015 年销售额预测值为 $y_{2015}=a+bt=100+20\times 5=200$ 万元。

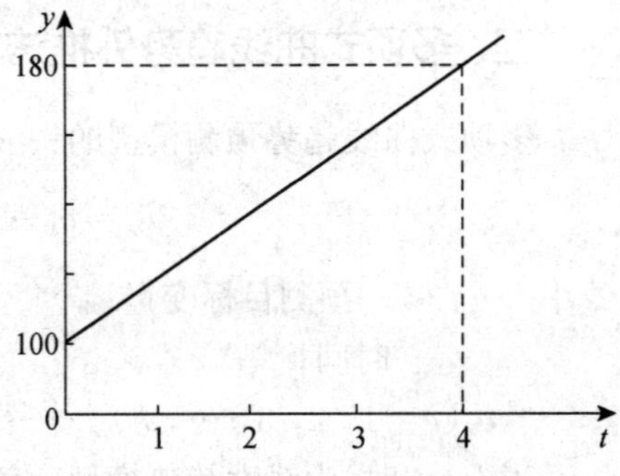

图 10-4 直线趋势图

2. 阶差分析法(差分法)

阶差分析法是借助于阶差分析表,判断预测对象是否呈现直线趋势并进行预测的一种直线趋势法。

【例 10-8】 以例 10-7 为例,试用阶差分析法(见表 10-7)预测 2015 年 B 商品销售额。

计算 a、b:$a=100$ 万元,$b=(18+22+22+18)/4=20$ 万元,趋势直线方程 $y=100+20t$,所以

$$y_{2015}=100+20t=100+20\times 5=200(\text{万元})$$

表 10-7　阶差分析法预测及商品销售额

年份	时间序列数 t	销售额 y	第一次阶差 Δy
2010	0	100	—
2011	1	118	18
2012	2	140	22
2013	3	162	22
2014	4	180	18

3. 最小二乘法原理

最小二乘法是一种估计数学方程式中参数值的方法。采用最小二乘法配合的趋势直线方程,可同时满足各观察值与它所对应的趋势值的离差平方之和为最小值,各观察值与其对应的趋势值的离差之和等于零。这两个条件由偏微分法可以推导,求解参数 a、b 的计算公式。

设 $y_t(t=1, 2, 3, \cdots, n)$ 为 n 个时间序列观察值 y_t,作各观察值 y_t 与趋势线估计值 $\hat{y}_t$ 的离差平方和 $Q(a, b)=\sum_{i=1}^{n}(y_t-\hat{y}_t)^2=\sum_{i=1}^{n}(y_t-a-bt)^2$,根据极值原理,最佳的拟合条件为

$$
\begin{aligned}
&\frac{\partial Q}{\partial a}=-2\sum(y_t-a-bt)=0,\ \sum y=na+b\sum t\\
&\frac{\partial Q}{\partial b}=-2\sum(y_t-a-bt)t=0,\ \sum ty=a\sum t+b\sum t^2\\
&b=\frac{n\sum ty-\sum t\sum y}{n\sum t^2-(\sum t)^2}\\
&a=\frac{\sum y-b\sum t}{n}=\bar{y}-b\bar{t}
\end{aligned}
\tag{10-20}
$$

这与一元线性回归中回归系数的公式完全相同。为简单计算,可将自变量 t 进行合理编排使 $\sum t=0$,此时,a、b 的求解公式可简单地写成如下形式

$$
b=\frac{\sum ty}{\sum t^2},\quad a=\frac{\sum y}{n}=\bar{y}
$$

合理编排 t 的方法是:若时间序列为奇数项,t 可设定为$\cdots$, -3, -2, -1, 0, 1, 2, 3, $\cdots$,取中间 t 序数为 0。若时间序列为偶数项,t 设定为$\cdots$, -5, -3, -1, 1, 3, 5, $\cdots$,即一半为负,一半为正,序号对称,这样 $\sum t=0$。

【例 10-9】 以例 10-8 为例,$n=5$,见表 10-8,试预测 2015 年商品销售额。

列表求 $\sum t$, $\sum y$, $\sum ty$, $\sum t^2$

$$a=\frac{\sum y}{n}=\frac{700}{5}=140,\quad b=\frac{\sum ty}{\sum t^2}=\frac{204}{10}=20.4$$

趋势直线方程 $y=140+20.4t$，所以 $y_{2015}=140+20.4\times3=201.2$(万元)。

表 10-8　2010—2014 年商品销售额

年份	t	销售额 y	ty	t^2
2010	-2	100	-200	4
2011	-1	118	-118	1
2012	0	140	0	0
2013	1	162	162	1
2014	2	180	360	4
$\sum$	—	700	204	10

(二) 曲线趋势外推法

曲线趋势外推是运用曲线方程式，求得曲线变动趋势后，加以延伸来进行市场预测的方法。由于季节变化或其他因素的影响，时间序列的观察值的变动趋势，并非都是直线状态，有时也会呈现为曲线，此时，就不宜适用直线方程，而应运用曲线方程式进行预测。

常见的曲线趋势外推法有二次曲线趋势外推和指数曲线趋势外推法。

1. 二次曲线趋势外推法

二次曲线趋势外推法适用于时间序列各数据的分布呈现抛物线的情况。其特征是曲线上的纵坐标呈现二级增长量(即逐期增长量的增长量)相等的变动趋势。当一个时间序列的各期二级增长量大体相同时，这个时间序列就可以配合二次曲线方程进行预测。阶差分析表如表 10-9 所示。

表 10-9　阶差分析表

年次	观察值 $y=a+bt+ct^2$	一阶差	二阶差
1	$a+b+c$	—	—
2	$a+2b+4c$	$b+3c$	—
3	$a+3b+9c$	$b+5c$	$2c$
4	$a+4b+16c$	$b+7c$	$2c$
5	$a+5b+25c$	$b+9c$	$2c$

曲线方程：$y=a+bt+ct^2$，$y'=y_t-y_{t-1}=b+2tc-c$，$y''=y'_t-y'_{t-1}=2c$。

在实际预测中，如果原始数据所求得的移动平均值二阶差分趋近于一个常数，即用二次曲线拟合的模型，其预测的结果比较切合实际。

二次抛物线预测的数学模型为

$$\hat{y}_t = a + bt + ct^2 \tag{10-21}$$

式中　t ——已知时间序列 y_t 的时间变量，即时间周期数；

a，b，c ——待定参数；

$\hat{y}_t$ ——已知时间序列 y_t 的二次曲线趋势估计值或预测值。

二次曲线趋势模型的几何图形如图 10-5 所示，由图可以看出：

①当 $a>0$，$b>0$，$c>0$ 时，二次曲线开口向上，有最低点，曲线呈正增长趋势。

②当 $a>0$，$b>0$，$c<0$ 时，二次曲线开口向下，有最高点，曲线呈正增长趋势。

③当 $a>0$，$b<0$，$c>0$ 时，二次曲线开口向上，有最低点，曲线呈负增长趋势。

④当 $a>0$，$b<0$，$c<0$ 时，二次曲线开口向下，有最高点，曲线呈负增长趋势。

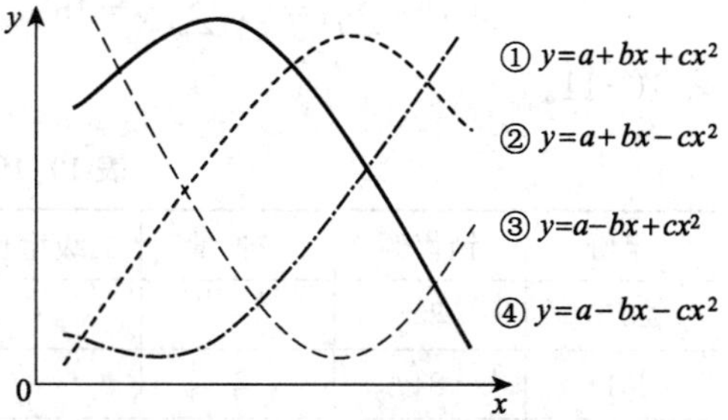

图 10-5　二次曲线图

二次曲线趋势延伸法参数 a、b、c 的确定：

与直线趋势延伸法类似，要利用二次曲线模型来预测变化趋势，同样也要先求出模型中参数 a、b、c，而且，求参数的方法也是用最小二乘法，即使时间序列各期的实际观察值到这条二次曲线的纵向距离的平方和(或称偏差平方和)为最小，从而算出这三个参数，为已知时间序列找到一条能最佳地拟合成二次曲线发展规律的模型，然后根据所建立的预测模型进行预测。

二次曲线方程 $\hat{y}_t = a + bt + ct^2$，用最小二乘法离差平方和

$$Q = \sum e_i^2 = \sum (y_t - \hat{y}_t)^2 = \sum (y_t - a - bt - ct^2)^2 = \sum_{t=1}^{t} (y_t - \hat{y}_t)^2$$

利用极值定理，要使偏差平方和 Q 最小，则必须满足：$\partial Q/\partial a = 0$，$\partial Q/\partial b = 0$，$\partial Q/\partial c = 0$，$t$ 代表数列观察期，解联立方程组，得

$$\begin{aligned}
\sum y &= na + b\sum t + c\sum t^2 \\
\sum ty &= a\sum t + b\sum t^2 + c\sum t^3 \\
\sum t^2 y &= a\sum t^2 + b\sum t^3 + c\sum t^4
\end{aligned}$$

令 $\sum t = 0$，$\sum t^3 = 0$(奇次方总和也等于 0)，则求参数的方程可简化为

$$\left.\begin{aligned}
\sum y &= na + c\sum t^2 \\
\sum ty &= b\sum t^2 \\
\sum t^2 y &= a\sum t^2 + c\sum t^4
\end{aligned}\right\}\quad \text{解得}\quad
\begin{aligned}
a &= \frac{\sum t^4 \sum y - \sum t^2 \sum t^2 y}{n\sum t^4 - (\sum t^2)^2} \\
b &= \frac{\sum ty}{\sum t^2} \\
c &= \frac{n\sum t^2 y - \sum t^2 \sum y}{n\sum t^4 - (\sum t^2)^2}
\end{aligned} \tag{10-22}$$

【例 10-10】 某商场各年销售额资料如表 10-10 所示，试用二次曲线法预测 2015 年的销售额。

(1) 计算各期增长量和二级增长量，判断其属于二次曲线型。

(2) 列表(表 10-11)计算 $\sum t$，$\sum y$，$\sum t^2$，$\sum t^4$，$\sum ty$，$\sum t^2 y$。

(3) 计算结果 $\sum t=0$，$\sum y=463$，$\sum t^2=10$，$\sum t^4=34$，$\sum ty=75$，$\sum t^2 y=943$，见表 10-11。

表 10-10 某商场各年销售额 单位：万元

年份	销售额	增长量	二级增长量	年份	销售额	增长量	二级增长量
2010	80	—	—	2013	99	9	3
2011	84	4	—	2014	110	11	2
2012	90	6	2				

表 10-11 计算结果

年度	t	y	t^2	t^4	ty	t^2y
2010	−2	80	4	16	−160	320
2011	−1	84	1	1	−84	84
2012	0	90	0	0	0	0
2013	1	99	1	1	99	99
2014	2	110	4	16	220	440
$\sum$	0	463	10	34	75	943

$$a=\frac{\sum t^4 \sum y-\sum t^2 \sum t^2 y}{n\sum t^4-(\sum t^2)^2}=\frac{34\times 463-10\times 943}{5\times 34-100}=90.17$$

$$b=\frac{\sum ty}{\sum t^2}=\frac{75}{10}=7.5$$

$$c=\frac{n\sum t^2 y-\sum t^2 \sum y}{n\sum t^4-(\sum t^2)^2}=\frac{5\times 943-10\times 463}{5\times 34-100}=1.214$$

代入 $y=a+bt+ct^2$，得二次曲线方程为

$$y=90.171+7.5t+1.214t^2$$

则 2015 年预测销售额把 $t=3$ 代入曲线方程得

$$y_{2015}=90.171+7.5\times 3+1.214\times 3^2=123.597(\text{万元})$$

2. 三次曲线趋势外推法(三次抛物线模型预测法)

直线趋势延伸法和二次曲线趋势延伸法的基本数学模型都属于多项式公式，即直线公式

和二次曲线公式都是多项式公式的特例。另外，此类模型中还有一种较为常用的预测模型，这就是三次曲线模型，称为三次曲线趋势延伸法。

三次抛物线模型的特点是三级阶差分为一常数($6d$)。因此，当时间序列 $\{y_t\}$ 的三阶差分近似为一个常数，其散点图呈现两个弯曲曲线的发展趋势时，可配合三次抛物线预测模型来预测。三次曲线趋势预测基本数学模型为

$$\hat{y}_t = a + bt + ct^2 + dt^3 \tag{10-23}$$

设时间序列观察值为 $y_t(t=1, 2, 3, \cdots, n)$，$a$，$b$，$c$，$d$ 是参数；t 为时间；$\hat{y}_t$ 为预测值；作 $Q(a, b, c, d) = \sum_{t=1}^{n}(y_t - \hat{y}_t)^2 = \sum_{t=1}^{n}(y_t - a - bt - ct^2 - dt^3)^2$。

与二次抛物线模型类似，a，b，c，d 参数也用最小二乘法估计，并有下列方程组

$$\begin{aligned}
\sum y_t &= na + b\sum t + c\sum t^2 + d\sum t^3 \\
\sum ty_t &= a\sum t + b\sum t^2 + c\sum t^3 + d\sum t^4 \\
\sum t^2 y_t &= a\sum t^2 + b\sum t^3 + c\sum t^4 + d\sum t^5 \\
\sum t^3 y_t &= a\sum t^3 + b\sum t^4 + c\sum t^5 + d\sum t^6
\end{aligned}$$

为简化计算，也可取时序 $\{y_t\}$ 的中点为时间原点，$\sum t=0$，$\sum t^3=0$，$\sum t^5=0$，从而使上列方程简化为

$$\begin{aligned}
\sum y_t &= na + c\sum t^2 \\
\sum ty_t &= b\sum t^2 + d\sum t^4 \\
\sum t^2 y_t &= a\sum t^2 + c\sum t^4 \\
\sum t^3 y_t &= b\sum t^4 + d\sum t^6
\end{aligned} \tag{10-24}$$

曲线趋势预测中，也可确定预测的置信区间。为此，必须先估计标准差

$$S_y = \sqrt{\frac{\sum(y_t - \hat{y}_t)^2}{n-m}}$$

式中　n ——总项数；

　　　m ——模型参数个数。

(三) 指数曲线趋势外推法(指数曲线模型预测法)

指数曲线趋势外推法，又称指数曲线模型预测法，它是根据预测变量的时间序列所呈现的指数曲线增长规律特征，找出拟合指数曲线，建立指数曲线预测模型，然后向外延伸所进行预测的一种方法。它是时间序列趋势延伸法中的另一种预测方法，它适用于以同一比例增长(或下降)的预测目标的预测。也就是说，当一个时间序列明显呈现出基本相等的增长率趋势时，这个时间序列可配合指数曲线方程进行预测。

大量研究表明，一些新技术的发展，一些新产品的生产以及占领市场等经济发展的定量特点都符合指数曲线增长规律，特别是在市场现象产生和发展初期，这一规律在数学上表现得更

为精确，因此用这种方法预测更为有效。

设指数曲线方程为

$$y=ab^t \tag{10-25}$$

显然：$y_{t+1}/y_t=b$ 或 $(y_{t+1}-y_t)/y_t=b-1$，表示环比发展速度(或逐期增长率)为常数。将 $y=ab^t$ 取对数得 $\lg y=\lg a+t\lg b$，指数曲线转化为直线形式，用最小二乘法求得公式

$$b=\frac{\sum ty}{\sum t^2}\Rightarrow \lg b=\frac{\sum t\lg y}{\sum t^2}$$

$$a=\frac{\sum y}{n}\Rightarrow \lg a=\frac{\sum \lg y}{n}$$

使用上述公式，必须满足 $\sum t=0$。实际工作中可先求出 $\lg a$、$\lg b$，再代入 $\lg y=\lg a+t\lg b$ 公式中，求出 $\lg y$，最后取反对数，即得到预测值 $\hat{y}$。

【例 10-11】 某企业各年的费用额见表 10-12，试用指数曲线趋势外推法预测 2016 年的费用额。

表 10-12　某企业各年的费用额

年份	费用额(万元)	环比发展速度(%)	年份	费用额(万元)	环比发展速度(%)
2010	435	—	2013	395	97.05
2011	422	97	2014	382	96.71
2012	407	96.45	2015	370	96.86

(1) 计算各期费用额年环比发展速度见表 10-12，可判断该单位费用额资料属于指数曲类型。

表 10-13　各 期 费 用 额

年份	t	费用额 y	$\lg y$	$t\lg y$	t^2
2010	−5	435	2.638 5	−13.192 5	25
2011	−3	422	2.625 3	−7.875 9	9
2012	−1	407	2.609 6	−2.609 6	1
2013	1	395	2.596 6	2.596 6	1
2014	3	382	2.582 1	7.746 3	9
2015	5	370	2.568 2	12.841	25
$\sum$	0	—	15.620 3	−0.494 1	70

(2) 列表(表 10-13)计算 $\sum t$，$\sum \lg y$，$\sum t\lg y$，$\sum t^2$

$$\lg b=\frac{\sum t\lg y}{\sum t^2}=\frac{-0.494\,1}{70}=-0.007\,1$$

$$\lg a=\frac{\sum \lg y}{n}=\frac{15.620\,3}{6}=2.603\,4$$

代入 $\lg y = \lg a + t\lg b$ 得 $\lg y = 2.6043 + 0.0071t$。

(3) 2016年费用额预测值，将 $t = 7$ 代入 $\lg y = 2.6043 + (-0.0071 \times 7) = 2.5537$。

查反对数表 $y_{2016} = 357.8$(万元)。

采用趋势外推法进行市场预测，关键在于趋势曲线及其方程的选择。通常可借助于图形识别法和阶差法(差分法)。将做出的时间序列曲线图与各类趋势方程图形进行比较，即可选择较为合适的曲线模型。当确认趋势方程有困难时，可先初选几个趋势方程，经分析方程后再确定预测方程。

阶差法则是通过计算时间序列的阶差，并与各类趋势方程的阶差特点进行比较，选择适用方程的方法，具体地说，在时间序列数据变化过程中，当逐期增长量接近于一个常数，可选用直线趋势方程；当逐期二次增长量接近于一个常数，可选用二次曲线方程；当环比发展速度(逐期增长率)接近于一个常数时，可用指数曲线方程。在实际工作中，可灵活选用适当的方程，以提高利用趋势方程进行预测的能力。

(四) 修正指数曲线趋势模型预测法

修正指数曲线又称饱和曲线。当预测目标各期观察值的逐期增量的环比系数接近于某一常数时，可采用修正指数曲线来描述变化趋势。其数学模型为

$$\hat{y} = k + ab^t \tag{10-26}$$

它是在指数方程右边增加了一个常数 k，其中，k、a、b 为模型的参数，由于它们取值不同，修正指数曲线有不同的形状。其中最典型的是单调递增的曲线，如图10-6所示，其递增的速度逐渐减慢，最终以 $y = k$ 为渐进线。这种情形适合于那种销售不断增加，但增长速度大体呈等比递减，销售量逐渐达到饱和水平的趋势分析和预测。而当 $a < 0$，$0 < b < 1$ 时，随着 t 的增加，y 趋于 k，$k > 0$，该曲线可描述一种常见的成长现象(单调递增的曲线)。如某种产品投入市场，初期迅速增长，随后增长率逐渐降低，最后接近最高限 k。而当 $a > 0$，$0 < b < 1$ 时，随着 t 的增加，y 趋于 k，$k > 0$，最终以 $y = k$ 为渐进线，它是一条单调递减曲线，如图10-7所示。

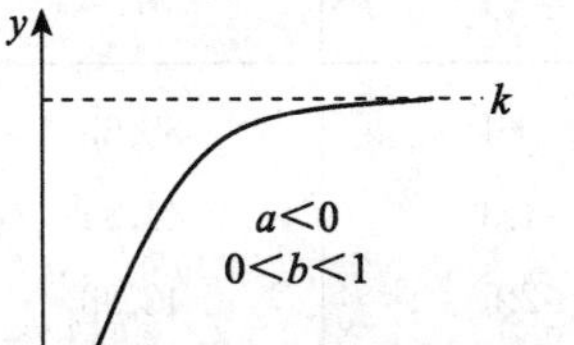

图 10-6　修正指数曲线 1

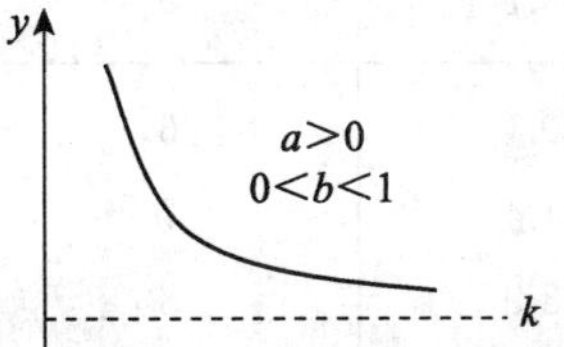

图 10-7　修正指数曲线 2

根据修正指数曲线的性质，若时间序列中相邻两个时期数值的一级阶差之比接近于一个常数，则可对其拟合修正指数曲线。

修正指数曲线有三个参数，可采用三段和值法则求解。所谓三段和值法又可称为分组法，即把整个时间序列分成观察值和时间间隔均相等的三个组，联系三个组观察值之和来推算 k、a、b。我们设时间序列 $\{y_t\}$ 有 $N = 3n$ 个数据，把序列分为3段(组)，每段(组)含有 n 个数据，对各段求和，得

$$\sum{}_1 y_t = \sum_{i=0}^{n-1} y_t = nk + a\,\frac{b^n - 1}{b - 1}$$

$$\sum{}_2 y_t = \sum_{i=n}^{2n-1} y_t = nk + ab^n\,\frac{b^n - 1}{b - 1}$$

$$\sum{}_3 y_t = \sum_{i=2n}^{3n-1} y_t = nk + ab^{2n}\,\frac{b^n - 1}{b - 1}$$

解上述联立方程，得参数估算式为

$$b = \sqrt[n]{\frac{\sum{}_3 y_t - \sum{}_2 y_t}{\sum{}_2 y_t - \sum{}_1 y_t}}$$

$$a = (\sum{}_2 y_t - \sum{}_1 y_t) \times \frac{b - 1}{(b^n - 1)^2} \qquad (10\text{-}27)$$

$$k = \frac{1}{n}\left(\sum{}_1 y_t - a \times \frac{b^n - 1}{b - 1}\right)$$

【例 10-12】 某地自行车销售量预测分析表，如表 10-14 所示。其逐年增长量前期逐步增大，后期开始减小，试用修正指数曲线描述其变化趋势。

表 10-14　某地自行车销售预测分析表

年份	y_t（万辆）	t	$y_t - y_{t-1}$	$\hat{y}_t$	$y_t - \hat{y}_t$
2008	25.2	0	—	23.57	1.63
2009	26.8	1	1.6	26.62	0.18
2010	27.7	2	0.9	29.51	−1.81
2011	30.4	3	2.7	32.25	−1.85
2012	34.3	4	3.9	34.85	−0.55
2013	39.7	5	5.4	37.3	2.4
2014	40.1	6	0.4	39.63	0.47
2015	41.4	7	1.3	41.84	−0.44
2016	43.9	8	2.5	43.93	−0.03

表 10-14 中数据已分为 3 段，则

$$n = 3 \quad \sum{}_1 y_t = 79.7 \quad \sum{}_2 y_t = 104.4 \quad \sum{}_3 y_t = 125.4$$

代入上述参数估算式，可估算出 k、a、b 的值，得到模型为

$$\hat{y}_t = 81.486\,9 - 57.918\,9 \times 0.947\,3^t$$

其中，剩余标准差是根据表中的误差项计算的。$s_y = 1.63$，$s_y/\bar{y}$ 为 4.74%，表明该模型描述的变化趋势较严格，其稳定性为 95.26%。同时，该模型表明该地自行车最大销售量为 81.489 6 万辆。若预测 2017 年该地自行车销售量，将 $t = 9$ 代入此模型，可得

$$\hat{y}_9 = 81.4869 - 57.9189 \times 0.9473^9 = 45.91 (万辆)$$

应用修正指数曲线趋势模型进行预测应注意：它一般不适用描述那种已呈饱和状态的商品销售趋势，而主要用于预测销售量还比较大，但已开始出现销售增长递减状态的变化趋势及其饱和水平的估计。此外，修正指数曲线也可用于预测单调递减（$a>0$，$0<b<1$，$k>0$）或迅速增长等形态的变化趋势。

（五）龚珀兹曲线趋势模型

龚珀兹曲线是以英国统计学家和数学家龚珀兹(B. Gompartz)命名的，他在研究控制死亡率问题时提出了一种曲线，被人们称作龚珀兹曲线。它多用于新产品的研制、发展、成熟和衰退分析。工业产品寿命一般可分为萌芽期、畅销期、饱和期、衰退期等四个发展时期。龚珀兹曲线特别适用处于成熟期商品的预测。

龚珀兹曲线趋势预测模型为：

$$y_t = ka^{b^t} \quad (k>0,\ 0<a<1,\ 0<b<1) \tag{10-28}$$

式中，k、a、b 为待定系数，其中 k 为曲线的渐进线值，即极限值。龚珀兹曲线的形式取决于参数 k、a、b 的取值，并适用于不同的场合。其中最典型的是一条不对称的S型成长曲线，如图10-3(f)所示。其特征是数列的初期增长缓慢，中期增长迅速，后期增长缓慢，并逐步趋向于饱和水平 k（增长极限）。商品从萌芽期、成长起到成熟期的商品销售数列往往表现为这种变化趋势。

对龚珀兹曲线模型 $y_t = ka^{b^t}$ 两边去对数，得

$$\lg y_t = \lg k + b^t \lg a \tag{10-29}$$

式(10-29)表明，时间序列各观察值 y_t 取对数后，构成的时间序列 $\lg y_t$，其变化规律呈修正指数曲线形态。因此，对时间序列 y_t 取对数后，可按前述修正指数曲线的参数计算式(10-27)，求出 $\lg k$、$\lg a$、b，通过对 $\lg k$ 和 $\lg a$ 求反对数，便可得 k 和 a 值。

参照拟合修正指数曲线的方法，用对数三段和值法求解龚珀兹模型中 b、$\lg a$、$\lg k$，即

$$b = \sqrt[n]{\frac{\sum_3 \lg y_t - \sum_2 \lg y_t}{\sum_2 \lg y_t - \sum_1 \lg y_t}}$$

$$\lg a = \left(\sum_2 \lg y_t - \sum_1 \lg y_t\right) \times \frac{b-1}{(b^n-1)^2} \tag{10-30}$$

$$\lg k = \frac{1}{n}\left(\sum_1 \lg y_t - \lg a \times \frac{b^n-1}{b-1}\right)$$

【例10-13】 某公司一种家具2004—2015年的实际销售量资料如表10-15所示。试用龚珀兹曲线趋势预测法，估计该公司2016年的销售量。

(1) 将企业2004—2015年12年的销售量资料画出散点图(略)。分析其发展变化趋势，开始增长速度较缓慢，随后加快，而后又变缓慢，基本上呈S形增长趋势，故可选用龚珀兹曲线预测法。

(2) 将时间序列平均分成三组，每组4个数据。对销售量 y_t 取对数，分组计算各组的对数和(见表10-15)。

表 10-15　某公司 2004—2015 年的家具销售量　　单位：万套

年份	时序(t)	销售量(y_t)	$\lg y_t$	三段对数和
2004	1	2	0.301 0	
2005	2	5	0.699 0	$\sum_1 \lg y_t = 3.225\,3$
2006	3	12	1.079 2	
2007	4	14	1.146 1	
2008	5	21	1.322 2	
2009	6	30	1.477 1	$\sum_2 \lg y_t = 6.111\,1$
2000	7	41	1.612 8	
2011	8	50	1.699 0	
2012	9	60	1.778 2	
2013	10	62	1.792 4	$\sum_3 \lg y_t = 7.209\,3$
2014	11	64	1.806 2	
2015	12	68	1.832 5	

(3) 计算 b、$\lg a$、$\lg k$

$$b=\sqrt[n]{\frac{\sum_3 \lg y_t-\sum_2 \lg y_t}{\sum_2 \lg y_t-\sum_1 \lg y_t}}=\sqrt[4]{\frac{7.209\,3-6.111\,1}{6.111\,1-3.225\,3}}=0.785\,4$$

$$\lg a=(\sum_2 \lg y_t-\sum_1 \lg y_t)\times\frac{b-1}{(b^n-1)^2}=(6.111\,1-3.225\,3)\times\frac{0.785\,4-1}{(0.785\,4^4-1)^2}$$
$$=-1.614\,0$$

$$\lg k=\frac{1}{n}\left(\sum_1 \lg y_t-\lg a\times\frac{b^n-1}{b-1}\right)=\frac{1}{4}\left[3.225\,3-(-1.614\,0)\times\frac{0.785\,4^4-1}{0.785\,4-1}\right]$$
$$=1.971\,1$$

(4) 建立预测模型并求出预测值。龚珀兹曲线预测模型为

$$\lg y_t=\lg k+b^t\lg a=1.971\,1-1.614\,0\times 0.785\,4^t$$

则 2016 年，$t=13$，$\lg y_t=\lg k+b^t\lg a=1.971\,1-1.614\,0\times 0.785\,4^{13}=1.901\,3$。

求反对数，得 $y_{13}=79.66$，即该公司这种家具 2016 年的销售量预测值为 79.66 万套。

我们还可根据 $\lg k=1.971\,1$，得 $k=93.56$。说明该公司家具按其历史销售量发展过程的 S 形增长曲线来看，市场若无特殊的突变，最高销售量估计为 93.56 万套。目前销售量已占产品最高销售量水平的 85.1%。公司应积极主动地采取提高产品质量、开发新一代产品、开拓新的目标市场、实行多元化经营等营销对策。

应当指出的是，在选择应用龚珀兹曲线时，应考察历史数据 y_t 的对数一阶差的比率是否大致相等。当一组统计数据的对数一阶差的比率大致相等时，就可选用龚珀兹曲线进行预测。龚珀兹曲线除了用于描述单调递增的呈 S 型的变化趋势外，也可用于描述单调递减的呈 S 型的下降趋势。此外，当现象在一定基础上呈现扩张的增长趋势，或者现象呈递减并逐渐逼近某一稳定状态时，亦可用龚珀兹曲线描述其变化趋势，并进行预测分析。

(六) 罗吉斯蒂曲线趋势模型预测法

罗吉斯蒂曲线趋势与龚珀兹曲线趋势很接近，即要求数列初期变化缓慢，中期增长迅速，

达到一定程度后增长减慢，并逐渐逼近饱和水平。两者不同的是，罗吉斯蒂曲线达到最高点的时间比龚珀兹曲线要长，同时罗吉斯蒂曲线是一条对称的S型长曲线。

从数量变化特征来考察，罗吉斯蒂曲线适合描述数列各观察值倒数的逐期增量的环比系数大体接近的变化趋势(环比指标为一常数)，如表10-16所示。

表10-16　罗吉斯蒂曲线的数字特征

年度 t	$y_t=1/(k+ab^t)$	$1/y_t-1/y_{t-1}$	$(1/y_t-1/y_{t-1})/(1/y_{t-1}-1/y_{t-2})$
1	$1/(k+ab)$	—	—
2	$1/(k+ab^2)$	$ab(b-1)$	—
3	$1/(k+ab^3)$	$ab^2(b-1)$	b
⋮	⋮	⋮	⋮
$t-1$	$1/(k+ab^{t-1})$	$ab^{t-2}(b-1)$	b
t	$1/(k+ab^t)$	$ab^{t-1}(b-1)$	b

其曲线趋势预测模型为

$$1/y_t=k+ab^t \tag{10-31}$$

若用y'_t代替$1/y_t$，则其类似于修正指数曲线的形式，可采用拟合修正指数的方法拟合上述形式的罗吉斯蒂曲线。由表10-16知，罗吉斯蒂趋势曲线的数字特征是观察值y_t的倒数的一次阶差的比率相等。也就是说，当一组观察值y_t倒数一次阶差的比率大致相等时，可选用罗吉斯蒂曲线模型来进行预测。罗吉斯蒂趋势曲线方程，求解式中参数可仿照修正指数曲线的求解方法，仅改用y_t的倒数为计算基础。即：

$$\begin{aligned}
b&=\sqrt[n]{\frac{\sum_3 1/y_t-\sum_2 1/y_t}{\sum_2 1/y_t-\sum_1 1/y_t}}\\
a&=\left(\sum_2 1/y_t-\sum_1 1/y_t\right)\times\frac{b-1}{(b^n-1)^2}\\
k&=\frac{1}{n}\left(\sum_1 1/y_t-a\times\frac{b^n-1}{b-1}\right)
\end{aligned} \tag{10-32}$$

【例10-14】　某企业某种商品销售量资料如表10-17所示，试预测2019年的销售量。

表10-17　某种商品销售量

年份	t	销售量y(万吨)	$1/y_t$	$1/y_t$的逐期变动	$1/y_t$的逐期变动之比
2010	0	10	0.1000	—	—
2011	1	11	0.090 9	−0.009 1	—
2012	2	12	0.083 3	−0.007 6	0.835 2
2013	3	14	0.071 4	−0.011 9	1.565 8
2014	4	16	0.062 5	−0.008 9	0.747 9
2015	5	19	0.052 6	−0.005 0	1.112 4
2016	6	21	0.047 6	−0.004 9	0.505 1

（续表）

年份	t	销售量 y（万吨）	$1/y_t$	$1/y_t$ 的逐期变动	$1/y_t$ 的逐期变动之比
2017	7	23	0.043 4	−0.004 2	0.840 0
2018	8	26	0.038 5	−0.004 9	1.166 7

表 10-17 中资料表明，销售量发展趋势属罗吉斯蒂曲线型，配合罗吉斯蒂曲线方程进行预测。

第一步，将销售量三等分，计算各部分销售量倒数的合计。

$$\sum_1 \frac{1}{y_t}=0.100\,0+0.090\,9+0.083\,3=0.274\,2$$

$$\sum_2 \frac{1}{y_t}=0.071\,4+0.062\,5+0.052\,6=0.186\,5$$

$$\sum_3 \frac{1}{y_t}=0.047\,6+0.043\,4+0.038\,5=0.129\,5$$

第二步，求罗吉斯蒂曲线趋势方程参数。

$$b=\sqrt[n]{\frac{\sum_3 1/y_t-\sum_2 1/y_t}{\sum_2 1/y_t-\sum_1 1/y_t}}=\sqrt[3]{\frac{0.129\,5-0.186\,5}{0.186\,5-0.274\,2}}=0.866\,2$$

$$a=\left(\sum_2 1/y_t-\sum_1 1/y_t\right)\times\frac{b-1}{(b^n-1)^2}=(0.186\,5-0.274\,2)\times\frac{0.866\,2-1}{(0.866\,2^3-1)^2}=0.095\,7$$

$$k=\frac{1}{n}\left(\sum_1 1/y_t-a\times\frac{b^n-1}{b-1}\right)=\frac{1}{3}\left(0.274\,2-0.095\,7\times\frac{0.866\,2^3-1}{0.866\,2-1}\right)=0.007\,7$$

第三步，构建罗吉斯蒂趋势方程，并预测 2019 年的销售量。

趋势模型方程为

$$1/\hat{y}=0.007\,7+0.095\,7\times 0.866\,2^t$$

预测 2019 年的销售量，当 $t=9$ 时

$$1/\hat{y}=0.007\,7+0.095\,7\times 0.866\,2^9=0.034$$

所以 $\hat{y}=29.41$（万吨），即 2019 年的商品销售量预测值是 29.41 万吨。

第五节　季节指数预测法

季节变动是指由于自然条件和社会条件的影响，事物现象在一年内随着季节的转换而引起的周期变动。例如：有些产品是季节生产常年消费，如粮棉油麻茶烟糖等；有些产品是季节生产季节消费，如某些瓜果；有些产品是常年生产季节消费，如衬衫、棉毛衫裤等。又如：农药、化肥、电风扇以及电力系统一天 24 小时的负荷和交通系统的客运量均呈季节性的波动等等。从经济预测的角度说，我们研究季节变动的目的就在于：认识掌握季节性变动的规律，测

算未来的需求，从而正确地进行各项经济管理决策，及时组织生产和交通运输、安排好市场供给，更好地满足人民生活的需要。

进行季节变动分析和预测，首先应分析判断时间序列是否呈现季节性变动。通常，可按3～5年的已知资料绘制历史曲线图，以观察其在一年内有无周期性波动来做出判断。然后，将各种影响因数结合起来考虑，即考虑它是否还受趋势变动和随机变动等其他因素的影响。

对具有季节变动规律的时间序列仅找出其随时间变化的趋势变动规律是不够的，还必须找出它的季节变动规律，这样才能使预测结果符合实际情况。

一、季节指数预测法的含义

季节指数预测法，就是运用统计方法测定反映时间序列季节变动规律的季节指数，进而与趋势变动结合，预测未来市场数值的预测方法。也就是以市场的循环周期为特征，根据预测目标各个日历按月（或季）编制的时间数列资料，以统计方法测出反映季节变动规律的季节指数，并利用季节指数进行近期预测的一种预测方法。

运用季节指数法进行预测，首先，要利用统计方法计算出预测目标的季节指数，以测定季节变动的规律性；然后在已知季度的平均值条件下预测未来某个月（或季）的预测值。

季节变动具有两个明显特征：一是时间序列数据有较大的波动性，波动差越大，季节性越明显；二是具有周期性，即变动趋势重复出现，只有波动性而无重复性，不能算季节变动。

测定季节指数的方法大体上分为两种：

(1) 不考虑长期趋势的影响，直接根据原时间数列计算季节指数的方法。

(2) 考虑到长期趋势的存在，采用先消除长期趋势，再计算季节指数的方法。

假设 $\hat{y}_T=a+bT$ 为时间序列的趋势直线，S_T 为预测周期 T 的季节指数，则季节指数预测的数学模型为

$$\hat{y}_T=(a+bT)S_T \tag{10-33}$$

该数学模型表明，具有季节变动规律时间序列预测值等于该序列的长期趋势值与季节指数的乘积，即 $Y=TS$。观察值 $y_t=(t=1, 2, 3, \cdots, n)$ 的长期趋势 T 的确定方法前已述及，这里主要介绍常用的两种季节指数测定及其应用方法。

二、季节指数预测方法及其应用

（一）平均比率法（单纯季节时间序列）

平均比率法又叫季节（月）平均法或直接平均季节指数预测法。当时间序列没有明显的趋势变动，即主要受季节变动和不规则变动影响时，可选用这种方法。这是一种不考虑长期趋势影响的方法。它是直接应用简单平均法测定季节指数，其测定步骤为：

(1) 收集3年以上各月或各季的统计资料，即观察值。

(2) 计算各年同月份或同季度观察值的平均数 $\bar{x}_i$（i 为月份或季节号）。

(3) 计算历年所有月份或季度观察值的总平均数 $\bar{x}$。

(4) 计算各月份或各季度的季节指数 S_T，$S_T=\bar{x}_i/\bar{x}$。

(5) 根据未来年度的全年趋势预测值，求出各月份或各季度的平均趋势预测值，然后乘以对应的季节指数，即得未来年度内各月份或季度的预测值。

【例 10-15】 某产品 2013—2015 年每月销售量如表 10-18 所示，试用平均比率法预测 2016 年 1 月份的销售量(假设 2016 年预计全年销售 3 840 箱)。

表 10-18 某产品 2013—2015 年各月销售量

年份 \ 月份	1	2	3	4	5	6	7	8	9	10	11	12	合计
2013	280	243	263	290	310	325	336	295	288	270	290	324	3 514
2014	298	262	270	294	605	308	338	301	296	291	304	318	3 595
2015	306	273	282	298	615	335	346	324	312	326	316	324	3 272
合计	884	778	815	882	930	978	1 020	920	896	857	910	966	10 836
平均(A)	295	259	272	294	310	326	340	307	299	286	303	322	3 612
季节指数	98	86	90	98	103	108	113	102	99	95	101	107	1 200
调整指数	98	86	90	98	103	108	113	102	99	95	101	107	1 200

(1) 分别求出各对应月份实际销售量的合计数(如 3 月是 263＋270＋282＝815 箱)。

(2) 计算各周期同月份的实际销量平均数 $A(\bar{x}_i)$ (如三月份的平均值 $A=815$ 箱 $/3=$ 272 箱)。依此类推，计算到 12 月份，填入表 10-18 中。

(3) 计算 3 年期间所有月份的总平均数 $B(\bar{x})$。其计算方法有两种：

① 用各月平均数计算为 $B=\dfrac{3\,612}{12}=301$(箱)

② 用 3 年的总数计算为 $B=\dfrac{10\,836}{36}=301$(箱)

(4) 计算平均比率(季节指数)，即

$$每月(季)的季节指数=\frac{各年同月(季)平均数}{全时期总平均数}\times 100\%$$

如 1 月份平均比率 $\dfrac{A}{B}=\dfrac{295}{301}=98\%$ 依此类推，填入表 10-18 中。

注意：月平均比率计算出来后，必须检查各月平均比率之和是否等于 1 200%(若为季节之和应等于 400%)。如果各比率之和不等于 1 200%是由于计算时取舍造成的，可对尾数进行调整，使其等于 1 200%(季节之和为 400%)。

$$调整系数=\frac{理论月(季)的季节指数之和}{实际月(季)的季节指数之和}$$

将调整系数分别与各月份季节指数相乘，即得调整后的季节指数，填入表 10-18 中。

(5) 利用季节指数进行预测，即

$$本年某月(季)的预测值=\frac{年度预测值}{12(4)}\times 某月(季)的季节指数$$

因为 2016 年全年预计销售量为 3 840 箱，月平均销量为 $\dfrac{3\,840}{12}=320$(箱)，则 2016 年

1 月份预测销量为 320×98%≈314(箱)。

(二) 平均数趋势整理法(趋势比率法)

平均数趋势整理法又叫趋势比率法，这是一种考虑长期趋势影响的方法。当时间序列随时间变化时，既有趋势变动，又有季节变动，并且波动的幅度随趋势的变化而变化。

趋势比率法实际上是根据历史上各期的实际值，首先建立趋势预测数学模型，求得历史上各期的趋势值，然后以实际值除以趋势值，进行同月(季)平均，计算季节指数，最后用季节指数和趋势值结合来预测的方法。此法可以消除较大的趋势变动的影响，适用于直线趋势和曲线趋势。预测模型计算公式及步骤如下：

(1) 建立趋势预测模型，求历史上各期的趋势值，即

$$\hat{T}_t = a + bt$$

$$a = \frac{\sum y}{n} - \frac{b\sum t}{n}$$

$$b = \frac{n\sum ty - \sum t\sum y}{n\sum t^2 - (\sum t)^2}$$

式中 t ——线性趋势模型季节顺序值。

(2) 求趋势值季节比率，它是各实际值与相应时期趋势值的比值。即

$$f_t = y_t / \hat{T}_T$$

式中 f_t ——趋势季节比率；

y_t ——各期实际值；

$\hat{T}_t$ ——相应时期趋势值。

(3) 求季节指数，即把同期趋势季节比率平均，则

$$F_t = \sum f_t / N$$

式中 N ——统计年度数；

F_t ——季节指数。

若 $\sum f_i$ 不等于 $N\times 100\%$，则需修正，即

$$F'_t = f_t\theta$$

$$\theta = (N\times 100\%) / \sum f_t$$

式中 F'_t ——修正后的季节指数；

θ ——修正系数。

这样，即可建立趋势季节模型进行预测，即

$$\hat{y}_t = \hat{T}_t \times F_t$$

【例 10-16】 某百货公司 2012—2014 年 3 年的汗衫背心销售资料见表 10-19，试用平均数趋势整理法预测 2015 年 1、2 季度的销售量。

表 10-19　某百货公司 2012—2014 年的汗衫背心销售资料

年份＼季度	1	2	3	4
2012	435	2 217	3 756	394
2013	488	2 687	4 396	406
2014	667	3 076	4 988	490

设预测方程为 $y=(a+bt)f_i$，$a+bt$ 是时间序列的线性趋势变动部分；f_i 是各季的季节比率。

(1) 先求出长期趋势值，根据表 10-20，设线性趋势方程为 $v_t=a+bt$。

$$b=\frac{n\sum ty-\sum t\sum y}{n\sum t^2-\left(\sum t\right)^2}=\frac{12\times 167\,806-78\times 2\,400}{12\times 650-78^2}=\frac{141\,672}{1\,716}=82.56$$

$$a=\frac{\sum y-b\sum t}{n}=\frac{24\,000-82.56\times 78}{12}=1\,463.36$$

$$v_t=a+bt=1\,463.36+82.56t$$

表 10-20　长期趋势值

年份	季度	序号 t	销售量 y_t	t^2	ty
2012	1	1	435	1	435
	2	2	2 217	4	4 434
	3	3	3 756	9	11 268
	4	4	394	16	1 576
2013	1	5	488	25	2 440
	2	6	2 687	36	16 122
	3	7	4 396	49	30 772
	4	8	406	64	3 248
2014	1	9	667	81	6 003
	2	10	3 076	100	30 760
	3	11	4 988	121	54 868
	4	12	490	144	5 880
$\sum$	—	78	24 000	650	167 806

利用各期 t 值，代入这个线性趋势方程，计算得出各期趋势值 t 的结果，列于表 10-21。

表 10-21　各期趋势值

年份	季度	序号 t	销售量 y_t	趋势值 v_t	趋势值的剔除 y_t/v_t(%)
2012	1	1	435	1 545.92	28.14
	2	2	2 217	1 628.48	136.14
	3	3	3 756	1 711.04	219.52
	4	4	394	1 793.60	21.97

（续表）

年份	季度	序号 t	销售量 y_t	趋势值 v_t	趋势值的剔除 y_t/v_t(%)
2013	1	5	488	1 876.16	26.01
	2	6	2 687	1 958.72	137.18
	3	7	4 396	2 041.28	215.36
	4	8	406	2 123.84	19.12
2014	1	9	667	2 206.40	30.23
	2	10	3 076	2 288.96	134.38
	3	11	4 988	2 371.52	210.33
	4	12	490	2 454.08	19.97

(2) 剔除趋势值。

即求各观察值与趋势值的比率(各月季节比率) y_t/v_t，它反映了某一时期由于季节变动所引起预测对象偏移趋势值的程度。

如 $t=1$(2012 年 1 季度)时，即

$$y_t/v_t=\frac{435}{1\,545.92}\times 100\%=28.14\%$$

$t=2$(2012 年 2 季度)时，即

$$y_t/v_t=\frac{2\,217}{1\,628.48}\times 100\%=136.14\%$$

(3) 计算季节比率 f_i。

为了反映时间序列在整个时期季节变动的一般规律，须计算季节比率。它是整个时期内同季(或月)季节指数的平均数。

求 f_i 的步骤：先将各期的季节指数 y_t/v_t 的依次排列在表中；再计算各周期相同季节的 y_t/v_t 平均值；最后将各季平均值相加之和调整到 400%(若月份应调整为 1 200%)，即得季节比率 f_i，见表 10-22。其中平均季节比率之和为 399.45，其校正系数为 $\frac{400}{399.45}\times 100\%=100.14\%$，然后以校正系数乘以各平均数，得到各季季节比率 f_i。

表 10-22 季节比率计算表

年份	1 季(%)	2 季(%)	3 季(%)	4 季(%)	合计(%)
2012	28.14	136.14	219.52	21.97	405.77
2013	26.01	137.18	215.36	19.12	397.67
2014	30.23	134.38	210.33	19.97	394.91
合计	84.38	407.7	645.21	61.06	1198.35
平均季节比率	28.13	135.9	215.07	20.35	399.45
f_i	28.16	136.09	215.37	20.38	400

(4) 由预测方程进行预测，则

$$\hat{y}_t = (1\,463.36 + 82.56)f_i$$

将 $t=13$、14 分别代入上述方程，并选择同季度的季节比率 f_i，就能得到所需的预测值。

2015 年第 1 季度的预测值为

$$\hat{y}_{13} = (1\,463.36 + 82.56 \times 13) \times 28.16\% = 714.32(\text{千件})$$

2015 年第 2 季度的预测值为

$$\hat{y}_{14} = (1\,463.36 + 82.56 \times 14) \times 136.09\% = 3\,564.47(\text{千件})$$

(三) 环比法

环比法亦称为帕森斯法，其主要思路是：首先根据历年(至少三年)各月或季的历史数据逐期计算环比值，并加以平均，计算连锁系数 c_i，再来求季节指数进行预测。此法适用于季节变动及季节变动以外的周期变动。环比法的预测模型及基本步骤是：

(1) 求各期的环比 (η_t)；

将各期实际值除以前期的实际值，即得各期的环比值为

$$\eta_t = y_t / y_{t-1}$$

式中 η_t ——各期的环比，但第一期的环比不能计算。

(2) 求各年同期的平均环比，即

$$\bar{\eta}_t = \sum \eta_t / N$$

式中 $\bar{\eta}_t$ ——各年相同时期的平均环比；

N ——参加平均的周期数。

(3) 求连锁系数 c_i。首先，任选一期(如选第一季度)为基准期，其连锁系数为 1；然后按公式 $c_i = c_{i-1} \cdot \bar{\eta}_t$ 求其他各期的连锁系数。

(4) 根据趋势变动修正连锁系数。如果数据没有趋势变动，则所选的基准期的连锁系数(如 c_1) 应为 1，如果不为 1，则说明受到趋势变动的影响，应加以修正。

假定每期(季)连锁系数受到的影响为 θ，并假定趋势是直线型：

$c_i - 1 = N\theta$，$\theta = (c_i - 1)/N$，$N=4$，以季为单位；$N=12$，以月为单位。

$c'_i = c_i - (i-1)\theta$；第一季度：$c'_1 = 1$；第二季度：$c'_2 = c_2 - \theta$；第三季度：$c'_3 = c_3 - 2\theta$；第四季度：$c'_4 = c_4 - 3\theta$。

(5) 求季节指数，即

$$F_i = c'_i / \bar{c}', \quad \bar{c}' = \sum_{i=1}^{N} c'_i / N$$

(6) 配合趋势直线模型计算趋势值，结合季节指数进行预测。预测模型为

$$\hat{y}_t = (a + bt)F_i \quad (i = 1, 2, 3, 4) \tag{10-34}$$

【例 10-17】 设某百货公司某商品各季销售量如表 10-23 所示。试用环比法预测 2014 年各季的需求量。

表 10-23　某百货公司某商品各季销售量

年度＼季度	1	2	3	4	合计	平均
2010	400	900	500	800	2 600	650
2011	500	1 000	700	1 100	3 300	825
2012	600	900	700	1 300	3 500	875
2013	800	1 200	900	1 400	4 300	1 075

(1) 求各期的环比(第一期的环比不能计算)。如

$$\eta_2 = 900/400 = 2.25,\ \eta_3 = 500/900 = 0.56$$

依此类推,结果填入表 10-24 中。

表 10-24　各期环比

项　目	年度＼季度	1	2	3	4
需求量实际值 y_t	2010	400	900	500	800
	2011	500	1 000	700	1 100
	2012	600	900	700	1 300
	2013	800	1 200	900	1 400
环比 η_t	2010	—	2.25	0.56	1.60
	2011	0.63	2.00	0.70	1.57
	2012	0.55	1.50	0.78	1.86
	2013	0.62	1.50	0.75	1.56
平均环比 $\bar{\eta}_i$	—	0.6	1.81	0.70	1.65
连锁系数 c_i	—	1.254	1.81	1.267	2.09
修正连锁系数 c_i'	—	1.000	1.747	1.140	1.900
季节指数 F_i	—	0.691	1.207	0.788	1.313

(2) 求各年同期环比 ($\bar{\eta}_i = \sum \eta_t / N$)。

第 1 季度 $\bar{\eta}_1 = \dfrac{0.63 + 0.55 + 0.62}{3} = 0.6$,第 2 季度 $\bar{\eta}_2 = \dfrac{2.25 + 2.00 + 1.50 + 1.50}{4} = 1.81$,依次类推,结果见表 10-24。

(3) 求连锁系数。

设第 1 季度为基准期,即 $c_1 = 1$,运用公式 $c_i = c_{i-1}\bar{\eta}_i$,则

$$c_2 = 1 \times 1.81 = 1.81,\quad c_3 = 1.81 \times 0.7 = 1.267$$

$$c_4 = 1.267 \times 1.65 = 2.09,\quad c_1 = 2.09 \times 0.6 = 1.254$$

(4) 根据趋势变动修正连锁系数

① 求影响值 θ　　$\theta = (c_i - 1)/N = (1.254 - 1)/4 = 0.063\,5$

② 求修正连锁系数　按 $c'_i = c_i - (i-1)\theta\ (i=1, 2, 3, 4)$，计算如下

$$c'_1 = 1,\quad c'_2 = c_2 - \theta = 1.81 - 0.063\,5 = 1.747$$
$$c'_3 = c_3 - 2\theta = 1.267 - 2 \times 0.063\,5 = 1.140$$
$$c'_4 = c_4 - 3\theta = 2.09 - 3 \times 0.063\,5 = 1.900$$

③ 求平均修正连锁系数

$$\bar{c}' = \sum_{i=1}^{N} c'_i / N = (1 + 1.747 + 1.140 + 1.900)/4 = 1.447$$

(5) 求季节指数。按公式 $F_i = c'_i / \bar{c}'$，计算如下

$$F_1 = c'_1/\bar{c}' = 1/1.447 = 0.691,\quad F_2 = c'_2/\bar{c}' = 1.747/1.447 = 1.207,$$
$$F_3 = c'_3/\bar{c}' = 1.140/1.447 = 0.788,\quad F_4 = c'_4/\bar{c}' = 1.900/1.447 = 1.313。$$

(6) 配合趋势直线模型计算趋势值,结合季节指数进行预测。

建立趋势直线模型：设直线模型为 $\hat{y}_t = a + bt$，t 代表年数,用各年的季平均序列来计算待定系数 a、b。由于年数为偶数,以四年的中点为原点。参数估计数据计算过程见表 10-25。

表 10-25　参数估计数据计算过程

年份	年次 t	季平均销售量 y	ty	t^2
2010	−3	650	−1 950	9
2011	−1	825	−825	1
2012	1	875	875	1
2013	3	1 075	3 225	9
合计	$\sum t = 0$	$\sum y = 3\,425$	$\sum ty = 1\,325$	$\sum t^2 = 20$

$$a = \frac{\sum y}{n} = \frac{3\,425}{4} = 856.25,\quad b = \frac{\sum ty}{\sum t^2} = \frac{1\,325}{20} = 66.25$$

从而求得的趋势直线模型为

$$\hat{y} = a + bt = 856.25 + 66.25t$$

预测 2014 年各季平均趋势值为

$$\hat{y}_{2014} = a + bt = 856.25 + 66.25 \times 5 = 1187.5(\text{千台})$$

预测 2014 年各季销售量为

预测值＝平均趋势值×季节指数

2014 年第 1 季度预测值＝118.75×0.691＝820.56(千台)

2014 年第 2 季度预测值＝118.75×1.207＝1 433.31(千台)

2014 年第 3 季度预测值＝118.75×0.788＝935.75(千台)

2014 年第 4 季度预测值＝118.75×1.313＝1 559.19(千台)

小 结

1. 时间序列分析预测法，是以连续性原理为依据，以假设事物过去和现在的发展变化趋势延续到未来为前提，从预测对象的历史资料所组成的时间序列中，找出事物的发展趋势，并且用其趋势延伸，来推断未来状况的一种预测方法。时间序列分析预测技术包括确定型时间序列预测法和随机型时间序列预测法两种。确定型时间序列预测法包括移动平均数法、指数平滑法、趋势外推法、季节指数预测法等。随机型时间序列预测法包括马尔柯夫(Maykor)链法、灰色系统(Grey System)预测法等。

2. 时间序列变动趋势包括长期变动趋势(T)、季节变动趋势(S)、循环变动趋势(C)和不规则变动趋势(I)。时间序列预测法具有以连续性原理为依据、精度随预测期长度降低、定量和定性相结合以及只研究对象与时间的关系的特点。时间序列预测常用的分解模型有加法模型、乘法模型和混合模型。

3. 平均数预测法是以一定时期内预测目标的时间序列的平均数，作为预测目标趋势的预测依据，以此来计算趋势预测值。它包括简单算术平均法预测、增长量平均数预测、发展速度平均数预测和移动平均数预测。移动平均按次数的多少又有一次移动平均、二次移动平均和三次移动平均。一次移动平均预测法，是指对时间数列按一定的观察期，连续移动只计算一次移动平均数作为预测值。二次移动平均并不直接用来预测，而是为了求得平滑系数，建立移动平均预测模型，以便克服一次移动平均值的滞后现象。

4. 指数平滑法实质上是一种以特殊的等比数列为权数的加权移动平均法。它适用于预测长期趋势变动和季节变动的事物。指数平滑法可分为一次指数平滑、二次指数平滑法和多次指数平滑法。一次指数平滑法，是以最后一个一次指数平滑值为基础确定预测对象估计值的预测方法。二次指数平滑法必须与一次指数平滑法配合，建立预测的数学模型，然后运用数学模型确定预测值。三次指数平滑几乎适用所有的时间序列分析应用问题。

5. 趋势外推法是根据预测目标的历史时间数列所揭示的变动趋势外推未来，以确定预测值的时序预测法。其假设条件：一是预测目标的发展变化过程没有跳跃，一般属于渐进变化；二是决定过去事物发展的因素在很大程度上仍决定事物未来的发展。其本质上是利用某种函数关系式描述预测对象的发展趋势，并将这种趋势予以延伸实现对未来的测定。正确识别并选择趋势模型的其基本方法有图形识别和差分计算两种。

在时间序列数据变化过程中，当逐期增长量接近于一个常数，可选用直线趋势方程；当逐期二次增长量接近于一个常数，可选用二次曲线方程；当环比发展速度接近于一个常数时，可用指数曲线方程。当预测目标各期观察值的逐期增量的环比系数接近于某一常数时，可采用修正指数曲线来描述变化趋势。龚珀兹曲线特别适用处于成熟期商品的预测。罗吉斯蒂曲线要求数列初期变化缓慢，中期增长迅速，达到一定程度后增长减慢，并逐渐逼近饱和水平。

6. 季节指数法是以市场的循环周期为特征，根据预测目标各个日历按月(或季)编制的时间数列资料，以统计方法测出反映季节变动规律的季节指数，并利用季节指数进行近期预测的一种预测方法。测定季节指数的方法可分为：一是不考虑长期趋势的影响，直接根据原时间数列计算季节指数的方法；二是考虑到长期趋势的存在，采用先消除长期趋势，再计算季节指数的方法。当时间序列没有明显的趋势变动，即主要受季节变动和不规则变动影响时，可选用这种方法。趋势比率法实际上是根据历史上各期的实际值，首先建立趋势预测数学模型，求得历史上各期的趋势值，然后以实际值除以趋势值，进行同月(季)平均，计算季节指数，最后用季节指数和趋势值结合来预测的方法。环比法首先是根据历年各月或季的历史数据逐期计算环比值，并加以平均，计算连锁系数，再求季节指数并进行预测的方法。

习 题

一、名词解释

1. 移动平均数预测法　2. 指数平滑法　3. 时间序列分析预测法

4. 趋势外推预测法　5. 指数曲线趋势外推法　6. 季节指数预测法

二、填充题

1. 按影响因素的特点或影响效果，可将时间序列变动规律分为四大类：长期趋势变动（T）、________（S）、________（C）和不规则变动（I）。

2. 增长量平均数法的预测模型是 $\hat{x}_{n+1}=x_n+\Delta\bar{x}_i$、发展速度平均法预测模型是 $\hat{x}_T=$ ________、指数平滑法中二次指数平滑法的预测模型是 $\hat{y}_{t+T}=$ ________。

3. 指数平滑法是移动平均法的发展，其实质上是一种以特殊的________为权数的加权移动平均法。它适用于预测呈________和季节变动的事物。

4. 在时间序列数据变化过程中，当逐期增长量接近于一个常数时可选用直线趋势方程拟合；当逐期二次增长量接近于一个常数时，可选用________方程拟合；当环比发展速度接近于一个常数时，可选用________方程拟合。

5. 假设 $y_T=a+bT$ 为时间序列的趋势直线，S_T 为预测周期 T 的季节指数，则季节指数预测的数学模型为 $\hat{y}_T=$ ________，即具有季节变动规律时间序列预测值等于该序列的______与________的乘积，即 $Y=TS$。

三、单项选择题

1. 指数趋势法的数学模型为 $y=ab^t$，其中　（　　）

A. b 表示各期的平均增长量　B. b 表示各期的累计增长量

C. b 表示各期的平均增长速度　D. b 表示各期环比发展速度

2. 指数平滑法是以平滑常数 α 的大小来反映时间序列中资料的修匀程度，即　（　　）

A. 若 α 取值小，则修匀程度亦小　B. 若 α 取值小，则修匀程度反而大

C. 若 α 取值大，则修匀程度亦大　D. α 取值的大小，并不能反映其修匀程度大小

3. 下面表述中，错误的是　（　　）

A. 二次移动平均法是一种独立的预测

B. 一次移动平均法在资料呈线性变化时，预测存在滞后偏差

C. 二次移动平均法利用一次移动平均法的滞后偏差建立模型预测

D. 二次移动平均是在一次移动平均的基础上进行的二次移动平均

4. 指数曲线趋势外推法又称指数曲线模型预测法，它的应用条件是　（　　）

A. 时间序列数据资料的一阶差分几乎相等的情况

B. 时间序列数据资料的二阶差分几乎相等的情况

C. 时间序列数据资料的三阶差分几乎相等的情况

D. 时间序列数据资料几乎按相等比例增降的情况

5. 如果时间序列具有迅速明显的变动倾向时，则平滑系数 α 应选择　（　　）

A. $0.6<\alpha<0.8$　B. $0.1<\alpha<0.3$　C. $0.3\leqslant\alpha\leqslant0.6$　D. α 的取值为 0.1

四、判断题

1. 时间顺序预测用于短期预测精度较高，长期预测精度最低。　（　　）

2. 在用加权算术平均法进行预测时，当时间序列数据变动幅度较大时，可由远及近选取等差数列作为权数；反之，可由远及近选取等比数列作为权数。　（　　）

3. 指数平滑法是以平滑系数的大小来反映时间序列资料的修匀程度，即取值小，修匀程度小；反之，α 取值大，修匀程度大。　（　　）

4. 跨越期的多少，直接关系到对原时间序列资料的修匀程度。跨越期越多，则修匀程度越大，即曲线越平滑；而期数越少，反映越灵敏。　（　　）

5. 时间序列预测是撇开了市场发展的因果关系去分析市场过去和未来的联系。　（　　）

6. 最小二乘法，是运用数学中最小二乘法的原理，根据历史数据拟合一条发展趋势性，使该线上的值与

实际值之间的离差平方和为最大。（　　）

7. 指数趋势法它适用于时间数列数据资料几乎按相等比例增降的情况。（　　）

五、计算题

1. 某企业2011—2018年的实际销售额如表10-26，请根据历史资料用二次移动平均法建立预测模型，预测2019年、2020年的实际销售额（运算过程全部取整数）。

表10-26　某企业2011—2018的实际销售额　　单位：万元

年份	销售额（万元）	$M_t^{(1)}$　$n=3$	$M_t^{(2)}$　$n=3$	a_t	b_t	预测值
2011	1 100					
2012	1 170					
2013	1 238					
2014	1 309					
2015	1 382					
2016	1 453					
2017	1 527					
2018	1 596					

2. 某集团近8年机床产量如表10-27所示。

表10-27　某集团近8年机床产量　　单位：万台

年份	2008	2009	2010	2011	2012	2013	2014	2015
产量	80.8	94.0	88.4	101.5	110.3	121.5	134.7	142.7

(1) 试用一次指数平滑法预测2016年的产量（$\alpha=0.3$，初始值为80.8）。

(2) 试用移动平均法（取$n=3$），建立机床产量的预测模型。

(3) 分别以$\alpha=0.3$，$\alpha=0.6$，$S_0^{(1)}=S_0^{(2)}=\dfrac{(y_1+y_2+y_3)}{3}=87.7$，建立机床产量的直线指数平滑法预测模型。

(4) 比较3个模型的优劣。

(5) 预测2016—2018年的机床产量。

3. 已知某市2013—2015年分季度鲜蛋销售量统计数据如表10-28，估计该市2016全年的鲜蛋销售量为700万千克。要求完成下列季节指数计算表并用季节指数法（不考虑长期趋势）预测2016年各季节的鲜蛋销售量（保留一位小数）。

表10-28　某市2013—2015年分季度鲜蛋销售量　　单位：万千克

季度 年度	一季度	二季度	三季度	四季度	合计（纵栏）
2013	100	200	120	80	
2014	120	205	130	100	
2015	140	222	160	130	

（续表）

季度 年度	一季度	二季度	三季度	四季度	合计 (纵栏)
合计(横栏)					
同季平均（保留整数）					
季节指数(%)(保留一位)					
调整数(%)(保留一位)					

4. 某商店2013—2016年每年各季度商品销售额见表10-29，试分别用平均比率法和平均数趋势整理法预测2017年各季度的商品销售额。

表10-29　某商店2013—2016每年各季度商品销售额　　单位：万元

年度	一季度	二季度	三季度	四季度
2013	180	150	120	150
2014	210	160	130	160
2015	230	170	130	170
2016	250	180	140	180

5. 某商场羊毛衫4年来的销售量(单位：件)如下：

1 000，800，1 300，1 100，1 200，1 000，1 500，1 200，

1 000，900，1 900，1 200，1 300，1 100，1 800，1 300，

请用环比法预测下年度各季的销售量。

第十一章　因果分析预测

学习重点和要点

(1) 了解变量间的因果关系，理解因果关系分析预测法的概念及应用条件。

(2) 理解相关分析和回归分析的概念及两者的联系和区别，了解回归模型的种类。

(3) 掌握一元线性、多元线性回归预测及其参数估计和相关性检验方法。

(4) 理解马尔柯夫链预测法及其预测步骤，掌握市场占有率预测及期望利润预测。

在自然界及人类社会中，经常可以看到许多事物或现象彼此之间相互联系、相互依存、相互制约。如：企业生产量受原材料供应、能源、电力、工人劳动生产率等因素的影响。股市成交量的变化要受到利率、股市价格等因素的影响。因此，在因果关系的分析预测中，不仅要研究前因后果的一般依赖关系，而且还要确定前因与后果的影响程度，并做出量的估计。

因果关系分析预测法，是根据事物之间的因果关系，知因测果。它从研究事物之间发展变化的因果关系入手，通过统计分析建立数学模型，并据此进行定量预测。本章主要阐述线性回归分析、非线性回归分析和马尔柯夫预测模型的基本内容、特征、预测的具体步骤和运用技巧。

第一节　因果分析预测概述

一、变量间的因果关系

现实世界中，每一事物的运动都和它周围的事物相互联系、相互影响着的。市场的发展变化同影响其变化的各种因素的变化之间存在一定的依存关系，一方面表现为市场的发展变化，是它的影响因素影响的结果；另一方面，它的发展变化也影响着其影响因素的发展变化。这种现象间存在着的依存关系称为因果关系。

经济现象间的因果关系与市场变量间的关系形态，大致可分为以下两类：

1. 确定性因果关系

市场经济现象中变量间相互联系的确定性因果关系，是人们明确描述市场变量相互依存、相互联系的一种数量变化关系。自变量与因变量之间的关系可以运用确定性函数关系来表达，即自变量取一个数值，则因变量必然有一个对应的确定数值。当自变量发生某种变化时，因变量必然会发生一个相应程度的变化，它不会因时空的变化而变化。例如，企业商品的年销售利润、该商品年销售收入和该商品年成本支出三个变量，分别用 P、Y、G 表示，则三者的关系可以用 $P=Y-G$ 来表达，它们间的数量变化关系是确定的。

2. 非确定性因果关系

某种日用商品的销售量与当地人口有关,人口越多,销售量就越大。但人口与销售量之间并无确定性的数值对应关系。这种既有关联又不存在数值对应的相互关系,称为非确定性关系或相关关系。相关关系是指两个变量之间或者变量之间可以以某种规律进行推算,它们之间可以是互为因果关系,也可以仅仅是伴随出现,尽管它们之间的规律以某种形式表达,但不像函数关系那样存在着相互对应的确定性关系,即当自变量发生某种变化时,因变量也必然发生变化,但变化的程度是不确定的。

对于函数关系的依存关系,只要用一个函数表达式来描述就可以了。对于相关关系的依存关系,用相关关系分析和回归方程的方法加以研究,即用统计分析的方法来研究市场现象之间的相关关系,找出其发展变化规律的数学关系式,才能进行预测。

二、因果分析预测法的概念及应用条件

市场现象之间的因果分析,就是对市场现象产生的原因和后果,即各种影响因素及其相关关系所进行的分析。

因果分析预测法就是根据市场现象中变量之间所存在的因果关系,通过统计分析和建立数学模型,来揭示预测变量与其他有关的经济变量之间的数量变化关系,据此进行预测的方法。即把其他相关因素的变化看作产生市场现象的"因",而预测对象的变化看作市场现象的"果",建立描述各种因果之间关系的数学模型,并根据相关因素的变化,来推测预测对象的变动趋势。

在市场预测中,虽然可以时间序列分析法测算市场供需关系的变动趋势,以此来直接预测未来的变化,但并不能说明全部问题。因为市场预测中,非确定性因果关系是大量存在的,而因果分析预测法针对市场、经济中普遍存在的这种因果关系问题进行研究预测,所以它是一种非常重要的市场预测方法,在对市场现象的深层次、综合性、更准确地研究预测中起着重要的作用。在对一般的市场现象进行预测时,如果预测者能将影响市场预测对象的主要因素找到,并能够取得数量资料,还能清晰地阐明它们之间的依存关系,即可采用因果分析预测法进行预测。

因果分析预测法虽然是比较科学的预测方法,但需要具备以下基本条件:

第一,市场现象的因变量与自变量之间必须存在相关关系。市场现象的自变量与因变量之间的依存关系,必须是相关关系,才适合用因果关系预测法,建立数学模型,以自变量的变化去预测因变量的变化。市场现象变量之间相关关系的判定应从以下两方面:一方面根据经济理论知识、实践经验和市场的具体表现,从定性角度判断市场现象之间是否存在相关关系;另一方面对市场现象之间的关系进行相关分析,从定量的角度来判断现象之间是否存在相关关系。如通过绘制相关散点图,通过计算相关系数指标等方法,亦可以判断市场现象之间是否存在相关关系。只有对市场现象从定性和定量两个方面充分进行分析,才能最后判定它是否存在相关关系,才能决定是否可运用因果分析预测法进行预测。

第二,市场现象的因变量之间必须是高度相关的。应用因果分析预测法,不仅要求被研究的市场现象之间确实存在相关关系,而且还要求自变量与因变量之间的相关关系密切,即高度相关。因果分析预测法只适用于预测存在高度相关的市场现象,否则无实际意义。因果分析预测法的这一要求,在实际预测中表现为,对于预测变量即因变量具有高度相关关系的因素都

必须选为自变量。为此,必须对市场现象各因素做深入细致的分析,要从多方面对影响因素进行检验,决不遗漏一个高度相关的影响因素,也决不误选一个低度相关或不相关的影响因素。

第三,市场现象自变量的预测值必须是精确的,是比较容易取得的。应用因果分析预测最终目的是预测因变量的数值。要求得到因变量的值就必须具备自变量的值。这就要求具有确定数学模型各变量的实际观察值,而且还要求能够取得预测期内的自变量值,特别是自变量在预测期的值一定要能够容易地取得,并且是能够取得准确的数值。

三、因果关系的分析方法

经济现象间相互联系的因果关系,可以从不同的角度和范畴进行研究分析。对非确定因果关系的分析进行市场预测常用的方法有以下几种。

1. 回归分析法

所谓回归分析法,是对具有相互联系的现象,根据其变量间非确定性(或相关)的关系形态,用数理统计的方法选择一个合适的数学表达式,用来近似地表达变量间平均变化关系。这个数字表达式称为回归方程式。

设因变量为 y,自变量为 $x_i(i=1, 2, \cdots, n)$,则它们间的关系形态表达式记作 $y=f(x_1, x_2, x_3, \cdots, x_n)+e$。其中,$f(x_1, x_2, x_3, \cdots, x_n)$ 是一个含有待定系数的回归函数;e 是个随机量,也称误差项,代表用回归函数 $f(x_1, x_2, x_3, \cdots, x_n)$ 来近似因变量 y 所产生的误差。我们将 $y=f(x_1, x_2, x_3, \cdots, x_n)$ 称为回归方程式。

相关分析和回归预测是相辅相成的,只有确定了相关关系才能拟定回归预测模型;反之,只有建立了回归模型,才能确定相关关系的形式和性质。回归预测模型描述变量之间关系的形式,相关分析则揭示了变量之间关系的密切程度,从一特定角度说明了预测的可靠性。

2. 经济计量法

经济现象间的某些因果关系不能只研究自变量对因变量的影响,而忽视因变量对自变量的逆向影响,或各种自变量之间相互的影响。如家庭耐用商品的销售量(因变量)受国民生产总值(自变量)变动的影响。同时,自变量也受因变量的影响。这样一种市场变量间相互依存的复杂关系,回归分析往往不能对其作业系统进行描述。但经济计量法便能解决这类问题。经济计量法是在经济分析基础上,列出一个或多个数学表达式,用来描述经济现象中的主要变量间的因果关系,通过求解这些数学表达式来进行市场变量的预测。它一般能较好地描述经济机制,是比较先进、能取得较好预测结果的一种预测方式(经济计量预测模型将在第十二章阐述)。

第二节 回归分析预测模型

一、回归与回归分析概述

(一)“回归”的涵义

“回归”最初是遗传学中的一个名词,是由英国生物学家、统计学家高尔登(Galton,1822—1911)首先提出来的。他在研究人类的身高时,发现高个子父母的子女身高有低于其父母身高的趋势;而矮个子父母的子女身高往往有高于其父母身高的趋势。从整个发展趋势看,高个子回归于人口的平均身高,而矮个子则从另一方向回归于人口的平均身高。"回归"这一名词从此便一直为生物学和统计学所沿用。

回归的现代涵义与过去大不相同。一般说来,回归是研究自变量与因变量之间的关系形式的分析方法。其目的在于根据已知变量来估计和预测因变量的总平均值。例如,农作物亩产量对施肥量、降雨量和气温有着依存关系。通过对这一依存关系的分析,在已知有关施肥量、降雨量和气温信息的条件下,可以预测农作物的平均亩产量。

(二) 回归分析与相关分析

回归分析与相关分析均为研究及测度两个或两个以上变量之间关系的方法。相关分析是研究两个或两个以上随机变量之间相互依存关系的紧密程度。直线相关时用相关系数表示,曲线相关时用相关指数表示,多元相关时用复相关系数表示。回归分析是研究某一随机变量(因变量)与其他一个或几个普通变量(自变量)之间的数量变动的关系。由回归分析求出的关系式,称为回归模型。

这两种分析的区别是,相关分析研究的都是随机变量,并且不分自变量与因变量。回归分析研究的变量有自变量和因变量之分,自变量是确定的普遍变量,因变量是随机变量。这两种分析的联系是,它们是研究现象之间相互依存关系的两个不可分割的方面。在实际工作中,一般先进行相关分析,由相关系数或相关指数的大小决定是否需要进行回归分析。而在相关分析的基础上必须结合回归模型,以便进行推算、预测。

相关分析与回归分析的主要作用:①通过对数量关系的研究分析,深入认识现象之间的相互依存关系;②通过回归模型进行预测和预报;③通过对比检查,补充缺少的资料。

(三) 回归模型的种类

回归模型可以从不同的角度进行分类,常用的分类如下:

(1) 根据回归模型自变量的多少,回归模型可分为一元回归和多元回归模型。一元回归模型是根据某一因变量与一个自变量之间的相互关系建立的模型。如根据耐用消费品销售对居民货币收入的相关关系建立的回归模型。多元回归模型是根据某一因变量与两个或两个以上自变量之间的相关关系建立的模型。如根据农作物产量对施肥量、降雨量和气温的相关关系建立的回归模型。

(2) 根据回归模型是否是线性,回归模型可以分为线性回归模型和非线性回归模型。在线性回归模型中,因变量与自变量的关系是呈直线型的。如耐用消费品销售量与居民货币收入的关系。在非线性回归模型中,因变量与自变量的关系是呈曲线型的。如某商店的商品流通费用率与销售额的关系。

(3) 根据回归模型是否带虚拟变量,回归模型可分为普通回归模型和带虚拟变量回归模型。普通回归模型的自变量都是数量变量。虚拟变量回归模型的自变量既有数量变量又有品质变量。如农作物亩产量不仅受施肥量、降雨量和气温等数量变量的影响,而且也受地势和政府经济政策等品质变量的影响。限于篇幅,本书对该模型不做重点阐述。

此外,根据回归模型是否用滞后的因变量作自变量,回归模型又可分为自回归模型与无自回归现象的回归模型。

(四) 回归分析预测的基本问题

所谓回归分析预测,就是依据回归分析描述的经济变量之间的数量关系对经济现象进行预测。回归分析预测的基本原理是在回归分析的基础上，根据某一或某些因素的变动来预测某一事物的变动方向好程度，属于因果预测。在回归分析预测过程中，我们一般应关注如下几个基本问题。

1. 变量间相关关系的定性分析

回归分析预测是一种基于定量描述经济变量之间的数量关系的预测方法。然而，现象之间是否存在着某些数量关系，却不是这种预测方法本身所能确定的。在进行预测前，必须首先依据一定的经济理论、专业知识及实践经验，对变量间是否存在一定的相关性进行分析。只有明确了现象间确实存在某种数量因果关系，才能谈得上定量分析，而不是不加分析地将两个或两个以上的时间序列资料放在一起进行定量分析。

2. 变量因果关系的确定

现象之间的数量因果关系，何者为因，何者为果，预测前必须加以明确。在回归分析预测中，把变量称为自变量，它是引起这一现象变化的原因。如农作物产量变化与化肥施加量、种植密度、耕作的深度相关，因而通常是将农作物产量作为因变量，后三者作为自变量。

3. 数学模型的选择

社会经济现象之间的相关关系虽然与确定的函数关系不同，但在大量观察下，仍可以用一些函数式表示它们之间的数量依存关系。变量值间可能的函数关系式很多，在回归分析预测中，必须正确地选择数学模型。如线性回归方程 $\hat{Y}=a+bx$，反应的是因变量 Y 与自变量 X 之间存在直线相关关系，如果 Y 与 X 不存在直线相关关系，则选择这一数学模型预测就会得出错误的结果。

4. 回归方程与回归系数的显著性检验

任何两个变量都可以配合成一个回归方程，而这两个变量之间却不一定存在相关关系，即使进行定性分析后，已知两组变量之间存在相关关系，也不能保证一定是线性相关关系。因此，在运用回归方程预测前必须对回归方程和回归系数进行显著性检验。在统计检验方面，通常是：①用 F 检验法，检验回归方程线性关系的显著性；②用 t 检验法检验每一个自变量与因变量之间是否存在线性相关关系，即检验每一个自变量和系数 b_i 是否等于零。当检验得出线性关系显著的结论，才能运用回归方程进行预测。

二、一元线性回归预测法

一元线性回归预测法，是指两个具有线性关系的变量，配合线性回归模型，根据自变量的变动来预测因变量平均发展趋势的方法。一元回归预测也称单因素预测。社会经济现象的发展变化一般都受多种因素的影响，但如果影响预测对象的是一个因素，或诸多因素中有一个因素是基本的、起决定性的作用，那么就可以考虑应用一元回归方程模拟预测对象的发展变化规律，进而估计预测对象未来变化趋势。一元回归预测一般可分为一元线性回归预测和一元曲线回归预测两类。

（一）一元线性回归预测

1. 回归方程的建立

一元线性回归方程的模型可表述为

$$y_i=a+bx_i+u_i,\ (i=1,\ 2,\ \cdots,\ n) \tag{11-1}$$

在式(11-1)中，a、b 为回归方程的参数；未知参数 x_i 是自变量，y_i 是因变量，u_i 为剩余残差项或称随机扰动项。引入 u_i 是为了包括对因变量 y_i 的变化有影响的所有其他因素，u_i 对 y_i 有影响，但不是决定性的影响，简单地说，u_i 代表随机误差。在实际中，式(11-1)中的 x_i、y_i 是可观察的，而 u_i 不能。由于存在 u_i 的影响，x_i 的值总是在某一直线周围波动。回归分析就是利用所观测到的数据 (x_i, y_i) 来确定 x_i，y_i 之间的线性相关关系并给出 y_i 围绕这条直线波动的大小。

为了达到所要求的目的，需要做如下几点基本假定：①x_i 是确定的非随机变量；②y_i 对同样的 x_i，由于 u_i 的影响是允许可变的；③u_i 为随机变量，有零均值和有限常数方差，服从正态分布，即 $u_i \sim N(0,\sigma_{u_i}^2)$，$i=1, 2, \cdots, n$，且独立同分布。

有了上述假定，对式(11-1)两边取数学期望，即 $E(y_i)=E(a+bx_i+u_i)=a+bx_i$，$i=1, 2, \cdots, n$。

为简便起见，我们记

$$\hat{y}_i=E(y_i)=a+bx_i,\ (i=1, 2, \cdots, n) \tag{11-2}$$

并称 $\hat{y}_i$ 为估计值。对式(11-1)式两边取方差

$$\mathrm{Var}(y_i)=\mathrm{Var}(a+bx_i+u_i)=\mathrm{Var}(u_i)=\sigma_{u_i}^2,\ (i=1, 2, \cdots, n) \tag{11-3}$$

实际上，a，b，$\sigma_{u_i}^2$ 都是真实存在的参数。回归分析的内容之一就是通过样本值 (x_i, y_i) 将其估计出来。回归方程的确定，实质上是要求出待定参数 a、b，若 a、b 求出来了，回归方程就唯一确定。

2. 参数估计

线性回归模型参数的估计方法通常有两种：①普通最小二乘法；②最大似然估计法。最常用的是普通最小二乘法。我们用普通最小二乘法来估计模型的回归参数。

最小二乘法的中心思想，是通过数学模型，配合一条较为理想的趋势线。这条趋势线必须满足下列两点要求：①原数列的观测值与模型估计值的离差平方和为最小；②原数列的观测值与模型估计值的离差总和为 0。根据最小二乘法的要求，我们令

$$Q=\sum_{i=1}^{n}u_i=\sum_{i=1}^{n}(y_i-\hat{y}_i)^2=\sum_{i=1}^{n}(y_i-a-bx_i)^2$$

最小二乘法的意义在于使 Q 达到最小。根据最优化原理，我们有

$$\begin{cases}\dfrac{\partial Q}{\partial a}=-2\displaystyle\sum_{i=1}^{n}(y_i-a-bx_i)=0\\[2ex]\dfrac{\partial Q}{\partial b}=-2\displaystyle\sum_{i=1}^{n}(y_i-a-bx_i)x_i=0\end{cases}$$

求解方程组，得 a 与 b 的估计值

$$\hat{a}=\bar{y}-\hat{b}\,\bar{x}$$

$$\hat{b}=\frac{n\sum x_iy_i-\sum x_i\sum y_i}{n\sum x_i^2-\left(\sum x_i\right)^2}\quad 或\quad \hat{b}=\frac{n\sum(x_i-\bar{x})(y_i-\bar{y})}{\sum(x_i-\bar{x})^2} \tag{11-4}$$

这里，$\bar{x}=\frac{\sum x_i}{n}$，$\bar{y}=\frac{\sum y_i}{n}$。参数 a、b 确定后，有 $\hat{y}_i=a+bx_i$，我们称 $y_i-\bar{y}$ 为总离差（变差），称 $y_i-\hat{y}_i$ 为剩余或残差，称 $\hat{y}_i-\bar{y}_i$ 为回归变差。

记 $S^2_{总}=\sum(y_i-\bar{y})^2$，称为总离差平方和，其自由度为 $n-1$；$S^2_{回}=\sum(\hat{y}_i-\bar{y})^2$ 称为回归离差平方和，其自由度为 1；$S^2_{余}=\sum(y_i-\hat{y}_i)^2$ 称为剩余离差平方和，自由度为 $n-2$。

知识链接

回归方程拟合程度的检验

对回归方程 $\hat{y}_i=a+bx_i$ 的拟合程度进行检验，实则是检验实际值是否紧密分布在回归直线两侧，给紧密程度以测定。判定系数（r^2）与估计标准误差是测定回归方程拟合程度的两项重要指标，但他们都是建立在对总变差（总离差平方和）进行分解的基础上的。

总变差的分解如图 11-1 所示。

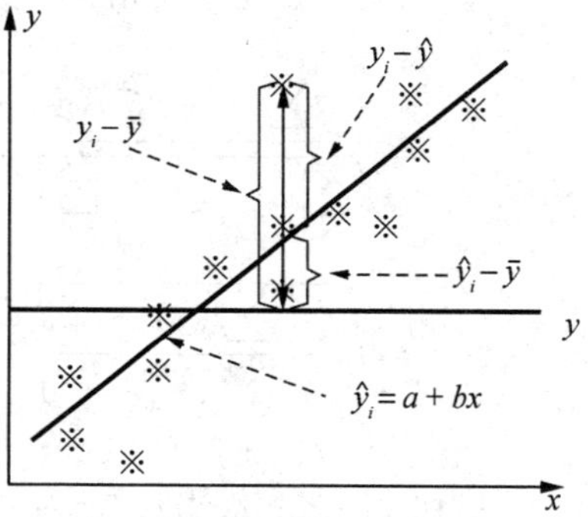

图 11-1　变差分解图

$$\sum(y_i-\bar{y})^2=\sum(\hat{y}_i-\bar{y})^2+\sum(y_i-\hat{y}_i)^2$$

$$总变差(l_{yy})=回归变差(U)+剩余变差(Q)$$

可定义回归变差在总变差中所占的比例来作为测定回归方程拟合程度的指标，称为判定系数（又称可决系数），记作 r^2，即有

$$r^2=\frac{U}{l_{yy}}=\frac{\sum(\hat{y}_i-\bar{y})^2}{\sum(y_i-\bar{y})^2}\quad 或\quad r^2=1-\frac{Q}{l_{yy}}=1-\frac{\sum(y_i-\hat{y}_i)^2}{\sum(y_i-\bar{y})^2}$$

判定系数 r^2 的取值范围为 $0\leqslant r^2\leqslant 1$。

① 当 $r^2=0$ 时，说明回归变差 $S^2_{回}=\sum(\hat{y}_i-\bar{y})^2=0$，自变量 x_i 的变动对总变差毫无影响，称为零相关。这时 $\sum(y_i-\bar{y})^2=\sum(y_i-\hat{y})^2$；

② 当 $r^2=1$ 时，说明剩余变差 $S^2_{余}=\sum(y_i-\hat{y})^2=0$，总变差的变化完全由自变量 x_i 的变化所引起的，称为完全相关，这时自变量 x_i 与因变量 y_i 的关系转化为函数关系。这时总变差等于回归变差，$\sum(y_i-\bar{y})^2=\sum(\hat{y}_i-\bar{y})^2$；

③ 当 $0<r^2<1$ 时，说明自变量 x_i 的变动对总变差有部分影响，称普通相关；

④ 当 $|r|<0.3$ 时，即 $r^2<0.09$，说明自变量 x_i 的变动对总差的影响少于 9%，故称为微弱相关；

⑤ 当 $0.3<|r|<0.7$ 时，即 $0.09<r^2<0.49$，说明自变量 x_i 的变动对总差的影响在 9%～49%之间，故称为中度相关；

⑥ 一般来说，当 $|r|\geqslant 0.7$ 时，即 $r^2\geqslant 0.49$ 时，说明自变量 x_i 的变动对总差的影响占一半以上，故称为高度相关。

容易证明，一元线性回归方程 $\hat{y}_i=a+bx_i$ 的判定系数 r^2，即是变量 x_i 与 y_i 的相关系数 r 的平方，也即

$$r=\pm\sqrt{r^2}=\pm\sqrt{\frac{\sum(\hat{y}_i-\bar{y})^2}{\sum(y_i-\bar{y})^2}}$$

其根式前的正负号的选取，应视回归系数 b 的符号来定：当 b 为正值时，r 取正号；当 b 为负值时，r 取负号。

3. 模型显著性检验

这里的检验，一般应包括两个方面，即经济理论检验和统计检验。

(1) 经济理论检验。经济理论检验，即检查模型中参数的关系与经济理论是否相符。如在回归模型 $\hat{y}_i=1.2120+0.8081x_i$ 中，y_i 表示商品零售额，x_i 为居民货币收入。很显然，居民货币收入 x_i 愈大，社会商品零售额的值也应越大，它们之间的关系是正的关系。

(2) 统计检验。统计检验有相关系数检验、t 检验、F 检验，计算剩余均方差以及计算可决系数等。这里主要介绍相关系数检验、t 检验与 F 检验。在进行显著性检验时，可任选一种。

① 相关系数检验。相关系数的定义如下

$$r=\frac{\sum(x_i-\bar{x})(y_i-\bar{y})}{\sqrt{\sum(x_i-\bar{x})^2\sum(y_i-\bar{y})^2}}=\frac{n\sum x_iy_i-\sum x_i\sum y_i}{\sqrt{n\sum x_i^2-\left(\sum x_i\right)^2}\sqrt{n\sum y_i^2-\left(\sum y_i\right)^2}}$$

$$=\sqrt{1-\frac{\sum(y_i-\hat{y}_i)^2}{\sum(y_i-\bar{y}_i)^2}}=\sqrt{1-\frac{S_{余}^2}{S_{总}^2}} \tag{11-5}$$

显然，$|r|\leqslant 1$，当 $|r|=1$ 时，x_i 与 y_i 完全相关；$r=0$ 时，x_i 与 y_i 完全不相关。$|r|$ 越接近 1，x_i 与 y_i 线性相关度越好。

为统一检验标准，设置了临界相关系数 $R_\alpha(n-2)$。根据给定的显著性水平 α 的值和自由度 $(n-2)$ 的值，查相关系数临界值表得 $R_\alpha(n-2)$，若 $r>R_\alpha(n-2)$ 表明相关明显；若 $r<R_\alpha(n-2)$，表明相关不明显。

知识链接

相关系数 r 取值范围及相关程度评判标准

相关系数取值范围 $-1\leqslant|r|\leqslant 1$；

当 $|r|=1$ 时，表明 x_i、y_i 完全线性相关，x_i、y_i 存在着确定性的线性函数关系；

当 $r=0$ 时，表明 x_i、y_i 间不存在线性相关关系，但不排除 x_i、y_i 间有可能存在非线性相关关系；

当 $r>0$ 时，表明变量 x_i、y_i 间呈正相关；

当 $r<0$ 时，表明变量 x_i、y_i 间呈负相关；

当 $0<|r|<1$ 时，表明 x_i、y_i 间存在着一定的线性相关关系；

当 $0<|r|<0.3$ 时，表明 x_i、y_i 间微弱相关(无相关)；

当 $0.3\leqslant|r|<0.5$ 时，表明 x_i、y_i 间低度相关；

当 $0.5\leqslant|r|<0.8$ 时，表明 x_i、y_i 间显著相关；

当 $0.8\leqslant|r|<1$ 时，表明 x_i、y_i 间高度相关。

② t 检验。t 检验，主要利用统计学中的 t 统计量检验回归系数的显著性。

计算回归系数 b 的 t 统计量：

$$t_b=\frac{b}{S_b},\ S_b=\sqrt{\frac{S_{余}^2/(n-2)}{\sum(x_i-\bar{x})^2}} \tag{11-6}$$

t_b 与 r 的关系 $$t_b=\frac{r}{\sqrt{1-r^2}}\sqrt{n-2} \tag{11-7}$$

t_b 服从参数为 $(n-2)$ 的 t 分布。根据给定的显著水平 α（通常取 $\alpha=0.05$）和自由度 $df=n-2$，查 t 分布，得临界值 $t_{\alpha/2}(n-2)$。若 $|t_b|>t_{\alpha/2}(n-2)$，表示 x_i 与 y_i 之间相关显著；若 $|t_b|<t_{\alpha/2}(n-2)$，表示 x_i 与 y_i 之间的相关程度不显著。

③ F 检验。F 检验主要是利用统计学中的 F 统计量，检验整个回归方程的回归显著性可靠性。

取 F 统计量为

$$F=\frac{\sum(\hat{y}-\bar{y})^2/k-1}{\sum(y_i-\hat{y})^2/n-k} \quad 或 \quad F=\frac{S^2_{回}/1}{S^2_{余}/(n-2)} \tag{11-8}$$

F 与 r 的关系为 $$F=\frac{r^2}{1-r^2}\times\frac{n-k}{k-1}$$

F 服从参数为 $(1,\ n-2)$ 的 F 分布，即 $F(1,\ n-2)$。然后，在给出的显著水平下，如 $\alpha=0.05$，按自由度 $df_1=1$，$df_2=n-2$ 查 F 分布表，得临界值 $F_\alpha=(1,\ n-2)$。

若 $F>F_\alpha(1,\ n-2)$，说明回归效果显著；若 $F<F_\alpha(1,\ n-2)$，说明回归效果不显著。

④ 德宾—沃森检验（$D-W$ 检验）。如前所述，回归模型的剩余项 u_i 应该是相互独立的。也就是说各个 u_i 之间不存在自相关问题。如果存在自相关问题，那么用回归模型进行预测就要失真。德宾—沃森统计量（$D-W$）是检验模型是否存在自相关的一种有效方法。其公式为

$$D-W=\frac{\sum_{i=2}^{n}(u_i-u_{i-1})^2}{\sum_{i=1}^{n}u_i^2},\quad u_i=y_i-\hat{y}_i \tag{11-9}$$

把上述计算的 $D-W$ 值与德宾—沃森给出的不同显著水平 α 的 $D-W$ 值之上限 d_U 和下限 d_L（它们与样本容量 n 和自变量个数 m 有关）进行比较，$D-W$ 的取值域在 0～4 之间。

在 $D-W$ 小于等于 2 时，$D-W$ 检验法则规定：

a. 如 $D-W<d_L$，认为存在正自相关。

b. 如 $D-W>d_U$，认为无自相关。

c. 如 $d_L<D-W<d_U$，不能确定 u_i 是否有自相关。

在 $D-W$ 大于 2 时，$D-W$ 检验法则规定：

a. $4-D-W<d_L$，认为 u_i 存在负自相关。

b. $4-D-W>d_U$，认为 u_i 无自相关。

c. $d_L<4-D-W<d_U$，不能确定 u_i 是否有自相关。

$D-W$ 统计量的范围与有无自相关的关系图如图 11-2 所示。

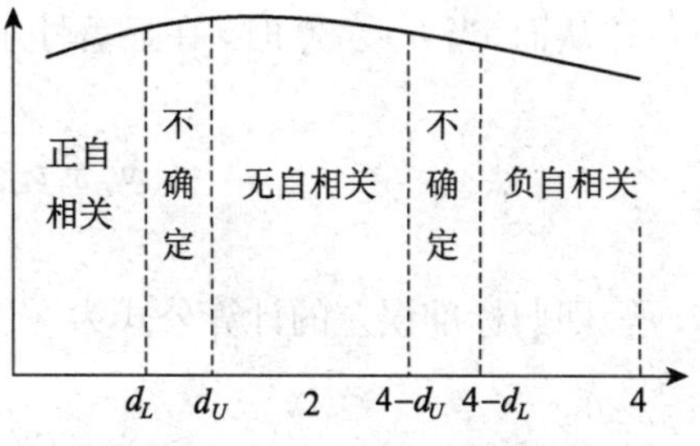

图 11-2　D-W 检验判别

由图 11-2 可看出，$D-W$ 统计量等于 2 时为最

好,根据经验,$D-W$ 统计量在 1.5～2.5 之间时表示没有显著自相关问题。

另一方面可看出,$D-W$ 检验的最大弊端是存在着无结论区域。无结论区域的大小与样本容量 n 及自变量个数 m 有关,当 n 一定时,m 愈大,无结论区域也愈大;当 m 一定时,n 愈大,无结论区域就愈小。如果计算的 $D-W$ 统计量落到了无结论区域,那么,决策者就不能做出回归模型是否存在自相关现象的结论。在这种情况下,解决的办法是:①增加样本容量,重新计算 $D-W$ 统计量,再进行检验;②调换样本,利用新的样本计算 $D-W$ 统计量,然后进行检验;③利用其他方法进行自相关的检验。

下面介绍产生自相关的原因及补救方法。

当检验结果出现 $0<D-W<d_L$ 和 $4-d_L<D-W<4$ 情况时,说明随机误差项相互独立的假设不能成立,回归模型存在自相关。在实际预测中,产生自相关的原因可能是:①忽略了某些重要的影响因素。由于许多经济变量往往存在自相关,把它们忽略之后,其影响将在误差项 u_i 中反映出来。②错误地选用了回归模型的数学形式。如果回归模型的数学形式与所研究的变量之间的真实关系形式不一致,则 u_i 值在时间上将是相关的。③随机误差项 u_i 本身的确是相关的。例如战争、自然灾害或某些政策对一些经济变量的 u_i 影响是有效的,所以随机因素本身存在着自相关。

针对上述 3 种情况,适合的补救办法是:①把略去的重要影响因素引入回归模型中来;②重新选择合适的回归模型形式;③增加样本容量,改善数据的准确性,并对原始数据进行差分来消除趋势分量。

4. 利用回归方程进行预测

(1) 点预测。将自变量的预测值 x_i 代入回归模型所得的因变量 y_i 的值 $\hat{y}_i$ 作为与 x_i 相对应的 y_i 预测值。设预测点位 $(x_0,\ y_0)$,则预测值为 $\hat{y}_0=a+bx_0$。

(2) 区间预测。由于对于不同的样本会得到不同的 a、b,因此,$\hat{y}_0$ 与 y_0 之间总存在一定的抽样误差。在回归模型的假设条件下,我们可以证明:

$$(\hat{y}_0-y_0)\sim N\left[0,\sigma_{u_i}^2\left(1+\frac{1}{n}+\frac{(x_0-\bar{x})^2}{\sum(x_i-\bar{x})^2}\right)\right]$$

假定回归标准误差是 S,在数理统计中,已经证明,S^2 是总体方差 $\sigma_{u_i}^2$ 的无偏差估计量。令 $S_0^2=S^2\left[1+\frac{1}{n}+\frac{(x_0-\bar{x})^2}{\sum(x_i-\bar{x})^2}\right]$,可以证明 S_0^2 服从 χ^2 分布,故有

$$\frac{y_0-\hat{y}_0}{S_0}\sim t(n-2) \tag{11-10}$$

从而,当 $n<30$ 时,在显著性水平 α 下,y_0 的 $1-\alpha$ 预测置信区间为

$$\hat{y}\pm t_{\alpha/2}S\sqrt{1+\frac{1}{n}+\frac{(x_0-\bar{x})^2}{\sum(x_i-\bar{x})^2}} \tag{11-11}$$

回归标准误差的计算公式为

$$S=\sqrt{\frac{1}{n-2}\sum(y_i-\hat{y}_i)^2} \tag{11-12}$$

实际计算时,可用其简捷形式

$$S=\sqrt{\frac{\sum y_i^2-\hat{a}\sum y_i-\hat{b}\sum x_i y_i}{n-2}} \tag{11-13}$$

知识链接

回归标准差的检验

回归标准差 s_y,是用来估量 y_i 值在回归直线两侧的离差程度,以便在进行实际预测时为预测值建立一个置信区间范围。通过标准误差 s_y 的大小分析,表明回归线性方程表达因变量观察值的精确程度;度量实际值分布在回归直线周围的离散程度的统计量,称为回归标准差。显然,s_y 越大,观察值 y_i 对回归直线离散程度越大;反之 s_y 越小,观察值 y_i 对回归直线离散程度越小,回归直线的拟和程度愈高或其代表性越高。s_y 反映了回归预测模型所得到的估计值与实际值 y_i 的平均误差,希望 s_y 值越小越好。一般要求:$s_y/\bar{y}<10\%\Leftrightarrow15\%$,此时检验通过。

【例 11-1】 某省过去 12 年国内生产总值和固定资产投资完成额资料见表 11-1。试配合适当的回归模型并进行显著性检验。若今年该省固定资产投资完成额为 249 亿元,当显著性水平是 $\alpha=0.05$ 时,试估计今年国内生产总值的预测区间。

解 设固定资产投资完成额为 x,国内生产总值为 y

(1) 绘制散点图。绘制散点图(图略),由散点图可以看出两者呈线性关系,可以建立一元线性回归模型。

(2) 建立回归模型。设一元线性回归模型为

$$y_i=a+bx_i+u_i \quad (i=1,\ 2,\ \cdots,\ n)$$

对于随机项 u_i,假设满足对回归模型所做的要求。

(3) 计算回归系数。列表计算有关数据(见表 11-1),并计算回归系数估计值。

表 11-1　一元线性回归模型计算表　　单位:亿元

年份 i	国内生产总值 y_i	固定资产投资完成额 x_i	x_iy_i	x_i^2	y_i^2
1	195	20	3 900	400	38 025
2	210	20	4 200	400	44 100
3	244	26	6 344	676	59 536
4	264	35	9 240	1 225	69 696
5	294	52	15 288	2 704	86 436
6	314	56	17 584	3 136	98 596
7	360	81	29 160	6 561	129 600
8	432	131	56 592	17 161	186 624
9	481	149	71 699	22 201	231 361
10	567	163	92 421	26 569	321 489
11	655	232	151 960	53 824	429 025
12	704	202	142 208	40 804	495 616
合计	4 720	1 167	600 566	175 661	2 190 104

$$\hat{b}=\frac{n\sum x_iy_i-\sum x_i\sum y_i}{n\sum x_i^2-\left(\sum x_i\right)^2}=\frac{12\times 600\ 566-1\ 167\times 4\ 720}{12\times 175\ 661-1\ 167^2}=\frac{1\ 698\ 552}{746\ 043}=2.276\ 7$$

$$\hat{a}=\bar{y}-\hat{b}\ \bar{x}=\frac{4\ 720}{12}-2.276\ 7\times\frac{1\ 167}{12}=171.924\ 3$$

所以回归方程为

$$\hat{y}_i=171.924\ 3+2.276\ 7x_i$$

(4) 检验线性关系的显著性。这里仅考虑统计检验。在一元线性回归情形,相关系数检验、F 检验和 t 检验的检验结果是一致的,因而这里仅给出相关系数检验(F 检验、t 检验和标准差检验作为课后练习),即

$$r=\frac{n\sum x_iy_i-\sum x_i\sum y_i}{\sqrt{n\sum x_i^2-\left(\sum x_i\right)^2}\sqrt{n\sum y_i^2-\left(\sum y_i\right)^2}}$$

$$=\frac{12\times 600\ 566-1\ 167\times 4\ 720}{\sqrt{12\times 175\ 661-1\ 167^2}\times\sqrt{12\times 2\ 190\ 104-4\ 720^2}}=0.982\ 9$$

当显著性水平 $\alpha=0.05$,自由度 $df=n-2=12-2=10$ 时,查相关系数临界值表,得 $R_{0.05}(10)=0.576$,由于 $r=0.982\ 9>0.576$,所以在显著性水平 $\alpha=0.05$ 时检验通过。两变量之间相关关系显著。

(5) 预测。

① 计算标准误差为

$$S=\sqrt{\frac{\sum y_i^2-\hat{a}\sum y_i-\hat{b}\sum x_iy_i}{n-2}}$$

$$=\sqrt{\frac{2\ 190\ 104-171.924\ 3\times 4\ 720-2.276\ 7\times 600\ 566}{12-2}}$$

$$=33.634\ 3$$

② 当显著性水平 $\alpha=0.05$,自由度 $df=n-2=12-2=10$ 时,查 t 分布表,得 $t_{0.05/2}(10)=2.228$。

③ 点预测值:当 $x_{13}=249$ 时,$\hat{y}_{13}=171.924\ 3+2.276\ 7\times 249=738.822\ 6$(亿元)。

④ 预测区间为

$$\hat{y}\pm t_{\alpha/2}S\sqrt{1+\frac{1}{n}+\frac{(x_0-\bar{x})^2}{\sum(x_i-\bar{x})^2}}=\hat{y}\pm t_{\alpha/2}S\sqrt{1+\frac{1}{n}+\frac{n(x_0-\bar{x})^2}{n\sum x_i^2-\left(\sum x_i\right)^2}}$$

$$=738.826\ 6\pm 2.228\times 33.634\ 3\times\sqrt{1+\frac{1}{12}+\frac{12\times 151.75^2}{746\ 043}}$$

$$=738.822\ 6\pm 90.352\ 6$$

即若今年该省固定资产投资完成额为 249 亿元,当显著性水平 $\alpha=0.05$ 时,今年国内生产总值的预测区间为 648.47~829.175 2 亿元。

(二) 一元曲线回归预测

社会经济现象中的变量关系是复杂的,除线性关系外,在许多实际问题中大量存在着非线性关系,对这类问题只有选择适当的曲线来拟合,才会符合实际情况,也就是说回归方程应是曲线方程。这类问题称为曲线回归。

例如:某种商品的销售量在市场呈饱和状态时,该商品的销售增量趋向于0,而呈S曲线形状;再如,U形平均成本曲线,假定总成本可以用产量的3次多项式来近似地表示:$\hat{y}=b_0+b_1x+b_2x^2+b_3x^3$。这里,$\hat{y}$ 表示总成本,x 表示产量,这样,其平均成本为:$\frac{\hat{y}}{x}=\frac{b_0}{x}+b_1+b_2x+b_3x^2$,这是一条非线性的U形曲线。

在具体问题中,往往不知道回归函数的类型,这就必须首先对回归函数的形式进行假定,回归函数的形式可以根据理论分析或经验来进行假定。如果根据理论或经验无法推知Z与Y之间的回归函数形式,就需要根据实测数据从散点图的分布状况选择适当的曲线来拟合。确定函数类型后,下一步就是确定函数关系式中的未知参数。

有些曲线回归方程经过恰当的代换后,可以化为线性回归方程,对这类回归方程,一般是先将其化为线性回归,用最小二乘法求出参数的估计值,再通过适当的变换得到曲线回归方程参数的估计值。

1. 曲线回归预测的步骤

(1) 利用原变量所提供的数据绘制散点图,与基本函数图形对照,再根据实践经验,确定选配的曲线类型,写出表达式。

(2) 通过适当的变量代换将曲线直线化。

(3) 按直线回归计算其回归参数。

(4) 还原,写出曲线回归的具体表达式。

(5) 曲线回归方程的效果检验。

(6) 根据回归方程进行预测。

选择合适的曲线类型不是一件容易的事情,需要根据有关的经济理论、散点图和实践经验进行综合判断。

2. 如何将曲线模型线性化

(1) 指数曲线回归预测模型

$$\hat{y}=ab^x$$

式中,a、b—— 常量,且 $a>o$,$b>o$。

对等式两边取对数,则

$$\ln\hat{y}=\ln a+x\ln b$$

令 $Y=\ln\hat{y}$,$A=\ln a$,$B=\ln b$,则有 $\hat{Y}=A+Bx$。

这样,我们就可先将样本预测值 (x_i,y_i) 变换成 (x_i,Y_i),$Y_i=\ln y_i$。利用线性回归的方法求出回归方程的常数项 A 和回归系数 B,然后代回得

$$\hat{y}_i=e^{Y_i},\ a=e^A,\ b=e^B$$

于是,可得非线性回归方程　　$\hat{y}_i=ab^{x_i}$

(2) 幂函数回归预测模型

$$\hat{y} = ax^b$$

式中　a、b—— 常量,且 $a > 0$。

对等式两边取对数,则

$$\ln \hat{y} = \ln a + b \ln x$$

令 $Y = \ln y$, $A = \ln a$, $X = \ln x$。这样,我们即可把原方程化为 $\hat{Y} = A + bX$。

(3) 对数曲线回归预测模型为

$$\hat{y} = a + b \ln x$$

令 $X = \ln x$,则 $\hat{Y} = a + bX$。

(4) 双曲线回归预测模型为

$$\hat{y} = a + \frac{b}{x}。$$

令 $X = \frac{1}{x}$,则 $\hat{y} = a + bX$, $\hat{y} = \frac{1}{ax + b}$。

令 $Y = \frac{1}{y}$,则 $\hat{Y} = ax + b$。

(5) 三角函数曲线回归预测模型

$$\hat{y} = a + b\sin x$$

令 $X = \sin x$,则 $\hat{y} = a + bX$。

(6) S 型曲线为

$$\hat{y} = \frac{1}{a + be^{-x}}$$

令 $Y = \frac{1}{y}$, $X = e^{-x}$,则 $\hat{Y} = a + bX$。

但值得注意的是并非所有非线性回归问题都能转换为线性回归问题,对不能转换的问题可寻求其他方法加以解决。

三、多元回归预测

现实中的许多现象,大多存在着多因素的相关问题。即一个变量往往受到多个变量(或因素)的影响。如农作物产量的高低就受到施肥量、气候条件、耕作深度等因素的影响,因此,要对农作物产量预测就不能仅考虑一个变量与一个自变量,采用前面所介绍的一元回归模型,而要采用多元回归预测模型。

多元回归,也叫多重回归,它可分为多元线性回归与多元曲线回归两类。多元回归预测的原理与一元回归预测模型的原理基本相同,但计算过程要复杂一些。下面首先讨论多元线性回归预测。

(一) 多元线性回归预测

1. 多元线性回归因素分析

假定预测对象 Y，影响预测对象的因素为 x_j，其中 $j=1, 2, \cdots, p$。为了从大量的影响因素 x_j 中选择主要的起决定作用的影响因素作为预测因子，舍弃关系不大的影响因素，必须进行必要的因素选择工作。从而避免预测方程式中混有不必要的影响因素。因为影响因素太多，既增加了复杂性，又会导致预测精度的下降。因素选择的方法主要有两种：

(1) 经验选择法。根据常识与对预测的深入了解，舍弃某些影响不大、关系不密切的影响因素。如在诸影响因素量纲(计量单位)相同时，因素 x_i 显著小于其他因素，即可以认为 x_i 对因变量的影响很小而舍弃。

(2) 相关消元法。有些因素仅凭经验不易判别变量间的相关程度，通常通过相关系数 r 来帮助判别。因变量与某一自变量之间的相关系数 r_{xy} 可按下式计

$$r_{xy}=\frac{\sum(x_i-\bar{x})(y_i-\bar{y})}{\sqrt{\sum(x_i-\bar{x})^2\sum(y_i-\bar{y})^2}}\ (i=1, 2, \cdots, n) \tag{11-14}$$

式中　x_i ——待选因子的观测值；

　　　y_i ——预测对象的观测值。

利用式(11-14)计算每个待选因子的相关系数。相关强度可粗略地划分为：$r_{xy}\geqslant 0.7$，强度相关；$0.3\leqslant r_{xy}\leqslant 0.7$，中度相关；$r_{xy}<0.3$，弱度相关(相关关系差)。

严格的相关程度划分，要参照上述的“临界相关系数”标准，即查相关系数临界值表得 $R_a(n-2)$。若 $r_{xy}>R_a(n-2)$，相关关系密切，应引入方程，若 $r_{xy}<R_a(n-2)$，表示该因素与预测对象相关不密切，应舍弃。

另外，在多元回归预测中，要求各影响因素之间相互独立，类似上面的分析，要用各影响因素之间的相关系数来表示它们之间的相关程度。在多元线性回归预测中，若各自变量之间也存在线性相关关系，称为多重共线性问题。解决多重共线性问题的方法：①删除自变量；②改变自变量；③自变量不采用绝对量形式，而改作年增长率可减少共线性问题。

2. 多元线性回归模型的建立

在经过影响因素初选后，若认定预测对象 y 与各个影响因素 $x_1, x_2, \cdots, x_p$ 之间具有线性相关关系，那么多因素线性回归预测模型可表示为

$$y_i=b_0+b_1x_{i1}+b_2x_{i2}+\cdots+b_px_{ip}+u_i,\ i=1, 2, \cdots, n \tag{11-15}$$

$$\hat{y}=b_0+b_1x_{i1}+b_2x_{i2}+\cdots+b_px_{ip},\ i=1, 2, \cdots, n \tag{11-16}$$

式中　$y_i, x_{i1}, x_{i2}, \cdots, x_{ip}$ —— 预测对象 y 和各影响因素第 i 组观测值；

　　　$b_0, b_1, \cdots, b_p$ ——回归参数。

令 $Y=\begin{bmatrix} y_1 \\ y_2 \\ \vdots \\ y_n \end{bmatrix}$，$\hat{Y}=\begin{bmatrix} \hat{y}_1 \\ \hat{y}_2 \\ \vdots \\ \hat{y}_n \end{bmatrix}$，$X=\begin{bmatrix} 1 & x_{11} & x_{12} & \cdots & x_{1p} \\ 1 & x_{21} & x_{22} & \cdots & x_{2p} \\ \vdots & \vdots & \vdots & \vdots & \vdots \\ 1 & x_{n1} & x_{n2} & \cdots & x_{np} \end{bmatrix}$，$B=\begin{bmatrix} b_1 \\ b_2 \\ \vdots \\ b_p \end{bmatrix}$，$U=\begin{bmatrix} u_1 \\ u_2 \\ \vdots \\ u_n \end{bmatrix}$

有
$$Y = XB + U \tag{11-17}$$
$$\hat{Y} = XB \tag{11-18}$$

我们仍用最小二乘法估计参数向量 B。根据最小二乘法原理,若满足回归模型误差平方和为最小值的条件,回归参数向量估计有如下表达式

$$\hat{B} = \begin{bmatrix} \hat{b}_0 \\ \hat{b}_1 \\ \vdots \\ \hat{b}_p \end{bmatrix} = (X^T X)^{-1} X^T Y \tag{11-19}$$

可以证明,$\hat{B}$ 是 B 的无偏估计量。

3. 多元线性回归模型的检验

多元线性回归方程建立后,为进一步分析回归模型所反映的变量关系是否符合实际,引入的影响因素是否有效,一般必须对其进行一系列的检验。多元线性回归方程的检验,主要有如下几项。

(1) F 检验。F 检验主要是检验整个回归方程的回归显著性可靠性。

F 统计量为

$$F = \frac{\sum (\hat{y}_i - \bar{y})^2 / p}{\sum (y_i - \hat{y}_i)^2 / (n-p-1)} = \frac{S_{回}^2 / p}{S_{余}^2 / (n-p-1)} \tag{11-20}$$

给定显著水平 α,自由度 $df_1 = p$,$df_2 = n-p-1$,查 F 分布表,得相应的临界值 $F_\alpha(p, n-p-1)$。若 $F > F_\alpha(p, n-p-1)$,说明回归效果显著;若 $F < F_\alpha(p, n-p-1)$,说明回归效果不显著。

一般来讲,回归效果不显著的原因有以下几种:①影响 y 的因素除了一组自变量 $x_1, x_2, \cdots, x_p$ 之外,还有其他不可忽略的因素;② y 与一组自变量 $x_1, x_2, \cdots, x_p$ 之间的关系不是线性的;③ y 与一组自变量 $x_1, x_2, \cdots, x_p$ 之间无关。这时,回归模型就不能用来预测,应分析其原因,另选自变量或改变预测模型的形式。

(2) t 检验。t 检验主要是通过 t 统计量检验所求回归模型的每一个系数的显著性。

我们取统计量为,$t_{bj} = b_j / S(b_j)$,而

$$S(b_j) = \sqrt{a_{jj}}\, S \tag{11-21}$$

称为样本标准差。

式中 a_{jj} ——逆矩阵 $(X^T X^{-1})$ 主对角线上的元素;

S ——标准误差,计算估计标准误差的公式如下

$$S = \sqrt{\frac{1}{n-p-1} \sum_{i=1}^{n} (y_i - \hat{y}_i)^2} \tag{11-22}$$

在实际工作中,计算估计标准误差常用其简捷公式。如二元和三元情形,计算估计标准误差的简捷公式分别为

$$S=\sqrt{\frac{\sum y_i^2-\hat{b}_0\sum y_i-\hat{b}_1\sum x_{i1}y_i-\hat{b}_2\sum x_{i2}y_i}{n-3}} \tag{11-23}$$

$$S=\sqrt{\frac{\sum y_i^2-\hat{b}_0\sum y_i-\hat{b}_1\sum x_{i1}y_i-\hat{b}_2\sum x_{i2}y_i-\hat{b}_3\sum x_{i3}y_i}{n-3}} \tag{11-24}$$

给定显著性水平 α，自由度 $df=n-p-1$，查 t 分布表得相应临界值 $t_\alpha=(n-p-1)$。

若 $|t_{bj}|>t_\alpha(n-p-1)$，说明 x_j 对预测对象即因变量的影响显著。

若 $|t_{bj}|<t_\alpha(n-p-1)$，说明 x_j 对预测对象即因变量的影响不显著。

(3) 复相关系数检验。复相关系数是对多个自变量对因变量相关程度的综合度量。复相关系数的计算公式为

$$R=\sqrt{1-\frac{\sum(y_i-\hat{y}_i)^2}{\sum(y_i-\bar{y}_i)^2}} \tag{11-25}$$

在实际工作中，计算估计复相关系数也常用其简捷公式。如二元和三元情形，计算估计复相关系数的简捷公式分别为

$$R=\sqrt{1-\frac{\sum y_i^2-\hat{b}_0\sum y_i-\hat{b}_1\sum x_{i1}y_i-\hat{b}_2\sum x_{i2}y_i}{\sum y_i^2-n\bar{y}^2}} \tag{11-26}$$

$$R=\sqrt{1-\frac{\sum y_i^2-\hat{b}_0\sum y_i-\hat{b}_1\sum x_{i1}y_i-\hat{b}_2\sum x_{i2}y_i-\hat{b}_3\sum x_{i3}y_i}{\sum y_i^2-n\bar{y}^2}} \tag{11-27}$$

复相关系数的意义和一元线性回归中的相关系数一样，它的取值介于 -1 与 1 之间。一般说来，如果 $R\geqslant 0.7$，属于强度相关；当 $R\leqslant 0.3$ 时属于弱相关；$0.3\leqslant R\leqslant 0.7$ 属于中度相关。

当然，也可以通过查相关系数临界值表来检验。给定显著性水平 α，自由度 $df=n-p-1$，查相关系数临界值 $R_\alpha(n-p-1)$。若 $R>R_\alpha(n-p-1)$ 说明相关显著；$R<R_\alpha(n-p-1)$ 说明相关不显著。

(4) 拟合程度的测定。与一元线性回归中可决定系数 r^2 相对应，多元线性回归中有多重可决系数 R^2。

$$R^2=\frac{\sum(\hat{y}_i-\bar{y})^2}{\sum(y_i-\bar{y})^2}=1-\frac{\sum(y_i-\hat{y}_i)^2}{\sum(y_i-\bar{y})^2} \tag{11-28}$$

F 与 R 或 R^2 有如下关系：

$$F=\frac{R^2}{1-R^2}\times\frac{n-p-1}{p} \tag{11-29}$$

(5) 精度检验。

① 整体精度。与一元回归类似，多元线性回归方程的精度，用标准差 S 表示，即

$$S=\sqrt{\frac{\sum(y_i-\hat{y}_i)^2}{n-p-1}}\quad(i=1,\ 2,\ \cdots,\ n) \tag{11-30}$$

S 愈小,表示回归方程的总体精度越高。

② 回归系数 b_j 的精度。

$$S(b_j)=\sqrt{a_{jj}}S$$

式中　a_{jj} ——逆矩阵 $(X^TX)^{-1}$ 主对角线上的第 j 个元素的值。

$S(b_j)$ 值愈小,说明回归系数 b_i 的回归精度越高。与一元回归类似,这里,总体标准差 S 与参数标准差 $S(b_j)$ 分别是总体方程与参数方程的无偏差估计量。

4. 利用回归方程进行预测

与一元回归模型相似,利用多元回归模型也可进行预测值和预测区间的计算:

(1) 点预测。将自变量的预测值 x_{1i}, x_{2i}, …, x_{pi} 代入回归模型所得到的因变量 y_i 的值 $\hat{y}_i$ 作为与 x_i 相对应的 y_i 的预测值。

设预测点为 (X_0, y_0), $X_0=(x_{01}, x_{02}, \cdots, x_{0p})$, 则预测值为

$$\hat{y}_0=X_0\hat{B} \tag{11-31}$$

(2) 区间预测。由于对于不同的样本会得到不同的 b_0, b_1, …, b_p, 因此, $\hat{y}_0$ 与 y_0 之间总存在一定的抽样误差。在回归模型的假设条件下,可以证明:预测误差 $(\hat{y}_0-y_0)$ 的样本方差为

$$S_0^2=S^2(1+X_0(X^TX)^{-1}X_0^T) \tag{11-32}$$

与一元回归预测类似,在显著性水平 α 下, y_0 的 $1-\alpha$ 预测置信区间为

$$\hat{y}_0\mp t_{\alpha/2}S_0\sqrt{1+X_0(X^TX)^{-1}X_0^T} \tag{11-33}$$

按式(11-33)计算 S_0^2 较为复杂,在实际预测中,我们一般可以用 S 代替 S_0 近似估计预测区间。

【例 11-2】 某省过去 12 年消费基金、国民收入使用额和平均人口资料见表 11-2,试配合适当的回归模型并进行各种显著性检验。若今年该省国民收入额为 670 亿元,平均人口为 5 800 万人,当显著水平 $\alpha=0.05$ 时,试估计今年消费基金的预测区间。

表 11-2　多元线性回归模型计算表　　单位:十亿元

年份 i	消费基金 y_i	国民收入使用额 x_{1i}	平均人口数(百万) x_{2i}	$x_{1i}x_{2i}$	x_{1i}^2	x_{2i}^2	$x_{1i}y_i$	$x_{2i}y_i$	y_i^2
1	9.0	12.1	48.20	583.22	146.41	2 323.24	108.90	433.80	81.00
2	9.5	12.9	28.90	630.81	166.41	2 391.21	122.55	464.55	90.25
3	10.0	13.8	29.54	683.65	190.44	2 454.21	138.00	495.40	100.00
4	10.6	14.8	50.25	743.70	219.04	2 525.06	156.88	464.55	112.36
5	12.4	16.4	51.02	836.73	268.96	2 603.04	203.36	632.65	153.76
6	16.2	20.9	51.84	1 083.46	436.81	2 687.39	338.58	839.81	262.44
7	17.7	24.2	52.76	1 276.79	585.64	2 783.62	428.34	933.85	313.29
8	20.1	28.1	53.69	1 508.69	789.61	2 882.62	564.81	1 079.17	404.01
9	21.8	30.1	54.55	1 641.96	906.01	2 975.70	656.18	1 189.19	475.24
10	25.3	35.8	55.35	1 981.53	1 281.64	3 063.62	905.74	1 400.36	640.09

（续表）

年份 i	消费基金 y_i	国民收入使用额 x_{1i}	平均人口数（百万）x_{2i}	$x_{1i}x_{2i}$	x_{1i}^2	x_{2i}^2	$x_{1i}y_i$	$x_{2i}y_i$	y_i^2
11	31.3	28.5	56.16	2 723.76	2 352.25	3 153.95	1 518.05	1 757.81	979.69
12	36.0	54.8	56.98	3 122.50	3 003.04	3 240.72	1 972.80	2 051.23	1 296.00
合计	219.9	312.4	629.24	16 816.796	10 346.26	33 090.374 8	7 114.19	11 810.51	4 908.13

解 设消费基金为 y，国民收入使用额为 x_1，平均人口为 x_2。

(1) 假设 y 与 x_1，x_2 之间存在线性关系，二元线性回归模型为：$\hat{y}_i = b_0 + b_1 x_{i1} + b_2 x_{i2}$

(2) 计算回归系数。列表计算有关数据，见表 11-2，由计算结果得

$$X^TX = \begin{bmatrix} 1 & 1 & \vdots & 1 \\ x_{11} & x_{21} & \vdots & x_{121} \\ x_{12} & x_{22} & \vdots & x_{122} \end{bmatrix} \begin{bmatrix} 1 & x_{11} & x_{12} \\ 1 & x_{21} & x_{22} \\ \vdots & \vdots & \vdots \\ 1 & x_{121} & x_{122} \end{bmatrix} = \begin{bmatrix} n & \sum_{i=1}^{12} x_{i1} & \sum_{i=1}^{12} x_{i2} \\ \sum_{i=1}^{12} x_{i1} & \sum_{i=1}^{12} x_{i1}^2 & \sum_{i=1}^{12} x_{i1}x_{i2} \\ \sum_{i=1}^{12} x_{i2} & \sum_{i=1}^{12} x_{i1}x_{i2} & \sum_{i=1}^{12} x_{i2}^2 \end{bmatrix}$$

$$= \begin{bmatrix} 12 & 312.4 & 629.24 \\ 312.4 & 10\ 346.26 & 16\ 816.790 \\ 629.24 & 16\ 816.796 & 33\ 090.378\ 4 \end{bmatrix}$$

$$(X^TX)^{-1} = \begin{bmatrix} 238.304\ 612\ 6 & 0.977\ 784\ 963 & -5.028\ 471\ 444 \\ 0.977\ 784\ 963 & 0.004\ 567\ 548 & -0.020\ 914\ 63 \\ -5.028\ 471\ 444 & -0.020\ 914\ 63 & 0.106\ 279\ 619 \end{bmatrix}$$

$$X^TY = \begin{bmatrix} 1 & 1 & \cdots & 1 \\ x_{11} & x_{21} & \cdots & x_{121} \\ x_{12} & x_{22} & \cdots & x_{122} \end{bmatrix} \begin{bmatrix} y_1 \\ y_2 \\ \vdots \\ y_{12} \end{bmatrix} = \begin{bmatrix} \sum_{i=1}^{12} y_i \\ \sum_{i=1}^{12} x_{i1}y_i \\ \sum_{i=1}^{12} x_{i2}y_i \end{bmatrix} = \begin{bmatrix} 219.9 \\ 7\ 114.19 \\ 11\ 810.51 \end{bmatrix}$$

$$\hat{B} = (X^TX)^{-1}X^TY$$

$$= \begin{bmatrix} 238.304\ 612\ 6 & 0.977\ 784\ 963 & -5.028\ 471\ 444 \\ 0.977\ 784\ 963 & 0.004\ 567\ 548 & -0.020\ 914\ 63 \\ -5.028\ 471\ 444 & -0.020\ 914\ 63 & 0.106\ 279\ 619 \end{bmatrix} \begin{bmatrix} 219.9 \\ 7\ 114.19 \\ 11\ 810.51 \end{bmatrix}$$

$$= \begin{bmatrix} -29.479\ 958 \\ 0.496\ 870\ 9 \\ 0.664\ 980\ 9 \end{bmatrix}$$

所以，二元线性回归方程为

$$\hat{y} = -29.479\ 958 + 0.496\ 870\ 9x_1 + 0.664\ 980\ 9x_2$$

(3) R 检验

$$R=\sqrt{1-\frac{\sum y_i^2-\hat{b}_0\sum y_i-\hat{b}_1\sum x_{i1}y_i-\hat{b}_2\sum x_{i2}y_i}{\sum y_i^2-n\bar{y}^2}}$$

$$=[1-(4\ 908.13+29.479\ 958\times 219.9-0.496\ 870\ 9\times 7\ 114.19-0.664\ 980\ 9\times 11\ 810.51)/(4\ 908.13-219.9^2/12)]^{\frac{1}{2}}$$

$$=\sqrt{1-\frac{2.175\ 206\ 6}{878.462\ 5}}=0.998\ 8$$

当 $\alpha=0.05$，$df=12-2-1=9$ 时，$R_{0.05}(9)=0.697$，$R>0.697$，说明相关关系显著。

(4) F 检验

$$F=\frac{R^2}{1-R^2}\cdot\frac{n-p-1}{p}=\frac{0.998\ 8^2}{1-0.998\ 8^2}\times\frac{12-2-1}{2}=1\ 812.85$$

当 $\alpha=0.05$，$df_1=2$，$df_2=12-2-1=9$ 时，$F_{0.05}(2,9)=4.26$，$F>4.26$，说明回归效果非常显著。

(5) t 检验

$$S=\sqrt{\frac{\sum y_i^2-\hat{b}_0\sum y_i-\hat{b}_1\sum x_{i1}y_i-\hat{b}_2\sum x_{i2}y_i}{n-3}}=\sqrt{\frac{2.175\ 206\ 6}{12-3}}$$

$$=0.491\ 619\ 387$$

另外，根据 $(X^TX)^{-1}$ 的计算有

$$S(b_0)=\sqrt{a_{00}}\,S=\sqrt{238.304\ 612\ 6}\times 0.491\ 619\ 387=7.589\ 186\ 496$$

$$S(b_1)=\sqrt{a_{11}}\,S=\sqrt{0.004\ 567\ 548}\times 0.491\ 619\ 387=0.033\ 225\ 426$$

$$S(b_2)=\sqrt{a_{22}}\,S=\sqrt{0.106\ 279\ 619}\times 0.491\ 619\ 387=0.160\ 270\ 648$$

$$t_{b0}=\frac{b_0}{S(b_0)}=\frac{-29.479\ 958}{7.589\ 186\ 496}=-3.884\ 5$$

$$t_{b1}=\frac{b_1}{S(b_1)}=\frac{0.496\ 870\ 3}{0.033\ 225\ 426}=14.954\ 5$$

$$t_{b2}=\frac{b_2}{S(b_2)}=\frac{0.664\ 980\ 9}{0.160\ 270\ 648}=4.149\ 1$$

当 $\alpha=0.05$，$df=12-2-1=9$ 时，$t_{0.05}(9)=2.26$。

因为 t_{b1}，t_{b2} 的绝对值均大于 2.26，所以国民收入使用额 x_1，平均人口 x_2 对消费基金 y 影响显著。

综合前面的计算和检验结果，可以认为 $\hat{y}=-29.479\ 958+0.496\ 870\ 9x_1+0.664\ 980\ 9x_2$ 是一个较为优良的回归模型，可以用来预测。

（6）预测。设预测点 $X_0=(1\ \ 67\ \ 58)$，则其预测值为

$$\hat{y}_0=X_0\hat{B}=(1\ \ 67\ \ 58)\begin{bmatrix}-29.479\,958\\0.496\,870\,9\\0.664\,980\,9\end{bmatrix}=42.3793$$

预测区间为：$\hat{y}_0 \pm t_\alpha \cdot S=42.379\,3 \pm 2.26\times 0.491\,619\,387=42.379\,3\pm 1.1111$。即：当今年该省国民收入额为 670 亿，平均人口为 5 800 万人，在显著性水平 $\alpha=0.05$ 时，今年消费基金的预测区间估计在 412.682 亿～434.904 亿元之间。

多元回归的预测精度，既决定于总体回归方程，也决定于各影响因素在预测时刻的预测值。因此，对各影响因素也可建立合适的预测模型。进行细致的检验，尽可能提高多影响因素的预测精度，进而才有可能获得较高的总体预测精度。多元线性回归预测的主要工作过程可以总结如图 11-3 所示。

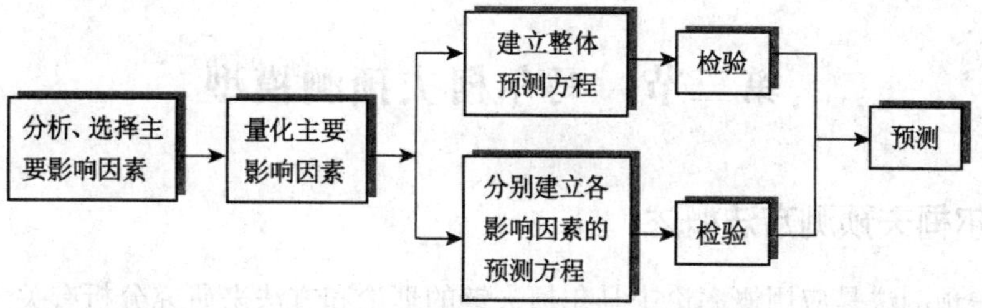

图 11-3　多元线性回归预测的主要工作过程

（二）多元曲线回归预测

与一元回归类似，某些变化规律非线性的多元素预测问题，通过适当变换化为多元线性回归问题来处理。多元曲线回归预测的步骤可归纳如下：

（1）利用原变量所提供的数据绘制散点图，与基本函数图形对照，再根据实践经验，确定选配的曲线类型，写出表达式。

（2）通过适当的变量代换将曲线直线化。

（3）按直线回归计算其回归参数。

（4）还原，写出曲线回归的具体表达式。

（5）曲线回归方程的效果检验。

（6）根据回归方程进行预测。

选择合适的曲线类型不是一件容易的事情，需要根据有关的经济理论，散点图和实践经验进行综合判断。下面举例说明，多元曲线回归问题如何通过适当变换化为多元线性回归问题来处理：

（1）道格拉斯生产函数回归预测。道格拉斯生产函数在预测生产成本、经济效益及产量等方面有着广泛用途，即

$$y=b_0,\ x_1^{b1},\ x_2^{b2},\ \cdots,\ x_m^{bm}\quad (b_0,\ b_1,\ \cdots,\ b_m\ 为回归参数)$$

我们可以通过如下变换将其化成线性形式

$$\ln y=\ln b_0+b_1\ln x_1+b_2\ln x_2+\cdots+b_m\ln x_m$$

令 $Y=\ln y$，$B=\ln b_0$，$X_1=\ln x_1$，…，$X_m=\ln x_m$

则有 $Y=B+b_1X_1+b_2X_2+\cdots+b_mX_m$。

(2) 一元多项回归预测

$$y=b_0+b_1x+b_2x^2+\cdots+b_kx^k$$

只要令 $x=z_1$，$x^2=z_2$，…，$x^k=z_k$，则有 $y=b_0+b_1z_1+b_2z_2+\cdots+b_kz_k$。

(3) 多元多项式回归预测

$$y=b_0+b_1x_1+b_2x_2^2+b_3x_3^3+\cdots$$

令 $x_1=z_1$，$x_2^2=z_2$，$x_3^3=z_3$，…，则有 $y=b_0+b_1z_1+b_2z_2+b_3z_3+\cdots$

同样，并非所有非线性多元回归问题都能转换为多元线性回归问题。对不能转换的问题可寻求其他方法加以解决。

第三节 马尔柯夫预测模型

一、马尔柯夫预测方法概述

马尔柯夫预测法是应用概率论中马尔柯夫链的理论和方法来研究分析有关经济现象变化规律并借此预测未来状况的一种预测方法。所谓马尔柯夫链，就是一种随机时间序列，它在将来取什么值只与它现在的取值有关，而与它过去取什么值无关，即无后效性（系统在每一时刻的状态仅仅取决于前一时刻的状态）。具备这个性质的离散性随机过程，称为马尔柯夫链。

马尔柯夫链的理论和方法是从研究对象在不同时刻的状态入手，考察并描述状态之间发生转移的可能性以及研究对象所有的变化过程，在此基础上对所研究对象未来的发展状态进行预测。下面先介绍一下相关的基本概念。

1. 状态

我们先来看一个例子。假如在一块沙地上有甲、乙、丙三棵树，有一只鸟只能在这三棵树上随机地飞来飞去，在初始时刻 t，它在丙树上。在时刻 t' 它可能飞到甲或乙树上，也可能在原地不动。我们把鸟在某个时刻所在的树称为鸟所处的状态。这样，鸟在未来处于什么状态只与它现在所处的状态有关，与它以前所处的状态无关。

在经济系统的研究中，一种经济现象在某一时刻 t 所出现的某种结果，就是该系统在时间 t 所处的状态。因所研究的现象及预测的目标不同，状态的划分可有不同的表现形式。比如：在市场预测中，可把销售状况划分为“畅销”“一般”“滞销”三种状态；在企业经营预测中，可把经营状况划分为“盈利”“亏损”两种状态，等等。

通常，我们把随机运动系统的随机变量 X 在时刻 t 所处的状态 i 表示为：

$$X_t=i\ (i=1, 2, \cdots, n;\ t=1, 2, \cdots)$$

2. 状态转移概率

由于状态转移是随机的，因而，必须用概率来描述状态转移可能性的大小。概率论中的条件概率 $P(B\mid A)$ 就表达了由状态 B 转向状态 A 的概率，简称为状态转移概率。

为了说明条件概率的概念，现举一例子。假设抽屉里有 10 个乒乓球，其中有 3 个红色球，现做不放回随机抽样，问第一次取到红色球的条件下第二次仍取到红色球的概率是多少？假定第一次取到红色球为事件 A，第二次取到红色球为事件 B，则可知，第一次取到红色球的概率 $P(A)=3/10$；第一次取到红色球后作不放回抽样，抽屉内剩下 9 个乒乓球，其中有 2 个红色球，所以，第二次取到红色球的概率 $P(B)=2/9$。我们把在 A 事件已发生的条件下求 B 事件发生的概率称为在事件 A 出现的情况下事件 B 出现的条件概率，记作 $P(B \mid A)$。

条件概率 $P(B \mid A)$ 在实际应用中的含义，随问题性质不同而不同，当 A 与 B 皆为两个事件时，它反映了在事件 A 出现的情况下事件 B 出现的概率；当 B 为事件，A 为某种状态时，它反映了在 A 状态下，事件 B 出现的概率；当 A、B 均为两个不同的状态时，而且 $AB=\varphi$，那么 $P(B \mid A)$ 则反映了状态 A 转向状态 B 的概率。它是马尔柯夫理论中研究状态转移的一个重要参量。

对于由状态 E_i 转移到状态 E_j 的概率，我们称之为从 i 到 j 的转移概率。记为

$$P_{ij}=P(E_j/E_i)=P(E_j \rightarrow E_i)=P(x_{n+1}=j \mid x_n=i)$$

【例 11-3】 某地区有甲、乙、丙三家家电厂生产同一种家电，有 1 000 个用户（或购货点），假定在研究期间无新用户加入也无老用户退出，只有用户的转移，已知 2015 年 5 月份有 500 户是甲厂的顾客；400 户是乙厂的顾客；100 户是丙厂的顾客。6 月份，甲厂有 400 户原来的顾客，上月的顾客有 50 户转乙厂，50 户转丙厂；乙厂有 300 户原来的顾客，上月的顾客有 20 户转甲厂，80 户转丙厂；丙厂有 80 户原来的顾客，上月的顾客有 10 户转甲厂，10 户转乙厂。试计算其状态转移概率。

表 11-3　6 月份顾客转移情况　　单位：户

从＼到	甲	乙	丙	合计
甲	400	50	50	500
乙	20	300	80	400
丙	10	10	80	100
合计	430	360	210	1 000

由题意得 6 月份顾客转移如表 11-3 所示，于是

$$P_{11}=400/500=0.8 \quad P_{12}=50/500=0.1 \quad P_{13}=50/500=0.1$$
$$P_{21}=20/400=0.05 \quad P_{22}=300/400=0.75 \quad P_{23}=80/400=0.2$$
$$P_{31}=10/100=0.1 \quad P_{32}=10/100=0.1 \quad P_{33}=80/100=0.8$$

3. 状态转移概率矩阵

从上例看到，状态转移概率具有如下特征

$$\begin{cases} 0 \leqslant P_{ij} \leqslant 1 \quad (i, j=1, 2, \cdots, N) \\ \sum_{j=1}^{N} P_{ij}=1 \qquad (i=1, 2, \cdots, N) \end{cases}$$

并且，在一定的条件下，系统只能处在状态 E_1，E_2，…，E_N，这 N 个状态中，而且每次只

能处在一个状态中，那么每一个状态都有 N 个转向(包括转向自身)。则第 i 种状态的转移概率$P(E_j \to E_i)=P(E_j/E_i)=P_{ij}$，总共有 N 个转移概率：P_{i1}，P_{i2}，$P_{iN}(i=1, 2, \cdots, N)$。如果把 P_{ij} 作为矩阵的第 i 行，那么 n 个状态 $(j=1, 2, \cdots, n)$ 共有 N 行，其构成的矩阵

$$\boldsymbol{P}=\begin{bmatrix} P_{11} & P_{12} & \cdots & P_{1N} \\ P_{21} & P_{22} & \cdots & P_{2N} \\ \vdots & \vdots & \vdots & \vdots \\ P_{N1} & P_{N2} & \cdots & P_{NN} \end{bmatrix}$$

我们称之为状态转移概率矩阵。

状态转移概率矩阵完全描述了所研究对象的变化过程。正如前面所指出的，上述矩阵为一步转移概率矩阵。对于多步转移概率矩阵，可按如下定义给出。

若系统在时刻 t_0 处于状态 i，经过 n 步转移，在时刻 t_n 处于状态 j。那么，对这种转移的可能性的数量描述称为 n 步转移概率。记为 $P\langle x_n=j \mid x_0=i\rangle=P_{ij}(n)$，并令

$$\boldsymbol{P}(n)=\begin{bmatrix} P_{11}(n) & P_{12}(n) & \cdots & P_{1N}(n) \\ P_{21}(n) & P_{22}(n) & \cdots & P_{2N}(n) \\ \vdots & \vdots & \vdots & \vdots \\ P_{N1}(n) & P_{N2}(n) & \cdots & P_{NN}(n) \end{bmatrix}$$

则称 $P(n)$ 为 n 步转移概率矩阵。

特别是当 $n=2$ 时，$P_{ij}(2)$ 为二步转移概率，$P(2)$ 为二步转移概率矩阵。

【例 11-4】 某经济系统有三种状态 E_1，E_2，E_3(比如畅销、一般、滞销)。系统状态转移情况见表 11-4。试求系统的二步状态转移概率矩阵。

表 11-4 系统状态转移情况

从 \ 次数 \ 到		系统下步所处状态		
		E_1	E_2	E_3
系统本步所处状态	E_1	21	7	14
	E_2	16	8	12
	E_3	10	8	2

与例 11-3 相同的步骤可得到一步状态转移概率矩阵

$$\boldsymbol{P}(1)=\begin{vmatrix} 0.500 & 0.167 & 0.333 \\ 0.444 & 0.222 & 0.334 \\ 0.500 & 0.400 & 0.100 \end{vmatrix}$$

二步转移概率矩阵可由一步转移概率矩阵求出，即

$$\boldsymbol{P}_{ij}(2)=\sum_{k=1}^{N} P_{ik}P_{kj} \quad k=1, 2, \cdots, N$$

即系统从状态 i 出发，经 2 步转移到状态 j 的概率等于系统从 i 出发经一步转移到 k $(k=$

1，2，…，N)，然后再从状态 k 转移到 j 的概率的总和。故有

$$\boldsymbol{P}(2)=\begin{bmatrix}P_{11}(2) & P_{12}(2) & \cdots & P_{1N}(2)\\ P_{21}(2) & P_{22}(2) & \cdots & P_{2N}(2)\\ \cdots & \cdots & \cdots & \cdots\\ P_{N1}(2) & P_{N2}(2) & \cdots & P_{NN}(2)\end{bmatrix}^2=\begin{bmatrix}\sum_{i=1}^{N}P_{1k}P_{k1} & \sum_{i=1}^{N}P_{1k}P_{k2} & \cdots & \sum_{i=1}^{N}P_{1k}P_{kN}\\ \sum_{i=1}^{N}P_{2k}P_{k1} & \sum_{i=1}^{N}P_{2k}P_{k2} & \cdots & \sum_{i=1}^{N}P_{2k}P_{kN}\\ \vdots & \vdots & \cdots & \vdots\\ \sum_{i=1}^{N}P_{Nk}P_{k1} & i\sum_{i=1}^{N}P_{Nk}P_{k2} & \cdots & \sum_{i=1}^{N}P_{Nk}P_{kN}\end{bmatrix}$$

$$=\begin{bmatrix}P_{11} & P_{12} & \cdots & P_{1N}\\ P_{21} & P_{22} & \cdots & P_{2N}\\ \vdots & \vdots & \cdots & \vdots\\ P_{N1} & P_{N2} & \cdots & P_{NN}\end{bmatrix}\times\begin{bmatrix}P_{11} & P_{12} & \cdots & P_{1N}\\ P_{21} & P_{22} & \cdots & P_{2N}\\ \vdots & \vdots & \cdots & \vdots\\ P_{N1} & P_{N2} & \cdots & P_{NN}\end{bmatrix}=\begin{bmatrix}P_{11} & P_{12} & \cdots & P_{1N}\\ P_{21} & P_{22} & \cdots & P_{2N}\\ \vdots & \vdots & \cdots & \vdots\\ P_{N1} & P_{N2} & \cdots & P_{NN}\end{bmatrix}^2$$

$$=\boldsymbol{P}^2$$

于是

$$\boldsymbol{P}(2)=\begin{bmatrix}0.500 & 0.167 & 0.333\\ 0.444 & 0.222 & 0.334\\ 0.50 & 0.40 & 0.10\end{bmatrix}^2=\begin{bmatrix}0.49 & 0.25 & 0.26\\ 0.49 & 0.26 & 0.25\\ 0.48 & 0.21 & 0.31\end{bmatrix}$$

对于 n 步转移概率有

$$P_{ij}(n)=\sum_{k=1}^{N}P_{ik}(n-1)P_{kj}$$

且，n 步转移概率与一步转移概率一样，具有以下性质

(1) $P_{ij}(n)\geqslant 0\quad(i,j=1,2,\cdots,N)$。

(2) $\sum_{j=1}^{N}P_{ij}(n)=1\quad(i=1,2,\cdots,N)$。

二、马尔柯夫预测技术

马尔柯夫预测技术在现实经济生活中有着广泛的用途。通过运用马尔柯夫链的方法去建立预测模型，就可以预测下一期最可能出现的状态，还可以进行市场占有率预测和期望利润预测，从而形成相应的预测方法。

1. 马尔柯夫链预测法(最简单类型)

马尔柯夫链预测方法的最简单类型是预测下一期最可能出现的状态。可按以下步骤完成。

(1) 划分预测对象所出现的状态。

从预测目的出发，并考虑决策者的需要来划分现象所处的状态。

(2) 计算初始概率。

在实际问题中，分析历史资料所得的状态概率成为初始概率。设有 N 个状态 E_1，E_2，…，E_N。观察了 M 个时期，其中状态 $E_i(i=1,2,\cdots,N)$ 共出现了 M_i 次。于是 $f_i=$

M_i/M，就是 E_i 出现的频率，我们用它近似 E_i 表示的概率。即 $f_i \approx P_i(i=1,2,\cdots,N)$。

(3) 计算状态转移概率。

仍然以频率近似地表示概率来进行计算。首先计算状态 $E_i \rightarrow E_j$（由 E_i 转移到 E_j）的频率：$f(E_i \mid E_j)$。从第二步知道 E_i 出现了 M_i 次，接着从 M_i 个 E_i 出发，计算下一步转移状态 E_j 的个数 M_{ij}，于是得到：$f(E_j \mid E_i)=M_{ij}/M_i$ 并使：$f(E_j \mid E_i) \approx P_{ij}$。

(4) 根据转移概率进行预测。

由上一步可得状态转移概率矩阵 P。如果目前预测对象处于状态 E_i，这时，$E_j(j=1, 2, \cdots, N)$ 就描述目前状态 $E_j(j=1, 2, \cdots, N)$ 在未来将转向状态 $E_j(j=1, 2, \cdots, N)$ 的可能性。按最大可能性作为选择的原则，我们选择 $(P_{i1}, P_{i2}, \cdots, P_{iN})$ 中最大者为我们的预测结果。

2. 市场占有率预测

企业的产品在市场销售总额中各占一定的比例，如何通过现有的市场占有率和转移概率去预测企业在其后时期的占有率，对企业正确定位，制定相应政策和发展战略有重大意义。

从上面的讨论看到，马尔柯夫预测的基本原理是：本期市场占有率仅取决于上期市场占有率及转移概率。如果假设：市场的发展变化只与当前市场条件有关，没有新的竞争者加入，也没有老的竞争者退出，顾客阵容保持不变，顾客在不同品牌之间流动的概率保持不变，就可用这种预测法对市场占有率进行预测。

比如有 1、2、3 家工厂生产同种产品，它们在市场上现时占有份额为：$S^0=(P_1^{(0)} P_2^{(0)} P_3^{(0)})$ 这里，S^0 表示初始市场占有率；$P_1^{(0)}$ 表示 1 厂初始占有率；$P_2^{(0)}$ 表示 2 厂初始占有率；$P_3^{(0)}$ 表示 3 厂初始占有率。并称 $(P_1^{(0)} P_2^{(0)} P_3^{(0)})$ 为市场占有率初始向量。又知

$$\boldsymbol{P}=\begin{bmatrix} P_{11} & P_{12} & P_{13} \\ P_{21} & P_{22} & P_{23} \\ P_{31} & P_{32} & P_{33} \end{bmatrix}$$

为市场占有转移率概率矩阵。即 P_{11}、P_{22}、P_{33} 表示各家工厂保留上期顾客（或用户）的概率，其他数值代表两种含义：如对 P_{12} 而言，其一重含义是第一家厂丧失的顾客转移到第二家厂的概率；另一重含义则为第二家厂由第一家厂转来的顾客（或用户）的概率，等等。

由原理直接建立预测的数学模型如下：

$$\begin{cases} P_1^{(1)}=P_{11} \cdot P_1^{(0)}+P_{21} P_2^{(0)}+P_{31} P_3^{(0)} \\ P_2^{(1)}=P_{12} \cdot P_1^{(0)}+P_{22} P_2^{(0)}+P_{32} P_3^{(0)} \\ P_3^{(1)}=P_{13} \cdot P_1^{(0)}+P_{23} P_2^{(0)}+P_{33} P_3^{(0)} \end{cases}$$

写成矩阵形式为

$$\boldsymbol{S}^1=(P_1^{(0)} P_2^{(0)} P_3^{(0)})\begin{bmatrix} P_{11} & P_{12} & P_{13} \\ P_{21} & P_{22} & P_{23} \\ P_{31} & P_{32} & P_{33} \end{bmatrix}$$

同理，已知本期市场占有率，即可求出下期的市场占有率。比如第 k 期的市场占有率为

$$\boldsymbol{S}^k=(P_1^{(k)} P_2^{(k)} P_3^{(k)})=(P_1^{(0)} P_2^{(0)} P_3^{(0)})\begin{bmatrix} P_{11} & P_{12} & P_{13} \\ P_{21} & P_{22} & P_{23} \\ P_{31} & P_{32} & P_{33} \end{bmatrix}^k$$

或

$$S^k = S^0 \cdot P^k$$

即第 k 期的市场占有率等于初始占有率与 k 步转移概率矩阵的乘积。

如果市场的顾客(或用户)流动趋向长期稳定下去,则经过一段时期以后的市场占有率,将会出现稳定的平衡状态。所谓稳定的市场平衡状态,就是顾客(或用户)的流动对市场占有率将不起影响。即各厂丧失的顾客(或用户)与争取到的顾客(或用户)相抵消。这时的市场占有率,称为终极市场占有率。

为求出这种稳定的市场占有率以预测长期趋势,我们先来定义标准概率矩阵:如果 P 为概率矩阵,且存在 $m > 0$,使 P 中诸要素皆非负非零。则称 P 为标准概率矩阵。标准概率矩阵有以下性质:若 P 是标准概率矩阵,则必存在非零行向量 $a = (x_1, x_2, \cdots, x_n)$ 使得 $aP = a$,a 称为 P 的平衡向量。

标准概率矩阵的这一性质很有实用价值。因为在市场占有率预测中,用户转移概率矩阵恰好是标准概率矩阵,当 P 稳定不变时通过多步转移后市场占有率将达到平衡状态。此时,各厂的用户占有率不再发生变化。a 表示了终极的用户占有率。

3. 期望利润预测

在企业的经营管理中,除了需要摸清销路的变化情况外,还要对利润的变化进行预测。比如某商品的销售状态有畅销 (E_1) 和滞销 (E_2) 两种。通过调查、统计除得知销售状态转移概率矩阵 $\boldsymbol{P}$ 外,还获知利润的分布情况 R 为

$$\boldsymbol{P} = \begin{bmatrix} P_{11} & P_{12} \\ P_{21} & P_{22} \end{bmatrix}, \boldsymbol{R} = \begin{bmatrix} r_{11} & r_{12} \\ r_{21} & r_{22} \end{bmatrix}$$

$\boldsymbol{R}$ 称为状态转移利润矩阵。$r_{ij} (i, j = 1, 2)$ 表示由 E_i 转到 E_j 的利润。当 $r_{ij} > 0$ 表示盈利,$r_{ij} < 0$ 表示亏本,$r_{ij} = 0$ 表示不盈不亏。根据已知的状态转移矩阵和利润矩阵就可对未来的利润进行预测,这就是期望利润预测的基本思路。

这种预测方法的步骤如下:

首先,定义 $V_i(n)$ 为产品(商品)现在所处的状态 i $(i = 1, 2, \cdots, N)$ 经过 n 步转移之后的期望利润。当 $N = 2$ 时,经过一步转移之后的期望利润为

$$V_i(1) = r_{i1} P_{i1} + r_{i2} P_{12} = \sum_{j=1}^{2} r_{ij} P_{ij} \quad (i = 1, 2)$$

二步转移的期望利润为:

$$V_i(2) = [V_1(1) + r_{i1}] P_{i1} + [V_2(1) + r_{i2}] P_{i2} = \sum_{j}^{2} [r_{ij} + V_j(2-1)] P_{ij} \quad (i = 1, 2)$$

一般地,经过 n 步转移后的期望利润递推公式为

$$V_i(n) = \sum_{j=1}^{n} [r_{ij} + V_j(2-1)] P_{ij} \quad (i = 1, 2)$$

当 $n = 1$ 时,规定 $V_i(0) = 0$。并称一步转移的期望利润为即时期望利润。且记

$$V_i(1) = q_i \quad (i = 1, 2)$$

三、马尔柯夫预测技术的应用

1. 马尔柯夫链预测法(最简单类型)

【例 11-5】 某商店在最近 20 个月的商品销售量统计如表 11-5 所示(单位:千件)。试预测第 21 个月的商品销售量。

表 11-5 某商店在最近 20 个月的商品销售量 单位:千件

时间 t	1	2	3	4	5	6	7	8	9	10	11	12	13	14	15	16	17	18	19	20
销售量	40	45	80	120	110	38	40	50	62	90	110	130	140	120	55	70	45	88	110	120

根据马尔柯夫链预测法(最简单模型),可有以下预测步骤:

(1) 划分状态。按盈利状态为标准选取:①销售量<60 千件属滞销;②60 千件≤销售量≤100 千件属一般;③销售量>100 千件属畅销。

(2) 计算初始概率 P_i。

为了使问题更为直观,绘制销售量散点图(图略),并画出状态分界线。

可算出处于滞销状态的有 $M_1=7$;一般状态下 $M_2=5$;畅销状态下有 $M_3=8$。

(3) 计算状态转移概率矩阵。

在计算转移概率时,最后一个数据不参加计算,因为它究竟转到哪个状态尚不清楚。

$$M_{11}=3,\quad M_{12}=4,\quad M_{13}=0$$
$$M_{21}=1,\quad M_{22}=1,\quad M_{23}=3$$
$$M_{31}=2,\quad M_{32}=0,\quad M_{33}=5$$

从而

$$P_{11}=3/7,\quad P_{12}=4/7,\quad P_{13}=0/7$$
$$P_{21}=1/5,\quad P_{22}=1/5,\quad P_{23}=3/5$$
$$P_{31}=2/7,\quad P_{32}=0/7,\quad P_{33}=5/7$$

所以

$$\boldsymbol{P}=\begin{bmatrix}3/7 & 4/7 & 0\\ 1/5 & 1/5 & 3/5\\ 2/7 & 0 & 5/7\end{bmatrix}$$

(4) 预测第 21 个月的销售情况

由于第 20 个月的销售量属于畅销状态,而经由一次转移到达三种状态的概率是:

$$P_{31}=2/7,\quad P_{32}=0,\quad P_{33}=5/7\quad 且\quad P_{33}>P_{31}>P_{32}$$

因此,第 21 个月超过 100(千件)的可能性最大。即预测第 21 个月的销售状态是“畅销”。

2. 市场占有率预测

【例 11-6】 已知市场上有 A、B、C 三种牌子的 MP4 播放器,3 月份的市场占有率分别为 30%、40%、30%,且已知转移概率矩阵为:

$$P=\begin{bmatrix}0.6 & 0.2 & 0.2\\0.1 & 0.7 & 0.2\\0.1 & 0.1 & 0.8\end{bmatrix}$$

试求:(1) 4 月份与 5 月份的市场占有率。(2) 预测长期占有率情况。

(1) 4 月份市场占有率

$$S^1=(0.3\quad 0.4\quad 0.3)\begin{bmatrix}0.6 & 0.2 & 0.2\\0.1 & 0.7 & 0.2\\0.1 & 0.1 & 0.8\end{bmatrix}=(0.25\quad 0.37\quad 0.38)$$

(2) 5 月份市场占有率

$$S^2=(0.3\quad 0.4\quad 0.3)\begin{bmatrix}0.6 & 0.2 & 0.2\\0.1 & 0.7 & 0.2\\0.1 & 0.1 & 0.8\end{bmatrix}^2=(0.3\quad 0.4\quad 0.3)\begin{bmatrix}0.4 & 0.28 & 0.32\\0.15 & 0.53 & 0.32\\0.15 & 0.17 & 0.68\end{bmatrix}$$

$$=(0.225\quad 0.347\quad 0.428)$$

计算结果说明,在顾客(或用户)购买偏好改变不大的情况下,5 月份 A 牌 MP4 播放器市场占有率为 22.5%,B 牌 MP3 播放器市场占有率为 34.7%,C 牌 MP3 播放器市场占有率为 42.8%。

(3) 预测长期市场占有率。

根据定义,本例中的矩阵显然是标准概率矩阵,因此,顾客的流动经过一段时期后会达到稳定的平衡状态。

设 $a=(x_1\quad x_2\quad x_3)$,根据标准概率矩阵的性质,有 $aP=a$,即

$$(x_1\quad x_2\quad x_3)\begin{bmatrix}0.6 & 0.2 & 0.2\\0.1 & 0.7 & 0.2\\0.1 & 0.1 & 0.8\end{bmatrix}=(x_1\quad x_2\quad x_3)$$

又有 $x_1+x_2+x_3=1$

于是得线性方程组

$$\begin{cases}x_1=0.6x_1+0.1x_2+0.1x_3\\x_2=0.2x_1+0.7x_2+0.1x_3\\x_3=0.2x_1+0.2x_2+0.8x_3\\x_1+x_2+x_3=1\end{cases}$$

解之得: $x_1=0.2\quad x_2=0.3\quad x_3=0.5$

经过长时期流动后, A 牌 MP4 播放器市场占有率为 20%,B 牌 MP4 播放器市场占有率为 30%,C 牌 MP4 播放器市场占有率为 50%。

【例 11-7】 设东南亚各国主要行销中国内地、日本、香港地区三个产地味精。对目前市场占有情况的抽样调查表明,购买中国内地味精的顾客占 40%,购买日本、香港地区的顾客各占 30%。顾客流动转移情况如表 11-6 所示。现设本月为第 1 个月,试预测第 4 个月味精市场占有率和预测长期的市场占有率。

表 11-6　顾客流动转移情况　　单位：%

到 从	中国内地	日本	香港地区
中国内地	40	30	30
日本	60	30	10
香港地区	60	10	30

表 11-6 中第一行表明，上月购买中国内地味精的顾客，本月仍有 40%购买，各有 30%的顾客转移去购买日本和香港地区的味精。依此类推。

(1) 预测第 4 个月的市场占有率，即求三步转移后的市场占有率。

已知 $\boldsymbol{S}^0=(0.4\quad 0.3\quad 0.3)$ 及转移概率矩阵 $\boldsymbol{P}$ 为

$$\boldsymbol{P}=\begin{bmatrix} P_{11} & P_{12} & P_{13} \\ P_{21} & P_{22} & P_{23} \\ P_{31} & P_{32} & P_{33} \end{bmatrix}=\begin{bmatrix} 0.4 & 0.3 & 0.3 \\ 0.6 & 0.3 & 0.1 \\ 0.6 & 0.1 & 0.3 \end{bmatrix}$$

$$\boldsymbol{P}^3=\begin{bmatrix} 0.4 & 0.3 & 0.3 \\ 0.6 & 0.3 & 0.1 \\ 0.6 & 0.1 & 0.3 \end{bmatrix}^3=\begin{bmatrix} 0.496 & 0.252 & 0.252 \\ 0.504 & 0.252 & 0.244 \\ 0.504 & 0.244 & 0.252 \end{bmatrix}$$

于是，第 4 个月市场占有率为

$$\boldsymbol{S}^0=\boldsymbol{S}^0\cdot\boldsymbol{P}^3=(0.4\quad 0.3\quad 0.3)\begin{bmatrix} 0.496 & 0.252 & 0.252 \\ 0.504 & 0.252 & 0.244 \\ 0.504 & 0.244 & 0.252 \end{bmatrix}=(0.500\,8\quad 0.249\,6\quad 0.249\,6)$$

即预测第 4 个月，中国内地味精的市场占有份额为 50.08%，日本、香港地区各为 24.96%。

(2) 预测长期的市场占有率。由定义可知，本例的一步转移概率矩阵 $\boldsymbol{P}$ 是标准概率矩阵。所以，长期的市场占有率趋向稳定状态。

设 $a=(x_1\quad x_2\quad x_3)$ 根据标准概率矩阵的性质，有 $a\boldsymbol{P}=a$

即

$$(x_1\quad x_2\quad x_3)\begin{bmatrix} 0.4 & 0.3 & 0.3 \\ 0.6 & 0.3 & 0.1 \\ 0.6 & 0.1 & 0.3 \end{bmatrix}=(x_1\quad x_2\quad x_3)$$

又有　$x_1+x_2+x_3=1$，于是得线性方程组

$$\begin{cases} x_1=0.4x_1+0.6x_2+0.6x_3 \\ x_2=0.3x_1+0.3x_2+0.1x_3 \\ x_3=0.3x_1+0.1x_2+0.3x_3 \\ x_1+x_2+x_3=1 \end{cases}$$

解之得：　$x_1=0.5\quad x_2=0.25\quad x_3=0.25$

于是，终极用户占有率为：中国内地产的味精占 50%，日本、香港地区产的味精均各占 25%。

3. 期望利润预测

【例 11-8】 已知某企业产品的销路转移情况及利润转移情况如表 11-7 和表 11-8 所示。试求：(1)该企业即时期望利润；(2)3 个月后该企业的期望利润。

表 11-7　某企业产品销路转移情况

从 \ 概率 \ 到	畅销 1	滞销 2
畅销 1	0.4	0.6
滞销 2	0.3	0.7

表 11-8　某企业产品利润转移情况　　单位：百万元

从 \ 利润 \ 到	畅销 1	滞销 2
畅销 1	5	1
滞销 2	1	−1

解　状态转移概率矩阵为

$$\boldsymbol{P}=\begin{pmatrix}0.4 & 0.6\\ 0.3 & 0.7\end{pmatrix}$$

状态转移利润矩阵：

$$\boldsymbol{R}=\begin{pmatrix}5 & 1\\ 1 & -1\end{pmatrix}$$

(1) 即时期望利润

$$V_1=0.4\times 5+0.6\times 1=2.6(\text{百万})$$
$$V_2=0.3\times 1+0.7\times(-1)=-0.4(\text{百万})$$

即：当本月处于滞销时，下一个月期望亏损 40 万元。当本月处于畅销时，下一个月可期望获得利润 260 万元。

(2) 当 $n=3$ 时，有

$$V_i(2)=q_i+\sum_{j=1}^{2}P_{ij}V_j(1)=q_i+\sum_{j=1}^{2}P_{ij}q_j\quad(i=1,2)$$
$$V_i(3)=q_i+\sum_{j=1}^{2}P_{ij}V_j(2)\qquad(i=1,\ 2)$$

将上述数值代入可得

$$V_1(2)=q_1+\sum_{j=1}^{2}P_{1j}q_j=2.6+[0.4\times 2.6+0.6\times(-0.4)]=3.4$$

$$V_2(2)=q_2+\sum_{j=1}^{2}P_{2j}q_j=-0.4+[0.3\times 2.6+0.7\times(-0.4)]=0.1$$

$$V_1(3)=q_1+\sum_{j=1}^{2}P_{1j}q_j(2)=2.6+[0.4\times 3.4+0.6\times 0.1]=4.02$$

$$V_2(3)=q_2+\sum_{j=1}^{2}P_{2j}q_j(2)=-0.4+[0.3\times 3.4+0.7\times 0.1]=0.69$$

即：当本月处于畅销时，预计3个月后可以期望获利402万元；当本月处于滞销时，3个月后只可期望获利69万元。

小　结

1. 经济现象间的因果关系与市场变量间的关系形态，大致可分为确定性因果关系和非确定性因果关系两类。因果关系分析预测法，是根据事物之间的因果关系，知因测果。它从研究事物之间发展变化的因果关系入手，通过统计分析建立数学模型，并据此进行定量预测。因果分析预测法应具备的基本条件：一是市场现象的因变量与自变量之间必须存在相关关系；二是市场现象的因变量之间必须是高度相关的；三是市场现象自变量的预测值必须是精确的，是比较容易取得的。

2. 相关分析与回归分析是两个既有区别又有联系的基本概念。相关分析是研究两个或两个以上随机变量之间相互关系的密切程度；回归分析是研究某因变量与一个或多个自变量之间的数量变动关系。二者的区别：相关分析研究的都是随机变量，并且不分自变量和因变量；回归分析研究的变量要定出自变量和因变量，并且自变量是确定的普通变量，因变量是随机变量。两者的联系：它们是研究现象之间相互依存关系的两个不可分割的方面。一般先进行相关分析，由相关系数(指数)的大小决定是否需要进行回归分析。而在相关分析的基础上必须拟合回归模型，以便进行推算、预测。

根据回归模型自变量的多少可分为一元回归模型和多元回归模型。根据回归模型是否线性可分为线性回归模型和非线性回归模型。根据回归模型是否用滞后的因变量作自变量可分为无自回归现象的回归模型和自回归模型。

3. 一元线性模型的预测过程包括：列出模型 $y_i=a+bx_i+u_i$；求解参数 a、b；进行模型显著性检验，包括经济理论检验和统计检验，统计检验有相关系数检验，t 检验，F 检验，计算剩余均方差以及计算可决系数等；利用回归方程进行预测(点估计和区间估计)。多元回归预测的原理与一元回归预测模型的原理基本相同。

4. 马尔柯夫预测法是应用概率论中马尔柯夫链的理论和方法来研究分析有关经济现象变化规律并借此预测未来状况的一种预测方法。所谓马尔柯夫链，就是一种随机时间序列，它在将来取什么值，只与它现在的取值有关，而与它过去取什么值无关，即无后效性。具备这个性质的离散性随机过程，称为马尔柯夫链。马尔柯夫链预测方法的最简单类型是预测下一期最可能出现的状态。其预测步骤是：①划分预测对象所出现的状态；②计算初始概率；③计算状态转移概率；④根据转移概率进行预测。

市场占有率预测法的原理是：本期市场占有率仅取决于上期市场占有率及转移概率。第 k 期的市场占有率等于初始占有率与 k 步转移概率矩阵的乘积。如果市场的顾客流动趋向长期稳定下去，则经过一段时期以后的市场占有率，将会出现稳定的平衡状态。这时的市场占有率，称为终极市场占有率。据此可进行长期市场占有率预测。所谓期望利润预测是指对商品在市场上销售状态可能发生转变时带来的收益转变的预测，销售状态的改变可视为马尔柯夫链。根据已知的状态转移矩阵和利润矩阵对未来的利润进行预测，即期望利润矩阵预测法。

习　题

一、名词解释

1. 因果分析预测法　2. 经济计量法　3. 相关分析　4. 回归分析　5. 马尔柯夫链

二、填充题

1. 应用因果分析预测法，不仅要求被研究的市场现象之间确实存在相关关系，而且还要求自变量与因变量之间的相关关系密切，即________。

2. 回归分析所研究的变量有自变量和因变量之分，自变量是确定的普遍变量，因变量是________。

3. 最小二乘法的中心思想，是通过数学模型配合一条较为理想的趋势线，这条趋势线必须满足：①原数列的观测值与模型估计值的离差平方和为最小；②原数列的观测值与模型估计值的________的这两点要求。

4. 在统计检验方面，用 t 检验法检验每一个自变量与因变量之间是否存在线性相关关系，即检验每一个自变量和系数 b_i 是否________。

5. 通过运用马尔柯夫链的方法去建立预测模型，就可以预测下一期最可能出现的状态，还可以进行市场占有率预测和________预测。

三、单项选择题

1. 现象之间互相关系的类型有　（　）

A. 函数关系和因果关系　B. 相关关系和函数关系

C. 相关关系和因果关系　D. 回归关系和因果关系

2. 当变量 x 按一定数额变化时，变量 y 的值也随之近似地按固定的数额而变化，那么这时变量 y 和变量 x 间存在着　（　）

A. 正相关关系　B. 负相关关系　C. 复相关关系　D. 直线相关关系

3. 相关系数的取值范围是　（　）

A. $r=0$　B. $-1\leqslant r\leqslant 0$　C. $0\leqslant r\leqslant 1$　D. $-1\leqslant r\leqslant 1$

4. 相关系数 $r=-1$，说明两个变量之间　（　）

A. 无相关关系　B. 低度相关关系

C. 高度相关关系　D. 完全负相关

5. 当所有观察值 y 都落在回归直线 $y=a+bx(b>0)$ 上，则 x 与 y 之间的相关系数　（　）

A. $r=0$　B. $-1<r<1$　C. $r=1$　D. $0<r<1$

6. 已知某企业的产量和生产成本有直接关系，在这条直线上，当产量为 1 000 件时，其生产成本为 30 000元，其中不变成本为 6 000 元，写出总成本对产量的回归方程　（　）

A. $y_c=6\,000+24x$　B. $y_c=6+0.24x$　C. $y_c=2\,400+6x$　D. $y_c=24+6\,000x$

7. 若已知 $\sum(x-\bar{x})^2$ 是 $\sum(y-\bar{y})^2$ 的 2 倍，$\sum(x-\bar{x})\cdot(y-\bar{y})$ 是 $\sum(y-\bar{y})^2$ 的 1.2 倍，则相关系数 r 等于　（　）

A. $\frac{\sqrt{2}}{1.2}$　B. $\frac{1.2}{\sqrt{2}}$　C. 0.92　D. 0.65

8. 年劳动生产率 x（千元）和员工工资 y（元）之间的回归方程为 $y=10+70x$。这意味着年劳动生产率每提高 1 千元时，员工工资平均　（　）

A. 增加 70 元　B. 减少 70 元　C. 增加 80 元　D. 减少 80 元

四、多项选择题

1. 相关回归分析市场预测法的应用条件是　（　）

A. 市场现象的因变量与自变量之间存在相关关系

B. 市场现象的因变量与自变量之间存在线性相关关系

C. 市场现象的因变量与自变量之间高度相关

D. 市场现象存在自相关

E. 市场现象的因变量与自变量之间存在系统的数据资料

2. 为了使自变量和因变量高度相关，应做到　（　）

A. 与因变量有相关关系的因素都选为自变量
B. 只选一个因素作自变量
C. 与因变量有高度相关关系的因素都选为自变量
D. 与因变量没有相关关系的因素都不选为自变量
E. 与因变量只有低度相关关系的因素都不选为自变量

3. 按相关程度可将相关性分析为　（　）
A. 不相关　B. 完全相关　C. 正相关　D. 不完全相关
E. 负相关

4. 直线相关分析的特点是　（　）
A. 两个变量具有对等关系　B. 只能算出一个相关系数
C. 相关系数有正负号　D. 相关的两个变量都是随机的
E. 相关系数的大小反映两变量间相关的密切程度

五、判断题

1. 甲产品产量与单位成本的相关系数是−0.9,乙产品的产量与单位成本的相关系数是0.8,因此乙比甲的相关程度高。　（　）
2. 如两组资料的协方差相同,则说明这两组资料的相关方向也相同。　（　）
3. 相关系数 r 越大,则估计标准误差 S_{yx} 值越大,从而简单直线回归方程的精确度越低。　（　）
4. 由直线回归方程 $y=-450+2.5x$,可知变量 x 与 y 之间存在正相关关系。　（　）
5. 回归系数 b 大于0或小于0时,则相关系数 r 也是大于0或小于0。　（　）

六、简答题

1. 相关系数 r 的取值表明变量之间有什么关系?
2. 什么是 F 检验、t 检验?为什么要做 F 检验、t 检验?如何进行 F 检验、t 检验?
3. 如何计算标准误差?如何应用它进行区间估计?
4. 对于竞争激烈,经常有企业加入或退出的产品,适合用马尔柯夫预测法吗?为什么?

七、计算题

1. 已知观察期数据资料如表11-9所示。

表 11-9　观察期数据资料

x	2	3	5	6	7	9	10	12
y	6	8	11	14	16	19	22	25

要求:
(1) 建立一元线性回归方程模型;
(2) 计算相关系数 r,当显著水平 $\alpha=0.05$ 时,对回归模型进行显著新检验;
(3) 计算标准误差 S_y。

2. 已知回归方程 $y_c=10+0.5x$,且 $\sum y=460$, $\sum xy=7\ 800$, $\sum y^2=8\ 652$,试计算估计标准误差?

3. 某家用电器社会购买力(10万元)与该市家庭人均货币收入(元)的资料如表11-10所示。

表 11-10　某家用电器社会购买力与该市家庭人均货币收入的资料

年度	2005	2006	2007	2008	2009	2010	2011	2012	2013
购买力(10万)	8.5	11.1	13.6	15.8	17.6	20.5	27.8	33.5	39.2
人均货币收入(元)	11.6	14.1	17.1	19.6	22.1	25.6	33.6	40.5	47.8

要求：

(1) 建立一元线性回归方程模型；

(2) 对回归模型进行显著性检验 ($\alpha = 0.05$)；

(3) 如果市民人均收入按 10%增长，试预测该市 2014、2015、2016 年的购买力各是多少？

(4) 对 2014 年该市市民购买力做区间估计 ($\alpha = 0.05$)。

4. 某企业 2007—2014 年产品年利润率(%)与单位成本(元/件)数据资料如表 11-11 所示。

表 11-11　某企业 2007—2014 年产品年利润率与单位成本数据资料

年　度	2007	2008	2009	2010	2011	2012	2013	2014
利润率(%)	10	13	15	16	18	20	22	25
单位成本(元/件)	95	88	84	82	79	75	70	66

要求：

(1) 选择适当的曲线方程建立回归预测模型。

(2) 对回归预测模型进行显著性检验 ($\alpha = 0.05$)。

(3) 若该企业 2015 年产品单位成本降到 63 元，试预测该年的利润率为多少？

(4) 若 2015 年产品利润率控制在 25%～30%之间，则产品的单位成本应控制在什么范围内？

5. 有三家企业 A、B、C，由于产品质量、服务质量、价格、促销、分销等原因，订户的变化如下：4 月份：A 家 200 户；B 家 500 户；C 家 300 户。5 月份：A 家保留 160 户，而从 B 转入 35 户，从 C 转入 30 户。B 家保留 450 户，而从 A 转入 20 户，从 C 转入 30 户。C 保留 240 户，而从 A 转入 20 户，从 B 转入 15 户。试求其转移概率矩阵。

6. 甲、乙、丙三家企业生产销售同种商品，已知三家企业在当地它们的当月市场占有份额为 (0.4　0.3　0.3)，且已知状态转移概率矩阵为

$$\boldsymbol{P} = \begin{bmatrix} 0.5 & 0.25 & 0.25 \\ 0.4 & 0.3 & 0.3 \\ 0.6 & 0.2 & 0.2 \end{bmatrix}$$

求两个月后，他们的市场占有率及终极占有率？

7. 某种商品的销售状态转移矩阵和状态转移利润矩阵分别为

$$\boldsymbol{P} = \begin{pmatrix} 0.5 & 0.5 \\ 0.2 & 0.8 \end{pmatrix} \quad \boldsymbol{R} = \begin{pmatrix} 8 & 3 \\ 5 & -2 \end{pmatrix}$$

求即时期望利润和二步转移期望利润。

8. 某市出租汽车公司有三个管理站，出租汽车司机可以从任何一站借车，也可以交还到任何一站。其借还规律如表 11-12 所示。

表 11-12　借还规律

到／从		交还		
		A	B	C
借用	A	0.8	0.2	0
	B	0.2	0	0.8
	C	0.2	0.2	0.6

问该公司按什么比例配备管理人员才最恰当？

第十二章　经济计量模型预测

学习重点和要点

(1) 理解经济计量模型预测的基本原理，领会经济计量模型中的变量类型及方程类型。掌握经济计量模型的预测程序。

(2) 理解投入产出分析预测的基本概念。认识投入产出表的结构和主要平衡关系。掌握投入产出模型在企业预测中的应用。

(3) 掌握需求弹性预测法和供给弹性预测法。

第一节　经济计量模型预测概述

经济计量学是由诺贝尔经济学奖获得者挪威经济学家费里希和荷兰统计学家丁伯根于20世纪20年代末和30年代初创建，70多年来由创建初期主要用于研究微观经济的消费理论与市场行为、边际生产力、景气循环等方面，发展到重点研究宏观经济的经济理论模型化和数学化。近20年来，建立的协整理论、模型识别理论将经济计量学推进到新的发展阶段，尤其是计算机技术的出现和进步使经济计量学的发展如虎添翼，经济计量模型研究应用由微观模型发展到宏观模型，由地方模型发展到国家模型，甚至世界模型，如美国的“联结计划模型”包括18个国家、7 447个方程和3 368个外生变量。如今，经济计量模型已普遍成为世界各国政府和地方政府实施经济调控和管理的决策工具。

一、经济计量模型预测的基本原理

经济计量模型预测是以经济计量学为理论基础的。经济计量学作为经济领域内的一门应用科学是以实际统计数据为基础，在以经济学理论作定性分析的基础上，运用数学和统计学的定量分析方法，在计算机技术的辅助下拟合经济计量模型，并定量研究模型中具有随机性特征的经济变量间的关系。经济计量学可分为理论经济计量学和应用经济计量学。理论经济计量学是研究如何运用、修正和创建适合于随机经济变量测定、建模、分析的特定的数学和统计学方法；应用经济计量学是以统计数据为依据，在经济理论指导下用经济计量学所提供的方法研究经济问题，即经济计量模型的实用化和实证理论经济规律。

经济计量模型预测是通过建立经济计量模型后，假设若干变量的变动以估计目标变量的变化。它与回归相关预测方法的主要区别在于，回归相关预测是用单个模型拟合因变量与若干自变量之间的关系，并假设每个自变量都是外部产生的，且相互独立，不受所研究的变量间关系的影响。事实上，市场预测领域中社会经济因素往往是相互关联的，并非都产生于所研究关系的外部。一个最普遍的例子就能说明这一现象。例如，为预测液晶电视机的销售量，取价格、普及率、广告费、人均收入为自变量，拟合多元线性回归模型，其实这 4 个变量中仅人均收入来自所研究关系的外部，其他自变量均与销售量相互关联。因此，单个模型预测往往达不到理想的预测结果，解决的办法是拟合联立方程组模型来更全面地描述市场现象。可以设计如下联立方程组

销售量 $=F$（生产量、价格、广告费用、普及率、人均收入水平）
工厂成本 $=F$（生产量、生产成本、广告费用、其他销售费用）
价格 $=F$（工厂成本、普及率、市场竞争）
普及率 $=F$（以前的销售量、人均收入水平）
广告费用 $=F$（销售量、市场竞争）

这一方法就是比回归分析方法复杂得多的经济计量法，上述联立方程组即经济计量模型。

由此看出，单一方程式经济计量模型是分析单方向因果关系，即由说明变量（自变量）来阐明被说明变量（因变量）的变异的单方向因果关系（见图 12-1）。多方程式经济计量模型，也称联立方程经济计量模型或复杂经济计量模型。它是用多个方程式抽象表达预测对象系统内主要变量之间存在着的相互依存关系，通常含有互为因果关系（见图 12-1）。

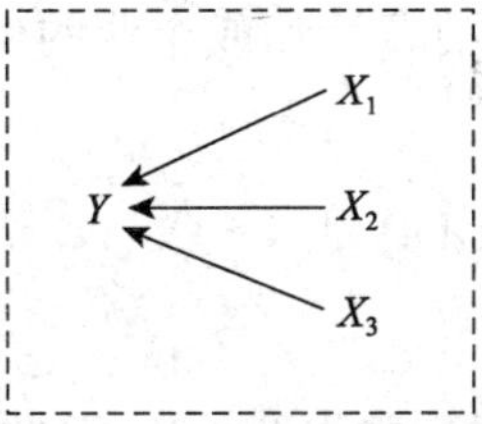

图 12-1　单一方程式经济计量模型

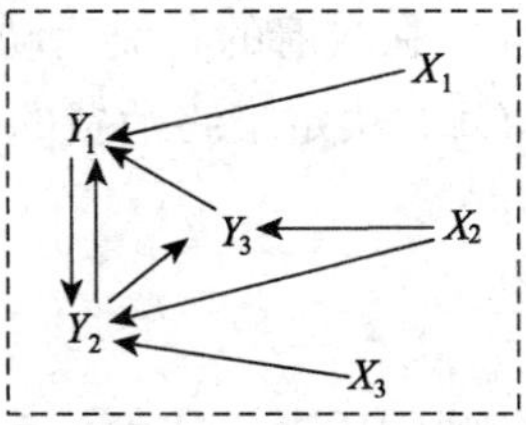

图 12-2　多方程式经济计量模型

二、经济计量模型中的变量类型

经济计量模型通过经济变量来描述和解释经济关系。例如，某商品供求经济计量模型为

$$D_t = a_0 + a_1 P_t + a_2 W_t$$
$$S_t = b_0 + b_1 S_{t-1} + b_2 I_t$$
$$D_t = S_t$$

式中　D_t ——当年需求量；
P_t ——当年价格；
W_t ——当年人均收入；
S_t ——当年供应量；
S_{t-1} ——上年供应量；
I_t ——当年进口量；
$a_0, a_1, a_2, b_0, b_1, b_2$——模型的参数。

$D_t = S_t$ 为均衡条件。此模型共包括 6 个变量，根据它们在模型中的作用，可分为如下类型。

（1）内生变量。内生变量是由所研究的系统内部确定的变量，又称被解释变量。上述模型中，D 和 S 均为内生变量，它们是由模型所决定的经济变量。其中 S_{t-1} 为滞后的内生变量，即前期的内生变量。

（2）外生变量。外生变量是由所研究的系统外部确定的变量，又称解释变量。上述模型中 P、W、I 均为外生变量，它们的变化影响系统的变化，但不受系统变化的影响。

（3）前定变量。前定变量包括外生变量、滞后外生变量和滞后内生变量。上述模型中，P_t、W_t、I_t、S_{t-1} 均为前定变量。前定变量是已知的，或者说是可以预先确定的变量。

（4）虚拟变量。虚拟变量是一种用来表示定性项目的变量，又称假变量。例如，研究农产品供求模型时，对于天气情况，可用虚拟变量表示，气候条件好记为 1，一般记为 0，较差记为 −1。虚拟变量是外生变量的一种。

三、经济计量模型中方程的类型

经济计量模型是由若干方程构成的，其方程类型如下：

1. 行为方程

行为方程是反映经济系统中各种行为的方程，用以描述行为关系。这种方程是建立在政府和居民的消费活动的理论基础上的，大都表现为消费函数。模型中某个被解释变量由解释变量予以说明是建立在政府的各类活动、政府和居民的消费活动或企业的生产活动的理论基础之上的。例如，GDP 决定最终消费的模型为

$$C_t = a_0 + a_1 \mathrm{GDP}_t + a_2 \mathrm{GDP}_{t-1}$$

2. 技术方程

技术方程是反映物质生产技术关系的方程。大都表现为生产函数和利润函数。即模型中的某个被解释变量与解释变量间的结合是取决于经济技术关系或工艺技术关系。例如，怎样搭配投入的资本（K）和劳动（L）的比例，以便产生一个最大的产品数量（Y），就是一个生产技术关系。常用的生产函数是 1928 年美国芝加哥大学经济学家柯布和道格拉斯在对美国制造业 1899—1922 年样本数据进行了统计和研究后，提出了著名的 C-D 生产函数，其对应的生产模型为

$$\hat{Y} = AL^{\alpha}K^{\beta} + \mu_t$$

3. 制度方程

由政府规定的制度、法律、法令所决定的关系，称之为制度关系。描述制度关系的方程，则为制度方程。即在模型中某个被解释变量与解释变量间的关系是由规章制度、法律、法规、条例所给出的。例如，营业税（T）等于销售收入（S）乘以税率 r

$$T_t = r \cdot S_t$$

4. 定义方程

按照某种定义或规定而建立的方程。即模型中某个被解释变量可通过公式由解释变量明确定义时，则称之为定义方程。例如，流动资产周转率等于商品销售收入除以平均流动资金余额；资产负债率等于负债总额除以全部资产余额；商品销售收入（S）等于商品销售（Q）乘以价格（P）：

$$S = Q \cdot P$$

5. 平衡关系方程

模型中的被解释变量与解释变量共同构成的被普遍认可的平衡体系，其表达形式称之为平衡方程。它反映系统内部的平衡状况或普遍认可的平衡体系。如销售收入（S），销售进价成本（C），销售费用（F），销售税金（T）和销售利润（M）之间具有如下平衡关系

$$S = C + F + T + M$$

四、经济计量模型的类型

1. 宏观经济计量模型与微观经济计量模型

经济计量模型按描述的经济关系所涵盖的范围不同，可分为宏观经济计量模型和微观经济计量模型。前者概括反映全社会经济总量而不考虑个体之间差异的宏观经济关系；后者着眼于反映个别经济单位（一个厂商、一个家庭或个人）的个别数量关系，而把全社会总量当作已知的、既定的条件下的微观经济关系。例如，消费函数，如果从全社会总量或全社会人均的角度进行描述，就是宏观经济计量模型；如果从个别家庭或个人的角度进行描述，就是微观经济计量模型。

2. 静态经济计量模型和动态经济计量模型

经济计量模型按描述的经济关系所发生的时间不同，可分为静态经济计量模型和动态经济计量模型。前者的经济变量的数值都是在同一期间发生的，所描述的是静态经济关系。后者的经济变量的数值是在不同时间发生的，所描述的是动态经济关系。例如，消费函数中的当期消费量如果只取决于当期的可支配收入，就是一个静态关系；如果当期消费量不仅取决于当期可支配收入，而且还受过去时期可支配收入的影响，就是一个动态经济关系。

3. 单一方程模型和联立方程模型

经济计量模型按包括方程数目的多少不同，可分为单一方程模型和联立方程模型。前者是描述一种经济关系的模型，如单一的消费函数或生产函数，它可以是线性的，也可以是非线性的；可以是一元的，也可以是多元的。后者是描述某一社会经济系统内多种经济关系的模型，又称结构式模型，通常是由一系列的结构方程（包括行为、技术、制度方程）和定义方程（或平衡方程）组成的联立方程组。联立方程模型小的有几个方程，大的有几十个、几百个或几千个，它取决于研究系统涵盖面及研究的深度和广度。例如，下面的 GDP 决定消费（C）、积累（S）和净出口（I）的模型，就是一个联立方程模型

$$\begin{aligned}
C_t &= a_0 + a_1 \mathrm{GDP}_t + a_2 \mathrm{GDP}_{t-1} \\
S_t &= b_0 + b_1 \mathrm{GDP}_t + b_2 T \\
I_t &= c_0 + c_1 \mathrm{GDP}_t \\
\mathrm{GDP}_t &= C_t + S_t + I_t
\end{aligned}$$

五、经济计量模型的预测程序

1. 模型设计

设计经济计量模型，首先应考虑作为研究对象的经济体系范围大小和研究任务的要求，找出经济体系中主要经济变量，包括内生变量和外生变量，决定经济计量模型包括的方程和变量

数量;然后,按照经济理论,用合适的方程来描述经济体系中的各种经济关系。其方程可以是线性的,也可以是非线性的;可以是一元的,也可以是多元的;可以是静态的经济关系,也可以是动态的经济关系。一般来说,经济体系中有多少个内生变量,就设计多少个方程,从而构成一个完整的经济计量模型。

2. 模型识别

模型的识别是指判别模型的结构参数能否根据统计数据做出唯一的估计,亦即联立方程能否有解,以及解的个数是否唯一的问题的判断。设 G 为模型中方程的个数, m 为需要识别方程中内生变量的个数, k 为模型中前定变量的个数, R 为需要识别方程中前定变量的个数。识别的法则一般为:① $k-R=m-1$, 方程为恰好识别;② $k-R>m-1$, 方程为过度识别;③ $k-R<m-1$, 方程为不可识别。

上述识别法则称为可识别性的条件,通常能足以保证方程的可识别性。恰好识别和过度识别的方程中的参数中都是能估计的,二者均为可识别的。不可识别的方程是无法估计结构参数的,因此,模型设计时,应考虑模型中所有方程都是可识别的。例如,上述 GDP 决定消费、积累和净出口的模型中,共有三个结构方程,前定变量共有 3 个 ($k=3$);消费方程有一个内生变量,2 个前定变量;积累方程有一个内生变量,2 个前定变量;净出口方程有 1 个内生变量,1 个前定变量。用以上法则判别,3 个方程都是可识别的,且为过度识别。

3. 模型估计

模型的全部方程都是可识别的,则可利用统计数据(时序数据或横截面数据)采用一定的估计方法,对模型中各结构方程的结构参数做出估计。估计的方法分为单一方程估计法和方程组法两大类。

单一方程估计法又称有限信息法,它是个别的估计联立方程组中的每一个方程,它仅考虑对该方程的约束(如对某些变量的排除),而不考虑对其他方程的约束。单一方程估计方法包括普通最小二乘法、间接最小二乘法、二阶最小二乘法等。

方程组法又称完全信息法,它同时估计模型中的全部方程,它需要考虑因某些变量排除而对方程组造成的全部约束。方程组法包括三阶最小二乘法和完全信息最大似然法。方程组法计算过程复杂,计算量很大,而且某个方程有误或有偏,则误差将传至其他方程,从而影响全体,因此,在实践中方程组法运用很少。下面是几种常用的单一方程估计法。

(1) 普通最小二乘法(OLS)。普通最小二乘法是单独对联立方程模型中每个方程进行最小二乘法估计(见第十一章有关内容)。由于联立方程模型中存在着错综复杂的因果关系,单个方程估计不能考虑全部内、外生变量的差别和相互制约及影响,因而它往往不符合标准线性模型的假设,估计的结果从理论上说是有偏差的。如果建立经济计量模型的目的在于预测未来,而不在于准确地解释经济结构关系,那么,采用最小二乘法估计也是可行的。

【例 12-1】 某市近 17 年的城镇居民人均收、支、余及 GDP 的有关数据如表 12-1 所示。

表 12-1 某市近 17 年的城镇居民人均收、支、余及 GDP 的有关数据

年 序	人均可支配收入(元)	人均消费支出(元)	当年人均储蓄(元)	GDP (亿元)	消费额 (亿元)	上年消费额(亿元)	积累额 (亿元)
1	901	799	102	101.3	65.4	57.7	38.5
2	1 002	884	11/	117.8	74.5	65.4	43.2

（续表）

年 序	人均可支配收入(元)	人均消费支出(元)	当年人均储蓄(元)	GDP(亿元)	消费额(亿元)	上年消费额(亿元)	积累额(亿元)
3	1 180	1 104	76	147.0	93.6	74.5	55.0
4	1 374	1 211	163	164.7	105.6	93.6	61.0
5	1 510	1 279	231	183.2	113.7	105.6	64.4
6	1 701	1 454	247	212.8	131.5	113.7	75.2
7	2 027	1 672	355	258.6	159.5	131.5	96.4
8	2 577	2 111	466	345.0	201.8	159.5	150.0
9	3 496	2 851	645	466.9	268.0	201.8	192.6
10	4 283	3 538	745	585.1	336.4	268.0	238.8
11	4 839	3 920	918	683.3	400.0	336.4	268.7
12	5 160	4 186	974	748.9	435.8	400.0	284.6
13	5 425	4 332	109	3790.0	464.1	435.8	295.5
14	5 854	4 616	1 238	826.7	487.2	464.1	307.0
15	6 280	4 998	1 282	893.4	546.0	487.2	325.0
16	6 860	5 306	1 551	985.9	589.3	546.0	374.6
17	7 702	6 030	1 672	1 065.5	620.6	589.3	419.5

若把 GDP 看作是影响居民人均可支配收入(S)、人均消费支出(C)的重要变量，则有

$$\left.\begin{aligned} S_t &= a_0 + a_1 \mathrm{GDP}_t \quad (1) \\ C_t &= b_0 + b_1 S_t \quad (2) \end{aligned}\right\} \text{（模型 I）}$$

采用普通最小二乘法估计，结果如下

$$\hat{S}_t = 229.895\,9 + 6.793\,6GDP_t,\ R = 0.999\,2,\ S_y = 95.781\,1,\ DW = 1.238\,9$$
$$(42.7547) \qquad (0.0711)$$

$$\hat{C}_t = 150.017\,2 + 0.767\,9S_t,\ R = 0.999\,6,\ S_y = 52.344\,9,\ DW = 1.328\,4$$
$$(24.466\,1) \quad (0.005\,7)$$

(2) 间接最小二乘法(ILS)。间接最小二乘法适用于估计恰好识别模型的结构参数。运用时首先应根据方程组推导出简化方程(又称诱导方程)；其次，用普通最小二乘法估计简化型方程的结构参数；最后，用简化方程的结构参数及某一方程估计的结果，推导出另一方程的结构参数。

如例 12-1 建立的模型 I，经识别为恰好识别模型。若将(1)式代入(2)式，可得

$$C_t = b_0 + b_1 S_t = b_0 + b_1(a_0 + a_1 \mathrm{GDP}_t) = \beta_0 + \beta_1 \mathrm{GDP}_t$$

其中，$\beta_0 = b_0 + a_0 b_1$，$\beta_1 = a_1 b_1$，根据表 12-1 的数据，用最小二乘法估计的简化型方程为

$$\hat{C}_t = 326.101\,0 + 5.218\,0\mathrm{GDP}_t,\ R = 0.998\,9,\ S_y = 83.626\,9,\ DW = 1.739\,3$$
$$(37.329\,3) \qquad (0.063\,2)$$

由前面估计人均可支配收入方程的 a_0、a_1 参数，求解人均消费支出方程的 b_0、b_1 参数

$$a_0 = 229.895\ 9 \quad a_1 = 6.793\ 6$$

由
$$\beta_1 = a_1 b_1,\ b_1 = 0.768\ 1$$

由
$$\beta_0 = b_0 + a_0 b_1,\ b_0 = 149.518\ 0$$

用间接最小二乘法估计的人均消费支出方程为 $\hat{C}_t = 149.518\ 0 + 0.768\ 1 S_t$

也可直接使用简化型方程，由 GDP_t 解释和预测人均消费支出。

对用普通最小二乘法和间接最小二乘法估计的人均消费支出方程的估计结果进行比较，发现两者的差别是比较小的。在许多场合下，二者的估计往往存在较大的差别，普通最小二乘法(OLS)不适当地被应用于联立方程的参数估计，往往会歪曲真实的经济结构关系。对预测来说，很难说明哪种估计方法对未来的预测更准确，因为未来的变化本身具有不确定性。

(3) 二阶最小二乘法(2SLS)。二阶最小二乘法估计适用于估计过度识别模型的结构参数，它可以克服某个重要的内生变量 (Y_i) 和误差项 (e_i) 之间的可能的相关性带来的不利影响。具体估计时应分两步走。第一步，先求内生变量 (Y_i) 对整个方程组中的全部前定变量的回归方程，并给出一组 Y_i 的估计值 ($\hat{Y}_i$)；第二步，将内生变量的估计值 ($\hat{Y}_i$) 与方程所包括的其他前定变量作为解释变量，再运用最小二乘法估计原方程的结构参数。

根据表 12-1 提供的数据，为了更好地应用GDP中的消费额 (x_1)、积累额 (x_2) 解释城镇居民人均收入、支出、余额是如何决定的，我们设计下列模型

$$\left.\begin{aligned} S_t &= a_0 + a_1 x_1 + a_2 x_2 && (1) \\ C_t &= b_0 + b_1 S_t + b_2 x_{1t-1} && (2) \\ I_t &= r_0 + r_1 S_t + r_2 x_{1t-1} && (3) \\ S_t &= C_t + I_t && (4) \end{aligned}\right\} \quad (\text{模型Ⅱ})$$

模型Ⅱ中，I_t 为当年储蓄。经识别，模型中的 3 个结构方程均为过度识别，宜采用 2SLS 估计模型的结构参数。S_t 为重要的内生变量，它与模型中全部前定变量的回归方程为

$$S_t = \beta_0 + \beta_1 x_1 + \beta_2 x_{1t-1} + \beta_3 x_2$$

用最小二乘法估计的结果为

$$\hat{S}_t = 215.435\ 1 + 4.296\ 0 x_1 + 1.370\ 0 x_{1t-1} + 9.247\ 0 x_2$$
$$(45.863\ 0) \quad (2.163\ 3) \quad (1.392\ 0) \quad (1.839\ 2)$$
$$R = 0.999\ 4,\ S_y = 86.283\ 4,\ DW = 1.975\ 7$$

由此方程，可求得一组估计值 $\hat{S}_t$。然后将 $\hat{S}_t$ 的估计值分别与方程(1)、(2)、(3)的有关变量一起，第二次运用最小二乘法估计原方程的结构参数，得到

$$\hat{S}_t = 191.795\ 7 + 6.156\ 5 x_1 + 8.376\ 5 x_2,\ R = 0.999\ 96,\ S_y = 22.695\ 9,\ DW = 1.379\ 4$$
$$(10.277\ 1) \quad (0.276\ 7) \quad (0.422\ 1)$$

$$\hat{C}_t = 116.909\ 4 + 0.859\ 0 \hat{S}_1 + 1.126\ 1 x_{1t-1},\ R = 0.999\ 2,\ S_y = 77.161\ 6,\ DW = 2.399\ 2$$
$$(44.105\ 6) \quad (0.070\ 1) \quad (0.960\ 9)$$

$$\hat{I}_t = -116.809\ 4 + 0.140\ 6 \hat{S}_1 + 1.129\ 7 x_{1t-1},\ R = 0.995\ 9,\ S_y = 51.815\ 2,\ DW = 1.247\ 1$$
$$(29.557\ 2) \quad (0.047\ 1) \quad (0.578\ 1)$$

$$\hat{S}_t = \hat{C}_t + \hat{I}_t$$

为了便于比较，下面列出的是普通最小二乘法(OLS)估计的结果

$$\hat{S}_t = 191.765\,7 + 6.156\,5x_1 + 8.376\,5x_2,\ R = 0.999\,4,\ S_y = 86.186\,8,\ DW = 1.898\,6$$
$$(39.028\,6)\quad (1.050\,9)\quad (1.160\,3)$$

$$\hat{C}_t = 120.619\,1 + 0.850\,0S_1 - 1.015\,8x_{1t-1},\ R = 0.999\,7,\ S_y = 47.927\,7,\ DW = 1.425\,2$$
$$(26.908\,4)\quad (0.041\,9)\quad (0.514\,9)$$

$$\hat{I}_t = -120.541\,0 + 0.149\,8S_1 + 1.018\,7x_{1t-1},\ R = 0.996\,5,\ S_y = 47.790\,0,\ DW = 1.417\,4$$

4. 模型检验

对模型的结构参数估算的结果进行评价和检验的内容主要包括模型的经济意义分析、配合优良度测定、误差分析、总体相关系数的 F 检验、结构参数的 t 经验、误差序列相关的 $D \cdot W$ 检验、多重共线性程度的判别等。经过检验，如果发现估计的结果存在严重的问题，就应怀疑建模依据的经济理论假设是否正确，并且应对模型进行全部或部分调整与修正，或改变全部或部分方程的估算方法，或者推倒模型进行重新设计。以上建立的模型Ⅰ和模型Ⅱ，基本上都能通过各项检验，读者可自行进行各种检验。

5. 模型使用

建造模型、估算参数、检验估算结果，最终都是为了使用模型。模型的使用分为经济结构分析、预测未来和规划政策三大项。对预测来说，首先应确定模型中所有前定变量的数值，然后代入模型中求内生变量的预测值。如在例 12-1 中，预测下一年度（$t = 18$）GDP 为 1 166.2亿元，消费总额为 676.4 亿元(本年消费总额 620.6 亿元)，资本积累总额为 460.6 亿元，用模型Ⅰ和模型Ⅱ预测出结果如表 12-2 所示。

表 12-2　不同模型和不同估计方法预测比较

项目	模型Ⅰ		模型Ⅱ	
	OLS	ILS	2SLS	OLS
人均可支配收入	8 152.59	8 152.59	8 213.85	8 213.82
人均消费支出额	6 410.39	6 411.52	6 473.75	6 471.96
人均当年储蓄额	1 742.20	1741.07	1 740.10	1 741.86

第二节　投入产出分析预测

一、投入产出分析预测的基本概念

投入产出法，又叫部门联系平衡法或产业关联法。它是运用投入产出模型，对国民经济各部门、各地区、各企业内部和它们之间的经济联系进行经济分析的一种科学方法。

所谓投入，是指从事经济活动所消耗的生产资料(包括原材料、辅助材料、燃料、动力等中间产品和机器、设备、厂房等固定资产)和投入劳动所创造的新价值(包括劳动报酬和社会纯收入)。所谓产出，是指生产部门的成果，包括供生产消耗的中间产品和本期不再加工可供最终消费和使用的最终产品。每个部门要进行生产都需要其他部门的产品作为投入；同时，每个部门必须把自己的产品分配给其他部门。投入产出的这种关系，是生产过程的客观反映。显然，在一

定时期，某种生产的产出水平受投入水平的影响。投入与产出之间，存在一定的数量联系关系。

投入产出分析预测，就是利用投入产出分析理论，研究认识预测对象间的数量联系关系，建立投入产出数学模型去描述这种数量联系。进而依据投入产出模型，将已掌握的模型中某些变量的数值输入模型，去推测模型中另一些变量的数值，以便为国家管理、企业经营和科学研究，提供可靠的数量依据。

投入产出分析预测的主要程序是：首先，要明确要解决的问题，并紧紧围绕研究目的和研究对象，认真开展调查研究，广泛收集所需信息；其次，根据研究目的和研究对象的具体情况认真编制投入产出表；第三，建立投入产出数学模型，并寻求最优解。

二、投入产出表

投入产出分析的基本工具是投入产出表。

(一) 投入产出表的种类

投入产出表按其编制范围分为全国表、地区表、部门表和企业表；按表现形态和计量单位分为实物表和价值表；按具体内容分为产品表、劳动表、固定资产表等；按编制任务分为统计表、预测表和计划表；按时间状态分为静态表和动态表。有时，一张表可包括多种分类。

(二) 投入产出表的基本结构

为了说明投入产出表的基本结构，我们列举一张简化了的价值形态、静态投入产出表（见表 12-3）。在表 12-3 中，我们简单地把国民经济划分为甲、乙、丙三个部门。该表主栏包括物资消耗、新创造价值和总产值三大项，没有列出固定资产折旧。表的横栏包括中间产品、最终产品和总产品。没有列出更新固定资产的产品和净出口等项目。

表 12-3　投入产出表

投入 \ 产出		消耗部门 j				最终产品			总产品 X_i
		中间产品				积累 z_i	消费 W_i	合计 y_i	
		甲 x_{i1}	乙 x_{i2}	丙 x_{i3}	$\sum x_{ij}$				
生产部门 i	甲 x_{1j}	x_{11}	x_{12}	x_{13}	$\sum x_{1j}$	z_1	W_1	y_1	X_1
	乙 x_{2j}	x_{21}	x_{22}	x_{23}	$\sum x_{2j}$	z_2	W_2	y_2	X_2
	丙 x_{3j}	x_{31}	x_{32}	x_{33}	$\sum x_{3j}$	z_3	W_3	y_3	X_3
	$\sum X_{ij}$	$\sum x_{i1}$	$\sum x_{i2}$	$\sum x_{i3}$	$\sum\sum x_{ij}$	$\sum z_i$	$\sum W_i$	$\sum y_i$	$\sum X_i$
新创造价值	劳动报酬 V_j	V_1	V_2	V_3	$\sum V_j$				
	社会纯收入 M_j	M_1	M_2	M_3	$\sum M_j$				
总产值 X_{ij}		X_1	X_2	X_3	$\sum X_j$				

注　i 代表横行的生产产品的部门；j 代表纵栏的消耗产品的部门；x_{ij} 代表第 i 部门生产的供给 j 部门消耗的产品数量，或第 j 部门消耗第 i 部门的产品量；X_i 代表第 i 部门的总产量；x_j 代表第 j 部门的总产量；y_i 代表第 i 部门生产的最终产品量；z_i 代表第 i 部门的产品作为积累的数量；W_i 代表第 i 部门的产品作为消费的数量；V_j 代表第 j 部门劳动者必要劳动所创造的价值，即劳动报酬；M_j 代表第 j 部门劳动者为社会创造的纯收入，即利润和税金等。

投入产出表的横行反映国民经济各部门产品分配和使用去向。一部分分配给本部门和其他部门作为本期生产消耗，称为中间产品。一部分用于积累、消费、出口等，称为最终产品。一定部门的总产品等于该部门的中间产品加最终产品，这种关系用方程组可表示为

$$x_{11}+x_{12}+x_{13}+y_1=X_1$$
$$x_{21}+x_{22}+x_{23}+y_2=X_2$$
$$x_{31}+x_{32}+x_{33}+y_3=X_3$$

上述方程组可简写为

$$\sum_{j=1}^{n}x_{ij}+y_i=X_i\quad(i=1,\ 2,\ 3,\ \cdots,\ n)$$

该公式称为产品的分配使用方程。

投入产出表的纵向，反映产品的价值形成过程。一部分是在生产过程中消耗本部门和其他部门中间产品的转移价值；一部分是劳动者为个人劳动和为社会劳动新创造的价值。一定部门的总产值等于该部门生产过程消耗的中间产品的价值加投入活劳动新创造的价值。这种关系用数学方程可表示为

$$x_{11}+x_{21}+x_{31}+V_1+M_1=X_1$$
$$x_{12}+x_{22}+x_{32}+V_2+M_2=X_2$$
$$x_{13}+x_{23}+x_{33}+V_3+M_3=X_3$$

此方程组可以简写为：

$$\sum_{i=1}^{n}x_{ij}+V_j+M_j=X_j\quad(j=1,\ 2,\ 3,\ \cdots,\ n)$$

该方程称为产品的生产消耗方程式或产品费用方程式。

表 12-3 中有两条相互垂直的双线，把表分为四部分。

第Ⅰ部分(左上角)由几个物质生产部门纵横交叉所组成，横行和纵列的部门数相同，排列的次序也完全一致，形成正方形棋盘式表格。每横行表示该部门的产品产出以后，分配给各部门使用的数量。每一纵列表示各该部门当期生产活动中各种原材料、燃料等生产资料的投入，也是消耗各部门物质产品的数量。对角线上各格的数字，是各部门产品在本部门内的消耗。本部分反映各部门之间在生产资料生产和消耗上的技术经济联系，是投入产出表的基本部分。

第Ⅱ部分(右上角)主栏是各物质生产部门，横栏是最终产品。反映各部门生产的产品最终用于积累和消费的情况。从纵列可以计算积累和消费的比率关系和构成。

第Ⅲ部分(左下角)纵栏是新创造产品的价值构成，横栏是各物质消耗部门。反映各物质生产部门新创造的价值，包括劳动者的个人收入和社会纯收入数量。说明国民收入初次分配情况和各部门国民收入的比重。

第Ⅳ部分(右下角)，从理论上讲应反映国民收入的再分配过程，但由于国民收入再分配过程十分复杂，难以明确反映。因此，一般略而不用。

(三) 投入产出表的主要平衡关系

(1) 第Ⅰ部分与第Ⅱ部分合计之和等于第Ⅰ部分与第Ⅲ部分合计之和，即

$$\sum X_i = \sum X_j$$

其中,每一行两个合计之和也等于相应每列两个合计之和,即

$$\sum x_{1j} + y_1 = \sum x_{i1} + V_1 + M_1$$
$$\sum x_{2j} + y_2 = \sum x_{i2} + V_2 + M_2$$
$$\sum x_{3j} + y_3 = \sum x_{i3} + V_3 + M_3$$

可见,整个国民经济和国民经济各部门生产的产品和分配使用的产品在总量上是相等的。

(2) 第Ⅱ部分的合计与第Ⅲ部分的合计相等,即

$$\sum y_i = \sum V_j + \sum M_j$$

这说明社会在一定时期创造的国民收入与最终使用的国民收入,在总量上是相等的。但第Ⅱ部分各行合计与第Ⅲ部分各相对应列的合计是不相等的,说明各个部门当期提供的最终产品量不等于各该部门当期创造的净产值。

三、直接消耗系数和完全消耗系数

在投入产出分析中,有两个重要的相对指标,这就是直接消耗系数和完全消耗系数。它们不仅能够反映国民经济各部门的技术经济联系,而且可用于进行经济分析和预测。

(一) 直接消耗系数

直接消耗系数就是单位产品的消耗量,用 a_{ij} 表示。 a_{ij} 表示第 j 部门生产单位产品所直接消耗的第 i 部门的产品数量。因此,它能反映 j 部门和 i 部门在一定生产技术条件下的技术经济联系。当各种条件相对稳定时, a_{ij} 是一个定数。可以利用投入产出表按纵栏依次计算出来。其基本算式为

$$a_{ij} = x_{ij} / X_j$$

直接消耗系数是以部门物质技术联系为基础的,故又叫技术系数。a_{ij} 数值越大,说明 j 部门与 i 部门之间的联系越密切; a_{ij} 数值越小,则说明 j 部门与 i 部门之间的联系越不密切; a_{ij} 为零时,说明该两部门之间不存在直接生产联系。

(二) 完全消耗系数

完全消耗系数就是生产某产品时,单位产品所直接、间接消耗的(即完全消耗的)另一种产品的数量。完全消耗系数用 b_{ij} 表示,它是根据直接消耗系数 a_{ij} 计算出来的,一般利用矩阵求逆的方法计算。

四、利用投入产出表进行预测

(一) 已知各部门的总产值预测数(或计划数),预测各部门提供的中间产品、最终产品及消耗的生产资料和新创造国民收入

假设已编制出一张投入产出表(见表 12-4),再假定制定了明年总产值计划为甲部门 40 亿元、乙部门 110 亿元、丙部门 60 亿元,总产值共 210 亿元。同时已知三部门的计划积累

率依次是22%、23%、20%。现要求预测明年的下列指标：

(1) 各部门提供的中间产品数。

(2) 各部门提供的最终产品数。

(3) 各部门消耗的中间产品数。

(4) 各部门新创造的国民收入。

(5) 各部门生产的净产品中用于积累和消费的数量。

(6) 总的积累率。

表12-4　简化投入产出表　　单位:亿元

投入＼产出		消耗部门 j 中间产品 甲 x_{i1}	乙 x_{i2}	丙 x_{i3}	$\sum x_{ij}$	最终产品 积累 z_i	消费 W_i	合计 y_i	总产值 X_i
生产部门 i	甲 x_{1j}	3	1	4	8	2	10	12	20
	乙 x_{2j}	5	55	10	70	8	8	16	86
	丙 x_{3j}	1	3	12	16	2	22	24	40
	$\sum X_{ij}$	9	59	26	94	12	40	52	146
净产值	劳动报酬 V_j	8	10	6	24				
	社会纯收入 M_j	4	16	8	28				
	合计 V_j+M_j	12	26	14	52				
总产值 X_j		21	85	40	146				

(1) 用直接消耗系数推算各部门中间产品数。

因为
$$a_{ij}=x_{ij}/X_j$$
所以
$$x_{ij}=a_{ij}X_j$$

① 计算各部门直接消耗系数。

$$a_{11}=x_{11}/X_1=3/21=0.124\ 9 \quad a_{21}=x_{21}/X_1=5/21=0.238\ 1$$
$$a_{31}=x_{31}/X_1=1/21=0.047\ 6$$

其余类推,计算结果见表12-5。

表12-5　直接消耗系数计算表

投入＼产出		消耗部门 甲	乙	丙
生产部门	甲	$a_{11}=\frac{3}{21}=0.142\ 9$	$a_{12}=\frac{1}{85}=0.011\ 8$	$a_{13}=\frac{4}{40}=0.100\ 0$
	乙	$a_{21}=\frac{5}{21}=0.238\ 1$	$a_{22}=\frac{55}{85}=0.647\ 1$	$a_{23}=\frac{10}{40}=0.250\ 0$
	丙	$a_{31}=\frac{1}{21}=0.047\ 6$	$a_{32}=\frac{3}{85}=0.035\ 3$	$a_{33}=\frac{12}{40}=0.300\ 0$

② 推算各部门提供的中间产品数。

$$\text{甲部门:}\begin{cases}x_{11}=a_{11}X_1=0.142\,9\times 40=5.716\\ x_{12}=a_{12}X_2=0.011\,8\times 110=1.298\\ x_{13}=a_{13}X_3=0.100\,0\times 60=6.000\end{cases}$$

$$\text{乙部门:}\begin{cases}x_{21}=a_{21}X_1=0.238\,1\times 40=9.524\\ x_{22}=a_{22}X_2=0.647\,1\times 110=71.181\\ x_{23}=a_{23}X_3=0.250\,0\times 60=15.000\end{cases}$$

$$\text{丙部门:}\begin{cases}x_{31}=a_{31}X_1=0.047\,6\times 40=1.904\\ x_{32}=a_{32}X_2=0.035\,3\times 110=3.883\\ x_{33}=a_{33}X_3=0.300\,0\times 60=18.000\end{cases}$$

(2) 计算各部门最终产品数。公式为:最终产品量=总产量-中间产品量,所以

甲部门最终产品=40-(5.716+1.298+6.000)=26.986

乙部门最终产品=110-(9.524+71.181+15.000)=14.295

丙部门最终产品=60-(1.904+3.883+18.000)=36.213

(3) 计算各部门消耗的中间产品预测数。用直接消耗系数推算

$$\text{甲部门消耗的中间产品预测数}\begin{cases}x_{11}=a_{11}X_1=0.142\,9\times 40=5.716\\ x_{21}=a_{21}X_1=0.238\,1\times 40=9.524\\ x_{31}=a_{31}X_1=0.047\,6\times 40=1.904\end{cases}$$

$$\text{乙部门消耗的中间产品预测数}\begin{cases}x_{12}=a_{12}X_2=0.011\,8\times 110=1.298\\ x_{22}=a_{22}X_2=0.647\,1\times 110=71.181\\ x_{32}=a_{32}X_2=0.035\,3\times 110=3.883\end{cases}$$

$$\text{丙部门消耗的中间产品预测数}\begin{cases}x_{13}=a_{13}X_3=0.100\,0\times 60=6.000\\ x_{23}=a_{23}X_3=0.250\,0\times 60=15.000\\ x_{33}=a_{33}X_3=0.300\,0\times 60=18.000\end{cases}$$

(4) 计算各部门新创造的国民收入。公式为:新创造价值=总产值-物质消耗,所以

甲部门新创造的国民收入=40-(5.716+9.524+1.904)=22.856

乙部门新创造的国民收入=110-(1.298+71.181+3.883)=33.638

丙部门新创造的国民收入=60-(6.000+15.000+18.000)=21.000

(5) 计算各部门净产品(本例即最终产品)中用于积累和消费的数量。

积累额=最终产品×积累率

甲部门积累额=26.986×22%=5.937

乙部门积累额=14.295×23%=3.288

丙部门积累额=36.213×20%=7.243

消费额=最终产品-积累额

甲部门消费额=26.986-5.937=21.049

乙部门消费额=14.295-3.288=11.007

丙部门消费额=36.213-7.243=28.97

（6）计算国民经济总的积累率。公式：积累率＝积累额/国民收入，所以

积累总额＝各部门积累额之和＝5.937＋3.288＋7.243＝16.468

国民收入总额＝各部门国民收入之和＝22.856＋33.638＋21.000＝77.494

积累率＝积累额 / 国民收入＝16.468/77.494＝0.2125＝21.25％

以上各项预测指标列于表 12-6。

表 12-6 投入产出预测表 单位：亿元

<table>
<tr><th colspan="2" rowspan="2">产出 / 投入</th><th colspan="4">消耗部门 j（中间产品）</th><th colspan="3">最 终 产 品</th><th rowspan="2">计划总产值 X_i</th></tr>
<tr><th>甲 x_{i1}</th><th>乙 x_{i2}</th><th>丙 x_{i3}</th><th>$\sum x_{ij}$</th><th>积累 z_i</th><th>消费 W_i</th><th>合计 y_i</th></tr>
<tr><td rowspan="4">生产部门 i</td><td>甲 x_{1j}</td><td>5.716</td><td>1.298</td><td>6.000</td><td>13.014</td><td>5.937</td><td>21.049</td><td>26.986</td><td>40</td></tr>
<tr><td>乙 x_{2j}</td><td>9.524</td><td>71.181</td><td>15.000</td><td>95.705</td><td>3.288</td><td>11.007</td><td>14.295</td><td>110</td></tr>
<tr><td>丙 x_{3j}</td><td>1.904</td><td>3.883</td><td>18.000</td><td>23.787</td><td>7.243</td><td>28.970</td><td>36.213</td><td>60</td></tr>
<tr><td>$\sum X_{ij}$</td><td>17.144</td><td>76.362</td><td>39.000</td><td>132.506</td><td>16.468</td><td>61.026</td><td>77.494</td><td>210</td></tr>
<tr><td colspan="2">国民收入 V_i+M_i</td><td>22.856</td><td>33.638</td><td>21.000</td><td>77.494</td><td></td><td></td><td></td><td></td></tr>
<tr><td colspan="2">计划总产值 X_j</td><td>40</td><td>110</td><td>60</td><td>210</td><td></td><td></td><td></td><td></td></tr>
</table>

（二）已知各部门的最终产值，预测各部门的总产值和国民经济总产值

假设已编出一张投入产出表如表 12-4 所示，并经过预测已知甲、乙、丙三个部门明年的最终产品量将分别增加到 22.986、14.295、36.213，试预测明年各部门的总产值和国民经济总产值。

解 第一步，将表 12-5 中的直接消耗系数代入投入产出表中各部门的产品分配使用方程组，得：

$$0.142\,9X_1+0.011\,8X_2+0.100\,0X_3+y_1=X_1$$
$$0.238\,1X_1+0.647\,1X_2+0.250\,0X_3+y_2=X_2$$
$$0.047\,6X_1+0.035\,3X_2+0.300\,0X_3+y_3=X_3$$

整理得方程组：

$$0.857\,1X_1-0.011\,8X_2-0.100\,0X_3=y_1$$
$$-0.238\,1X_1+0.352\,9X_2-0.250\,0X_3=y_2$$
$$-0.047\,6X_1-0.035\,3X_2+0.700\,0X_3=y_3$$

上列诸 X 的系数矩阵即为列昂惕夫矩阵 $(\boldsymbol{E}-\boldsymbol{A})$，即

$$(\boldsymbol{E}-\boldsymbol{A})=\begin{bmatrix}0.857\,1 & -0.011\,8 & -0.100\,0\\ -0.238\,1 & 0.352\,9 & -0.250\,0\\ -0.047\,6 & -0.035\,3 & 0.700\,0\end{bmatrix}$$

矩阵 $(\boldsymbol{E}-\boldsymbol{A})$ 是矩阵 $\boldsymbol{E}$ 与矩阵 $\boldsymbol{A}$ 相减得到的，其中矩阵 $\boldsymbol{E}$ 为单位矩阵，矩阵 $\boldsymbol{A}$ 是直接消耗系数矩阵。其计算过程如下

$$(\boldsymbol{E}-\boldsymbol{A})=\begin{bmatrix}100\\010\\001\end{bmatrix}-\begin{bmatrix}0.1429 & 0.011\,8 & 0.100\,0\\0.238\,1 & 0.647\,1 & 0.250\,0\\0.047\,6 & 0.035\,3 & 0.300\,0\end{bmatrix}=\begin{bmatrix}0.857\,1 & -0.011\,8 & -0.100\,0\\-0.238\,1 & 0.352\,9 & -0.250\,0\\-0.047\,6 & -0.035\,3 & 0.700\,0\end{bmatrix}$$

第二步，求完全消耗系数矩阵。可以证明，完全消耗系数矩阵就是列昂惕夫矩阵 $(\boldsymbol{E}-\boldsymbol{A})$ 的逆矩阵 $(\boldsymbol{E}-\boldsymbol{A})^{-1}$ 再减去单位矩阵 $\boldsymbol{E}$，即完全消耗系数矩阵为：$(\boldsymbol{E}-\boldsymbol{A})^{-1}-\boldsymbol{E}$

$$(\boldsymbol{E}-\boldsymbol{A})^{-1}=\begin{bmatrix}0.857\,1 & -0.011\,8 & -0.100\,0\\-0.238\,1 & 0.352\,9 & -0.250\,0\\-0.047\,6 & -0.035\,3 & 0.700\,0\end{bmatrix}^{-1}=\begin{bmatrix}1.193\,782 & 0.059\,086 & 0.191\,642\\0.883\,705 & 2.871\,828 & 1.193\,180\\0.126\,306 & 0.154\,443 & 1.501\,773\end{bmatrix}$$

完全消耗系数为 $$(\boldsymbol{E}-\boldsymbol{A})^{-1}-\boldsymbol{E}=\begin{bmatrix}1.193\,782 & 0.059\,086 & 0.191\,642\\0.883\,705 & 2.871\,828 & 1.193\,180\\0.126\,306 & 0.154\,443 & 1.501\,773\end{bmatrix}-\begin{bmatrix}100\\010\\001\end{bmatrix}$$

$$=\begin{bmatrix}0.193\,782 & 0.059\,086 & 0.191\,642\\0.883\,705 & 1.871\,828 & 1.193\,180\\0.126\,306 & 0.154\,443 & 0.501\,773\end{bmatrix}$$

第三步，用完全消耗系数和各部门的最终产品预计数预测各部门总产值。其计算公式为

$$X_i=\sum b_{ij}y_i+y_i$$

所以：

甲部门总产值预测值 $X_1=b_{11}y_1+b_{12}y_2+b_{13}y_3+y_1$
$=0.193\,782\times 26.986+0.059\,086\times 14.295+0.191\,642\times 36.213+26.986=40$(亿元)

乙部门总产值预测值 $X_2=b_{21}y_1+b_{22}y_2+b_{23}y_3+y_2$
$=0.883705\times 26.986+1.871828\times 14.295+1.193180\times 36.213+14.295=108$(亿元)

丙部门总产值预测值 $X_3=b_{31}y_1+b_{32}y_2+b_{33}y_3+y_3$
$=0.126306\times 26.986+0.154443\times 14.295+0.501773\times 36.213+36.213=60$(亿元)

这里的预测结果与前面例题中所给数值基本一致，只是乙部门预测值有两个单位的出入(110－108＝2)，这说明用完全消耗系数进行预测是可靠的。

第四步，预测国民经济总产值。国民经济总产值＝40＋108＋60＝208(亿元)

五、投入产出模型在企业预测中的应用

(一) 企业投入产出综合平衡模型的结构

企业投入产出综合平衡模型是研究企业生产经营过程中供、产、销之间的综合平衡，以表格形式反应企业内部各部门、各种产品之间的生产联系、物质技术供应、设备和劳力资源的运用等情况的一种科学分析方法。利用这种模型，我们还可以对企业有关经济指标进行预测分析。

企业投入产出综合平衡表结构如表 12-7 所示。

表 12-7　企业投入产出综合平衡表

项目		企业内部消耗					最终产品			总产品
		1	2	…	n	合计	外销	储备	合计	
本企业内部资源	1	x_{11}	x_{12}	…	x_{1n}	$\sum_{j=1}^{n} x_{1j}$			y_1	x_1
	2	x_{21}	x_{22}	…	x_{2n}	$\sum_{j=1}^{n} x_{2j}$			y_2	x_2
	⋮	⋮	⋮	⋮	⋮	⋮			⋮	⋮
	n	x_{n1}	x_{n2}	…	x_{nn}	$\sum_{j=1}^{n} x_{nj}$			y_n	x_n
	合计	$\sum_{i=1}^{n} x_{i1}$	$\sum_{i=1}^{n} x_{i2}$	…	$\sum_{i=1}^{n} x_{in}$	$\sum_{i}^{n} \sum_{j=1}^{n} x_{ij}$			$\sum_{i=1}^{n} y_i$	$\sum_{i=1}^{n} x_i$
外购资源	1	h_{11}	h_{12}	…	h_{1n}	$\sum_{j=1}^{n} h_{1j}$				
	2	h_{21}	h_{22}	…	h_{2n}	$\sum_{j=1}^{n} h_{2j}$				
	⋮	⋮	⋮	⋮	⋮	⋮	⋮			
	n	h_{n1}	h_{n2}	…	h_{nn}	$\sum_{j=1}^{n} h_{nj}$				
	合计	$\sum_{i=1}^{n} h_{i1}$	$\sum_{i=1}^{n} h_{i2}$	…	$\sum_{i=1}^{n} h_{in}$	$\sum_{i}^{n} \sum_{j}^{n} h_{ij}$				
企业管理费		s_1	s_2	…	s_n	$\sum_{j=1}^{n} s_j$				
工厂成本		v_1	v_2	…	v_n	$\sum_{j=1}^{n} v_j$				
税金及利润		q_1	q_2	…	q_n	$\sum_{j=1}^{n} q_j$				
产品总产值		x_1	x_2	…	x_n	$\sum_{i=1}^{n} x_i$				

从上往下垂直方向观察，表 12-7 的左半部分表明了纵列各种产品对横行各要素的投入情况，即生产消耗构成，包括对本企业内部资源、外部资源、设备折旧和劳动工资的投入(消耗)，即所谓工厂成本，再加税金和利润，便是各种产品的生产总值。从横行水平方向考察，表的上半部分表明，企业各种自产产品按用途的分配(产出)情况，即所谓流向和流量。具体考察，企业投入产出表主要由四部分构成。

1. 左上部分

这部分是表的基本部分，由企业的 n 种自产产品部门组成，一种产品生产过程，同时又是消耗其他产品的过程。由同名称同秩序的产品所组成的横行代表 n 种本企业内部产品，纵列代表 n 种本企业内部消耗，纵横交叉就反映了本企业内部各生产部门或各产品之间的经济技术联系。$x_{ij}(i,j=1,2,\cdots,n)$表示计划期第 j 种产品消耗第 i 种产品的数量。

2. 右上部分

这部分由本企业的 n 种产品(横行)和最终产品(纵列)相交组成,反映本企业所生产产品最终使用情况,包括销售量和储存量等。$y_i(i=1,2,\cdots,n)$表示计划期内 i 最终使用合计量,x_i 表示计划期内 i 产品产出总量。

3. 左中部分

这部分由外购资源(横行)和企业内部消耗(纵列)交叉组成,它反映企业外购资源的使用情况。$h_{ij}(i=1,2,\cdots,m;j=1,2,\cdots,n)$表示计划期第 j 种产品消耗第 i 种外购资源的数量。

4. 左下部分

这部分反映固定费用(企业管理费)和所创造价值(生产工人工资、利润和税金等)。s_j,v_j,q_j,$x_j(j=1,2,\cdots,n)$分别表示计划期内 j 产品部门的企业管理费、劳动工资、税金、利润和总产值。

根据横行产品按用途的分配情况,可写出企业投入产出模型分配方程组

$$x_{11}+x_{12}+\cdots+x_{1n}+y_1=x_1$$
$$x_{21}+x_{22}+\cdots+x_{2n}+y_2=x_2$$
$$\cdots$$
$$x_{n1}+x_{n2}+\cdots+x_{nn}+y_n=x_n$$

简写为:
$$\sum_{j=1}^{n}x_{ij}+y_i=x_i\quad(i=1,2,\cdots,n)$$

从纵列企业生产投入情况看,可写成企业投入产出模型的生产方程组

$$x_{11}+x_{21}+\cdots+x_{n1}+h_{11}+h_{21}+\cdots+h_{n1}+w_1=x_1$$
$$x_{12}+x_{22}+\cdots+x_{n2}+h_{12}+h_{22}+\cdots+h_{n2}+w_2=x_2$$
$$\cdots$$
$$x_{1n}+x_{2n}+\cdots+x_{nn}+h_{1n}+h_{2n}+\cdots+h_{nn}+w_n=x_n$$

简写为
$$\sum_{i=1}^{n}x_{ij}+\sum_{i=1}^{n}h_{ij}+w_j=x_j\quad(j=1,2,\cdots,n)$$

其中
$$w_j=s_j+v_j+q_j$$

生产方程组表明纵列各种产品对企业内部资源和外购资源以及劳动力的消耗构成。从价值角度看,它表明生产资料转移价值加上新创造价值,恰好等于总产品价值,表达了产品的价值转移和增值过程。

此外,表的左中部表明,各种自产产品消耗的外购资源的数量等于每种外购资源的总消耗量 h_i。即:$\sum_{j}^{n}h_{ij}=h_i(i=1,2,\cdots,n)$,该方程称为外购资源分配平衡方程。

(二) 企业直接消耗系数和完全消耗系数

1. 企业直接消耗系数

对不同时期的直接消耗系数进行对比,可以发现企业技术进步情况。与先进企业对比,可

以看出企业生产技术和管理水平存在的差距。企业直接消耗包括对自产产品的消耗和对外购产品的消耗，因而，要正确反映消耗情况，应当分别计算直接消耗系数。

(1) 自产产品直接消耗系数。自产产品直接消耗系数是指本期自产单位第 j 种产品所消耗自产第 i 种产品的数额，记为 a_{ij}。其计算公式为：$a_{ij}=x_{ij}/x_j(i,j=1,2,\cdots,n)$。即用本期第 j 种自产产品的总产出 x_j 去除该产品所消耗第 i 种自产产品数额 x_{ij}。对于企业 n 个自产产品的直接消耗系数 a_{ij}，依次排列可得到一个矩阵 $\boldsymbol{A}$。即

$$\boldsymbol{A}=\begin{bmatrix} a_{11} & \cdots & a_{1n} \\ \vdots & & \vdots \\ a_{n1} & \cdots & a_{nn} \end{bmatrix}$$

将 $x_{ij}=a_{ij}x_j$ 代入方程 $\sum_{j=1}^{n}x_{ij}+y_i=x_i$ 便得分配方程组：$\sum_{j=1}^{n}a_{ij}x_j+y_i=x_i(i=1,2,\cdots,n)$ 写成矩阵形式为：$\boldsymbol{AX}+\boldsymbol{Y}=\boldsymbol{X}$。其中：$\boldsymbol{A}$ 为自产产品直接消耗系数矩阵，$\boldsymbol{X}$、$\boldsymbol{Y}$ 为列向量

$$\boldsymbol{X}=\begin{bmatrix} x_1 \\ x_2 \\ \vdots \\ x_n \end{bmatrix},\quad \boldsymbol{Y}=\begin{bmatrix} y_1 \\ y_2 \\ \vdots \\ y_n \end{bmatrix}$$

移项后得：$(\boldsymbol{I}-\boldsymbol{A})\boldsymbol{X}=\boldsymbol{Y}$，求解可得 $\boldsymbol{X}$ 矩阵，即：$\boldsymbol{X}=(\boldsymbol{I}-\boldsymbol{A})^{-1}\boldsymbol{Y}$

这样，如果企业生产技术条件不发生变化，按本期的自产产品直接消耗系数矩阵 $\boldsymbol{A}$ 和计划期内各种自产产品的最终产品需求列向量 $\boldsymbol{Y}$，便可推算出计划期内各种自产产品总产出量。

(2) 外购资源直接消耗矩阵。一般来说，它是指本期自产第 j 种产品单位产品所消耗第 i 种外购资源的数额，记为 d_{ij}。其计算公式为：$d_{ij}=h_{ij}/x_j(i=1,2,\cdots,m;j=1,2,\cdots,m)$。即用本期第 j 种自产产品总产出 x_j 去除该产品所消耗第 i 种外购资源数额 h_{ij}。所有自产产品对所有外购资源的直接消耗系数矩阵可记为

$$\boldsymbol{D}=\begin{bmatrix} d_{11} & \cdots & d_{1n} \\ \vdots & & \vdots \\ d_{m1} & \cdots & d_{mn} \end{bmatrix}$$

将 $h_{ij}=d_{ij}x_j$ 代入 $\sum_{j}^{n}h_{ij}=h_i$ 可得企业外购资源分配平衡方程：$\sum_{j}^{n}d_{ij}x_j=h_i(i=1,2,\cdots,m)$，写成矩阵形式为：$\boldsymbol{H}=\boldsymbol{DX}$，即

$$\boldsymbol{H}=\begin{bmatrix} h_1 \\ h_2 \\ \vdots \\ h_n \end{bmatrix},\quad \boldsymbol{X}=\begin{bmatrix} x_1 \\ x_2 \\ \vdots \\ x_n \end{bmatrix}$$

2. 企业完全消耗系数

投入产出分析中，完全消耗系数也分为自产产品完全消耗系数和外购资源完全消耗系数。

(1) 自产产品完全消耗系数。它是指企业自产第 j 种产品单位产品消耗第 i 种自产产品的完全消耗数量,记作 b_{ij}。企业所有自产产品的完全消耗系数矩阵可表示为

$$\boldsymbol{B}=\begin{bmatrix} b_{11} & \cdots & b_{1n} \\ \vdots & & \vdots \\ b_{n1} & \cdots & b_{nn} \end{bmatrix}$$

自产产品的完全消耗系数矩阵与自产产品的直接消耗系数矩阵之间,存在下列关系

$$\boldsymbol{B}=(\boldsymbol{I}-\boldsymbol{A})^{-1}-\boldsymbol{I}$$

通过该式,可以利用矩阵 $\boldsymbol{A}$,推导出矩阵 $\boldsymbol{B}$,因此可得到自产产品的完全消耗系数。

(2) 外购资源的完全消耗系数。外购资源的完全消耗系数是指企业本期生产第 j 种产品单位产品消耗第 i 种外购资源的完全消耗数量,记做 f_{ij}。企业所有自产产品的外购资源完全消耗系数矩阵可表示为

$$\boldsymbol{F}=\begin{bmatrix} f_{11} & \cdots & f_{1n} \\ \vdots & & \vdots \\ f_{n1} & \cdots & f_{nn} \end{bmatrix}$$

外购资源完全消耗系数矩阵 $\boldsymbol{F}$ 与外购资源的直接消耗矩阵 $\boldsymbol{D}$ 之间,存在以下关系

$$\boldsymbol{F}=\boldsymbol{D}(\boldsymbol{I}-\boldsymbol{A})^{-1}$$

通过该公式,可以利用矩阵 $\boldsymbol{D}$,推导出矩阵 $\boldsymbol{F}$,从而得到外购资源完全消耗系数。

(三) 企业投入产出综合平衡模型在预测中的应用

(1) 已知计划期内各种自产产品总产量列向量 $\boldsymbol{X}$,求最终产品列向量 $\boldsymbol{Y}$,以及为确保计划完成所必须准备的各种外购资源消耗总量的矩阵 $\boldsymbol{H}$。

(2) 已知计划期内最终产品计划任务矩阵 $\boldsymbol{Y}$,计算计划期内各种产品的总产量列向量 $\boldsymbol{X}$,以及为确保计划完成所必须提供的各种外购资源 $\boldsymbol{H}$ 矩阵。

【例 12-2】 某企业本期实物型投入产出表如表 12-8 所示,若企业在下一期计划期内产品 C 和 D 的外销量由本期的 420 吨和 1 300 吨变为 450 吨和 1 400 吨,A、B 产品不变。并设企业设备和技术条件不变。试问:计划期全部自产产品产量、全部外购资源总量各应达到多少?

表 12-8 某企业投入产出表

投入 \ 产出			自产内部消耗				合计	最终产品			总产量
			A	B	C	D		外销	储备	合计	
			1	2	3	4					
自产产品	A(吨)	1		550	180	200	930	10	35	45	975
	B(吨)	2			650	265	915	20	15	35	950
	C(吨)	3				750	750	420	10	430	1 180
	D(吨)	4					0	1 300	12	1 312	1 312

（续表）

投入 \ 产出			自产内部消耗 A 1	B 2	C 3	D 4	合计	最终产品 外销	储备	合计	总产量
外购产品	原料Ⅰ(吨)	1	900	190	550	30	1670				
	原料Ⅱ(吨)	2	455	100	120	1 500	2 175				
	水(吨)	3	2 700	1 700	9 500	18 000	31 900				
	电(度)	4	9 600	15 000	40 000	200 000	264 600				
	其他(元)	5	900	2 000	10 000	40 000	52 900				

（1）根据投入产出表资料计算自产产品直接消耗系数矩阵 **A**。即

$$\boldsymbol{A}=\begin{bmatrix}0 & a_{12}=\dfrac{x_{12}}{x_2}=\dfrac{550}{950} & a_{13}=\dfrac{x_{13}}{x_3}=\dfrac{180}{1\ 180} & a_{14}=\dfrac{x_{14}}{x_4}=\dfrac{200}{1\ 312}\\ 0 & 0 & a_{23}=\dfrac{x_{23}}{x_3}=\dfrac{650}{1\ 180} & a_{24}=\dfrac{x_{24}}{x_4}=\dfrac{240}{1\ 312}\\ 0 & 0 & 0 & a_{34}=\dfrac{x_{34}}{x_4}=\dfrac{750}{1\ 312}\\ 0 & 0 & 0 & 0\end{bmatrix}$$

$$=\begin{bmatrix}0 & 0.578\ 95 & 0.152\ 54 & 0.152\ 44\\ 0 & 0 & 0.550\ 85 & 0.182\ 93\\ 0 & 0 & 0 & 0.571\ 65\\ 0 & 0 & 0 & 0\end{bmatrix}$$

（2）求完全消耗系数矩阵 **B**。由于 $\boldsymbol{B}=(\boldsymbol{I}-\boldsymbol{A})^{-1}-\boldsymbol{I}$，所以

$$(\boldsymbol{I}-\boldsymbol{A})=\begin{bmatrix}1 & 0 & 0 & 0\\ 0 & 1 & 0 & 0\\ 0 & 0 & 1 & 0\\ 0 & 0 & 0 & 1\end{bmatrix}-\begin{bmatrix}0 & 0.578\ 95 & 0.152\ 54 & 0.152\ 44\\ 0 & 0 & 0.550\ 85 & 0.182\ 93\\ 0 & 0 & 0 & 0.571\ 65\\ 0 & 0 & 0 & 0\end{bmatrix}$$

$$=\begin{bmatrix}1 & -0.578\ 95 & -0.152\ 54 & -0.152\ 44\\ 0 & 1 & -0.550\ 85 & -0.182\ 93\\ 0 & 0 & 1 & -0.571\ 65\\ 0 & 0 & 0 & 1\end{bmatrix}$$

$$(\boldsymbol{I}-\boldsymbol{A})^{-1}=\begin{bmatrix}1 & -0.578\ 95 & -0.152\ 54 & -0.152\ 44\\ 0 & 1 & -0.550\ 85 & -0.182\ 93\\ 0 & 0 & 1 & -0.571\ 65\\ 0 & 0 & 0 & 1\end{bmatrix}$$

$$=\begin{bmatrix}1 & 0.578\ 95 & 0.471\ 950 & 0.528\ 302\\ 0 & 1 & 0.550\ 85 & 0.497\ 823\\ 0 & 0 & 1 & 0.571\ 65\\ 0 & 0 & 0 & 1\end{bmatrix}$$

所以

$$B=(I-A)^{-1}-I=\begin{bmatrix}1 & 0.578\,95 & 0.471\,950 & 0.528\,302\\0 & 1 & 0.550\,85 & 0.497\,823\\0 & 0 & 1 & 0.571\,65\\0 & 0 & 0 & 1\end{bmatrix}-\begin{bmatrix}1 & 0 & 0 & 0\\0 & 1 & 0 & 0\\0 & 0 & 1 & 0\\0 & 0 & 0 & 1\end{bmatrix}$$

$$=\begin{bmatrix}0 & 0.578\,95 & 0.471\,950 & 0.528\,302\\0 & 0 & 0.550\,85 & 0.497\,823\\0 & 0 & 0 & 0.571\,65\\0 & 0 & 0 & 0\end{bmatrix}$$

(3) 求外购原料直接消耗系数矩阵。根据 $d_{ij}=h_{ij}/x_j$，将表 12-8 中资料代入可得

$$D=\begin{bmatrix}0.923\,08 & 0.205\,41 & 0.466\,10 & 0.022\,87\\0.466\,67 & 0.108\,11 & 0.101\,69 & 1.143\,29\\2.769\,23 & 1.837\,84 & 8.050\,85 & 13.719\,51\\9.846\,15 & 16.216\,22 & 33.898\,31 & 152.439\,02\\0.923\,08 & 2.162\,16 & 8.474\,58 & 30.487\,80\end{bmatrix}$$

(4) 计算外购物料完全消耗系数矩阵 F。即

$$F=D(I-A)^{-1}=\begin{bmatrix}0.923\,08 & 0.205\,41 & 0.466\,10 & 0.022\,87\\0.466\,67 & 0.108\,11 & 0.101\,69 & 1.143\,29\\2.769\,23 & 1.837\,84 & 8.050\,85 & 13.719\,51\\9.846\,15 & 16.216\,22 & 33.898\,31 & 152.439\,02\\0.923\,08 & 2.162\,16 & 8.474\,58 & 30.487\,80\end{bmatrix}$$

$$\times\begin{bmatrix}1 & 0.578\,95 & 0.471\,950 & 0.528\,302\\0 & 1 & 0.550\,85 & 0.497\,823\\0 & 0 & 1 & 0.571\,65\\0 & 0 & 0 & 1\end{bmatrix}$$

$$=\begin{bmatrix}0.923\,08 & 0.739\,827 & 1.014\,439 & 0.879\,238\\0.466\,67 & 0.378\,288 & 0.381\,487 & 1.501\,783\\2.769\,23 & 3.441\,085 & 10.370\,16 & 20.699\,68\\9.846\,15 & 21.916\,64 & 47.477\,90 & 185.091\,5\\0.923\,08 & 2.696\,577 & 10.101\,25 & 36.896\,33\end{bmatrix}$$

(5) 计算计划期各种自产产品的列向量。

由计划期最终需求资料：$Y_A=45$、$Y_B=35$、$Y_C=430$、$Y_D=1\,312$，可得出最终产品列向量为

$$Y=\begin{bmatrix}45\\35\\430\\1\,312\end{bmatrix}$$

根据公式 $\boldsymbol{X}=(\boldsymbol{I}-\boldsymbol{A})^{-1}\boldsymbol{Y}$，计划期各自产产品的列向量 $\boldsymbol{X}$ 可计算为

$$\boldsymbol{X}=(\boldsymbol{I}-\boldsymbol{A})^{-1}\boldsymbol{Y}=\begin{bmatrix}1 & 0.578\ 95 & 0.471\ 950 & 0.528\ 302\\ 0 & 1 & 0.550\ 85 & 0.497\ 823\\ 0 & 0 & 1 & 0.571\ 65\\ 0 & 0 & 0 & 1\end{bmatrix}\times\begin{bmatrix}45\\ 35\\ 130\\ 1\ 312\end{bmatrix}=\begin{bmatrix}964.580\ 4\\ 925.009\ 2\\ 1\ 180.004\\ 1\ 312.000\end{bmatrix}$$

由列向量 $\boldsymbol{X}$ 可知，计划期满足市场需求的各自产产品的计划产量为：$\boldsymbol{X}_A=964.580\ 4$(吨)、$\boldsymbol{X}_B=925$(吨)、$\boldsymbol{X}_C=1\ 180$(吨) 和 $\boldsymbol{X}_D=1\ 312$(吨)。

(6) 计算计划期各种外购资源的计划量。根据公式 $\boldsymbol{H}=\boldsymbol{D}\boldsymbol{X}$ 得

$$\boldsymbol{H}=\boldsymbol{D}\boldsymbol{X}=\begin{bmatrix}0.923\ 08 & 0.205\ 41 & 0.466\ 10 & 0.022\ 87\\ 0.466\ 67 & 0.108\ 11 & 0.101\ 69 & 1.143\ 29\\ 2.769\ 23 & 1.837\ 84 & 8.050\ 85 & 13.719\ 51\\ 9.846\ 15 & 16.216\ 22 & 33.898\ 31 & 152.439\ 02\\ 0.923\ 08 & 2.162\ 16 & 8.474\ 58 & 30.487\ 80\end{bmatrix}\times\begin{bmatrix}964.580\ 4\\ 925.009\ 2\\ 1\ 180.004\\ 1\ 312.000\end{bmatrix}=\begin{bmatrix}1\ 660.394\\ 2\ 170.134\\ 31\ 871.16\\ 264\ 497.5\\ 52\ 890.40\end{bmatrix}$$

外购资源列向量 $\boldsymbol{H}$ 表明，下一计划期各种外购资源量为：原料Ⅰ 1 660.4 吨，原料Ⅱ 2 170.1 吨，水 31 871.2 吨，电 264 497.5 千瓦时，其他外购资源 52 890.4 元。

【例 12-3】 1998 年国家实行积极财政政策后，某省固定资产投资快速增长，特别是加大了基本建设投资力度，从而引起了各方的关注。如何正确分析和判断当时的投资形势，特别是基本建设投资对经济的影响作用，对于今后该省经济发展和宏观调控具有十分重要的意义。试利用 1990—2002 年该省基本建设投资额和建筑业产值的历史数据以及该省 1997 年投入产出表为基础，运用回归分析和投入产出法相结合的方法来分析测算该省基本建设投资对经济增长的拉动效应。

(1) 根据散点图(略)分析，基本建设投资额与建筑业产值之间具有线性关系，所以可以通过建立线性回归模型，以基本建设投资额为自变量对建筑业产值进行预测。

根据 1990—2002 年基本建设投资额和建筑业产值历史数据对回归系数的计算如表 12-9。

表 12-9　线性回归模型表

序号	年份	基建投资额 x_i(亿元)	建筑业产值 y_i(亿元)	$\hat{y}$	x_i^2	x_iy_i	$(y-\hat{y})^2$
1	1990	52.28	41.05	25.336 72	2 733.198 4	2 146.094	92.609 8
2	1991	79.71	53.91	43.824 5	6 353.684 1	4 297.166 1	101.717 3
3	1992	101.03	70.33	58.194 2	10 207.060 9	7 105.439 9	147.277 6
4	1993	162.78	101.26	99.813 7	26 497.328 4	16 483.102 8	2.091 78
5	1994	238.55	145.517 5	150.882 7	56 906.102 5	34 713.199 63	28.784 8
6	1995	319.47	182.07	205.422 78	102 061.080 9	58 165.902 9	545.352 3
7	1996	408.65	217.56	256.530 1	166 994.822 5	110 972.994	36.359 7

（续表）

序号	年份	基建投资额 x_i(亿元)	建筑业产值 y_i(亿元)	$\hat{y}$	x_i^2	x_iy_i	$(y-\hat{y})^2$
8	1997	457.41	294.69	298.394 3	209 223.908 1	134 794.152 9	13.69
9	1998	494.41	304.96	323.285 1	244 372.035 6	150 753.926 4	335.811 4
10	1999	545.87	316.99	358.016 38	297 974.056 9	173 035.331 3	15.789 65
11	2000	594.82	357.34	391.008 68	353 810.832 4	212 552.978 8	1 133.58
12	2001	653.27	452.49	420.403 98	426 761.692 9	295 598.142 3	487.795 8
13	2002	725.02	536.73	459.187 9	525 654.000 4	389 139.984 6	6 102.771 07
合计	—	4 833.2	3 128.897 5	—	2 429 549.804	1 589 758.414	8 953.581 1

依据表 12-9 中数据进行资料整理，并测算回归系数 b 和 a：

$$b=\frac{n\sum x_iy_i-\sum x_i\sum y_i}{n\sum x_i^2-(\sum x_i)^2}=\frac{13\times 1\ 589\ 758.414-4\ 833.2\times 3\ 128.897\ 5}{13\times 2\ 429\ 549.804-23\ 359\ 822.24}=0.674\ 084\ 575$$

$$a=\frac{\sum y_i}{n}-b\frac{\sum x_i}{n}=240.684\ 423\ 1-250.614\ 274\ 5=-9.929\ 851\ 4$$

求出回归模型：

$$y=a+bx=-9.929\ 851\ 4+0.674\ 084\ 575x$$

回归系数 a 为什么是负值？

在我国，基本建设作为固定资产投资的形式之一，其内容与固定资产投资的内容是一样的，包括：建筑安装工程费用、设备及工具器具购置费、工程建设其他费用、预备费、建设期贷款利息和固定资产投资方向调节税。其中，除了建筑安装工程费用直接计入建筑业产值之外，有些内容是肯定不能形成建筑业产值的，另有一些内容在一定条件下也不计入建筑业产值。例如，固定资产投资方向调节税由业主直接向国家缴纳；建设期贷款利息属于业主的财务费用；工程建设其他费用中的三项如土地使用费、与项目建设有关的其他费用、与项目未来生产有关的其他费用等也是业主的直接支付，与建筑企业无关。这几项都属于业主基本建设投资的必然支出，但并不计入建筑企业的产值。设备在由业主直接采购的情况下，是不计入建筑业产值的；在设备不计入建筑业产值的情况下，预备费中的设备涨价预备费也是不计入建筑业产值的。所以，一般情况下，每年的基本建设投资额都大大超过当年的建筑业产值。从模型中所表现出的二者的数据关系看，当建筑业产值等于零时，基本建设投资额仍然为正值。当基本建设投资额等于零时，建筑业产值就会表现为负值了。

(2) 回归方程预测精度的测算。

$$S_y=\sqrt{\frac{\sum(y_i-\hat{y}_i)^2}{n-m-1}}=\sqrt{\frac{8\ 953.581}{13-1-1}}=\sqrt{813.961\ 92}=28.53$$

$$S_y/\bar{y}=28.53/240.68=11.85\%$$

由于 $S_y/\bar{y} < 15\%$，所以本回归方程用于预测的精确度足能令人满意。

(3) 预测建筑业产值 y。

首先，按照平均发展速度预测下一年度的基本建设投资额。例如要测算 2003 年的基本建设投资额，可以根据表中数值测算出 1990—2002 年的基本建设投资额平均发展速度，并以 2002 年投资额为基础测算出 2003 年基建投资额 x_{2003}。

$$x_{2003} = 725.02 \times \sqrt[13]{\frac{725.02}{52.28}} = 773.430\ 051\ 6(亿元)$$

其次，运用回归方程测算出 2003 年的建筑业产值 y_{2003}：

$$y_{2003} = -9.929\ 851\ 4 + 0.674\ 084\ 575 \times 773.420\ 051\ 6 = 511.420\ 675(亿元)$$

(4) 运用投入产出系数测算基本建设投资对经济增长总额拉动。

建筑业作为第二产业，其生产活动所创造的产值即建筑业产值总额中，生产消耗部分实际上是其他产业生产的成果。所以，运用投入产出法即可测算出建筑业增长对其他产业的增长拉动。表 12-10 是运用该省 2002 年投入产出表直接消耗系数和完全消耗系数所测算的 2003 年所预测的建筑业增长拉动效果。

表 12-10 2003 年该省建筑业增长拉动效果

项目	第一产业		第二产业		
	农业	合计	工业	建筑	合计
投资系数	0.000 0	0.000 0	0.608 865 65	0.000 120 31	0.608 985 996
拉动额	0.000 0	0.000 0	470.914 991 1	0.093 051 369	471.008 042 5
完全系数	0.000 0	0.000 0	1.497 595 42	0.003 723 37	1.501 318 79
拉动额	0.000 0	0.000 0	1 158.285 303	2.879 766 251	1 161.165 069

项目	第三产业			
	货运仓储邮电业	商业饮食	其他	合计
投资系数	0.005 398 18	0.025 245 45	0.014 952 83	0.045 597 45
拉动额	4.175 114 636	19.526 363 13	11.564 968 08	35.266 445 85
完全系数	0.035 009 07	0.115 314 29	0.095 410 56	0.245 733 92
拉动额	27.077 066 82	89.187 537 26	73.793 394 34	190.057 998 4

注：表中的投资系数是直接消耗系数。

表 12-10 中建筑业对工业的直接消耗系数为 0.608 865 65，该系数与 2003 年建筑业预测值 511.420 675 亿元的乘积就是 2003 年建筑业对 2003 年工业生产的增长拉动额 470.914 991 1 亿元。建筑业对各个产业的拉动总额合计数为 506.274 488 35 亿元。同样道理，运用完全消耗系数所测算的 2003 年建筑业预测值对三次产业的拉动总额为 1 351.223 067 4 亿元。

(5) 基本建设投资对经济增长速度拉动的测算。

表 12-11 中建筑业内插值来自表 12-9。经济拉动额是完全消耗系数与对应各个年份建

筑业内插值乘积的结果。

平均增长速度为 $\sqrt[13]{\frac{802.201\,26}{44.264\,585}}=\sqrt[13]{18.122\,8}=24.93\%$

计算结果表明，按照投入产出法完全消耗系数所测算的基本建设投资额对经济增长的年平均拉动速度为24.93%。这一速度仅仅是基本建设投资拉动的历史对比结果，没有考虑技术进步、消费需求等因素的影响。从24.93%的水平看，速度是很高的，主要原因是1991—1996年期间经济高速增长所致。1993年国家开始宏观调控，1996年实现经济软着陆，之后的经济增长速度逐步放缓，但由于参与平均的历史年份较少，所以测算的平均增长速度较高。

表12-11　建筑业内插值对经济拉动额计算表

序号	年份	建筑业内插值	经济拉动额(亿元)	环比发展速度(%)
1	1990	25.336 72	44.264 585	—
2	1991	43.824 5	76.561 401	172.96
3	1992	58.194 2	101.665 26	132.79
4	1993	99.813 7	174.374 53	171.52
5	1994	150.882 7	263.592 07	151.16
6	1995	205.422 78	358.873 59	136.15
7	1996	256.530 1	448.158 08	124.88
8	1997	298.394 3	521.294 84	116.32
9	1998	323.285 1	564.779 06	108.34
10	1999	358.016 38	625.454 61	110.74
11	2000	391.008 68	683.092 16	109.22
12	2001	420.403 98	734.445 75	107.52
13	2002	459.187 9	802.201 26	109.23

注：对拉动额的测算所用的是完全消耗系数的合计数1.747 052 71，是表12-10中三次产业完全消耗系数的合计结果。

第三节　弹性系数预测方法

在市场经济中，商品的需求和供给的变动主要是由价格的波动产生影响。价格的一定幅度的变化都会造成商品的需求和供给的一定数量的相应变化，这种变化的数量大小是由该种商品的需求或供给弹性大小所决定的。因此，通过研究商品弹性大小，用已知市场因素变化推知未知因素的变化，可以使用弹性系数预测法。

一、弹性系数

在经济研究中，人们借助于弹性的概念研究存在一定关系的经济变量间，一个变量对另一个变量变化的反应程度。弹性大小的衡量是通过计算弹性系数进行，它表示当自变量变化1%时因变量变动的百分比。弹性系数的计算公式为

$$弹性系数=\frac{因变量变动的百分比}{自变量变动的百分比}$$

如果用 X 表示自变量，Y 表示因变量，ΔX 表示自变量的变化量即增长量，ΔY 表示因变量的增长量，e 表示弹性系数，那么

$$e=\frac{\Delta Y}{Y}\div\frac{\Delta X}{X}=\frac{\Delta Y}{\Delta X}\times\frac{X}{Y}$$

可见，弹性系数还可以看作两个变量的增长量比值与这两个变量的倒数比值的乘积。当存在着 Y 依 X 的连续函数，而且该函数在点(X,Y)可导时，函数在点(X,Y)的弹性系数计算的基本公式可用下式表示

$$e=\frac{\mathrm{d}Y}{\mathrm{d}X}\div\frac{Y}{X}=\frac{\mathrm{d}Y}{\mathrm{d}X}\times\frac{X}{Y}$$

一般地，在 Y 依 X 的同一个连续函数表示的曲线的不同点上的弹性系数是不相同的。因此，点弹性在预测中的应用受到了较大的限制，这时可以计算弧弹性。

假设，在 Y 依 X 的同一个连续函数表示的曲线有两点(X_1, Y_1)和(X_2, Y_2)，那么，这两点之间的弧弹性系数可用公式表示为

$$e=\frac{Y_2-Y_1}{(Y_2+Y_2)/2}\div\frac{X_2-X_1}{(X_2+X_1)/2}=\frac{Y_2-Y_1}{X_2-X_1}\times\frac{X_2+X_1}{Y_2+Y_1}$$

由于弧弹性消除了由于外生变量变化方向的不同所引起的运用弹性系数的基本计算公式的计算结果不同，因而其适应性强，实际应用广泛。一般所说的弹性系数是指弧弹性系数。

① 弹性系数大于0，表示 Y 和 X 两个变量的变化方向一致，它们之间存在着正相关关系；② 弹性系数小于0，表示 Y 和 X 两个变量的变化方向相反，它们之间存在着负相关关系；③ 弹性系数等于0，表示 X 的变化不能引起 Y 的变化，它们之间不存在相关关系；④ 弹性系数的绝对值大于1，表示 Y 的变动量大于引起这一变动的 X 的变动量，这时称为富有弹性；⑤ 弹性系数的绝对值小于1，表示 Y 的变动量小于引起这一变动的 X 的变动量，这时称为缺乏弹性；⑥ 弹性系数的绝对值等于1，表示 Y 的变动量等于引起这一变动的 X 的变动量，这时称为单一弹性；⑦ 弹性系数的绝对值等于无穷大，表示 Y 的变动量无限于引起这一变动的 X 的变动量，这时称为完全弹性。

单一弹性和无限弹性在市场中是很少见的特殊情形。

二、需求弹性预测法

1. 商品需求量的决定因素

某一种商品的市场需求量是指在特定的时期内，一定的条件下（如商品的价格、消费者的收入、其他商品的价格等），消费者愿意而且能够购买的商品的数量。影响需求量的因素很多，概括起来主要有以下几种：

(1) 商品本身的价格。商品本身的价格高，消费者对这种商品的需求量就少；商品的价格低，消费者对这种商品的需求量就多。

(2) 消费者的收入水平。消费者的收入水平提高,消费者的购买能力相应提高,对商品的需求量增加;消费者的收入水平下降,消费者的购买能力相应下降,对商品的需求量减少。

(3) 其他商品的价格。各种商品之间存在着不同的关系,因此,其他商品的价格的变动也会影响某种商品的需求量。商品之间的关系有两种。一种是互补关系;另一种是替代关系。互补关系是指两种商品共同满足一种需要,它们对某一消费是互补的关系。例如,汽车与汽油是互补关系。两种互补商品之间价格与需求量之间呈反方向变动。替代关系是指两种商品可以相互替代满足同一种需要,它们之间可以相互替代,例如,煤炭与石油就是替代商品。两种替代商品之间的价格与需求量之间呈同方向变动。

此外,商品的需求量还受到消费者的嗜好、消费者的规模、消费者的预期和消费政策等方面的影响。

2. 需求的价格弹性

需求的价格弹性,是指价格变动1%时引起的需求量变动的百分比,它反映的是商品需求量相对于商品价格变动的反应灵敏度。需求的价格弹性系数的计算公式为

$$\text{需求价格弹性系数} = \frac{\text{某种商品需求量变动的百分比}}{\text{某种商品价格变动的百分比}}$$

如果用 D 表示商品的需求量, ΔD 表示商品需求量的增长量;用 P 表示商品的价格, ΔP 表示商品价格的增长量。那么,商品的需求价格弹性系数可表达为

$$e_d = \frac{\Delta D/D}{\Delta P/P} = \Delta D/\Delta P \times P/D$$

一般地,商品的价格上升时商品的需求量会减少,商品的价格下降时商品需求量增加。因此,商品的需求价格弹性系数一般是负值。但为计算方便,通常忽略负号,只取其绝对值。

【例 12-4】 某企业经销的某种商品的销售价格从每吨 200 元降低到 190 元时,商品的市场月销售量从 1 000 万吨上升到 1 100 万吨。如果企业想要把价格从 200 元价格降低到 195 元销售,试预测企业的月销售额将会增加多少?

该种商品的需求价格弧弹性系数计算如下

$$e_d = \frac{1\,100 - 1\,000}{200 - 190} \times \frac{200 + 190}{1\,100 + 1\,000} = 1.86$$

当企业想要价格从 200 元降低到 195 元销售时,企业的月销售额的增加量为

$$\Delta D = D \cdot e_d \cdot \Delta P/P = 1\,000 \times 1.86 \times (200 - 195)/200 = 46.5\ (\text{万吨})$$

这时的企业月销售量应为 1 000 + 46.5=1 046.5(万吨),销售额将是 1 046.5×195=204 067.5 万元,比原来增加的月销售额为:204 067.5−1 000×200=4 067.5(万元)

例 12-4 中,企业如采取提价销售的方式,非但没有使企业销售额得到提高,反而减少了原有的销售额。这是因为,该企业生产的这种商品的价格弹性等于 1.86,是富于弹性的商品。可见对于富于弹性的商品,在其他市场条件不变的情况下,提价促销不会增加销售额反而会减少销售额。相反,如果采用降价销售的策略,则促销的效果比较明显,而且促销的对象的弹性系数越大,促销的效果越明显。然而,对于缺乏弹性的商品,增加销售额的途径或许只有通过提高销售价格,而对于单一弹性的商品通过调整价格达到促销目的几乎是徒劳的。

3. 需求的收入弹性

需求的收入弹性，是指消费者的收入变动1%时引起的需求量变动的百分比，它反映的是商品需求量相对于消费者需求变动的反应灵敏度。

如果用D表示商品的需求量，ΔD表示商品需求量的增长量；用Y表示消费者的收入，ΔY表示消费者收入的增长量。那么，商品的需求收入弹性系数的基本公式可表达如下

$$e_y = \frac{\Delta D/D}{\Delta Y/Y} = (\Delta D/\Delta Y) \times (Y/D)$$

一般地，当消费者收入增加时对商品的需求量也增加，当消费者收入减少时对商品的需求量也减少。因此，商品的需求收入弹性系数一般是正值。

通过商品需求的收入弹性研究，也可以进行商品需求量的预测。下面举例说明。

【例12-5】 某市2016年为了研究该市的家具需求对该市家具需求的收入弹性进行预测，得到该市居民对家具需求的收入价格弹性系数为1.25。根据统计资料，该市2017年家具的销售额为5.6亿元。现假定，2018年该市居民收入将增加4%，家具销售的价格保持不变，试预测该市2018年该市家具的销售额。

根据需求的价格弹性系数的计算公式可推导出

$$\Delta D = D \cdot e_y \cdot \Delta Y/Y = 5.6 \times 1.25 \times 4\% = 0.28\ (\text{亿元})$$

2018年该市家具销售额的预测值为：5.6亿元 + 0.28亿元=5.88(亿元)

4. 需求的交叉弹性

需求的交叉弹性，是指其他商品的价格变动1%时引起的某种商品的需求量变动的百分比，它反映的是某一种商品需求量相对于其他相关商品价格变动的灵敏度。需求的交叉弹性系数的计算公式为

$$\text{需求的交叉弹性系数} = \frac{\text{某种商品需求量变动的百分比}}{\text{另一种相关商品价格变动的百分比}}$$

如果用D_x表示某种商品x的需求量，ΔD_x表示某种商品需求量的增长量；用P_y表示与某种商品需求相关的另一种商品y的价格，ΔP_y表示与某种商品需求x相关的另一种商品y价格的增长量。那么，商品的需求价格弹性系数的基本公式可表达如下

$$e_c = \frac{\Delta D_x/D_x}{\Delta P_y/P_y} = (\Delta D_x/\Delta P_y) \times (P_y/D_x)$$

交叉弹性系数的性质与两种商品之间的相关性质有关。如果两种商品具有互补关系，则一种商品的价格增加，会减少另一种商品的需求量；相反，一种商品的价格减少，会增加另一种商品的需求量，家庭用电与空调两种商品是互补商品，电费提高则空调需求量减少，空调需求的交叉弹性系数为负值。

如果两种商品具有替代关系，则一种商品的价格增加，会增加另一种商品的需求量，相反，一种商品的价格减少，会减少另一种商品的需求量，如台式电脑与笔记本电脑两种商品是替代商品，台式电脑价格提高则笔记本电脑需求量增加，笔记本电脑需求交叉弹性为正值。

【例12-6】 甲乙两种商品是替代商品。已知，甲商品对乙商品的交叉弹性系数为1.10。如果某一市场上月销售的甲种商品量为400件，并且据悉乙种商品本期会降价10%，在其他

条件不变的情况下，试对甲种商品本期的销售量做出预测。

根据需求的价格弹性系数的计算公式可推导出，乙种商品本期会降价 10%后，甲种商品减少的需求量为：

$$\Delta X = X \cdot e_c \cdot \Delta Y / Y = 400 \times 1.10 \times 10\% = 44\text{ (件)}$$

在其他条件不变时，甲种商品销售量的预测值＝400－44＝356(件)

在对某种商品的需求量进行预测时，如果考虑了该种商品的互补品或替代品的几个变化对该商品需求量的影响，就需要在上述通过需求的价格弹性和收入的价格弹性对需求量影响预测综合结果的基础上，进一步修正最终的预测。

【例 12-7】 由历史统计数据得知，某种商品的需求价格弹性系数为 1.10，需求的收入弹性系数为 0.8，对替代品的需求交叉弹性系数为 0.6，对互补品的需求交叉弹性系数为 0.3，上期该商品需求量为 5 000 件。如果本期预计消费者的收入平均增加 10%，该商品的价格提高 5%，而它的互补品和替代品的价格分别上涨 8%和 12%，试预测该商品本期需求量的变化量。

(1) 该商品的价格上涨因而减少的销售量为

$$\Delta D = D \cdot e_d \cdot \Delta P / P = 5\,000 \times 1.10 \times 5\% = 275\text{(件)}$$

(2) 该商品的收入增加因而增加的销售量为

$$\Delta D = D \cdot e_y \cdot \Delta Y / Y = 5\,000 \times 0.8 \times 10\% = 400\text{(件)}$$

(3)该商品互补品的价格上涨因而减少的销售量为

$$\Delta D = D \cdot e_{c1} \cdot \Delta P_1 / P_1 = 5\,000 \times 0.3 \times 8\% = 120\text{(件)}$$

(4) 该商品替代品的价格上涨因而增加的销售量为

$$\Delta D = D \cdot e_{c2} \cdot \Delta P_2 / P_2 = 5\,000 \times 0.6 \times 12\% = 360\text{(件)}$$

综上所述，该商品本期的市场变化量预测为

－275 ＋ 400－120 ＋ 360＝365(件)，即市场需求量将增加 365 件。

三、供给弹性预测法

1. 商品供给量的决定因素

某种商品的市场供给量是指特定时期内，在一定的条件下(商品的价格、生产成本等)，企业愿意并能够向市场供给某种商品的数量。影响供给量的因素很多，概括起来主要有：

(1) 商品本身的价格。一般地，商品本身的价格上升，商品的供给量增加，价格降低，供给量减少。

(2) 其他相关商品的价格。对于互补品，一种商品的价格上升，另一种商品的需求减少，从而这种商品的价格下降，供给减少。反之，一种商品的价格下降，另一种商品的需求增加，从而这种商品的价格上升，供给增加。对于替代品，一种商品的价格上升，替代品的需求增加，从而替代品的价格上升，供给增加。反之，一种商品的价格下降，对替代商品的需求减少，从而替代商品的价格下降，供给减少。

(3) 生产要素的价格。生产要素的价格下降，会减少产品的生产成本，从而在产品的价格不变的情况下，利润增加，供给增加。反之，生产要素的价格上升，会增加产品的生产成本，从而在产品的价格不变的情况下，利润减少，供给减少。

此外，企业的经营目标、生产技术的进步、政府产业政策和企业对未来的预期等方面都对商品的供给量产生一定的影响。因此，商品的供给量的变动要比需求量的变动复杂得多。

2. 供给的价格弹性

供给的价格弹性，是指当价格变动 1%时引起的供给量变动的百分比，它反映的是商品供给量相对于商品价格变动的反应灵敏度。供给的价格弹性系数的计算公式为

$$\text{供给的价格弹性系数}=\frac{\text{某种商品供给量变动的百分比}}{\text{某种商品价格变动的百分比}}$$

如果用 S 表示商品的供给量，ΔS 表示商品供给量的增长量；用 P 表示商品的价格，ΔP 表示商品价格的增长量。那么，商品的供给价格弹性系数的基本公式可表达如下

$$e_d=\frac{\Delta S/S}{\Delta P/P}=\Delta S/\Delta P\times P/S$$

一般地，商品的价格上升时商品的供给量增加，商品的价格下降时商品的供给量减少。因此，商品的供给价格弹性系数一般是正值。

通过商品供给的价格弹性研究，可以进行商品供给量的预测。

【例 12-8】 已知某种商品的价格弹性系数为 1.20。如果某一市场上月供给的该种商品量为 400 万件，并且据悉这种商品本期会降价 10%，在其他条件不变的情况下，试对这一种商品本期的供给量做出预测。

该商品的价格下降因而减少的供给量为

$$\Delta S=S\cdot e_s\cdot\Delta P/P=400\times1.20\times10\%=48\ (\text{万件})$$

对这一种商品本期的供给量预测为：400－48＝352(万件)。

四、其他弹性预测法

利用需求弹性和供给弹性进行研究和预测的原理，还可以推广到其他具有相互联系的变量之间数量关系的研究和预测。下面以广告效果弹性预测法为例作一介绍。

广告效果弹性，是指当广告费用变动 1%时引起的商品销售量变动的百分比，它反映的是商品销售量相对于商品花费在广告上的支出变动的反应灵敏度。广告效果弹性系数的计算公式为

$$\text{广告效果弹性系数}=\frac{\text{某种商品销售量变动的百分比}}{\text{某种商品的广告费用变动的百分比}}$$

如果用 Q 表示商品的供给量，ΔQ 表示商品供给量的增长量；用 A 表示商品的价格，ΔA 表示商品价格的增长量。那么，商品的广告效果弹性系数的基本公式可表达如下

$$e_A=\frac{\Delta Q/Q}{\Delta A/A}=(\Delta Q/\Delta A)\times(A/Q)$$

一般地，在其他条件不变的情况下，商品的广告费用上升时商品的销售量增加，商品的广告费用下降时商品的销售量减少。因此，商品的广告效果弹性系数一般是正值。

【例 12-9】 某广告公司通过实验得知，它的广告费用每增加 1%，销售额将会增加 1.25%。已知上一季度该公司广告产品的销售量是 600 万元，如果下一季度公司将广告费用预算提高 15%，试预测该公司广告产品的销售额将是多少。

该公司因广告费用支出预算增加因而增加的销售量为

$$\Delta Q = Q \cdot e_A \cdot \Delta A/A = 600 \times 1.25 \times 15\% = 112.5\ (\text{万件})$$

对公司本期广告产品的供给量预测为：600+112.5=712.5(万件)。

弹性分析的优点：

(1) 弹性分析方法简单易行，计算方便，计算成本低，不必采用高深的数学方法。

(2) 弹性分析方法需要的统计数据少，搜集数据的成本低。

(3) 弹性分析的方法灵活，既可以研究宏观经济、国际贸易，也可以用于微观经济、企业管理；既可以作为一种独立方法，又可以作为其他方法的补充；既可以处理中长期问题，又可以分析近期情况。

弹性分析方法也有其弱点：

(1) 弹性分析只能考虑两个变量，忽视了其他变量的影响，如计算收入弹性，实际是假定价格不变。弹性分析在对实际经济分析中显然比较粗糙，带有片面性。

(2) 在需求或供给函数上各个点的弹性是不同的，利用弹性系数进行市场预测时，一般是假定与未来某一时点相对应的需求函数或供给函数上的那一点的弹性系数与已知的弹性系数是相等的，这显然是不容易做到的。为此，在做市场分析和预测时，一定要注意其局限性带来的影响，采取有效措施，减少误差。

小 结

1. 经济计量模型预测是通过建立经济计量模型后，假设若干变量的变动以估计目标变量的变化。经济计量模型中变量的类型有内生变量、外生变量、前定变量和虚拟变量。经济计量模型由行为方程、技术方程、制度方程、定义方程、平衡关系方程等若干方程构成。其预测程序一般包括：模型设计、模型识别、模型估计、模型检验、模型使用五个阶段。

2. 投入产出分析预测，就是利用投入产出分析理论，研究认识预测对象间的数量联系关系，建立投入产出数学模型去描述这种数量联系，并将已掌握的模型中某些变量的数据输入模型，去推测模型中另一些变量的数值，以便为企业经营和科学研究，提供可靠的数量依据。企业投入产出综合平衡模型是研究企业生产经营过程中供、产、销之间的综合平衡，以表格形式反应企业内部各部门、各种产品之间的生产联系、物质技术供应、设备和劳力资源的运用等情况的一种科学分析方法。

投入产出分析预测的主要程序：第一，要明确要解决的问题，并紧紧围绕研究目的和研究对象，认真开展调查研究，广泛收集所需信息；第二，根据研究目的和研究对象的具体情况认真编制投入产出表；第三，建立投入产出数学模型，并寻求最优解。投入产出表的横行反映国民经济各部门产品分配和使用去向。一定部门的总产品等于该部门的中间产品加最终产品。投入产出表的纵向，反映产品的价值形成过程。一定部门的总产值等于该部门生产过程消耗的中间产品的价值加投入活劳动新创造的价值。

3. 弹性预测法包括需求弹性预测、供给弹性预测和其他弹性预测方法。需求的价格弹性，是指价格变动 1%时引起的需求量变动的百分比，它反映的是商品需求量相对于商品价格变动的反应灵敏度。需求的交叉弹性，是指其他商品的价格变动 1%时引起的某种商品的需求量变动的百分比，它反映的是某一种商品需求量相对于其他相关商品价格变动的灵敏度。供给的价格弹性，是指当价格变动 1%时引起的供给量变动的百分比，它反映的是商品供给量相对于商品价格变动的反应灵敏度。

习　题

一、名词解释

1. 经济计量模型预测　2. 投入产出预测　3. 需求价格弹性　4. 供给收入弹性

二、填充题

1. 经济计量模型中的内生变量，是由所研究的系统内部确定的变量，又称________。

2. 在经济计量模型识别中，当 $k-R>m-1$ 时，方程为________。

3. 投入产出分析的基本工具是________。

4. 影响需求量的因素很多，需求弹性主要包括需求价格弹性、需求收入弹性和________。

三、简答题

1. 经济计量模型中包括的变量有哪些类型？如何进行经济计量模型的识别？经济计量模型的预测程序是怎样的？

2. 投入产出表的基本结构及主要平衡关系。如何利用投入产出表进行预测？

3. 影响市场需求量、供给量的因素有哪些？如何利用需求、供给弹性进行预测？

四、计算题

1. 已知某地区对某种产品的需求量进行测算的数据如表12-12所示。

表12-12　某地区对某种产品的需求量进行测算的数据

销售价格(元)	销售量(千件)	销售价格(元)	销售量(千件)
35	800	30	1 000

要求：(1) 计算该种商品的弧弹性系数。

(2) 如果一个经销该商品的公司取得了该商品在本地区的总经销权，当它把这种商品的价格从30元提高到33元时，公司的销售收入将会如何变化？

2. 已知某地区上一年城镇居民对以下6种商品的销售额及需求收入弹性如表12-13所示。

表12-13　某地区上一年城镇居民对几种商品的销售额及需求收入弹性

项　目	食品	衣着	耐用品	交通通信	娱乐用品	其他商品
收入弹性	0.56	0.76	1.33	1.62	1.21	1.10
销售收入(亿元)	612.57	166.69	58.68	22.20	86.00	27.75

假设今年该地区城镇居民收入比上年增长10%，商品的价格不变，试预测今年对各类商品的需求额。

3. 通过调查得知某商品的需求价格弹性为1.1，需求收入弹性为0.9，替代品需求交叉弹性为0.7，互补品需求交叉弹性为0.5，该商品基期实际销售量为20 000件。设预测期内收入增加20%，该商品价格可能上涨12%，其替代品和互补品的价格可能分别上涨20%和16%，试预测该商品的市场需求量。

附录 A 随机数表

03 47 43 73 86	36 96 47 36 61	46 98 63 71 62	33 26 16 80 45	60 11 14 10 95
97 74 24 67 62	42 81 14 57 20	42 53 32 37 32	27 07 36 07 51	24 51 79 89 73
16 76 62 27 66	56 50 26 71 07	32 90 79 78 53	13 55 38 58 59	88 97 54 14 10
12 56 85 99 26	96 96 68 27 31	05 03 72 03 15	57 12 10 14 21	88 26 49 81 76
55 59 56 35 64	38 54 82 46 22	31 62 43 09 90	06 18 44 32 53	23 83 01 30 30
16 22 77 94 39	49 54 43 54 82	17 37 93 23 78	87 35 20 96 43	84 26 34 91 64
84 42 17 53 31	57 24 55 06 88	77 04 74 47 67	21 76 33 50 25	83 92 12 06 76
63 01 63 78 59	16 95 55 67 19	98 10 50 71 75	12 86 73 58 07	44 39 52 38 79
33 21 12 34 29	78 64 56 07 82	62 42 07 44 38	15 51 00 13 42	99 66 02 79 54
57 60 86 32 44	09 47 27 96 54	40 17 46 09 62	90 52 84 77 27	08 02 73 43 28
18 18 07 92 46	44 17 16 58 09	79 83 86 19 62	06 76 50 03 10	55 23 64 05 05
26 62 38 97 75	84 16 07 44 99	83 11 46 32 24	20 14 85 88 45	10 93 72 88 71
23 42 40 64 74	82 97 77 77 81	07 45 32 14 08	32 98 94 07 72	93 85 79 10 75
62 36 28 19 95	50 92 26 11 97	00 56 76 31 38	80 22 02 53 53	86 60 42 04 53
37 85 94 35 12	83 39 50 08 30	42 34 07 96 88	54 42 06 87 98	35 85 29 48 39
70 29 17 12 13	40 33 20 38 26	13 89 51 03 74	17 76 37 13 04	07 74 21 19 30
56 62 18 37 35	96 83 50 87 75	97 12 25 93 47	70 33 24 03 54	97 77 46 44 80
99 49 57 22 77	88 42 95 45 72	16 64 36 16 00	04 43 18 66 79	94 77 24 21 90
16 08 15 04 72	33 27 14 34 09	45 59 34 68 49	12 72 07 34 45	99 27 72 95 14
31 16 93 32 43	50 27 89 87 19	20 15 37 00 49	52 85 66 60 44	38 68 88 11 80
68 34 30 13 70	55 74 30 77 40	44 22 78 84 26	04 33 46 09 52	68 07 97 06 57
74 57 25 65 76	59 25 97 68 60	71 91 38 67 54	13 58 18 24 76	15 54 55 95 52
27 42 37 86 53	48 55 90 65 72	96 57 69 36 10	96 46 92 42 45	97 60 49 04 91
00 39 68 29 61	66 37 32 20 30	77 84 57 03 29	10 45 66 04 26	11 04 96 67 24
29 94 98 94 24	68 49 69 10 82	53 75 66 81 41	34 25 20 57 27	40 48 73 51 92
16 90 82 66 59	83 62 64 11 12	67 19 00 71 74	60 47 21 29 68	02 02 37 03 31
11 27 94 75 06	06 09 19 74 66	02 94 37 34 02	76 70 90 30 86	38 45 94 30 38
35 24 10 16 20	33 32 51 26 38	79 78 45 04 91	16 92 53 56 16	02 75 50 95 98
38 23 16 86 38	42 38 97 01 50	87 75 66 81 41	40 01 74 91 62	48 51 84 08 32
31 96 25 91 47	96 44 33 49 13	34 86 82 53 91	00 52 43 48 85	27 55 26 89 62
66 67 40 67 14	64 05 71 95 86	11 05 65 09 68	76 83 20 37 90	57 16 00 11 66
14 90 84 45 11	75 73 88 05 90	52 27 41 14 86	22 98 12 22 08	07 52 74 95 80
68 05 51 18 00	33 96 02 75 19	07 60 62 93 55	59 33 82 43 90	49 37 38 44 59
20 46 78 73 90	97 51 40 14 02	04 02 33 31 08	39 54 16 49 36	47 95 93 13 30
64 19 58 97 79	15 06 15 93 20	01 90 10 75 06	40 78 78 89 62	02 67 74 17 33
05 26 93 70 60	22 35 85 15 13	92 03 51 59 77	59 56 7806 83	52 91 05 70 74
07 97 10 88 23	09 98 42 99 64	61 71 62 99 15	06 51 29 16 93	58 05 77 09 51
68 71 86 85 85	54 87 66 47 54	73 32 08 11 12	44 95 92 63 16	29 56 24 29 48
26 99 61 65 53	58 37 78 80 70	42 10 50 67 42	32 17 55 85 47	94 44 67 16 94
14 65 52 68 75	87 59 36 22 41	26 78 63 06 55	13 08 27 01 50	15 29 39 39 43
17 53 77 58 71	71 41 61 50 72	12 41 94 96 26	44 95 27 36 99	02 96 74 30 83
90 26 59 21 19	23 52 23 33 12	96 93 02 18 39	07 02 18 36 07	25 99 32 70 23
41 23 52 55 99	31 04 49 69 96	10 47 48 45 88	13 41 43 89 20	97 17 14 49 17
60 20 50 81 69	31 99 73 68 68	35 81 33 03 76	24 30 12 48 60	18 99 10 72 34
91 25 38 05 90	94 58 28 41 36	45 37 59 03 09	90 35 57 29 12	82 62 54 65 60
34 50 57 74 37	98 80 33 00 91	09 77 93 19 82	74 94 80 04 04	45 07 31 66 49
85 22 04 39 43	73 81 53 94 79	33 62 46 86 28	08 31 51 46 31	53 94 13 38 47
09 79 13 77 48	73 82 97 22 21	05 03 27 24 83	72 89 44 05 60	35 80 39 84 22
88 75 80 18 14	22 95 78 42 49	39 32 82 22 49	02 48 07 70 37	16 04 61 67 87
90 96 23 70 00	39 00 03 06 90	55 85 78 38 36	94 37 30 69 32	90 89 00 76 33

附录 B　标准正态分布概率表

t	$F(t)$	t	$F(t)$	t	$F(t)$	t	$F(t)$
0.00	0.000 0	0.33	0.258 6	0.66	0.490 7	0.99	0.977 8
0.01	0.008 0	0.34	0.266 1	0.67	0.497 1	1.00	0.682 7
0.02	0.016 0	0.35	0.273 7	0.68	0.503 5	1.01	0.687 5
0.03	0.023 9	0.36	0.281 2	0.69	0.509 8	1.02	0.692 3
0.04	0.033 2	0.37	0.288 6	0.70	0.516 1	1.03	0.697 0
0.05	0.039 9	0.38	0.296 1	0.71	0.522 3	1.04	0.701 7
0.06	0.047 8	0.39	0.303 5	0.72	0.528 5	1.05	0.706 3
0.07	0.055 8	0.40	0.310 8	0.73	0.534 6	1.06	0.710 9
0.08	0.063 8	0.41	0.318 2	0.74	0.540 7	1.07	0.715 4
0.09	0.071 7	0.42	0.325 5	0.75	0.546 7	1.08	0.719 9
0.10	0.079 7	0.43	0.332 8	0.76	0.552 7	1.09	0.724 3
0.11	0.087 6	0.44	0.340 1	0.77	0.558 7	1.10	0.728 7
0.12	0.095 5	0.45	0.347 3	0.78	0.564 6	1.11	0.733 0
0.13	0.103 4	0.46	0.354 5	0.79	0.570 5	1.12	0.737 3
0.14	0.111 3	0.47	0.361 6	0.80	0.576 3	1.13	0.741 5
0.15	0.119 2	0.48	0.368 8	0.81	0.582 1	1.14	0.745 7
0.16	0.127 1	0.49	0.375 9	0.82	0.587 8	1.15	0.749 9
0.17	0.135 0	0.50	0.382 9	0.83	0.593 5	1.16	0.754 0
0.18	0.142 8	0.51	0.389 9	0.84	0.599 1	1.17	0.758 0
0.19	0.150 7	0.52	0.396 9	0.85	0.604 7	1.18	0.762 0
0.20	0.158 5	0.53	0.403 9	0.86	0.610 2	1.19	0.766 0
0.21	0.166 3	0.54	0.410 8	0.87	0.615 7	1.20	0.769 9
0.22	0.174 1	0.55	0.411 7	0.88	0.621 1	1.21	0.773 7
0.23	0.181 9	0.56	0.424 5	0.89	0.626 5	1.22	0.777 5
0.24	0.189 7	0.57	0.431 3	0.90	0.631 9	1.23	0.781 3
0.25	0.197 4	0.58	0.438 1	0.91	0.637 2	1.24	0.785 0
0.26	0.205 1	0.59	0.444 8	0.92	0.642 4	1.25	0.788 7
0.27	0.212 8	0.60	0.451 5	0.93	0.647 6	1.26	0.792 3
0.28	0.220 5	0.61	0.458 1	0.94	0.652 8	1.27	0.795 9
0.29	0.228 2	0.62	0.464 7	0.95	0.657 9	1.28	0.799 5

（续表）

t	$F(t)$	t	$F(t)$	t	$F(t)$	t	$F(t)$
0.30	0.225 8	0.63	0.471 3	0.96	0.662 9	1.29	0.803 0
0.31	0.243 4	0.64	0.477 8	0.97	0.668 0	1.30	0.806 4
0.32	0.251 0	0.65	0.484 3	0.98	0.672 9	1.31	0.809 8
1.32	0.813 2	1.65	0.901 1	1.98	0.952 3	2.62	0.991 2
1.33	0.816 5	1.66	0.903 1	1.99	0.953 4	2.64	0.991 7
1.34	0.819 8	1.67	0.905 1	2.00	0.954 5	2.66	0.992 2
1.35	0.823 0	1.68	0.907 0	2.02	0.956 6	2.68	0.992 6
1.36	0.826 2	1.69	0.909 0	2.04	0.958 7	2.70	0.993 1
1.37	0.829 3	1.70	0.910 9	2.06	0.960 6	2.72	0.993 5
1.38	0.832 4	1.71	0.912 7	2.08	0.962 5	2.74	0.993 9
1.39	0.835 5	1.72	0.914 6	2.10	0.964 3	2.76	0.994 2
1.40	0.838 5	1.73	0.916 4	2.12	0.966 0	2.78	0.994 6
1.41	0.841 5	1.74	0.918 1	2.14	0.967 6	2.80	0.994 9
1.42	0.844 4	1.75	0.919 9	2.16	0.969 2	2.82	0.995 2
1.43	0.847 3	1.76	0.921 6	2.18	0.970 7	2.84	0.995 5
1.44	0.850 1	1.77	0.923 3	2.20	0.972 2	2.86	0.995 8
1.45	0.852 9	1.78	0.924 9	2.22	0.973 6	2.88	0.996 0
1.46	0.855 7	1.79	0.926 5	2.24	0.974 9	2.90	0.996 2
1.47	0.858 4	1.80	0.928 1	2.26	0.976 2	2.92	0.996 5
1.48	0.861 1	1.81	0.929 7	2.28	0.977 4	2.94	0.996 7
1.49	0.863 8	1.82	0.931 2	2.30	0.978 6	2.96	0.996 9
1.50	0.866 4	1.83	0.932 8	2.32	0.979 7	2.98	0.997 1
1.51	0.869 0	1.84	0.934 2	2.34	0.980 7	3.00	0.997 3
1.52	0.871 5	1.85	0.935 7	2.36	0.981 7	3.20	0.998 6
1.53	0.874 0	1.86	0.937 1	2.38	0.982 7	3.40	0.999 2
1.54	0.876 4	1.87	0.938 5	2.40	0.983 6	3.60	0.999 68
1.55	0.878 9	1.88	0.939 9	2.42	0.984 5	3.80	0.999 86
1.56	0.881 2	1.89	0.941 2	2.44	0.985 3	4.00	0.999 94
1.57	0.883 6	1.90	0.942 6	2.46	0.986 1	4.50	0.999 993
1.58	0.885 9	1.91	0.943 9	2.48	0.986 9	5.00	0.999 999
1.59	0.888 2	1.92	0.845 1	2.50	0.987 6		
1.60	0.890 4	1.93	0.946 4	2.52	0.988 3		
1.61	0.892 6	1.94	0.947 6	2.54	0.988 9		
1.62	0.894 8	1.95	0.948 8	2.56	0.989 5		
1.63	0.896 9	1.96	0.95	2.58	0.990 1		
1.64	0.899 0	1.97	0.951 2	2.60	0.990 7		

附录C 相关系数临界值表

自由度（$n-m-1$）	$\alpha=0.05$				0.01			
	约束条件数（$m+1$）				约束条件数（$m+1$）			
	2	3	4	5	2	3	4	5
1	0.997	0.999	0.999	0.999	1.000	1.000	1.000	1.000
2	0.950	0.975	0.983	0.987	0.990	0.995	0.997	0.998
3	0.878	0.930	0.850	0.961	0.959	0.976	0.983	0.987
4	0.811	0.881	0.912	0.930	0.917	0.949	0.962	0.970
5	0.754	0.836	0.874	0.898	0.874	0.917	0.937	0.949
6	0.707	0.795	0.839	0.867	0.834	0.886	0.911	0.927
7	0.666	0.758	0.807	0.838	0.798	0.855	0.885	0.904
8	0.632	0.726	0.777	0.811	0.765	0.827	0.860	0.882
9	0.602	0.697	0.750	0.786	0.735	0.800	0.836	0.861
10	0.576	0.671	0.726	0.763	0.708	0.776	0.814	0.840
11	0.553	0.648	0.703	0.741	0.684	0.753	0.793	0.821
12	0.532	0.627	0.683	0.722	0.661	0.732	0.773	0.802
13	0.514	0.608	0.664	0.703	0.641	0.712	0.755	0.785
14	0.497	0.590	0.646	0.686	0.623	0.694	0.737	0.768
15	0.482	0.574	0.630	0.670	0.606	0.677	0.721	0.752
16	0.468	0.559	0.615	0.655	0.590	0.662	0.706	0.738
17	0.456	0.545	0.601	0.641	0.575	0.647	0.691	0.724
18	0.444	0.532	0.587	0.628	0.561	0.633	0.678	0.710
19	0.433	0.520	0.575	0.615	0.549	0.620	0.665	0.698
20	0.423	0.509	0.563	0.604	0.537	0.608	0.652	0.685
21	0.413	0.498	0.553	0.592	0.526	0.596	0.641	0.674

(续表)

自由度 $(n-m-1)$	$\alpha=0.05$				0.01			
	约束条件数$(m+1)$				约束条件数$(m+1)$			
	2	3	4	5	2	3	4	5
22	0.404	0.488	0.542	0.582	0.515	0.585	0.630	0.663
23	0.396	0.479	0.532	0.572	0.505	0.574	0.619	0.652
24	0.388	0.470	0.523	0.562	0.496	0.565	0.609	0.642
25	0.381	0.462	0.514	0.553	0.487	0.555	0.600	0.633
26	0.374	0.454	0.506	0.545	0.478	0.546	0.590	0.624
27	0.367	0.446	0.498	0.536	0.470	0.538	0.582	0.615
28	0.361	0.439	0.490	0.529	0.463	0.530	0.573	0.606
29	0.355	0.432	0.482	0.521	0.456	0.522	0.565	0.598
30	0.349	0.426	0.476	0.514	0.449	0.514	0.558	0.591
35	0.325	0.397	0.445	0.482	0.418	0.481	0.523	0.556
40	0.304	0.373	0.419	0.455	0.393	0.454	0.494	0.526
45	0.288	0.353	0.397	0.432	0.372	0.430	0.470	0.501
50	0.273	0.336	0.379	0.412	0.354	0.410	0.449	0.479
60	0.250	0.308	0.348	0.380	0.325	0.377	0.414	0.442
70	0.232	0.286	0.324	0.354	0.302	0.351	0.386	0.413
80	0.217	0.269	0.304	0.332	0.283	0.330	0.362	0.389
90	0.205	0.254	0.288	0.315	0.267	0.312	0.343	0.368
100	0.195	0.241	0.274	0.300	0.254	0.297	0.327	0.351
125	0.174	0.216	0.246	0.269	0.228	0.266	0.294	0.316
150	0.159	0.198	0.225	0.247	0.208	0.244	0.270	0.290
200	0.138	0.172	0.196	0.215	0.181	0.212	0.234	0.253
300	0.113	0.141	0.160	0.176	0.148	0.174	0.192	0.208
400	0.098	0.122	0.139	0.153	0.128	0.151	0.167	0.180
500	0.088	0.109	0.124	0.137	0.115	0.135	0.150	0.162
1 000	0.062	0.077	0.088	0.097	0.081	0.096	0.106	0.115

附录D　t 分布表

$\alpha/2$ / $(n-m-1)$	0.25	0.20	0.15	0.10	0.05	0.025	0.01	0.005	0.000 5
1	1.000	1.376	1.963	3.078	6.314	12.706	31.821	63.657	636.619
2	0.816	1.061	1.386	1.886	2.920	4.303	6.965	9.965	31.598
3	0.765	0.978	1.250	1.638	2.353	3.182	4.541	5.841	12.941
4	0.741	0.941	1.390	1.533	2.132	2.776	3.747	4.604	8.610
5	0.727	0.920	1.156	1.476	2.015	2.571	3.365	4.032	6.859
6	0.718	0.906	1.134	1.440	1.943	2.447	3.143	3.707	5.959
7	0.711	0.896	1.119	1.415	1.895	2.365	2.998	3.499	5.405
8	0.706	0.889	1.108	1.397	1.860	2.306	2.896	3.355	5.041
9	0.703	0.883	1.100	1.383	1.833	2.262	2.821	3.250	4.781
10	0.700	0.879	1.093	1.372	1.812	2.228	2.764	3.169	4.587
11	0.697	0.876	1.088	1.363	1.796	2.201	2.718	3.106	4.437
12	0.695	0.873	1.083	1.356	1.782	2.179	2.681	3.055	4.318
13	0.694	0.870	1.079	1.350	1.771	2.160	2.650	3.012	4.221
14	0.692	0.868	1.076	1.345	1.761	2.145	2.624	2.977	4.140
15	0.691	0.866	1.074	1.310	1.753	2.131	2.602	2.947	4.073
16	0.690	0.865	1.071	1.337	1.746	2.120	2.583	2.921	4.015
17	0.689	0.863	1.069	1.333	1.740	2.110	2.567	2.898	3.965
18	0.688	0.862	1.067	1.330	1.734	2.101	2.552	2.878	3.922
19	0.688	0.861	1.066	1.328	1.729	2.093	2.539	2.861	3.883
20	0.687	0.860	1.064	1.325	1.725	2.086	2.528	2.845	3.850
21	0.686	0.859	1.063	1.323	1.721	2.080	2.518	2.831	3.819
22	0.686	0.858	1.061	1.321	1.717	2.074	2.508	2.819	3.792
23	0.685	0.858	1.060	1.319	1.714	2.069	2.500	2.807	3.767
24	0.685	0.857	1.059	1.318	1.711	2.064	2.492	2.797	3.745
25	0.684	0.856	1.058	1.316	1.708	2.060	2.485	2.787	3.725
26	0.684	0.856	1.058	1.315	1.706	2.056	2.479	2.779	3.707
27	0.684	0.855	1.057	1.314	1.703	2.052	2.473	2.771	3.690
28	0.683	0.555	1.056	1.313	1.701	2.048	2.467	2.763	3.674
29	0.683	0.554	1.055	1.311	1.699	2.045	2.462	2.756	3.659
30	0.683	0.554	1.055	1.310	1.697	2.042	2.457	2.750	3.646
40	0.681	0.551	1.050	1.303	1.684	2.021	2.423	2.704	3.551
60	0.679	0.448	1.046	1.296	1.671	2.000	2.390	2.660	3.460
120	0.677	0.445	1.041	1.289	1.658	1.930	2.358	2.617	3.373
∞	0.674	0.442	1.036	1.282	1.645	1.960	2.326	2.576	3.291

附录E　*F* 分布表

分母自由度 $(n-m-1)$	$(1-\alpha)$	分子自由度(m)											
		1	2	3	4	5	6	7	8	9	10	11	12
	0.90	39.9	49.5	53.6	55.8	57.2	58.2	58.9	59.4	59.9	60.2	60.5	60.7
1	0.95	161	200	216	225	230	234	237	239	241	242	243	244
	0.90	8.53	9	9.16	9.24	9.29	9.33	9.35	9.37	9.38	9.39	9.40	9.41
2	0.95	18.5	19	19.2	19.2	19.3	19.3	19.4	19.4	19.4	19.4	19.4	19.4
	0.90	5.54	5.46	5.39	5.34	5.31	5.28	5.27	5.25	5.24	5.23	5.22	5.22
3	0.95	10.1	9.55	9.28	9.12	9.1	8.94	8.89	8.85	8.81	8.79	8.76	8.74
	0.90	4.54	4.32	4.19	4.11	4.05	4.01	3.98	3.95	3.94	3.92	3.91	3.90
4	0.95	4.71	6.94	6.59	6.39	6.26	6.16	6.09	6.04	6	5.96	5.94	5.91
	0.90	4.06	3.78	3.62	3.52	3.45	3.4	3.37	3.34	3.32	3.3	3.28	3.27
5	0.95	6.61	5.79	5.41	5.19	5.05	4.95	4.88	4.82	4.77	4.74	4.71	4.68
	0.90	3.78	3.46	3.29	3.18	3.11	3.05	3.01	2.98	2.96	2.94	2.92	2.9
6	0.95	5.99	5.14	4.76	4.53	4.39	4.28	4.21	4.15	4.1	4.06	4.03	4.00
	0.90	3.59	3.26	3.07	2.96	2.88	2.83	2.78	2.75	2.72	2.70	2.68	2.67
7	0.95	5.59	4.74	4.35	4.12	3.97	3.87	3.79	3.73	3.68	3.64	3.60	3.57
	0.90	3.46	3.11	2.92	2.81	2.73	2.67	2.62	2.59	2.56	2.54	2.52	2.50
8	0.95	5.32	4.46	4.07	3.84	3.69	3.58	3.5	3.44	3.39	3.35	3.31	3.28
	0.90	3.36	3.01	2.81	2.69	2.61	2.55	2.51	2.47	2.44	2.42	2.40	2.38
9	0.95	5.12	4.26	3.68	3.63	3.48	3.37	3.29	3.23	3.18	3.14	3.10	3.07
	0.90	3.28	2.92	2.73	2.61	2.52	2.46	2.41	2.38	2.35	2.32	2.30	2.28
10	0.95	4.96	4.1	3.71	3.48	3.33	3.22	3.14	3.07	3.02	2.98	2.94	2.91
	0.90	3.23	2.86	2.66	2.54	2.45	2.39	2.34	2.3	2.27	2.25	2.23	2.21
11	0.95	4.84	3.98	3.59	3.36	3.20	3.09	3.01	2.95	2.90	2.85	2.82	2.79
	0.90	3.18	2.81	2.61	2.48	2.39	2.33	2.28	2.24	2.21	2.19	2.17	2.15
12	0.95	4.75	3.89	3.49	3.26	3.11	3,00	2.91	2.85	2.8	2.75	2.72	2.69
	0.90	3.14	2.76	2.56	2.43	2.35	2.28	2.23	2.20	2.16	2.14	2.12	2.10
13	0.95	4.67	3.81	3.41	3.18	3.03	2.92	2.83	2.77	2.71	2.67	2.63	2.60
	0.90	3.10	2.73	2.52	2.39	2.31	2.24	2.19	2.15	2.12	2.10	2.08	2.05

（续表）

分母自由度 $(n-m-1)$	$(1-\alpha)$	分子自由度(m)											
		1	2	3	4	5	6	7	8	9	10	11	12
14	0.95	4.60	3.74	3.34	3.11	2.96	2.85	2.76	2.7	2.65	2.60	2.57	2.53
	0.90	3.07	2.70	2.49	2.36	2.27	2.21	2.16	2.12	2.09	2.06	2.04	2.02
15	0.95	4.54	3.68	3.29	3.06	2.90	2.79	2.71	2.64	2.59	2.54	2.51	2.48
	0.90	3.05	2.67	2.46	2.33	2.24	2.18	2.13	2.09	2.06	2.03	2.01	1.99
16	0.95	4.49	3.63	3.24	3.01	2.85	2.74	2.66	2.59	2.54	2.49	2.46	2.42
	0.90	3.03	2.64	2.44	2.31	2.22	2.15	2.10	2.06	2.03	2.00	1.98	1.96
17	0.95	4.45	3.59	3.20	2.96	2.81	2.70	2.61	2.55	2.49	2.45	2.41	2.38
	0.90	3.01	2.62	2.42	2.29	2.20	2.13	2.08	2.04	2.00	1.98	1.96	1.93
18	0.95	4.41	3.55	3.16	2.93	2.77	2.66	2.58	2.51	2.46	2.41	2.37	1.34
	0.90	2.99	2.61	2.40	2.27	2.18	2.11	2.06	2.02	1.98	1.96	1.94	1.91
19	0.95	4.38	3.52	3.13	2.90	2.74	2.63	2.54	2.48	2.42	2.38	2.34	2.31
	0.90	2.97	2.59	2.38	2.25	2.16	2.09	2.04	2.00	1.96	1.94	1.92	1.89
20	0.95	4.35	3.49	3.10	2.87	2.71	2.60	2.51	2.45	2.39	2.35	2.31	2.28
	0.90	2.95	2.56	2.35	2.22	2.13	2.06	2.01	1.97	1.93	1.90	1.86	1.86
22	0.95	4.30	3.44	3.05	2.82	2.66	2.55	2.46	2.40	2.34	2.30	2.26	2.23
	0.90	2.93	2.54	2.33	2.19	2.10	2.04	1.98	1.94	1.91	1.88	1.85	1.83
24	0.95	4.26	3.40	3.01	2.78	2.62	2.51	2.42	2.36	2.30	2.25	2.21	2.18
	0.90	2.91	2.52	2.31	2.17	2.08	2.01	1.96	1.92	1.88	1.86	1.84	1.81
26	0.95	4.23	3.37	2.98	2.74	2.59	2.47	2.39	2.32	2.27	2.22	2.18	2.15
	0.90	2.89	2.50	2.29	2.16	2.06	2.00	1.94	1.90	1.87	1.84	1.81	1.79
28	0.95	4.20	3.34	2.95	2.71	2.56	2.45	2.36	2.29	2.24	2.19	2.15	2.12
	0.90	2.88	2.49	2.28	2.14	2.05	1.98	1.93	1.88	1.85	1.82	1.79	1.77
30	0.95	4.17	3.32	2.92	2.69	2.53	2.42	2.33	2.27	2.21	2.16	2.13	2.09
	0.90	2.84	2.44	2.23	2.09	2.00	1.93	1.87	1.83	1.79	1.76	1.73	1.71
40	0.95	4.08	3.23	2.84	2.61	2.45	2.34	2.25	2.18	2.12	2.08	2.04	2.00
	0.90	2.79	2.39	2.18	2.04	1.95	1.87	1.82	1.77	1.74	1.71	1.68	1.66
60	0.95	4.00	3.15	2.76	2.53	2.37	2.25	2.17	2.10	2.04	1.99	1.95	1.92
	0.90	2.75	2.35	2.13	1.99	1.90	1.82	1.77	1.72	1.68	1.65	1.62	1.60
120	0.95	3.92	3.07	2.68	2.45	3.29	2.17	2.09	2.02	1.96	1.91	1.87	1.83
	0.90	2.73	2.33	2.11	1.97	1.88	1.80	1.75	1.70	1.66	1.63	1.60	1.57
200	0.95	3.89	3.04	2.65	2.42	2.26	2.14	2.06	1.98	1.93	1.88	1.84	1.80
	0.90	2.71	2.30	2.08	1.94	1.85	1.77	1.72	1.67	1.63	1.60	1.57	1.55
∞	0.95	3.84	3.00	2.60	2.37	2.21	2.10	2.01	1.94	1.88	1.83	1.79	1.75

附录 F　D · W 检验临界值表(一)

$\alpha=5\%$的上下界

n	$k=1$		$k=2$		$k=3$		$k=4$		$k=5$	
	d_L	d_U	d_L	d_U	d_L	d_U	d_L	d_U	d_L	d_U
15	1.08	1.36	0.95	1.54	0.82	1.75	0.69	1.97	0.56	2.21
16	1.10	1.37	0.98	1.54	0.86	1.73	0.74	1.93	0.62	2.15
17	1.13	1.38	1.02	1.54	0.90	1.71	0.78	1.90	0.67	2.10
18	1.16	1.39	1.05	1.53	0.93	1.69	0.82	1.87	0.71	2.06
19	1.18	1.40	1.08	1.53	0.97	1.68	0.86	1.85	0.75	2.02
20	1.20	1.41	1.10	1.54	1.00	1.68	0.90	1.83	0.79	1.99
21	1.22	1.42	1.13	1.54	1.03	1.67	0.93	11.81	0.83	1.96
22	1.21	1.43	1.15	1.54	1.05	1.66	0.96	1.80	0.86	1.94
23	1.26	1.44	1.17	1.54	1.08	1.66	0.99	1.79	0.90	1.92
24	1.27	1.45	1.19	1.55	1.10	1.66	0.01	1.78	0.93	1.90
25	1.29	1.45	1.21	1.55	1.12	1.66	1.04	1.77	0.95	1.89
26	1.30	1.46	1.22	1.55	1.14	1.65	1.06	1.76	0.98	1.88
27	1.32	1.47	1.24	1.56	1.16	1.65	1.08	1.76	1.01	1.86
28	1.33	1.48	1.26	1.56	1.18	1.65	1.10	1.75	1.03	1.85
29	1.34	1.48	1.27	1.56	1.20	1.65	1.12	1.74	1.05	1.84
30	1.35	1.90	1.28	1.57	1.21	1.65	1.14	1.74	1.07	1.83
31	1.36	1.50	1.30	1.57	1.23	1.65	1.16	1.74	1.09	1.83
32	1.37	1.50	1.31	1.57	1.24	1.65	1.18	1.73	1.11	1.82
33	1.38	1.51	1.32	1.58	1.26	1.65	1.19	1.73	1.13	1.81
34	1.39	1.51	1.33	1.58	1.27	1.65	1.21	1.73	1.15	1.81
35	1.40	1.52	1.34	1.58	1.28	1.65	1.22	1.73	1.16	1.80
36	1.41	1.52	1.35	1.59	1.29	1.65	1.24	1.73	1.18	1.80
37	1.42	1.53	1.36	1.59	1.31	1.66	1.25	1.72	1.19	1.80
38	1.43	1.54	1.37	1.59	1.32	1.66	1.26	1.72	1.21	1.79
39	1.43	1.54	1.38	1.60	1.33	1.66	1.27	1.72	1.22	1.79
40	1.44	1.54	1.39	1.60	1.34	1.66	1.29	1.72	1.23	1.79
45	1.48	1.57	1.43	1.62	1.38	1.67	1.34	1.72	1.29	1.78
50	1.50	1.59	1.46	1.63	1.42	1.67	1.38	1.72	1.34	1.77
55	1.53	1.60	1.49	1.64	1.45	1.68	1.41	1.72	1.38	1.77
60	1.55	1.62	1.51	1.65	1.48	1.69	1.44	1.73	1.41	1.77
65	1.57	1.63	1.54	1.66	1.50	1.70	1.47	1.73	1.44	1.77
70	1.58	1.64	1.55	1.67	1.52	1.70	1.49	1.74	1.46	1.77
75	1.60	1.65	1.57	1.68	1.54	1.71	1.51	1.74	1.49	1.77
80	1.61	1.66	1.59	1.69	1.56	1.72	1.53	1.74	1.51	1.77
85	1.62	1.67	1.60	1.70	1.57	1.72	1.55	1.75	1.52	1.77
90	1.63	1.68	1.61	1.70	1.59	1.73	1.57	1.75	1.54	1.78
95	1.64	1.69	1.62	1.71	1.60	1.73	1.58	1.75	1.56	1.78
100	1.65	1.69	1.63	1.72	1.61	1.74	1.59	1.76	1.57	1.78

附录G　D·W检验临界值表(二)

α=1%的上下界

n	$k=1$		$k=2$		$k=3$		$k=4$		$k=5$	
	d_L	d_U	d_L	d_U	d_L	d_U	d_L	d_U	d_L	d_U
15	0.81	1.07	0.70	1.25	0.59	1.46	0.49	1.70	0.39	1.96
16	0.84	1.09	0.74	1.25	0.63	1.44	0.53	1.66	0.44	1.90
17	0.87	1.10	0.77	1.25	0.67	1.43	0.57	1.63	0.48	1.85
18	0.90	1.12	0.80	1.26	0.71	1.42	0.61	1.60	0.52	1.80
19	0.93	1.13	0.83	1.26	0.74	1.41	0.65	1.58	0.56	1.77
20	0.95	1.15	0.86	1.27	0.77	1.41	0.68	1.57	0.60	1.74
21	0.97	1.16	0.89	1.27	0.80	1.41	0.72	1.55	0.63	1.71
22	1.00	1.17	0.91	1.28	0.83	1.40	0.75	1.54	0.66	1.69
23	1.02	1.19	0.94	1.29	0.86	1.40	0.77	1.53	0.70	1.67
24	1.04	1.20	0.96	1.30	0.88	1.41	0.80	1.52	0.72	1.66
25	1.05	1.21	0.98	1.30	0.90	1.41	0.83	1.52	0.75	1.65
26	1.07	1.22	1.00	1.31	0.93	1.41	0.85	1.52	0.78	1.64
27	1.09	1.23	1.02	1.32	0.95	1.41	0.88	1.51	0.81	1.63
28	1.10	1.24	1.04	1.32	0.97	1.41	0.90	1.51	0.83	1.62
29	1.12	1.25	1.05	1.33	0.99	1.42	0.92	1.51	0.85	1.61
30	1.13	1.26	1.07	1.34	1.01	1.42	0.94	1.51	0.88	1.61
31	1.15	1.27	1.08	1.34	1.02	1.42	0.96	1.51	0.90	1.60
32	1.16	1.28	1.10	1.35	1.04	1.43	0.98	1.51	0.92	1.50
33	1.17	1.29	1.11	1.36	1.05	1.43	1.00	1.51	0.94	1.59
34	1.18	1.30	1.13	1.36	1.07	1.43	1.01	1.51	0.95	1.59
35	1.19	1.31	1.14	1.37	1.08	1.44	1.03	1.51	0.97	1.59
36	1.21	1.32	1.15	1.38	1.10	1.44	1.04	1.51	0.99	1.59
37	1.22	1.32	1.16	1.38	1.11	1.45	1.06	1.51	1.00	1.59
38	1.23	1.33	1.18	1.39	1.12	1.45	1.07	1.52	1.02	1.58
39	1.24	1.34	1.19	1.39	1.14	1.45	1.09	1.52	1.03	1.58
40	1.25	1.34	1.20	1.40	1.15	1.46	1.10	1.52	1.05	1.58
45	1.29	1.38	1.24	1.42	1.30	1.48	1.16	1.53	1.11	1.58
50	1.32	1.40	1.28	1.45	1.24	1.49	1.20	1.54	1.16	1.59
55	1.36	1.43	1.32	1.47	1.38	1.51	1.25	1.55	1.21	1.59
60	1.38	1.45	1.35	1.48	1.32	1.52	1.28	1.56	1.25	1.60
65	1.41	1.47	1.38	1.50	1.35	1.53	1.31	1.57	1.23	1.61
70	1.43	1.49	1.40	1.52	1.37	1.55	1.34	1.58	1.31	1.61
75	1.45	1.50	1.42	1.53	1.39	1.56	1.37	1.59	1.34	1.62
80	1.47	1.52	1.44	1.54	1.42	1.57	1.39	1.60	1.36	1.62
85	1.48	1.53	1.46	1.55	1.43	1.58	1.41	1.60	1.39	1.63
90	1.50	1.54	1.47	1.56	1.45	1.59	1.43	1.61	1.41	1.64
95	1.51	1.55	1.49	1.57	1.47	1.60	1.45	1.62	1.42	1.64
100	1.52	1.26	1.50	1.58	1.60	1.60	1.46	1.63	1.44	1.65

参 考 文 献

[1] 小卡尔·迈克丹尼尔,罗杰·盖兹.市场调研精要[M].3版.范秀成,等译.北京:电子工业出版社,2004.

[2] 陆军,等.市场调研[M].北京:电子工业出版社,2004.

[3] 陈启杰.市场调研与预测[M].4版.上海:上海财经大学出版社,2014.

[4] 林根祥,等.市场调查与预测[M].武汉:武汉理工大学出版社,2005.

[5] 龚曙明.市场调查与预测[M].北京:清华大学出版社,2005.

[6] 张灿鹏,郭砚常.市场调查与分析预测[M].北京:清华大学出版社,2008.

[7] 蒋萍.市场调查[M].上海:世纪出版集团,上海人民出版社,2007.

[8] 黄丹.市场调研与预测[M].北京:北京师范大学出版社,2007.

[9] 简明,胡玉立.市场预测与管理决策[M].北京:中国人民大学出版社,2003.

[10] 景奉杰.市场营销调研[M].北京:高等教育出版社,2001.

[11] 雷培莉,姚飞.市场调查与预测[M].北京:经济管理出版社,2008.

[12] 张明立.市场调查与预测[M].哈尔滨:哈尔滨工业大学出版社,2003.

[13] 杜家龙.市场调查与预测[M].北京:高等教育出版社,2009.

[14] 李少华,雷培莉.市场调查与数据分析[M].北京:经济管理出版社,2001.

[15] 王公答.市场调查[M].2版.上海:复旦大学出版社,2009.

[16] 吴清烈,蒋尚华.预测与决策分析[M].南京:东南大学出版社,2004.

[17] 殷博益.市场调查与预测[M].北京:中国电力出版社,2010.

[18] 马连福.市场调查与预测[M].北京:机械工业出版社,2016.

教 学 建 议

市场调查与市场预测是一门研究市场信息的获取、处理、分析与运用的实践性和综合性很强的应用学科。它是以市场调查与预测为研究对象，探测市场调查与预测规律，阐述市场调查与预测理论，介绍市场调查与预测技术，分析市场调查与预测应用领域及其前景的科学。

本课程教学目的： 通过本课程的教学，要求学生掌握市场调查与预测的基本理论、基本方法和基本技术，并根据市场调查与预测所提供的操作方法，解决相应的市场营销实际问题，更好地完成市场调查与预测任务，为企业营销决策服务，努力提高学生逻辑思维、分析问题和解决问题的能力。

教学计划表

课程内容	学时分配		
	理论学时	实践学时	总学时
第一章　概论	3	—	3
第二章　市场调查与预测信息系统和科学化	3	—	3
第三章　市场调查与预测的策划	3	—	3
第四章　市场调查方法	4		4
第五章　抽样调查技术	6	2	8
第六章　问卷设计技术	4	2	6
第七章　态度测量技术	3	—	3
第八章　数据分析技术	4	2	6
第九章　市场预测概述	4	—	4
第十章　时间序列分析预测	6	2	8
第十一章　因果分析预测	6	—	6
第十二章　经济计量模型预测	2	—	2
总　计	48	8	56

教学对象和适用范围： 本教材可作为普通高等教育经济管理类专业本科教材，也可作为相应专业的高职高专教材，针对第八、第十、第十一、第十二章的教学内容，可根据授课对象作适当取舍，并可适当增加实践课时。

教学特点和方法：本课程在教学进程中，要始终坚持市场调查与预测学科的实践性和应用性特点，注重学生应用技能的培养和训练，提供学生分析市场问题和解决问题的能力。本课程可选用案例教学、多媒体授课、社会调查、课程设计、技能实训等教学方法。

本课程的先修课程：经济学、管理学、概率论与数理统计、统计学、市场营销学。

主要参考教材：(1)小卡尔·迈克丹尼尔，罗杰·盖兹.市场调研精要[M].3版.范秀成，等译.北京：电子工业出版社，2004.(2)陈启杰.市场调研与预测[M].4版.上海：上海财经大学出版社，2014.(3)张灿鹏，郭砚常.市场调查与分析预测[M].北京：清华大学出版社，2008.(4)马连福.市场调查与预测[M].北京：机械工业出版社，2016.

本课程考核方法：实行综合考评，总成绩＝平时成绩(10%)＋实践环节(20%)＋期末考查(70%)。也可适当加大实践环节考核成绩的比重。请根据实际需要做出选择。